중아함경 2

中阿含經

중아함경 2

中阿含經

김월운 옮김

동국역경원

중아함경2

| 차 례 |

제16권

제17권

제18권

제19권

제20권

제21권

제22권

제23권

제24권

제25권

제26권

제27권

제28권

제29권

제30권

중아함경中阿含經 제 16 권

6. 왕상응품王相應品 ⑥

71) 비사경蜱肆經[1]〔제2 소토성송〕

나는 이렇게 들었다.

어느 때 존자 구마라가섭鳩摩羅迦葉이 구살라국拘薩羅國에 유행할 때에 큰 비구들과 함께 사화제斯恕提[2]로 나아가 그 마을 북쪽에 있는 시섭화림尸攝恕林[3]에 머물고 있었다. 그때에 사화제 안에는 비사蜱肆[4]라는 왕이 있었는데, 그는 지극히 풍족하고 안락하며 재산도 한량없이 많고 목축과 산업도 이루 다 헤아릴 수 없으며 봉호封戶와 식읍食邑 등 여러 가지를 다 구족하였다. 게다가 사화제읍의 샘물과 못과 초목 등

---

1 이 경의 이역 경전으로는 송宋시대 법현法賢이 한역한 『대정구왕경大正句王經』이 있으며, 참고 문헌으로는 『장아함경』 제7권 「폐숙경弊宿經」이 있다.

2 교살라국憍薩羅國의 성읍城邑.

3 또는 신화림申恕林으로 쓰기도 한다. 여기에서 시섭화尸攝恕는 나무 이름이다.

4 왕의 이름이다. 『장아함경』 제7권 「폐숙경」에는 폐숙弊宿으로 표기하고 있다.

일체가 다 이 왕에게 소속되어 있었으니, 이는 교살라왕 바사닉波斯匿이 봉封해 준 것이었다.

그때 사화제의 범지梵志와 거사들은, 구마라가섭이라는 사문이 교살라국에 노닐면서 큰 비구들과 함께 이 사화제에 와서 그 마을 북쪽에 있는 시섭화림에 머무르고 있는데, 그는 큰 명성이 시방十方에 두루 퍼졌고 걸림 없는 말재주가 있어 말하는 것이 미묘하며 많이 들어 아는 아라하(阿羅訶 : 阿羅漢)로서 만일 이 아라하를 보고 공경하고 예로써 섬기면 빨리 좋은 이익을 얻는다고 들었다.

"우리들은 그곳에 가서 저 사문 구마라가섭을 뵙는 것이 옳다."

그리하여 사화제의 범지와 거사들은 각각 무리지어 서로 따르면서 사화제에서 함께 북쪽으로 나와 시섭화림에 이르렀다.

이때에 비사蜱肆왕은 정전正殿 위에 있다가 사화제의 범지와 거사들이 제각기 무리를 지어 서로 따르며 사화제에서 함께 북쪽으로 나가 시섭화림으로 가는 것을 먼발치에서 보았다. 비사왕은 그것을 보고 나서 시자에게 물었다.

"이 사화제의 범지와 거사들이 오늘 무슨 일로 제각기 무리를 지어 서로 따르며 사화제에서 북쪽으로 나가 시섭화림으로 가는 것이냐?"

시자가 말하였다.

"천왕이여, 저 사화제의 범지와 거사들은 구마라가섭이라는 사문이 교살라에 노닐면서 큰 비구들과 함께 이 사화제에 와서 그 마을 북쪽에 있는 시섭화림에 머물고 있습니다. 천왕이여, 그 사문은 큰 명성이 있어 시방에 두루 퍼졌고 솜씨 있는 언변은 걸림이 없어 말하는 것이 너무도 미묘하며 많이 들어 아는 아라하로서 만일 이 아라하를 보고 공경하고 예로써 섬기면 빨리 좋은 이익을 얻는다는 말을 듣고, 우리들도 가서 저 사문을 뵈어야겠다면서 저렇게 몰려들고 있습니다. 천왕이여, 그 때문에 사화제의 범지와 거사들은 제각기 무리를 지어 서로 따라 사화제에서 함께 북으로 나가 시섭화림으로 가는 것입니다."

비사왕은 이 말을 듣고 시자에게 말하였다.

"너는 사화제의 범지와 거사들에게 가서 '비사왕은 사화제의 범지와 거사들에게 말한다. 현자들이여, 멈추라. 나는 그대들과 함께 가서 저 사문 구마라가섭을 보리라. 그대들은 어리석게 그에게 속아 후세가 있느니 중생들은 다시 태어난다느니 하는 말을 하지 말라. 나는 후세란 없는 것이고 중생이 다시 태어나는 일도 없는 것이라고 알고 또 그렇게 생각한다'고 말하라."

시자는 분부를 받고 곧 저 사화제의 범지와 거사들에게 가서 말하였다.

"비사왕은 사화제의 범지와 거사들에게 말한다. '현자들이여, 멈추라. 나는 그대들과 함께 가서 저 사문 구마라가섭을 보리라. 그대들은 어리석게 그에게 속아 후세가 있느니 중생들은 다시 태어난다느니 하는 말을 하지 말라. 나는 후세란 없는 것이고 중생이 다시 태어나는 일도 없는 것이라고 알고 또 그렇게 생각한다'고 말하라 하였소."

사화제의 범지와 거사들은 이 분부를 듣고 시자에게 대답하였다.

"곧 분부대로 하겠소."

시자가 돌아와 말하였다.

"이미 왕의 명령을 전하였습니다. 저 사화제의 범지와 거사들은 발길을 멈추고 천왕을 기다리고 있습니다. 오직 원컨대 천왕은 때를 아십시오."

그때 비사왕은 곧 말을 모는 이에게 명령하였다.

"너는 빨리 수레를 준비하라. 내가 지금 곧 가리라."

말을 모는 사람은 명령을 받고 급히 수레를 준비한 뒤에 돌아와 왕에게 말하였다.

“수레가 이미 준비되었습니다. 천왕의 뜻대로 하십시오.”

그러자 비사왕은 곧 수레를 타고 사화제의 범지와 거사들이 있는 곳으로 갔다. 그들과 함께 북쪽으로 나아가 시섭화림에 이르렀을 때에 비사왕은 멀리서 존자 구마라가섭이 숲속에 있는 것을 보고 곧 수레에서 내려 걸어서 존자 구마라가섭이 있는 곳으로 나아가 서로 문안하고 물러나 한쪽에 앉아 물었다.

“가섭이시여, 내가 묻고 싶은 말이 있는데 들어 주겠습니까?”

존자 구마라가섭이 말하였다.

“비사여, 만일 묻고 싶은 말이 있으면 물으시오. 내가 듣고 나서 생각해 보겠소.”

그러자 비사왕이 곧 물었다.

“가섭이시여, 나는 이렇게 보고 이렇게 말합니다. 후세란 없는 것이고 중생이 다시 태어나는 일도 없다고 생각하는데, 사문 구마라가섭의 생각은 어떠하십니까?”

존자 구마라가섭이 대답하였다.

“비사여, 내가 이제 왕에게 물을 것이니 아는 대로 대답해 주시오. 왕의 생각은 어떻습니까? 지금 이 해와 달을 금세今世라고 하겠습니까, 후세後世라고 하겠습니까?”

비사왕이 대답하였다.

“사문 구마라가섭이시여, 당신이 아무리 그런 말을 하더라도 나는 다만 이렇게 보고 이렇게 말하였습니다. 후세란 없는 것이고 중생이 다시 태어나는 일도 없는 것이라고 말입니다.”

존자 구마라가섭이 대답하였다.

“비사여, 또 이보다 더한 악함도 있습니까?”

비사가 대답하였다.

"그렇습니다. 가섭이시여, 더 심한 악함도 있습니다. 가섭이시여, 내게는 친한 친척이 있었는데 병이 들어 매우 위독하였습니다. 나는 그들에게 가서 말하였습니다.

'너희들은 마땅히 알라. 나는 이렇게 보고 이렇게 말한다.

〈후세란 없는 것이고 중생이 다시 태어나는 일도 없는 것이다.〉

친척들이여, 어떤 사문 범지들은 이렇게 보고 이렇게 말한다.

〈후세는 분명 있고 중생은 다시 태어나게 된다.〉

그렇지만 나는 언제나 그들의 말을 믿지 않았다. 그는 다시 이렇게 말한다.

〈만일 어떤 남자나 여자가 악행을 짓고 정진하지 않으며 게으름을 피우고 태만하며 질투하고 간탐하며 손을 쓰지도 않고 희망을 가지지도 않으며 지극히 재물만을 집착하면 그는 이것을 인연하여 몸이 무너지고 목숨이 끝난 뒤에는 반드시 나쁜 곳으로 가서 지옥에 태어난다. 그런데 만일 저 사문의 말이 진실하다면 너희들은 나의 친척들로서 악행을 짓고 정진하지 않으며, 게으름을 피우고 태만하며 질투하고 간탐하며 손을 쓰지도 않고 희망을 가지지도 않으며 지극히 재물만 집착한다. 만일 너희들이 몸이 무너지고 목숨이 끝난 뒤에는 반드시 나쁜 곳으로 가서 지옥에 나거든 곧 돌아와서 내게 말하라. 비사여, 저 지옥 속은 이러이러하게 괴롭다.〉

만일 그렇게 하면 내가 곧 현재 세상에서 볼 수 있을 것이다.'

그는 내 말을 듣고 내 부탁을 받은 뒤에도 전혀 내게 와서 '비사여, 저 지옥 속은 이러이러하게 괴롭다'고 말하는 자가 아무도 없었습니다. 가섭이시여, 이 일로 말미암아 나는 후세도 없고 중생이 다시 태어나는 일도 없다고 생각합니다."

존자 구마라가섭이 말하였다.

"비사여, 나는 다시 왕에게 물을 것이니 아는 대로 대답하시오. 만일 왕의 신하가 죄인을 묶어 가지고 왕에게 와서 말하기를 '천왕이여, 이 사람은 죄가 있습니다. 왕께서 마땅히 다스리십시오'라고 한다면 왕은 그에게 '너희들은 끌고 가서 두 손을 뒤로 묶어 그를 나귀에 태우고 나귀 울음소리 같은 소리가 나는 다 떨어진 북을 두드려 널리 포고布告한 뒤에 성 남문으로 나가 높은 표목 밑에 앉히고 그 머리를 베라'고 말하실 것입니다. 그들은 명령을 받은 뒤에 곧 죄인을 뒤로 묶어 나귀에 태우고 나귀 울음소리 같은 소리가 나는 북을 두드려 널리 포고한 뒤에 성 남문으로 나가 높은 표목 밑에 앉히고 그 머리를 베려고 하면, 이 사람은 죽음에 임박하여 그 나졸들에게 '너희들은 잠시만 기다리라. 내가 부모·처자·노비·하인들이 보고 싶다. 내가 잠시 집에 다녀올 것이니 이를 허가하라'고 한다면 그 나졸들은 과연 이 죄인을 놓아 잠깐 집으로 가는 것을 허락하겠습니까?"

비사왕이 말하였다.

"아닙니다. 가섭이시여."

존자 구마라가섭이 말하였다.

"비사여, 왕의 친척들도 이와 같습니다. 악행을 짓고 정진하지 않으며 게으름을 피우고 태만하며 질투하고 간탐하며 손을 쓰지도 않고 희망을 가지지도 않으며 지극히 재물만 집착하였습니다. 그들이 그 일로 인연하여 몸이 무너지고 목숨이 끝난 뒤에는 반드시 나쁜 곳으로 가서 지옥에 태어날 것입니다. 옥졸들이 그를 붙잡고 몹시 괴롭게 다스릴 때에 그는 옥졸들에게 여러 옥졸들아, 너희들은 잠시만 멈추어라. 나를 너무 심하게 다스리지 말라. 내가 잠시 비사왕에게 가서 '저 지옥 속은 이러이러하게 괴롭다고 말해주고 오겠다. 그래서 그로

하여금 현재에서 이런 일이 있음을 알게 하고자 한다'고 한다면 그 옥졸들은 과연 왕의 친척들을 놓아 잠깐 왕에게로 오게 하겠습니까?"

"아닙니다. 가섭이시여."

"비사여, 당신은 마땅히 이와 같이 후세를 관찰해야 할 것이며, 육안肉眼으로 보는 것을 가지고 함부로 생각하지 마시오. 비사여, 만일 어떤 사문 범지가 욕심을 끊어 욕심을 여의고 욕심을 여윈 곳으로 나아가며, 성냄을 끊어 성냄을 여의고 성냄을 여윈 곳으로 나아가며, 어리석음을 끊어 어리석음을 여의고 어리석음을 여윈 곳으로 나아가면 그는 사람의 눈보다 뛰어난 깨끗한 천안天眼으로써 이 중생이 죽는 때와 나는 때와 좋은 빛깔과 나쁜 빛깔과 혹은 묘하고 묘하지 않음과 좋은 곳과 좋지 않은 곳으로 왕래하는 것을 보고, 이런 일들은 다 저 중생이 지은바 업을 따르는 것이라고 그 진실한 이치를 알게 될 것입니다."

비사왕이 다시 말하였다.

"사문 구마라가섭이 아무리 그런 말을 해도 나는 그저 이렇게 보고 이렇게 말하겠습니다. '후세란 없는 것이고 중생이 다시 태어나는 일도 없다'고 말입니다."

존자 구마라가섭이 말하였다.

"비사여, 또 이보다 더한 악함도 있습니까?"

"그렇습니다. 가섭이시여, 또 그보다 더한 악함도 있습니다. 내게는 친척들이 있었는데 병이 위독하였습니다. 나는 그들에게 가서 말하였습니다.

'너희들은 마땅히 알라. 나는 이렇게 보고 이렇게 말한다.

〈후세란 없는 것이고 중생이 다시 태어나는 일도 없다.〉

친척들이여, 어떤 사문 범지들은 이렇게 보고 이렇게 말한다.

〈후세는 분명 있고 중생도 다시 태어나게 된다.〉 그렇지만 나는 언제나 그들의 말을 믿지 않았다. 그들은 다시 이렇게 말한다. 〈만일 어떤 남자나 여자가 묘행妙行을 정진하며 정근하여 게으르지 않으며 질투가 없고 또한 간탐하지 않으며 손을 놀리거나 기대하는 것도 없으며, 마음을 열어 놓아버려 모든 외롭고 곤궁한 사람에게 공급해 주고 항상 보시하기를 좋아하며 재물에 집착하지 않으면, 그는 이것을 인연하여 몸이 무너지고 목숨이 끝난 뒤에는 반드시 좋은 곳으로 올라가 천상에 태어날 것이다.〉

만일 저 사문 범지들의 말이 진실이라면, 너희들은 내 친척들로서 묘행을 정진하며 정근하여 게으르지 않으며 질투도 없고 또한 간탐하지 않으며 손을 놀리거나 기대하는 것이 없으며 마음을 열어 놓아버려 모든 외롭고 곤궁한 사람에게 공급해 주고 항상 보시하기를 즐기며 재물에 집착하지 않다가, 만일 너희들이 몸이 무너지고 목숨이 끝난 뒤에 반드시 좋은 곳으로 올라가 천상에 태어나거든 돌아와 내게 말하라.

〈비사시여, 천상은 이러이러하게 즐거운 곳이다.〉

만일 그렇게 하면 나는 곧 현재 세상에서 볼 수 있을 것이다.'

그들은 내 말을 듣고 부탁을 받은 뒤에도 도무지 내게 와서 '비사시여, 천상은 이러이러하게 즐거운 곳입니다'라고 말하는 자가 없었습니다. 가섭이시여, 이 일로 말미암아 나는 후세란 없는 것이고 중생이 다시 태어나는 일도 없는 것이라고 생각합니다."

존자 구마라가섭이 말하였다.

"비사여, 내가 비유를 들어 말할 것이니 들어 보십시오. 지혜로운 사람은 비유를 들어 말하면 곧 그 뜻을 쉽게 이해합니다. 비사시여, 마치 마을 밖에 뒷간이 있는데, 깊이는 사람 머리가 빠질 만하고 똥이 그 안에 가득합니다. 그런데, 어떤 사람이 뒷간에 빠졌습니다. 다시 어떤 사람이 그를 가엾이 여겨 그를 이롭게 하고 안온과 기쁨을 주려고 곧 뒷간 위에서 그를 천천히 끌어내어 대쪽으로 긁고 나뭇잎으로 닦고 더운물로 씻어 주었습니다. 그는 깨끗이 목욕한 뒤에 몸에 향을 바르고 정전正殿 위에 올라가 5욕을 마음껏 즐겼습니다. 왕의 생각에는 어떻습니까? 그 사람은 과연 다시 먼저의 뒷간에서 생긴 일을 기억하여 기뻐하고 칭송하면서 다시 보고 싶어하겠습니까?"

비사가 대답하였다.

"아닙니다. 가섭이시여."

존자 구마라가섭이 말하였다.

"만일 다시 어떤 사람이 그 뒷간을 기억하여 기뻐하고 칭송하며 보고 싶어하더라도 곧 그 사람을 좋아하지 않을 텐데, 하물며 다시 제 자신이 지난번 뒷간의 일을 기억하여 기뻐하고 칭송하면서 다시 보고자 할 리가 없을 것이오. 비사시여, 만일 왕의 친척들이 묘행을 정진하며 열심히 정근하여 게으르지 않으며 질투가 없고 또한 간탐하지 않으며 손을 놀리거나 바라는 것이 없고 마음을 열어 모든 것을 버리고 여러 외롭고 곤궁한 사람들에게 공급해 주고 항상 보시를 좋아하여 재물에 집착하지 않는다면, 그는 이것을 인연하여 몸이 무너지고 목숨이 끝난 뒤에는 반드시 좋은 곳으로 올라가 천상에 날 것이며 천상에 난 뒤에는 하늘의 5욕을 몸소 즐길 것이다. 왕의 생각에는 어떠하오. 저 하늘 천자는 과연 그 하늘의 5욕을 버리고 이 인간의 5욕을 기억하여 기뻐하고 칭송하면서 다시 보고자 하겠습니까?"

비사가 대답하였다.

"아닙니다. 가섭이시여, 왜냐하면 인간의 5욕은 냄새나고 깨끗하지 못해 싫어할 만한 것으로서 향할 수 없는 곳이고 사랑할 수 없는 추하고 부정한 곳이기 때문입니다. 가섭이시여, 인간의 5욕에 비교하면 하늘의 즐거움은 제일이 되고 가장 좋고 가장 훌륭한 것입니다. 만일 저 하늘의 천자가 하늘 5욕을 버리고 다시 인간의 5욕을 기억하여 기뻐하고 칭송하면서 다시 보고 싶어하는 일이 없을 것입니다."

존자 구마라가섭이 말하였다.

"비사여, 그대는 마땅히 이렇게 후세를 관찰해야 할 것이며 육안으로 보는 것처럼 함부로 생각하지 마시오. 비사여, 만일 어떤 사문 범지가 욕심을 끊고 욕심을 여의며 욕심을 여읜 곳으로 나아가고 성냄을 끊고 성냄을 여의며 성냄을 여읜 곳으로 나아가며 어리석음을 끊고 어리석음을 여의며 어리석음을 여읜 곳으로 나아간다면, 그는 사람의 눈보다 뛰어난 깨끗한 천안天眼으로써 이 중생들이 죽는 때와 나는 때와 좋은 빛깔과 나쁜 빛깔과 혹은 묘하고 묘하지 않음과 좋은 곳과 좋지 않은 곳으로 왕래하는 것을 보고, 그것은 그 중생이 지은 바 업을 따르는 것이라고 그 진실을 알게 될 것입니다."

비사왕이 다시 물었다.

"사문 구마라가섭께서 아무리 그런 말을 하더라도 나는 그저 이렇게 보고 이렇게 말합니다. '후세는 없는 것이고 중생이 다시 태어나는 일도 없다'라고."

존자 구마라가섭이 다시 말하였다.

"비사여, 또 이보다 더한 악함도 있습니까?"

비사왕이 대답하였다.

"그렇습니다. 가섭이시여, 더 심한 악함도 있습니다. 내게는 친척들이 있었는데 병으로 위독하였습니다. 나는 그들에게 가서 말하였습니다.

'너희들은 마땅히 알라. 나는 이렇게 보고 이렇게 말한다.

〈후세란 없는 것이고 중생이 다시 태어나는 일도 없다.〉

친척들이여, 어떤 사문 범지들은 이렇게 보고 이렇게 말한다.

〈후세도 분명 있고 중생도 다시 태어나게 된다.〉

그렇지만 나는 항상 그 말을 믿지 않았다. 그들은 다시 이렇게 말한다.

〈만일 어떤 남자나 여자가 묘행妙行을 정진하며 열심히 정근精勤하여 게으르지 않으며 질투가 없고 또한 간탐도 없으며 손을 놀리거나 기대하는 것도 없으며, 마음을 열어 놓아버려 모든 외롭고 곤궁한 사람에게 공급해 주고 항상 보시하기를 좋아하며 재물에 집착하지 않으면, 그는 이것으로 인하여 몸이 무너지고 목숨이 끝난 뒤에는 반드시 좋은 곳으로 올라가 천상에 태어난다.〉

만일 저 사문 범지들의 말이 진실이라면 너희들은 나의 친척으로서 묘행을 정진하며 정근精勤하여 게으르지 않으며 질투도 없고 또한 간탐하지 않으며, 손을 놀리거나 기대하는 것도 없으며 뜻을 열어 놓아버려 모든 외롭고 곤궁한 사람들에게 공급해 주고 항상 보시하기를 좋아하며 재물에 집착하지 않다가 만일 너희들이 몸이 무너지고 목숨이 끝난 뒤에 반드시 좋은 곳으로 올라가 천상에 태어나거든 돌아와 내게 말해 달라.

〈비사시여, 천상은 이러이러하게 즐거운 곳이다.〉

만일 너희들이 천상에서 생각하기를 〈우리가 만일 돌아가면 무슨 소득이 있을까? 비사왕의 집에는 재물이 많이 있다〉고 한다면 나는 마땅히 너희들에게 줄 것이다.'

그들은 내 말을 듣고 내가 그렇게 부탁한 뒤에도 누구하나 내게 와서 '비사시여, 천상은 이러이러하게 즐겁다'고 말하는 자가 전혀 없었습니다. 가섭이시여, 이 일로 말미암아 나는 후세란 없는 것이고 중생이 다시 태어난다는 것도 없다고 생각합니다."

존자 구마라가섭이 말하였다.

"비사여, 천상의 수명은 길고 인간의 수명은 짧소. 구체적으로 말하면 이 인간 세상의 백 년은 삼십삼천의 하루 낮 하룻밤에 해당하오. 이러한 하루 낮 하룻밤으로 30일을 한 달, 12개월을 1년으로 계산할 때 삼십삼천의 수명은 천 년이나 되오. 왕의 생각은 어떠하시오. 당신의 친척들은 묘행을 정진하고 열심히 정근하여 게으르지 않으며 질투가 없고 또한 간탐하지 않으며, 손을 놀리거나 기대하는 게 없고 마음을 열어 놓아버려서 모든 외롭고 곤궁한 사람들에게 공급해 주고 보시하기를 좋아하며 재물에 집착하지 않았으니, 그들은 이것을 인연하여 몸이 무너지고 목숨이 끝난 뒤에는 반드시 좋은 곳으로 올라가 천상에 태어날 것이오. 천상에 태어난 뒤에는 곧 이렇게 생각할 것이오.

'우리는 먼저 하루 낮 하룻밤 동안 하늘의 5욕을 몸소 즐기고, 혹은 2·3·4일이나 5·6일에 이르기까지 하늘의 5욕을 스스로 즐기자. 그렇게 한 뒤에 비사왕에게 가서 천상은 이러이러하게 즐겁다고 말하자. 그래서 그로 하여금 현재 세상에서 보게 하자.'

왕의 생각은 어떠하오. 그대는 과연 그렇게 오래 살 수가 있겠습니까?"

비사가 물었다.

"가섭이시여, 누가 후세에서 와서 '천상의 수명은 길고 인간의 수명은 짧소. 구체적으로 말하면 이 인간 세상의 백 년은 삼십삼천의 하루 낮 하룻밤에 해당하오. 이러한 하루 낮 하룻밤으로 30일을 한 달, 12개월을 1년으로 계산할 때, 삼십삼천의 수명은 천 년이나 된다'고 말하였습니까?"

존자 구마라가섭이 말하였다.

"비사여, 내가 비유로 말할 것이니 들으시오. 지혜로운 사람은 비유를 들어 말하면 바로 그 뜻을 알게 될 것이오. 비사여, 비유하면 마치 장님과 같습니다. 그는 이렇게 말할 것이오.

'검고 흰 빛깔도 없고 또한 검고 흰 빛깔을 본 적도 없다. 길고 짧은 형상도 없고 또한 길고 짧은 형상을 본 적도 없다. 가깝고 먼 형상도 없고 또한 가깝고 먼 형상을 본 적도 없다. 추하고 고운 형상도 없고 또한 추하고 고운 형상을 본 적도 없다. 왜냐하면 나는 처음부터 보지 못했고 알지도 못하기 때문이다. 그러므로 빛깔이 없는 것이다.'

저 장님이 이렇게 말한다면 그것을 진실한 말이라고 하겠습니까?"

비사가 대답하였다.

"아닙니다. 가섭이시여, 왜냐하면 검고 흰 빛깔도 있고 검고 흰 빛깔을 본 일도 있습니다. 길고 짧은 형상도 있고 또한 길고 짧은 형상을 본 일도 있습니다. 가깝고 먼 형상도 있고 또한 가깝고 먼 형상을 본 일도 있습니다. 추하고 고운 형상도 있고 또한 추하고 고운 형상을 본 일도 있습니다. 만일 장님이 말하기를 '나는 보지도 못했고 알지도 못한다. 그러므로 빛깔은 없는 것이다'라고 한다면, 그가 이렇게 말하는 것은 진실한 것이 아닙니다."

존자 구마라가섭이 말하였다.

"만일 왕께서 '〈천상의 수명은 길고 인간의 수명은 짧소. 구체적으로 말하면 이 인간 세상의 백 년은 삼십삼천의 하루 낮 하룻밤에 해당하오. 이러한 하루 낮 하룻밤으로 30일을 한 달, 12개월을 1년으로 계산할 때 삼십삼천의 수명은 천 년이나 된다〉고 누가 후세에서 와서 말히는 사람이 있었습니까?'라고 말한다면, 비사왕도 장님과 같은 사람일 것입니다."

비사왕이 말하였다.

"사문 가섭이시여, 당치도 않습니다. 그런 말씀 마십시오. 왜냐하면 사문 구마라가섭께서 나를 저 장님과 같다고 비교하십니다. 만일 나와 내 친척들이 묘행을 정진하고 열심히 정근하여 게으르지 않으며 질투가 없고 또한 간탐하지도 않으며 손을 놀리거나 기대하는 것도 없고 마음을 열어 놓아버려 모든 외롭고 곤궁한 사람들에게 공급해주고 보시하기를 좋아하며 재물에 집착하지 않았으므로 그들이 이것을 인연하여 몸이 무너지고 목숨이 끝난 뒤에 반드시 좋은 곳으로 올라가 천상에 태어나는 게 분명하다면, 나는 지금 곧 보시를 행하여 모든 복업을 닦고 재를 받들고 계를 지킨 뒤에 칼로 자살하거나 혹은 독약을 먹거나 혹은 구덩이에 떨어지거나 혹은 스스로 목을 매어 죽겠습니다. 사문 구마라가섭이여, 나를 견주어 저 장님과 같다고 하지 마십시오."

존자 구마라가섭이 말하였다.

"비사여, 내가 다시 비유를 들어 말할 것이니 들어보시오. 지혜로운 사람은 비유를 들면 곧 그 뜻을 아는 것이오. 비사여, 비유하면 마치 저 범지梵志와 같소. 그에게는 젊은 아내가 있었는데 처음으로 아기를 배었소. 또 먼저 아내에게서 이미 한 아들을 두었는데, 저 범지는 그 중간에 갑자기 죽었소. 죽은 뒤에 그의 먼저 아내에게서 태어난 아들이 그 어머니에게 말했소.

'작은 어머님께서는 마땅히 알아야 합니다. 이제 이 집안에 있는 재물은 다 내 것입니다. 같이 나눠 가져야 할 사람이 더 이상 없다는 사실을 알아야 합니다.'

작은 어머니가 말하였다.

'나는 지금 아기를 배었다. 만일 사내를 낳으면 너는 마땅히 그 아이와 똑같이 이 재산을 나눠 가져야 할 것이다. 만일 계집애를 낳으면

재물은 다 네 것이다.'

먼저 아내의 아들은 다시 두 번 세 번 작은 어머니에게 말하였소.

'이제 이 집안에 있는 재물은 다 내 것이오. 같이 나눠 가져야 할 사람이 더 이상 없다는 사실을 알아야 합니다.'

작은 어머니도 또한 두 번 세 번 대답하였소.

'나는 지금 아기를 배었다. 만일 사내를 낳으면 너는 마땅히 그 아이와 똑같이 이 재산을 나눠 가져야 할 것이고, 만일 계집애를 낳으면 재물은 다 네 것이다.'

이에 작은 어머니는 어리석고 아는 게 없어서 분명하게 깨달아 알지 못하고, 지혜마저 없어서 살기를 바라면서 도리어 제 자신을 해치고 말았소. 그는 곧 방으로 들어가 예리한 칼로 배를 가르고 이것이 사내인가 계집애인가를 살펴보았소. 그는 어리석고 아는 게 없어서 분명하게 깨달아 알지 못하고 지혜마저 없어 살기를 바라면서 제 자신을 해치고 또 뱃속의 아기까지 해쳤소.

마땅히 아시오. 비사도 역시 이와 같소. 어리석고 아는 게 없어서 분명하게 깨달아 알지 못하고 지혜마저 없어 살기를 바라면서 도리어 이렇게 생각합니다.

'가섭이시여, 만일 나와 내 친척들이 묘행을 정진하고 열심히 정근하여 게으르지 않으며 질투가 없고 또한 간탐하지도 않으며 손을 놀리거나 기대하는 것도 없고 마음을 열어 놓아버려 모든 외롭고 곤궁한 사람들에게 공급해 주고 보시하기를 좋아하며 재물에 집착하지 않았으므로 그들이 이것을 인연하여 몸이 무너지고 목숨이 끝난 뒤에 반드시 좋은 곳으로 올라가 천상에 태어나는 게 분명하다면, 나는 지금 곧 보시를 행하여 모든 복업을 닦고 재를 받들고 계를 지킨 뒤에 칼로 자살하거나 혹은 독약을 먹거나 혹은 구덩이에 떨어지거나 혹은

스스로 목을 매어 죽겠습니다. 사문 구마라가섭이여, 나를 견주어 저 장님과 같다고 하지 마십시오.'

비사여, 만일 정진하는 사람이 장수長壽하면 곧 큰 복을 얻을 것이며, 만일 큰 복을 얻으면 곧 하늘에 나서 장수하게 될 것이오. 비사여, 당신은 마땅히 이렇게 후세를 관찰해야 하며 육안으로 보는 것을 두고 함부로 생각하지 마시오. 비사여, 만일 사문 범지가 욕심을 끊고 욕심을 여의며 욕심을 여읜 곳으로 나아가고 성냄을 끊고 성냄을 여의며 성냄을 여읜 곳으로 나아가며 어리석음을 끊고 어리석음을 여의며 어리석음을 여읜 곳으로 나아가면, 그는 사람의 눈보다 훨씬 뛰어난 천안天眼으로 이 중생들이 죽는 때와 나는 때, 좋은 빛깔과 나쁜 빛깔, 혹은 묘하고 묘하지 않음과 좋은 곳과 좋지 않은 곳으로 왕래하는 것을 보고, 그것은 그 중생들이 지은 바 업을 따르는 것이라는 참다운 이치를 깨달은 것이오."

비사왕이 다시 말하였다.

"사문 구마라가섭께서 아무리 그렇게 말해도 나는 그저 이렇게 보고 이렇게 말합니다. '후세란 없는 것이고 중생이 다시 태어나는 일도 없다'고 말입니다."

존자 구마라가섭이 말하였다.

"비사여, 또 이보다 더한 악함이 있습니까?"

"그렇습니다. 가섭이시여, 다시 그보다 더한 악함이 있습니다. 가섭이시여, 내게는 친척이 있었는데 병이 위독하였습니다. 나는 그에게 가서 위로하며 그를 보았고 그도 역시 위로하며 나를 보았습니다. 그가 만일 목숨을 마친 다음에 나는 다시 그에게 가서 위로하며 그를 보려고 하였으나 그는 결국 위로하며 나를 보지 못했고, 나 또한 다시는 위로하며 그를 보지 못했습니다. 이 일로 말미암아 나는 중생이 다시 태어나는 일은 없다고 생각합니다."

존자 구마라가섭이 말하였다.

"비사여, 내가 비유를 들어 말할 것이니 들으시오. 지혜로운 사람은 비유를 들어 말하면 곧 그 뜻을 잘 이해할 것이오. 비사여, 비유하면 마치 어떤 사람이 고둥을 잘 부는 것과 같소. 만일 저쪽 지방 사람은 일찍이 고둥 소리를 들어본 적이 없는데, 갑자기 저쪽 지방에 가서 깜깜한 밤중에 높은 산꼭대기에 올라가 힘을 다해 고둥을 불면, 저 많은 사람들은 일찍이 고둥소리를 들어본 적이 없는데도 그 소리를 듣고는 곧 생각할 것이오.

'이것이 무슨 소리이기에 이처럼 아주 미묘하고 매우 기특한가? 실로 애착이 가며 마음을 기쁘게 하는구나.'

그때 그 무리들은 곧 고둥 잘 부는 사람에게로 가서 '그 소리가 무슨 소리이기에 이처럼 아주 묘하고 매우 기특하여 실로 사랑할 만하며 마음을 기쁘게 하는가?' 하고 물었소. 고둥을 잘 부는 사람은 고둥을 땅에 던지고 여러 사람에게 말하였소.

'여러분 마땅히 알아야 합니다. 이 소리가 바로 고둥 소리입니다.'

그러자 여러 사람들은 발로 고둥을 차면서 이렇게 말하였소.

'고둥아, 소리를 내어라. 고둥아, 소리를 내어라.'

아무리 그래도 고둥은 아무 소리도 내지 않았소. 고둥을 잘 부는 사람이 이렇게 생각하였소.

'지금 이 무리들은 어리석고 아는 게 없구나. 분명하게 깨달아 알지 못하며 지혜마저 없다. 왜냐하면 곧 인시작용이 없는 물건에서 소리를 구하고자 하기 때문이다.'

이런 생각을 하고는 고둥을 잘 부는 사람은 그 고둥을 도로 가져다 물로 씻어 가지고 곧 입을 대고 힘껏 불었소. 그때 저 무리들은 이 소리를 듣고 이렇게 생각하였소.

'고둥은 참으로 기특하구나. 왜냐하면 손으로 주워다가 물로 씻어 입으로 바람을 내어 불면 곧 좋은 소리를 내어 사방에 두루 퍼지기 때문이다.'

이와 같이 비사여, 만일 사람이 살아서 목숨이 있으면 곧 말로 서로 위로할 수 있지만, 만일 목숨이 끊어지고 나면 곧 서로 말하고 위로하지 못하는 것이오. 비사여, 당신은 마땅히 이렇게 중생이 다시 태어난다는 이치를 관찰해야 할 것이며 육안으로 보는 것을 가지고 함부로 생각하지 마시오. 비사여, 만일 어떤 사문이 범지가 욕심을 끊어서 욕심을 여의며 욕심을 여읜 곳으로 나아가고, 성냄을 끊어서 성냄을 여의며 성냄을 여읜 곳으로 나아가며, 어리석음을 끊어서 어리석음을 여의며 어리석음을 여읜 곳으로 나아가면, 그는 사람의 눈보다 뛰어난 청정한 천안天眼으로써 이 중생들이 죽는 때와 나는 때와 좋은 빛깔과 나쁜 빛깔, 혹은 묘하고 묘하지 않음과 좋은 곳과 나쁜 곳으로 왕래하는 것을 보고 그것은 그 중생이 지은 바 업을 따르는 것이라는 참 다운 진리를 깨달은 것이오."

비사왕이 다시 말하였다.

"사문 구마라가섭께서 아무리 그렇게 말한다 해도 나는 그저 이렇게 보고 이렇게 말합니다.

〈중생이 다시 태어나는 일은 없다〉고 말입니다."

존자 구마라가섭이 말하였다.

"비사여, 또 이보다 더한 악함도 있습니까?"

비사왕이 대답하였다.

"그렇습니다. 가섭이시여, 더 심한 악함도 있습니다. 내게는 우사右伺[5]가 있는데 죄인을 붙잡아 가지고 내게 와서 말했습니다.

'천왕이여, 이 사람은 죄가 있습니다. 원컨대 왕께서 다스려주십시오.'

나는 그에게 말하였습니다.

'이 죄인을 잡아다 산 채로 저울에 달아 보고 산 채로 달아 본 뒤에는 도로 땅에 내려놓고 노끈으로 목을 매어 죽인 다음에 다시 달아 보아라.'

나는 이 사람이 언제 제일 가볍고 부드럽고 연하며 빛깔은 광택이 있어 좋은가, 즉 죽은 때가 더 좋은지 살아 있을 때가 더 좋은지를 알아보고자 한다. 그는 내가 시키는 대로 그 죄인을 잡아다 산채로 달아 보고 달아 본 다음에는 도로 땅에 내려놓고 노끈으로 목을 졸라 죽인 뒤에 다시 달아 보았습니다. 그 죄인은 살아 있었을 때에는 가장 가볍고 부드럽고 연하며 빛깔도 광택이 있어서 좋았지만, 그 사람이 죽고 나자 가죽은 갈수록 무겁고 뻣뻣해져서 부드럽고 연하지 않았으며 빛깔도 광택이 없었습니다. 가섭이시여, 이 일로 말미암아 나는 '중생이 다시 태어나는 일은 없다'고 생각합니다."

존자 구마라가섭이 말하였다.

"비사여, 내가 다시 비유를 들어 말할 것이니 들어보시오. 지혜로운 사람은 비유를 들어 말하면 곧 그 뜻을 잘 알 것이오. 비사여, 비유하면 마치 쇠 탄알이나 혹은 쇠 보습을 진종일 불에 달구면 그것이 그 당시에는 아주 가볍고 부드럽고 연하며 빛깔도 광택이 있어 좋지만, 만일 불이 꺼져버리고 점점 식게 되면 갈수록 엉겨 무거워지고 단단해져서 부드럽지도 않고 연하지도 않으며 빛나던 광택도 없어진다오. 이와 같이 비사여, 만일 사람이 살았을 때에는 몸이 아주 가볍고 부드

5 송宋·원元·명明 3본에는 유사有司로 되어 있는데, 어떤 일을 담당한 관리라는 뜻이다.

럽고 연하며 광택이 있어 좋지만, 만일 그가 죽고 나면 점점 시간이 흐를수록 무거워지고 뻣뻣해지며 부드럽지도 않고 연하지 않으며 빛나던 광택도 없어진다오. 비사여, 당신은 마땅히 이렇게 중생이 다시 태어나는 이치를 관찰해야 하며 육안으로 본 것을 가지고 함부로 생각하지 마시오. 비사여, 만일 어떤 사문 범지가 욕심을 끊어서 욕심을 여의고 욕심을 여읜 곳으로 나아가고 성냄을 끊어서 성냄을 여의고 성냄을 여읜 곳으로 나아가며 어리석음을 끊어서 어리석음을 여의고 어리석음을 여읜 곳으로 나아가면, 그는 사람의 눈보다 뛰어난 청정한 천안天眼으로 중생들이 죽는 때와 나는 때, 좋은 빛깔과 나쁜 빛깔, 혹은 묘하고 묘하지 않음, 좋은 곳과 나쁜 곳으로 왕래하는 것을 보고 그것은 그 중생들이 지은 업을 따르는 것이라는 참다운 이치를 보는 것이오."

비사왕이 다시 말하였다.

"사문 구마라가섭께서 아무리 그렇게 말하여도 나는 그저 이렇게 보고 이렇게 말합니다. 〈중생이 다시 태어나는 일은 없다〉고 말입니다."

존자 구마라가섭이 말하였다.

"비사여, 또 이보다 더한 악함도 있습니까?"

비사가 대답하였다.

"그렇습니다. 가섭이시여, 더 심한 악함도 있습니다. 내게는 우사가 있어 죄인을 붙잡아 가지고 내게 와서 말하였습니다.

'천왕이여, 이 사람이 죄를 지었습니다. 원컨대 왕께서 다스리십시오.'

나는 그에게 말하였습니다.

'이 죄인을 잡아다 쇠 가마솥에 거꾸로 처넣거나 혹은 구리쇠가마솥 안에 넣고 그 위를 꼭 덮은 다음 밑에서 불을 지펴라. 불을 지피고는 중생이 들어가는 때와 나오는 때와 가고 오며 돌아다니는가를 관찰해 보아라.'

그는 내 분부를 받고 이 죄인을 잡아다 쇠 가마솥 안에 거꾸로 처넣거나, 혹은 구리쇠 가마솥 안에 넣고 그 위를 꼭 덮은 다음 밑에서 불을 지폈습니다. 밑에서 불을 지피고는 중생의 들어가는 때와 가고 오며 돌아다니는가를 관찰하였습니다. 가섭이시여, 나는 이와 같은 방편을 썼지만 중생이 다시 태어나는 것을 보지 못하였습니다. 이 일로 말미암아 나는 중생이 다시 태어나는 일은 없다고 생각하였습니다."

존자 구마라가섭이 말하였다.

"비사여, 내가 이제 당신에게 물을 것이니 아는 대로 대답하시오. 당신 생각에는 어떠하오. 만일 당신이 좋아하는 아주 맛있는 음식을 먹고 낮에 평상에 누워 잠을 자다가 당신은 혹 꿈속에서 동산과 목욕하기 좋은 못·풀·나무·꽃· 과실·맑은 샘·긴 강에서 마음껏 유희하고 이리저리 돌아다니는 꿈을 꾼 기억이 있습니까?"

비사가 대답하였다.

"예전에 그런 일이 있었던 것을 기억합니다."

가섭이 다시 물었다.

"만일 당신이 좋아하는 아주 맛있는 음식을 먹고 낮에 평상에 누워 잠을 잘 때 혹 숙직하는 시자가 있었습니까?"

"있었습니다."

가섭이 다시 물었다.

"만일 당신이 좋아하는 제일 맛있는 음식을 먹고 낮에 평상에 누워 잠을 잘 때 꿈속에서 숙직하는 측근 신하가 혹 당신이 드나들고 돌아다니며 왕래하는 것을 본 사람이 있습니까?"

비사가 대답하였다.

"비록 이인異人이라 하더라도 볼 수가 없을 것인데 더구나 좌우에서 숙직하는 시자이겠습니까?"

"비사여, 당신은 마땅히 이와 같이 중생이 다시 태어나는 일이 있음을 관찰해야 하며, 육안으로 본 것을 가지고 함부로 생각하지 마시오. 비사여, 만일 어떤 바라문이나 범지가 욕심을 끊어서 욕심을 여의고 욕심을 여읜 곳으로 나아가고 성냄을 끊어서 성냄을 여의고 성냄을 여읜 곳으로 나아가며 어리석음을 끊어서 어리석음을 여의고 어리석음을 여읜 곳으로 나아가면, 그는 사람의 눈보다 뛰어난 청정한 천안으로써 이 중생들이 죽는 때와 나는 때, 좋은 빛깔과 나쁜 빛깔, 혹은 묘하고 묘하지 않음, 좋은 곳과 나쁜 곳으로 왕래하는 것을 보고 그것은 그 중생들이 지은 업을 따르는 것이라는 참다운 이치를 깨닫는 것이오."

비사왕이 다시 말하였다.

"사문 구마라가섭께서 아무리 그렇게 말하여도 나는 그저 이렇게 보고 이렇게 말합니다. 〈중생은 다시 태어나는 일이 없다〉고 말입니다."

존자 구마라가섭이 말하였다.

"비사여, 또 이보다 더한 악함이 있습니까?"

비사가 대답하였다.

"그렇습니다. 가섭이시여, 다시 그보다 더한 악함이 있습니다. 내게는 우사가 있는데 그가 죄인을 잡아 가지고 내게 와서 말하였습니다.

'천왕이여, 이 사람이 죄를 지었습니다. 원컨대 왕께서 다스리십시오.'

나는 그에게 말하였습니다.

'이 죄인을 잡아다 가죽을 벗기고 살을 저미고 힘줄을 끊고 뼈를 부수고 뼈 속 골수에 이르기까지 그렇게 하면서 중생이 다시 태어나는 일이 있는지를 살펴보아라.

그는 내 분부를 받고 이 죄인을 잡아다 가죽을 벗기고 살을 저미고 힘줄을 끊고 뼈를 부수고 다시 뼈 속 골수를 끄집어내는 일에 이르기까지 그렇게 하면서 중생들이 다시 태어나는 일이 있는지를 살펴보았습니다. 나는 이러한 방편을 써서 중생이 다시 태어나는 일이 있는지를 찾아보았지만 끝내 중생이 다시 태어나는 일을 보지 못하였습니다. 이 일로 말미암아 나는 중생이 다시 태어나는 일은 없다고 생각합니다."

존자 구마라가섭이 말하였다.

"비사여, 내가 다시 비유를 들어 말할 것이니 들어 보시오. 지혜로운 사람은 비유를 들면 곧 그 뜻을 잘 아는 법이라오. 비유하면 마치 불을 섬기는 머리 땋은 범지梵志와 같습니다. 집은 길가 가까이 있었고 거기서 멀지 않은 곳에 상인商人들의 숙소가 있었습니다. 그때 모든 상인들은 밤이 지나고 이른 아침이 되자 바쁜 걸음으로 떠나느라 한 어린애를 잊어버리고 갔습니다. 그때 불을 섬기는 머리 땋은 범지가 일찍 일어나 상인의 숙소로 갔다가 주인을 잃고 혼자 있는 한 어린애를 보았습니다. 그는 그 어린애를 보고 생각하였다.

'지금 이 어린애는 의지할 데가 없다. 내가 기르지 않으면 틀림없이 죽을 것이다.'

그렇게 생각한 그는 곧 그 애를 안고 집으로 돌아가 길렀습니다. 그 아이가 차츰 자라나서 모든 감관을 성취하였습니다. 그때에 불을 섬기는 머리 땋은 범지가 속세에 작은 볼 일이 있었습니다. 그리하여 범지는 이 소년에게 명령하였습니다.

'내가 작은 볼 일이 있어 잠시 마을로 간다. 너는 부디 불씨를 꺼뜨리지 말라. 만일 불씨가 꺼지거든 너는 이 불비비개를 가지고 불을 일으키도록 하라.'

그때 불을 섬기는 머리 땋은 범지는 잘 타일러 말하고 나서 곧 마을로 내려갔습니다. 그런데 그가 떠난 뒤에 소년은 밖에 나가 놀다가 그만 불을 꺼뜨렸습니다. 그는 돌아와 불을 일으키려고 곧 불비비개를 가지고 땅에다 두드리면서 이렇게 말하였습니다.

'불아 일어나라. 불아 일어나라.'

그러나 불은 끝내 일어나지 않았습니다. 다시 돌 위에다 힘껏 두드리면서 말하였습니다.

'불아 일어나라. 불아 일어나라.'

그러나 불은 일어나지 않았습니다. 불이 일어나지 않자 그는 곧 불비비개를 부수어 열 조각 백 조각으로 만들어 내다 버리고 땅에 앉아서 '불을 얻을 수 없으니 장차 어떻게 할까' 하며 걱정하였습니다. 그때에 불을 섬기는 머리 땋은 범지가 마을에서 볼 일을 마치고 본래 있던 곳으로 돌아와서 물었다.

'아가야, 너는 놀지 않고 불씨를 잘 보살펴 꺼지지 않게 하였느냐?'

소년은 '존자님, 제가 나가 노는 사이에 불이 그만 꺼져버렸습니다. 제가 돌아와 불을 구하려고 불비비개를 가지고 땅을 두드리면서 〈불아, 일어나라. 불아, 일어나라〉 하고 말했으나 불은 끝내 일어나지 않았습니다. 다시 돌 위에다 힘을 주어 두드렸습니다. 〈불아, 일어나라. 불아, 일어나라〉 하고 외쳐댔는데도 불은 결국 일어나지 않았습니다. 불이 일어나지 않으므로 곧 불비비개를 부수어 열 조각 백 조각으로 만들어 내다 버리고 땅에 앉았습니다. 존자여, 나는 이렇게 불을 구하였지만 불을 얻을 수 없었습니다. 어떻게 하면 좋겠습니까?'

그때에 불을 섬기는 머리 땋은 범지는 곧 이렇게 생각하였습니다.

'지금 이 소년은 너무도 미련하고 아는 게 없다. 분명하게 잘 이해하지도 못하며 지혜도 없다. 왜냐하면 인식하는 것이 없는 불비비개한테 이런 생각을 가지고 불을 구하였기 때문이다.'

이에 불을 섬기는 머리 땋은 범지는 조화燥火를 가지고 화모火母를 문질렀습니다. 땅에다 대고 그것을 문지르자 곧 불이 일어나더니 점점 성해졌습니다. 그는 소년에게 이렇게 말하였습니다.

'아가야, 불을 구하는 법은 마땅히 이렇게 해야 한다. 너는 미련하여 아는 게 없고, 게다가 지혜마저 없어서 인식작용이 없는 불비비개한테 그런 생각을 가지고 불을 구하였으니 그와 같은 일을 하여서는 안 된다.'

마땅히 아시오. 비사도 또한 이와 같소. 미련하여 잘 해득하지 못하고 지혜도 없어 인식작용이 없는 죽은 살이나 나아가 뼈 속 기름에서 중생의 생을 구하였으니 말입니다. 비사여, 당신은 마땅히 이렇게 중생의 생을 관찰해야 하며 육안肉眼으로 본 것을 가지고 함부로 생각하지 마시오. 비사여, 만일 어떤 사문 범지가 탐욕을 끊어서 탐욕을 여의고 탐욕을 여읜 곳으로 나아가고 성냄을 끊어서 성냄을 여의고 성냄을 여읜 곳으로 나아가며 어리석음을 끊어서 어리석음을 여의고 어리석음을 여읜 곳으로 나아가면, 그는 사람의 눈보다 뛰어난 청정한 천안으로써 이 중생들이 죽는 때와 나는 때, 좋은 빛깔과 나쁜 빛깔, 혹은 묘하고 묘하지 않음, 좋은 곳과 좋지 않은 곳으로 왕래하는 것을 보고 그것은 그 중생들이 지은 업을 따르는 것이라는 참나운 이치를 깨달은 것이오."

비사왕이 다시 말하였다.

"사문 구마라가섭께서 아무리 그런 말을 하여도 나는 그저 견취見

取·욕취欲取·에취恚取·포취怖取·치취癡取를 끝내 버릴 수가 없습니다. 왜 그런가 하면 만일 다른 나라 사람들이 들으면 곧 '비사왕은 자기주장이 있어 오랫동안 받아 가지고 있었지만 저 사문 구마라가섭에게 항복하고 그의 다스림을 받아 그것을 끊고 버렸다'고 말할 것입니다. 그러므로 나는 이 견취·욕취·에취·포취·치취를 끝내 버릴 수가 없습니다."

존자 구마라가섭이 말하였다.

"비사여, 내가 비유를 들어 말할 것이니 들으시오. 지혜로운 사람은 비유를 들어 말하면 곧 그 뜻을 잘 아는 법이오. 비사여, 비유하면 마치 두 사람의 벗과 같소. 어떤 두 사람이 집을 떠나 돈벌이를 나갔소. 그들이 길을 갈 때에 맨 처음 주인 없는 매우 많은 삼〔麻〕을 보았소. 한 사람은 그걸 보고는 곧 친구에게 말하였소.

'너는 마땅히 알아야 한다. 지금 여기 매우 많은 삼이 있는데 주인이 없다. 나는 너와 함께 나누어 가지고자 한다. 한 짐 무겁게 지고 집으로 가지고 가면 살림살이에 보탬이 될 것이다.'

그리고는 곧 한 짐 잔뜩 무겁게 지고 갔소. 그들은 다시 길에서 주인이 없는 많은 무명실〔劫貝 : 木棉〕과 무명으로 만든 옷을 보았소. 또 주인이 없는 많은 은을 보았소. 한 사람은 그걸 보고는 짊어지고 가던 삼을 버리고 다시 은을 한 짐 잔뜩 무겁게 짊어지고 갔소. 다시 길에서 주인이 없는 많은 금 덩어리를 보았소. 그러자 은을 지고 가던 사람은 삼을 진 사람에게 말하였소.

'너는 이제 마땅히 알라. 주인이 없는 금이 이렇게 많으니 너는 삼을 버려라. 나도 은을 버리겠다. 나는 너와 함께 이 금을 지고 가고자 한다. 한 짐 무겁게 지고 집으로 가지고 가면 살림살이에 보탬이 될 것이다.'

저 삼을 진 사람은 은을 진 사람에게 말하였소.

'나는 이 삼을 이미 잘 쌌고 단단하게 묶었으며 멀리서부터 여기까지 지고 왔다. 나는 결코 버릴 수 없으니 너는 네 일이나 잘 알아 하고 내 걱정은 하지 말라.'

그러자 은을 지고 가던 사람은 삼 짐을 억지로 빼앗아 땅에 메쳐 허물어 버렸다. 저 삼을 지고 가던 사람은 은을 지고 가던 사람에게 말하였다.

'너는 이미 내 짐을 이렇게 허물어 버렸다. 내 이 삼 짐은 단단하게 묶여져 있을 뿐만 아니라 이렇게 멀리까지 지고 여기에 이르렀다. 나는 끝까지 이 삼을 지고 돌아갈 것이며 결코 버리지 않을 것이다. 너는 네 일이나 알아서 하고 내 걱정은 하지 말라.'

저 은을 지고 가던 사람은 곧 은 짐을 버리고 금을 무겁게 지고 돌아갔다. 금을 진 사람이 돌아가자, 부모는 멀리서 금을 지고 오는 것을 보고는 찬탄하면서 말하였다.

'잘 왔다. 현명한 아들아, 빨리도 왔구나. 현명한 아들아, 너는 이 금으로 말미암아 편안하게 생활할 수 있을 것이며, 부모 공양은 물론 처자·노비·하인들에게도 공급해 줄 수 있을 것이며 또 사문 범지들에게도 보시하여 복이 점점 많아질 것이며 마침내는 좋은 과와 좋은 과보로 천상에 태어나서 장수長壽를 누리게 될 것이다.'

그러나 저 삼을 지고 온 사람이 그 집으로 돌아갔을 때 부모는 멀리서 삼을 지고 돌아오는 아들을 보고 꾸짖어 말하였소.

'너 죄인이 왔구나. 덕도 없는 사람이 왔구나. 너는 이까짓 삼을 가지고서는 도저히 생활할 수도 없고 부모 공양은 물론 처자·노비·하인들에게 공급해 줄 수도 없으며, 또한 사문이나 모든 범지들에게 보시하여 복을 지어 점점 많아져서 좋은 과와 좋은 과보로 천상에 태어

나서 장수할 수도 없을 것이다.'

마땅히 아셔야만 합니다. 비사도 이와 같소. 만일 당신이 이 견취・욕취・에취・포취・치취를 끝끝내 버리지 못하면 당신은 결국엔 한량없이 많은 악을 받고 또한 여러 사람의 미움을 받을 것이오."

비사왕이 다시 말하였다.

"사문 구마라가섭께서 아무리 그렇게 말하여도 나는 그저 이 견취・욕취・에취・포취・치취를 끝끝내 버릴 수가 없습니다. 왜 그런가 하면 만일 다른 나라 사람들이 이 말을 들으면 〈비사왕은 자기주장이 뚜렷하여 오랫동안 받아 가지고 있었지만 이제는 저 사문 구마라가섭에게 항복하고 다스림을 받아 그것을 끊어 버렸다〉고 말할 것이기 때문입니다. 그래서 나는 이 견취・욕취・에취・포취・치취를 끝내 버릴 수가 없습니다."

"비사여, 내가 다시 비유를 들어 말할 것이니 들어보시오. 지혜로운 사람은 비유를 들어 말하면 곧 그 뜻을 빨리 아는 법이오. 비사여, 비유하면 마치 어떤 장사꾼과 같소. 어느 장사꾼이 대중과 함께 1천 대의 수레를 가지고 넓은 벌판길을 가고 있었소. 그 대중 가운데에는 또한 두 주인이 있었소. 그들은 이렇게 생각하였소.

'우리들이 어떻게 하면 이 어려움을 벗어날 수 있을까?'

다시 이렇게 생각하였소.

'우리들이 이 대중을 두 부대로 나누어 한 부대에 각각 5백 명씩 배치하자.'

그 장사꾼들은 곧 대중을 두 부대로 나누어 한 부대를 각각 5백 명씩 배치하였소.

그런데 어떤 다른 주인 상인이 5백 대의 수레를 거느리고 넓은 벌판길에 이르렀소. 주인 장사꾼은 언제나 앞서서 길을 인도하였소. 어떤 사람이 길 곁에서 오는 것을 보았소. 옷은 다 젖고 몸은 검고 머리는 누르며 두 눈은 아주 빨갛고, 족두리꽃으로 만든 꽃다발을 차고 나귀가 끄는 수레를 탔는데, 진흙이 두 바퀴에 잔뜩 묻어 있었소. 그 주인 장사꾼은 그 모양을 보고 물었소.

'저 거칠고 넓은 벌판길에 비가 오던가? 거기에 신선한 물과 땔나무, 그리고 풀이 있던가?'

그는 대답하였다.

'거칠고 넓은 벌판길에는 하늘에서 큰비가 내려 아주 신선한 물이 많고 또 땔나무와 풀로 풍족하다. 너희들은 묵은 물과 땔나무와 풀을 버려 수레의 짐을 덜어주어 지치게 하지 말라. 너희들은 오래지 않아 신선한 물과 땔나무와 풀을 얻게 될 것이다.'

그 주인 장사꾼은 그 말을 듣고 곧 돌아가 여러 상인들에게 말하였소.

'나는 앞서 가다가 어떤 사람이 길 반대편에서 오는 것을 보았는데 옷이 다 젖어 있었고 몸은 검고 머리는 누르며 두 눈은 아주 빨갛고, 족두리꽃으로 만든 꽃다발을 차고 나귀가 끄는 수레를 타고 있었소. 진흙이 두 바퀴에 잔뜩 묻어 있기에 내가 그에게 물었소.

〈거칠고 험난한 길에 비가 오던가? 거기는 신선한 물과 땔나무와 풀이 있던가?〉

그는 내게 대답하였다.

〈거칠고 험난한 길에 하늘에서 큰비가 내려 아주 신선한 물이 많고 또 땔나무와 풀도 풍부하다. 너희들은 묵은 물과 땔나무와 풀을 버려 수레의 힘을 덜어주어 지치게 하지 말라. 너희들은 오래지 않아 신선한 물과 땔나무와 풀을 얻을 것이다.〉

여러 상인들이여, 우리들은 이 묵은 물과 땔나무와 풀을 버리자. 그

렇게 하면 오래지 않아 새로운 물과 땔나무와 풀을 얻을 것이니 수레를 지치게 하지 말자.'

저 상인들은 곧 묵은 물과 땔나무와 풀을 버리고 온종일 길을 갔으나, 신선한 물은커녕 땔나무와 풀도 얻지 못하였소. 2일 · 3일 나아가 7일 동안 길을 갔으나 그래도 여전히 신선한 물은커녕 땔나무나 풀도 얻지 못하였소. 그리고 7일이 지난 뒤에는 식인귀食人鬼에게 살해당하고 말았소.

두 번째 주인 장사꾼은 이렇게 생각하였다.

'앞서간 주인 장사꾼이 이미 험난한 길을 지나갔다. 우리들은 이제 어떤 방법을 써서 이 험난한 고비를 벗어날 수 있을까?'

두 번째 주인 장사꾼은 이렇게 생각한 뒤에 5백 대의 수레를 이끌고 배고프고 험난한〔飢儉〕 길에 이르렀소. 두 번째 주인 장사꾼은 앞에서 길을 인도하고 있었소. 그러다가 어떤 사람이 길 반대편에서 오는 것을 보았는데 옷은 다 젖어 있었고 몸은 검고 머리는 누르며 두 눈은 아주 빨갛고, 족두리꽃으로 만든 꽃다발을 차고 나귀가 끄는 수레를 타고 있었소. 그 수레는 진흙이 두 바퀴에 잔뜩 묻어 있었소. 주인 장사꾼은 그를 보고 물었소.

'거칠고 험난한 벌판에 비가 오던가? 거기에 신선한 물과 땔나무와 풀이 있던가?'

그는 대답하였소.

'거칠고 험난한 벌판길에 하늘에서 큰비가 내려 아주 신선한 물이 많고 또 땔나무와 풀도 풍부하다. 그러니 너희들은 묵은 물과 땔나무와 풀을 버려 수레의 짐을 덜어 지치게 하지 말라. 너희들은 오래지 않아 신선한 물과 땔나무와 풀을 얻을 것이다.'

두 번째 주인 장사꾼은 그 말을 듣고 곧 돌아가 모든 상인에게 말하였다.

'내가 앞서 가다가 어떤 사람이 길 반대편에서 오는 것을 보았다. 옷은 다 젖어 있었고 몸은 검고 머리는 누르며 두 눈은 아주 빨갛고, 족두리꽃으로 만든 꽃다발을 차고 나귀가 끄는 수레를 탔는데, 두 바퀴에는 진흙이 잔뜩 묻어 있었다. 나는 그에게 물었다.

〈거칠고 험난한 벌판길에 비가 오던가? 거기에도 신선한 물과 땔나무와 풀이 있던가?〉

그는 내게 대답하였다.

〈거칠고 험난한 벌판길에 하늘에서 마침 큰비가 내려 아주 신선한 물이 많고 또 땔나무와 풀도 풍부하다. 그러니 너희들은 묵은 물과 땔나무와 풀을 버려서 수레의 짐을 덜어 풍부하게 하지 말라. 너희들은 오래지 않아 신선한 물과 땔나무와 풀을 얻을 것이다.〉

여러 상인들은 말하였다.

'그러나 우리들은 아직 묵은 물과 땔나무와 풀을 버릴 수 없다. 만일 신선한 물과 땔나무와 풀을 얻게 되면 그 뒤에 버려도 늦지 않다.'

이렇게 말하면서 그들은 묵은 물과 땔나무와 풀을 버리지 않고 온종일 길을 갔지만 신선한 물이나 땔나무와 풀을 얻지 못하였소. 2일·3일 나아가 7일 동안을 길을 걸어갔지만 그래도 여전히 새로운 물과 땔나무나 풀을 얻지 못하였소. 둘째 주인 장사꾼은 앞서갈 때에 앞의 첫째 주인과 모든 상인들이 식인귀에게 살해된 것을 보았소. 주인 장사꾼은 그것을 보고 모든 상인들에게 말하였소.

'너희들은 앞의 주인 장사꾼을 보라. 비련하고 지혜가 없어, 이미 제몸을 죽였고 또 모든 사람까지 죽였다. 너희 상인들이여, 만일 앞서 갔던 모든 상인들의 물건을 가지고 싶은 생각이 있거든 그대들 마음대로 가져라.'

마땅히 알아야만 합니다. 비사도 역시 이와 같소. 만일 당신이 그 견취 · 욕취 · 에취 · 포취 · 치취를 끝내 버리지 않으면 당신은 곧 한량없는 악을 받고 또한 여러 사람의 미움을 받게 될 것이오. 마치 앞의 첫째 주인 장사꾼과 그를 따라 가던 모든 상인과 같은 지경이 될 것이오."

비사왕이 다시 말하였다.

"사문 구마라가섭께서 아무리 그렇게 말을 하여도 나는 이 견취 · 욕취 · 에취 · 포취 · 치취를 끝내 버릴 수 없습니다. 왜냐하면 '만일 다른 나라 다른 사람들이 이 말을 들으면, 비사왕은 자기주장이 뚜렷하여 오랫동안 받아 가지고 있었지만 지금은 저 사문 구마라가섭에게 항복하고 다스림을 받아 그것을 끊어 버렸다'고 할 것이기 때문입니다. 가섭이시여, 이 때문에 나는 이 견취 · 욕취 · 에취 · 포취 · 치취를 끝내 버릴 수 없습니다."

존자 구마라가섭이 말하였다.

"비사여, 다시 내가 비유를 들어 말할 터이니 들어보시오. 지혜로운 사람은 비유를 들어 말하면 곧 그 뜻을 쉽게 아는 법이오. 비사여, 마치 두 사람이 떡 내기를 하는 것과 같소. 첫째 도박꾼은 떡을 훔쳐 먹는 데, 한 개 · 두 개 · 세 개를 먹거나 혹은 여러 개를 먹었소. 둘째 도박꾼은 곧 이렇게 생각하였소.

'이 사람이 서로 내기를 하자더니 자꾸 나를 속이고 떡을 훔쳐 먹는데, 한 개 · 두 개 · 세 개, 혹은 여러 개를 먹었다.'

이렇게 하는 것을 보고 그는 첫째 도박꾼에게 말하였소.

'나는 이제 좀 쉬겠다. 뒤에 다시 놀자.'

그리고는 둘째 도박꾼이 거기서 떠나자 재빠르게 그 떡에 독약을 발랐다. 독약을 바른 뒤에 그가 돌아와 그 동무에게 말하였소.

'오너라. 같이 놀자. 어서 와서 놀자.'

첫째 도박꾼은 다시 떡을 훔쳐 먹었는데, 한 개·두 개·세 개, 혹은 여러 개를 먹었소. 떡을 먹자마자 곧 눈을 부릅뜨고 거품을 토하면서 죽으려고 하였소. 그러자 둘째 도박꾼은 첫째 도박꾼을 향하여 곧 게송으로 말하였소.

그 떡에는 독약을 발랐는데
너는 욕심내어 먹느라 깨닫지 못했구나.
떡 때문에 날 속이는 죄에 걸려
후생에 반드시 고통을 받으리라.

마땅히 아셔야 하오. 비사도 역시 이와 같소. 만일 당신이 이 견취·욕취·에취·포취·치취를 끝내 버리지 못하면 당신은 곧 한량없는 악을 받고 또한 여러 사람의 미움을 받을 것이오. 마치 도박꾼이 떡 때문에 남을 속이다가 도로 자기가 재앙을 받는 것과 같을 것이오."

비사왕은 다시 말하였다.

"사문 구마라가섭이시여, 아무리 그런 말을 해도 나는 그저 이 견취·욕취·에취·포취·치취를 끝내 버릴 수 없습니다. 왜냐하면 만일 다른 나라 사람들이 이 말을 들으면 '비사왕은 자기주장이 뚜렷하여 오랫동안 받들어 가지고 있었지만, 지금은 저 사문 구마라가섭에게 항복하고 다스림을 받아 그것을 끊고 버렸다'고 할 것이기 때문입니다. 가섭이시여, 이 때문에 나는 이 견취·욕취·에취·포취·치취를 끝내 버릴 수 없습니다."

존자 구마라가섭이 말하였다.

"비사여, 내가 다시 비유를 들어 말할 것이니 들어보시오. 지혜로운 사람은 비유를 들어 말하면 곧 그 뜻을 쉽게 아는 법이오. 비사여, 비유하면 마치 돼지를 기르는 사람과 같소. 돼지 기르는 사람이 길을 갈 때에 주인이 없는 마른 똥이 많이 있는 것을 보고 곧 이렇게 생각하였소.

'이 똥을 가지고 가면 많은 돼지를 배불리 먹일 수 있겠구나. 나는 저것을 취하여 소중히 가지고 가야겠다.'

그리고는 곧 그 똥을 취하여 짊어지고 갔소. 그가 길을 가는 도중에 큰비를 만나 똥물이 흘러내려 그 몸을 더럽혔지만 끝까지 버리지 않고 지고 갔소. 그리하여 그는 곧 제 자신이 한량없는 이러한 모진 일을 당했고 또한 여러 사람들의 미움도 받았소. 마땅히 아시오. 비사도 역시 그와 같소. 만일 당신이 저 견취・욕취・에취・포취・치취를 끝내 버리지 않으면 당신은 곧 한량없이 나쁜 일을 받고 또한 여러 사람의 미움을 받을 것이니, 마치 돼지를 기르는 사람과 같을 것이오."

비사왕이 다시 말하였다.

"사문 구마라가섭이시여, 아무리 그런 말을 하여도 나는 그저 이 견취・욕취・에취・포취・치취를 끝내 버릴 수 없습니다. 왜냐하면 만일 다른 나라의 사람들이 이 말을 들으면 '비사왕은 자기주장이 뚜렷하여 오랫동안 받아 가지고 있었지만, 지금은 저 사문 가섭에게 항복하고 다스림을 받아 그것을 끊어 버렸다'고 할 것이기 때문입니다. 그러므로 나는 이 견취・욕취・에취・포취・치취를 끝내 버릴 수 없습니다."

존자 구마라가섭이 말하였다.

"비사여, 다시 내 말을 들어보시오. 가장 마지막 비유로 말해 주겠소. 만일 당신이 알아들으면 좋겠지만 만일 모른다 해도 나는 더 이상 설법하지 않을 것이오. 비사여, 비유하면 마치 큰 돼지와 같소. 큰 돼지가 5백 마리 돼지들의 왕이 되어 험난한 길을 가다가 도중에서 마침 호랑이 한 마리를 만났소. 돼지는 호랑이를 보자 곧 이렇게 생각하였소.

'만일 저놈과 붙어 싸우면 호랑이가 틀림없이 나를 죽이고 말 것이다. 그렇다고 해서 만일 겁을 내어 달아나면 친족들은 곧 나를 업신여길 것이다. 어쩔 수 없구나. 이제 나는 무슨 방편을 써야 이 어려움에서 벗어날 수 있을까?'

이렇게 생각한 돼지 왕은 호랑이에게 말하였소.

'만일 싸우고자 하면 함께 싸울 것이다. 만일 그럴 마음이 없다면 내게 길을 열어주어 지나가게 해다오.'

저 호랑이는 이 말을 들은 뒤에 곧 돼지에게 말하였소.

'네가 싸우자는 말은 따르겠지만 너에게 길을 빌려 줄 수는 없다.'

돼지는 다시 말하였소.

'호랑아, 너는 잠시만 기다려다오. 내가 조부 때에 입었던 갑옷이 있는데 그 갑옷을 입을 동안만 기다려라. 입고 다시 올 테니 그때 싸워 보자.'

저 호랑이는 이 말을 듣고 이렇게 생각하였소.

'저놈은 내 적수가 아니다. 하물며 조부의 갑옷을 입는다 한들 무슨 상관있으랴?'

그렇게 생각하고는 곧 돼지에게 마음대로 하라고 하였소.

돼지는 곧 자기가 살던 뒷간으로 돌아가 똥 속에 뒹굴어 몸뚱이에서 눈까지 온통 똥칠을 한 뒤에 호랑이에게 가서 말하였소.

'네가 싸울 생각이 있거든 싸워보자. 만일 그렇지 않거든 내게 길을 빌려주어 지나가게 하라.'

그러자 호랑이는 그 돼지를 보고 다시 이렇게 생각하였소.

'내가 평상시에 작은 벌레를 먹지 않는 것은 이빨을 아끼기 때문이다. 하물며 이 냄새나는 더러운 돼지를 가까이하랴.'

호랑이는 이렇게 생각한 뒤에 곧 돼지에게 말하였소.

'내가 너에게 길을 빌려 주겠다. 너와 싸우지 않겠다.'

돼지는 그렇게 해서 그곳을 지나가게 되었고 곧 호랑이를 돌아보고 게송으로 말하였소.

호랑아, 너도 네 발이 있지만
나에게도 역시 네 발이 있다.
너는 오너라. 나와 함께 싸우자
무슨 생각에 무서워 달아나느냐?

호랑이는 이 게송을 듣고 역시 게송으로 돼지에게 대답하였소.

네 털이 곤두서서 빽빽하구나.
모든 짐승 중에서 제일 못난이
돼지야, 너는 어서 가거라.
그 구린 냄새 견딜 수 없다.

돼지는 스스로 뽐내며 다시 게송으로 말하였소.

마갈摩竭과 앙鴦 두 나라엔
내가 너와 서로 싸운다고 소문이 났다.
너는 오너라. 나와 함께 싸우자.

무엇이 무서워 달아나느냐?

호랑이는 이 말을 듣고 다시 게송으로 말하였소.

온몸은 물론 털까지 다 더럽구나.
돼지야, 네 냄새 내게 물들까싶다.
네가 싸워서 이기기를 구한다면
나는 이제 너에게 승리를 주리라.

존자 구마라가섭이 말하였다.

"비사여, 나도 역시 이와 같소. 만일 당신이 이 견취·욕취·에취·포취·치취를 끝내 버리지 않으면, 당신은 곧 스스로 한량없는 나쁜 일을 받고 또한 여러 사람들의 미움도 받을 것입니다. 비유하면 마치 저 호랑이가 돼지에게 승리를 주는 것과 같을 것이오."

비사왕이 그 말을 듣고 말하였다.

"존자여, 처음에 해와 달의 비유를 들어 말했을 때엔 내가 듣자마자 곧 알 수 있어서 기뻐하며 받들어 받아들였습니다. 다만 나는 존자 구마라가섭에게서 위없는 최상의 묘한 지혜의 말씀을 듣고자 하여 묻고 또 물었던 것입니다. 나는 이제 구마라가섭께 귀의합니다."

존자 구마라가섭이 말하였다.

"비사여, 당신은 내게 귀의하지 말고 내가 귀의했던 부처님께 귀의하시오."

비사왕이 말하였다.

"존자여, 나는 이제 부처님과 법과 비구승에게 귀의합니다. 원컨대 존자 구마라가섭께서는 부처님께서 나를 받아 들여 우바새가 되게 하여 주십시오. 저는 오늘부터 이 몸이 다할 때까지 귀의하여 목숨이 다하는 그날까지 그렇게 하겠습니다. 존자 구마라가섭이시여, 저는 오늘부터 비로소 보시를 행하여 복을 닦겠습니다."

"비사여, 당신이 보시를 행하여 복을 닦겠다고 하니, 몇 사람에게나 보시하고 언제까지나 계속하려 하시오."

비사왕이 말하였다.

"백 사람에게 보시하고 혹은 1천 사람에 이를 것이며, 1일·2일 혹은 7일 동안 계속하겠습니다."

존자 구마라가섭이 말하였다.

"만일 왕이 보시를 행하여 복을 닦되 백 사람에게 보시하거나 혹은 천 사람에 이르며, 1일·2일 혹은 7일 동안 계속한다면 모든 곳의 사문沙門 범지梵志들도 다 '비사왕은 자기주장이 있어 오랫동안 받아 가지고 있었지만, 저 사문에게 항복하고 다스림을 받아 그것을 끊어 버렸다'는 말을 들을 것이오.

여러 곳에서 그 말을 들으면 멀리서 다 모여 오겠지만 7일 동안 행하는 왕의 보시에는 미치지 못할 것이오. 만일 왕의 보시를 받지 못하게 되면 왕은 곧 복이 없을 것이며 오랫동안 그 안락을 누리지 못할 것이오. 비사왕이여, 그것은 마치 종자가 부서지지 않고 무너지지도 않으며 쪼개지지도 않고 터지지도 않으며 바람이나 햇빛이나 물속에서도 상하지 않으며, 가을에 잘 간직한 것과 같소. 그러나 아무리 저 거사가 좋은 밭을 깊이 갈고 땅을 잘 고른 뒤에 때맞추어 그 종자를 뿌리더라도 적절한 시기에 비를 맞지 않는다면 비사여, 당신의 생각은 어떠하오. 저 종자가 싹이 나서 자라게 되겠소?"

"아닙니다."

존자 구마라가섭이 말하였다.

"비사여, 당신도 역시 이와 같소. 만일 보시를 행하여 복을 닦는데 백 사람에게 보시하거나 혹은 천 사람에 이르기도 하며, 1일·2일 혹은 7일 동안을 계속한다면 여러 곳의 사문 범지들이 '비사왕은 자기주장이 뚜렷하여 오랫동안 지켜왔지만, 지금은 저 사문 구마라가섭에게 항복하고 다스림을 받아 그것을 끊어 버렸다'는 말을 들을 것이오.

모든 곳에서는 이 말을 듣게 되면 멀리서도 모여 오겠지만 7일 동안 왕이 보시하는 것에는 미치지 못할 것이오. 만일 왕의 보시를 먹지 못하게 되면 왕은 곧 복이 없을 것이며 오랫동안 그 안락을 누리지 못할 것이오."

비사왕이 다시 물었다.

"존자여, 내가 어떻게 해야 합니까?"

존자 구마라가섭이 말하였다.

"비사여, 당신은 마땅히 보시를 행하여 복을 닦고 항상 오래도록 재齋법을 지키시오. 만일 비사왕이 보시를 행하여 복을 닦고 오래도록 재법을 지키면 여러 곳의 사문 범지들이 다 '비사왕은 자기주장이 뚜렷하여 오랫동안 지켜왔었지만, 지금은 저 사문 구마라가섭에게 항복하고 다스림을 받아 그것을 끊어 버렸다'는 말을 들을 것이오.

모든 곳에서 그 말을 들으면 멀리서 다 모여들 것이니, 그들이 왕의 보시에 이르게 되면 왕은 곧 복이 있고 오랫동안 그 안락을 누리게 될 것이오. 비사여, 비유하면 마치 종자가 부서지지 않고 무너지지 않으며 쪼개지지도 않고 터지지도 않으며 바람이나 햇빛이나 물속에서도 상하지 않으며, 가을에 잘 간수해 둔 것과 같소. 만일 저 거사가 좋은 밭을 깊이 갈고 땅을 잘 고른 뒤에 때맞추어 종자를 뿌리고 제 때에 비가 내리면 비사왕이시여, 그대 생각에는 어떠하오. 저 종자가 싹이 나서 자랄 수 있겠소?"

비사왕이 말하였다.

"종자에서 싹이 나와 자랄 수 있을 것입니다."

존자 구마라가섭이 말하였다.

"비사여, 당신도 역시 이와 같소. 만일 보시를 행하여 복을 닦고 항상 오래도록 재법을 지키면 모든 곳의 사문과 범지들이 다 '비사왕은 자기주장이 뚜렷하여 오랫동안 지켜왔지만, 지금은 저 사문 구마라가섭에게 항복하고 다스림을 받아 그것을 끊어 버렸다'는 말을 들을 것이오.

모든 곳에서 그 말을 듣고 나면 다 멀리서 몰려들 것이니, 그들이 모두 왕의 보시에 미치게 되면 왕은 곧 복이 있을 것이며 오랫동안 안락을 누리게 될 것이오."

그러자 비사왕이 말하였다.

"존자여, 나는 지금부터 보시를 행하여 복을 닦고 항상 오래도록 재법을 지키겠습니다."

그때 존자 구마라가섭이 비사왕과 사화제斯惒提의 범지와 거사들을 위해 설법하여 간절히 우러르는 마음을 내게 하고 기쁨을 성취하게 하였다. 한량없이 많은 방편으로써 그들을 위해 설법하여 간절히 우러르는 마음을 내게 하고 기쁨을 성취하게 한 뒤에 잠자코 있었다.

그때 비사왕과 사화제 범지와 거사들은 존자 구마라가섭이 그들을 위해 설법하여 간절히 우러르는 마음을 내게 하고 기쁨을 성취하게 하자, 곧 자리에서 일어나 존자 구마라가섭의 발에 머리를 조아려 예를 올리고 그 주위를 세 바퀴 돌고는 떠나갔다.

저 비사왕은 비록 보시를 행하여 복을 닦는다고 하였지만, 그러나 매우 나쁘고 더러운 콩국과 나물에 오직 한 조각 생강, 그리고 거칠고 해진 베옷을 보시하였다. 그때 우다라優多羅라는 부엌을 감독하는 이가 있었다. 그는 보시를 행하여 복을 닦을 때, 비사왕을 위해 상좌에게 부탁하여 주원呪願을 행하였다.

'만일 이 보시로 인하여 복의 과보가 있더라도 비사왕이 금생이나 후생에는 받지 않게 하라.'

비사왕은 '우다라는 보시를 행하여 복을 닦을 때에 항상 그를 위하여 상좌에게 부탁하여 주원하기를, 〈만일 이 보시로 인하여 복의 과보가 있더라도 비사왕이 금생이나 후생에는 받지 않게 하라〉'고 하였다는 그 말을 듣고 나서, 곧 우다라를 불러 물었다.

"우다라여, 너는 참으로 보시를 행하여 복을 닦을 때에, 나를 위해 상좌에게 부탁하여 주원하기를, 〈만일 이 보시로 인하여 복의 과보가 있더라도 비사왕이 금생이나 후생에는 받지 않게 하라〉고 하였는가?"

우다라는 말하였다.

"진실로 그렇습니다. 천왕이여, 왜냐하면 천왕은 비록 보시를 행하여 복을 닦는다 하지만 극히 나쁘고 더러운 콩국과 나물, 그리고 오직 한 조각 생강뿐이었습니다. 천왕이여, 이 음식은 손도 댈 수 없겠는데 하물며 직접 먹을 수 있겠습니까? 천왕이여, 천왕은 거칠고 해진 베옷을 보시하였습니다. 이 옷은 발로 밟을 수도 없겠는데 하물며 몸소 입을 수 있겠습니까? 나는 천왕을 공경하지만 보시한 물건에 대해서는 소중히 여기지 않습니다. 그러므로 천왕이여, 나는 이 나쁜 보시로 인해 생긴 과보를 왕에게 받게 하기를 원하지 않았기 때문입니다."

비사왕은 이 말을 듣고 말하였다.

"우다라여, 너는 지금부터는 내가 먹는 음식과 똑같은 음식으로 대접하고, 내가 입는 옷과 똑같은 옷을 보시하라."

그러자 우다라는 그 뒤로는 왕이 먹는 음식과 똑같은 음식으로 대접하고, 왕이 입는 옷과 똑같은 옷을 보시하였다. 그때 우다라는 비사왕을 위해 보시를 감독하여 실행하였기 때문에 몸이 무너지고 목숨이 끝난 다음에는 사천왕천에 태어났다. 저 비사왕은 지극하지 않은 마음으로 보시를 행하였기 때문에 몸이 무너지고 목숨이 끝난 다음에는 용수림椲樹林[6]의 빈 궁전에 태어났다.

존자 교험발제橋撿鉢帝[7]는 자주 저 용수림 빈 궁전에 가서 노닐었다. 존자 교험발제는 멀리서 비사왕을 보고 곧 물었다.

"너는 누구냐?"

비사왕이 대답하였다.

"존자 교험발제여, 혹 염부주에 있는 사화제斯惒提의 비사라고 이름하는 자에 대해서 들은 적이 있습니까?"

"나는 염부주에 있는 사화제의 비사라는 왕이 있다는 말을 들었다."

"존자 교험발제여, 내가 곧 그 사람입니다. 옛날에는 비사왕이라고 이름하였었습니다."

존자 교험발제가 다시 물었다.

"비사왕은 이렇게 보고 이렇게 말하였다.

'후세란 없는 것이고 중생이 다시 태어나는 일도 없는 것이다.'

그는 무엇으로 말미암아 여기에 나서 사천왕의 작은 용수림 빈 궁전에 살고 있는가?"

비사왕이 말하였다.

"존자 교험발제여, 나는 본래는 이러한 견해가 있었습니다. 그러나 사문 구마라가섭에게 항복하고 다스림을 받아 그것을 끊어 버렸습니

6 사천왕천 궁전의 이름이다. 송宋·원元·명明 3본에는 모두 총수림궁전叢樹林宮殿으로 되어 있다.

7 존자의 이름으로 혹은 교범파제憍梵波提로 쓰기도 하며, 의역하면 우주牛主·우왕牛王·우적牛跡이다.

다. 만일 존자 교험발제께서 다시 염부주에 내려가거든 부디 염부주 사람들에게 두루 이렇게 말해 주십시오.

'만일 보시를 행하여 복을 닦을 때에는 마땅히 지극한 마음으로 하고 손수 주고 스스로 가서 주고 지극한 믿음으로 주고 업이 있고 업의 과보가 있다는 사실을 알고 주라. 왜냐하면 그것으로 인하여 보시의 과보를 받는데 사화제의 비사왕과 같이 되지 않게 하기 위한 때문이다. 비사왕은 보시의 주인으로서 지극하지 않은 마음으로 보시하였기 때문에 사천왕의 작은 용수림 빈 궁전에 나서 의지하고 있다.'"

그때에 존자 교험발제는 잠자코 받아 주었다. 이에 존자 교험발제는 어느 때에 염부주에 내려가, 곧 모든 염부주 사람들에게 두루 말하였다.

"지극한 마음으로 주고 직접 손으로 주고, 몸소 가서 주고 지극한 믿음으로 주고, 업이 있고 업의 과보가 있다는 사실을 알고 주라. 왜냐하면 이것으로 인하여 보시의 과보를 받는데 사화제의 비사왕과 같이 되지 않게 하기 위한 때문이다. 비사왕은 보시의 주인으로서 지극하지 않은 마음으로 보시를 행하였기 때문에 사천왕의 작은 용수림 빈 궁전에 나서 살고 있다."

존자 구마라가섭이 이렇게 말하자 비사왕과 사화제의 범지 · 거사 그리고 여러 비구들은 기뻐하며 받들어 행하였다.

〔이 비사경에 수록된 경문의 글자 수는 10,367자이다. 『중아함경』 제16권에 수록된 경문의 글자 수는 모두 10,367자이다. 이 「왕상응품」에 수록된 경문의 글자 수는 모두 53,556자이다.〕[8]

8 「왕상응품」에 수록된 글자 수는 총 53,536자인데 여기에서는 53,556자로 표기하여 20자가 더 많다. 이것은 앞의 제15권 각주에서 밝혔듯이 15권에 수록된 총 글자 수와의 차질에서 빚어진 듯하다.

중아함경 제 17 권

7. 장수왕품長壽王品 ①

〔이 품에는 모두 소경 15개가 수록되어 있으며, 제2 토성송에 해당된다.〕

장수왕본기경長壽王本起經 · 천경天經 · 팔념경八念經과
정부동도경淨不動道經이며
욱가지라경郁伽支羅經과
사계제삼족성자경娑雞第三族姓字經이며
범천청불경梵天請佛經과
유승천경有勝天經 · 가치나경迦絺那經이며
염신경念身經 · 지리미리경支離彌離經과
장로상존수면경長老上尊睡眠經이며
무자경無刺經 · 진인경眞人經과
설처경說處經이 맨 나중에 설해져 있다.

72) 장수왕본기경長壽王本起經[1]〔제2 소토성송〕

나는 이와 같이 들었다.

어느 때 부처님께서 구사미국拘舍彌國[2]에 유행하실 때에 구사라瞿師羅 동산에 계셨다. 그때에 구사미의 비구들이 자주 다투자 세존께서 구사미의 모든 비구들에게 말씀하셨다.

비구들아, 너희들은 서로 다투지 말라. 이유가 무엇이냐?

만일 다툼으로 다툼을 막으려 하면
끝내 그침을 보지 못하며
오직 참는 것만이 다툼을 그치게 하리.
이 법은 존귀하다 할 만하다.

왜냐하면 옛날 구사라국拘娑羅國에 장수長壽라고 하는 왕이 있었고, 가사국加赦國에는 범마달다梵摩達哆라는 왕이 있었는데, 그 두 국왕은 늘 서로 다투곤 하였다. 그때 가사국왕인 범마달다가 코끼리군사·말군사·수레군사·걷는 군사 등 네 종류의 군사를 일으켰다. 네 종류의 군사를 일으켜 가사국왕 범마달다가 몸소 군사를 끌고 가서 구사라국왕 장수와 맞서 싸우려고 하였다. 구사라국왕 장수는 가사국왕 범마달다가 코끼리 군사·말 군사·수레 군사·걷는 군사 이 네 종류의 군사를 일으켜 자기와 싸우려 한다는 말을 들었다. 구사라국왕 장

1 이 경전의 참고 경문으로는 『사분율』 제43권, 『오분율』 제24권, 『육도집경六度集經』 제1권의 열 번째 소경과 역자를 알 수 없는 『장수왕경長壽王經』과 『증일아함경』 제16권 「고당품高幢品」의 여덟 번째 소경이 그것이다.

2 나라 이름. 또는 교상미憍賞彌로 쓰기도 하고, 혹은 구섬미拘睒彌로 쓰기도 하며, 지금 중인도中印度에 있는 나라이다.

수도 그 말을 듣고 또한 코끼리 군사·말 군사·수레 군사·걷는 군사 네 종류의 군사를 일으켰다. 군사를 일으켜 구사라국왕 장수가 직접 군사를 끌고 나가 국경 사이에 진을 치고 서로 싸움이 붙었다. 그러자 구사라국왕 장수는 저 범마달다의 네 종류 군사인 코끼리 군사·말 군사·수레 군사·걷는 군사를 공격하여 모두 빼앗고 또 가사국왕 범마달다를 사로잡았다가 놓아주면서 그에게 말하였다.

'너는 곤궁한 사람이다. 이제 용서하여 놓아주니 뒤에는 다시 그런 짓을 하지 말라.'

가사국왕 범마달다는 다시 두 번 세 번 코끼리 군사·말 군사·수레 군사·걷는 군사 이 네 종류의 군사를 일으켰다. 다시 몸소 군사를 끌고 가서 구사라국왕 장수와 싸웠다. 구사라국왕 장수는 가사국왕 범마달다가 다시 네 종류의 군사를 일으켜 자기와 싸우려 한다는 말을 들었다. 구사라국왕 장수는 그 말을 듣고는 곧 이렇게 생각하였다.

'내가 이미 그에게 이겼는데 또 무엇 때문에 꼭 이기려 할 것이며, 내가 이미 그를 항복받았는데 무엇 때문에 다시 항복받을 필요가 있겠으며, 내가 이미 그를 해쳤는데 다시 무엇 때문에 해칠 필요가 있겠느냐? 다만 빈 활로 그를 항복받으면 족하겠다.'

구사라국왕 장수는 이렇게 생각한 뒤에 느긋한 마음으로 다시 네 종류의 군사를 일으키지 않고 또한 몸소 싸우러 나가지도 않았다. 그때 가사국왕 범마달다가 와서 쳐부수고, 구사라국왕 장수의 네 종류 군대를 모두 빼앗아 갔다.

그러자 구사라국왕 장수는 가사국왕 범마달다가 와서 자기의 네 종류 군대를 모두 빼앗아 갔다는 말을 듣고 다시 이렇게 생각하였다.

'싸움이란 참으로 이상한 것이다. 싸움이란 아주 나쁜 것이다. 이기고 나면 다시 상대방에게 져야 하고, 항복받고 나면 다시 상대에게 항복을 해야 하며, 해치고 나면 다시 상대에게 해침을 당해야 한다. 나는 이제 차라리 혼자 아내만 데리고 수레 하나에 함께 타고 바라내波羅㮈시로 달아나야겠다.'

그리고는 구사라국왕 장수는 곧 혼자서 아내만 데리고 수레 하나를 타고 바라내시로 달아났다. 구사라국왕 장수는 다시 이렇게 생각하였다.

'나는 차라리 시골로 내려가서 책이나 읽으면서 지식이나 넓혀야겠다.'

구사라국왕 장수는 이렇게 생각한 뒤에 곧 시골로 내려가 학문을 배우고 지식을 넓혀 나갔다. 그렇게 널리 들어 아는 게 많아졌다 하여 곧 이름을 장수 박사長壽博士로 바꾸었다. 장수 박사는 다시 이렇게 생각하였다.

'배울 만한 것을 나는 이제 다 배웠다. 나는 차라리 바라내시의 서울로 가서 이 거리 저 거리, 이 골목 저 골목에 머물면서 즐겁고 기쁜 낯빛으로 아름다운 소리를 내어 풍류나 하며 살자. 이렇게 하면 바라내시의 모든 귀족과 호족들은 이것을 들은 뒤에 틀림없이 매우 기뻐하며 스스로 즐거워할 것이다.'

장수 박사는 이렇게 생각한 뒤에 곧 바라내시로 가서 이 거리 저 거리, 이 골목 저 골목에 머무르면서 즐겁고 기쁜 낯빛으로 아름다운 소리를 내어 풍류를 연주하였다. 이렇게 하자 바라내시의 모든 귀족과 호족들은 이 연주를 듣고 매우 기뻐하며 스스로 즐거워하였다.

그때 가사국왕 범마달다의 바깥 권속이 그 연주를 들었고, 중간 권속과 안 권속 및 범지梵志 국사도 다 같이 그 연주를 들었다. 범지 국사는 그 연주를 듣고 나서 곧 불러 만나보려고 하였다. 그러자 장수 박사는 범지 국사가 있는 곳으로 나아가 그를 향해 서서 즐겁고 기쁜 낮빛으로 아름다운 소리를 내어 풍류를 연주하였다. 범지 국사는 그 노래 연주를 듣고 매우 기뻐하며 스스로 즐거워하였다. 이에 범지 국사가 장수 박사에게 말하였다.

'너는 오늘부터 나를 의지하고 살라. 내가 마땅히 네가 필요로 하는 것을 다 공급해 주겠다.'

장수 박사가 말하였다.

'존자여, 내게는 한 아내가 있습니다. 그를 어떻게 하리까?'

범지 국사가 대답하였다.

'박사여, 너는 그 아내도 데리고 와서 우리 집에서 같이 살라. 내가 마땅히 보살펴 주겠다.'

그러자 장수 박사는 곧 그 아내를 데리고 범지 국사 집에 들어가 함께 살았고, 범지 국사는 곧 그들을 보살펴 주었다. 그 뒤에 장수 박사의 아내는 마음에 걱정이 생겨 이렇게 생각하였다.

'네 종류의 군사로 하여금 노부(鹵簿 : 旌旗) 따위의 儀仗를 벌여 놓고 서릿발같이 잘 드는 칼을 뽑아 들고 천천히 지나가게 해놓고 내가 그것을 구경하면서, 또한 칼을 간 물을 마시고 싶다.'

장수 박사의 아내는 이렇게 생각하고 곧 장수 박사에게 말하였다.

'나는 마음에 걱정이 생겨 이렇게 생각하였습니다. 네 종류의 군사로 하여금 의장을 벌여 세우고 서릿발 같이 잘 드는 칼을 뽑아 들고 천천히 지나가게 하고, 나는 그것을 두루 구경하면서 또 칼을 간 물도 마시고 싶습니다.'

장수 박사가 곧 아내에게 말하였다.

'그대는 그런 생각을 하지 말라. 왜냐하면 우리들은 이제 범마달다 왕에게 파괴되었다. 그대는 무엇으로 네 종류의 군사로 하여금 의장을 벌여 세우고 서릿발 같이 잘 드는 칼을 뽑아 들고 천천히 지나게

하고, 또 두루 보고 싶어하며, 칼을 간 물을 마시고자 하는가?'

아내가 다시 말하였다.

'만일 그렇게 될 수만 있다면 나는 살 희망이 생기겠지만 만일 그렇게 될 수 없다면 나는 틀림없이 죽을 것입니다.'

장수 박사는 곧 범지 국사에게 나아가 그를 바라보고 섰다. 낯빛은 시름에 겨워 참담했고 힘없는 음성으로 풍류를 연주하였다. 범지 국사는 그 연주를 듣고 기뻐할 수 없었다. 범지 국사가 물었다.

'박사여, 그대는 본래부터 나를 바라보고 서서 즐겁고 기쁜 낯빛으로 아름다운 소리로 풍류를 연주하였고, 나는 그 음악을 듣고는 매우 기뻐하며 스스로 즐거워하였었다. 그런데 지금 그대는 무엇 때문에 나를 바라보고 서 있는데도 낯빛에 근심이 가득해 보이며, 힘없는 소리로 풍류를 연주하는가? 내가 지금 그런 음악을 듣고는 기뻐할 수가 없다. 장수 박사여, 너의 몸에 혹 병이 생긴 건 아닌가? 혹은 마음에 걱정이나 없는가?'

장수 박사가 말하였다.

'존자여, 내 몸에는 아무 병도 없으며 다만 마음에 걱정이 있을 뿐입니다. 존자여, 내 아내가 마음에 근심을 품고 이렇게 생각하고 있습니다. 네 종류의 군대로 하여금 의장을 갖추고 서릿발 같은 칼을 뽑아 들고 천천히 지나가게 하고, 아내는 그것을 구경해보고 싶다고 합니다. 또 칼을 간 물을 얻어 마시고 싶다고 하였습니다. 그래서 내가 곧 아내에게 말했습니다. 그대는 그런 생각을 하지 말라. 우리의 처지가 지금 이러하거늘 그대가 무엇으로 네 종류의 군대로 하여금 의장을 벌려 세우고 서릿발 같은 칼을 뽑아 들고 천천히 지나가게 해놓고, 그대가 그것을 구경하고 싶어하는가? 또 칼을 간 물을 얻어 마시고자 하는가? 아내는 다시 내게 말했습니다. 〈만일 그렇게 될 수만 있다면 나는 살 희망이 생기겠지만 만일 그렇게 될 수 없다면 나는 틀림없이 죽을 것입니다〉라고 하였습니다. 존자여, 만일 아내가 온전하지 못하면 나도 역시 어쩔 도리가 없습니다.'

범지 국사가 물었다.

'박사여, 너의 아내를 볼 수 있겠는가?'

'존자여, 볼 수 있습니다.'

이에 범지 국사는 장수 박사를 데리고 그의 아내가 있는 곳으로 갔다. 이때 장수 박사의 아내는 덕이 있는 아들을 안고 있었다. 범지 국사는 장수 박사의 아내가 덕이 있는 아들을 안고 있는 것을 보았기 때문에 곧 오른 무릎을 땅에 꿇고 합장하고, 장수 박사의 아내를 향하여 두 번 세 번 찬탄하며 말하였다. 구사라국 왕이 태어나셨다. 구사라국 왕이 태어나셨다. 그리고 곧 좌우에 명하여 말하였다.

'사람들에게 알리지 말라.'

범지 국사가 말하였다.

'박사여, 그대는 염려하지 말라. 내가 그대의 아내에게 네 종류의 군대로 하여금 의장을 벌려 세우고 서릿발 같은 칼을 뽑아 들고 천천히 지나가는 모습을 보게 해주겠다. 또한 칼을 간 물도 마실 수 있도록 하겠다.'

그러자 범지 국사는 가사국왕 범마달다에게 나아가 말하였다.

'천왕이여, 마땅히 아십시오. 덕 있는 별이 나타났습니다. 원컨대 천왕은 네 종류의 군사를 엄숙하게 하여 의장을 벌려 세우고 서릿발 같은 칼을 뽑아 들고 천천히 인도하여 나가 군대의 위엄을 떨치게 하고, 물로써 칼을 갈게 하십시오. 그리고 천왕은 직접 나가 그것을 보십시오. 천왕이여, 만일 그렇게 하면 반드시 좋은 보답이 있을 것입니다.'

가사국왕 범마달다가 곧 주병신主兵臣에게 명하였다.

'너는 지금 마땅히 알라. 덕 있는 별이 나타났다. 너는 빨리 네 종류의 군대를 엄숙하게 하여 의장을 벌려 세우고, 서릿발 같은 칼을 뽑아 들고 천천히 인도해 나가 군사의 위엄을 떨치게 하라. 그리고 또 칼을 갈도록 하라. 내가 친히 나가 보겠다. 만일 이렇게 하면 좋은 과보가 있을 것이다.'

그때 주병신은 왕의 명령을 받고 곧 네 종류의 군사를 엄숙하게 하여 의장을 벌려 세우고, 서릿발 같은 칼을 뽑아 천천히 인도해 나가 군사의 위엄을 빛나게 하고 칼을 갈았다. 그리고 범마달다는 곧 몸소 나가 보았다. 이로 말미암아 장수 박사의 아내는 네 종류의 군사가 의장을 벌려 세우고 서릿발 같은 칼을 뽑아 들고 천천히 인도해 나가 군사의 위엄을 떨치는 모습을 볼 수 있었고, 다시 칼을 간 물을 얻어 마시게 되었다. 칼을 간 물을 마신 뒤에는 답답한 증세는 없어지고 이내 덕망이 있는 아들을 낳았다. 곧 이름을 장생 동자라 짓고 다른 사람에게 맡겨 은밀히 길러 날로 장대하여 갔다.

장생 동자가 만일 찰리 정생왕이 되면 천하를 바르게 다스려 큰 국토를 얻고, 온갖 기예技藝인 코끼리 다루기・말 타기・말 몰기・말달리기・활쏘기・손뼉 치기・그물 던지기・갈고리 던지기・수레 타기・연輦 타기 등 이러한 여러 가지 묘한 기예에 능숙하고, 몇 가지 묘한 촉사觸事도 특히 훌륭하며 용맹하고 굳세기가 세상 사람들보다 뛰어나며, 총명도 특출하게 뛰어나 그윽하고 은은한 것까지도 두루 통달하지 않은 것이 없을 것이다.

이에 범마달다는 구사라 국왕 장수가 박사가 되어 이 바라내시 성중에 있다는 말을 듣고 곧 측근에 명령하였다.

'그대들은 빨리 가서 구사라국왕 장수를 잡아 두 손을 뒤로 묶어 나귀에 태우고, 나귀 울음소리처럼 나는 다 떨어진 북을 쳐서 두루 알리게 한 뒤에, 성 남문으로 나가 높은 표목 아래 앉히고 그 까닭을 따져 물어 보라.'

측근 신하들은 명령을 받고 곧 가서 구사라국왕 장수를 잡아 두 손을 뒤로 묶어 나귀에 태워 나귀 울음소리처럼 나는 다 떨어진 북을 쳐 두루 알린 뒤에 성 남문으로 나가 높은 표목 밑에 앉히고 그 까닭을 따져 물었다. 이때 장생 동자는 아버지의 뒤를 따라 측근에 모시고 있다가 아버지에게 말하였다.

'천왕이여, 두려워하지 마십시오. 천왕이여, 두려워하지 마십시오. 제가 즉시 이 자리에서 반드시 구원해 드리겠습니다. 반드시 구원해 드리겠습니다.'

구사라왕 장수가 말하였다.

'동자야, 참아야 한다. 동자야, 참아야 한다. 앙심을 품지 말고 다만 사랑하는 마음을 가져야 한다.'

여러 사람들은 장수왕이 이렇게 말하는 것을 듣고 곧 왕에게 그 말이 무슨 뜻이냐고 물었다. 왕은 여러 사람들에게 말하였다.

'이 동자는 총명하여 반드시 내 말을 이해할 것이다.'

그때에 장생 동자는 바라내시 성 안의 모든 귀족과 호족들에게 권하였다.

'여러분, 보시를 행하여 복을 닦고 구사라국왕 장수를 위하여 주원呪願하십시오. 이 복을 베풀므로 말미암아 원컨대 구사라국왕 장수로 하여금 안온하게 하고 해탈을 얻게 하십시오.'

그때 바라내 성 안에 살고 있던 모든 귀족과 호족들이 장생 동자를 위해 권장하고 보시를 행하여 복을 닦았다. 그리고 또 구사라국왕 장수를 위해서 주원을 하였다. 이렇게 보시하여 복을 닦음으로써 구사라국왕 장수로 하여금 안온하게 하고 해탈하게 해 주기를 빌었다.

가사국왕 범마달다는 이 바라내시의 모든 귀족과 호족들이 보시를 행하여 복을 닦고, 구사라국왕 장수를 위하여 이 복을 지음으로써 부디 구사라국왕 장수로 하여금 안온하게 하고 해탈을 얻게 하도록 주원한다는 말을 들었다. 그는 그 말을 듣고 곧 크게 두려워 온몸의 털이 곤두섰다. 이 바라내시 성중의 모든 귀족과 호족들이 나를 배반하지 않게 할 수 없을까? 그 일은 우선 제쳐 두고 나는 지금 급히 이 일부터 먼저 처리해 없애야겠다고 생각하였다. 가사국왕 범마달다는 측근에 명령하였다.

'너희들은 빨리 가서 구사라국왕 장수를 죽여 일곱 토막을 내어라.'

측근 신하들은 명령을 받고 곧 가서 장수왕을 죽여 일곱 토막을 내었다.

이에 장생 동자는 바라내 성 안의 모든 귀족과 호족들을 권하여 이렇게 말하였다.

'여러분, 이것을 보시오. 가사국왕 범마달다는 모질고 무도無道하여 아무 죄도 없는 내 아버지 구사라국왕 장수를 구금하고 그 나라와 창고의 재물까지 빼앗고 그것도 모자라 혹독하고 억울하게 죽여서 일곱 토막을 내었습니다. 여러분은 가서 새 비단천으로 내 아버지의 일곱 토막 난 시체를 거두어 염하고, 일체의 향과 향나무를 쌓아 화장한 뒤에 사당을 세우고 나를 위해 글을 지어 범마달다에게 주면서 말하시오. 구사라국왕 장생 동자는 이렇게 말하였다. 〈너는 뒷날 자손을 위해 재앙을 짓는 것을 두려워하지 않는가?〉라고 말입니다.'

그러자 바라내시의 모든 귀족과 호족들은 장생 동자의 권유를 듣고 곧 새 비단천을 가지고 가서 그 일곱 토막 난 시체를 거두어 염하고 일체의 향과 향나무를 쌓아 그것을 화장한 뒤에 사당을 세우고, 다시 그를 위하여 글을 지어 범마달다에게 주면서 말하였다.

'구사라국왕 장생 동자는 이렇게 말하였습니다. 〈너는 뒷날의 자손을 위하여 재앙을 짓는 것을 두려워하지 않는가?〉라고 말입니다.'

이에 장수왕의 아내가 장생 동자에게 말하였다.

'너는 마땅히 알라. 이 가사국왕 범마달다는 모질고 무도하여 아무 죄도 없는 너의 아버지 구사라국왕 장수를 구금했고, 그 나라는 물론 창고에 있던 재물까지 빼앗았으며 혹독하고 억울하게 죽여 일곱 토막을 내었다. 동자야, 너는 와서 나와 함께 수레를 타고 달아나 바라내시를 빠져나가자. 만일 떠나지 않으면 장차 화가 너에게도 미칠 것이다.'

이에 장수왕의 아내는 장생 동자와 함께 한 수레를 타고 달려서 바라내시를 빠져나갔다. 그때에 장생 동자는 이렇게 생각하였다.

'나는 차라리 시골로 내려가서 학문을 연마하여 지식이나 넓혀야겠다.'

장생 동자는 이렇게 생각한 뒤에 시골로 내려가 학문을 연마하고 지식을 넓혔다. 이렇게 지식을 넓혔기 때문에 곧 이름을 바꾸어 장생 박사라고 하였다. 장생 박사는 다시 이렇게 생각하였다.

'배워야 할 것을 나는 이미 다 배웠다. 나는 차라리 바라내시로 가서 이 거리 저 거리와 이 골목 저 골목을 다니면서 즐겁고 기쁜 낯빛으로 묘한 음성의 풍류를 연주하겠다. 그렇게 하면 바라내시의 모든 귀족과 호족들은 그것을 듣고 매우 기뻐하여 스스로 즐거워할 것이다.'

장생 박사는 이렇게 생각한 뒤에 곧 바라내시로 가서 이 거리 저 거리와 이 골목 저 골목을 다니면서 즐겁고 기쁜 낯빛으로 묘한 음성의 풍류를 연주하였다. 이렇게 하자 바라내시의 모든 귀족과 호족들은 그것을 듣고 매우 기뻐하고 스스로 즐거워하였다. 이에 가사국왕 범마달다의 바깥 권속이 들었고 중간 권속·안 권속·범지 국사 등 이렇게 잇따라 들었으며, 마침내는 가사국왕 범마달다도 듣고 곧 불러서 만나 보려고 하였다. 그리하여 장생 박사는 곧 가사국왕 범마달다에게 나아가 그를 향해 서서 즐겁고 기쁜 낯빛으로 묘한 음성의 풍류를 연주해 주었다. 이렇게 하자 가사국왕 범마달다는 그것을 듣고 매우 기뻐하고 스스로 즐거워하였다. 이에 가사국왕 범마달다가 말하였다.

'박사여, 너는 오늘부터 나를 의지하여 살아가도록 하라. 내가 모든 것을 공급해 주겠다.'

이에 장생 박사는 곧 그를 의지하여 살아갔다. 가사국왕 범마달다는 곧 그에게 모든 것을 공급해 주었다. 그러다가 나중에는 마침내 그를 신임하여 전부를 그에게 맡겼다. 그리하여 몸을 보호하는 호신용 칼마저 장생 박사에게 주었다. 그때에 가사국왕 범마달다는 곧 마부에게 명령하였다.

'너는 수레를 준비하라. 내가 사냥하러 나가고자 한다.'

마부는 명령을 받고 곧 수레를 채비한 뒤에 돌아와 말하였다.

'수레 준비를 이미 마쳤습니다. 천왕의 뜻대로 하십시오.'

이에 가사국왕 범마달다는 곧 장생 박사와 함께 수레를 타고 나갔다. 장생 박사는 곧 이렇게 생각하였다.

'이 가사국왕 범마달다는 모질고 무도하여 아무 죄도 없는 우리 아버지 구사라국왕 장수를 구금하고, 그 나라와 창고의 재물까지 빼앗았으며 혹독하고 억울하게 죽여 일곱 토막을 내었다. 나는 이제 수레를 몰아 네 종류의 군사와 떨어져 있게 하여 제각기 다른 곳에 있게 하겠다.'

장생 박사는 이렇게 생각한 뒤에 곧 수레를 몰아 네 종류의 군사를 제각기 떨어뜨려 각각 다른 곳에 있게 하였다.

그때에 가사국왕 범마달다는 진흙길을 애써 건너고 바람과 더위에 시달려 괴롭고 목마르고 피로가 극에 달하여 눕고 싶기만 했다. 그는 곧 수레에서 내려 장생 박사 무릎을 베고 잠이 들었다. 이에 장생 박사는 다시 이렇게 생각하였다.

'이 가사국왕 범마달다는 모질고 무도하여 아무 죄도 없는 우리 아버지를 구금하고, 그 나라와 창고의 재물까지 빼앗았으며 결국은 혹독하고 억울하게 우리 아버지를 죽여 일곱 토막을 내었다. 그런데 오늘 그가 마침 내 손 안에 있다. 마땅히 원수를 갚으리라.'

장생 박사는 이렇게 생각한 뒤에 곧 칼을 빼어 가사국왕의 목 위에 대고 이렇게 중얼거렸다.

'내가 이제 너를 죽이겠다. 내가 이제 너를 죽이겠다.'

장생 박사는 다시 이렇게 생각하였다.

'내가 잘못하는 짓이다. 왜냐하면 아버지께서 옛날 높은 표목 아래서 임종하실 때 내게 말씀하신 것을 나는 기억한다. 〈동자야, 참아야 한다. 동자야, 참아야 한다. 앙심을 품지 말고 다만 사랑하는 마음을 가져야 한다〉고 하셨다.'

이것을 생각한 뒤에 그는 칼을 들어 도로 칼집에 넣었다.

그때에 가사국왕 범마달다는 꿈에서 구사라국왕 장수의 아들 장생 동자가 손으로 예리한 칼을 뽑아 자기 목 위에 대고 이렇게 중얼거리는 것을 알았다.

'내가 이제 너를 죽이겠다. 내가 이제 너를 죽이겠다.'

그 말을 듣고는 두려워서 모골이 송연해졌다. 그리고 곧 놀라 깨어 벌떡 일어나 장생 박사에게 말했다.

'너는 마땅히 알라. 내 꿈에 구사라국왕 장수의 아들 장생 동자가 손으로 예리한 칼을 뽑아 내 목 위에 대고 〈내가 마땅히 너를 죽이겠다. 내가 마땅히 너를 죽이겠다〉고 중얼거리는 것을 들었다.'

장생 박사는 이 말을 듣고 말하였다.

'천왕이여, 두려워하지 마시오. 천왕이여, 두려워하지 마시오. 왜냐하면 저 구사라국왕 장수의 아들 장생 동자는 바로 나입니다. 천왕이여, 나는 이렇게 생각하였습니다.

'〈가사국왕 범마달다는 모질고 무도하다. 아무 죄도 없는 우리 아버지를 구금하고, 그 나라와 창고의 재물까지 빼앗았으며, 결국엔 혹독하고 억울하게 우리 아버지를 죽여 일곱 토막을 내었다. 그런데 오늘 그는 결국 내 손 안에 있다. 마땅히 원수를 갚으리라〉고 말입니다. 천왕이여, 나는 예리한 칼을 빼어 왕의 목 위에 대고 이렇게 중얼거렸습니다. 〈내가 이제 너를 죽이겠다. 내가 이제 너를 죽이겠다〉고 말입니다. 천왕이여, 나는 다시 생각하였습니다. 〈내가 잘못하는 짓이다. 왜냐하면 나는 아버지께서 옛날 높은 표목 아래서 임종하실 때에 내게 말씀하신 것을 기억한다. 동자야, 참아야 한다. 동자야, 참아야 한다. 앙심을 품지 말고 다만 사랑하는 마음을 가져야 한다고 하시지 않았는가?〉 그 말을 생각한 뒤에 칼을 들어 도로 칼집에 넣었습니다.'

가사국왕 범마달다가 말하였다.

'동자여, 너는 〈동자야, 참아야 한다. 동자야, 참아야 한다〉고 말하였다. 나는 이미 그 뜻을 알았다. 동자여, 너는 또 말하기를 〈앙심을 품지 말고 다만 사랑하는 마음을 가져야 한다〉고 말하였니. 이것은 무슨 뜻인가?'

장생 동자가 대답하였다.

'천왕이여, 앙심을 품지 말고 다만 사랑하는 마음을 가져야 한다는

것은 이것을 말한 것입니다.'

가사국왕 범마달다는 이 말을 듣고 말하였다.

'동자여, 오늘부터 내가 다스리는 나라를 다 너에게 주고 네 아버지의 나라도 너에게 돌려주겠다. 왜냐하면 네가 한 일은 매우 어려운 일이다. 곧 내게 은혜를 베풀어 목숨을 살려 주었기 때문이다.'

장생 동자는 이 말을 듣고 말하였다.

'천왕의 본국은 그대로 천왕의 것입니다. 우리 아버지의 나라만 돌려받으면 됩니다.'

이에 가사국왕 범마달다는 장생 동자와 함께 수레를 타고 돌아와 바라내 성으로 들어가 정전 위에 앉아서 모든 신하들에게 말하였다.

'그대들이 만일 구사라국왕 장수의 아들 장생 동자를 본다면 어떻게 할 것인가?'

모든 신하들은 이 말을 들었다. 그중 어떤 이는 이렇게 말하였다.

'천왕이여, 만일 그를 본다면 마땅히 그 손을 잘라버리겠습니다.'

어떤 이는 또 이렇게 말하였다.

'천왕이여, 만일 그를 본다면 마땅히 그 발을 잘라버리겠습니다.'

어떤 이는 다시 이렇게 말하였다.

'마땅히 그 목숨을 끊어버리겠습니다.'

가사국왕 범마달다가 모든 신하들에게 말하였다.

'여러분, 구사라국왕인 장수왕의 아들 장생 동자를 보고자 한다면 여기 있는 이분을 보라. 너희들은 악의를 가지고 이분을 대하지 말라. 왜냐하면 이 동자가 한 일은 참으로 어려운 일이었기 때문이다. 은혜를 베풀어 나의 목숨을 살려주었다.'

이에 가사국왕 범마달다는 왕이 목욕하는 물로써 장생 동자를 목욕시키고 왕이 바르는 향을 발라 주고 왕이 입는 옷을 입히고 황금 평상에 앉힌 뒤에, 제 딸을 아내로 주어 그 본국으로 돌려보냈다."

부처님께서 다시 말을 이으셨다.

"비구들아, 그는 국왕 찰리刹利 정생왕頂生王으로서 큰 나라의 주인이 되어 천하를 바르게 다스리고 스스로 욕됨을 참아 내었을 뿐만 아니라 다른 이가 욕됨을 참는 것을 보면 칭찬하였으며, 스스로 사랑하는 마음을 실천하였을 뿐만 아니라 다른 이에게 사랑하는 마음이 있는 것을 보면 칭찬하였으며, 스스로 은혜를 베풀었을 뿐만 아니라 또 남이 은혜를 베푸는 것을 보면 칭찬하였다. 비구들아, 너희들도 마땅히 이렇게 하라. 지극한 믿음으로 집을 버려 가정이 없이 도를 배우되 마땅히 욕됨을 참고 또 다른 이가 욕됨을 참는 것을 보거든 칭찬하며, 스스로 사랑하는 마음을 실천하고 다른 이가 사랑하는 마음을 실천하거든 또 칭찬하며, 스스로 은혜를 베풀고 다른 이가 은혜를 베풀거든 그 또한 칭찬해야 한다."

이에 비구들은 부처님 말씀을 듣고 이렇게 말하는 사람이 있었다.

"세존 법주法主께서는 이제 잠깐만 계십시오. 세존께서는 우리를 인도해 말씀하셨는데, 우리들이 어떻게 저들을 인도하지 않을 수 있겠습니까?"

이에 세존께서는 구사미의 모든 비구들의 소행, 곧 위의·예절·배운 바·익힌 것에 대하여 기뻐하지 않으시고 곧 자리에서 일어나 게송으로 말씀하셨다.

약간의 말로써
가장 높은 무리를 파괴하네.
거룩한 무리를 파괴할 때에
능히 꾸짖어 말리는 이 없구나.

몸을 부수고 목숨을 끊고
코끼리·소·말·재물을 빼앗고
나라를 부수어 다 멸망시켜도
그는 오히려 일부러 화해하였네.

하물며 너는 작은 말로 꾸짖어
능히 화합을 이루지 못함이랴.
만일 참 이치를 생각하지 않으면
맺힌 원한이 어찌 끝나리.

꾸짖고 욕하며 탓하기 자주해도
능히 화합을 이루며
만일 진실한 이치를 생각하면
원한의 맺힘은 반드시 끝나게 되리.

만일 다툼으로써 다툼을 그치게 하려 하면
끝끝내 다툼은 쉬지 않는다.
오직 참음만이 다툼을 쉬게 하며
이 법만이 존귀할 뿐이다.

지혜 있는 진인眞人 향해 성내고
입으로 불량한 말을 하면서
모니牟尼 성인을 비방하는 것
이것은 가장 천하고 지혜롭지 못한 일이네.

다른 사람은 이런 이치 모르고

오직 나만이 혼자 아는데,
만일 능히 이치를 아는 자이면
그는 성냄을 곧 그치게 되리.

만일 반드시 친구가 되어
슬기로운 사람과 함께 선善을 닦으면
본래 고집하던 생각 버리고
기뻐하며 항상 서로 따르리.

만일 반드시 친구를 얻지 못해
지혜로운 사람이 혼자 선을 닦으면
왕이 가혹하게 나라를 다스리는 것 같고
코끼리가 홀로 들에 있는 것 같네.

혼자 다니더라도 악은 짓지 말라
코끼리가 홀로 들에 있는 것처럼
혼자 다니더라도 착한 일 하고
악한 사람과 서로 어울리지 말라.

수행할 때 좋은 벗 얻지 못하고
자기와 같은 사람 함께하지 못하거든
마땅히 마음먹고 혼자 살면서
악한 사람과 서로 어울리지 말라.

그때에 세존께서 이 게송을 말씀하신 뒤에 곧 여의족如意足으로써 허공을 타고 가서, 바라루라婆羅樓羅라는 마을에 이르셨다. 이때에 바라루라 마을에는 존자 바구婆拘라는 석씨 집안의 아들이 있었다. 낮이나 밤이나 자지 않고 부지런히 힘써 도를 닦으며 마음과 행동이 늘 고요해 도품(道品 : 37助道品)의 법에 머물러 있었다. 존자 석씨 가문의 아들은 멀리서 부처님이 오시는 것을 보고는 가서 맞이하여 부처님의 가사와 발우를 받들고 부처님을 위해 자리를 펴고 물을 길어다 발을 씻어 드렸다. 부처님께서 발을 씻으신 뒤에 존자 석씨 가문의 아들인 바구의 자리에 앉으신 다음에 말씀하셨다.

"바구 비구야, 너는 늘 안온하며 부족한 것은 없느냐?"

존자 바구가 말하였다.

"세존이시여, 저는 늘 안온하며 부족한 것도 없습니다."

세존께서 다시 물으셨다.

"바구 비구야, 어떻게 안온하며 또한 부족한 것도 없느냐?"

존자 바구가 말하였다.

"세존이시여, 저는 낮이나 밤이나 자지 않고 부지런히 힘써 도를 행하며, 마음과 행동이 늘 고요해 도품의 법에 머물러 있습니다. 세존이시여, 이렇게 저는 항상 안온하며 부족한 것도 없습니다."

세존께서 다시 생각하셨다.

'이 족성자는 안락하게 유행遊行하는구나. 나는 이제 그를 위하여 설법하리라.'

이렇게 생각하신 뒤에 곧 존자 바구를 위해 설법하셔서 간절히 우러르는 마음을 내게 하고 기쁨을 성취하게 하셨다. 한량없는 방편으로써 간절히 우러르는 마음을 내게 하고 기쁨을 성취하게 하신 뒤에 곧 자리에서 일어나 호사림護寺林으로 가셨다. 호사림에 들어가 어떤 나무 밑에 이르러 니사단尼師檀을 펴고 가부를 맺고 앉으셨다. 세존께서 다시 생각하셨다.

'나는 이미 저 구사미拘舍彌의 모든 비구들에게서 벗어나게 되었다. 저들은 자주 서로 싸우고 서로 헐뜯으며, 서로 미워하고 서로 성내어 언쟁을 벌인다. 나는 저쪽 구사미의 비구들이 사는 곳은 생각하기조차 싫다.'

마침 그때에 어떤 큰 코끼리 한 마리가 있었는데, 코끼리들의 왕이 되었다. 그 코끼리는 코끼리 떼를 떠나 혼자 노닐다가 그 또한 호사림으로 왔다. 호사림에 들어와 현사라賢娑羅나무 밑에 이르러 그 나무에 기대섰다. 그때에 큰 코끼리는 이렇게 생각하였다.

'나는 이미 저 많은 코끼리떼의 암코끼리·수코끼리·크고 작은 코끼리 새끼들에게서 벗어나게 되었다. 저 숱한 코끼리 떼들은 늘 앞서 가려고 하여, 그 때문에 풀이 짓밟히고 물도 흐려졌다. 나는 그때에는 저 짓밟힌 풀을 먹고 흐린 물을 마셨었다. 그런데 이제는 새로 돋아난 풀을 먹고 맑은 물을 마시게 되었다.'

이에 세존께서는 남의 마음을 아는 지혜로써 저 큰 코끼리가 마음으로 생각하고 있는 것을 아시고 곧 게송으로 말씀하셨다.

한 큰 코끼리도 보통 코끼리들처럼
몸을 이루고 어금니를 갖추었다.
마음을 대중들 마음과 같이 하면서
혼자서 숲에 살며 즐기는 것 같으리.

이에 세존께서는 호사림에서 가사를 거두고 발우를 가지시고 반나만사사般那蔓闍寺 숲으로 가셨다. 그때에 반나만사사 숲에는 세 족성자族姓子가 함께 살고 있었으니 그들의 이름은 존자 아나율타阿那律陀·존자 난제難題·존자 금비라金毘羅였다. 그 존자들의 실천 방법은 이러하였다. 곧 만일 누구나 걸식하고 먼저 돌아온 이가 있으면 자리를 깔고 물을 긷고 발 씻는 대야를 내어놓고, 발 씻는 발판과 종아리 닦는 수건과 물병·물동이를 제자리에 두고, 만일 빌어 온 밥을 다 먹을 수 있으면 다 먹지만, 만일 남기게 되면 그릇에 담아 뚜껑을 덮어둔다. 밥을 먹은 뒤에는 발우를 거두고 손발을 씻고 니사단尼師檀을 어깨에 걸치고 방에 들어가 연좌燕坐한다. 만일 걸식하고 뒤에 돌아오는 자가 있어서 밥을 먹을 수 있으면 또한 다 먹고, 만일 모자라면 먼저 남은 밥을 가져다 먹을 만큼 먹고, 남게 되면 곧 쏟아서 깨끗한 땅에나 벌레 없는 물속에 담그고 밥그릇을 가져다 깨끗이 씻고 닦은 뒤에는 한쪽에 치워 둔다. 평상 자리를 걷고 발 씻는 발판을 거두고, 종아리 닦는 수건을 거두고, 발 씻는 대야·물병·물동이를 치우고 식당을 청소하고, 뒷간을 깨끗이 소제한 뒤에는 가사와 발우를 챙기고 손발을 씻고, 니사단을 어깨에 걸치고 방에 들어가 연좌하였다.

그 존자들은 해질 무렵이 되어 만일 연좌에서 먼저 일어난 자가 있어 물병과 물동이가 비어 물이 없는 것을 보면, 곧 가지고 가서 힘겹지 않으면 물을 들고 와서 한쪽에 두고, 만일 힘에 겨우면 곧 손뼉을 쳐 다른 비구를 불러 둘이서 함께 들고 와서 한쪽에 두되 서로 말하지도 않고 서로 묻지도 않았다. 그 존자들은 닷새에 한 번씩 모여 혹은 함께 설법하고 혹은 부처님처럼 침묵하였다.

이에 동산지기는 세존께서 오시는 것을 멀리서 바라보고 가로막고 꾸짖으며 말하였다.

"사문沙門이여, 사문이여, 이 숲에 들어오지 마시오. 지금 이 숲에는 세 명의 족성자가 있으니, 그들은 곧 존자 아나율타와 존자 난제와 존자 금비라입니다. 저들이 만일 당신을 보면 혹 언짢아할지도 모른다."

세존께서 말씀하셨다.

"그대 동산지기야, 저들이 만일 나를 보면 반드시 좋다 하면 했지 절대로 언짢아하지는 않을 것이다."

존자 아나율타는 세존께서 오시는 것을 멀리서 바라보고 그들을 꾸짖었다.

"너 동산지기야, 세존을 꾸짖지 말라. 너 동산지기야, 선서善逝를 막지 말라. 왜냐하면 이분은 바로 나의 세존이신데 지금 오셨기 때문이다. 나의 선서가 오셨기 때문이다."

존자 아나율타는 나와서 세존을 맞이하고 부처님의 가사와 발우를 받았다. 존자 난제는 부처님을 위하여 평상을 펴고, 존자 금비라는 부처님을 위하여 물을 떠다 바쳤다. 그때 세존께서는 손발을 씻으신 뒤에 존자가 편 자리에 앉으셨다. 앉으신 다음에 물으셨다.

"아나율타야, 너는 항상 안온하며 부족한 것은 없느냐?"

존자 아나율타가 말하였다.

"세존이시여, 저는 항상 안온하며 부족한 것이 없습니다."

세존께서 다시 아나율타에게 물으셨다.

"아나율타야, 어떤 것이 안온한 것이며 또한 부족함이 없는 것이냐?"

존자 아나율타가 대답하였다.

"세존이시여, 저는 '내게는 좋은 이익이 있고 큰 공덕이 있다. 곧 나는 이러한 범행자梵行者들과 함께 수행한다'고 생각하고 있습니다. 세존이시여, 저는 항상 이 범행자들을 향하여 자애로운 마음으로 몸으로 짓는 업을 실천하여 알아주거나 알아주지 않거나 간에 평정하여 달리 대하지 않으며, 자애로운 마음으로 입으로 짓는 업을 실천하고, 자애로운 마음으로 뜻으로 짓는 업을 실천하여 알아주거나 알아주지 않거나 간에 평정하여 달리 대하지 않습니다. 세존이시여, 저는 이렇게 생각하였습니다. '나는 이제 내 마음을 버리고 저분들의 마음을 따르자'고 말입니다. 세존이시여, 저는 곧 제 마음을 버리고 저분들의 마음을 따르고 있습니다. 세존이시여, 저는 일찍이 한번도 언짢은 마음을 가진 적이 없었습니다. 세존이시여, 이렇게 저는 항상 안온하며 부족한 것이 없었습니다."

존자 난제에게 물으셨으나 대답은 또한 이와 같았다. 다시 존자 금비라에게 물으셨다.

"너도 항상 안온하며 부족한 것이 없느냐?"

존자 금비라가 말하였다.

"세존이시여, 저도 항상 안온하며 부족한 것이 없습니다."

"금비라야, 어떤 것이 안온한 것이며 또한 부족함이 없는 것이냐?"

존자 금비라가 말하였다.

"세존이시여, 저는 이렇게 생각합니다. '내게는 좋은 이익이 있고 큰 공덕이 있다. 곧 나는 이러한 범행자들과 함께 수행한다'고 말입니다. 세존이시여, 저는 항상 저 범행자들을 향하여 자애로운 마음으로 몸으로 짓는 업을 실천하되, 알아주거나 알아주지 않거나 간에 평정하여 달리 대하지 않으며 자애로운 마음으로 입으로 짓는 업을 실천하고, 자애로운 마음으로 뜻으로 짓는 업을 실천하되 알아주거나 알아주지 않거나 간에 평정하여 달리 대하지 않습니다. 세존이시여, 저는 이렇게 생각합니다. '나는 이제 내 마음을 버리고 저분들의 마음을 따르자'고 말입니다. 세존이시여, 저는 곧 제 마음을 버리고 저 여러분의 마음을 따릅니다. 세존이시여, 저는 일찍이 한번도 언짢은 마음을 가진 적이 없습니다. 세존이시여, 이렇게 저는 항상 안온하며 부족한 것이 없습니다."

세존께서 찬탄하며 말씀하셨다.

"훌륭하고 훌륭하다. 아나율타여, 그렇게 너희들은 항상 서로 화합하고 안락하여 다툼이 없으며, 한마음으로 한 스승을 섬기면서 물과 젖이 하나로 화합하듯 하는구나. 사람으로서 최상의 법을 얻어 등급이 있게 안락한 곳에 머물고 있느냐?"

"세존이시여, 그러합니다. 저희들은 항상 서로 화합하고 안락하여 다툼이 없으며, 한마음으로 한 스승을 섬기면서 물과 젖이 하나로 합해지듯 하며, 사람으로서 최상의 법을 얻어 등급이 있게 안락하게 지냅니다. 세존이시여, 저희들은 광명을 얻어 곧 색을 보는데, 그 색에서 본 광명은 이내 다시 소멸합니다."

세존께서 말씀하셨다.

"아나율타야, 너희들은 이 모습[相]에 대하여 통달하지 못하였구나. 곧 어떤 상으로 광명을 얻어 색을 보면 그 색을 본 광명은 이내 다시 멸할 것이다. 아나율타야, 나도 본래 위없이 바르고 참된 도를 미처 깨닫지 못하였을 때에는 또한 광명을 얻어 색을 보았으나, 그 색을 본 광명은 이내 다시 소멸하였었다. 아나율타야, 나는 이렇게 생각하였다.

'내 마음속에는 무슨 걱정이 있어 나로 하여금 선정을 잃어 눈을 멸하게 하고, 눈이 멸한 뒤에는 내가 본래 얻었던 광명으로 나타난 색을 보았으나 그 색을 본 광명은 이내 다시 멸하는가?'

아나율타야, 나는 정근精勤하여 게으름을 피우지 않고 몸이 그쳐 머무르며, 바른 생각과 바른 지혜가 있고 어리석음이 없어 결정된 한마음을 얻었다. 아나율타야, 나는 이렇게 생각하였다.

'나는 정근하여 게으름을 피우지 않고 몸이 그쳐 머무르며, 바른 생각과 바른 지혜가 있고 어리석음이 없어 결정된 한마음을 얻었다. 만

일 세상에 도가 없더라도 나는 그것을 볼 수 있고 알 수 있을 것인가?'

내 마음속에는 이런 의심하는 병이 생겼다. 이 의심하는 병으로 말미암아 곧 선정을 잃어 눈이 멸하고, 눈이 멸한 뒤에는 내가 본래 얻었던 광명으로 색을 보았으나 그 색을 본 광명이 이내 소멸되고 말았다. 아나율타야, 나는 이제 이렇게 생각해야 한다.

'내 마음속에 의심 병이 생기지 않도록 하자.'

아나율타야, 나는 이 병을 일으키지 않으려고 생각하였기 때문에 곧 멀리 떠나 혼자 살면서 마음에 방일함이 없이 수행하고 정근하였다. 그래서 문득 광명을 얻어 색을 보았으나, 그 색을 본 광명은 이내 다시 소멸되고 말았다. 아나율타야, 나는 다시 이렇게 생각하였다.

'내 마음속에는 무슨 병이 있어 나로 하여금 선정을 잃어 눈을 멸하게 하고, 눈이 멸한 뒤에는 내가 본래 얻었던 광명으로 색을 보았으나 그 색을 본 광명마저 이내 다시 멸하고 마는가?'

아나율타야, 나는 다시 이렇게 생각하였다.

'내 마음속에는 생각 없는 병이 생겼다. 이 생각 없는 병으로 말미암아 곧 선정을 잃어 눈이 멸하고, 눈이 멸한 뒤에는 내가 본래 얻었던 광명으로 색을 보았으나 그 색을 본 광명마저 이내 다시 소멸되고 말았다.'

아나율타야, 나는 이제 꼭 이렇게 생각하여야 했다.

'내 마음속에 의심 병을 내지 않고 생각 없는 병을 내지 않도록 하자.'

아나율타야, 나는 이 병을 일으키지 않으려고 하였기 때문에 곧 멀리 떠나 혼자 살면서 마음에 방일함이 없이 수행하고 정근하였다.

그래서 곧 광명을 얻어 색을 보았으나 그 색을 본 광명은 이내 다시 소멸하고 말았다. 아나율타야, 나는 다시 이렇게 생각하였다.

'내 마음속에는 무슨 병이 있어 나로 하여금 선정을 잃어 눈을 멸하게 하고, 눈이 멸한 뒤에는 내가 본래 얻었던 광명으로 색을 보았으나 색을 본 광명은 이내 다시 소멸되고 마는가?'

아나율타야, 나는 다시 이렇게 생각하였다.

'내 마음속에는 몸으로 인해 생겨나는 질병에 대하여 생각하는 걱정이 생겼다. 이 몸으로 인해 생겨나는 질병에 대하여 생각하는 걱정으로 말미암아 곧 선정을 잃어 눈이 멸하고, 눈이 멸한 뒤에는 내가 본래 얻었던 광명으로 색을 보았으나 그 색을 본 광명도 이내 다시 소멸하고 말았다.'

아나율타야, 나는 이제 꼭 이렇게 생각해야 했다.

'나는 마음속에 이런 걱정을 하지 말고 생각 없는 걱정도 내지 말며 또 몸으로 인해 생겨나는 질병에 대하여 생각하는 걱정을 일으키지 말자.'

아나율타야, 나는 이런 걱정을 일으키지 않으려고 하였기 때문에 곧 멀리 떠나 혼자 살면서 마음에 방일함이 없이 수행하고 정근하였다.

그래서 곧 광명을 얻어 색을 보았으나 그 색을 본 광명은 이내 다시 소멸되고 말았다. 아나율타야, 나는 다시 이렇게 생각하였다.

'내 마음속에는 무슨 걱정이 있어 나로 하여금 선정을 잃어 눈을 멸하게 하고, 눈이 멸한 뒤에는 내가 본래 얻었던 광명으로 색을 보았으나 그 색을 본 광명이 이내 다시 소멸하고 마는가?'

아나율타야, 나는 다시 이렇게 생각하였다.

'내 마음 속에 수면睡眠에 대한 걱정이 생겼다. 이 수면에 대한 걱정으로 말미암아 곧 선정을 잃어 눈이 멸하고, 눈이 멸한 뒤에는 내가

본래 얻었던 광명으로 색을 보았으나, 그 색을 본 광명은 이내 다시 소멸되고 말았다.'

아나율타야, 나는 이제 꼭 이렇게 생각해야 했다.

'내 마음속에 의심하는 걱정을 내지 않고 생각 없는 걱정을 내지 않으며 몸으로 인해 생겨나는 질병에 대하여 생각하는 걱정을 내지 않고 또한 수면에 대한 걱정을 내지 말자.'

아나율타야, 나는 이런 걱정을 일으키지 않으려고 하였기 때문에 곧 멀리 떠나 혼자서 살면서 마음에 방일함이 없이 수행하고 정근하였다. 그래서 곧 광명을 얻어 색을 보았으나, 그 색을 본 광명은 이내 다시 소멸하였다. 아나율타야, 나는 다시 이렇게 생각하였다.

'내 마음속에는 무슨 병이 있어 나로 하여금 선정을 잃어 눈을 멸하게 하고, 눈이 멸한 뒤에는 내가 본래 얻었던 광명으로 색을 보았으나 그 색을 본 광명마저 이내 다시 소멸되고 마는가?'

아나율타야, 나는 다시 이렇게 생각하였다.

'내 마음속에는 지나친 정근精勤의 걱정거리가 생겼다. 이 지나친 정근으로 말미암아 곧 선정을 잃어 눈이 멸하고, 눈이 멸한 뒤에는 내가 본래 얻었던 광명으로 색을 보았으나 그 색을 본 광명도 이내 다시 소멸하고 말았다.'

아나율타야, 마치 역사力士가 파리를 사로잡으려 하면서 너무 성급하게 굴면 파리가 곧 죽는 것처럼, 아나율타야, 내 마음속에는 지나친 정근에 대해 걱정이 생겼다. 이 정근에 대해 걱정으로 말미암아 곧 선정을 잃어 눈을 멸하게 하고, 눈이 멸한 뒤에는 내가 본래 얻었던 광명으로 색을 보았으나 그 색을 본 광명도 이내 다시 소멸되고 말았다. 아나율타야, 나는 꼭 이렇게 생각했어야 했다.

'내 마음속에 의심에 대한 걱정을 내지 않고 생각 없는 데 대한 걱정을 내지 않으며 몸으로 인해 생겨나는 질병에 대하여 생각하는 걱정을 내지 않고 수면에 대한 걱정을 내지 않으며 또한 지나친 정근에 대한 걱정을 내지 않게 하자.'

아나율타여, 나는 이 병을 일으키지 않으려고 하였기 때문에 곧 멀리 떠나 혼자 살면서 마음에 방일함이 없이 수행하고 정근하였다. 그래서 곧 광명을 얻어 색을 보았으나, 그 색을 본 광명은 이내 다시 소멸되고 말았다. 아나율타야, 나는 다시 이렇게 생각하였다.

'내 마음속에는 무슨 걱정이 있어 나로 하여금 선정을 잃어 눈을 멸하게 하고, 눈이 멸한 뒤에는 내가 본래 얻었던 광명으로 색을 보았으나 그 색을 본 광명도 이내 다시 소멸되고 마는가?'

아나율타야, 나는 다시 이렇게 생각하였다.

'내 마음속에는 너무 게으름을 피우는 걱정거리가 생겼다. 이 너무 게으름을 피우는 걱정거리로 말미암아 곧 선정을 잃어 눈이 멸하고, 눈이 멸한 뒤에는 내가 본래 얻었던 광명으로 색을 보았으나 그 색을 본 광명도 이내 다시 소멸되고 말았다.'

아나율타야, 마치 역사가 파리를 잡으려 할 때에 너무 느리게 행동하면 파리는 곧 날아가 버리는 것처럼, 아나율타야, 내 마음속에는 너무 게으름을 피우는 걱정거리가 생겼다. 이 너무 게으름을 피우는 걱정거리로 말미암아 곧 선정을 잃어 눈이 멸하고, 눈이 멸한 뒤에는 내가 본래 얻었던 광명으로 색을 보았으나 그 색을 본 광명이 이내 다시 소멸되고 말았다. 아나율타야, 나는 이제 꼭 이렇게 생각해야 했다.

'내 마음속에는 의심으로 인한 걱정을 내지 않고 생각 없는 것에 대한 걱정을 내지 않으며 몸으로 인해 생겨나는 질병에 대해 생각하는 걱정을 내지 않고 수면에 대한 걱정을 내지 않으며 지나친 정근에 대한 걱정을 내지 않고 또한 너무 게으름을 피우는 걱정을 내지 말자.'

아나율타야, 나는 이 병을 일으키지 않으려고 하였기 때문에 곧 멀리 떠나 혼자 살면서 마음에 방일함이 없이 수행하고 정근하였다.

그리하여 곧 광명을 얻어 색을 보았으나, 그 색을 본 광명은 이내 다시 소멸되고 말았다. 아나율타야, 나는 다시 이렇게 생각하였다.

'내 마음속에 무슨 걱정거리가 있어 나로 하여금 선정을 잃어 눈을 멸하게 하고, 눈이 멸한 뒤에는 내가 본래 얻었던 광명으로 색을 보았으나 그 색을 본 광명마저 이내 다시 소멸하고 마는가?'

아나율타야, 나는 다시 이렇게 생각하였다.

'내 마음속에는 두려움에 대한 걱정이 생겼다. 이 두려움에 대한 걱정으로 말미암아 곧 선정을 잃어 눈이 멸하고, 눈이 멸한 뒤에는 내가 본래 얻었던 광명으로 색을 보았으나 그 색을 본 광명도 이내 다시 소멸하고 말았다.'

아나율타야, 마치 사람이 길을 갈 때에 사방에서 도적이 나타나면 그 사람은 그것을 보고 두려워하고 겁이 나서 모골이 송연해지는 것처럼, 아나율타야, 내 마음속에는 두려움에 대한 걱정이 생겼다. 이 두려움에 대한 걱정으로 말미암아 곧 선정을 잃어 눈이 멸하고, 눈이 멸한 뒤에는 내가 본래 얻었던 광명으로 색을 보았으나 그 색을 본 광명은 이내 다시 소멸되고 말았다. 아나율타야, 나는 이제 꼭 이렇게 생각하여야 했다.

'내 마음속에 의심에 대한 걱정을 내지 않고 생각 없는 것에 대한 걱정을 내지 말며 몸으로 인해 생겨나는 질병을 염려하는 걱정을 내지 말고 잠자는 것에 대한 걱정을 내지 말며 지나친 정근에 대한 걱정을 내지 말고 너무 게으름에 대한 걱정을 내지 말며 또한 두려움에 대한 걱정을 내지 말자.'

아나율타야, 나는 이 걱정을 일으키지 않으려고 하였기 때문에 곧 멀리 떠나 혼자 살면서 마음에 방일함이 없이 수행하고 정근하였다.

그리하여 곧 광명을 얻어 색을 보았으나, 그 색을 본 광명은 이내 다시 소멸되고 말았다. 아나율타야, 나는 다시 이렇게 생각하였다.

'내 마음속에 무슨 걱정이 있어 나로 하여금 선정을 잃어 눈을 멸하게 하고 눈이 멸한 뒤에는 내가 본래 얻었던 광명으로 색을 보았으나 색을 본 광명도 이내 다시 소멸되고 마는가?'

아나율타야, 나는 다시 이렇게 생각하였다.

'내 마음속에는 기뻐하는 걱정이 생겼다. 이 기뻐하는 걱정으로 말미암아 곧 선정을 잃어 눈이 멸하고, 눈이 멸한 뒤에는 내가 본래 얻었던 광명으로 색을 보았으나 그 색을 본 광명도 이내 다시 소멸되었다.'

아나율타야, 마치 사람이 일찍이 어떤 보배 창고를 구하였다가 갑자기 네 보배 창고를 얻어, 그걸 보고는 곧 기뻐하고 즐거워하는 것처럼, 아나율타야, 내 마음속에는 기쁨이 생겼다. 이 기쁨으로 말미암아 곧 선정을 잃어 눈이 멸하고, 눈이 멸한 뒤에는 내가 본래 얻었던 광명으로 색을 보았으나 그 색을 본 광명은 이내 다시 소멸되었다. 아나율타야, 나는 꼭 이렇게 생각해야 했다.

'내 마음속에 의심에 대한 걱정을 내지 않고 생각 없는 것에 대한 걱정을 내지 않으며 몸에 생기는 질병에 대하여 염려하는 걱정을 내지 않고 잠자는 것에 대한 걱정을 내지 않으며 지나친 정근에 대한 걱정을 내지 않고 너무 게으름을 피우는데 대한 걱정을 내지 않으며 두려움에 대한 걱정을 내지 않고 또한 기뻐하는 것에 대한 걱정을 내지 말자.'

아나율타야, 나는 이 병을 일으키지 않으려고 하였기 때문에 곧 멀리 떠나 혼자 살면서 마음에 방일함이 없이 수행하고 정근하였다.

그리하여 광명을 얻어 색을 보았으나 그 색을 본 광명은 이내 다시 소멸되고 말았다. 아나율타야, 나는 다시 이렇게 생각하였다.

'내 마음속에는 무슨 병이 있어 나로 하여금 선정을 잃어 눈을 멸하게 하고, 눈이 멸한 뒤에는 내가 본래 얻었던 광명으로 색을 보았으나 색을 본 광명도 이내 다시 소멸되고 마는가?'

아나율타야, 나는 다시 이렇게 생각하였다.

'내 마음속에는 뽐내는 걱정거리가 생겼다. 이 뽐내는 걱정거리로 말미암아 곧 선정을 잃어 눈이 멸하고, 눈이 멸한 뒤에는 내가 본래 얻었던 광명으로 색을 보았으나 그 색을 본 광명도 이내 다시 소멸되고 말았다.'

아나율타야, 나는 이제 꼭 이렇게 생각해야 했다.

'내 마음속에 의심에 대한 걱정을 내지 않고 생각 없는 것에 대한 걱정을 내지 말며 몸에 생기는 병에 대하여 염려하는 걱정을 내지 말고 잠자는 것에 대한 걱정을 내지 말며, 지나친 정근에 대한 걱정을 내지 말고 너무 게으름을 피우는데 대한 걱정을 내지 말며 두려움에 대한 걱정을 내지 말고 기뻐하는 것에 대한 걱정을 내지 말며 또한 뽐내는 것에 대한 걱정을 내지 말자.'

아나율타야, 나는 이 병을 일으키지 않으려고 하였기 때문에 곧 멀리 떠나 혼자 살면서 마음에 방일함이 없이 수행하고 정근하였다.

그리하여 곧 광명을 얻어 색을 보았으나, 그 색을 본 광명은 이내 다시 소멸되고 말았다. 아나율타야, 나는 다시 이렇게 생각하였다.

'내 마음속에는 무슨 걱정거리가 있어 나로 하여금 선정을 잃어 눈이 멸하고, 눈을 멸한 뒤에는 내가 본래 얻었던 광명으로 색을 보았으나 그 색을 본 광명도 이내 다시 소멸되고 마는가?'

아나율타야, 나는 다시 이렇게 생각하였다.

'내 마음속에는 약간의 생각하는 걱정거리가 생겼다. 이 약간의 생각하는 걱정거리로 말미암아 곧 선정을 잃어 눈이 멸하고, 눈이 멸한 뒤에는 내가 본래 얻었던 광명으로 색을 보았으나 그 색을 본 광명은 이내 다시 소멸되었다.'

아나율타야, 나는 이제 꼭 이렇게 생각해야 했다.

'내 마음속에 의심하는 걱정을 내지 말고 생각 없는 것에 대한 걱정을 내지 말며 몸에 생기는 병에 대하여 염려하는 걱정을 내지 말고 잠자는 것에 대한 걱정을 내지 말며 지나친 정근으로 인한 걱정을 내지 말고 너무 게으름을 피우는 데 대한 걱정을 내지 말며, 두려움으로 인한 걱정을 내지 말고 기뻐하는 것에 대한 걱정을 내지 말며 뽐내는 것에 대한 걱정을 내지 말고 또한 약간의 생각하는 것에 대한 걱정을 내지 말자.'

아나율타야, 나는 이 병을 일으키지 않으려고 하였기 때문에 곧 멀리 떠나 혼자 살면서 마음에 방일함이 없이 수행하고 정근하였다.

그래서 곧 광명을 얻어 색을 보았으나 그 색을 본 광명은 이내 다시 소멸하고 말았다. 아나율타야, 나는 다시 이렇게 생각하였다.

'내 마음속에는 무슨 걱정거리가 있어 나로 하여금 선정을 잃어 눈을 멸하게 하고, 눈이 멸한 뒤에는 내가 본래 얻은 광명으로 색을 보았으나 색을 본 광명도 이내 다시 소멸되고 마는가?'

아나율타야, 나는 다시 이렇게 생각하였다.

'내 마음속에는 색을 관찰하지 않는 걱정거리가 생겼다. 이 색을 관찰하지 않는 걱정거리로 말미암아 곧 선정을 잃어 눈이 멸하고, 눈이 멸한 뒤에는 내가 본래 얻었던 광명으로 색을 보았으나, 그 색을 본 광명은 이내 다시 소멸되었다.'

아나율타야, 나는 꼭 이렇게 생각해야 했다.

'내 마음속에 의심으로 인한 걱정을 내지 말고 생각 없는 것에 대한 걱정을 내지 말며 몸에 생기는 병에 대하여 염려하는 걱정을 내지 말고 잠자는 것에 대한 걱정을 내지 말며 지나친 정근에 대한 걱정을 내지 말고 너무 게으름을 피우는 것에 대한 걱정을 내지 말며 두려움에 대한 걱정을 내지 말고 기뻐하는 것에 대한 걱정을 내지 말며 뽐내는 것에 대한 걱정을 내지 말고 약간의 생각하는 것에 대한 걱정을 내지 말며 또한 색을 관찰하지 않는 것에 대한 걱정을 내지 말자.'

아나율타야, 나는 이 걱정을 일으키지 않으려고 하였기 때문에 곧 멀리 떠나 혼자 살면서 마음에 방일함이 없이 수행하고 정근하였다. 그리하여 곧 광명을 얻어 색을 보았다.

아나율타야, 만일 내가 마음에 의심으로 인해 걱정을 내면 그 마음은 청정을 얻고 마음에 생각이 없는 것에 대한 걱정, 몸에 생기는 질병을 염려하는 걱정, 잠자는 것에 대한 걱정, 지나친 정근에 대한 걱정, 너무 게으름을 피우는 것에 대한 걱정, 두려움에 대한 걱정, 희열에 대한 걱정, 뽐내는 것에 대한 걱정, 약간의 생각하는 것에 대한 걱정, 색을 관찰하지 않는 것에 대한 걱정을 내면 그 마음은 청정을 얻는다. 아나율타야, 나는 다시 이렇게 생각하였다.

'나는 마땅히 세 가지 선정을 닦고 배우자. 곧 유각유관정有覺有觀定을 닦고 배우며 무각소관정無覺少觀定을 닦고 배우며 무각무관정無覺無觀定을 닦고 배우자.'

아나율타야, 나는 세 가지 선정을 닦고 배웠다. 곧 유각유관정을 닦고 배우고 무각소관정을 닦고 배웠으며 무각무관정을 닦고 배웠다. 만일 내가 유각유관정을 닦으면 마음은 곧 무각소관정으로 향하였다. 그리하여 나는 결코 이 지견을 잃지 않았다. 아나율타야, 이렇게 하여 나는 이러한 것을 안 뒤에는 낮과 밤이 다하도록 유각유관정을 닦고 배웠다. 아나율타야, 나는 그때에 이것을 행하고 거기에 머물렀다. 만일 내가 유각유관정을 닦고 배우면 마음은 곧 무각무관정으로 향하였다. 그리하여 나는 결코 이 지견을 잃지 않았다. 아나율타야, 이렇게 하여 나는 이러한 것을 안 뒤에는 낮이 다하고 밤이 다하도록 유각유관정을 닦고 배웠다. 아나율타야, 나는 그때 이것을 행하고 거기에 머물렀다.

아나율타야, 만일 내가 무각소관정을 닦고 배우면 마음은 곧 유각유관정으로 향하였다. 그리하여 나는 결코 이 지견을 잃지 않았다. 아나율타야, 이렇게 하여 나는 이것을 안 뒤에는 낮이 다하고 밤이 다하도록 무각소관정을 닦고 배웠다. 아나율타야, 나는 그때 이것을 행하고 거기에 머물렀다. 아나율타야, 만일 내가 무각소관정을 닦고 배우면 마음은 무각무관정으로 향하였다. 그리하여 나는 결코 이 지견을 잃지 않았다. 아나율타야, 이렇게 하여 나는 이런 것을 안 뒤에는 낮이 다하고 밤이 다하도록 무각소관정을 닦고 배웠다. 아나율타야, 나는 그때 이것을 행하고 거기에 머물렀다.

아나율타야, 만일 내가 무각무관정을 닦고 배우면 마음은 곧 유각유관정으로 향하였다. 그리하여 나는 결코 이 지견을 잃지 않았다. 아나율타야, 이렇게 하여 나는 이것을 안 뒤에는 낮이 다하고 밤이 다하도록 무각무관정을 닦고 배웠다. 아나율타야, 나는 그때 이것을 행하고 거기에 머물렀다. 만일 내가 무각무관정을 닦고 배우면 마음은 곧 무각소관정으로 향하였다. 그리하여 나는 결코 이 지견을 잃지 않았다. 아나율다야, 이렇게 하여 나는 이것을 안 뒤에는 낮이 다하고 밤이 다하도록 무각무관정을 닦고 배웠다. 아나율타야, 나는 그때에 이것을 행하고 거기에 머물렀다. 아나율타야, 나는 때로는 광명을 알면서도 색을 보지 못하였다. 아나율타야, 나는 이렇게 생각하였다.

'무슨 인연으로 나는 광명을 알면서 색을 보지 못하는가?'

아나율타야, 나는 다시 이렇게 생각하였다.

'만일 내가 광명의 상을 생각하면서도 색의 상을 생각하지 않으면 그때는 나의 광명을 알면서도 색을 보지 못할 것이다.'

아나율타야, 이렇게 하여 내가 이러한 것을 안 뒤에는 낮이 다하고 밤이 다하며, 낮과 밤이 다하도록 광명을 알면서도 색을 보지 못하였다. 아나율타야, 나는 그때 이것을 행하고 거기에 머물렀다.

아나율타야, 때로 나는 색을 보면서도 광명을 알지 못하였다. 아나율타야, 나는 이렇게 생각하였다.

'무슨 인연으로 나는 색을 보면서도 광명을 알지 못하는가?'

아나율타야, 나는 다시 이렇게 생각하였다.

'만일 내가 색의 상을 생각하고 광명의 상을 생각하지 않으면 그때에 나는 색을 알면서도 광명을 알지 못할 것이다.'

아나율타야, 이렇게 하여 나는 이러한 것을 안 뒤에는 낮이 다하고 밤이 다하도록 색을 알면서도 광명을 알지 못하였다.

아나율타야, 나는 그때 이것을 행하고 거기에 머물렀다. 아나율타야, 때로 나는 조금 광명을 알고 또한 조금 색을 보았다. 아나율타야, 나는 이렇게 생각하였다.

'나는 무슨 인연으로 조금 광명을 알고 또한 조금 색을 보는가?' 아나율타야, 나는 다시 이렇게 생각하였다.

'만일 내가 조금만 선정에 들면, 조금만 선정에 들었기 때문에 조금 눈이 깨끗해지고, 조금 눈이 깨끗해지기 때문에 나는 조금 광명을 알고 또한 조금 색을 보게 된다.'

아나율타야, 이렇게 하여 나는 이러한 것을 안 뒤에는 낮이 다하고 밤이 다하도록 조금 광명을 알고 또한 조금 색을 보았다. 아나율타야,

그때 나는 이것을 행하고 거기에 머물렀다.

아나율타야, 때로 나는 널리 광명을 알고 또한 널리 색을 보았다. 아나율타야, 나는 이렇게 생각하였다.

'무슨 인연으로 나는 널리 광명을 알고 또한 널리 색을 보는가?'

아나율타야, 나는 다시 이렇게 생각하였다.

'만일 내가 널리 선정에 들어가면, 널리 선정에 들었기 때문에 널리 눈이 청정해지고, 널리 눈이 청정해지기 때문에 나는 널리 광명을 알고 또한 널리 광명을 본다.'

아나율타야, 이렇게 하여 나는 이러한 것을 안 뒤에는 낮이 다하고 밤이 다하며 낮과 밤이 다하도록 널리 광명을 알고 또한 널리 색을 보았다. 아나율타야, 그때 나는 이것을 행하고 거기에 머물렀다.

아나율타야, 만일 내 마음속에 의심하는 것에 대해 걱정을 내면 그 마음이 청정을 얻고, 생각 없는 것에 대한 걱정·몸에 생기는 질병에 대해 염려하는 걱정·잠자는 것에 대한 걱정·지나친 정근에 대한 걱정·너무 게으름을 피우는 것에 대한 걱정·두려운 것에 대한 걱정·희열에 대한 걱정·뽐내는 것에 대한 걱정·약간의 생각하는 것에 대한 걱정·색을 관찰하지 않는 것에 대한 걱정을 내면 그 마음은 청정을 얻는다. 유각유관정을 닦고 배우고 지극히 닦고 배우며, 무각소관정을 닦고 배우고 지극히 닦고 배우며, 무각무관정을 닦고 배우고 지극히 닦고 배우며, 일향정一向定을 닦고 배우고 지극히 닦고 배우며, 잡정雜定을 닦고 배우고 지극히 닦고 배우며, 적은 선정을 닦고 배우고 지극히 닦고 배우며, 넓기가 한량없는 선정을 닦고 배우고 지극히 닦고 배우고서, 나는 지견을 내어 지극히 밝고 깨끗하여 선정에 나아가 머물러 부지런히 힘써 도품道品을 닦아야 생이 이미 다하고 범행이 이미 서고 할 일을 이미 마쳐 다시는 후세의 생명을 받지 않는다는 참다운 이치를 알았다.

"아나율타야, 나는 그때 이것을 행하고 거기에 머물렀다."

부처님께서 이렇게 말씀하시자, 존자 아나율타·존자 난제·존자 금비라는 부처님의 말씀을 듣고 기뻐하며 받들어 행하였다.

〔이 장수왕본기경에 수록된 경문의 글자 수는 9,218자이다.〕

중아함경 제18권

7. 장수왕품 ②

73) 천경天經〔제2 소토성송〕

나는 이와 같이 들었다.

어느 때 부처님께서 지제수枝提瘦에 유행하실 때에 수저림水渚林에 계셨다. 그때 세존께서 여러 비구들에게 말씀하셨다.

"내가 이전에 미처 위없는 바르고 참된 도〔無上正眞道〕를 깨닫지 못하였을 때에는 이렇게 생각했었다.

'나는 광명을 내어 그 광명으로 인하여 형색을 보고 이렇게 하여 내 지견이 지극히 크고 밝고 깨끗해지게 해야 하겠다.'

나는 지견智見이 지극히 크고 밝고 깨끗해지게 하기 위하여 곧 멀리 떠나 혼자 살면서 마음에 방일함이 없이 수행하고 정근하였다. 나는 멀리 떠나 혼자 살면서 마음에 방일함이 없이 수행하고 정근함으로 말미암아 곧 광명을 얻어 형색을 보게 되었다. 그러나 나는 아직 저 하늘들과 함께 모이지 못하여 서로 문안하지 못하였고 서로 논설論說하지도 못하였으며 서로 답변하지 못하였다.

나는 또 이렇게 생각하였다.

'나는 이제 광명을 내어 그 광명으로 인하여 형색을 보고 또 저 하늘들과 함께 모여 서로 위로하며 서로 논설하고 답변하며 이렇게 하여 내 지견이 지극히 크고 밝고 깨끗해지게 해야 하겠다.'

나는 지견이 지극히 밝고 깨끗해지게 하기 위하여 곧 멀리 떠나 혼자 살면서 마음에 방일함이 없이 수행하고 정근하였다. 나는 멀리 떠나 혼자 살면서 마음에 방일함이 없이 수행하고 정근함으로 인하여 곧 광명을 얻어 형색을 보고, 또 저 하늘들과 함께 모여 서로 문안하고 논설하며 대답하였다. 그러나 나는 저 하늘들이 성이 무엇이고 이름은 무엇이며 어떻게 살아가는지를 알지 못한다.

나는 또 이렇게 생각하였다.

'나는 이제 내 광명을 내어 그 광명으로 인하여 형색을 보고, 또 저 하늘들과 함께 모여 서로 문안하고 논설하며 대답하고, 또한 저 하늘들의 성이 무엇이고 이름은 무엇이며 어떻게 살아가는지를 알아서 내 지견이 지극히 크고 밝고 깨끗해져야 하겠다.'

나는 내 지견이 지극히 밝고 깨끗해지게 하기 위하여 곧 멀리 떠나 혼자 살면서 마음에 방일함이 없이 수행하고 정근하였다. 나는 멀리 떠나 혼자 살면서 마음에 방일함이 없이 수행하고 정근함으로 말미암아 곧 광명을 얻어 형색을 보고, 또 저 하늘들과 함께 모여 서로 문안하고 논설하며 대답하고, 또한 저 하늘들의 성이 무엇이고 이름은 무엇이며 어떻게 살아가는지를 알게 되었다. 그러나 나는 저 하늘들이 어떻게 먹으며 어떻게 고락을 받는가에 대해서는 알아내지 못하였다.

나는 또 이렇게 생각하였다.

'나는 차라리 내 광명을 내어 그 광명으로 인하여 형색을 보고, 또 저 하늘들과 함께 모여 서로 문안하고 논설하며 대답하고, 또한 저 하늘들의 성이 무엇이고 이름은 무엇이며 어떻게 살아가는지를 알고, 또한 저 하늘들이 어떻게 먹으며 어떻게 고락을 받는가를 알아서 내 지견이 지극히 크고 밝고 깨끗해져야 하겠다.'

나는 내 지견이 지극히 밝고 깨끗해지게 하기 위하여 곧 멀리 떠나 혼자 살면서 마음에 방일함이 없이 수행하고 정근하였다. 나는 멀리 떠나 혼자 살면서 마음에 방일함이 없이 수행하고 정근함으로 말미암아 곧 광명을 얻어 형색을 보고, 또 저 하늘들과 함께 모여 서로 문안하고 논설하며 대답하고, 또한 저 하늘들의 성은 무엇이고 이름은 무엇이며 어떻게 살아가는지에 대하여 알고, 또한 저 하늘들이 어떻게 먹고 어떻게 고락을 받는가를 알았다. 그러나 나는 저 하늘들이 얼마나 오래 살고 얼마나 오래 머무르며 어떻게 목숨이 다하는가는 알아내지 못하였다.

나는 또 이렇게 생각하였다.

'나는 차라리 내 광명을 내어 그 광명으로 인하여 형색을 보고, 또 저 하늘들과 함께 모여 서로 문안하고 논설하며 대답하고, 또한 저 하늘들의 성은 무엇이며 이름은 무엇이며 어떻게 살아가는지에 대하여 알고, 또한 저 하늘들이 어떻게 먹고 어떻게 고락을 받는가를 알며, 또한 저 하늘들이 얼마나 오래 살고 얼마나 오래 머무르며 어떻게 명이 다하는가를 알아서 내 지견이 지극히 크고 밝고 깨끗해져야 하겠다.'

나는 내 지견이 밝고 깨끗해지게 하기 위하여 곧 멀리 떠나 혼자 살면서 마음에 방일함이 없이 수행하고 정근하였다. 나는 멀리 떠나 혼자 살면서 마음에 방일함이 없이 수행하고 정근함으로 인하여 곧 광명을 얻어 형색을 보고, 또 저 하늘들과 함께 모여 서로 문안하고 논설하며 대답하고, 또한 저 하늘들의 성이 무엇이고 이름은 무엇이며 어떻게 살아가는지를 알고, 또한 저 하늘들이 어떻게 먹고 어떻게 고락을 받는가를 알며, 또한 저 하늘들이 얼마나 오래 살고 얼마나 오래 머무르며 어떻게 목숨이 다하는가를 알았다. 그러나 나는 저 하늘들이 어떠한 업을 지은 뒤에 여기서 죽어 저기에 나는가를 알아내지 못하였다.

나는 또 이렇게 생각하였다.

'나는 이제 내 광명을 내어 그 광명으로 인하여 형색을 보고, 또 저 하늘들과 함께 모여 서로 문안하고 논설하며 대답하고, 또한 저 하늘들의 성은 무엇이고 이름은 무엇이며 어떻게 살아가는지를 알며, 또한 저 하늘들이 어떻게 먹고 어떻게 고락을 받는가를 알고, 또한 저 하늘들이 얼마나 오래 살고 얼마나 오래 머무르며 어떻게 목숨이 다하는가를 알며, 또한 저 하늘들이 어떠어떠한 업을 지은 뒤에 여기서 죽어 저기에 태어나는가를 알아서 이렇게 하여 내 지견이 지극히 크고 밝고 깨끗해져야 하겠다.'

나는 지견이 밝고 깨끗해지게 하기 위하여 곧 멀리 떠나 혼자 살면서 마음에 방일함이 없이 수행하고 정근하였다. 나는 멀리 떠나 혼자 살면서 마음에 방일함이 없이 수행하고 정근함으로 말미암아 곧 광명을 얻어 형색을 보고, 또 저 하늘들과 함께 모여 서로 문안하고 논설하며 대답하고, 또한 저 하늘들의 성이 무엇이고 이름은 무엇이며 어떻게 살아가는지를 알고, 또한 저 하늘들이 어떻게 먹고 어떻게 고락을 받는가를 알며, 또한 저 하늘들이 얼마나 오래 살고 얼마나 오래 머무르며 어떻게 목숨이 다하는가를 알고, 또한 저 하늘들이 어떠한 업을 지은 뒤에 여기서 죽어 저기에 태어나는가를 알았다. 그러나 나는 저 하늘들이 어느 하늘 가운데 났는가에 대해서는 알아내지 못하였다.

나는 다시 이렇게 생각하였다.

'나는 차라리 내 광명을 내어 그 광명으로 인하여 형색을 보고, 또 저 하늘들과 함께 모여 서로 문안하고 논설하며 대답하고, 또한 저 하늘들의 성은 무엇이고 이름은 무엇이며 어떻게 살아가는지를 알고, 또한 저 하늘들이 어떻게 먹고 어떻게 고락을 받는가를 알며, 또한 저 하늘들이 얼마나 오래 살고 얼마나 오래 머무르며 어떻게 목숨이 다하는가를 알고, 또한 저 하늘들이 어떠한 업을 지은 뒤에 여기서 죽어 저기에 태어나는가를 알며, 또한 저 하늘들이 어느 하늘에 태어났는가를 알아서 내 지견이 지극히 크고 밝고 깨끗해져야 하겠다.'

나는 내 지견이 밝고 지극히 깨끗해지게 하기 위하여 곧 멀리 떠나 혼자 살면서 마음에 방일함이 없이 수행하고 정근하였다.

나는 멀리 떠나 혼자 살면서 마음에 방일함이 없이 수행하고 정근함으로 말미암아 곧 광명을 얻어 형색을 보고, 또 저 하늘과 함께 모여 서로 문안하고 논설하며 대답하고, 또한 저 하늘들의 성이 무엇이고 이름은 무엇이며 어떻게 살아가는지를 알고, 또한 저 하늘들이 어떻게 먹고 어떻게 고락을 받는가를 알며, 또한 저 하늘들이 얼마나 오래 살고 얼마나 오래 머무르며 어떻게 목숨이 다하는가를 알고, 또한 저 하늘들이 어떠한 업을 지은 뒤에 여기서 죽어 저기에 태어나는가를 알며, 또한 저 하늘들이 어느 하늘에 태어났는가를 알았다. 그러나 나는 아직 저 천상에 내가 일찍이 났었던가 일찍이 나지 않았었던가는 알지 못하였다.

나는 또 이렇게 생각하였다.

'나는 이제 내 광명을 내어 그 광명으로 인하여 형색을 보고, 또 저 하늘들과 함께 모여 서로 문안하고 논설하며 대답하고, 또한 저 하늘들의 성이 무엇이고 이름은 무엇이며 어떻게 살아가는지를 알고, 또한 저 하늘들이 어떻게 먹고 어떻게 고락을 받는가를 알며, 또한 저 하늘들이 얼마나 오래 살고 얼마나 오래 머무르며 어떻게 목숨이 다하는가를 알고, 또한 저 하늘들이 어떠한 업을 지은 뒤에 여기서 죽어 저기에 나는가를 알며, 또한 저 하늘들이 어느 하늘에 났는가를 알고, 또한 저 천상에 내가 일찍이 났었던가 일찍이 나지 않았었던가를 알아서 내 지견이 지극히 크고 밝고 깨끗해져야 하겠다.'

나는 내 지견이 밝고 깨끗해지게 하기 위하여 곧 멀리 떠나 혼자 살면서 마음에 방일함이 없이 수행하고 정근하였다.

나는 멀리 떠나 혼자 살면서 마음에 방일함이 없이 수행하고 정근함으로 말미암아 곧 광명을 얻어 형색을 보고, 또 하늘들과 함께 모여 서로 문안하고 논설하며 대답하고, 또한 저 하늘들의 성은 무엇인지 이름은 무엇이며 어떻게 살아가는지를 알고, 또한 저 하늘들이 어떻게 먹고 어떻게 고락을 받는가를 알며, 또한 저 하늘들이 얼마나 오래 살고 얼마나 오래 머무르며 어떻게 목숨이 다하는가를 알고, 또한 저 하늘들이 어떠한 업을 지은 뒤에 여기서 죽어 저기에 태어나는가를 알며, 또한 저 하늘들이 어느 하늘에 났는가를 알고, 또한 저 천상에 내가 일찍이 났었던가 일찍이 나지 않았었던가를 알았다.

만일 내가 바르게 알지 못하고서 이 여덟 가지 행行을 얻었다면 곧 한결같이 증득했노라고 말할 수 없을 것이며, 또한 나는 위없는 바르고 참된 도를 깨달은 줄을 알지 못할 것이며, 나는 또한 이 세간의 모든 하늘・악마・범梵・사문 범지들보다 뛰어날 수 없을 것이며, 나는 또한 여러 가지 해탈을 얻었다고 할 수 없을 것이며, 나는 또한 모든 뒤바뀐 생각을 여의지 못했을 것이며 생이 다하지 못했을 것이며 범행이 이미 서고 할 일을 이미 마쳐 다시는 후세의 생명을 받지 않는다는 참다운 진리를 알지 못했을 것이다.

만일 내가 바르게 알고서 이 여덟 가지 행을 얻었다면 곧 한결같이 증득했노라고 말할 수 있을 것이며, 또한 나는 위없이 바르고 참된 도를 깨달은 줄 알 수 있을 것이며, 또한 이 세간의 모든 하늘 · 악마 · 범 · 사문 범지들보다 뛰어날 수 있을 것이며, 나는 또한 여러 가지 해탈을 얻었다고 할 수 있을 것이며, 내 마음은 이미 모든 뒤바뀐 생각을 떠나, 생이 이미 다하고 범행이 이미 서고 할 일을 이미 마쳐, 다시는 후세의 생명을 받지 않는다는 참다운 진리를 알 것이다."

부처님께서 이렇게 말씀하시자, 비구들은 부처님 말씀을 듣고 기뻐하며 받들어 행하였다.

〔이 천경에 수록된 경문의 글자 수는 1,774자이다〕

74) 팔념경八念經[1]〔제2 소토성송〕

나는 이와 같이 들었다.

어느 때 부처님께서 바기수婆奇瘦에 유행하실 때에 타산鼉山[2] 포림怖林에 있는 녹야원鹿野園에 계셨다. 그때 존자 아나율타阿那律陀는 지제수枝提瘦의 수저림水渚林에 있었다. 존자 아나율타는 고요한 곳에 앉아 정진하다가 이렇게 생각하였다.

1 이 경의 이역경으로는 후한後漢시대 지요支曜가 한역한 『불설아나율팔념경佛說阿那律八念經』이 있으며, 참고 경문으로는 『증일아함경』 제37권 「팔난품八難品」의 여섯 번째 소경이 있다.

2 또는 시수마라산尸收摩羅山으로 쓰기로 하고, 혹은 설수바라산設首婆羅山으로 쓰기도 한다.

'도는 욕심이 없는 데에서 생겨나는 것이지 욕심이 있는 데서 얻어지는 것이 아니다. 도는 만족할 줄 아는 데에서 생겨나는 것이지 만족할 줄 모르는 데서 얻어지는 것이 아니다. 도는 멀리 여의는 데에서 생겨나는 것이지 모임을 좋아하거나 모임에 머무르거나 모임에 어울리는 데서 얻어지는 것이 아니다. 도는 정근精勤을 함으로써 생겨나는 것이지 게으름에서 얻어지는 것이 아니다. 도는 바른 생각〔正念〕에서 생겨나는 것이지 삿된 생각에서 얻어지는 것도 아니다. 도는 안정된 마음에서 생겨나는 것이지 혼란스러운 마음에서 얻어지는 것이 아니다. 도는 지혜에서 생겨나는 것이지 어리석음에서 얻어지는 것이 아니다.'

그때 세존께서는 남의 마음을 아는 지혜로써 아나율타가 생각하고 있는 것과 헤아리고 있는 것과 실천하는 것에 대하여 아셨다. 세존께서는 그렇게 다 아시고 나서 곧 여기상정如其像定에 드셨다. 여기상정으로써 마치 역사力士가 팔 한번 굽혔다 펴는 것 같은 짧은 시간에, 세존께서는 바기수의 타산 포림에 있는 녹야원에서 갑자기 사라지더니 지제수의 수저림에 있는 아나율타 앞에 나타나셨다. 이때 세존께서는 곧 선정에서 깨어나 존자 아나율타를 찬탄하며 말씀하셨다.

"훌륭하고 훌륭하다. 아나율타야, 너는 고요한 곳에 앉아 정진하다가 이렇게 생각하구나.

'도는 욕심이 없는 데에서 생겨나는 것이지 욕심이 있는 데에서 얻어지는 것이 아니다. 도는 족함을 아는 데에서 생겨나는 것이지 만족할 줄 모르는 데에서 얻어지는 것이 아니다. 도는 멀리 여의는 데에서 생겨나는 것이지 모임을 좋아하거나, 모임에 머무르거나, 모임에 어울리는 데에서 얻어지는 것도 아니다. 도는 정근을 함으로써 생겨나는 것이지 게으름에서 얻어지는 것이 아니다. 도는 바른 생각에서 생겨나는 것이지 삿된 생각에서 얻어지는 것이 아니다. 도는 안정된 마음에서 생겨나는 것이지 혼란스러운 마음에서 얻어지는 것이 아니다. 도는 지혜에서 생겨나는 것이지 어리석음에서 얻어지는 것이 아니다.'

아나율타야, 너는 여래로 부터 다시 여덟 번째 대인大人의 생각을 받고, 그 생각을 받은 뒤에 곧 이렇게 사유하라.

'도는 희론戱論하지 않고 희론하지 않는 것을 좋아하며 희론하지 않음을 희론하는 것도 아니고 희론을 좋아하는 것도 아니며 희론하여 얻어지는 것도 아니다.'

아나율타야, 만일 네가 이 대인의 8념念을 성취한다면 너는 반드시 탐욕〔欲〕을 여의고, 악하고 착하지 않은 법을 여의며 나아가 제4선을 성취하여 노닐게 될 것이다.

아나율타야, 만일 네가 대인의 8념念을 성취하고 다시 이 네 가지 증상심增上心을 얻어 현재 세계에서 안락한 경지에 머물기가 어렵지 않다면, 마치 왕이나 왕의 신하가 좋은 옷상자에 여러 가지 옷을 가득 채워 두고, 뜻에 따라 자유자재로 오전에 입고 싶으면 곧 꺼내 입고 낮이나 오후에 옷을 입고 싶으면 바로 꺼내 입는 것과 같을 것이다. 아나율타야, 너도 역시 이와 같아서 분소의糞掃衣를 얻어 제일 좋은 옷으로 삼고, 네 마음에 욕심이 없이 이렇게 행하면서 가고 머무르고 해야 할 것이다.

아나율타야, 만일 네가 대인의 8념念을 성취하고 다시 이 네 가지 증상심을 얻어 현재 세계에서 안락한 경지에 머물기가 어렵지 않다면, 이는 마치 왕이나 왕의 신하가 좋은 찬장에 여러 가지 깨끗하고 맛있는 음식을 가진 것과 같을 것이다. 아나율타야, 너도 역시 이와 같이 항상 걸식하는 것으로 제일 좋은 음식을 삼고, 네 마음에 욕심이 없이 이렇게 행하면서 가고 머무르고 해야 할 것이다.

아나율타야, 만일 네가 대인의 8념을 성취하고 다시 네 가지 증상심을 얻어 현재 세계에서 안락한 경지에 머물기가 어렵지 않다면, 마치 왕이나 왕의 신하가 좋은 집이나 혹은 누각樓閣과 궁전을 가진 것과 같을 것이다. 아나율타야, 너도 또한 이와 같이 나무 밑에 머무는 것으로 제일 좋은 집을 삼고 네 마음에 욕심이 없이 이렇게 행하면서 가고 머무르고 해야 할 것이다.

아나율타야, 만일 네가 대인의 8념을 성취하고 다시 네 가지 증상심을 얻어 현재 세계에서 안락한 경지에 머물기를 쉽게 얻으면, 이는 마치 왕이나 왕의 신하가 털 담요와 털자리가 깔리고 금기錦綺와 나곡羅縠 이불이 덮인 좋은 평상과 몸에 걸치는 속옷과 가릉가파화라加陵伽波恕邏나 파차실다라나波遮悉哆羅那로 만든 양두안 베개〔兩頭安枕〕를 가진 것과 같을 것이다. 아나율타야, 너도 역시 이와 같이 풀 자리와 나뭇잎을 제일 좋은 자리로 삼고, 네 마음에 욕심이 없이 이렇게 행하면서 가고 머무르고 해야 할 것이다.

아나율타야, 만일 네가 대인의 8념을 성취하고 또 네 가지 증상심을 얻고 현재 세계에서 안락한 경지에 머물기가 어렵지 않다면, 이와 같이 너는 동방에서 노닐더라도 반드시 안락을 얻어 온갖 괴로움과 근심이 없을 것이며, 설사 남방·서방·북방에서 노닐더라도 반드시 안락을 얻어 온갖 괴로움과 근심이 없을 것이다.

아나율타야, 만일 네가 대인의 8념을 얻고 다시 이 네 가지 증상심을 얻어 현재 세계에서 안락한 경지에 머물기가 어렵지 않다면, 나는 오히려 네가 선법善法에 머무른다고도 말하지 않을 텐데 하물며 쇠퇴시킨다고 말하겠느냐? 다만 밤낮으로 선법을 증장增長시킬 뿐 쇠퇴시키지는 않을 것이다.

아나율타야, 만일 네가 대인의 8념을 성취하고 또 이 네 가지 증상심까지 얻어 현재 세계에서 안락한 경지에 머물기가 어렵지 않다면 너는 2과果 중에 틀림없이 어느 하나를 얻을 것이니, 현세에서 최상의 지혜를 얻거나, 혹은 다시 남은 것이 있으면 아나함阿那含을 얻을 것이다. 아나율타야, 너는 마땅히 이 대인의 8념을 성취하고 또한 마땅히 이 네 가지 증상심까지 성취하여 현재 세계에서 안락한 경지에 머물기가 어렵지 않게 되어야 한다. 그런 뒤에 지제수 수저림에서 여름 안거安居를 보내라."

그때 세존께서는 존자 아나율타를 위해 설법하셔서 간절히 우러르는 마음을 내게 하고 기쁨을 성취하게 하셨다. 한량없는 방편으로 그를 위해 설법하셔서 간절히 우러르는 마음을 내게 하고 기쁨을 성취하게 하신 뒤에, 여기상정如其像定에 들어 여기상정으로써 마치 역사力士가 팔을 굽혔다 펴는 것 같은 짧은 시간에 세존께서는 지제수 수저림에서 갑자기 사라져 보이지 않으시더니 바기수 타산 포림에 있는 녹야원에 나타나셨다. 그때 존자 아난阿難은 불자拂子를 잡고 부처님을 모시고 있었다. 세존께서 선정〔定〕에서 깨어 돌아보시며 말씀하셨다.

"아난아, 만일 타산 포림의 녹야원에서 노니는 비구들이 있거든 그들을 모두 강당에 모이게 하고 강당에 다 모이거든 돌아와서 내게 알려라."

존자 아난은 분부를 받은 뒤에 머리를 조아려 발에 예배하고 곧 가서 타산 포림의 녹야원에 노니는 비구들은 모두들 다 강당에 모이라고 당부하였다. 비구들이 강당에 모인 뒤 부처님께 나아가 이마를 부처님 발에 대어 예배하고 물러나 한쪽에 서서 여쭈었다.

"세존이시여, 타산 포림의 녹야원에서 노닐고 있던 비구들은 이미 다 강당에 모이게 하였습니다. 원하건대 세존께서는 마땅히 때인 줄 아십시오."

그때 세존께서는 존자 아난을 데리고 강당으로 나아가 비구들 앞에 자리를 펴고 앉으셨다. 앉으신 뒤에 말씀하셨다.

"여러 비구들아, 나는 이제 너희들을 위하여 대인의 8념念에 대하여 설명하겠다. 너희들은 자세히 듣고 잘 기억하도록 하라."

그러자 비구들은 분부를 받들어 경청하였다.

부처님께서 말씀하셨다.

"대인의 8념이란 다음과 같다. 도는 욕심이 없는 데에서 생겨나는 것이지 욕심이 있는 데서 얻어지는 것이 아니며, 도는 만족할 줄 아는 데에서 생겨나는 것이지 만족할 줄 모르는 데에서 얻어지는 것이 아니다. 도는 멀리 여의는 데에서 생겨나는 것이지 모임을 좋아하거나 모임에 머무르거나 모임에 어울리는 데서 얻어지는 것이 아니다. 도는 정근 하는 데에서 생겨나는 것이지 게으름에서 얻어지는 것이 아니다. 도는 바른 생각에서 생겨나는 것이지 삿된 생각에서 얻어지는 것이 아니다. 도는 안정된 마음에서 생겨나는 것이지 혼란스러운 마음에서 얻어지는 것이 아니다. 도는 지혜에서 생겨나는 것이지 어리석음에서 얻어지는 것이 아니다. 도는 희론戱論하지 않고, 희론하지 않는 것을 좋아하며, 희론하지 않음을 실천하는 것에서 생기는 것이지 희론하는 것도 아니고 희론을 좋아하는 것도 아니며 희론하여 얻어지는 것도 아니다.

'도는 욕심이 없는 데에서 생겨나는 것이지 욕심이 있는 데에서 얻어지는 것이 아니다'라는 것은 무엇인가? 비구는 욕심이 없게 되면 욕심이 없어진 줄을 스스로 알 뿐, 남들이 자신에게서 욕심이 없어진 줄을 알게 하지는 않는다. 만족할 줄 알고 멀리 여의고 정근하고 바른 생각을 가지고 고요한 마음을 가지고 지혜를 얻고 희론하지 않게 되면 희론하지 않게 된 것을 스스로 알 뿐, 남들이 자신에게서 욕심이 없게 된 것을 알게 하지는 않는다. 이것이 '도는 욕심이 없는 데에서 생겨나는 것이지 욕심이 있는 데에서 얻어지는 것이 아니다'라고 하는 것이다.

'도는 만족할 줄 아는 데에서 생겨나는 것이지 만족할 줄 모르는 데에서 얻어지는 것이 아니다'라는 것은 무엇인가? 비구는 만족할 줄 알아서 옷은 몸을 가리기 위하여 입고, 밥은 배를 채우기 위하여 먹을 뿐이다. 이것이 '도는 만족할 줄 아는 데에서 생겨나는 것이지 만족할 줄 모르는 데에서 얻어지는 것이 아니다'라는 것이다.

'도는 멀리 여의는 데에서 생겨나는 것이지 모임을 좋아하거나 모임에 머무르거나 모임에 어울리는 데서 얻어지는 것이 아니다'라는 것은 무엇인가? 비구는 멀리 여의기를 행하되, 두 가지 멀리 여윔을 성취하는데, 즉 몸과 마음을 멀리 여읜다. 이것이 '도는 멀리 여의는 데에서 생겨나는 것이지 모임을 좋아하거나 모임에 머무르거나 모임에 어울리는 데서 얻어지는 것이 아니다'라는 것이다.

'도는 정진하는 데에서 생겨나는 것이지 게으름에서 얻어지는 것이 아니다'라는 것은 무엇인가? 비구는 늘 정진을 실천하여 악하고 착하지 않은 법을 끊고 모든 착한 법을 닦으며 항상 스스로 마음을 일으켜 오로지하고 견고히 하며 모든 선의 근본을 위해 방편을 버리지 않는다. 이것이 '도는 정근에서 생겨나는 것이지 게으름에서 얻어지는 것이 아니다'라는 것이다.

'도는 바른 생각에서 생겨나는 것이지 삿된 생각에서 얻어지는 것이 아니다'라는 것은 무엇인가? 비구는 자신의 몸을 몸 그대로 관찰하고, 안의 느낌과 마음과 법을 법 그대로 관찰한다. 이것이 '도는 바른 생각에서 생겨나는 것이지 삿된 생각에서 얻어지는 것이 아니다'라는 것이다.

'도는 안정된 마음에서 생겨나는 것이지 혼란한 마음에서 얻어지는 것이 아니다'라는 것은 무엇인가? 비구는 욕심을 여의고 악하고 착하지 않은 법을 여의며 나아가 제4선을 성취하여 노닌다. 이것이 '도는 안정된 마음에서 생겨나는 것이지 혼란한 마음에서 얻어지는 것이 아니다'라는 것이다.

'도는 지혜에서 생겨나는 것이지, 어리석음에서 얻어지는 것이 아니다'라는 것은 무엇인가? 비구가 지혜를 닦아 흥하고 쇠하는 법을 관찰하여 사실 그대로 아는 지혜를 얻고, 거룩한 지혜로써 밝게 통달하여 분별하고 환히 알아 바로 괴로움을 다한다. 이것이 '도는 지혜에서 생겨나는 것이지 어리석음에서 얻어지는 것이 아니다'라는 것이다.

'도는 희론하지 않고 희론하지 않는 것을 좋아하며 희론하지 않음을 실천하는 데에서 생겨나는 것이지, 희론하는 것도 아니고 희론을 좋아하는 것도 아니며 희론하여 얻어지는 것도 아니다'라는 것은 무엇인가? 비구는 뜻에서 항상 희론을 없애고 무여열반無餘涅槃에 즐거이 머무르며, 항상 즐거운 마음으로 뜻의 해탈을 기뻐한다. 이것이 '도는 희론하지 않고 희론하지 않는 것을 좋아하며 희론하지 않음을 실천하는 데에서 생겨나는 것이지, 희론하는 것도 아니고 희론을 좋아하는 것도 아니며 희론하여 얻어지는 것도 아니다'라는 것이다.

비구들아, 아나율타 비구는 이 대인의 8념念을 성취한 뒤에 지제수수저림에서 여름 안거를 보내고 있다. 나는 이것을 그에게 가르쳤고, 그는 멀리 떠나 혼자 살면서 마음에 방일함이 없이 수행하고 정근하고 있다. 그는 멀리 떠나 혼자 살면서 마음에 방일함이 없이 수행하고 정근한 뒤에는 족성자族姓子들이 수염과 머리를 깎고 가사를 입고 지극한 믿음으로 출가하여 집 없이 도를 배우는 까닭인 오직 위없는 범행을 마쳤고, 현생에서 스스로 알고 스스로 깨달으며 스스로 증득하고 성취하여 노닐 것이다. 그리고 '생은 이미 다하고 범행은 이미 서며 할 일을 이미 마쳐 다시는 후세의 생명을 받지 않는다'는 사실 그대로 알 것이다."

이때 존자 아나율타는 아라하(阿羅訶 : 阿羅漢)를 증득하여 마음이 바르게 해탈하고 높은 장로가 되었다. 그리하여 그때 게송을 설하였다.

멀리서 나의 생각 아신
위없는 세간의 스승께서는
곧 몸과 마음이 선정〔定〕에 드셔서
허공을 타고 홀연히 오셨네.

내가 마음으로 생각한 그대로를
날 위해 말씀하시고 그 다음 일러주시니
모든 부처님 희론하지 않음을 좋아하시고
일체의 희론을 멀리 여읜다 하셨네.

그분으로 인해 법을 알았고
바른 법 가운데 즐거이 머물렀네.
삼매三昧를 체득하여 깨달았고
불법에서 할 일을 이미 마쳤네.

나는 죽음도 즐거워하지 않고
또 사는 것도 원하지 않네.
때를 따르고 가는 대로 맡겨둔 채
바른 생각과 바른 지혜 세웠네.

비야리鞞耶離의 대숲〔竹林〕
내 목숨 그곳에서 마치리.
마땅히 그 대숲 밑에서
남음이 없는 반열반에 들리라.

부처님께서 이렇게 말씀하시자, 존자 아나율타와 비구들은 부처님 말씀을 듣고 기뻐하며 받들어 행하였다.

〔이 팔념경에 수록된 경문의 글자 수는 1,954자이다.〕

75) 정부동도경淨不動道經〔제2 소토성송〕

나는 이와 같이 들었다.

어느 때 부처님께서 구루수拘樓瘦에 유행하실 때에 도읍인 검마슬담劍磨瑟曇에 계셨다. 그때 세존께서 비구들에게 말씀하셨다.

"욕欲이란 무상無常한 것이며 허황한 것이며 거짓말이다. 이 거짓말 법은 곧 허깨비이고 속임이며 어리석음이다. 현세의 탐욕이나 후세의 탐욕이나 혹은 현세의 색이나 후세의 색色이나 그 일체는 곧 악마의 경계로서 이는 악마의 미끼이다. 그것으로 인하여 마음에 한량없이 악하고 착하지 않은 법과 탐욕〔增伺〕과 성냄과 또 투쟁 따위가 생기는데, 곧 거룩한 제자들이 공부할 때에 장애가 되는 것이다.

많이 들어 아는 거룩한 제자들은 이렇게 관찰한다.

'세존께서 말씀하신 바에 의하여 욕欲은 무상한 것이며 허황한 것이며 거짓말이다. 이 거짓말의 법은 곧 허깨비이며 속임이며 어리석음이다. 현세의 탐욕이나 후세의 탐욕이나 혹은 현세의 색이나 후세의 색이나 저 일체는 악마의 경계로서 곧 악마의 미끼이다. 그것으로 인하여 마음에 악하고 착하지 않은 법과 탐욕과 성냄과 투쟁 따위가 생기는데, 곧 거룩한 제자들이 공부할 때에 장애가 된다.'

이렇게 관찰한 그는 또 이렇게 생각한다.

'나는 큰마음으로 성취하여 노닐고 세간을 항복받고 그 마음을 잘 단속하고 지켜야 한다. 만일 내가 큰마음을 증득하여 성취하여 노닐고 세간을 항복받으며 그 마음을 잘 단속하고 지키게 되면, 마음은 곧 한량없이 악하고 착하지 않은 법과 탐욕과 성냄과 투쟁 따위를 일으키지 않아 곧 거룩한 제자가 공부할 때에 장애가 되지 않을 것이다.'

그는 이것을 실천하고 이것을 배우며, 이렇게 닦아 익히고 널리 편다. 그는 곧 그 자리에서 마음이 깨끗해지고 그 자리에서 마음이 깨끗하게 된 비구는 혹은 여기서 움직이지 않는 선정에 들어가게 되고 혹은 지혜로써 해탈하게 된다. 그는 뒷날 몸이 무너지고 목숨이 끝난 다음 본래의 뜻 때문에 반드시 움직이지 않는 경지에 이를 것이니, 이것이 청정한 부동도不動道에 대한 첫 번째 설명이다.

또 많이 아는 거룩한 제자는 이렇게 관찰한다.

'만일 색色이 있다면 그것은 모두 4대大와 4대로 이루어진 것〔四大造色〕이다. 4대는 무상한 법이며 괴로움이며 소멸되는 것이다.'

그는 이렇게 행하고 이렇게 배우며 이렇게 닦아 익혀서 널리 편다. 그는 곧 그 자리에서 마음이 깨끗해지고 그 자리에서 마음이 깨끗하게 된 비구는 여기서 움직이지 않는 경지에 들어가게 되고 혹은 지혜로써 해탈하게 된다. 그는 뒷날 몸이 무너지고 목숨이 끝난 다음 본래의 뜻 때문에 반드시 움직이지 않는 경지에 이를 것이니, 이것이 청정한 부동도에 대한 두 번째 설명이다.

또 많이 아는 거룩한 제자는 이렇게 관찰한다.

'혹은 현세의 탐욕이나 후세의 탐욕이나 혹은 현세의 색이나 후세의 색이나, 혹은 현세의 탐욕이란 생각이나 후세의 탐욕이란 생각이나, 혹은 현세의 색이란 생각이나 후세의 색이란 생각이나 이러한 일체의 생각들은 다 무상한 법이며 괴로움이며 소멸되는 것이다.'

그는 그때에는 반드시 움직이지 않는 생각을 얻을 것이다. 그는 이렇게 행하고 이렇게 배우며 이렇게 닦아 익혀서 널리 편다. 그는 곧 그 자리에서 마음이 깨끗해지고 그 자리에서 마음이 깨끗하게 된 비구는 여기서 움직이지 않는 경지에 들어가게 되고 혹은 지혜로써 해탈하게 된다. 그는 뒷날 몸이 무너지고 목숨이 끝난 다음 본래의 뜻 때문에 반드시 움직이지 않는 경지에 이를 것이니, 이것이 청정한 부동도에 대한 세 번째 설명이다.

또 많이 들어 아는 거룩한 제자는 이렇게 관찰한다.

'현세의 탐욕이라는 생각이나 후세의 탐욕이라는 생각이나, 현세의 색이라는 생각이나 후세의 색이라는 생각과 움직이지 않는다는 생각 등 이 일체의 생각은 바로 무상한 법이며 괴로움이며 소멸되는 것이다.'

그는 그때에는 소유한 바가 없는 곳이라는 생각〔無所有處想〕을 얻는다. 그는 이렇게 행하고 이렇게 배우며 이렇게 닦아 익혀서 널리 편다. 그는 곧 그 자리에서 마음이 깨끗하게 되고 마음이 깨끗하게 된 비구는 여기서 움직이지 않는 선정에 들어가게 되거나 혹은 지혜로써 해탈하게 된다. 그는 뒷날 몸이 무너지고 목숨이 끝난 다음 본래의 뜻 때문에 반드시 움직이지 않는 선정에 이를 것이니, 이것이 청정한 무소유처도無所有處道에 대한 첫 번째 설명이다.

또 많이 들어 아는 거룩한 제자는 이렇게 관찰한다.

'이 세상은 공한 것이다. 신神도 공한 것이며 신의 소유도 공한 것이

며 유상有常도 공하고 유항有恒도 공하며 장존長存도 공하니, 공한 것은 바뀌지 않는다.'

그는 이렇게 행하고 이렇게 배우며 이렇게 닦아 익혀서 널리 편다. 그는 곧 그 자리에서 마음이 깨끗해지고 그 자리에서 마음이 깨끗하게 된 비구는 혹은 여기서 소유한 바가 없는 곳[無所有處]에 들어가게 되거나, 혹은 지혜로써 해탈한다. 그는 뒷날 몸이 무너지고 목숨이 끝난 다음 본래의 뜻 때문에 반드시 소유한 바가 없는 곳에 이를 것이니, 이것이 청정한 무소유처도에 대한 두 번째 설명이다.

또 많이 들어 아는 거룩한 제자는 이렇게 관찰한다.

'나는 남을 위하여 일하는 것도 아니며 또한 자기를 위하여 일하는 것도 아니다.'

그는 이렇게 행하고 이렇게 배우며 이렇게 닦아 익혀서 널리 편다. 그는 곧 그 자리에서 마음이 깨끗해지고 그 자리에서 마음이 깨끗하게 된 비구는 여기서 소유한 바가 없는 곳에 들어가게 되고 혹은 지혜로써 해탈하게 된다. 그는 뒷날 몸이 무너지고 목숨이 끝난 다음 본래의 뜻 때문에 반드시 소유한 바가 없는 곳에 이를 것이니, 이것이 청정한 무소유처도에 대한 세 번째 설명이다.

또 많이 들어 아는 거룩한 제자는 이렇게 관찰한다.

'현세의 탐욕이나 후세의 탐욕이나, 혹은 현세의 색이나 후세의 색이나, 혹은 현세의 탐욕이란 생각이나 후세의 탐욕이란 생각이나, 혹은 현세의 색이란 생각이나 후세의 색이란 생각이나, 움직이지 않는다는 생각이나 소유한 바가 없는 곳이라는 생각 등의 이러한 일체의 생각은 곧 무상한 법이며 괴로움이며 소멸되는 것이다.'

그는 그때에 아무 상想도 없게 된다. 그는 이렇게 행하고 이렇게 배우며 이렇게 닦아 익혀서 널리 편다. 그는 곧 그 자리에서 마음이 깨끗해지고, 그 자리에서 마음이 깨끗하게 된 비구는 여기에서 상이 없는 선정〔無想定〕에 들어가게 되고 혹은 지혜로써 해탈하게 된다. 그는 뒷날 몸이 무너지고 목숨이 끝난 다음 본래의 뜻 때문에 반드시 상이 없는 곳에 이를 것이니, 이것이 곧 청정한 무상도無想道라고 말하는 것이다."

이때 존자 아난이 불자拂子를 잡고 부처님을 모시고 있었다. 존자 아난이 합장하고 부처님께 여쭈었다.

"세존이시여, 만일 어떤 비구가 '나라는 것도 없고 내 것이라는 것도 없으며, 미래에도 나라는 것은 없을 것이며 내 것이라는 것도 없을 것이다'라고 이렇게 수행한다면, 과거에 있었던 것이라 해도 곧 다해 평정〔捨〕을 얻게 될 것입니다. 세존이시여, 비구가 이와 같이 수행할 때 그들은 모든 것이 다하여 반열반般涅槃을 얻게 되겠습니까?"

세존께서 말씀하셨다.

"아난아, 이 일은 일정하지 않아 혹 얻는 자도 있겠지만 혹은 얻지 못하는 자도 있을 것이다."

존자 아난이 여쭈었다.

"세존이시여, 비구는 왜 그렇게 수행하고도 열반을 얻지 못합니까?"

"아난아, 만일 비구가, 나라는 것은 없는 것이고 내 것이라는 것도 없는 것이며 미래에도 나라는 것은 없을 것이며 내 것이라는 것도 없을 것이라고 수행한다면 과거에 있었던 것도 곧 다해 평정을 얻게 될 것이다. 그러나 아난아, 만일 비구가 그 평정을 좋아하거나 그 평정에 집착하거나 그 평정에 머무른다면 아난아, 그렇게 수행하는 비구는 반드시 열반을 얻지 못할 것이다."

존자 아난이 여쭈었다.

"세존이시여, 비구가 만일 취〔受 : 取〕하는 것이 있으면 열반을 얻지 못합니까?"

세존께서 대답하였다.

"아난아, 만일 비구가 취하는 것이 있으면 그는 반드시 열반을 얻지 못할 것이다."

"세존이시여, 그 비구는 무엇을 취합니까?"

"아난아, 수행하는 사람들 중엔 달리 수행하는 사람도 있으니, 이른바 생각이 있기도 하고 생각이 없기도 한곳으로서 유有 중에서 제일이라 하여 그 비구는 그것을 취한다."

존자 아난이 말하였다.

"세존이시여, 그 비구는 다시 다른 행을 받습니까?"

"아난아, 그렇다. 그 비구는 다른 행을 받는다."

"세존이시여, 비구가 어떻게 수행해야 반드시 열반을 얻습니까?"

"아난아, 만일 비구가, 나라는 것은 없는 것이고 내 것이라는 것도 없는 것이며, 미래에도 나라는 것은 없을 것이며 내 것이라는 것도 없을 것이라고 그렇게 수행하면 과거에 있었던 것도 곧 다 버리게 될 것이다. 아난아, 만일 비구가 평정을 좋아하지 않고 평정에 집착하지 않으며 그 평정에 머무르지 않는다면 아난아, 이와 같이 수행하는 비구는 반드시 열반을 얻을 것이다."

"세존이시여, 비구가 만일 취하는 것이 없으면 반드시 열반을 얻습니까?"

"아난아, 만일 비구가 취하는 것이 없으면 반드시 열반을 얻을 것이다."

그때 존자 아난이 합장하고 부처님께 여쭈었다.

"세존이시여, 세존께서는 이미 청정한 부동도를 말씀하셨고 이미 청정한 무소유처도를 말씀하셨으며 이미 청정한 무상도를 말씀하셨고 이미 무여열반無餘涅槃을 말씀하셨습니다. 세존이시여, 어떤 것이 거룩한 해탈解脫입니까?"

세존께서 대답하셨다.

"아난아, 많이 아는 거룩한 제자는 이렇게 관찰한다.

'현세의 탐욕이나 후세의 탐욕이나, 혹은 현세의 색이나 후세의 색이나, 혹은 현세의 탐욕이란 생각이나 후세의 탐욕이란 생각이나, 혹은 현세의 색이란 생각이나 후세의 색이란 생각과 움직이지 않는 생각 소유한 바가 없는 곳이란 생각 상이 없다는 생각 등 이러한 모든 생각은 곧 무상한 법이며 괴로움이며 소멸되는 것이다. 이것을 자기유自己有라고 한다. 만일 자기가 존재하는 것이라면 이것은 생겨나는 것이며 이것은 늙는 것이며 이것은 병드는 것이며 이것은 죽는 것이다.'

아난아, 만일 이 법이 있어 일체가 멸해 다하여 남음이 없고 다시 존재하지 않는 것이라고 하면, 그는 곧 남이 없고 늙음과 병과 죽음이 없을 것이다.

거룩한 제자는 이렇게 관찰한다.

'만일 존재하는 것이라면 이것은 반드시 해탈의 법이며, 만일 남음이 없는 열반이 있다면 그 이름은 감로甘露일 것이다.'

그가 이렇게 관찰하고 이렇게 보면 반드시 욕심의 번뇌에서 마음이 해탈할 것이며 생명〔有〕의 번뇌와 무명의 번뇌에서 마음이 해탈할 것이다. 해탈한 뒤에는 곧 해탈한 줄을 알아 생이 이미 다하고 범행梵行이 이미 서고 할 일을 이미 마쳐 다시는 후세의 생명을 받지 않는다는 참다운 진리를 알 것이다.

아난아, 나는 이제 너를 위하여 이미 청정한 부동도를 말하였고 이미 청정한 무소유처도를 말하였으며 이미 청정한 무상도를 말하였고 이미 무여열반을 말하였으며 이미 거룩한 해탈을 말하였다. 스승이 제자를 위하여 한 것처럼 큰 사랑과 슬픔을 일으켜 가엾이 생각하고 서럽게 여기고, 정의와 요익을 구하고 안온과 쾌락을 구하는 일을 나는 이미 다하였다. 너희들도 마땅히 스스로 노력하라. 일 없는 곳이나 나무 밑에 가거나 텅 비고 조용한 곳에서 고요히 앉아 깊이 생각하라. 방일하지 말고 더욱 부지런히 정진하여 후회하지 않게 하라. 이것이 나의 가르침이며 이것이 나의 훈계이다."

부처님께서 이렇게 말씀하시자, 존자 아난과 비구들은 부처님 말씀을 듣고 기뻐하며 받들어 행하였다.

〔이 정부동경에 수록된 경문의 글자 수는 1,787자이다.〕

76) 욱가지라경郁伽支羅經[3]〔제2 소토성송〕

나는 이와 같이 들었다.

어느 때 부처님께서 욱가지라郁伽支羅에 유행하실 때에 항수지恒水池 언덕에 계셨다. 그때 어떤 비구가 해질 무렵에 연좌燕坐에서 일어나 부처님께 나아가 부처님 발에 머리를 조아려 예배하고 물러나 한쪽에 앉아 여쭈었다.

"원하건대 세존이시여, 저를 위하여 간략하게 잘 설법하여 주십시오. 세존께 법을 듣고 나면 멀리 떠나 혼자 살면서 마음에 방일함이 없이 수행하고 정근하겠습니다. 멀리 떠나 혼자 살면서 마음에 방일함이 없이 수행하고 정근함으로써 족성자가 하신 것처럼 수염과 머리

3 이 경의 참고 경문으로는 『잡아함경』 제24권 642번째 소경인 「울저가경鬱低伽經」이 있다.

를 깎고 가사를 입고 지극한 믿음으로 출가하여 집 없이 도를 수행하면, 오직 위없는 범행을 마쳐서 현생에서 스스로 알고 스스로 깨달으며 스스로 증득하고 성취하여 노닐며, 생이 이미 다하고 범행이 이미 서고 할 일을 이미 마쳐 다시는 후세의 생명을 받지 않는다는 참다운 진리를 알게 될 것입니다."

세존께서 말씀하셨다.

"비구야, 마땅히 이와 같이 배워야 한다. 마음으로 하여금 머무르게 하여 안에 있어서 움직이지 않고 한량없는 선행을 닦으며, 다시 안 몸을 관찰하기를 몸 그대로 관찰하고 수행하기를 매우 부지런히 힘써서 바른 생각과 바른 지혜를 세우고, 자신의 마음을 잘 다스려서 간탐慳貪을 여의게 하고 마음에 걱정과 슬픔이 없게 하라. 또 바깥 몸을 관찰하되 몸 그대로 관찰하고 수행하기를 매우 부지런히 하여 바른 생각과 바른 지혜를 세우고 자신의 마음을 잘 다스려서 간탐을 여의게 하고 마음에 걱정과 슬픔이 없게 하라. 비구야, 이와 같은 선정〔定〕은 갈 때나 올 때나 항상 잘 닦아 익혀야 하며, 섰을 때나 앉았을 때나 누웠을 때나 잠잘 때나 깨어 있을 때나 잠자다 깰 때에도 또한 잘 닦고 익혀야 한다.

또 유각유관정有覺有觀定과 무각소관정無覺少觀定을 닦아 익히고 무각무관정無覺無觀定을 닦아 익혀야 하며, 기쁨이 함께하는 선정 즐거움이 함께하는 선정을 닦아 익히고, 안정됨이 함께하는 선정을 닦아 익히며 평정이 함께하는 선정을 닦아 익혀야 한다. 비구야, 만일 이 선정을 닦고 지극히 잘 닦은 자는, 비구야, 다시 안의 감각을 닦고 관찰하되 감각 그대로를 관찰하고 수행하기를 매우 부지런히 힘써 바른 생각과 바른 지혜를 세우고 자신의 마음을 잘 다스려서 간탐慳貪을 여의고 마음에 걱정과 슬픔이 없게 하라. 다시 바깥 감각을 관찰하되 감각 그대로를 관찰하고 수행하기를 매우 부지런히 힘써 바른 생각과 바른 지혜를 세우고, 자신의 마음을 잘 다스려서 간탐을 여의고 마음에 걱정과 슬픔이 없게 하라. 다시 안팎의 감각을 관찰하되 감각 그대로를 관찰하고 수행하기를 지극히 부지런히 힘써 바른 생각과 바른 지혜를 세우고 자신의 마음을 잘 다스려서 간탐을 여의고 마음에 걱정과 슬픔이 없게 하여야 한다. 비구야, 이와 같은 선정은 갈 때나 올 때나 잘 닦아 익혀야 하며, 섰을 때나 앉았을 때나 누웠을 때나 잠잘 때나 깨어 있을 때에도 잘 닦아 익혀야 한다.

또 유각유관정과 무각소관정을 닦아 익혀야 하며 또한 기쁨이 함께하는 선정과 즐거움이 함께하는 선정을 닦아 익히고, 안정됨이 함께하는 선정을 닦아 익히며 평정이 함께하는 선정을 닦아 익혀야 한다. 비구야, 만일 이 선정을 닦고 지극히 잘 닦은 자는 다시 안 마음을 닦고 관찰하되 마음 그대로를 관찰하고 수행하기를 매우 부지런히 힘써 바른 생각과 바른 지혜를 세우고, 자신의 마음을 잘 다스려서 간탐을 여의고 마음에 걱정과 슬픔이 없게 하라. 다시 바깥 마음을 관찰하되 마음 그대로를 관찰하고 수행하기를 매우 부지런히 힘써 바른 생각과 바른 지혜를 세우고 자신의 마음을 잘 다스려서 간탐을 여의고 마음에 걱정과 슬픔이 없게 하라. 다시 안팎의 마음을 관찰하되 마음 그대로를 관찰하고 수행하기를 매우 부지런히 힘써 바른 생각과 바른 지혜를 세우고 자신의 마음을 잘 다스려서 간탐을 여의고 마음에 걱정과 슬픔이 없게 하라. 비구야, 이와 같은 선정을 갈 때나 올 때나 늘 잘 닦아 익혀야 하며 섰을 때나 앉았을 때나 누웠을 때나 잠잘 때나 깨었을 때에도 잘 닦아 익혀야 한다.

또 유각유관정과 무각소관정을 닦아 익히고 무각무관정을 닦아 익혀야 하며 또한 기쁨이 함께하는 선정과 즐거움이 함께하는 선정을 닦아 익히고 안정됨이 함께하는 선정을 닦아 익히며 평정이 함께하는 선정을 닦아 익혀야 한다. 비구야, 만일 이 선정을 닦고 지극히 잘 닦은 자는 다시 안의 법을 닦고 관찰하기를 안 법과 같이 하고, 행하기를 매우 부지런히 힘써 바른 생각과 바른 지혜를 세우고 자신의 마음을 잘 제어하여 간탐을 여의고 마음에 걱정과 슬픔을 없게 하라. 다시 바깥 법을 관찰하기를 법과 같이 하고 행하기를 매우 부지런히 힘써 바른 생각과 바른 지혜를 세우고 자신의 마음을 잘 제어하여 간탐을 여의고 마음에 걱정과 슬픔을 없게 하라. 다시 안팎의 법을 관찰하기를 안팎의 법과 같이 하고 행하기를 매우 부지런히 힘써 바른 생각과 바른 지혜를 세우고, 자신의 마음을 잘 제어하여 간탐을 여의고 마음에 걱정과 슬픔을 없게 하라. 비구야, 이러한 선정은 갈 때나 올 때나 마땅히 잘 닦아 익혀야 하며, 섰을 때나 앉았을 때나 누웠을 때나 잠잘 때나 깨었을 때에도 또한 잘 닦아 익혀야 한다.

또 유각유관정과 무각소관정을 닦아 익히고 무각무관정을 닦아 익혀야 하며 또한 기쁨이 함께하는 선정과 즐거움이 함께하는 선정을 닦아 익히고 안정됨이 함께하는 선정을 닦아 익히며 평정이 함께하는 선정을 닦아 익혀야 한다. 비구야, 만일 이 선정을 닦고 지극히 잘 닦는 자는 마음이 마땅히 자애로움과 함께하여 1방方에 두루 차서 성취하여 노닐고 이렇게 2·3·4방과 4유·상·하 일체에 두루 하며 마음이 자애로움과 함께하기 때문에 맺힘도 없고 원한도 없으며, 성냄도 없고 다툼도 없고 지극히 넓고 매우 크며 한량없는 선행을 닦아 일체 세간에 두루 차서 성취하여 노닐어야 한다. 이와 같이 불쌍히 여김과 기뻐함도 역시 그러하며 마음은 평정[捨]과 함께하기 때문에 맺힘도 없고 원한도 없으며 성냄도 없고 다툼도 없으며 지극히 넓고 매우 크며 한량없는 선행을 닦아 일체 세간에 두루 차서 성취하여 노닐어야 한다.

비구야, 만일 네가 이 선정을 잘 닦아 익히고 지극한 선행을 닦되 그 사람이 만일 동방에 노닐면 반드시 안락을 얻어 여러 가지 괴로움과 근심이 없을 것이며, 만일 남방·서방·북방에 노닐어도 반드시 안락을 얻어 여러 가지 괴로움과 근심이 없을 것이다. 비구야, 만일 네가 이 선정을 닦아 익히고 지극한 선행을 닦아도 나는 오히려 네가 선법에 머무른다고도 말하지 않을 텐데 더구나 쇠퇴한 사람을 언급하겠느냐? 다만 밤낮으로 선법을 늘어나게 하고 자라게 하여 쇠퇴하지 않게 하라. 비구야, 만일 네가 이 선정을 닦아 익히고 지극한 선행을 닦으면 너는 2과 중에 반드시 그 하나를 얻을 것이며, 혹은 현재 세계에서 구경究竟의 지혜를 얻고 혹은 또 남음이 있어 아나함阿那含을 이룰 것이다."

이에 그 비구는 부처님의 말씀을 듣고 잘 받아 가지고 곧 자리에서 일어나 부처님 발에 머리를 조아려 예를 올리고 부처님 주위를 세 바퀴 돌고 나서 물러갔다. 그는 부처님의 가르침을 받아 가지고 멀리 떠나 혼자 살면서 마음에 방일함이 없이 수행하고 정근하였다. 멀리 떠나 혼자 살면서 마음에 방일함이 없이 수행하고 정근함으로 말미암아 족성자가 하셨던 것처럼 수염과 머리를 깎고 가사를 입고 지극한 믿음으로 출가하여 집 없이 도를 배웠다. 오직 위없는 범행을 마쳐 현재 세계에서 스스로 알고 스스로 깨닫고 스스로 증득하고 성취하여 노닐며 생이 이미 다하고 범행이 이미 서고 할 일을 이미 마쳐 다시는 후세의 생명을 받지 않는다는 참다운 진리를 알았다. 그 존자는 법을 안 뒤에는 아라하阿羅訶를 이루게 되었다.

부처님께서 이와 같은 경을 말씀하시자 저 모든 비구들은 부처님 말씀을 듣고 기뻐하며 받들어 행하였다.

〔이 욱가지라경에 수록된 경문의 글자 수는 1,206자이다.〕

77) 사계제삼족성자경娑雞帝三族姓子經〔제2 소토성송〕

나는 이와 같이 들었다.

어느 때 부처님께서 사계제娑雞帝[4]에 유행하실 때에 청림青林에 계셨다. 그때 사계제에 세 족성자族姓子가 살고 있었으니 존자 아나율타阿那律陀와 존자 난제難提와 존자 금비라金毘羅였다. 그들은 다 나이가 젊고 새로 출가하여 수행하는 사람들로서 함께 와서 이 바른 법 가운데 들어온 지 그리 오래되지 않았다.

그때 세존께서 비구들에게 물으셨다.

"이 세 족성자는 다 나이도 젊고 새로 출가하여 수행하는 사람들로서 함께 와서 이 바른 법에 들어온 지 오래되지 않았다. 이 세 족성자는 자못 이 바른 법 가운데서 범행梵行을 수행하기 좋아하는가?"

비구들은 잠자코 대답하지 않았다. 세존께서 다시 두 번 세 번 비구들에게 물으셨다.

"이 세 족성자는 다 나이 젊고 새로 출가하여 수행하는 사람들로서 함께 와서 이 바른 법에 들어온 지 오래되지 않았다. 이 세 족성자가 자못 이 바른 법 가운데서 범행 수행하기를 좋아하는가?"

비구들도 두 번 세 번 잠자코 대답하지 않았다. 그러자 세존께서는 친히 세 족성자에게 묻고자 하여 존자 아나율타에게 말씀하셨다.

"너희들 세 족성자는 다 나이가 젊고 새로 출가하여 수행하는 자로

---

4 성城 이름. 또는 사기다娑祇多·바계제婆雞帝로 쓰기도 한다. 북교살라국北憍薩羅國 경내에 있는 성으로 범어로는 Sāketa로 표기한다.

서 함께 와서 이 바른 법 가운데 들어온 지 오래지 않다. 아나율타야, 너희들은 자못 이 바른 법률 가운데서 범행 수행하기를 좋아하는가?"

존자 아나율타가 여쭈었다.

"세존이시여, 그렇습니다. 저희들은 이 바른 법에서 범행 수행하기를 좋아합니다."

세존께서 물으셨다.

"아나율타야, 너희들은 나이 어린 동자들로서 청정하고 검은머리에 신체도 왕성하여 유희遊戲하기를 좋아하고 자주 목욕하여 그 몸은 몹시 사랑 받을 만하였다. 그 뒤에 친척들과 그 부모들은 모두 사랑하고 그리워하여 슬피 울고 눈물을 흘리면서 너희들이 집을 나가 도 배우는 것을 좋아하지 않았다. 그런데도 너희들은 수염과 머리를 깎고 가사를 입고 지극한 믿음으로 집을 버려 가정이 없이 도를 배우고 있다. 아나율타여, 너희들은 왕을 두려워하여 도를 배우는 것이 아니다. 또한 도적을 두려워하거나 부채負債를 두려워하거나 무서움을 두려워하거나 가난을 두려워하거나 생활을 얻기 위하여 도를 배우는 것도 아니다. 다만 생·노·병·사와 슬픔과 걱정과 괴로움을 싫어하고 혹은 또 큰 괴로움의 무더기에서 벗어나고자 해서 도를 배우는 것이다. 아나율타야, 너희들은 이러한 마음을 가졌기 때문에 출가하여 도를 배우는 것이 아니냐?"

"그렇습니다."

"아나율타야, 만일 족성자가 이러한 마음으로 출가하여 도를 배운다면 그것으로 발미암아 한량없는 선법善法을 얻는다는 사실을 아는가?"

존자 아나율타가 세존께 여쭈었다.

"세존께서는 법의 근본이 되시고 법의 주인이 되십니다. 법은 세존으로부터 나오는 것이니 원하건대 법을 설해 주십시오. 저희들은 그 것을 듣고 나면 그 뜻을 자세히 알게 될 것입니다."

부처님께서 곧 말씀하셨다.

"아나율타야, 너희들은 자세히 듣고 그것을 잘 기억하라. 내가 마땅히 너희들을 위하여 그 뜻을 분별해 주리라."

아나율타와 여러 제자들은 분부를 받고 법을 들었다.

세존께서 말씀하셨다.

"아나율타야, 만일 욕심에 덮이고 악한 법에 묶이면 평정의 즐거움〔捨樂〕과 최상의 휴식처를 얻지 못할 것이다. 그 마음엔 탐냄·성냄 수면睡眠만 생기고 마음은 즐겁지 않고 몸은 피곤하며 많이 먹고 마음이 걱정스러울 것이다. 그 비구는 곧 굶주림·목마름·추위·더위·모기·등에·파리·벼룩·바람·햇볕 따위의 핍박을 참지 못하고 욕설과 매질도 또한 참지 못한다. 몸은 온갖 병에 걸려 몹시 고통스러워하면서 목숨이 끊어지는 듯하여 모든 즐겁지 않은 것을 다 견디고 참아내지 못한다. 왜냐하면 욕심에 덮이고 악한 법에 묶여, 평정의 즐거움과 최상의 휴식처를 얻지 못하였기 때문이다. 만일 욕심을 여의고 악한 법에 묶이지 않으면 반드시 평정의 즐거움과 최상의 휴식처를 얻게 될 것이다. 그 마음은 탐하거나 성내거나 잠자지 않고 마음이 불쾌하지 않으며 몸도 피로하지 않고 또한 많이 먹지 않으며 마음에 걱정도 없다. 그 비구는 능히 굶주림·목마름·추위·더위·모기·등에·파리·벼룩·바람·햇볕 따위의 핍박을 참아 견디고 욕설과 매질도 역시 참아낼 수 있다. 몸이 온갖 병에 걸려 매우 고통스러워하면서 목숨이 끊어지는 듯 하여 모든 즐겁지 않은 일도 다 능히 견뎌내고 참아낸다. 왜냐하면 욕심에 덮이지 않고 악한 법에 묶이지 않고 또 평정의 즐거움과 최상의 휴식처를 얻었기 때문이다."

세존께서 물으셨다.

“아나율타야, 여래는 무슨 이유로 없애야 할 것이 있고 혹은 써야 할 것이 있으며 혹은 견뎌내야 할 것이 있고 혹은 그쳐야 할 것이 있으며 혹은 토해야 할 것이 있는가?”

아나율타가 세존께 말하였다.

“세존께서는 법의 근본이 되시고 법의 주인이 되십니다. 법은 세존으로부터 나오니, 부디 그 법을 말씀하여 주십시오. 저희들이 그 법을 들으면 그 뜻을 자세히 알게 될 것입니다.”

부처님께서 말씀하셨다.

“아나율타야, 너희들은 자세히 듣고 그것을 잘 기억하라. 내가 마땅히 너희를 위하여 그 뜻을 분별해 주겠다.”

아나율타와 여러 제자들은 분부를 받고 경청하였다.

세존께서 말씀하셨다.

“아나율타야, 모든 번뇌와 더러움, 곧 미래세계에 생명의 근본이 되는 것과 번열의 고통스러운 과보인 생·노·병·사의 근원을 여래는 끊지 못한 것이 없으시고 알지 못하는 것이 없으시기 때문에 없애야 할 것이 있고 써야 할 것이 있으며 혹은 견뎌내야 할 것이 있고 그쳐야 할 것이 있으며 혹은 토해야 할 것이 있다. 아나율타야, 여래는 다만 이 몸으로 인한 까닭에, 6입처入處로 말미암기 때문에, 수명으로 말미암기 때문에 없애야 할 것이 있고 써야 할 것이 있으며 혹은 견뎌내야 할 것이 있고 그쳐야 할 것이 있으며 혹은 토해내야 할 것이 있다. 아나율타야, 여래는 이런 이유가 있기 때문에 없애야 할 것이 있고 써야 할 것이 있으며 견뎌내야 할 것이 있고 그쳐야 할 것이 있으며 혹은 토해내야 할 것이 있다.”

세존께서 물으셨다.

"아나율타야, 여래는 무슨 이치가 있기에 일 없는 곳이나 산림, 혹은 나무 밑에 머무르고 높은 바위에 살기를 좋아하며 고요하여 소리가 없고 멀리 떠나서 악이 없고 사람들이 없는 곳에서 순리를 따라 연좌燕坐하는가?"

존자 아나율타가 세존께 말하였다.

"세존께서는 법의 근본이 되시고 법의 주인이 되십니다. 법은 세존으로부터 나오니, 원컨대 그 법을 말씀하여 주십시오. 저희들이 그 법을 듣고 나면 그 뜻을 자세히 알게 될 것입니다."

세존께서 말씀하셨다.

"아나율타야, 너희들은 자세히 듣고 그것을 잘 기억하라. 내가 마땅히 너희를 위하여 그 뜻을 분별해 주겠다."

아나율타와 여러 제자들은 분부를 받고 경청하였다.

세존께서 말씀하셨다.

"아나율타야, 여래는 아직 얻지 못한 것을 얻기 위하여 아직 거두지 못한 것을 거두기 위하여 아직 증득하지 못한 것을 증득하기 위하여 일 없는 곳이나 산림 혹은 나무 밑에 머무르거나 높은 바위에 머물기를 좋아하며, 고요히 말이 없고 멀리 떠나서 악이 없고 사람들이 없는 데에서 순리를 따라 연좌하는 것이 아니다. 아나율타야, 여래는 다만 두 가지 이치가 있기 때문에 일 없는 곳이나 산림 혹은 나무 밑에 머무르고 높은 바위에 살기를 좋아하며 고요하여 아무 말이 없고 멀리 떠나 악이 없고 사람이 없는 데서 이치를 따라 연좌하는 것이니, 첫째는 자기가 현재 세계에서 즐겁게 살기 위해서이고 둘째는 후세 사람을 사랑하고 가엾이 여기기 때문이다. 혹은 후세 사람이 여래께서 일 없는 곳이나 산림 혹은 나무 밑에 머무르고 높은 바위에 살기를 좋아하며, 고요하여 소리가 없고 멀리 떠나서 악이 없고 사람이 없는 곳에서 이치를 따라 연좌하는 것을 본받게 하기 위해서이기도 하다. 아나율타야, 여래는 이런 이유가 있기 때문에 일 없는 곳이나 산림 또는 나무 밑에 머무르고 높은 바위에 머물기를 좋아하며, 고요하여 아무 말이 없고 멀리 떠나 악이 없고 사람이 없는 곳에서 순리를 따라 연좌하는 것이다."

세존께서 물으셨다.

"아나율타야, 여래는 어떠한 이유가 있기에 제자가 목숨을 마치면 '아무는 아무 데에 태어난다, 아무는 아무 데에 태어난다'고 예언하는가?"

존자 아나율타가 세존께 말하였다.

"세존께서는 법의 근본이 되시고 법의 주인이 되시며, 모든 법은 세존으로부터 나옵니다. 원하건대 그것을 말씀하여 주십시오. 저희들이 그 법을 듣고 나면 그 뜻을 자세히 알게 될 것입니다."

부처님께서 말씀하셨다.

"아나율타야, 너희들은 자세히 듣고 그것을 잘 기억하라. 내가 마땅히 너희들을 위하여 그 뜻을 분별해 주겠다."

아나율타와 여러 제자들은 분부를 받고 경청하였다.

세존께서 말씀하셨다.

"아나율타야, 여래는 그 태어나는 세계〔趣〕를 위하거나 사람을 위하여 그런 말을 하는 것이 아니며, 또한 사람을 속이려는 것도 아니며 또한 사람들을 기쁘게 하기 위하여 제자가 목숨을 마쳤을 때 '아무는 아무 데에 태어난다, 아무는 아무 데에 태어난다'고 예언하는 것이 아니다. 아나율타야, 여래는 다만 깨끗이 믿는 족성남이나 족성녀들로서 지극히 믿고 매우 사랑하며, 지극히 기쁜 마음을 내어 이 바른 법을 듣고 나서 마음으로 이러이러한 것을 본받게 하기를 바라기 때문에 제자가 목숨을 마치면 아무는 아무 데에 태어난다, 아무는 아무 데에 태어난다고 예언하는 것이다.

혹 어떤 비구가 아무 존자는 아무 데서 목숨을 마쳤다. 그는 부처님의 예언을 받고 구경究竟의 지혜를 얻어, 생이 이미 다하고 범행梵行이 이미 섰으며 할 일을 이미 마쳤으므로 다시는 후세의 생명을 받지 않는다는 참다운 진리를 알았다는 말을 듣는가 하면, 혹은 직접 그 존자를 보거나 혹은 남에게서 자주자주 이 말을 듣기도 한다. 곧 그 존자는 이와 같은 믿음이 있었고 어떻게 계를 가졌으며 어떻게 널리 들었고 어떻게 은혜로 베풀었으며 이와 같이 지혜가 있었다는 등의 말을 듣는다. 그 사람은 그러한 말을 들은 뒤에는 그 존자는 믿음이 있고 계를 가졌으며 널리 들어 아는 게 많고 은혜를 베풀었으며 지혜가 있었다는 것을 기억하고, 이 바른 법을 들은 뒤에는 혹은 마음으로 이러이러한 것을 본받기를 원한다. 아나율타야, 이러한 비구는 반드시 보다 안락하게 살게 될 것이다.

아나율타야, 또 어떤 비구는 아무 존자는 아무 데서 목숨을 마쳤다. 그는 부처님의 예언을 받고 5하분결下分結[5]이 이미 다해 그 사이에 나서 열반涅槃에 들고 물러나지 않는 법을 얻어 이 세상에 돌아오지 않는다는 말을 듣는가 하면, 혹은 직접 그 존자를 보거나 혹은 남에게서 자주 이 말을 듣는다. 곧 그 존자는 어떻게 믿음이 있었고 어떻게 계를 가졌으며 널리 듣고 은혜를 베풀었으며 어떻게 지혜가 있었다는 등의 일이다. 그 비구는 이런 말을 들은 뒤에 믿음이 생겼고 계를 가졌으며 널리 들었고 은혜로 베풀었으며 지혜가 있었다는 것을 기억하

5 하분下分은 욕계欲界를 말하는 것이고, 결結은 번뇌이다. 3계 중 가장 밑에 위치한 욕계의 세계에서 중생들을 얽어매고 있는 다섯 가지 번뇌인 욕탐欲貪·진에瞋恚·유신견有身見·계금취견戒禁取見·의결疑結을 말한다.

고 이 바른 법을 들은 뒤에는 마음으로 이러이러한 것을 본받기를 원한다. 아나율타야, 이러한 비구는 반드시 보다 안락하게 살게 될 것이다.

아나율타야, 또 어떤 비구는 아무 존자는 아무 데서 목숨을 마쳤다. 그는 부처님의 예언을 받고 3결結이 다해 음욕과 성냄과 어리석음이 엷어져 한 번 천상과 인간을 왕래하게 되고 한 번 왕래한 뒤에는 괴로움을 벗어날 것이라는 말을 듣는가 하면, 혹은 직접 그 존자를 보거나 혹은 남에게서 자주 이 말을 듣는다. 곧 그 존자는 이와 같은 믿음이 있었고 이와 같은 계를 가졌으며 이와 같이 널리 들었고 이와 같은 은혜를 베풀었으며 이와 같은 지혜가 있었다는 등의 일이다. 그 비구는 이러한 이야기를 들은 뒤에 그 존자는 믿음이 생겼고 계를 가졌으며 널리 들었고 은혜를 베풀었으며 지혜가 있었다는 것을 기억하고 이 바른 법을 들은 뒤에는 마음으로 이러이러한 것을 본받기를 원한다. 아나율타야, 이러한 비구는 반드시 보다 안락하게 될 것이다.

아나율타야, 또 어떤 비구는 아무 존자는 아무 데서 목숨을 마쳤다. 그는 부처님의 예언을 받고 3결結이 이미 다해 수다원須陀洹을 얻어 악한 법에 떨어지지 않고 반드시 바른 깨달음으로 나아가 끝내 7유有를 받고 천상·인간에 일곱 번을 왕래한 뒤에는 괴로움을 벗어난다고 듣는가 하면, 혹은 직접 그런 존자를 보거나 혹은 남에게서 자주 이 말을 듣는다. 곧 그 존자는 이러이러한 믿음이 있었고 이러이러한 계를 가졌으며 이와 같이 널리 들었고 이러이러한 은혜를 베풀었으며 이러이러한 지혜가 있었다고 하는 등의 일이다. 그 비구는 이런 이야기를 들은 뒤에는 그 존자는 믿음이 생겼고 계를 가졌으며 널리 들었고 은혜를 베풀었으며 지혜가 있었다는 것을 기억하고 이 바른 법을 들은 뒤에는 마음으로 이러이러한 것을 본받기를 원한다. 아나율타야, 이러한 비구는 반드시 보다 안락하게 살게 될 것이다.

아나율타야, 또 어떤 비구니는 아무 비구니는 아무 데서 목숨을 마쳤다. 그는 부처님의 예언을 듣고 구경究竟의 지혜를 얻어 생이 이미 다하고 범행이 이미 서고 할 일을 이미 마쳤으므로 다시는 후세의 생명을 받지 않는다는 참다운 진리를 알았다는 말을 듣는가 하면, 혹은 직접 그 비구니를 보거나 혹은 남에게서 자주 이 말을 듣는다. 곧 그 비구니는 이러이러한 믿음이 있었고 이러이러한 계를 가졌으며 이와 같이 널리 들었고 이러이러한 은혜를 베풀었으며 이러이러한 지혜가 있었다는 등의 이야기이다. 그 사람은 이런 이야기를 들은 뒤에 그 비구니는 믿음이 생겼고 계를 가졌으며 널리 들었고 은혜로 베풀었으며 지혜가 있었다는 것을 기억하고 이 바른 법을 들은 뒤에는 마음으로 이러이러한 것을 본받기를 원한다. 아나율타야, 이러한 비구니는 반드시 보다 안락하게 살게 될 것이다.

아나율타야, 다시 어떤 비구니는 '아무 비구니는 아무 데서 목숨을 마쳤다. 그는 부처님의 예언을 받고 5하분결이 이미 다해 그 사이에 나서 열반에 들고 물러나지 않는 법을 얻어 이 세상에는 돌아오지 않는다'는 말을 듣는가 하면, 혹은 직접 그 비구니를 보거나 혹은 남에게서 자주 이런 말을 듣는다. 곧 그 비구니는 이러이러한 믿음이 있었고 이와 같이 계를 가졌으며 이러이러하게 널리 들었고 이와 같이 은혜를 베풀었으며 이러한 지혜가 있었다는 등의 이야기이다. 그 사람은 이러한 이야기를 들은 뒤에는 그 비구니는 믿음이 있었고 계를 가졌으며 널리 들었고 은혜로 베풀었으며 지혜가 있었다는 것을 기억한다. 이 바른 법을 들은 뒤에는 마음으로 이러이러한 것을 본받기를 원한다. 아나율타야, 이러한 비구니는 반드시 보다 안락하게 살게 될 것이다.

아나율타야, 다시 어떤 비구니는 아무 비구니는 아무 데서 목숨을 마쳤다. 그는 부처님의 예언을 받고 3결이 이미 다하여 음욕과 성냄과 어리석음이 엷어져, 한 번 천상과 인간을 왕래하게 되고 한 번 왕래한 뒤에는 괴로움을 벗어난다는 말을 듣는가 하면, 혹은 직접 그 비구니를 보거나 혹은 자주 이 말을 듣는다. 곧 그 비구니는 이러이러한 믿음이 있었고 이와 같이 계를 가졌으며 이렇게 널리 들었고 이러이러한 은혜를 베풀었으며 이러이러한 지혜가 있었다는 등의 이야기이다. 그 사람은 이러한 이야기를 들은 뒤에는 그 비구니는 믿음이 생겼고 계를 가졌으며 널리 들었고 은혜로 베풀었으며 지혜가 있었다는 것을 기억하고 이 바른 법을 들은 뒤에는 마음으로 이러이러한 것을 본받기를 원한다. 아나율타야, 이러한 비구니는 반드시 보다 안락하게 살게 될 것이다.

아나율타야, 다시 어떤 비구니는 '아무 비구니는 아무 데서 목숨을 마쳤다. 그는 부처님의 예언을 듣고 3결이 이미 다하여 수다원을 얻어 악한 법에 떨어지지 않고 반드시 바른 깨달음으로 나아가 결국 7유를 받고 천상과 인간에 일곱 번 왕래한 뒤에는 괴로움을 벗어난다는 말을 듣는가 하면, 혹은 직접 그 비구니를 보거나 혹은 남에게서 자주 이런 말을 듣는다. 곧 그 비구니는 이러이러한 믿음이 있었고 이와 같은 계를 가졌으며 이와 같이 널리 들었고 이러이러한 은혜를 베풀었으며 이와 같은 지혜가 있었다는 등의 이야기이다. 그 사람은 이런 이야기를 들은 뒤에는 그 비구니는 믿음이 생겼고 계를 가졌으며 널리 들었고 은혜를 베풀었으며 지혜가 있었다는 것을 기억하고 이 바른 법을 들은 뒤에는 마음으로 이러이러한 것을 본받기를 원한다. 아나율타야, 이러한 비구니는 반드시 보다 안락하게 살게 될 것이다.

아나율타야, 또 어떤 우바새는 '아무 우바새는 아무 마을에서 목숨을 마쳤다. 그는 부처님의 예언을 듣고 5하분결이 이미 다하여 그 사이에서 나서 열반에 들고 물러나지 않는 법을 얻어 이 세상에 돌아오지 않는다는 말을 듣는가 하면, 혹은 직접 그 우바새를 보거나 혹은 남에게서 이 말을 듣는다. 곧 그 우바새는 이러이러한 믿음이 있었고 이와 같이 계를 가졌으며 이렇게 널리 들었고 이러이러하게 은혜를 베풀었으며 이러이러한 지혜가 있었다는 등의 이야기이다. 그 사람은 이런 이야기를 들은 뒤에는 그 우바새는 믿음이 생겼고 계를 가졌으며 널리 들었고 은혜로 베풀었으며 지혜가 있었다는 것을 기억하고 이 바른 법을 들은 뒤에는 마음으로 이러이러한 것을 본받기를 원한다. 아나율타야, 이러한 우바새는 반드시 보다 안락하게 살게 될 것이다.

아나율타야, 또 어떤 우바새는 '아무 우바새는 아무 마을에서 목숨을 마쳤다. 그는 부처님의 예언을 받고 3결이 이미 다하여 음욕과 성냄과 어리석음이 엷어져 한 번 천상과 인간을 왕래하게 되고 한 번 왕래한 뒤에는 괴로움을 벗어난다는 말을 듣는가 하면, 혹은 직접 그 우바새를 보거나 혹은 남에게서 자주 이런 말을 듣는다. 곧 그 우바새는 이러이러한 믿음이 있었고 이와 같은 계를 가졌으며 이렇게 널리 들었고 이러이러하게 은혜를 베풀었으며 이러이러한 지혜가 있었다는 등의 이야기이다. 그 사람이 이런 이야기를 들은 뒤에 그 우바새는 믿음이 생겼고 계를 가졌으며 널리 들었고 은혜를 베풀었으며 지혜가 있었다는 것을 기억하고 이 바른 법을 들은 뒤에는 마음으로 이러이러한 것을 본받기를 원한다. 아나율타야, 이러한 우바새는 반드시 보다 안락하게 살게 될 것이다.

아나율타야, 다시 어떤 우바새는 아무 마을에서 목숨을 마쳤다. 그는 부처님의 예언을 받고 3결이 이미 다하여 수다원을 얻어 악한 법에 떨어지지 않고 반드시 바른 깨달음으로 나아가 결국엔 7유를 받고 천상과 인간을 일곱 번 왕래한 뒤에는 괴로움을 벗어난다고 듣는가 하면, 혹은 직접 그 우바새를 보거나 혹은 남에게서 자주 이런 말을 듣는다. 곧 그 우바새는 이러이러한 믿음이 있었고 이와 같은 계를 가졌으며 이렇게 널리 들었고 이러이러하게 은혜를 베풀었으며 이러이러한 지혜가 있었다는 등의 이야기이다. 그 사람은 이런 이야기를 들은 뒤에는 그 우바새는 믿음이 생겼고 계를 가졌으며 널리 들었고 은혜를 베풀었으며 지혜가 있었다는 것을 기억하고 이 바른 법을 들은 뒤에는 마음으로 이러이러한 것을 본받기를 원한다. 아나율타야, 이러한 우바새는 반드시 보다 안락하게 살게 될 것이다.

아나율타야, 어떤 우바사(優婆私 : 優婆夷)는 아무 우바사는 아무 마을에서 목숨을 마쳤다. 그는 부처님의 예언을 받고 5하분결이 이미 다하여 그 사이에서 나서 반열반에 들고 물러나지 않는 법을 얻어 이 세상에 돌아오지 않는다는 말을 듣는가 하면, 혹은 직접 그 우바사를 보거나 혹은 또 남에게서 자주 이런 말을 듣는다. 곧 그 우바사는 이러이러한 믿음이 있었고 이와 같은 계를 가졌으며 이렇게 널리 들었고 이러이러하게 은혜를 베풀었으며 이와 같은 지혜가 있었다는 등의 이야기이다. 그 사람은 이것을 들은 뒤에는 그 우바사는 믿음이 생겼고 계를 가졌으며 널리 들었고 은혜를 베풀었으며 지혜가 있었다는 것을 기억하고 이 바른 법률을 들은 뒤에는 마음으로 이러이러한 것을 본받기를 원한다. 아나율타야, 이러한 우바이는 반드시 보다 안락하게 살게 될 것이다.

아나율타야, 또 어떤 우바사는 아무 마을에서 목숨을 마쳤다. 그는 부처님의 예언을 받고 3결이 이미 다하여 음욕과 성냄과 어리석음이 엷어져 한 번 천상과 인간에 왕래하게 되고 한 번 왕래한 뒤에는 괴로움에서 벗어난다는 말을 듣는가 하면, 혹은 직접 그 우바사를 보거나 혹은 남에게서 자주 이런 말을 듣는다. 곧 그 우바사는 이러이러한 믿음이 있었고 이와 같이 계를 가졌으며 이렇게 널리 들었고 이러이러한 은혜를 베풀었으며 이러이러한 지혜가 있었다는 등의 이야기이다. 그 사람은 이런 이야기를 들은 뒤에는 그 우바사는 믿음이 생겼고 계를 가졌으며 널리 들었고 은혜를 베풀었으며 지혜가 있었다는 것을 기억하고 이 바른 법을 들은 뒤에는 마음으로 이러이러한 것을 본받기를 원한다. 아나율타야, 이러한 우바사는 반드시 보다 안락하게 살게 될 것이다.

아나율타야, 또 어떤 우바사는 '아무 우바사는 아무 마을에서 목숨을 마쳤다. 그는 부처님의 예언을 받고 3결이 이미 다하여 수다원을 얻어 악한 법에 떨어지지 않고 반드시 바른 깨달음으로 나아가 결국엔 7유를 받고 천상과 인간에 일곱 번 왕래한 뒤에는 괴로움을 벗어난다고 듣는다. 혹은 직접 그 우바사를 보거나 혹은 남에게서 자주 이런 말을 듣는다. 곧 그 우바사는 이러이러한 믿음이 있었고 이와 같이 계를 가졌으며 이렇게 널리 들었고 이러이러한 은혜를 베풀었으며 이와 같은 지혜가 있었다는 등의 이야기이다. 그 사람은 이런 이야기를 들은 뒤에는 그 우바사는 믿음이 생겼고 계를 가졌으며 널리 들었고 은혜를 베풀었으며 지혜가 있었다는 것을 기억하고 이 바른 법을 들은 뒤에는 마음으로 이러이러한 것을 본받기를 원한다. 아나율타야, 이러한 우바사는 반드시 보다 안락하게 살게 될 것이다.

아나율타야, 여래는 이런 이치가 있기 때문에 제자가 목숨을 마치면 아무는 아무 데서 태어나고 아무는 아무 데서 태어난다고 예언한다."

부처님께서 이렇게 말씀하시자, 존자 아나율타와 여러 비구들은 부처님 말씀을 듣고 기뻐하며 받들어 행하였다.

〔이 사계제삼족성자경에 수록된 경문의 글자 수는 3,406자이다. 『중아함경』 제18권에 수록된 경문의 글자 수는 모두 10,127자이다.〕

중아함경 제19권

7. 장수왕품 ③

78) 범천청불경梵天請佛經〔제2 소토성송〕

나는 이와 같이 들었다.

어느 때 부처님께서 사위국舍衛國에 유행하실 때에 승림급고독원勝林給孤獨園에 계셨다. 그때에 어떤 범천梵天이 범천에 머물면서 이와 같은 삿된 소견을 내었다.

'이곳은 항상한 곳이며 이곳은 항상 존재하는 곳이며, 이곳은 영원히 존재하고 이곳은 긴요한 곳이며, 이곳은 마침이 없는 법이며 이곳은 출요出要로써 이 출요보다 더 뛰어나고 훌륭하며 미묘하고 제일가는 것은 없다.'

그때 세존께서 남의 마음을 아는 지혜〔他心智〕로써 저 범천이 생각하고 있는 것을 아시고, 곧 여기상정如其像定에 들어 그 여기상정으로써 마치 역사力士가 팔을 굽혔다 펴는 짧은 시간에 사위국 기수급고독원에서 사라져 나타나지 않으시더니 홀연히 범천으로 올라 가셨다. 그때 범천은 세존께서 오시는 것을 보고 곧 세존을 청하였다.

"잘 오셨습니다. 큰 선인仙人이시여, 이곳은 항상한 곳이고 이곳은 항상 존재하는 곳이며, 이곳은 영원히 존재하는 곳이고 이곳은 긴요한 곳이며, 이 곳은 마침이 없는 법이며 이곳은 출요로서 이 출요보다 더 뛰어나고 훌륭하고 미묘하며 제일가는 것은 없습니다."

그러자 세존께서 말씀하셨다.

"범천이여, 너는 항상 있지 않은 것을 항상 있다고 일컫고 항상 좋지 않은 것을 항상 좋다 일컬으며 영원히 존재하지 않는 것을 영원히 존재한다고 일컫고, 긴요하지도 않은 것을 긴요하다 일컬으며 끝이 있는 법을 끝이 없는 법이라 일컫고, 출요가 아닌 것을 출요라 하면서 이 출요보다 더 이상 뛰어나고 훌륭하며 미묘하고 제일가는 것은 없다고 말하는구나. 범천이여, 너에게는 이러한 무명無明이 있구나."

그때 악마 파순波旬이 그 대중들 가운데 있다가 세존께 말하였다.

"비구여, 이 범천이 말한 것을 거역하지 마시오. 이 범천이 말한 것을 거스르지 마시오. 비구여, 만일 네가 이 범천이 말한 것을 거역하거나 이 범천이 말한 것을 거스르면 비구여, 그것은 마치 사람이 자기에게 상서로운 일이 오는 것을 물리치는 것과 같은 것이다. 비구가 한 말도 역시 이와 같다. 그러므로 비구여, 나는 너에게 '이 범천이 말한 것을 거역하지 말라. 이 범천의 말한 것을 거스르지 말라'고 말한 것이다. 비구여, 만일 네가 이 범천이 말한 것을 거역하거나 이 범천이 말한 것을 거스르면 이것은 비구여, 마치 어떤 사람이 산 위에서 떨어질 때에 아무리 손발로 허공을 잡으려고 해도 그리 될 수 없는 것과 같다. 비구가 하는 말도 역시 이와 같다. 그러므로 비구여, 나는 너에게 '이 범천이 말한 것을 어기지 말라. 이 범천이 말한 것을 거스르지 말라' 하고 말한 것이다. 비구여, 만일 네가 이 범천이 말한 것을 거역하거나 이 범천이 말한 것을 거스르면, 이것은 마치 어떤 사람이 나무 위에서 떨어질 때에 아무리 손발로 나뭇가지나 잎을 부여잡으려고 해도 그리 될 수 없는 것과 같다. 비구가 한 말도 역시 이와 같다. 그러므로 비구여, 나는 너에게 '이 범천이 말한 것을 거역하지 말라. 이 범천이 말한 것을 거스르지 말라' 하고 말한 것이다.

왜냐하면 이 범천은 범梵이며 복〔福祐〕이며 변화시키는 주체〔能化〕이고 가장 높은 것이며 만들어내는 주체〔能作〕이고 조작하는 주체〔能造〕이기 때문이다. 이것은 아버지로서 이미 있었고 장차 있을 일체 중생은 다 이것을 좇아 나기 때문이다. 이 범천은 알아야 할 것을 다 알고 보아야 할 것을 다 알기 때문이다.

큰 선인이여, 만일 어떤 사문 범지가 땅〔地〕[1]을 미워하고 땅을 헐뜯으면 그는 몸이 무너지고 목숨이 끝난 뒤 반드시 다른 하천한 기악신妓樂神으로 태어날 것이다. 이렇게 물·불·바람·신·하늘·생주(生主 : 造物主)에 대하여도 역시 그러하다. 범천을 미워하거나 범천을 헐뜯는 자가 있으면 그는 몸이 무너지고 목숨이 끝났을 때에 다른 하천한 기악신으로 태어날 것이다. 큰 선인仙人이여, 만일 어떤 사문 범지가 땅을 사랑하고 땅을 찬탄하면, 그는 몸이 무너지고 목숨이 끝났을 때에 반드시 가장 높은 범천에 태어날 것이다. 이와 같이 물·불·바람·신·하늘·생주에 대하여도 또한 그러하다. 범천을 사랑하고 좋아하며 범천을 찬탄하는 자가 있으면 그는 몸이 무너지고 목숨이 끝났을 때에 반드시 가장 높은 범천에 태어날 것이다. 큰 선인이여, 너는 이 범천의 큰 권속들이 앉아 있는 것이 우리들과 같은 것을 보지

1 송宋·원元·명明 3본에는 모두 타他로 되어 있어 다른 사람으로 표현하고 있다.

못하는가?"

저 악마 파순波旬은 범천도 아니며 또한 범천의 권속도 아니다. 그러나 스스로 내가 바로 범천이라고 일컬었다. 그때에 세존께서는 곧 이렇게 생각하셨다.

'이 악마 파순은 범천도 아니며 또한 범천의 권속도 아니다. 그런데도 스스로 제 자신이 바로 범천이라고 일컫고 있다. 만일 악마 파순이 있다고 말한다면 이것은 곧 악마 파순일 것이다.'

세존께서는 이미 다 아시고 말씀하셨다.

"악마 파순아, 너는 범천도 아니며 또한 범천의 권속도 아니다. 그런데도 너는 스스로 '내가 바로 범천이다'라고 말하고 있다. 만일 악마 파순이 있다고 말한다면 네가 바로 악마 파순일 것이다."

그러자 악마 파순이 이렇게 생각하였다.

'세존께서는 나를 아시고 선서善逝께서는 나를 보시는구나.'

이렇게 알고 나서는 시름하고 걱정하면서 곧 거기서 갑자기 사라져 나타나지 않았다. 그때 저 범천이 두 번 세 번 와서 세존을 청하였다.

"잘 오셨습니다. 큰 선인이시여, 이곳은 항상한 곳이고 이곳은 항상 좋으며 이곳은 영원히 존재하는 곳이며 이곳은 긴요한 곳이며 이곳은 마침이 없는 법이며 이곳은 출요로써 이 출요보다 더 뛰어나고 훌륭하며 미묘하고 제일가는 곳은 없습니다."

세존께서도 두 번 세 번 말씀하셨다.

"범천이여, 너는 항상하지 않은 곳을 항상하다고 일컫고 항상 좋지 않은 곳을 항상 좋은 곳이라 일컬으며, 영원히 존재하지 않는 곳을 영원히 존재한다고 일컫고 요긴하지 않은 것을 요긴하다 일컬으며 마침이 있는 법을 마침이 없는 법이라 일컫고, 출요가 아닌 것을 출요라 하면서 이 출요보다 더 뛰어나고 훌륭하며 미묘하고 제일가는 것은 없다고 말하는구나. 범천이여, 너에게는 이런 무명無明이 있구나. 범천이여, 너에게는 이런 무명이 있구나."

그러자 범천이 세존께 말씀드렸다.

"큰 선인이여, 옛날 어떤 사문 범지는 수명이 매우 길고 아주 오래도록 머물렀습니다. 큰 선인이여, 당신은 수명이 지극히 짧아 저 사문 범지가 한 번 연좌하는 동안도 모르십니다. 왜냐하면 그는 알아야 할 것은 다 알고, 보아야 할 것은 다 봅니다. 만일 진실로 출요가 있다 하여도 이 보다 더 뛰어나고 훌륭하며 미묘하고 제일가는 것은 없습니다. 만일 진실한 출요가 없다 하여도 이보다 더 뛰어나고 훌륭하며 미묘하고 제일가는 것은 없습니다. 큰 선인이여, 당신은 출요에 대하여 출요가 아니라는 생각을 가지고 있고, 출요가 아닌 것에 대하여 출요라는 생각을 가지고 있습니다. 이렇게 하여 당신은 출요를 얻지 못하고 곧 큰 어리석음만 이루었습니다. 왜냐하면 경계가 없기 때문입니다. 큰 선인이여, 만일 어떤 사문 범지가 땅을 사랑하고 좋아하며 땅을 찬탄하면 그는 나의 뜻대로 되고 내가 하고자 하는 바를 따르는 것이 됩니다. 이렇게 물·불·바람·신·하늘·생주生主에 대하여도 역시 그러하며, 범천을 사랑하고 좋아하며 범천을 찬탄하면 그는 나의 뜻대로 되고 내가 하고자 하는 바를 따르는 것이 되며 내가 시키는 바를 따르게 됩니다. 큰 선인이여, 만일 당신이 땅을 사랑하고 땅을 찬탄하면 당신도 또한 나의 뜻대로 되고 내가 하고자 하는 바를 따르게 되며 내가 시키는 바를 따르게 될 것입니다."

그때 세존께서 말씀하셨다.

"범천이여, 그렇다. 범천이 말한 것은 진실한 진리이다. 만일 어떤 사문 범지가 땅을 사랑하고 좋아하며 땅을 찬탄하면 그는 너의 생각과 같이 되고 네가 하고자 하는 바를 따르게 되며 네가 시키는 것을 따르게 될 것이다. 이렇게 물·불·바람·신·하늘·생주에 대해서도 역시 그러하다. 범천을 사랑하고 좋아하며 범천을 찬탄하면, 그는 너의 생각대로 되고 네가 하고자 하는 바를 따르게 되며 네가 시키는 바를 따르게 될 것이다. 범천이여, 만일 내가 땅을 사랑하고 좋아하며 땅을 찬탄하면, 나도 또한 네가 자재自在하게 할 것이며 네가 하고자 하는 바를 따르게 되며 네가 시키는 것을 따르게 될 것이다. 이와 같이 물·불·바람·신·하늘·생주에 대하여도 역시 그러하다. 범천을 사랑하고 좋아하며 범천을 찬탄하면, 나도 또한 너의 생각대로 되고 네가 하고자 하는 바를 따르게 되며 네가 시키는 것을 따르게 될 것이다. 범천이여, 만일 이 여덟 가지 일〔事〕에 대하여 내가 그 일을 따라 사랑하고 좋아하며 찬탄하면 저 또한 이와 같이 될 것이다. 범천이여, 나는 네가 온 곳과 갈 곳을 안다. 머무르는 곳을 따르고 마칠 곳을 따르며 나는 곳을 따를 것이다. 만일 범천이 있으면 큰 여의족如意足이 있고 큰 복이 있으며 큰 위덕이 있고 큰 위신이 있을 것을 안다."

그러자 범천이 세존께 여쭈었다.

"큰 선인이여, 당신은 어떻게 내가 아는 것을 알고 내가 보는 것을 보십니까? 어떻게 나 알기를 마치 저 해가 자재하게 1천 세계를 두루 밝게 비추는 것처럼 그렇게 하십니까? 저 1천 세계에서 당신은 자재하게 할 수 있겠습니까? 나는 저들의 저곳에는 밤낮이 없음을 다 압니다. 큰 선인이여, 일찍이 그곳을 지나간 적이 있으시며 자주 그곳을 지나간 적이 있습니까?"

세존께서 말씀하셨다.

"범천이여, 해가 자재하게 모든 곳인 1천 세계를 두루 비추는 것처럼 나도 1천 세계에 대해 자재하게 할 수 있고, 또 저들의 저곳에는 밤낮이 없음을 다 안다. 범천이여, 나는 일찍이 그곳을 지나간 적이 있고 자주자주 그곳을 지나간 적이 있다. 범천이여, 세 종류의 하늘이 있으니 곧 광천光天·정광천淨光天·변정광천遍淨光天이다. 범천이여, 만일 저 세 종류의 하늘이 앎이 있고 봄이 있다면 나도 역시 그러한 앎과 봄이 있다. 가령 저 세 종류의 하늘은 앎이 없고 봄이 없다고 하더라도 나는 여전히 스스로 앎과 봄이 있다. 범천이여, 만일 저 세 종류의 하늘과 권속들이 앎이 있고 봄이 있으면, 나도 역시 그러한 앎과 봄이 있다. 범천이여, 만일 저 세 종류의 하늘과 그 권속들에게는 앎이 없고 봄이 없다고 하더라도 나는 여전히 스스로 앎과 봄이 있다. 범천이여, 만일 네가 앎이 있고 봄이 있으면 나도 또한 그러한 앎과 봄이 있다. 범천이여, 만일 너에게는 앎도 없고 봄도 없다고 하더라도 나는 여전히 스스로 앎과 봄이 있다. 범천이여, 만일 너와 권속들이 앎이 있고 봄이 있으면 나도 또한 그러한 앎과 봄이 있다. 범천이여, 만일 너와 권속들에겐 앎이 없고 봄도 없다고 하더라도 나에게는 여전히 스스로 앎과 봄이 있다. 범천이여, 너와 나는 일체가 다 똑같지 않고 모두가 다 똑같지 않다. 다만 내가 너보다 더 우세하고 더 뛰어나다."

그때 범천이 세존께 여쭈었다.

"큰 선인이여, 무엇으로 말미암아 저 세 종류의 하늘이 앎이 있고 봄이 있으면 당신도 역시 그러한 앎과 봄이 있으며, 만일 저 세 종류의 하늘에게는 앎도 없고 봄이 없어도 당신만은 여전히 앎과 봄이 있습니까? 만일 저 세 종류의 하늘 권속들에게 앎이 있고 봄이 있으면 당신도 또한 그 앎과 봄이 있으며, 만일 저 세 종류의 하늘 권속들에게는 앎도 없고 봄도 없다 하더라도 당신만은 여전히 스스로 앎과 봄이 있습니까? 만일 내가 앎이 있고 봄이 있으면 당신도 또한 그러한 앎과 봄이 있으며, 만일 나에게는 앎도 없고 봄도 없어도 당신만은 여전히 앎과 봄이 있습니까? 만일 나의 권속들에게 앎이 있고 봄이 있으면 당신도 또한 그러한 앎과 봄이 있으며, 만일 나의 권속들에게는 앎도 없고 봄도 없어도 당신만은 여전히 앎과 봄이 있습니까? 큰 선인이여, 말하기 좋아해서 적당히 하신 말씀이 아닙니까? 그 말씀을 듣고 나서 어리석음만 늘어나는 것 같습니다. 무슨 까닭인가 하면, 한량없는 경계를 알았기 때문이며 한량없는 앎과 한량없는 소견과 한량없는 종별種別을 나는 낱낱이 알아 분별하였으므로 이 땅을 땅이라 알고, 물·불·바람·신·하늘·생주까지도 역시 그러하며 이 범천을 범천이라고 압니다."

그때 세존께서 말씀하셨다.

"범천이여, 만일 어떤 사문 범지가 땅에 대하여 땅이라는 생각이 있어 '땅은 곧 나이다. 땅은 내 것이다. 나는 땅의 것이다'라고 한다면, 그는 '땅은 곧 나이다'라고 계교計較한 뒤에는 곧 땅에 대하여 알지 못한다. 이렇게 물·불·바람·신·하늘·생주生主·범천·무번천無煩天·무열천無熱天에 대하여도 역시 그러하다. 깨끗함에 대하여 깨끗하다는 생각이 있어 '깨끗함이 곧 나이다. 깨끗함은 곧 내 것이다. 나는 깨끗함의 것이다'라고 한다면, 그는 '깨끗함은 곧 나이다'라고 계교한 뒤에는 곧 깨끗함에 대하여 알지 못한다. 범천이여, 만일 어떤 사문 범지가 땅을 땅이라고 알아 '땅은 곧 내가 아니다. 땅은 내 것이 아니다. 나는 땅의 것이 아니다'라고 알고 그가 '땅은 곧 나이다'라고 계교하지 않은 뒤에야 그는 곧 땅을 제대로 안다. 이렇게 물·불·바람·신·하늘·생주·범천·무번천·무열천에 대하여도 또한 그러하며, 깨끗함을 곧 깨끗함이라고 알아 '깨끗함은 곧 나가 아니다. 깨끗함은 내 것이 아니다. 나는 깨끗함의 것이 아니다'라고 알고, 그가 '깨끗함은 곧 나이다'라고 계교하지 않은 뒤에야 그는 곧 깨끗함에 대하여 제대로 안다. 범천이여, 나는 땅에 대하여 곧 땅인 줄 알아 '땅은 곧 나가 아니다. 땅은 내 것이 아니다. 나는 땅의 것이 아니다'라고 알고, 나는 '땅이 곧 나이다'라고 계교하지 않으므로 나는 곧 땅에 대하여 제대로 안다. 이렇게 물·불·바람·신·하늘·범천·무번천·무열천에 대하여도 또한 그러하며, 깨끗함은 곧 깨끗함이라고 알아 '깨끗함은 곧 나가 아니다. 깨끗함은 내 것이 아니다. 나는 깨끗함의 것이 아니다'라고 알고, 나는 '깨끗함이 곧 나이다'라고 계교하지 않으므로 나는 곧 깨끗함을 제대로 안다."

그러자 범천이 세존께 여쭈었다.

"큰 선인이여, 이 중생들은 유有를 사랑하고 유를 좋아하며 유를 익힙니다. 당신은 이미 유의 근본을 빼내 버렸습니다. 왜냐하면 곧 여래·무소착·등정각이시기 때문입니다."

그는 게송으로 말하였다.

유有에서 두려움을 보았거든
유라는 견해 없으면 두려워하지 않으리.
그러므로 유를 좋아하지 말라
유가 어찌 끊어지지 않으리.

"큰 선인이여, 저는 이제 스스로 이 몸을 숨기고자 합니다."

세존께서 말씀하셨다.

"범천이여, 네가 만일 네 몸을 숨기고 싶거든 네 마음대로 하라."

이에 범천은 곧 자신이 하고 싶은 대로 그 몸을 숨겼으나 세존께서는 곧 아셨다.

"범천이여, 너는 저기 있구나. 너는 여기 있구나. 너는 중간에 있구나."

이에 범천은 여의족如意足을 다 발휘하여 자신의 몸을 숨기고자 하였으나 숨길 수가 없어 범천으로 돌아가 머물렀다.

그러자 세존께서 말씀하셨다.

"범천이여, 나도 역시 내 몸을 숨겨 보고자 한다."

범천이 세존께 여쭈었다.

"큰 선인이여, 만일 직접 몸을 숨기고자 하시거든 곧 마음대로 해 보십시오."

그러자 세존께서는 이렇게 생각하셨다.

'나는 이제 차라리 여기상여의족如其像如意足을 나타내어 지극히 묘한 광명을 놓아 범천 전부를 비추고, 내 자신은 숨어서 모든 범천과 범천의 권속들로 하여금 내 음성만 듣고 몸은 보지 못하게 할 것이다.

이렇게 생각하신 세존께서는 곧 여기상여의족을 나타내어 지극히 묘한 광명을 놓아 범천 모두를 비추고, 곧 자신은 숨어서 모든 범천과 범천의 권속들로 하여금 그 음성만 듣게 하고 그 몸은 보지 못하게 하셨다. 그러자 모든 범천과 범천의 권속들은 제각기 이렇게 생각하였다.

'사문 구담瞿曇은 참으로 기이하고 참으로 특별하셔서 큰 여의족이 있고 큰 위덕이 있으며 큰 복이 있고 큰 위신이 있으시다. 무슨 까닭인가? 곧 지극히 묘한 광명을 놓아 일체 범천을 비추시고 자신은 숨어서 우리들과 권속들로 하여금 다만 그 음성만 듣고 몸은 보지 못하게 하신다.'

그때 세존께서는 다시 이렇게 생각하셨다.

'나는 이미 이 범천과 범천의 권속들을 교화시켰다. 나는 이제 여의

족을 거두리라.'

이렇게 생각하신 세존께서는 곧 여의족을 거두시고 돌아가 범천에 머무셨다. 이에 악마의 왕도 두 번 세 번 와서 그 대중 가운데 있었다. 그때에 마왕이 세존께 말씀드렸다.

"큰 선인이여, 잘 보고 잘 알고 잘 깨달았습니다. 그러나 제자들을 훈계하고 가르치지 말 것이며 또한 제자들을 위하여 설법하지도 말고 제자들에게 집착하지도 마십시오. 제자들에게 집착함으로 말미암아 몸이 무너지고 목숨이 끝난 뒤에 다른 하천한 기악신들의 세계에 태어나지 마십시오. 무위無爲를 행하여 현세에서 안락을 받으십시오. 왜냐하면 큰 선인이여, 그것은 부질없이 제 자신만 괴롭게 할 뿐이기 때문입니다. 큰 선인이여, 옛날에 어떤 사문 범지가 제자를 훈계하고 제자를 가르치며 제자를 위하여 설법하고 제자에게 집착하였습니다. 그는 제자에게 집착함으로 말미암아 몸이 무너지고 목숨이 끝난 뒤에는 다른 하천한 기악신들 세계에 태어났습니다. 큰 선인이여, 그러므로 나는 당신에게 말합니다.

'제자를 훈계하고 제자를 가르치지 말 것이며 또한 제자를 위하여 설법하지도 말고 제자에게 집착하지도 마십시오. 제자들에게 집착함으로 말미암아 몸이 무너지고 목숨이 끝난 뒤에 다른 하천한 기악신들 세계에 태어나지 말고 무위를 행하여 현세에서 안락을 받으십시오. 왜냐하면 큰 선인이여, 당신은 부질없이 제 자신만 괴롭게 할 뿐이기 때문입니다."

그러자 세존께서 말씀하셨다.

"악마 파순아, 너는 나를 위하여 이치[義]를 구하지 않기 때문에, 요익을 위함이 아니기 때문에, 즐거움을 위함이 아니기 때문에, 안온을 위함이 아니기 때문에 '제자를 훈계하고 가르치지 말며 제자를 위하여 설법하지도 말고 제자에게 집착하지도 말라. 제자에게 집착함으로 말미암아 몸이 무너지고 목숨이 끝난 뒤에 다른 하천한 기악신들 세계에 태어나지 말고 무위를 행하여 현세에서 안락을 받아라. 왜냐하면 큰 선인이여, 당신은 부질없이 제 자신만을 괴롭게 할 뿐이기 때문입니다'라고 말하였다. 악마 파순아, 나는 이렇게 생각한다.

'이 사문 구담이 제자를 위하여 설법하면 저 제자들은 법을 들은 뒤에 내 경계를 벗어날 것이다.'

악마 파순아, 그러므로 너는 이제 내게 '제자를 훈계하지 말고 가르치지 말며 또한 제자를 위하여 설법하지도 말고 제자에게 집착하지도 말라. 제자에게 집착함으로 말미암아 몸이 무너지고 목숨이 끝난 뒤에 다른 하천한 기악신들 세계에 태어나지 말고 무위를 행하여 현세에서 안락을 받으라. 왜냐하면 큰 선인이여, 당신은 부질없이 제 자신만을 괴롭게 할 뿐입니다'라고 말하는 것이다. 악마 파순아, 만일 어떤 사문 범지가 제자를 훈계하고 제자를 가르치며 제자를 위하여 설법하고 제자에게 집착하며 제자에게 집착함으로 말미암아 몸이 무너지고 목숨이 끝난 뒤에 다른 하천한 기악신들 세계에 태어났다면, 그 사문 범지는 사문이 아니면서 사문이라 일컫고 범지가 아니면서 범지라 일컬으며, 아라하가 아니면서 아라하라 일컫고 등정각이 아니면서 등정각이라 일컬었기 때문이다. 악마 파순아, 나는 진실한 사문으로서 사문이라 일컫고 진실한 범지로서 범지라 일컬으며, 진실한 아라하로서 아라하라 일컫고 진실한 등정각으로서 등정각이라 일컫는다. 악마 파순아, 만일 내가 제자를 위하여 설법하거나 혹은 설법하지 않더라도 너는 우선 떠나가라. 나는 내 자신이 제자를 위하여 설법할 것인가, 제자를 위하여 설법하지 않을 것인가를 안다.

이것을 범천은 청하고, 악마 파순은 거역하고 어기며, 세존께서는 그들을 수순隨順하여 말씀하신 것이라고 한다. 그러므로 이 경의 이름을 범천청불梵天請佛이라고 하였다."

부처님께서 이와 같이 말씀하시자 범천과 범천의 권속들은 부처님 말씀을 듣고 기뻐하며 받들어 행하였다.

〔이 범천청불경에 수록된 경문의 글자 수는 3,090자이다.〕

79) 유승천경有勝天經〔제2 소토성송〕

나는 이와 같이 들었다.

어느 때 부처님께서 사위국을 유행하실 때에 기수급고독원에 계셨다. 그때 선여재주仙餘財主는 한 사자使者에게 분부하였다.

"너는 부처님께 나아가 나를 위하여 머리를 조아려 세존 발에 예배하고 안부를 여쭙되 '세존이시여, 성체聖體 편안하시며 안락하시고 상쾌하여 무병하시며, 기거起居가 가벼우시고 기력도 한결같으십니까?' 하고 이렇게 문안드리고 나서 '선여재주도 부처님 발에 머리를 조아리고 세존께 문안드립니다. 성체 편안하시며 안락하시고 상쾌하여 무병하시며, 기거가 가벼우시고 기력이 한결같으십니까?' 하고 이와 같이 여쭈어 내 안부를 전하라. 네가 이미 나를 위하여 부처님께 문안을 드렸으면 너는 다시 존자 아나율타에게 나아가 나를 위하여 그 발에 예배한 뒤에 존자에게 안부를 전하되 '성체 편안하시며 안락하고 상쾌하여 무병하시며, 기거가 가벼우시고 기력이 한결같으십니까?' 하고 문안드리고 나서 '선여재주도 존자의 발에 머리를 조아리고 존자에게 문안드립니다. 성체 편안하시며 안락하고 상쾌하여 무병하시며 기거가 가벼우시고 기력이 한결같으십니까? 선여재주는 존자 아나율타와 또

네 사람을 청하여 내일 공양을 올리겠습니다'라고 이렇게 말하라. 만일 청을 받아들이시거든 다시 '존자 아나율타여, 선여재주는 일이 많고 할 일도 많습니다. 왕을 위한 여러 가지 일과 정승의 일을 처리하고 있습니다. 원컨대 존자 아나율타는 사랑하고 가엾이 여겨 네 사람과 함께 내일 선여재주의 집으로 오십시오'라고 하여라."

이에 사자는 선여재주의 분부를 받고 부처님께 나아가 부처님 발에 머리를 조아려 예배하고 물러나 한쪽에 서서 여쭈었다.

"세존이시여, 선여재주는 부처님 발에 머리를 조아려 예배하고 세존께 문안드립니다. 성체 편안하시며 안락하시고 상쾌하여 무병하시며, 기거가 가벼우시고 기력이 한결같으십니까?'

그러자 세존께서 사자에게 말씀하셨다.

"선여재주를 안온 쾌락하게 할 것이며 하늘·사람·아수라·건답화揵塔和·나찰, 그리고 그 밖의 여러 종류의 몸들까지 안락하고 쾌락하게 하겠다."

이에 사자는 부처님 말씀을 듣고 잘 받아 가지고 부처님 발에 머리를 조아려 예배하고 부처님의 주위를 세 바퀴 돌고는 물러갔다. 다시 아나율타에게 나아가 머리를 조아려 발에 예배하고 물러나 한쪽에 앉아 말씀드렸다.

"존자 아나율타여, 선여재주는 존자님의 발에 머리를 조아리고 존자에게 문안드립니다. '성체 편안하시며 안락하고 상쾌하여 무병하시며 기거가 가벼우시고 기력이 한결같습니까?' 선여재주는 존자 아나율타와 네 사람을 청하여 내일 공양을 올리고자 하였습니다."

이때에 존자 진가전연眞迦旃延은 존자 아나율타로부터 멀지 않은 곳에서 연좌하고 있었다. 이에 존자 아나율타가 말하였다.

"현자賢者 가전연이여, 내가 아까 말한바 내일 우리들이 걸식하기 위하여 사위국으로 들어가자고 했던 것은 바로 이 일을 말한 것이오. 이제 선여재주가 사람을 보내 우리들 네 사람을 청하여 내일 공양하겠다고 하오.'

존자 진가전연이 즉시 말하였다.

"원컨대 존자 아나율타여, 그 사람을 위하여 잠자코 청을 받아 주시오. 우리들은 내일 이 어두운 숲을 나가 걸식하기 위하여 사위성으로 들어가십시다."

존자 아나율타는 그 사람을 위하여 잠자코 청을 받아 주었다.

이에 사자는 존자 아나율타가 잠자코 청을 받아들인 줄 알고 이내 다시 말하였다.

"선여재주는 존자 아나율타께 말합니다. 선여재주는 일이 많고 할 일도 많습니다. 왕을 위해 여러 가지 일을 해야 하고 정승의 일도 처리해야 합니다. 원컨대 존자 아나율타께서는 사랑하고 가엾이 여겨, 네 사람과 함께 내일 일찍 선여재주의 집으로 오십시오."

이렇게 존자께 전하라고 하였습니다.

존자 아나율타가 사자에게 말하였다.

"너는 곧 돌아가라. 내 자신이 그때를 알고 있다."

이에 사자는 곧 자리에서 일어나 머리를 조아려 예를 올리고 세 번 돌고 물러갔다. 이에 존자 아나율타는 밤이 지나고 이른 아침이 되자 가사를 입고 발우를 가지고 네 사람과 함께 선여재주의 집으로 갔다. 그때 선여재주는 채녀婇女들에게 둘러싸여 중문 밑에서 존자 아나율타를 기다리고 있었다. 선여재주는 멀리서 존자 아나율타가 오는 것을 보고 합장하고 존자 아나율타를 찬탄하였다.

"잘 오셨습니다. 존자 아나율타야, 존자께선 오랫동안 여기에 오시지 않았습니다."

이에 선여재주는 존경하는 마음으로 존자 아나율타를 부축해 안고 인도하여 집 안으로 들어가 좋은 자리를 펴고 앉기를 청하였다. 존자 아나율타는 곧 평상에 앉았다. 선여재주는 존자 아나율타의 발에 머리를 조아려 예를 올리고 물러나 한쪽에 앉은 뒤에 말하였다.

"존자 아나율타야여, 묻고 싶은 일이 있습니다. 원컨대 들어 주십시오."

"재주여, 그대 묻고 싶은 대로 물으라. 듣고 나서 생각해 보겠다."

선여재주는 곧 존자 아나율타에게 물었다.

"어떤 사문 범지는 내게 와서 말합니다.

'재주여, 너는 마땅히 큰 마음의 해탈을 닦으라.'

존자 아나율타여, 또 어떤 사문 범지는 내게 와서 말합니다.

'재주여, 너는 마땅히 한량없는 마음의 해탈을 닦으라.'

존자 아나율타여, 큰 마음의 해탈과 한량없는 마음의 해탈, 이 두 가지 해탈은 말도 다르고 뜻도 다른 것입니까? 뜻은 같은데 말만 다른 것입니까?"

"재주여, 네가 먼저 이 일을 물었으니 네가 먼저 말해 보아라. 나는 나중에 대답하겠다."

선여재주가 말하였다.

"존자 아나율타여, 큰 마음의 해탈과 한량없는 마음의 해탈은 그 뜻은 같은데 말만 다릅니다."

선여재주는 이 일을 대답할 수 없었다. 존자 아나율타가 말하였다.

"재주여, 마땅히 들으라. 나는 너를 위하여 큰 마음의 해탈과 한량없는 마음의 해탈에 대하여 설명해 주겠다. 큰 마음의 해탈이란 어떤 사문 범지가 일이 없는 곳에 있거나 혹은 나무 밑이나 텅 비고 편안하고 고요한 곳에 가서 마음으로 큰 마음의 해탈을 깨달아 두루 차서 성취하여 노닌다. 이 마음의 해탈에 제한되어 이것을 벗어나지 못한다. 만일 한 나무를 의지하지 않으면 다시 여러 나무를 의지하여 뜻으로 큰 마음의 해탈을 해득하여 두루 차서 성취하여 노닐 때에도 그는 이 마음의 해탈에 제한되어 이것을 벗어나지 못한다. 만일 여러 나무를 의지하지 않으면 다시 한 숲을 의지해야 하고 만일 한 숲을 의지하지 않으면 다시 여러 숲을 의지하여야 하며 만일 여러 숲을 의지하지 않으면 다시 한 마을을 의지하여야 하고 만일 한 마을을 의지하지 않으면 다시 여러 마을을 의지하여야 하며 만일 여러 마을을 의지하지 않으면 다시 한 나라를 의지하여야 하고 만일 한 나라를 의지하지 않으면 다시 여러 나라를 의지하여야 하며 만일 여러 나라를 의지하지 않으면 다시 이 대지와 나아가서는 저 대해大海까지도 의지하여, 뜻으로 큰 마음의 해탈을 깨달아 두루 차서 성취하여 노닐 때에도 그는 이 마음의 해탈에 제한되어 이것을 벗어나지 못한다. 이것을 큰 마음의 해탈이라고 한다.

재주여, 어떤 것이 한량없는 마음의 해탈인가? 만일 어떤 사문 범지가 일 없는 곳에 있거나 혹은 나무 밑이나 텅 비고 안락하며 고요한 곳에 가면, 마음은 자애로움〔慈〕과 함께하여 1방方에 두루 차서 성취하여 노닐고 이렇게 2·3·4방과 4유·상·하 일체에 두루하며, 마음은 자애로움과 함께하기 때문에 맺힘도 없고 원한도 없으며 성냄도 없고 다툼도 없어 지극히 넓고 매우 크고 한량없는 선행善行을 닦아 일체 세간에 두루 차서 성취하여 노닌다. 이와 같이 불쌍히 여김〔悲〕과 기뻐함〔喜〕도 역시 그러하며, 또 마음이 평정〔捨〕과 함께하기 때문에 맺힘도 없고 원한도 없으며 성냄도 없고 다툼도 없다. 지극히 넓고 매우 크며 한량없는 선행을 잘 닦아 일체 세간에 두루 차서 성취하여 노닌다. 이것을 한량없는 마음의 해탈이라고 한다.

재주여, 큰 마음의 해탈과 한량없는 마음의 해탈, 이 두 해탈은 뜻도 다르고 말도 다른가? 뜻은 같은데 말만 서로 다른 것인가?"

선여재주가 존자 아나율타에게 말하였다.

"만일 내가 존자에게서 들은 것과 같다면 그 이치를 알겠습니다. 이 두 해탈은 뜻도 이미 다르고 말도 또한 다릅니다."

존자 아나율타가 말하였다.

"재주여, 세 종류의 하늘이 있으니 광천光天과 정광천淨光天과 변정광천遍淨光天이다. 그 중에서 광천은 한곳에 나서 있으면서도 '이것은 내 소유다. 저것도 내 소유다'라고 생각하지 않는다. 다만 광천은 그 가는 곳을 따라 곧 거기에서 즐긴다. 재주여, 마치 파리가 고깃덩이에 있으면서도 '이것은 내 소유다. 저것도 내 소유다'라고 생각하지 않는 것과 같다. 다만 파리는 고깃덩이를 따라다니면서 그 가운데서 즐길 뿐이다. 이와 같이 저 광천도 '이것은 내 소유다. 저것도 내 소유다'라고 생각하지 않고 다만 광천은 그 가는 곳을 따라 거기에서 즐길 뿐이다.

어떤 때 광천은 한곳에 모여 있을 때에는 비록 몸은 다르지만 광명만은 다르지 않다. 재주여, 마치 어떤 사람이 한량없이 많은 등불을 한 방에 켜 놓은 것과 같아, 그 등은 비록 다르지만 광명은 다르지 않다. 이와 같이 저 광천도 한곳에 모여 있을 때, 비록 몸은 서로 다르지만 광명은 다르지 않다. 어떤 때 광천은 각각 스스로 흩어지기도 하는데, 각각 흩어져 갈 때에는 그 몸도 이미 다르고 광명도 다르다. 재주여, 비유하면 마치 어떤 사람이 한 방에만 가득하던 등을 꺼내다가 여러 방에 나누어 놓은 것과 같아서 그 등도 각각 다르지만 광명도 역시 다르다. 이와 같이 저 광천은 각각 서로 흩어져 가는데, 그들이 각각 흩어져 갈 때에는 그 몸도 이미 다르지만 광명도 역시 다르다."

이에 존자 가전연이 말하였다.

"존자 아나율타여, 저 광천이 한곳에 나서 있을 때에, 보다 우세한지 동등한지와 묘하고 묘하지 않은 것이 있는 것을 알 수 있습니까?"

존자 아나율타가 대답하였다.

"현자 가전연이여, 저 광천이 한곳에 나서 있을 때에, 보다 우세하거나 같으며 묘하고 묘하지 않은 것이 있는 것을 안다고 말할 수 있다."

존자 진가전연이 다시 물었다.

"존자 아나율타여, 저 광천이 한곳에 나서 있으면서 무슨 인연으로 보다 우세한지 동일한지와 묘하고 묘하지 않은 것이 있는 것을 압니까?"

"현자 가전연이여, 만일 어떤 사문 범지가 일 없는 곳에 있거나 혹은 나무 밑이나 텅 비고 편안하고 고요한 곳에 있으면서 한 나무를 의지하여 뜻으로 광명상光明想을 지을 줄 알아 성취하여 노닐고, 마음에 광명장을 지어 지극히 왕성하지만 그는 이 마음의 해탈에 제한되어 이것을 벗어나지 못한다. 만일 한 나무를 의지하지 않으면 혹은 여러 나무를 의지하여 뜻으로 광명상을 지을 줄 알아 성취하여 노닐고 마음에 광명상을 지어 지극히 왕성하지만 그는 이 마음의 해탈에 제한되어 이것을 벗어나지 못한다. 현자 가전연이여, 이 두 마음의 해탈에서 어느 해탈이 위가 되고 우세하며 묘하고 제일이 되는가?"

존자 진가전연眞迦旃延이 대답하였다.

"존자 아나율타여, 만일 어떤 사문 범지가 한 나무를 의지하지 않는다면 혹은 여러 나무를 의지하여 뜻으로 광명상을 지을 줄 알아 성취하여 노닐고 마음에 광명상을 지어 지극히 왕성하지만, 그는 이 마음의 해탈에 제한되어 이것을 벗어나지 못한다. 그러나 존자 아나율타여, 이 두 해탈 중에서 뒤의 해탈이 위가 되고 더 우세하며 묘하고 제일이 됩니다."

존자 아나율타가 다시 물었다.

"현자 가전연이여, 만일 여러 나무를 의지하지 않으면 혹은 한 숲을 의지하고 한 숲을 의지하지 않으면 혹은 여러 숲을 의지하며 여러 숲을 의지하지 않으면 혹은 한 마을을 의지하고, 한 마을을 의지하지 않으면 혹은 여러 마을을 의지하며 여러 마을을 의지하지 않으면 혹은 한 나라를 의지하고 한 나라를 의지하지 않으면 혹은 여러 나라를 의지하며, 여러 나라를 의지하지 않으면 혹은 이 대지는 물론 나아가서는 저 대해까지 의지하여 뜻으로 광명상을 지을 줄 알아 성취하여 노닐고 마음에 광명상을 지어 지극히 왕성하지만 그는 이 마음의 해탈에 제한되어 이것을 벗어나지 못한다. 현자 가전연이여, 이 두 해탈에서는 어느 해탈이 위가 되고 우세하며 묘하고 제일이 되겠는가?"

"존자 아나율타여, 만일 어떤 사문 범지가 여러 나무를 의지하지 않으면 한 숲을 의지하고 한 숲을 의지하지 않으면 여러 숲을 의지하며 여러 숲을 의지하지 않으면 한 마을을 의지하고 한 마을을 의지하지 않으면 여러 마을을 의지하며 여러 마을을 의지하지 않으면 한 나라를 의지하고 만일 한 나라를 의지하지 않으면 여러 나라를 의지하며 여러 나라를 의지하지 않으면 혹은 이 대지는 물론 나아가 저 큰 바다까지를 의지하여, 뜻으로 광명상을 지을 줄 알아 성취하여 노닐고 마음에 광명상을 지어 지극히 왕성하지만 그는 이 마음의 해탈에 제한되어 이것을 벗어나지 못한다. 그러나 존자 아나율타여, 이 두 해탈 중에서 뒤의 해탈이 위가 되고 우세하며 묘하고 제일이 됩니다."

"현자 가전연이여, 이런 인연으로 저 광천은 한곳에 나서 있지만 보다 우세하든지 동일하든지와 묘하고 묘하지 않은 것이 있는 줄을 안다. 무슨 까닭인가 하면 사람 마음도 보다 우세함과 같음으로 말미암아 닦는 데 곧 정밀함과 거친 것이 있고, 닦는 데 정밀함과 거친 것이 있음으로 말미암아 사람에게는 곧 보다 우세함과 같음이 있게 된다. 현자 가전연이여, 세존께서도 이와 같이 사람에게는 보다 우세함과 같음이 있다고 말씀하셨다."

존자 진가전연이 다시 물었다.

"존자 아나율타여, 저 정광천淨光天도 한곳에 나서 있을 때 보다 우세한지 같은지 묘한지 묘하지 않은지를 알 수 있습니까?"

"현자 가전연이여, 저 정광천도 한곳에 나서 있을 때, 보다 우세한지 같은지와 묘하고 묘하지 않은 것이 있는 것을 안다고 말할 수 있다."

존자 진가전연이 다시 물었다.

"존자 아나율타여, 저 정광천은 한곳에 나서 있으면서 무슨 인연으로 보다 우세한지 같은지와 묘하고 묘하지 않은 것이 있는 것을 압니까?"

존자 아나율타가 대답하였다.

"현자 가전연이여, 어떤 사문 범지는 아무 일이 없는 곳에 있거나 혹은 나무 밑이나 텅 비고 편안하고 고요한 곳에 가면 마음으로 정광천을 알아서 두루 차서 성취하여 노닌다. 그러나 그는 이 선정〔定〕을 닦지 않고 익히지도 않으며 넓혀나가지도 않아 결국엔 성취하지 못한다. 그는 뒷날 몸이 무너지고 목숨이 끝나 정광천에 태어난 뒤에도 지극한 지식止息을 얻지도 못하고 지극한 고요함을 얻지도 못하며 또한 수壽를 다해 마치지도 못한다. 현자 가전연이여, 비유하면 마치 푸른 연꽃이나 붉고 빨갛고 흰 연꽃이 물에서 나고 물에서 자라는데 물밑에 있을 때에는 뿌리나 줄기나 잎이나 꽃이 모두 물에 잠기고 물에 젖고 물이 묻어 어느 것 하나 물에 잠겨 있지 않은 것이 없는 것과 같다. 현자 가전연이여, 어떤 사문 범지는 아무 일이 없는 곳에 있거나 혹은 나무 밑이나 텅 비고 편안하고 고요한 곳에 이르면 마음으로 정광천을 이해하여 두루 차서 성취하여 노닌다. 그러나 그는 이 선정을 닦지 않고 익히지도 않으며 넓혀나가지도 않아 결국 성취하지 못한다. 그는 몸이 무너지고 목숨이 끝나 정광천에 태어난 뒤에도 지극한 쉼을 얻지도 못하고 지극한 고요함도 얻지 못하며 또한 수壽를 제대로 마치지도 못한다.

현자 가전연이여, 또 어떤 사문 범지는 마음으로 정광천을 이해하여 두루 차서 성취하여 노닌다. 그는 이 선정을 자주 닦고 자주 익히며 자주 넓혀나가서 결국에는 성취한다. 그는 몸이 무너지고 목숨이 끝나 정광천에 태어난 뒤에도 지극한 쉼을 얻고 지극한 고요함을 얻으며 또한 수를 제대로 마치게 된다. 현자 가전연이여, 비유하면 마치 푸른 연꽃이나 붉은 연꽃·빨간 연꽃·흰 연꽃이 물에서 나고 물에서 자라고 물 위로 나오게 되면 더러워지지 않는 것처럼 현자 가전연이여, 이와 같이 다시 어떤 사문 범지는 일 없는 곳에 있거나 혹은 나무 밑이나 텅 비고 편안하고 고요한 곳에 이르러 마음으로 정광천을 이해하여 두루 차서 성취하여 노닌다. 그는 이 선정을 자주 닦고 자주 익히며 자주 넓혀 나가서 결국엔 성취한다. 그는 몸이 무너지고 목숨이 끝나 정광천에 태어난 뒤에는 지극한 쉼을 얻고 지극히 고요함을 얻으며 또한 수명도 제대로 마치게 된다.

현자 가전연이여, 이것을 인연하여 저 정광천도 한곳에 태어나 있으면서 우세하거나 동등함과 묘하고 묘하지 않은 것이 있는 줄을 안다. 무슨 까닭인가 하면 사람의 마음이 우세하고 하열함이 있음으로 말미암아 닦는 데에 정밀함과 거친 것이 있고 닦는 데에 정밀함과 거친 것이 있음으로 말미암아 사람에게는 우세하고 못함이 있게 된다. 세존께서도 또한 이와 같이 사람에게는 우세하고 못함이 있다고 말씀하셨다."

존자 진가전연이 다시 물었다.

"존자 아나율타여, 저 변정광천遍淨光天도 한곳에 나서 있을 때에, 보다 우세하고 그만 못함과 묘하고 묘하지 않은 것이 있는 것을 알 수 있습니까?"

존자 아나율타가 대답하였다.

"현자 가전연이여, 저 변정광천도 한곳에 나서 있을 때에, 보다 우세하고 그만 못함과 묘하고 묘하지 않은 것이 있는 줄을 안다고 말할 수 있다."

존자 진가전연이 다시 물었다.

"존자 아나율타여, 저 변정광천이 한곳에 나서 있는데, 무슨 인연으로 보다 우세하고 그만 못함과 묘하고 묘하지 않은 것이 있는 것을 압니까?"

존자 아나율타가 대답하였다.

"현자 가전연이여, 어떤 사문 범지가 아무 일이 없는 곳에 있거나 혹은 나무 밑이나 텅 비고 편안하고 고요한 곳에 이르러서 마음으로 변정광천을 이해하여 두루 차서 성취하여 노닌다. 그러나 그는 결국 잠을 끊지 못하고 들뜸〔掉悔〕을 멈추지 못해서 그가 뒷날 몸이 무너지고 목숨이 끝나 변정광천에 태어난 뒤에도 광명은 지극히 깨끗하지 못하다. 현자 가전연이여, 비유하면 마치 등불을 켤 때에 기름과 심지가 인연이 되어 불이 켜지는 것처럼, 만일 기름에 찌꺼기가 있든지 심지가 또 깨끗하지 못하면 이로 말미암아 등불은 빛을 내더라도 그 광명이 깨끗하지 못한 것처럼, 어떤 사문 범지가 아무 일이 없는 곳에 있거나 혹은 나무 밑이나 텅 비고 편안하고 고요한 곳에 이르러서 마음으로 변정광천을 이해하여 두루 차서 성취하여 노닌다. 그러나 그는 결국 잠을 끊지 못하고 들뜸을 멈추지 못한다. 그는 몸이 무너지고 목숨이 끝나 변정광천에 태어난 뒤에도 광명은 지극히 깨끗하지 못하다.

현자 가전연이여, 또 어떤 사문 범지는 아무 일이 없는 곳에 있거나 혹은 나무 밑이나 텅 비고 편안하고 고요한 곳에 이르러 마음으로 변정광천을 이해하여 두루 차서 성취하여 노닌다. 그는 결국엔 잠을 끊고 들뜸을 그치게 된다. 그는 몸이 무너지고 목숨이 끝나 변정광천에 태어난 뒤에는 광명은 더욱 밝고 깨끗하다. 현자 가전연이여, 이를 비유하면 등불을 켤 때에 기름과 심지가 인연이 되어 불꽃이 일어나게 되는데, 만일 기름에 찌꺼기가 없고 심지도 깨끗하면 이로 말미암아 등불이 광명을 내는데 지극히 밝고 깨끗하다. 현자 가전연이여, 이와 같이 어떤 사문 범지가 아무 일이 없는 곳에 있거나 혹은 나무 밑이나 텅 비고 편안하고 고요한 곳에 이르러 마음으로 변정광천을 이해하여 두루 차서 성취하여 노닌다. 그는 결국엔 잠을 끊고 들뜸을 그치게 된다. 그는 몸이 무너지고 목숨이 끝나 변정광천에 태어난 뒤에는 광명은 지극히 밝고 깨끗하다.

현자 가전연이여, 이것을 인연하여 저 변정광천이 한곳에 나 있으면서 우세함과 못함, 그리고 묘하고 묘하지 않은 것이 있는 줄을 안다. 무슨 까닭인가 하면 사람의 마음이 보다 우세하고 그만 못함으로 말미암아 닦는 데에 정밀함과 추함이 있고, 닦는 데에 정밀함과 추함이 있음으로 말미암아 사람에도 우세하고 그만 못함이 있게 되는 것이다. 현자 가전연이여, 세존께서도 이와 같이 사람에게도 우세하고 못함이 있다고 말씀하셨다."

이에 존자 진가전연이 선여재주를 찬탄하며 말하였다.

“훌륭하고 훌륭하다. 재주여, 너는 우리들에게 매우 많은 이익을 주었다. 우리들은 일찍 존자 아나율타에게서 이러한 이치에 대해 들은 적이 없었다. ‘저 하늘에는 저런 하늘과 이런 하늘이 있다’는 이치에 대해서 말이다.”

이에 존자 아나율타가 말하였다.

“현자 가전연이여, 흔히 저런 하늘이 있다. 곧 이 해와 달은 이렇게 큰 여의족이 있고 큰 위덕이 있으며 큰 복이 있고 큰 위신이 있으나 그 광명은 저 하늘의 광명에 미치지 못한다. 저는 우리와 함께 모여 서로 위로하고 논설하며 대답한다. 그러나 나는 이것을 ‘저 하늘에는 저런 하늘과 이런 하늘이 있다’고 말하지 않는다.”

그때에 선여재주는 저 존자의 말이 이미 끝난 줄 알고 곧 자리에서 일어나 손수 손 씻을 물을 돌리고 지극히 깨끗하고 아름다운 여러 가지 풍성한 음식을 직접 나누어주어 한껏 공양하게 하였다. 공양이 끝나자 그릇을 거두고 손 씻을 물을 돌린 뒤에 한 작은 평상을 가져다 따로 앉아 법을 들었다. 선여재주가 앉은 뒤에 존자 아나율타는 그를 위해 설법하여 간절히 우러르는 마음을 내게 하고 기쁨을 성취하게 하였다. 한량없는 방편으로 간절히 우러르는 마음을 내게 하고 기쁨을 성취하게 한 뒤에 자리에서 일어나 떠나갔다.

존자 아나율타는 이렇게 말하였다. 선여재주와 비구들은 존자 아나율타의 말을 듣고 기뻐하며 받들어 행하였다.

〔이 유승천경에 수록된 경문의 글자 수는 2,599자이다.〕

80) 가치나경迦絺那經〔제2 소토성송〕

나는 이와 같이 들었다.

어느 때 부처님께서 사위국에 유행하실 때에 승림급고독원勝林給孤獨園에 계셨다. 그때에 존자 아나율타도 사위성에 있으면서 사라라암산娑羅羅巖山에 머물렀다. 이에 존자 아나율타는 밤이 지나고 이른 아침이 되자 가사를 입고 발우를 가지고 성 안으로 들어가 걸식하였다. 존자 아난도 이른 아침에 가사를 입고 발우를 가지고 사위성에 들어가 걸식하였다.

존자 아나율타는 존자 아난이 또한 걸식하고 있는 것을 보고 그에게 말하였다.

"존자 아난이여, 마땅히 알라. 내 3의衣[2]는 더럽고 다 떨어졌다. 현자여, 이제 여러 비구들에게 간청하여 나를 위해 옷을 만들어 다오."

존자 아난이 존자 아나율타를 위하여 잠자코 그렇게 간청하기를 허락하였다. 이에 존자 아난이 사위성에서 걸식을 마치고 밥을 먹은 뒤에 오후가 되어 가사와 발우를 챙기고 손과 발을 씻고 니사단尼師檀을 어깨에 걸치고 손에는 열쇠〔戶鑰〕를 들고 방마다 두루 돌아다니면서 비구들을 보고 말하였다.

"여러분, 지금 사라라암산으로 가서 존자 아나율타를 위해 옷을 만드십시다."

이에 비구들은 아난의 말을 듣고 모두 사라라암산으로 가서 존자 아나율타를 위하여 옷을 지었다. 그때 세존께서는 아난이 손에 열쇠

2 출가 수행하는 비구가 입는 세 가지 옷. 첫째 승가리僧伽梨, 둘째 울다라승鬱多羅僧, 셋째 안타회安陀會를 말한다.

를 들고 방마다 두루 돌아다니는 것을 보고 물으셨다.

"아난아, 너는 무슨 일로 손에 열쇠를 들고 방마다 왔다 갔다 하면서 두루 돌아다니느냐?."

아난이 말하였다.

"세존이시여, 저는 지금 비구들을 시켜 존자 아나율타를 위하여 옷을 만들고 있습니다."

세존께서 말씀하셨다.

"아난아, 너는 왜 내게는 아나율타를 위하여 옷을 만들자고 청하지 않았느냐?"

아난이 곧 부처님을 향하여 합장하고 여쭈었다.

"원하건대 세존이시여, 사라라암산으로 가셔서 아나율타를 위하여 옷을 만드십시오."

세존께서 아난을 위하여 잠자코 허락하셨다. 세존께서는 아난을 데리고 사라라암산으로 가셔서 비구들 앞에 자리를 펴고 앉으셨다. 그때 사라라암산에는 8백 명의 비구가 세존과 함께 모여 앉아 존자 아나율타를 위하여 옷을 짓고 있었다. 그때에 존자 대목건련大目揵連도 역시 대중 가운데 있었다. 세존께서 말씀하셨다.

"목건련이여, 나는 아나율타를 위하여 옷감을 펴 마름질하여 끊고 잇대어 붙이고 합하여 깁겠다."

그때에 존자 대목건련이 자리에서 일어나 가사 한 자락을 벗어 메고 부처님을 향하여 합장하고 세존께 여쭈었다.

"원하건대 세존이시여, 존자 아나율타를 위하여 옷감을 펴 마름질하십시오. 비구들이 마땅히 끊어서 잇대어 붙이고 모아 기울 것입니다."

이에 세존께서 곧 존자 아나율타를 위하여 옷감을 펴 마르시고 모든 비구들은 곧 끊어서 잇대어 붙이고 모아 기워서 하루 사이에 3의衣를 다 지어 마쳤다. 그때 세존께서 존자 아나율타의 3의가 이미 다 지어진 것을 아시고 곧 말씀하셨다.

"아나율타여, 너는 모든 비구들을 위하여 가치나법迦絺那法[3]을 설명하여라. 나는 지금 허리가 아파 조금 쉬어야겠다."

존자 아나율타가 대답하였다.

"그렇게 하겠습니다. 세존이시여."

이에 세존께서는 우다라승優多羅僧을 네 겹으로 접어 평상 위에 펴고 승가리僧伽梨를 접어 베개로 삼고 오른쪽으로 누워 발과 발을 포개고, 광명상을 지어 바른 생각과 바른 지혜를 세우고 언제든지 일어날 생각을 가지셨다. 그때에 존자 아나율타가 여러 비구들에게 말하였다.

"여러분, 내가 출가하여 도를 배우기 전에 나고·늙고·병들고·죽음·울음〔啼哭〕·번민〔懊惱〕·슬픔·걱정을 싫어하여 이 큰 괴로움의 덩어리를 끊고자 하였다. 여러분, 나는 그것을 싫어하여 이렇게 관찰하였습니다.

'사는 집은 지극히 좁고 한없이 수고롭기만 한곳이다. 출가하여 도를 배우는 것은 환하게 드러나고 넓고 크다. 나는 지금 집에 있으면서 사슬에 묶여 몸과 목숨이 다하도록 온갖 범행梵行을 닦을 수 없다. 나는 차라리 적은 재물이나 많은 재물을 다 버리고 적은 친족이나 많은 친족들도 모두 버리고, 수염과 머리를 깎고 가사를 입고 지극한 믿음으로 집을 버려 가정이 없이 도를 배우자.'

여러분, 나는 그렇게 관찰한 다음 적은 재물이든 많은 재물이든 다

3 견의堅衣 또는 공덕의功德衣라고 번역한다. 안거安居가 끝난 뒤 4개월 혹은 5개월 동안만 착용하도록 허락된 임시 의복으로 이 기간에는 일부의 계율이 완화된다는 표시로서 이 말이 사용되기도 한다.

버리고 적은 친족이나 많은 친족도 다 버리고, 수염과 머리를 깎고 가사를 입고 지극한 믿음으로 집을 버려 가정이 없이 도를 배웠습니다. 여러분, 나는 출가하여 도를 배우고 족성을 버린 다음, 비구의 계율을 받고 금계禁戒를 닦고 실천하며 종해탈從解脫을 지켜 보호하고 다시 위의와 예절을 잘 지키고 티끌만한 죄를 보아도 항상 두려움을 품으며 학문과 계율〔學戒〕을 받아 가졌습니다.

여러분, 나는 살생을 여의었고 살생을 끊었으므로 칼이나 몽둥이를 버리고, 제 자신에 대한 부끄러움도 있고 남에 대한 부끄러움도 있으며 자비심을 가져 저 곤충에 이르기까지도 요익하게 하였습니다. 나는 살생에 있어서 살생할 마음을 버려 깨끗하게 하였습니다. 여러분, 나는 주지 않는 것을 가지는 일을 여의었고 주지 않는 것을 가지기를 끊었으므로 주면 가지고 주는 것만 가지는 것을 좋아하였습니다. 항상 보시하기를 좋아하고 기뻐하여 아낌이 없었고 그 보시에 대한 과보를 바라지 않았으며, 나는 주지 않는 것을 가지는 것에 대해서 그 마음을 버려 깨끗하게 하였습니다. 여러분, 나는 범행이 아닌 것을 여의고 범행이 아닌 것을 끊었으며 열심히 범행을 닦고 묘행妙行을 부지런히 힘써 청정하고 더러움이 없으며 욕심을 여의고 음욕을 끊었으니, 나는 범행이 아닌 것에 대해서 그 마음을 버려 깨끗하게 하였습니다.

여러분, 나는 거짓말을 여의었고 거짓말을 끊었습니다. 진실한 말로써 진실만을 좋아하고 진실에 머물러 움직이지 않으며 일체가 믿을 수 있게 하여 세상을 속이지 않았으니, 나는 거짓말에 대해서 그 마음을 버려 깨끗하게 하였습니다. 여러분, 나는 이간하는 말을 여의었고 이간하는 말을 끊었습니다. 이간하는 말을 하지 않아 남을 파괴하는 일이 없었으며 여기서 들은 것을 저기에 가서 말하여 이쪽을 파괴하려 하지 않고, 저기서 들은 것을 여기 와서 말하여 저쪽을 파괴하려 하지 않습니다. 갈라진 것은 화합하게 하고 화합하게 되면 기뻐하며 당파를 즐겨하지 않고 당파를 칭송하지 않았으니, 나는 이간하는 말에 대해서 그 마음을 버려 깨끗하게 하였습니다. 여러분, 나는 추한 말을 여의었고 추한 말을 끊었습니다. 만일 말을 하는 도중에 말의 내용이 추하고 거칠거나 악한 음성이 귀에 거슬려 모든 사람들이 기뻐하지 않고 모든 사람들이 좋아하지 않아, 남을 괴롭게 하거나 편안하지 못하게 하는 이러한 말을 끊었습니다. 만일 말을 하게 되면 꼭 맑고 온화하며 부드럽고 감촉이 있어 귀에 순하고, 마음을 파고들어 기뻐할 만하고 사랑할 만하며 남을 안락하게 하고, 말과 음성이 모두 유쾌하여 남을 두려워하지 않게 하고 남을 안정하게 하는 이러한 말을 하니, 나는 추한 말에 있어서 그 마음을 버려 깨끗하게 하였습니다.

여러분, 나는 꾸밈말을 여의었고 꾸밈말을 끊었습니다. 때에 맞는 말, 참된 말, 이치에 맞는 말, 선정〔止息〕에 대한 말, 선정을 즐기는 말을 하고 때를 맞추어 알맞게 하며 잘 가르치고 잘 꾸짖으니, 나는 꾸밈말에 대해서 그 마음을 버려 깨끗하게 하였습니다. 여러분, 나는 생활하는 방법〔治生〕에 대하여 여의었고 생활하는 방법을 끊어 저울과 말과 섬 따위를 버리고 재물을 받지 않아 남을 속박하지 않으며, 말질할 때에 말 깎기를 바라지 않아 적은 이익으로 남을 속이지 않았으니, 나는 생활하는 방법에 대해서 그 마음을 버려 깨끗하게 하였습니다. 여러분, 나는 과부나 처녀 받아들이기를 여의었고 과부나 처녀 받아들이기를 끊었으니, 나는 과부나 처녀를 받아들이는 데에 있어 그 마음을 버려 깨끗하게 하였습니다. 여러분, 나는 종들을 수용하는 것을 여의었고 종들을 수용하는 것을 끊었으니, 나는 종들을 수용하는 데 있어서 그 마음을 버려 깨끗하게 하였습니다. 여러분, 나는 코끼리 ·

말 · 소 · 염소를 받기를 여의었고 코끼리 · 말 · 소 · 염소 받기를 끊었으니, 나는 코끼리 · 말 · 소 · 염소 받는 데 대해서 그 마음을 버려 깨끗하게 하였습니다. 여러분, 나는 닭이나 돼지 받기를 여의었고 닭이나 돼지 받기를 끊었으니, 나는 닭이나 돼지 받는 데에 대해 그 마음을 버려 깨끗하게 하였습니다.

여러분, 나는 밭농사나 점방店房 받기를 여의었고 밭농사나 점방 받기를 끊었으니, 나는 밭농사나 점방 받는 데에 대해서 그 마음을 버려 깨끗하게 하였습니다. 여러분, 나는 날벼나 보리나 콩 받기를 여의었고 날벼나 보리나 콩 받기를 끊었으니, 나는 날벼나 보리나 콩 받는 데에 대해서 그 마음을 버려 깨끗하게 하였습니다. 여러분, 나는 술을 여의었고 술을 끊었으니, 나는 술 마시는 데에 대해서 그 마음을 버려 깨끗하게 하였습니다. 여러분, 높고 넓고 큰 평상을 여의었고 높고 넓고 큰 평상을 끊었으니, 나는 높고 넓고 큰 평상에 대해서 그 마음을 버려 깨끗하게 하였습니다. 여러분, 나는 꽃다발과 영락 · 바르는 향 · 연지 · 분을 여의었고 꽃다발과 영락 · 바르는 향 · 연지 · 분을 끊었으니, 나는 꽃다발과 영락 · 바르는 향 · 연지 · 분에 대해서 그 마음을 버려 깨끗하게 하였습니다. 여러분, 나는 노래와 춤과 기생놀이에 가서 보고 듣는 것을 여의었고 노래와 춤과 기생놀이에 가서 보고 듣는 것을 끊었으니, 나는 노래와 춤과 기생놀이에 가서 보고 듣는 데에 대해서 그 마음을 버려 깨끗하게 하였습니다. 여러분, 나는 생색상보(生色像寶 : 金) 받기를 여의었고 생색상보 받기를 끊었으니, 나는 생색상보를 받는 데에 대해서 그 마음을 버려 깨끗하게 하였습니다. 여러분, 나는 오후에 음식 먹은 일을 여의었고 오후에 음식 먹는 일을 끊고 하루에 한 끼만 먹고 밤에 음식을 먹는 일과 공부 때에 음식을 먹는 일을 하지 않으니, 나는 오후에 음식을 먹는 일에 대해서 그 마음을 버려 깨끗하게 하였습니다.

여러분, 나는 이미 이 거룩한 계율의 무더기를 성취하였으니 마땅히 지극히 만족할 줄 알기를 배워야 할 것이다. 옷을 취하는 것은 몸을 가리기 위해서이고 밥은 배를 채우려고 먹는다. 가는 곳마다 옷과 발우는 늘 지니고 다니니, 아무데를 가든지 아쉬워 돌아볼 일이 없습니다. 이를 비유하면 독수리가 두 날개를 활짝 펼치고 공중을 맘대로 날아다니는 것처럼 여러분, 나도 그와 같아서 어느 곳에 가든지 가는 곳마다 의발을 갖추어 가지고 다니니 다니는 데에 아쉬워 돌아볼 필요가 없습니다. 여러분, 나는 이미 이 거룩한 계율의 무더기와 지극히 만족할 줄 아는 것을 성취하였으니, 마땅히 또 모든 감각기관〔根〕을 수호하는 것을 배울 것이다. 항상 닫고 막기를 생각하고 밝게 통달하기를 생각하며, 생각하는 마음을 수호하여 성취하고 언제나 바른 지혜를 일으켜서 만일 눈이 물질을 보더라도 모습을 받아들이지 않고 또한 빛깔에 맛들이지 않는다. 이른바 다투기 때문에 눈을 지켜 보호하여 마음속에 탐욕과 걱정과 슬픔과 악하고 착하지 않은 법을 내지 않고 저리로 나아가기 때문에 눈을 지켜 보호하는 것이다. 이와 같이 귀·코·혀·몸도 역시 그러하며 만일 뜻이 법을 알더라도 그 모습을 받아들이지 않고 또한 법에 맛들이지도 않는다. 이른바 다툼이 있기 때문에 뜻을 지켜 보호하여 마음속에 탐욕과 걱정과 슬픔과 악하고 착하지 않은 법을 내지 않고 저리로 나아가기 때문에 뜻을 지켜 보호하는 것입니다.

여러분, 나는 이미 이 거룩한 계율의 무더기와 지극히 만족할 줄 알기를 성취하였고 모든 감각기관을 지켜 보호하였으니, 이제는 다시 드나들기를 올바르게 알아 잘 관찰하고 분별하기를 배울 것이다. 굽히고 펴기와 엎드리고 우러르기 등 몸 가지는 태도와 그 절차, 그리고 승가리와 모든 옷과 발우를 잘 챙기고 가고 서고 앉고 눕기와 잠자고 깨고 말하고 침묵하기 등에 대하여 모두 이것을 올바르게 알고 있습니다. 여러분, 나는 이미 이 거룩한 계율의 무더기와 지극히 만족할 줄 알기를 성취하였고 모든 감각기관을 수호하고 드나들기를 올바르게 알고 있으니, 이제는 또 멀리 떠나 혼자 거주하는 방법을 배울 것이다. 일 없는 곳에 있거나 혹은 나무 밑이나 텅 비고 편안하고 고요한 곳이나, 산·바위·돌집·맨땅·풀무더기 옆에 가기도 하고 혹은 숲속에 가거나 혹은 묘지로 가기도 합니다.

여러분, 나는 이미 일 없는 곳에 있거나 나무 밑이나 텅 비고 편안하고 고요한 곳에 가면 니사단을 펴고 가부좌를 하고 앉아 몸을 바르게 하고 서원을 바르게 세워 비뚤어진 생각으로 향하지 않는다. 탐욕을 끊어 없애고 마음에 다툼이 없으며 남의 재물이나 모든 생활 도구를 보아도 탐욕을 일으켜 내 소유로 만들려고 하지 않는데, 나는 탐욕에 대해서 그 마음을 버려 깨끗하게 하였습니다. 이렇게 성냄·수면睡眠·들뜬 마음에 대해서도 또한 그러하며 의심을 끊고 의혹을 벗어나 모든 선법善法에 대하여 망설임이 없으니, 나는 의혹에 대해서 그 마음을 버려 깨끗하게 하였습니다. 여러분, 나는 이미 이 5개蓋의 더러운 마음과 지혜가 잔약孱弱해짐을 끊고 욕심을 여의고 악하고 착하지 않은 법을 여의었으며 결국에는 제4선에까지 이르러 성취하여 노닐게 되었습니다.

여러분, 나는 이미 이러한 선정의 마음을 얻어 청정하여 더러움도 없고 번거로움도 없으며 부드럽고 연하여 잘 머물러 동요하지 않는 마음을 얻었고, 마음대로 날아다니는 신통을 배워 몸소 증득하였습니다. 여러분, 나는 한량없는 여의족如意足을 얻었으니, 곧 하나를 나누어 여럿을 만들고 여럿을 합하여 하나로 만들며 하나는 곧 하나에 머무르게 하고 앎도 있고 봄〔見〕도 있으며 돌이나 벽에도 걸리지 않아 마치 허공을 가는 것과 같다. 땅에 빠져들기를 물에 빠지듯이 하고 물을 밟고 다니기를 땅 위를 걸어 다니듯이 하며 가부좌를 하고 앉아 허공으로 올라가는 것은 마치 새가 나는 것과 같습니다. 이제 이 해와 달도 큰 여의족이 있고 큰 위덕이 있으며 큰 복이 있고 큰 위신이 있는데, 나는 손으로 그것을 어루만지면서 몸이 범천에 오릅니다.

여러분, 나는 이미 이러한 선정의 마음을 얻어 청정하여 더러움도 없고 번거로움도 없으며 부드럽고 연하여 잘 머물고 동요하지 않는 마음을 얻었으며 천이天耳의 신통을 배워 스스로 증득하였습니다. 여러분, 나는 천이로써 사람과 사람 아닌 것들의 음성이나 가깝거나 멀거나 묘하고 묘하지 않은 것에 대하여 다 듣습니다.

여러분, 나는 이미 이러한 선정의 마음을 얻어 청정하여 더러움도 없고 번거로움도 없으며 부드럽고 연하여 잘 머물고 동요하지 않는 마음을 얻었으며 남의 마음을 아는 지혜의 신통〔他心智通〕을 배워 스스로 증득하였습니다. 여러분, 나는 다른 중생들이 늘 생각하고 있는 것과 헤아리는 것이 무엇인지 하려는 짓과 하려는 행동에 대해서 남의 마음을 아는 신통으로써 남의 마음의 진실 그대로 압니다. 욕심이 있으면 욕심이 있다는 참뜻을 알고 욕심이 없으면 욕심이 없다는 참뜻을 알며, 성냄이 있는지 성냄이 없는지와 어리석음이 있는지 어리석음이 없는지와 더러움이 있는지 더러움이 없는지와 합하고 흩어짐과 높고 낮음과 작고 큼과 닦고 닦지 않음과 정하고 정하지 않음에 대해서도 다 알고, 해탈하지 않은 마음은 해탈하지 않은 마음 그대로를 알며 해탈한 마음은 해탈한 마음 그대로를 압니다.

여러분, 나는 이미 이러한 선정의 마음을 얻어 청정하여 더러움도 없고 번거로움도 없으며 부드럽고 연하여 잘 머물고 동요하지 않는 마음을 얻었으며 숙명을 기억하는 신통〔宿命智通〕을 배워 스스로 증득하였습니다. 여러분, 행이 있고 모양이 있으면 한량없이 오랜 옛날에 지낸 일들을 다 기억합니다. 곧 1생 · 2생 · 백 생 · 천 생 · 성겁成劫 · 패겁敗劫 · 한량이 없는 성패겁 동안에 저 중생들의 이름은 무엇이었는지와 옛날에 겪은 모든 일들과, 나는 일찍이 저기서 나서 어떤 성姓과 어떤 이름으로 어떻게 살았고 어떻게 먹고 어떻게 고락을 받았으며 얼마만큼의 수壽를 누렸고 얼마나 오래 머물렀으며 어떻게 수명을 마쳤는지에 대해서와, 여기서 죽어 저기에 나고 저기서 죽어 여기에 났으며 나는 태어나서 여기 있었는데 어떠한 성과 어떠한 이름으로 어떻게 나고 어떻게 먹고 어떻게 고락을 받았으며 어떻게 오래 살았고 어떻게 오래 머물렀으며 어떻게 수명을 마쳤는지에 대해 다 압니다.

여러분, 나는 이미 이러한 선정의 마음을 얻어 청정하여 더러움도 없고 번거로움도 없으며 부드럽고 연하여 잘 머물러 움직이지 않는 마음을 얻었고, 나고 죽음을 아는 신통〔生死智通〕을 배워 스스로 증득하였습니다. 여러분, 나는 사람의 눈보다 뛰어난 청정한 천안天眼으로써 저 중생들이 태어날 시기와 죽을 때와 좋은 빛깔과 나쁜 빛깔과 묘하고 묘하지 않은 것과 좋은 곳과 좋지 않은 곳으로 왕래하는 것이 모두 이 중생들이 스스로 지은 업을 따라 생겨나는 것이라는 참 이치를 압니다. 곧 '만일 이 중생들이 몸으로 짓는 악행과 입과 뜻으로 짓는 악행을 성취하고 성인을 비방하고 삿된 소견으로써 삿된 소견의 업을 성취하면, 그는 이것을 인연하여 몸이 무너지고 목숨이 끝난 뒤에는 반드시 나쁜 곳으로 가서 지옥에 날 것이다. 만일 이 중생들이 몸으로 지은 묘행과 입과 뜻으로 지은 묘행을 성취하고 성인을 비방하지 않고 바른 소견으로써 바른 소견의 업을 성취하였으면, 그는 이것을 인연하여 몸이 무너지고 목숨이 끝난 뒤에는 반드시 좋은 곳으로 올라가 천상에 날 것이다'라는 사실을 압니다.

여러분, 나는 이미 이러한 선정의 마음을 얻어 청정하여 더러움도 없고 번거로움도 없으며 부드럽고 연하여 잘 머물고 동요하지 않는 마음을 얻었고, 번뇌가 다한 신통〔漏盡智通〕을 배워 스스로 증득하였습니다. 여러분, 나는 이 괴로움에 대하여 사실 그대로 알고 이 괴로움의 발생을 알며 이 괴로움의 소멸을 알고 이 괴로움의 소멸에 이르는 길에 대하여 사실 그대로 알며 이 누(漏 : 煩惱)를 알고 이 누의 원인을 알며 이 누의 멸함을 알고 이 누를 멸하는 방법의 참다운 이치를 압니다. 나는 이렇게 알고 이렇게 보아 욕심의 누에서 마음이 해탈하고 생명의 번뇌와 무명의 번뇌에서 마음이 해탈하고 해탈한 뒤에는 곧 해탈한 줄을 알아, 생이 이미 다하고 범행이 이미 서고 할 일을 이미 마쳐 다시는 후세의 생명을 받지 않는다는 참다운 이치를 압니다.

여러분, 만일 어떤 비구가 계율을 범하고 계율을 깨뜨리며 계율을 빼먹고 계율을 구멍 내며 계율을 더럽히고 계율을 나쁜 것이라고 한 사람이 계율을 의지하고 계율을 세우고 계율을 사다리로 삼아 위없는 지혜의 집과 바른 법의 누각으로 올라가려 한다면 그것은 끝내 되지 않을 것이다. 여러분, 비유하면 마치 마을에서 멀지 않은 곳에 다락집〔樓觀〕과 높은 집〔堂閣〕이 있다. 그 안에 층계를 두어 10층 혹은 12층으로 만들었는데, 사람이 와서 그 집에 오르기를 원할 때에 만일 이 사다리의 제1층에서부터 오르지 않고 제2층에 곧바로 오르고자 한다면 그것은 끝내 그렇게 될 수 없을 것이며 만일 제2층을 오르지 않고 제3층이나 제4층으로 오르고자 하면 그것도 끝내 그리 될 수 없는 것처럼, 만일 어떤 비구가 계율을 범하고 계율을 부수며 계율을 깨고 계율을 구멍 내며 계율을 더럽히고 계율을 나쁜 것이라고 하면서 계율을 의지하고 계율을 세우고 계율을 사다리로 삼아 위없는 지혜의 집과 바른 법의 누각으로 오르고자 한다면 그것은 그리 될 수 없습니다. 여러분, 마치 하늘에서 멀지 않은 곳에 다락집과 높은 집이 있어 그 안에 사다리를 만들어 열 층계, 나아가 열두 층계로 만들어 놓았는데 어떤 사람이 와서 그 집에 오르기를 원할 때에 만일 이 사다리의 제1층부터 오르고 나서 제2층에 오르고자 하면 그것은 반드시 가능한 것처럼, 어떤 비구가 계율을 범하거나 계율을 깨거나 계율을 구멍 내거나 계율을 더럽히거나 하지 않고 계율이 나쁜 것이 아니라고 한 사람이 계율을 의지하고 계율을 세우고 계율을 사다리로 삼아, 위없는 지혜의 집과 바른 법의 누각으로 오르고자 한다면 그것은 반드시 그렇게 될 수 있습니다.

여러분, 나는 계율을 의지하고 계율을 세우고 계율을 사다리로 삼아 위없는 지혜의 집과 바른 법의 누각에 올라 작은 방편으로써 1천 세계를 관찰합니다. 여러분, 마치 눈이 있는 사람이 높은 다락 위에서 작은 방편으로써 맨땅을 내려다보거나 1천 흙구덩이를 보는 것처럼 여러분, 나도 또한 계율을 의지하고 계율을 세우고 계율을 사다리로 삼아 위없는 지혜의 집과 바른 법의 누각에 올라 작은 방편으로써 1천 세계를 봅니다. 여러분, 어떤 왕에게 큰 코끼리나 혹은 7보寶가 있었습니다. 혹은 또 여덟 개에도 못 미치는〔減八〕 다라多羅 나뭇잎으로 덮는데, 그것은 마치 내가 이 6신통神通을 간직한 것과 같습니다. 여러분, 만일 나의 마음대로 다니는 신통의 증득에 대하여 의혹이 있으면 내게 물어 보십시오. 내가 그것에 대해 그에게 대답해 드리겠습니다. 여러분, 만일 나의 천이통天耳通의 증득에 대하여 의혹이 있으면 내게 물어 보십시오. 내가 그것에 대해 그에게 대답해 드리겠습니다. 여러분, 만일 나의 남의 마음을 아는 신통의 증득에 대하여 의혹이 있으면 내게 물어보십시오. 내가 그것에 대해 그에게 대답해 드리겠습니다. 여러분, 만일 나의 숙명(宿命 : 前生)을 아는 신통의 증득에 대하여 의혹이 있으면 내게 물어 보십시오. 내가 그것에 대해 그에게 대답해 드리겠습니다. 여러분, 만일 나의 나고 죽음을 아는 신통의 증득에 대하여 의혹이 있으면 내게 물어 보십시오. 내가 그것에 대해 그에게 대답해 드리겠습니다. 여러분, 만일 나의 번뇌가 다한 신통의 증득에 대하여 의혹이 있으면 내게 물어 보십시오. 내가 그것에 대해 그에게 대답해 드리겠습니다."

이에 존자 아난이 말하였다.

"존자 아나율타여, 지금 사라라암산에는 8백 비구와 세존께서 모여 앉아존자 아나율타를 위하여 옷을 만들고 있습니다. 그리고 여러분, 만일 존자 아나율타가 마음대로 다니는 신통의 증득에 대하여 의혹이 있으면 물어 보십시오. 존자 아나율타가 대답해 줄 것입니다. 만일 존자 아나율타의 천안 신통의 증득에 대하여 의혹이 있으면 물어 보십시오. 존자 아나율타가 대답해 줄 것입니다. 만일 존자 아나율타의 남의 마음을 아는 신통의 증득에 대하여 의혹이 있으면 물어 보십시오. 존자 아나율타가 대답해 줄 것입니다. 만일 존자 아나율타의 나고 죽음을 아는 신통의 증득에 대하여 의혹이 있으면 물어 보십시오. 존자 아나율타가 대답해 줄 것입니다. 만일 존자 아나율타의 번뇌가 다한 신통의 증득에 대하여 의혹이 있으면 물어 보십시오. 존자 아나율타가 대답해 줄 것입니다. 다만 우리들은 오랫동안 마음으로써 존자 아나율타의 마음을 알았는데, 존자 아나율타와 같은 이는 큰 여의족이 있고 큰 위덕이 있으며 큰 복이 있고 큰 위신이 있습니다."

그때 세존께서는 병환에 차도가 있어 안온하게 되시자, 곧 자리에서 일어나 가부좌를 하고 앉으셨다. 세존께서 앉으신 뒤에 존자 아나율타를 찬탄하셨다.

"훌륭하고 훌륭하다. 아나율타야, 매우 훌륭하다. 아나율타야, 너는 모든 비구들을 위하여 가치나법을 설명하였고 너는 거듭 모든 비구들을 위하여 가치나법을 설명하였으며 너는 여러 번 모든 비구들을 위하여 가치나법을 설명하였구나."

세존께서 모든 비구들에게 말씀하셨다.

"비구들아, 너희들은 가치나법을 받았으니 가치나법을 외워 익히고 가치나법을 잘 지니도록 하라. 왜냐하면 가치나법은 법과 서로 호응하고 범행의 근본이 되며 신통을 이루고 깨달음을 이루며 또한 열반을 이루는 것이기 때문이다. 만일 족성자로서 수염과 머리를 깎고 가사를 입고 지극한 믿음으로 집을 버려 가정이 없이 도를 배우는 자는, 마땅히 지극한 마음으로 가치나법을 받고 가치나법을 잘 지켜야 한다. 왜 그런가 하면 나는 과거에 모든 비구들이 이러한 옷 짓기를 아나율타와 같이 한 것을 보지 못하였고, 미래와 현재에도 모든 비구들이 이러한 옷 짓기를 아나율타와 같이 한 것을 보지 못할 것이다. 왜냐하면 곧 지금 사라라암산에는 8백 비구와 세존이 모여 앉아 아나율타를 위하여 옷을 만들고 있다. 이것은 아나율타 비구는 큰 여의족이 있고 큰 위덕이 있으며 큰 복이 있고 큰 위신이 있기 때문이다."

부처님께서 이렇게 말씀하시자, 존자 아나율타와 비구들은 부처님 말씀을 듣고 기뻐하며 받들어 행하였다.

〔이 가치나경에 수록된 경문의 글자 수는 3,780자이다. 『중아함경』 제19권에 수록된 경문의 글자 수는 모두 10,469자이다.〕[4]

4 소경 세 개의 글자 수를 합하면 모두 9,469자인데 여기에서는 10,469자로 되어 있어, 1,000자가 적다. 무슨 착오가 생겼는지 알 수 없다.

중아함경 제 20 권

7. 장수왕품 ④

81) 염신경念身經〔제2 소토성송〕

나는 이와 같이 들었다.

어느 때 부처님께서 앙기국鴦祇國에 유행하실 때에 큰 비구들과 함께 아화나阿惒那에 있는 건니揵尼가 사는 곳으로 가셨다. 그때 세존께서 밤이 지나고 이른 아침이 되자 가사를 입고 발우를 가지고 아화나로 들어가 걸식하셨다. 공양을 마치신 뒤에 오후가 되어 가사와 발우를 챙기고 손발을 씻으신 다음 니사단을 어깨에 걸치고 어떤 숲 속으로 들어가 한 나무 밑에 이르러 니사단을 펴고 가부를 맺고 앉으셨다. 그때에 많은 비구들은 점심 식사가 끝난 다음 강당에 모여 앉아 서로 이렇게 의논하고 있었다.

"여러분, 세존께서는 참으로 기이하십니다. 몸 생각하는 법을 닦아 익히시고 분별하여 널리 펴시고 잘 알고 관찰하시며 잘 닦아 익히고 보호하여 다스리시며 잘 갖추고 행하여 한마음 가운데 계십니다. 부처님께서는 '몸을 생각하면 큰 과보가 있어 눈을 얻고, 눈이 있으면 제일의第一義를 본다'고 말씀하셨습니다."

그때 세존께서 연좌宴坐에 계시면서 사람의 귀보다 뛰어난 깨끗한 천이天耳로써 여러 비구들이 점심 식사 후에 강당에 모여 앉아 서로 이 일에 대하여 의논하는 것을 들으셨다.

세존께서 이 말을 들으신 뒤에 해질 무렵쯤 되어 연좌에서 일어나셔서 강당으로 나아가 비구들 앞에 자리를 펴고 앉으셨다. 그리고 비구들에게 말씀하셨다.

"너희들은 아까 무슨 일을 의논하였는가? 무슨 일로 강당에 모여 앉아 있었는가?"

그러자 모든 비구들이 말씀드렸다.

"세존이시여, 저희 비구들은 점심을 먹은 뒤에 강당에 모여 앉아 서로 이 일을 의논하였습니다.

'여러분, 세존께서는 참으로 기이하고 특별하시다. 몸을 생각하는 법을 닦아 익히시고 분별하여 널리 펴시고 끝까지 알고 끝까지 관찰하시며, 잘 닦아 익히고 잘 보호하여 다스리시며 잘 갖추고 잘 실천해서 한마음 가운데 계십니다. 부처님께서 몸을 생각하시면 큰 과보가 있어 눈을 얻고, 눈이 있으면 제일의第一義를 본다고 말씀하셨다.'

세존이시여, 저희들은 아까 서로 이런 일을 의논하였고 이 일로 모여 앉아 있었습니다."

세존께서 다시 비구들에게 말씀하셨다.

"언제 내가 몸 생각하는 법을 닦아 익혀서 분별하며 널리 펴면 큰 과보를 얻는다고 말하던가?"

그때 비구들이 세존께 여쭈었다.

“세존께서는 법의 근본이 되시고 법의 주인이 되시며 법은 세존으로부터 나옵니다. 원하건대 그 법을 말씀하여 주십시오. 저희들이 듣고 나면 그 뜻을 자세히 알게 될 것입니다.”

부처님께서 곧 말씀하셨다.

“너희들은 자세히 듣고 이것을 잘 기억하라. 나는 마땅히 너희들을 위하여 그 뜻을 분별해 주겠다.”

그때 모든 비구들이 분부를 받아 경청하였다 .

부처님께서 말씀하셨다.

“어떻게 비구는 몸 생각하는 법을 닦아 익혀야 하는가? 비구가 다니면 곧 다니는 줄 알고 머물면 머무는 줄 알며 앉으면 앉는 줄 알고 누우면 눕는 줄 알며 잠자면 자는 줄 알고 깨어 있으면 깨어 있는 줄 알며 잠자다 깨면 잠자다 깬 줄을 알아야 한다. 이렇게 비구는 그 몸의 행을 따라 곧 진실 그대로를 알아야 한다. 그가 만일 이렇게 멀리 떠나 혼자 살면서 마음에 방일함이 없이 수행하고 정근하면 마음의 모든 근심을 끊어 결정된 마음을 얻고, 결정된 마음을 얻은 뒤에는 그 진실 그대로를 알게 될 것이다. 이것을 비구가 몸 생각하는 법을 닦아 익히는 것이라고 한다.

또 비구는 몸 생각하는 법을 닦고 익혀야 한다. 비구는 드나드는 것을 바르게 알아, 굽히고 펴기와 굽어보고 쳐다보기 등 몸 가지는 태도와 그 차례를 잘 관찰하고 분별하며 승가리와 모든 옷과 발우를 잘 챙겨 가지고서 다니고·머물고·앉고·눕는 것과 자고·깨고·말하고·침묵하는 것을 모두 바르게 알아야 한다. 이와 같이 하는 비구는 그 몸의 행을 따라 곧 그 진실 그대로를 알게 된다. 그가 만일 이와 같이 멀리 떠나 혼자 살면서 마음에 방일함이 없이 수행하고 정근하면 마음의 모든 병을 끊어 결정된 마음을 얻고, 결정된 마음을 얻은 뒤에는 곧 그 진실 그대로를 알게 될 것이다. 이것을 비구가 몸 생각하는 법을 닦아 익히는 것이라고 한다.

또 비구는 몸 생각하는 법을 닦아 익혀야 한다. 비구는 악하고 착하지 않은 생각이 생기면 선한 법을 생각함으로써 다스려 끊고 멸해 없애야 한다. 비유하면 마치 목공에 스승이나 목공을 배우는 제자가 먹줄을 나무에 튀기고 나서 곧 잘 드는 도끼로 깎아서 똑바르게 하는 것과 같다. 이와 같이 비구도 악하고 착하지 않은 생각이 생기면 곧 선한 법을 생각함으로써 다스려 끊고 멸해 없애야 한다. 이렇게 비구는 그 몸의 행行을 따라 곧 그 진실 그대로를 알아야 한다. 그가 만일 이와 같이 멀리 떠나 혼자 살면서 마음에 방일함이 없이 수행하고 정근하면 마음의 모든 병을 끊어 결정된 마음을 얻고, 결정된 마음을 얻은 뒤에는 곧 그 진실 그대로를 알게 될 것이다. 이것을 비구가 몸 생각하는 법을 닦아 익히는 것이라고 한다.

또 비구는 몸 생각하는 법을 닦아 익혀야 한다. 비구는 이〔齒〕와 이를 서로 붙이고 혀를 입천장에 대어 마음으로써 마음을 다스려 그렇게 다스려 끊고 멸해 없애야 한다. 비유하면 마치 두 역사力士가 한 약한 사람을 붙잡고 곳곳마다 두루 돌아다니며 마음대로 때리는 것과 같이, 비구는 이와 이를 서로 붙이고 혀를 입천장에 대어 마음으로써 마음을 다스리고 그렇게 다스려 끊고 멸해 없애야 한다. 그가 만일 이렇게 멀리 떠나 혼자 살면서 마음에 방일함이 없이 수행하고 정근하면 마음의 모든 걱정을 끊어 결정된 마음을 얻고, 결정된 마음을 얻은 뒤에는 곧 그 진실 그대로를 알게 될 것이다. 이것을 비구가 몸 생각하는 법을 닦아 익히는 것이라고 한다.

또 비구는 몸 생각하는 법을 닦아 익혀야 한다. 비구는 들숨을 생각하면 들숨을 생각하는 줄을 알고 날숨을 생각하면 날숨을 생각하는 줄을 알며 들숨이 길면 들숨이 긴 줄을 알고 날숨이 길면 날숨이 긴 줄을 알며, 들숨이 짧으면 들숨이 짧은 줄을 알고 날숨이 짧으면 날숨이 짧은 줄을 알아 온몸에 숨이 드는 것을 배우고 온몸에서 숨이 나는 것을 배우며, 몸에 드는 숨이 그치기를 배우고 입에서 나는 숨이 그치기를 배워야 한다. 이렇게 비구는 그 몸의 행을 따라 곧 그 진실 그대로를 알아야 한다. 그가 만일 이렇게 멀리 떠나 혼자 살면서 마음에 방일함이 없이 수행하고 정근하면 마음의 모든 병을 끊어 결정된 마음을 얻고, 결정된 마음을 얻은 뒤에는 그 진실 그대로를 알게 될 것이다. 이것을 비구가 몸 생각하는 법을 닦아 익히는 것이라고 한다.

또 비구는 몸 생각하는 법을 닦아 익히되 여의는 데서 생기는 기쁨과 즐거움에 몸을 담가 적시고 윤택하게 하여 두루 이 몸에 충만하게 하며, 여의는 데서 생기는 기쁨과 즐거움이 두루 하지 않은 곳이 없어야 한다. 비유하면 마치 어떤 목욕하는 사람이 그릇에 비누를 담고 물을 타서 둥글게 뭉쳐서 사용할 때에 물에 비누가 불면 두루 충만하여 어느 곳이나 퍼지지 않은 곳이 없는 것과 같다. 이와 같이 비구도 여의는 데서 생기는 기쁨과 즐거움에 몸을 담가 적시고 윤택하게 하여 두루 이 몸에 충만하게 하고, 여의는 데서 생기는 기쁨과 즐거움이 두루 하지 않은 곳이 없게 해야 한다. 이렇게 비구는 그 몸의 행을 따라 곧 그 진실 그대로를 알아야 한다. 그가 만일 이렇게 멀리 떠나 혼자 살면서 마음에 방일함이 없이 수행하고 정근하면 마음의 모든 근심을 끊어 결정된 마음을 얻고 결정된 마음을 얻은 뒤에는 곧 그 진실 그대로를 알게 될 것이다. 이것을 비구가 몸 생각하는 법을 닦아 익히는 것이라고 한다.

또 비구는 몸 생각하는 법을 닦아 익혀야 한다. 비구는 선정〔定 : 色界 第二禪〕에서 생기는 기쁨과 즐거움에 몸을 담가 적시고 윤택하게 하여 두루 이 몸에 충만하고, 그 선정에서 생기는 기쁨과 즐거움에 두루 하지 않은 곳이 없어야 한다. 비유하면 마치 샘물이 깨끗하고 맑으며 가득 차서 넘쳐흘러 사방에서 물이 오더라도 그 가장자리에 맴돌 뿐 들어갈 수 없는 것과 같다. 곧 그 샘물은 땅 밑에서 저절로 솟아나 밖으로 넘쳐흘러 산을 적시고 윤택하게 하며 두루 충만하여 두루 적시지 않은 곳이 없다. 이와 같이 비구는 선정에서 생기는 기쁨과 즐거움에 몸을 담가 적시고 윤택하게 하여 두루 이 몸 가운데 충만하며, 선정에서 생기는 기쁨과 즐거움이 두루하지 않은 곳이 없어야 한다. 이렇게 비구는 그 몸의 행을 따라 곧 그 진실 그대로를 알아야 한다. 그가 만일 멀리 떠나 혼자 살면서 마음에 방일함이 없이 수행하고 정근하면 마음의 모든 근심을 끊어 결정된 마음을 얻고, 결정된 마음을 얻은 뒤에는 곧 그 진실 그대로를 알게 될 것이다. 이것을 비구가 몸 생각하는 법을 닦아 익히는 것이라고 한다.

또 비구는 몸 생각하는 법을 닦아 익혀야 한다. 비구가 기쁨을 여의므로 인해서 생기는 즐거움에 몸을 담가 적시고 윤택하게 하여 두루 이 몸에 충만하여, 기쁨을 여읨으로 인하여 생기는 즐거움이 두루하지 않은 곳이 없어야 한다. 마치 푸른 연꽃과 붉고 빨갛고 흰 연꽃이 물에서 나고 물에서 자랄 때 물밑에 있을 때엔 뿌리와 줄기와 꽃과 잎이 다 젖고 불어, 두루 충만하여 어느 곳에나 두루하지 않은 곳이 없는 것과 같다. 이와 같이 비구는 기쁨을 여읨으로 인하여 생기는 즐거움에 몸을 담가 적시고 윤택하게 하여 두루 이 몸에 충만하여 기쁨을 여읨으로 인하여 생기는 즐거움이 두루하지 않은 곳이 없어야 한다. 이렇게 비구는 그 몸의 행을 따라 곧 그 진실 그대로를 알아야 한다. 그가 만일 이렇게 멀리 떠나 혼자 살면서 마음에 방일함이 없이 수행하고 정근하면 마음의 모든 근심을 끊어 결정된 마음을 얻고, 결정된 마음을 얻은 뒤에는 곧 그 진실 그대로를 알게 될 것이다. 이것을 비구가 몸 생각하는 법을 닦아 익히는 것이라고 한다.

또 비구는 몸 생각하는 법을 닦아 익히되 비구가 이 몸속에 대하여 청정한 마음으로 알고 두루 차서 성취하여 노닐며 이 몸속에 대하여 청정한 마음으로써 어느 곳이나 두루하지 않은 곳이 없어야 한다. 마치 어떤 사람이 7주肘의 옷이나 혹은 8주의 옷을 입어 머리에서 발까지 이 몸을 덮지 않은 곳이 없는 것처럼, 비구는 이 몸에 대하여 청정한 마음으로써 해득하여 성취하여 노닐며 이 몸속을 청정한 마음으로써 두루 하지 않은 곳이 없어야 한다. 이렇게 비구는 그 몸의 행을 따라 곧 그 진실 그대로를 알아야 한다. 그가 만일 이렇게 멀리 떠나 혼자 살면서 마음에 방일함이 없이 수행하고 정근하면 마음의 모든 근심을 끊어 결정된 마음을 얻고, 결정된 마음을 얻은 뒤에는 곧 그 진실 그대로를 알게 될 것이다. 이것을 비구가 몸 생각하는 법을 닦아 익히는 것이라고 한다.

또 비구는 몸 생각하는 법을 닦아 익히되 광명상光明想을 생각하여 잘 받고 잘 가지며, 마음으로 잘 생각하는 것이 앞에서와 같이 뒤도 그러하고 뒤에서와 같이 앞도 역시 그러하며, 낮과 같이 밤도 그렇고 밤과 같이 낮도 그러하며, 아래와 같이 위도 그렇고 위와 같이 아래도 그러하다. 이렇게 뒤바뀌지 않고 마음에 얽매임이 없이 빛나고 밝은 마음을 닦으면 끝내 어둠에 덮이지 않는다. 이렇게 비구는 그 몸의 행을 따라 곧 그 신실 그대로를 알아야 한다. 그가 만일 이렇게 멀리 떠나 혼자 살면서 마음에 방일함이 없이 수행하고 정근하면 마음의 모든 근심을 끊어 결정된 뜻을 얻고 결정된 마음을 얻은 뒤에는 곧 그 진실 그대로를 알게 될 것이다. 이것을 비구가 몸 생각하는 법 닦아 익히는 것이라고 한다.

또 비구는 몸 생각하는 법을 닦아 익히되 비구가 모습〔相〕을 관찰하여 잘 받고 잘 가지고 마음으로 잘 생각해야 한다. 마치 어떤 사람이 앉아서 누운 사람을 관찰하고 누워서 앉은 사람을 관찰하는 것처럼, 비구도 모습을 관찰하여 잘 받고 잘 가지고 마음으로 잘 생각해야 한다. 이렇게 비구는 그 몸의 행을 따라 그 진실 그대로를 알아야 한다. 그가 만일 이렇게 멀리 떠나 혼자 살면서 마음에 방일함이 없이 수행하고 정근하면 마음의 모든 근심을 끊어 결정된 마음을 얻고, 결정된 마음을 얻은 뒤에는 곧 그 진실 그대로를 알게 될 것이다. 이것을 비구가 몸 생각하는 법을 닦아 익히는 것이라고 한다.

또 비구는 몸 생각하는 법을 닦아 익히되 이 몸은 머무름을 따라 좋고 나쁜 대로 머리에서 발까지 온갖 더러운 것이 충만해 있다고 관찰해야 한다. 곧 이 몸에는 머리털·터럭·손톱·이·거칠고 섬세하고 엷은 살갗·피부·살·힘줄·뼈·심장·콩팥·간장·허파·대장·소장·지라·밥통·똥·골·뇌수·눈물·땀·콧물·가래침·고름·피·기름〔肪〕·뼛속기름〔髓〕·침·쓸개·오줌이 있다고 관찰해야 한다. 마치 그릇에 약간의 씨앗을 담아 두었을 때에 눈이 있는 사람이 보면 이것은 벼와 조의 종자이고, 이것은 보리·밀·크고 작은 마두麻豆·갓·무·겨자의 종자라고 분별하는 것과 같다. 이렇게 비구는 이 몸의 머무름을 따라 그 좋고 나쁜 대로 머리에서 발까지 온갖 더러운 것이 충만해 있다고 관찰해야 한다. 이렇게 비구는 그 몸의 행을 따라 곧 그 진실 그대로를 알아야 한다. 그가 만일 이렇게 멀리 떠나 혼자 살면서 마음에 방일함이 없이 수행하고 정근하면 마음의 모든 근심을 끊어 결정된 마음을 얻고, 결정된 마음을 얻은 뒤에는 곧 그 진실 그대로를 알게 될 것이다. 이것을 비구가 몸 생각하는 법을 닦아 익히는 것이라고 한다.

또 비구는 몸 생각하는 법을 닦아 익혀야 한다. 비구는 몸의 모든 경계를 관찰하되 '내 이 몸속에는 땅의 경계 · 물의 경계 · 불의 경계 · 바람의 경계 · 허공의 경계 · 인식의 경계가 있다'고 관해야 한다. 마치 백정이 소를 죽여 가죽을 벗겨 땅에 펴놓고 여섯 부분으로 나누는 것처럼 비구도 몸의 모든 경계를 관찰해야 한다. 이렇게 비구는 그 몸의 행을 따라 곧 그 진실 그대로를 알아야 한다. 그가 만일 이렇게 멀리 떠나 혼자 살면서 마음에 방일함이 없이 수행하고 정근하면 마음의 모든 근심을 끊어 결정된 마음을 얻고, 결정된 마음을 얻은 뒤에는 곧 그 참 모양을 알게 될 것이다. 이것을 비구가 몸 생각하는 법을 닦아 익히는 것이라고 한다.

또 비구는 몸 생각하는 법을 닦아 익혀야 한다. 비구는 저 송장이 1 · 2일 혹은 6 · 7일이 되어 까마귀나 솔개에게 쪼아 먹히고 승냥이나 개에게 먹히며 불에 태워지고 땅에 묻혀 다 썩어 허물어지는 것을 관찰하고, 관찰한 뒤에는 자기에게 비교해 본다.

'이제 내 이 몸도 역시 이와 같은 모든 법이 있어 끝내 면하지 못할 것이다.'

이렇게 비구는 그 몸의 행을 따라 곧 그 진실 그대로를 알아야 한다. 그가 만일 이렇게 멀리 떠나 혼자 살면서 마음에 방일함이 없이 수행하고 정근하면 마음의 모든 근심을 끊어 결정된 마음을 얻고 결정된 마음을 얻은 뒤에는 곧 그 진실 그대로를 알게 될 것이다. 이것을 비구가 몸 생각하는 법을 닦아 익히는 것이라고 한다.

또 비구는 몸 생각하는 법을 닦아 익혀야 한다. 비구는 일찍 무덤에 버려진 몸의 해골이 푸르스름하게 썩어 허물어지고 반이나 먹힌 뼈의 사슬이 땅에 뒹구는 것을 관찰하고, 관찰한 뒤에는 자기에게 견주어 본다.

'이제 내 이 몸도 역시 이와 같이 모두 이 법을 가져 끝내 면하지 못할 것이다.'

이렇게 비구는 그 몸의 행을 따라 곧 그 진실 그대로를 알아야 한다. 그가 만일 이렇게 멀리 떠나 혼자 살면서 마음에 방일함이 없이 수행하고 정근하면 마음의 모든 근심을 끊어 결정된 마음을 얻고, 결정된 마음을 얻은 뒤에는 곧 그 진실 그대로를 알게 될 것이다. 이것을 비구가 몸 생각하는 법을 닦아 익히는 것이라고 한다.

또 비구는 몸 생각하는 법을 닦아 익혀야 한다. 비구가 일찍 무덤에 버려진 몸의 뼈마디가 분해되고, 사방에 흩어져 발 뼈 · 허벅다리뼈 · 넓적다리뼈 · 엉덩이뼈 · 등뼈 · 어깨뼈 · 목뼈 · 정수리 뼈가 각각 따로 따로 흩어진 것을 관찰하고, 관찰한 뒤에는 자기에게 견주어 본다.

'이제 내 이 몸도 역시 이와 같이 모든 법이 있어 끝내 이를 면하지 못할 것이다.'

이렇게 비구는 그 몸의 행을 따라 곧 그 진실 그대로를 알아야 한다. 그가 만일 이렇게 멀리 떠나 혼자 살면서 마음에 방일함이 없이 수행하고 정근하면 마음의 모든 근심을 끊어 결정된 마음을 얻고 결정된 마음을 얻은 뒤에는 곧 그 진실 그대로를 알게 될 것이다. 이것을 비구가 몸 생각하는 법을 닦아 익히는 것이라고 한다.

또 비구는 몸 생각하는 법을 닦아 익히되 일찍이 무덤에 버려진 몸의 뼈가 희기는 소라와 같고 푸르기는 집비둘기 빛깔과 같으며 붉기는 피를 칠한 것 같고 썩어 허물어지고 부서져 가루가 되는 것을 관찰하고 관찰한 뒤에는 자기에게 견주어 본다.

'이제 내 이 몸도 역시 이와 같이 모두 이 법을 갖추고 있어 끝내 이를 면하지 못할 것이다.'

이렇게 비구는 몸의 행을 따라 곧 그 진실 그대로를 보아야 한다.

그가 만일 이렇게 멀리 떠나 혼자 살면서 마음에 방일함이 없이 수행하고 정근하면 마음의 모든 근심을 끊어 결정된 마음을 얻고, 결정된 마음을 얻은 뒤에는 곧 그 진실 그대로를 알게 될 것이다. 이것을 비구가 몸 생각하는 법을 닦아 익히는 것이라고 한다.

만약 이와 같이 몸 생각하는 법을 닦고 익혀서 이와 같은 것을 널리 유포한 사람은 저 온갖 착한 법이 그 속에 있게 되는데 이를 일러 도품법道品法이라고 한다. 만일 그가 마음으로 해득하여 두루 차면 마치 큰 바다와 같아 저 모든 작은 강물이 다 바다로 흘러들어 가듯이 이렇게 몸을 생각하는 법을 닦아 익히고 이렇게 널리 펴면 저 모든 좋은 법은 다 그 가운데 있다. 이것을 도품법이라고 한다.

만일 어떤 사문 범지가 몸에 대한 생각을 바르게 세우지 못하고 유행遊行할 때에 소심小心하기까지 하면 그에게는 악마 파순波旬이 틈을 노리고 있다가 결국은 제 마음대로 요리하게 될 것이다. 왜냐하면 저 사문 범지는 몸을 생각한 일이 전혀 없기 때문이다. 마치 물이 없이 텅 빈 병을 바르게 땅에 세워 놓은 것과 같으니, 만일 사람이 물을 가지고 와서 병 속에 쏟는다면 비구야, 네 생각은 어떠하냐? 이와 같이 할 때에 그 병이 물을 잘 받아들이겠느냐?"

비구가 대답하였다.

"잘 받아들일 것입니다. 세존이시여. 그것은 속이 비어 물이 없는 데다 바르게 땅에 세워 놓았기 때문에 반드시 물을 잘 받아들일 것입니다."

"그와 같이 만일 사문 범지가 몸에 대한 생각을 바르게 세우지 않고 유행遊行할 때에 소심小心하기까지 하면 그는 악마 파순이 그 틈을 노리고 있다가 결국은 제 마음대로 요리하게 될 것이다. 왜냐하면 저 사문 범지는 몸을 생각한 일이 전혀 없었기 때문이다. 만일 어떤 사문 범지가 몸에 대한 생각을 바르게 세워 노닐면서 한량없는 마음〔無量心〕을 가지면 그는 악마 파순이 그 틈을 노려도 끝내 제 마음대로 하지 못할 것이다. 왜냐하면 그 사문 범지는 속이 비지 않은 데다가 또 몸을 생각한 일이 있기 때문이니, 마치 물이 가득 찬 병을 바르게 땅에 놓아둔 것과 같다. 만일 사람이 물을 가지고 와서 병 안에 쏟아 부으면 비구야, 네 생각은 어떠하냐? 그 병을 이와 같이 하면 다시 물을 받아들이겠느냐?"

"아닙니다. 세존이시여, 그 병은 물이 가득 찬 채로 바르게 땅에 놓여 있기 때문에 물을 받아들이지 않습니다."

"이와 같아서 만일 어떤 사문 범지가 몸에 대한 생각을 바르게 세워 노닐면서 한량이 없는 마음을 가지면 저 악마 파순이 그 틈을 아무리 노려도 끝내 제 마음대로 하지 못할 것이다. 왜냐하면 그 사문 범지는 속이 비지 않은 데다가 몸을 생각한 일이 있었기 때문이다. 만일 어떤 사문 범지가 몸에 대한 생각을 바르게 세우지 않은 데다가 노닐 때에 소심하기까지 하면 저 악마 파순이 틈을 노리고 있다가 반드시 승리를 얻게 될 것이다. 왜냐하면 그 사문 범지는 속이 비어 있는 데다가 몸을 생각한 일도 없었기 때문이다. 마치 역사力士가 크고 무거운 돌을 진창 속에 던지는 것과 같다. 비구야, 네 생각에는 어떠하냐? 진흙탕이 돌을 받아들이겠느냐?"

"받아드립니다. 세존이시여, 진흙은 묽고 돌은 무겁기 때문에 반드시 받아들이게 될 것입니다."

"그와 같아서 만일 어떤 사문 범지가 몸에 대한 생각을 바르게 세우지 않고, 노닐 때에 소심하기까지 하면 그는 악마 파순이 그의 틈을 노리고 있다가 반드시 승리를 얻게 될 것이다. 왜냐하면 그 사문 범지는 속이 비어 있는 데다가 소심하기까지 하며 몸을 생각한 일도 없었기 때문이다. 만일 어떤 사문 범지가 몸에 대한 생각을 바르게 세우고, 노닐면서 한량없는 생각을 가지면 그는 악마 파순이 그의 틈을 아무리 노리고 있어도 끝내 승리를 얻지 못할 것이다. 왜냐하면 그 사문 범지는 속이 비지 않은 데다가 몸을 생각한 일이 있었기 때문이다. 마치 역사가 가벼운 털 공을 평호선平戶扇에 던지는 것과 같다. 비구야, 네 생각에는 어떠하냐? 털 공을 받아들이겠느냐?"

"아닙니다. 세존이시여, 털 공은 가볍고 세워 놓은 부채는 꼿꼿하게 서 있기 때문에 털 공을 받아들이지 않을 것입니다."

"그와 같아서 만일 어떤 사문 범지가 몸에 대한 생각을 바르게 세우고, 노닐면서 한량없는 마음을 가지면 그는 악마 파순이 아무리 그의 틈을 노린다 해도 끝내 제 마음대로 하지 못할 것이다. 왜냐하면 그 사문 범지는 속이 비지 않은 데다가 몸을 생각한 일이 있었기 때문이다. 만일 어떤 사문 범지가 몸에 대한 생각을 바르게 세우지 않은 데다가, 노닐 때에 소심하기까지 하면 그는 악마 파순이 그 틈을 노리고 있다가 반드시 승리를 얻게 될 것이다. 왜냐하면 그 사문 범지는 속이 비어 있는 데다가 몸을 생각한 일도 없었기 때문이다. 마치 사람이 불을 구할 때에 마른 나무를 재료로 하고 마른 나무로 문지르는 것과 같다. 비구야, 네 생각에는 어떠하냐? 그 사람이 이렇게 하여 불을 얻을 수 있겠느냐?"

"얻을 수 있습니다. 세존이시여, 그는 마른 나무를 재료로 하고 마른 나무로 문지르기 때문에 반드시 불을 얻을 것입니다."

"그와 같아서 만일 어떤 사문 범지가 몸에 대한 생각을 바르게 세우지 못한 데다가, 노닐 때에 소심하기까지 하면 그는 악마 파순이 그의 틈을 노리고 있다가 반드시 승리를 얻게 될 것이다. 왜냐하면 그 사문 범지는 속이 비어 있는 데다가 몸을 생각한 일도 전혀 없기 때문이다.

만일 어떤 사문 범지가 몸에 대한 생각을 바르게 세우고, 노닐면서 한량없는 마음〔無量心〕을 가지면 그는 악마 파순이 그의 틈을 노린다 해도 끝내 승리를 얻지 못할 것이다. 왜냐하면 그 사문 범지는 속이 비지 않은 데다가 몸을 생각한 일이 있었기 때문이다. 마치 사람이 불을 구할 때에 젖은 나무를 재료로 하고 젖은 나무로써 문지르는 것과 같다. 비구야, 네 생각에는 어떠하냐? 그 사람이 이렇게 하여 불을 얻을 수 있겠느냐?"

"아닙니다. 세존이시여, 왜냐하면 그는 젖은 나무를 모태로 삼아 젖은 나무로 문지르기 때문에 불을 얻지 못할 것입니다."

"그와 같아서 만일 어떤 사문 범지가 몸에 대한 생각을 바르게 세우고, 노닐 때에도 한량없는 마음을 가지면 그는 악마 파순이 아무리 틈을 노려도 끝내 승리를 얻지 못할 것이다. 왜냐하면 그 사문 범지는 속이 비지 않은 데다가 몸을 생각한 일이 있었기 때문이다.

이렇게 몸을 생각하기를 닦아 익히고 이렇게 널리 편다면, 마땅히 알라. 그는 열여덟 가지 덕德이 있게 된다. 어떤 것이 열여덟 가지 덕인가?

비구는 능히 굶주림·목마름·추위·더위·모기·등에·파리·이·바람·햇볕의 핍박을 받아도 참아내고 욕설과 매질을 당하더라도 또한 능히 참아내며, 모든 병에 걸려 몹시 괴롭고 목숨이 끊어지게 되는 등 즐겁지 않은 온갖 일을 당해도 다 능히 견뎌 참아낸다. 이렇게 몸 생각하는 법을 닦아 익히고 이렇게 널리 펴면 이것이 그 첫 번째 덕이다.

또한 비구는 즐겁지 않은 일을 견디고 참되, 만일 즐겁지 않다는 생각이 나더라도 마음에 끝내 집착하지 않는다. 이렇게 몸을 생각하는 법을 닦아 익히고 이렇게 널리 펴면, 이것이 그 두 번째 덕이다.

비구는 두려움을 견디고 참되, 만일 두려움이 생기더라도 마음에 끝내 집착하지 않는다. 이렇게 몸을 생각하는 법을 닦아 익히고 이렇게 널리 펴면 이것이 그 세 번째 덕이다.

비구는 세 가지 사악한 생각인 탐욕의 생각·성냄의 생각·해침의 생각을 내지 않고 끝내 집착하지 않는다. 이렇게 몸을 생각하는 법을 닦아 익히고 이렇게 널리 펴면 이것이 그 네 번째·다섯 번째·여섯 번째·일곱 번째 덕이다.

또 비구는 욕심을 여의고 악하고 착하지 않은 법을 여의며 나아가 제4선을 성취하여 노닌다. 이렇게 몸을 생각하는 법을 닦아 익히고 이렇게 널리 펴면 이것이 그 여덟 번째 덕이다.

비구는 3결結이 이미 다하여 수다원須陀洹을 얻어 악한 법에 떨어지지 않고 반드시 바른 깨달음으로 나아가 끝내 7유有[1]를 받고 천상과 인간에 한 번 왕래한 뒤에는 괴로움을 벗어난다. 이렇게 몸 생각하는 법을 닦아 익히고 이렇게 널리 펴면 이것이 그 아홉 번째의 덕이다.

비구는 3결이 이미 다하여 음욕과 성냄과 어리석음이 엷어져 천상과 인간을 한 번 왕래하게 되고, 한 번 왕래한 뒤에는 괴로움을 벗어난다. 이렇게 몸 생각하는 법을 닦아 익히고 이렇게 널리 펴면 이것이 그 열 번째 덕이다.

비구는 5하분결五下分結이 다하고 저 세상에 태어나서 곧 열반에 들어 물러나지 않는 법을 얻으며 이 세상에 돌아오지 않는다. 이렇게 몸 생각하는 법을 닦아 익히고 이렇게 널리 펴면 이것이 그 열한 번째 덕이다.

또 비구에게 만일 식해탈息解脫[2]이 있으면 색色을 떠나 무색無色을 얻

---

1 유有는 생사의 과보를 일컫는 말이다. 또는 과보 받은 인因을 말하기도 한다.

2 팔리어로는 Santa vimokkha이다. 적정해탈寂靜解脫을 말한다. 색계의 선정을 넘어서

고 여기상정如其像定을 몸으로 얻어 성취하여 노닐며, 지혜의 관찰로써 번뇌를 알아 번뇌를 끊게 된다. 이렇게 몸 생각하는 법을 닦아 익히고 이렇게 널리 펴면, 이것이 그 열두 번째, 열세 번째, 열네 번째, 열다섯 번째, 열여섯 번째, 열일곱 번째 덕이다.

또 비구는 여의족如意足·천이天耳·타심지他心智·숙명지宿命智·생사지生死智가 있고 모든 번뇌가 이미 다하여 번뇌가 없는 마음의 해탈〔無漏心解脫〕과 지혜의 해탈〔慧解脫〕을 얻어, 현재 세상에서 스스로 알고 스스로 깨닫고 스스로 증득해 성취하여 노닐며 생이 이미 다하고 범행이 이미 서고 할 일을 이미 마쳐 다시는 후세의 생명을 받지 않는다는 진실 그대로를 안다. 이렇게 몸 생각하는 법을 닦아 익히고 이렇게 널리 펴면 이것을 열여덟 번째 덕이라고 한다.

이렇게 몸 생각하는 법을 닦아 익히고 이렇게 널리 편다면, 마땅히 알라. 이와 같은 열여덟 가지 덕이 있다."

부처님께서 이렇게 말씀하시자, 비구들은 부처님 말씀을 듣고 기뻐하며 받들어 행하였다.

〔이 염신경에 수록된 경문의 글자 수는 4,225자이다.〕

82) 지리미리경支離彌梨經〔제2 소토성송〕

나는 이와 같이 들었다.

어느 때 부처님께서 왕사성에 유행하실 때에 죽림가란다원竹林迦蘭哆園에 계셨다. 그때 많은 비구들이 점심 식사를 마친 다음 조그만 일이

무색계의 선정에 들어 적정한 해탈에 머무는 것을 말한다.

있어 강당에 모여 앉아 다투는 일에 대하여 결정지으려고 하였다. 곧 이 법法과 율律, 그리고 이 부처님의 가르치심을 의논하고 있었다. 그때 질다라상자質多羅象子 비구도 그 대중들 가운데 있었다. 이에 질다라상자 비구는 많은 비구들이 이 법과 율, 그리고 이 부처님의 가르치심을 의논하고 있을 때에 그 중간에서 앞 다투어 할 말이 있다 하여, 모든 비구들의 설법이 끝나기를 기다리지 못하고 또 공경을 다하지도 못하고 좋은 관찰로 잘 관찰하지도 못한 채 높은 장로 비구들에게 물었다. 이때에 존자 대구치라大拘絺羅도 그 대중들 가운데 있었다. 존자 대구치라가 질다라상자 비구에게 말하였다.

"현자여, 마땅히 알라. 많은 비구들이 이 법률과 이 부처님의 가르치심을 말하고 있을 때에 너는 중간에서 앞질러 말하지 말라. 만일 모든 비구들의 말이 다 끝나거든 그때에 말하라. 너는 마땅히 공경을 다하고 좋은 관찰로써 높은 장로 비구들에게 물어야 한다. 공경도 하지 않고 잘 관찰하지도 않고 높은 장로 비구들에게 묻지 말라."

그때에 질다라상자 비구의 친한 친구들도 모두 대중들 사이에 있었다. 이에 질다라상자 비구의 모든 친한 친구들이 존자 대구치라에게 말하였다.

"현자 대구치라여, 그대는 너무 질다라상자 비구를 꾸짖지 마시오. 왜냐하면 질다라상자 비구는 계율을 잘 지키고 덕이 있으며 많이 알기 때문이며 게으른 듯 하면서도 잘난 체하지 않기 때문이오. 대구치라여, 질다라상자 비구는 모든 비구들이 일할 때에 순종하여 잘 도와줍니다."

그러자 존자 대구치라가 질다라상자 비구의 모든 친한 친구들에게 말하였다.

"여러분, 남의 마음을 잘 알지 못하는 분들이라면 함부로 옳다 그르다 하지 마시오. 왜냐하면 어떤 사람은 세존 앞이나 또는 여러 덕 높은 장로로서 제 자신에 대해서도 부끄러워할 줄 알고 남에게도 부끄러워할 줄 알며, 사랑할 만하고 존경할 만한 범행을 가진 모든 높은 장로 앞에서는 그는 몸을 잘 지키고 잘 보호하지만, 만일 뒷날 세존 앞을 떠나거나 제 자신에 대해서도 부끄러워할 줄 알고 남에게도 부끄러워할 줄 알며 사랑할 만하고 존경할 만한 범행을 가진 모든 높은 장로들 앞을 떠나면, 그는 자주 속인들과 함께 모여 시시덕거리고 잘난 체하면서 여러 가지로 떠들어댑니다. 자주 속인들과 함께 모여 시시덕거리고 잘난 체하면서 여러 가지로 떠들어댄 뒤에는 마음에 욕심을 냅니다. 그는 마음에 욕심을 낸 뒤에는 곧 몸이 뜨거워지고 마음이 뜨거워지며 몸과 마음이 뜨거워진 뒤에는 곧 계율을 버리고 도를 파罷합니다. 여러분, 마치 소가 남의 밭에 들어가면 밭 임자가 그 소를 줄로 붙들어 매거나 우리 안에 가두는 것과 같다. 여러 현자들이여, 만일 '이 소가 다시는 남의 밭에 들어가지 못할 것이다'라고 말하는 사람이 있다면 그것을 바른 말이라 할 수 있겠는가?"

"아닙니다. 왜냐하면 그 소는 줄에 매여 있긴 하지만 그 줄을 끊거나 풀 수 있으며, 우리에 갇혀 있어도 그 우리를 부수거나 뛰쳐나올 수 있으므로 남의 밭으로 들어가는 것은 전과 다름이 없을 것이기 때문입니다."

"여러분, 혹 어떤 사람이 세존 앞에 있을 때에나, 제 자신에 대해서도 부끄러워할 줄 알고 남에게도 부끄러워할 줄 알며 사랑할 만하고 존경할 만한 범행을 가진 모든 높은 장로들 앞에서는 그들이 몸을 잘 지키고 잘 보호하지만, 만일 뒷날 세존 앞을 떠나거나 제 자신에 대해서도 부끄러워할 줄 알고 남에게도 부끄러워할 줄 알며 사랑할 만하고 존경할 만한 범행을 가진 모든 높은 장로들 앞을 떠나면, 그는 곧 속인들과 자주 어울려 시시덕거리고 잘난 체하며 여러 가지로 떠들어댑니다. 그는 자주 속인들과 함께 어울려 시시덕거리고 잘난 체하며 여러 가지로 떠들어댄 뒤에는 마음에 곧 욕심을 냅니다. 그는 마음에 욕심을 낸 뒤에는 곧 몸이 뜨거워지고 마음이 뜨거워지며, 그는 몸과 마음이 뜨거워진 뒤에는 곧 계율을 버리고 도를 파합니다. 여러분, 이것을 어떤 사람〔有一人〕이라고 합니다.

여러분, 혹 어떤 사람은 초선初禪을 체득하였습니다. 그가 초선을 얻은 뒤에는 스스로 편안하게 머물러 더욱 더 구하여 아직 얻지 못한 것을 더 구하려 하지 않고, 거두지 못한 것을 거두려 하지도 않으며 증득하지 못한 것을 증득하려고 하지도 않습니다. 그는 뒷날 속인들과 자주 어울려 시시덕거리고 잘난 체하며 여러 가지로 떠들어댑니다. 그런 뒤에는 곧 마음에 욕심을 냅니다. 마음에 욕심을 낸 뒤에는 몸이 뜨거워지고 마음이 뜨거워지며, 몸과 마음이 뜨거워진 뒤에는 곧 계율을 버리고 도를 파한다. 여러분, 마치 큰비가 와서 마을에 있는 호수에 가득 찼을 때에, 전에는 모래와 돌·풀·나무·갑충·고기·자라·두꺼비 및 모든 수족들이 갈 때와 올 때와 달릴 때와 멈출 때를 볼 수 있었는데, 물이 찬 뒤에는 모두 보이지 않는 것과 같습니다. 여러분, 만일 그가 '저 호수 가운데에는 끝내 다시는 모래와 돌·풀·나무·갑충·고기·자라·두꺼비와 모든 수족들이 갈 때와 올 때, 달릴 때와 멈출 때를 보지 못할 것이다'라고 그렇게 말한다면, 이것을 바른 말이라 하겠는가?"

"아닙니다. 왜냐하면 그 호수 물은 코끼리도 마시고 말도 마시며 소·나귀·돼지·사슴·물소가 마시고 혹은 사람이 가져다 쓰거나 바람에 불리거나 햇볕에 쪼이거나 하면, 그가 비록 지금은 모래와 돌·풀·나무·갑충·고기·자라·두꺼비 및 모든 수족들이 갈 때와 올 때, 달릴 때와 멈출 때를 보지 못하지만 뒤에 물이 줄어든 뒤에는 전처럼 다시 볼 수 있게 됩니다."

"그렇소. 어떤 사람이 초선을 체득하였는데 그가 초선을 얻은 뒤에는 곧 스스로 편안히 머물러 다시 구하여 아직 얻지 못한 것을 얻으려 하지도 않고 아직 거두지 못한 것을 거두려 하지도 않으며, 증득하지 못한 것을 증득하려고 하지도 않습니다. 그는 뒷날 곧 속인들과 자주 어울려 시시덕거리고 잘난 체하며 여러 가지로 떠들어댑니다. 그런 뒤에는 마음에 곧 욕심을 내고 마음에 욕심을 낸 뒤에는 몸이 뜨거워지고 마음이 뜨거워지며, 몸과 마음이 뜨거워진 뒤에는 곧 계율을 버리고 도를 파합니다. 여러분, 이것을 어떤 한 사람이라고 말합니다.

또 여러분, 혹 어떤 사람은 제2선을 얻고 제2선을 얻은 뒤에는 곧 스스로 편안히 머물러 다시 구하여 아직까지 얻지 못한 것을 얻으려 하지 않고, 거두지 못한 것을 거두려 하지도 않으며 증득하지 못한 것을 증득하려고 하지도 않습니다. 그는 뒷날 곧 속인들과 자주 어울려 시시덕거리고 잘난 체하며 여러 가지로 떠들어댑니다. 그런 뒤에는 마음에 곧 욕심을 내고 마음에 욕심을 낸 뒤에는 곧 몸이 뜨거워지고 마음이 뜨거워지며, 몸과 마음이 뜨거워진 뒤에는 곧 계율을 버리고 도를 파한다. 여러분, 마치 큰비가 와서 네거리 길의 티끌이 없어져 진흙이 된 것과 같다. 여러분, 만일 '이 네거리 길이 티끌은 끝내 마르지 않고 다시 먼지가 되지 않을 것이다'라고 이렇게 말한다면 이것을 바른 말이라고 할 수 있겠는가?"

"아닙니다. 왜냐하면 이 네 거리 길에는 혹은 코끼리가 다니기도 하고 말이 다니기도 하며 낙타・소・나귀・돼지・사슴・물소 및 사람이 다니기도 하며 바람이 불고 햇볕이 쪼이면 그 네 거리 길의 진흙은 말라 다시 먼지가 된다."

"그렇소. 여러분, 어떤 사람이 제2선을 얻었습니다. 그가 제2선을 얻은 뒤에는 곧 스스로 편안하게 머물면서 다시 구하여 아직 얻지 못한 것을 얻으려 하지도 않고 거두지 못한 것을 거두려 하지도 않으며 증득하지 못한 것을 증득하려고 하지도 않는다. 그는 뒷날 속인들과 자주 어울려 시시덕거리고 잘난 체하며 여러 가지로 떠들어댄다. 그런 뒤에는 마음에 욕심을 낸다. 마음에 욕심을 낸 뒤에는 몸이 뜨거워지며 몸과 마음이 뜨거워진 뒤에는 곧 계율을 버리고 도를 파한다. 여러분, 이것을 어떤 한 사람이라고 말한다.

여러분, 또 어떤 사람은 제3선을 얻었습니다. 그가 제3선을 얻은 뒤에는 곧 스스로 편안하게 머물면서 다시 구하여 아직 얻지 못한 것을 얻으려 하지도 않고, 거두지 못한 것을 거두려 하지도 않으며 증득하지 못한 것을 증득하려고 하지도 않습니다. 그는 뒷날 속인들과 자주 어울려 시시덕거리고 잘난 체하며 여러 가지로 떠들어댑니다. 그런 뒤에는 마음에 욕심을 냅니다. 마음에 욕심을 낸 뒤에는 몸이 뜨거워지고 마음도 뜨거워지며 몸과 마음이 뜨거워진 뒤에는 곧 계율을 버리고 도를 파합니다. 여러분, 마치 산속 샘물과 호수가 맑고 깨끗하고 편편하며 고요하여 움직이지도 않고 또한 물결도 없는 것과 같습니다. 만일 '저 산 속의 샘물과 호수는 끝내 다시는 움직이지 않고 또한 물결도 없을 것이다'라고 이렇게 말한다면, 이와 같은 말에 대하여 그가 바른 말을 했다고 하겠는가?"

"아닙니다. 왜냐하면 동방에서 갑자기 큰바람이 불어와서 그 호수에 물결을 일으킵니다. 이렇게 남방·서방·북방에서 갑자기 큰바람이 불어와서 그 호수에 물결을 일으키기 때문입니다."

"그렇소. 여러분, 어떤 사람이 제3선을 얻었습니다. 그가 제3선을 얻은 뒤에는 곧 스스로 편안하게 머물면서 다시 구하여 아직 얻지 못한 것을 얻으려 하지도 않고, 거두지 못한 것을 거두려 하지도 않으며 증득하지 못한 것을 증득하려고 하지도 않습니다. 그는 뒷날 속인들과 자주 어울려 시시덕거리고 잘난 체하며 여러 가지로 떠들어댑니다. 그런 뒤에는 마음에 욕심을 냅니다. 마음에 욕심을 낸 뒤에는 몸이 뜨거워지고 마음도 뜨거워지며, 몸과 마음이 뜨거워진 뒤에는 곧 계율을 버리고 도를 파합니다. 여러분, 이것을 어떤 한 사람이라고 말합니다.

여러분, 또 어떤 사람은 제4선을 얻었습니다. 그가 제4선을 얻은 뒤에는 곧 스스로 편안하게 머물면서 다시 구하여 아직 얻지 못한 것을 얻으려 하지도 않고, 거두지 못한 것을 거두려 하지도 않으며 증득하지 못한 것을 증득하려 하지도 않습니다. 그는 뒷날 속인들과 자주 어울려 시시덕거리고 잘난 체하며 여러 가지로 떠들어댑니다. 그런 뒤에는 마음에 욕심을 냅니다. 마음에 욕심을 낸 뒤에는 몸이 뜨거워지고 마음도 뜨거워지며, 몸과 마음이 뜨거워진 뒤에는 곧 계율을 버리고 도를 파합니다. 여러분, 마치 거사나 거사의 아들이 맛있는 음식을 만족스러울 만큼 배불리 먹은 뒤에는 본래 먹고 싶어했던 것을 다시 먹으려 하지 않는 것과 같습니다. 여러분, 만일 '저 거사나 거사의 아들이 끝내 다시는 음식을 얻으려 하지 않을 것이다'라고 그렇게 말한다면, 이와 같은 말에 대하여 바른 말을 했다고 하겠는가?"

"아닙니다. 왜냐하면 그 거사나 거사의 아들은 밤이 지나서 배가 고파지게 되면 그들이 비록 아까는 먹으려 하지 않았더라도 다시 먹고 싶어할 것이기 때문이오."

"그렇소. 여러분, 어떤 사람이 제4선을 얻었습니다. 그가 제4선을 얻은 뒤에는 곧 스스로 편안하게 머물면서 다시 구하여 아직 얻지 못한 것을 얻으려 하지 않고, 거두지 못한 것을 거두려 하지도 않으며 증득하지 못한 것을 증득하려 하지도 않습니다. 그는 뒷날 속인들과 자주 어울려 시시덕거리고 잘난 체하며 여러 가지로 떠들어댑니다. 그런 뒤에는 마음에 욕심을 냅니다. 마음에 욕심을 낸 뒤에는 몸이 뜨거워지고 마음도 뜨거워지며, 몸과 마음이 뜨거워진 뒤에는 곧 계율을 버리고 도를 파합니다. 여러분, 이것을 어떤 한 사람이라고 합니다.

여러분, 또 어떤 사람은 무상심정無想心定을 얻었습니다. 그는 무상심정을 얻은 뒤에는 곧 스스로 편안하게 머물면서 다시 구하여 아직 얻지 못한 것을 얻으려 하지도 않고 거두지 못한 것을 거두려 하지도 않으며 증득하지 못한 것을 증득하려 하지도 않습니다. 그는 뒷날 속인들과 자주 어울려 시시덕거리고 잘난 체하며 여러 가지로 떠들어댑니다. 그런 뒤에는 마음에 욕심을 냅니다. 마음에 욕심을 낸 뒤에는 몸이 뜨거워지고 마음도 뜨거워지며, 몸과 마음이 뜨거워진 뒤에는 곧 계율을 버리고 도를 파합니다. 여러분, 마치 어떤 일 없는 곳에서 지리미리(支離彌梨 : 귀뚜라미) 곤충의 소리를 듣는 것과 같습니다. 그 일 없는 곳에는 왕이나 왕의 대신들이 밤에 쉬는데, 저 코끼리 소리 · 말 소리 · 걸음 소리 · 고둥 소리 · 북 소리 · 장구 소리〔細腰鼓聲〕 · 기생 북소리〔妓鼓聲〕 · 춤추는 소리 · 노래 소리 · 거문고 소리 · 음식 먹는 소리가 있어, 그가 아까는 지리미리 곤충의 소리를 들었는데 다시 듣지 못합니다. 여러분, 만일 '저 일 없는 곳에서는 영원히 지리미리 곤충의 소리를 더 이상 듣지 못할 것이다'라고 이렇게 말한다면 이와 같은 말에 대하여 올바른 말을 했다고 하겠는가?"

"아닙니다. 왜냐하면 그 왕이나 왕의 대신들은 밤이 지나고 이른 아침이 되면 제각기 돌아갑니다. 그들이 비록 코끼리 소리 · 말 소리 · 수레 소리 · 걸음 소리 · 고둥 소리 · 북 소리 · 장고 소리 · 기생 북소리・춤추는 소리・노래 소리・거문고 소리・음식 먹는 소리를 듣느라고 지리미리 곤충의 소리를 듣지 못했다 하더라도 그들이 이미 간 뒤에는 전처럼 도로 들을 수 있을 것이기 때문입니다."

"그렇소. 여러분, 무상심정을 얻고 무상심정을 들은 뒤에는 곧 스스로 편안하게 머물면서 다시 구하여 아직 얻지 못한 것을 얻으려 하지도 않고, 거두지 못한 것을 거두려 하지도 않으며 증득하지 못한 것을 증득하려 하지도 않습니다. 그는 뒷날 속인들과 자주 어울려 시시덕거리고 잘난 체하며 여러 가지로 떠들어댑니다. 그런 뒤에는 마음에 욕심을 냅니다. 마음에 욕심을 낸 뒤에는 몸이 뜨거워지고 마음도 뜨거워지며, 몸과 마음이 뜨거워진 뒤에는 곧 계율을 버리고 도를 파합니다. 여러분, 이것을 어떤 한 사람이라고 말합니다."

그때 질다라상자 비구는 얼마쯤 지난 뒤에 계율을 버리고 도를 파하였다. 질다라상자 비구와 친한 여러 친구들은 질다라상자 비구가 계율을 버리고 도를 파하였다는 말을 듣고 나서 존자 대구치라에게 나아가 말하였다.

"존자 대구치라여, 질다라상자 비구의 마음을 알았습니다. 다른 일 때문에 알게 되었습니다. 왜냐하면 지금 질다라상자 비구가 계율을 버리고 도를 파하였기 때문입니다."

존자 대구치라는 그 친한 친구들에게 말하였다.

"여러분, 그 일은 정녕 그럴 것이오. 왜냐하면 그가 진실 그대로를 알지 못함으로써 진실 그대로를 보지 못하였기 때문입니다. 왜냐하면 그가 진실 그대로를 알지 못하고 진실 그대로를 보지 못하였기 때문입니다."

존자 대구치라가 이렇게 말하자 비구들은 존자 대구치라의 말을 듣고 기뻐하며 받들어 행하였다.

〔이 지리미리경에 수록된 경문의 글자 수는 2,447자이다.〕

83) 장로상존수면경長老上尊睡眠經[3]〔제2 소토성송〕

나는 이와 같이 들었다.

어느 때 부처님께서 바기수婆耆瘦에 유행하실 때에 타산鼉山 포림怖林의 녹야원鹿野園에 계셨다. 그때에 존자 대목건련大目揵連이 마갈국摩竭國에 노닐면서 선지식촌善知識村에 있었다. 이에 대목건련은 혼자 고요한 곳에서 고요히 앉아 생각하다가 곧 잠이 들었다. 세존께서는 멀리서 존자 대목건련이 혼자 고요한 곳에서 고요히 앉아 생각하다가 곧 잠이 든 것을 아시고 곧 여기상정에 드셔서, 여기상정으로써 마치 역사力士가 팔을 굽혔다 펴는 만큼의 짧은 시간에 바기수 조산 포림의 녹야원에서 갑자기 사라져 나타나지 않으시더니 마갈국 선지식촌에 있는 존자 대목건련에게 가셨다. 그때 세존께서 선정에서 깨어 말씀하셨다.

"존자 대목건련아, 너는 잠에 빠졌구나. 대목건련아, 너는 잠에 빠졌구나."

존자 대목건련이 세존께 말씀드렸다.

"예 그렇습니다. 세존이시여."

부처님께서 다시 말씀하셨다.

"대목건련아, 너는 그런 모습으로 잠에 빠졌구나. 너는 그런 모습으로 수행하지 말고 또한 널리 펴지도 말라. 그렇게 하면 잠이 곧 없어

---

3 이 경의 이역본으로는 서진西晉 시대 축법호竺法護가 한역한 『불설이수경佛說離睡經』이 있다.

질 것이다. 만일 너의 잠이 그대로 없어지지 않거든 대목건련아, 마땅히 전에 들었던 법을 따르고 받아 가지고 널리 펴며 외워 익혀라. 그렇게 하면 잠이 곧 없어질 것이다. 만일 너의 잠이 그래도 없어지지 않거든 대목건련아, 전에 들었던 법을 따르라. 법을 따른 다음에 받아 가져서 남을 위하여 널리 설명하라. 그렇게 하면 잠이 곧 없어질 것이다. 만일 너의 잠이 그래도 없어지지 않거든 대목건련아, 전에 들은 법을 따르고 받아 가져 마음으로 늘 생각하고 마음으로 헤아려라. 그렇게 하면 잠이 곧 없어질 것이다.

만일 너의 잠이 그래도 없어지지 않거든 대목건련아, 두 손으로 귀를 문질러라. 그렇게 하면 잠이 곧 없어질 것이다. 만일 너의 잠이 그래도 없어지지 않거든 대목건련아, 찬물로 얼굴과 눈을 씻고 또 몸에 부어라. 그렇게 하면 잠이 곧 없어질 것이다. 만일 너의 잠이 그래도 없어지지 않거든 대목건련아, 방에서 나가 사방을 둘러보고 별들을 우러러보아라. 그렇게 하면 잠이 곧 없어질 것이다. 만일 너의 잠이 그래도 없어지지 않거든 대목건련아, 집에서 나와 집 앞으로 가서 한데〔露地〕를 거닐면서 모든 감각기관〔根〕을 수호하고 마음을 가볍게 하여 안에 두어 뒤와 앞의 일들을 생각하라. 그렇게 하면 잠이 곧 없어질 것이다. 만일 너의 잠이 그래도 없어지지 않거든 대목건련아, 거닐던 길을 버리고 거닐던 길가에 니사단尼師檀을 펴고 가부좌를 하고 앉으라. 그렇게 하면 잠이 곧 없어질 것이다. 만일 너의 잠이 그래도 없어지지 않거든 대목건련아, 다시 방에 들어가 우다라승優多羅僧을 네 겹으로 하여 평상 위에 펴고 승가리僧伽梨를 개어 베개를 만들고 오른쪽 옆구리를 땅에 붙이고 누워 발과 발을 포개고 마음으로 광명상光明想을 지어 바른 생각과 바른 지혜로 언제든지 일어나려는 생각을 가져라.

대목건련아, 잠자리의 즐거움과 잠자고 눕는 것이 편안하고 유쾌하다는 생각을 하지 말라. 재물의 이익을 탐하지 말고 명예에 집착하지 말라. 무슨 까닭인가? 나는 일체법은 함께 모이지 않아야 한다고 말하고, 또한 함께 모여야 한다고도 말한다. 대목건련아, 내가 어떤 법을 함께 모이지 않아야 한다고 말하는가? 대목건련아, 만일 도법과 세속법이 함께 어울리면 나는 이 법은 함께 어울려서는 안 된다고 말한다. 대목건련아, 만일 도법과 세속법이 함께 어울리면 곧 말이 많게 되고 말이 많아지면 시끄러우며 만일 시끄러우면 곧 마음이 쉬지 못한다. 대목건련아, 만일 마음이 쉬지 못하면 곧 마음은 안정을 잃고 만다. 대목건련아, 그러므로 나는 함께 어울리지 않아야 한다고 말하는 것이다.

대목건련아, 내가 어떤 법을 함께 어울려야 한다고 말하는가? 저 아무 일이 없는 곳에는 함께하여야 한다고 나는 말한다. 곧 산림・나무 밑・텅 비고 편안하고 고요한 곳・높은 바위・돌집들은 고요하여 아무 소리도 없고, 멀리 떠나 있어서 악이 없으며 사람이 없어 이치를 따라 편안히 앉아 있기에 적합하다. 대목건련아, 나는 이런 법과는 함께 어울려야 한다고 말한다.

대목건련아, 네가 만약 마을에 들어가 걸식하려 하거든 마땅히 이익이 되는 것을 싫어하고 공양과 공경 받기를 싫어하라. 만약 네가 이익과 공양과 공경에 대하여 마음으로 싫어하게 되었거든 곧 마을에 들어가 걸식하라. 대목건련아, 높고 큰 체하는 마음으로 마을에 들어가 걸식하지 말라. 왜냐하면 모든 장자들의 집에는 이러한 일이 있기 때문이다. 곧 비구들이 와서 걸식함으로써 장자로 하여금 특별히 마음을 쓰지 않게 하고 나서 비구는 곧 이렇게 생각한다.

'누가 이 장자의 집을 부수겠느냐? 왜냐하면 내가 장자의 집에 들

어가도 장자는 특별히 마음을 쓰지 않기 때문이다.'

그 때문에 걱정이 생기고 걱정으로 말미암아 곧 시끄러움이 생기며 시끄러움이 생김으로 말미암아 곧 마음이 쉬지 못하고 마음이 쉬지 못함으로 말미암아 마음은 곧 안정을 잃고 만다.

대목건련아, 너는 설법할 때에 말다툼이 될 말을 쓰지 말라. 만일 말다툼이 될 만한 말을 쓰게 되면 곧 말이 많게 된다. 말이 많음으로 말미암아 곧 시끄러움이 생기고 시끄러움이 생김으로 말미암아 곧 마음이 쉬지 못하며, 마음이 쉬지 못함으로 말미암아 곧 마음은 안정을 잃는다. 대목건련아, 너는 설법할 때에 너무 과격하게 설법하여 사자처럼 하지 말라. 대목건련아, 너는 설법할 때에 마음을 낮추어 설법하되 힘을 버리고 힘을 없애고 힘을 부수어, 마땅히 과격하게 설법하여 사자처럼 하지 않아야 한다. 대목건련아, 마땅히 이렇게 배워야 한다."

그때 대목건련은 곧 자리에서 일어나 가사 한 자락을 벗어 메고 합장하고 부처님을 향하여 여쭈었다.

"세존이시여, 어떻게 하면 비구가 구경究竟의 경지에 이르게 되고 희고 깨끗함을 완성하며, 범행을 완성하고 범행을 완성하여 마치게 되겠습니까?"

세존께서 말씀하셨다.

"대목건련아, 즐거움을 깨닫고 괴로움을 깨달으며 괴롭지도 않고 즐겁지도 않은 것을 깨달으면, 그는 이 깨달음으로써 덧없음을 관찰하고 흥하고 쇠함을 관찰하며 끊음〔斷〕을 관찰하고 욕심 없음을 관찰하고 멸함을 관찰하고 평정을 관찰한다. 그는 이 깨달음으로써 덧없음을 관찰하고 흥하고 쇠함을 관찰하며 끊음을 관찰하고 욕심 없음을 관찰하며 멸함을 관찰하고 평정을 관찰한 뒤에는 이 세상에 끄달리지 않는다. 세상에 끄달리지 않은 뒤에는 곧 피로하지 않고 피로하지 않은 뒤에는 곧 열반에 들어 생이 이미 다하고 범행이 이미 서고 할 일을 이미 마쳐 다시는 후생의 몸을 받지 않는다는 진실 그대로를 안다. 대목건련아, 이렇게 하여 비구가 구경의 경지에 이르게 되고 희고 깨끗함을 완성하며 범행을 완성하고 범행을 완성하여 마친다."

부처님께서 이렇게 말씀하시자, 존자 대목건련은 부처님 말씀을 듣고 기뻐하며 받들어 행하였다.

〔이 장노상존수면경에 수록된 경문의 글자 수는 1,137자이다. 『중아함경』 제20권에 수록된 경문의 글자 수는 모두 7,809자이다.〕

중아함경 제21권

7. 장수왕품 ⑤

84) 무자경無刺經〔제2 소토성송小土城誦〕

나는 이와 같이 들었다.

어느 때 부처님께서 비사리국鞞舍離國을 유행遊行하실 때에 미후강獼猴江 가의 높은 누각에 계셨다. 그때 그 나라에는 곧 차라遮羅·우파차라優簸遮羅·현선賢善·현환賢患·무환無患·야사耶舍 등 상좌로 불리고 명성과 덕망 있는 여러 장로상존長老上尊[1] 대제자大弟子들이 있었다. 이와 같은 명성과 덕망 있는 여러 장로상존 대제자들도 비사리 미후강가에 있는 높은 누각을 거닐다가 모두 부처님께서 계시는, 나뭇잎으로 지붕을 이은 집〔葉屋〕 가까이 머물렀다. 비사리의 여러 리체麗掣[2]들

1 팔리어로는 thera라고 한다. 통칭하여 상좌上座·상랍上臘이라고도 한다. 출가하여 계戒를 받은 지 15년이 경과한 비구로서 덕이 높고 나이가 많아 대중들을 통솔할 만한 지위에 있는 이를 말한다.

은 세존께서 비사리 미후강가에 있는 높은 누각에 계신다는 말을 듣고 곧 이렇게 생각하였다.

'우리들은 이제 대여의족大如意足을 행하여 왕의 위덕으로써 큰 소리로 알리고, 비사리를 출발해 부처님 계신 곳으로 나아가 공양하고 예로써 섬기자.'

그때 명성과 덕망 있는 여러 장로 상존 대제자들은 비사리의 모든 리체들이 대여의족을 부려 왕의 위덕으로써 큰 소리로 알리며 비사리를 출발해 부처님 계신 곳으로 가서 공양하고 예로써 섬길 것이라는 말을 듣고 이렇게 생각하였다.

'선禪에는 소리가 가시〔刺〕[3]가 된다. 세존께서도 선에는 소리가 가시가 된다고 말씀하셨다. 우리들은 차라리 우각사라림牛角娑羅林[4]으로 가서 거기서 어지러움 없이 멀리 떠나 혼자 머물며 한가롭고 조용한 곳에 고요히 앉아 생각하자.'

이에 명성과 덕망 있는 여러 장로 상존 대제자들은 우각사라림으로 가서, 거기서 어지러움 없이 멀리 떠나 혼자 머물며 한가롭고 조용한 곳에 앉아 생각하였다.

그때 많은 비사리의 리체들은 대여의족을 행하여 왕의 위덕으로써 큰 소리로 알리며 비사리를 출발해 부처님 계신 곳으로 가서 공양하

---

2 범어로는 Licchavī라고 한다. 또는 리차離車·리사離奢·율창栗昌·율첩비栗呫毘라고 하며, 발지跋祇·비제하毘提訶라고도 한다. 찰제리 종족의 명칭으로서 혹은 선족왕종仙族王種이라고도 하는데, 비사리성 중심에 거주하였다.

3 팔리어로는 Kaṇṭhaka라고 한다. 물고기 가시[魚骨]를 뜻하며, 의역하면 방애妨礙·장해障害·사마邪魔 등이 된다. 이것은 부처님께서 음성音聲이 선정에 큰 장애가 된다고 말씀하신 데서 유래된 것이다.

4 사라쌍수림娑羅雙樹林의 별칭으로 우사사원牛師師園이라고도 한다. 쌍수雙樹가 사방에 서 있는 모습이 마치 쇠뿔[牛角]과 같은 데서 유래된 명칭으로, 부처님께서 최후 열반에 드신 곳이다.

고 예로 섬겼다. 어떤 비사리의 리체들은 부처님 발에 머리를 조아리고 물러나 한쪽에 앉기도 하였고 혹은 부처님께 문안을 드리고 물러나 한쪽에 앉기도 하였으며, 혹은 부처님을 향하여 합장하고 물러나 한쪽에 앉기도 하였고 혹은 멀리서 부처님을 보고 나서 잠자코 앉기도 하였다. 그때 많은 비사리의 리체들이 각기 자리를 잡고 앉자, 세존께서는 그들을 위해 설법하셔서 간절히 우러르는 마음을 내게 하시고 기쁨을 성취하게 하셨다. 한량없는 방편으로 그들을 위해 설법하셔서 간절히 우러르는 마음을 내게 하시고 기쁨을 성취하게 하신 다음에는 잠자코 계셨다. 이에 많은 비사리의 리체들은 세존께서 그들을 위해 설법하셔서 간절히 우러르는 마음을 내게 하고 기쁨을 성취하게 하시자, 곧 자리에서 일어나 부처님 발에 머리를 조아리고 세 번 돈 다음 물러갔다. 비사리의 리체들이 물러간 지 오래지 않아 세존께서는 여러 비구들에게 물으셨다.

"모든 장로 상존 대제자들은 어디 갔는가?"

비구들이 말하였다.

"세존이시여, 모든 장로 상존 대제자들은 비사리의 리체들이 대여의족을 행하여 왕의 위덕으로써 큰 소리로 알리며 비사리를 떠나 부처님 계신 곳으로 가서 공양하고 예로써 섬기리라는 말을 듣고, 곧 이렇게 생각하였습니다.

'선禪에는 소리가 가시가 된다. 세존께서도 또한 선에는 소리가 가시가 된다고 말씀하셨다. 우리들은 차라리 우각사라림으로 가서 거기서 어지러움 없이 멀리 떠나 혼자 머물며 한가롭고 고요한 곳에 고요히 앉아 생각하자.'

세존이시여, 그래서 모든 장로 상존 대제자들은 모두 그리로 갔습니다."

이에 세존께서는 그 말을 들으시고 찬탄하여 말씀하셨다.

"훌륭하구나, 훌륭하구나. 만일 장로 상존 대제자들이라면 마땅히 이와 같이 말했을 것이다.

'선에는 소리가 가시가 된다. 세존께서도 또한 선에는 소리가 가시가 된다고 말씀하셨다.'

무슨 까닭인가? 나는 진실로 그렇게 말했기 때문이다.

선에는 가시刺가 있다. 계戒를 지닌 자에게는 계를 범하는 것이 가시가 되고, 모든 근根을 보호하는 자에게는 몸을 치장하는 것이 가시가 되며, 오로(惡露 : 不淨)를 닦아 익히는 자에게는 깨끗하다는 생각이 가시가 되고, 자애로운 마음〔慈心〕을 닦아 익히는 자에게는 성내는 것〔恚〕이 가시가 되며, 술을 떠난 자에게는 술을 마시는 것이 가시가 되고, 범행梵行을 행하는 자에게는 여색女色을 보는 것이 가시가 된다.

초선初禪에 들어간 자에게는 소리가 가시가 되고, 제2선禪에 들어간 자에게는 각覺과 관觀이 가시가 되며, 제3선에 들어간 자에게는 기쁨〔喜〕이 가시가 되고, 제4선에 들어간 자에게는 들숨〔入息〕·날숨〔出息〕이 가시가 되며, 공처空處에 들어간 자에게는 색상色想이 가시가 되고, 식처識處에 들어간 자에게는 공처상空處想이 가시가 되며, 무소유처無所有處에 들어간 자에게는 식처상識處想이 가시가 되고, 무상처無想處에 들어간 자에게는 무소유처상無所有處想이 가시가 되며, 상지멸정想知滅定에 들어간 자에게는 상지想知가 가시가 된다.

또 세 가지 가시가 있으니, 탐욕의 가시〔欲刺〕·성냄의 가시〔恚刺〕·어리석음의 가시〔愚刺〕가 그것이다. 이 세 가지 가시를 번뇌가 다한 아라하〔漏盡阿羅訶〕는 이미 끊고 이미 알아서 그 근본을 뽑아 단절했기 때문에 멸하여 다시 나지 않는다. 이것을 아라하의 가시 없음이라 하고 아라하의 가시 여읨이라 하며 아라하의 가시 없고 가시 여읨이라고 한다.”

부처님께서 이렇게 말씀하시자, 모든 비구들은 부처님 말씀을 듣고 기뻐하며 받들어 행하였다.

〔이 무자경에 수록된 경문의 글자 수는 835자이다.〕

85) 진인경眞人經〔제2 소토성송〕

나는 이와 같이 들었다.

어느 때 부처님께서 사위국舍衛國을 유행하실 때에 승림급고독원勝林給孤獨園에 계셨다.

그때 세존께서 모든 비구들에게 말씀하셨다.

“나는 이제 너희들을 위하여 참된 사람의 법〔眞人法〕과 참되지 않은 사람의 법〔不眞人法〕을 설명할 것이니 자세히 듣고 자세히 들어 잘 기억하라.”

그때 모든 비구들은 분부를 받고서 경청하였다.

부처님께서 말씀하셨다.

“어떤 것이 참되지 않은 사람의 법인가?

어떤 사람이 부호富豪한 귀족으로서 출가하여 도를 배우는데 다른 사람이 그렇지 않을 경우, 그는 부호한 귀족이라는 이런 이유 때문에 자기는 귀하게 여기고 남은 천하게 여긴다. 이것을 참되지 않은 사람의 법이라고 한다. 참된 사람의 법은 이렇게 관찰하는 것이다.

‘나는 부호한 귀족이라는 이런 이유 때문에 음욕〔淫〕과 성냄〔怒〕과 어리석음〔癡〕을 끊는 것이 아니다. 어떤 사람은 부호한 귀족이 아니면서 출가하여 도를 배우지만, 그는 법 행하기를 법답게 하고 법을 따르

며 법을 향하고 법을 이어받기 때문에 그는 이로 말미암아 공양과 공경을 받는다.'

이렇게 나아가 진실한 법〔眞諦法〕을 얻은 이는 자기를 귀하게 여기지도 않고 남을 천하게 여기지도 않는다. 이것을 참된 사람의 법이라고 한다.

또 어떤 사람은 자기는 단정하여 사랑할 만한데 다른 사람이 그렇지 않을 경우, 그는 단정하여 사랑할 만하다는 이유 때문에 자기는 귀하게 여기고 남은 천하게 여긴다. 이것을 참되지 않은 사람의 법이라고 한다. 참된 사람의 법은 이렇게 관찰하는 것이다.

'나는 단정하여 사랑할 만하다는 이런 이유 때문에 음욕과 성냄과 어리석음을 끊는 것이 아니다. 어떤 사람은 단정함으로 사랑 받을 만하지 못한데도 그는 법 행하기를 법답게 하고 법을 따르며, 법을 향하고 법을 이어받기 때문에 그는 이로 말미암아 공양과 공경을 받는다.'

이렇게 나아가 진실한 법을 얻은 이는 자기를 귀하게 여기지도 않고 남을 천하게 여기지도 않는다. 이것을 참된 사람의 법이라고 한다.

또 어떤 사람이 자기는 재주 있는 말과 교묘한 말을 하는데 다른 사람이 그렇지 않을 경우, 그는 재주 있는 말과 교묘한 말을 한다는 이유 때문에 자기는 귀하게 여기고, 남은 천하게 여긴다. 이것을 참되지 않은 사람의 법이라 한다. 참된 사람의 법은 이렇게 관찰하는 것이다.

'나는 재주 있는 말과 공교한 말을 한다는 이런 이유 때문에 음욕과 성냄과 어리석음을 끊는 것이 아니다. 어떤 사람은 재주 있는 말과 공교한 말을 못하지만 그는 법 행하기를 법답게 하고 법을 따르며 법을 향하고 법을 이어받기 때문에 그는 이로 말미암아 공양과 공경을 받는다.'

이렇게 나아가 진실한 법을 얻은 이는 자기를 귀하게 여기지도 않고 남을 천하게 여기지도 않는다. 이것을 참된 사람의 법이라고 한다.

또 어떤 사람이 자기는 장로長老로서 왕이 알고 또 여러 사람이 알며 큰 복이 있는데 다른 사람이 그렇지 않을 경우, 그는 장로로서 왕이 알고 또 여러 사람이 알며 큰 복이 있다는 이유 때문에 자기는 귀하게 여기고 남은 천하게 여긴다. 이것을 참되지 않은 사람의 법이라고 한다. 참된 사람의 법은 이렇게 관찰하는 것이다.

'나는 장로로서 왕이 알고 또 여러 사람이 알며 큰 복이 있다는 이런 이유 때문에 음욕과 성냄과 어리석음을 끊는 것이 아니다. 어떤 사람은 장로도 아니고 왕이 알지도 못하고 또 여러 사람이 알지 못하며 또한 큰 복도 없지만 그는 법 행하기를 법답게 하고 법을 따르며, 법을 향하고 법을 이어받기 때문에 그는 이로 말미암아 공양과 공경을 받는다.'

이렇게 나아가 진실한 법을 얻은 이는 자기를 귀하게 여기지도 않고 남을 천하게 여기지도 않는다. 이것을 참된 사람의 법이라고 한다.

또 어떤 사람이 자기는 경을 외우고 계율을 지니며 아비담阿毘曇[5]을 배우고 아함을 기억하며[阿含慕][6] 경을 많이 배웠는데 다른 사람은 그렇지 않을 경우, 그는 아함을 기억하고 경서를 많이 배웠다는 이유 때문에 자기는 귀하게 여기고 남은 천하게 여긴다. 이것을 참되지 않은 사람의 법이라고 한다. 참된 사람의 법은 이렇게 관찰하는 것이다.

---

5 범어로는 Abhidharma라 하며, 한역하여 논論·승론勝論·최상법最上法·증상법增上法이라 한다. 불교경전을 경·율·논으로 나눌 경우 논부論部에 대한 총칭으로 이 말을 사용했다. abhidharma는 또 대법對法으로 번역되기도 하는데, 진리[法]를 대관對觀하는 지혜를 의미하기 때문에 논부를 abhidharma라 하였다. 신역에서는 아비달마阿毘達磨라 하였다.

6 범어로는 Āgama라 하며, 음역하여 아함阿含·아급마阿笈摩·아가마阿伽摩라고도 한다. 또 의역하여 법귀法歸·교법敎法·전법傳法이라고도 하는데, 이것은 곧 교법敎法의 전승, 성전聖典의 집성集成을 의미한다.

'나는 아함을 기억하고 경서를 많이 배웠다는 이런 이유 때문에 음욕과 성냄과 어리석음을 끊는 것이 아니다. 어떤 사람은 아함을 기억하지 못하고 또한 경서를 많이 배우지 않았지만 그는 법 행하기를 법답게 하고 법을 따르며 법을 향하고 법을 이어받기 때문에 이로 인해 공양과 공경을 받는다.'

이렇게 나아가 진실한 법을 얻은 이는 자기를 귀하게 여기지도 않고 남을 천하게 여기지도 않는다. 이것을 참된 사람의 법이라고 한다. 또 어떤 사람이 자기는 분소의糞掃衣를 입고 세 가지 법복法服을 갖추고 불만의不慢衣[7]를 가졌는데 다른 사람은 그렇지 않을 경우, 그는 불만의를 가졌다는 이유 때문에 자기는 귀하게 여기고 남은 천하게 여긴다. 이것을 참되지 않은 사람의 법이라고 한다. 참된 사람의 법은 이렇게 관찰하는 것이다.

'나는 이 불만의를 가졌다는 이유 때문에 음욕과 성냄과 어리석음을 끊는 것이 아니다. 어떤 사람은 불만의를 가지지 않았지만 그는 법 행하기를 법답게 하고 법을 따르며 법을 향하고 법을 이어받기 때문에 이로 말미암아 공양과 공경을 받는다.'

이렇게 나아가 진실한 법을 얻은 이는 자기를 귀하게 여기지도 않고 남을 천하게 여기지도 않는다. 이것을 참된 사람의 법이라고 한다.

또 어떤 사람이 자기는 항상 걸식하되 밥은 다섯 되까지만 일곱 집에 한정하여 얻고, 혹은 하루 한 끼로써 오후에는 음료수[漿]도 마시지 않는데 다른 사람은 그렇지 않을 경우, 그는 오후에는 음료수도 마시지 않는다는 이유 때문에 자기는 귀하게 여기고 남은 천하게 여긴다. 이것을 참되지 않은 사람의 법이라고 한다. 참된 사람의 법은 이

7 교만심憍慢心을 제거하기 위해 제정한 법의法衣를 말한다.

렇게 관찰하는 것이다.

'나는 오후에는 음료수〔漿〕도 마시지 않는 이런 이유 때문에 음욕과 성냄과 어리석음을 끊는 것이 아니다. 어떤 사람은 오후에 음료수 마시기를 끊지 않지만 그는 법 행하기를 법답게 하고 법을 따르며 법을 향하고 법을 이어받기 때문에 이로 말미암아 공양과 공경을 받는다.'

이렇게 나아가 진실한 법을 얻은 이는 자기를 귀하게 여기지도 않고 남을 천하게 여기지도 않는다. 이것을 참된 사람의 법이라고 한다.

또 어떤 사람이 자기는 한적한 곳〔無事處〕이나 숲속의 나무 밑에서 지내고 혹은 높은 바위에 머무르며, 혹은 한데〔露地〕에 살거나 무덤 사이에서 지내며 혹은 때를 잘 아는데 다른 사람은 그렇지 않을 경우, 그는 때를 잘 안다는 이유 때문에 자기는 귀하게 여기고 남은 천하게 여긴다. 이것을 참되지 않은 사람의 법이라고 한다. 참된 사람의 법은 이렇게 관찰하는 것이다.

'나는 때를 아는 이런 이유 때문에 음욕과 성냄과 어리석음을 끊는 것이 아니다. 혹 어떤 사람은 때를 알지 못하지만 그는 법 행하기를 법답게 하고 법을 따르며 법을 향하고 법을 이어 받기 때문에 이로 말미암아 공양과 공경을 받는다.'

이렇게 나아가 진실한 법을 얻은 이는 자기를 귀하게 여기지도 않고 남을 천하게 여기지도 않는다. 이것을 참된 사람의 법이라고 한다.

또 어떤 사람이 초선初禪을 얻었는데, 그는 초선을 얻었다는 이유 때문에 자기는 귀하게 여기고 남은 천하게 여긴다. 이것을 참되지 않은 사람의 법이라고 한다. 참된 사람의 법은 이렇게 관찰하는 것이다.

'초선에 대해 세존께서는 〈초선에는 사랑하는 종자〔量種〕가 없다. 만일 사랑하는 것이 있으면 이것을 애착이라고 한다〉고 말씀하셨다. 그는 이로 말미암아 공양과 공경을 받는다.'

이렇게 나아가 진실한 법을 얻은 이는 자기를 귀하게 여기지도 남을 천하게 여기지도 않는다. 이것을 참된 사람의 법이라고 한다.

또 어떤 사람이 제2선禪·제3선·제4선을 얻고, 공처空處·식처識處·무소유처無所有處·비유상비무상처非有想非無想處를 얻었는데 다른 사람은 그렇지 않을 경우, 그는 비유상비무상처를 얻었다는 이유 때문에 자기는 귀하게 여기고 남은 천하게 여긴다. 이것을 참되지 않은 사람의 법이라고 한다. 참된 사람의 법은 이렇게 관찰하는 것이다.

'비유상비무상처에 대해 세존께서는 〈비유상비무상처에는 사랑하는 종자가 없다. 만일 사랑하는 것이 있으면 이것을 애착이라고 한다〉고 말씀하셨다. 그는 이로 말미암아 공양과 공경을 받는다.'

이렇게 나아가 진실한 법을 얻은 이는 자기를 귀하게 여기지도 않고 남을 천하게 여기지도 않는다. 이것을 참된 사람의 법이라고 한다.

모든 비구들아, 이것을 참된 사람의 법과 참되지 않은 사람의 법이라고 한다. 너희들은 마땅히 참된 사람의 법과 참되지 않은 사람의 법을 알고, 참된 사람의 법과 참되지 않은 사람의 법을 안 뒤에는 참되지 않은 사람의 법은 여의고 참된 사람의 법을 배우도록 하라. 너희들은 마땅히 이렇게 배워야 한다."

부처님께서 이렇게 말씀하시자, 모든 비구들은 부처님 말씀을 듣고 기뻐하며 받들어 행하였다.

부호한 귀족과 단정함과 말과
장로와 모든 경을 암송하는 것과
옷과 음식과 한적한 곳과 선정을 설하였고
맨 뒤에 4무색無色이 설해져 있다.

〔이 진인경에 수록된 경문의 글자 수는 1,293자이다.〕

86) 설처경說處經〔제2 소토성송〕

나는 이와 같이 들었다.

어느 때 부처님께서 사위국舍衛國을 유행하실 때에 승림급고독원勝林給孤獨園에 계셨다. 그때 존자 아난阿難은 해질 녘에 좌선〔宴坐〕에서 일어나, 여러 젊은 비구들을 데리고 부처님 계신 곳으로 나아가 부처님 발에 머리를 조아리고 물러나 한쪽에 머물렀다. 다른 젊은 비구들도 역시 부처님 발에 머리를 조아리고 물러나 한쪽에 앉았다.

존자 아난이 말하였다.

"세존이시여, 제가 이 젊은 비구들을 어떻게 가르치고 어떻게 훈계하며 어떻게 저들을 위하여 설법해야 하겠습니까?"

세존께서 말씀하셨다.

"아난아, 너는 마땅히 모든 젊은 비구들을 위하여 처處[8]를 설명하고 처處를 가르쳐야 한다. 만일 모든 젊은 비구들을 위하여 처를 설명하고 처를 가르치면 그들은 곧 안온함을 얻고 힘을 얻고 즐거움을 얻어, 몸과 마음이 번뇌의 열로 뜨거워지지 않고 종신토록 범행梵行을 행할 것이다."

존자 아난은 합장하고 부처님을 향하여 말하였다.

---

8 범어로는 āyatana이고, 구역에서는 입入이라고 번역하였다. 근根과 경境이 심心과 심소心所의 작용을 일으키는 곳이므로 처處라 하고, 근根과 경境이 서로 섭입涉入되므로 입入이라고 한다. 신체 각각에 대비시킨 6근根과 6경境의 12법法을 12처處 또는 12입入이라고 하였다.

“세존이시여, 지금이 바로 그때입니다. 선서善逝시여, 지금이 바로 그때입니다. 만일 세존께서 모든 젊은 비구들을 위하여 처處를 설명하시고 처處를 가르쳐주신다면 저는 젊은 비구들과 함께 부처님께 들은 뒤에 마땅히 잘 받아 지니겠습니다.”

“아난아, 너희들은 자세히 듣고 잘 기억하라. 나는 마땅히 너와 모든 젊은 비구들을 위하여 널리 분별하여 설명하겠다.”

존자 아난은 분부를 받고 경청하였다.

세존께서 말씀하셨다.

“아난아, 나는 이전에 너를 위하여 5성음盛陰, 곧 색성음色盛陰·각성음覺盛陰·상성음想盛陰·행성음行盛陰·식성음識盛陰을 설명하였다. 아난아, 너는 마땅히 모든 젊은 비구들을 위하여 이 5성음을 설명하고 그것으로써 그들을 가르쳐야 한다. 만일 모든 젊은 비구들을 위하여 이 5성음을 설명하여 가르치면 그들은 곧 안온함을 얻고 힘을 얻고 즐거움을 얻어 몸과 마음이 번뇌의 열로 뜨거워지지 않고 종신토록 범행을 행할 것이다.

아난아, 나는 이전에 너를 위하여 6내처內處인 안처眼處·이처耳處·비처鼻處·설처舌處·신처身處·의처意處를 설명하였다. 아난아, 너는 마땅히 모든 젊은 비구들을 위하여 이 6내처를 설명하고, 그것으로써 그들을 가르쳐야 한다. 만일 모든 젊은 비구들을 위하여 이 6내처를 설명하여 가르치면 그들은 곧 안온함을 얻고 힘을 얻고 즐거움을 얻어 몸과 마음이 번뇌의 열로 뜨거워지지 않고 종신토록 범행을 행할 것이다.

아난아, 나는 이전에 너를 위하여 6외처外處인 색처色處·성처聲處·향처香處·미처味處·촉처觸處·법처法處를 설명하였다. 아난아, 너는 마땅히 모든 젊은 비구들을 위하여 이 6외처를 설명하고, 그것으로써 그들을 가르쳐야 한다. 만일 모든 젊은 비구들을 위하여 이 6외처를 설명하여 가르치면, 그들은 곧 안온함을 얻고 힘을 얻고 즐거움을 얻어 몸과 마음이 번뇌의 열로 뜨거워지지 않고 종신토록 범행을 행할 것이다.

아난아, 나는 이전에 너를 위하여 6식신識身인 안식眼識·이식耳識·비식鼻識·설식舌識·신식身識·의식意識을 설명하였다. 아난아, 너는 마땅히 모든 젊은 비구들을 위하여 이 6식신을 설명하고, 그것으로써 그들을 가르쳐야 한다. 만일 모든 젊은 비구들을 위하여 이 6식신을 설명하여 가르치면, 그들은 곧 안온함을 얻고 힘을 얻고 즐거움을 얻어 몸과 마음이 번뇌의 열로 뜨거워지지 않아 종신토록 범행을 행할 것이다.

아난아, 나는 이전에 너를 위하여 6갱락신更樂身인 안갱락眼更樂·이갱락耳更樂·비갱락鼻更樂·설갱락舌更樂·신갱락身更樂·의갱락意更樂을 설명하였다. 아난아, 너는 마땅히 모든 젊은 비구들을 위하여 이 6갱락신을 설명하고, 그것으로써 그들을 가르쳐야 한다. 만일 모든 젊은 비구들을 위하여 이 6갱락신을 설명하여 가르치면, 그들은 곧 안온함을 얻고 힘을 얻고 즐거움을 얻어 몸과 마음이 번뇌의 열로 뜨거워지지 않고 종신토록 범행을 행할 것이다.

아난아, 나는 이전에 너를 위하여 6각신覺身인 안각眼覺·이각耳覺·비각鼻覺·설각舌覺·신각身覺·의각意覺을 설명하였다. 아난아, 너는 마땅히 모든 젊은 비구들을 위하여 이 6각신을 설명하고, 그것으로써 그들을 가르쳐야 한다. 만일 모든 젊은 비구들을 위하여 이 6각신을 설명하여 가르치면, 그들은 곧 안온함을 얻고 힘을 얻고 즐거움을 얻어 몸과 마음이 번뇌의 열로 뜨거워지지 않고 종신토록 범행을 행할 것이다.

아난아, 나는 이전에 너를 위하여 6상신想身인 안상眼想・이상耳想・비상鼻想・설상舌想・신상身想・의상意想을 설명하였다. 아난아, 너는 마땅히 모든 젊은 비구들을 위하여 이 6상신을 설명하고, 그것으로써 그들을 가르쳐야 한다. 만일 모든 젊은 비구들을 위하여 이 6상신을 설명하여 가르치면, 그들은 곧 안온함을 얻고 힘을 얻고 즐거움을 얻어 몸과 마음이 번뇌의 열로 뜨거워지지 않고 종신토록 범행을 행할 것이다.

아난아, 나는 이전에 너를 위하여 6사신思身인 안사眼思・이사耳思・비사鼻思・설사舌思・신사身思・의사意思를 설명하였다. 아난아, 너는 마땅히 젊은 비구들을 위하여 이 6사신을 설명하고 그것으로써 그들을 가르쳐야 한다. 만일 모든 젊은 비구들을 위하여 이 6사신을 설명하여 가르치면, 그들은 곧 안온함을 얻고 힘을 얻고 즐거움을 얻어 몸과 마음이 번뇌의 열로 뜨거워지지 않고 종신토록 범행을 행할 것이다.

아난아, 나는 이전에 너를 위하여 6애신愛身인 안애眼愛・이애耳愛・비애鼻愛・설애舌愛・신애身愛・의애意愛를 설명하였다. 아난아, 너는 마땅히 모든 젊은 비구들을 위하여 이 6애신을 설명하고, 그것으로써 그들을 가르쳐야 한다. 만일 모든 젊은 비구들을 위하여 이 6애신을 설명하여 가르치면, 그들은 곧 안온함을 얻고 힘을 얻고 즐거움을 얻어 몸과 마음이 번뇌의 열로 뜨거워지지 않고 종신토록 범행을 행할 것이다

아난아, 나는 이전에 너를 위하여 6계界인 지계地界・수계水界・화계火界・풍계風界・공계空界・식계識界를 설명하였다. 아난아, 너는 마땅히 모든 젊은 비구들을 위하여 이 6계를 설명하고, 그것으로써 그들을 가르쳐야 한다. 만일 모든 젊은 비구들을 위하여 이 6계를 설명

하여 가르치면, 그들은 곧 안온함을 얻고 힘을 얻고 즐거움을 얻어 몸과 마음이 번뇌의 열로 뜨거워지지 않고 종신토록 범행을 행할 것이다.

아난아, 나는 이전에 너를 위하여 인연하여 일어남과 인연하여 생기는 법을 설명하였다.

'만일 이것이 있으면 저것이 있고 만일 이것이 없으면 저것이 없으며, 만일 이것이 생기면 저것이 생기고 만일 이것이 멸하면 저것이 멸한다. 무명無明을 인연하여 행이 있고 행行을 인연하여 식識이 있으며 식을 인연하여 명색名色이 있고 명색을 인연하여 6처處가 있으며 6처를 인연하여 갱락更樂이 있고 갱락을 인연하여 각覺이 있으며, 각을 인연하여 애愛가 있고 애를 인연하여 수受가 있으며 수를 인연하여 유有가 있고 유를 인연하여 생生이 있으며 생을 인연하여 노사老死가 있다. 만일 무명無明이 멸滅하면 곧 행行이 멸하고 행이 멸하면 식識이 멸하며 식이 멸하면 명색名色이 멸하고 명색이 멸하면 6처處가 멸하며 6처가 멸하면 갱락更樂이 멸하고, 갱락이 멸하면 각覺이 멸하며 각이 멸하면 애愛가 멸하고 애가 멸하면 수受가 멸하며 수가 멸하면 유有가 멸하고 유가 멸하면 생生이 멸하며 생이 멸하면 곧 노사老死가 멸한다.'

아난아, 너는 마땅히 모든 젊은 비구들을 위하여 이 인연하여 일어남과 인연하여 생기는 법을 설명하고, 그것으로써 그들을 가르쳐야 한다. 만일 모든 젊은 비구들을 위하여 이 인연하여 일어남과 인연하여 생기는 법을 설명하여 가르치면, 그들은 곧 안온함을 얻고 힘을 얻고 즐거움을 얻어 몸과 마음이 번뇌의 열로 뜨거워지지 않고 종신토록 범행을 행할 것이다.

아난아, 나는 이전에 너를 위하여 4념처念處를 설명하였다.

'몸〔身〕을 관찰하기를 몸과 같이 하고, 각覺·심心·법法을 관찰하기

를 각・심・법과 같이 하라.'

아난아, 너는 마땅히 젊은 비구들을 위하여 이 4념처를 설명하고, 그것으로써 그들을 가르쳐야 한다. 만일 모든 젊은 비구들을 위하여 이 4념처를 설명하여 가르치면, 그들은 곧 안온함을 얻고 힘을 얻고 즐거움을 얻어 몸과 마음이 번뇌의 열로 뜨겁지 않고 종신토록 범행을 행할 것이다.

아난아, 나는 이전에 너를 위하여 4정단正斷을 설명하였다.

'비구는 이미 생긴 악하고 착하지 않은 법을 끊기 위하여 의욕을 일으키고 방편행方便行을 구하여 정근하며 마음을 다하여 끊어야 한다. 아직 생기지 않은 악하고 착하지 않은 법은 생기지 않게 하기 위하여 의욕을 일으키고 방편행을 구하여 정근하며 마음을 다하여 끊어야 한다. 아직 생기지 않은 선법善法은 생기게 하기 위하여 의욕을 일으키고 방편행을 구하여 정근하며 마음을 다하여 끊어야 한다. 이미 생긴 선법은 머무르게 하기 위하여, 잊히지 않게 하기 위하여, 물러나지 않게 하기 위하여, 더욱 늘어나게 하기 위하여, 널리 퍼지게 하기 위하여, 가득하여 두루 갖추어지게 하기 위하여, 의욕을 일으키고 방편행을 구하여 정근하며 마음을 다하여 끊어야 한다.'

아난아, 너는 마땅히 모든 젊은 비구들을 위하여 이 4정단을 설명하고, 그것으로써 그들을 가르쳐야 한다. 만일 모든 젊은 비구들을 위하여 이 4정단을 설명하여 가르치면, 그들은 곧 안온함을 얻고 힘을 얻고 즐거움을 얻어 몸과 마음이 번뇌의 열로 뜨거워지지 않고 종신토록 범행을 행할 것이다.

아난아, 나는 이전에 너를 위하여 4여의족如意足을 설명하였다.

'비구는 욕정欲定을 성취하여 모든 행을 불사르고, 여의족을 닦아 익히되 욕심 없음〔無欲〕으로 말미암아, 떠남〔離〕으로 말미암아, 멸함〔滅〕

으로 말미암아 끊어 버림〔非品〕에 이르기를 원해야 한다. 이렇게 정진정精進定과 심정心定도 또한 그러하며 관정觀定을 성취하여 모든 행을 불사르고 여의족을 닦아 익히되 욕심 없음으로 말미암아, 떠남으로 말미암아, 멸함으로 말미암아 끊어 버림〔非品〕에 이르기를 원해야 한다.

아난아, 너는 마땅히 모든 젊은 비구들을 위하여 이 여의족을 설명하고, 그것으로써 그들을 가르쳐야 한다. 만일 모든 젊은 비구들을 위하여 이 여의족을 설명하여 가르치면, 그들은 곧 안온함을 얻고 힘을 얻고 즐거움을 얻어 몸과 마음이 번뇌의 열로 뜨거워지지 않고 종신토록 범행을 행할 것이다.

아난아, 나는 이전에 너를 위하여 4선禪을 설명하였다.

'비구는 욕심을 여의고 악하고 착하지 않은 법을 여의며 나아가 제4선을 얻어 성취하여 노닌다.'

아난아, 너는 마땅히 모든 젊은 비구들을 위하여 이 4선을 설명하고, 그것으로써 그들을 가르쳐야 한다. 만일 모든 젊은 비구들을 위하여 이 4선을 설명하여 가르치면, 그들은 곧 안온함을 얻고 힘을 얻고 즐거움을 얻어 몸과 마음이 번뇌의 열로 뜨거워지지 않고 종신토록 범행을 행할 것이다.

아난아, 나는 이전에 너를 위하여 네 가지 성스러운 진리〔四聖諦〕, 곧 괴로움에 대한 성스러운 진리〔苦聖諦〕·괴로움의 발생에 대한 성스러운 진리〔苦習聖諦 : 苦集聖諦〕·괴로움의 소멸에 대한 성스러운 진리〔苦滅聖諦〕·괴로움의 소멸에 이르는 길에 대한 성스러운 진리〔苦滅道聖諦〕를 설명하였다. 아난아, 너는 마땅히 모든 젊은 비구들을 위하여 이 네 가지 성스러운 진리를 설명하고, 그것으로써 그들을 가르쳐야 한다. 만일 모든 젊은 비구들을 위하여 이 4성제를 설명하여 가르치면,

그들은 곧 안온함을 얻고 힘을 얻고 즐거움을 얻어 몸과 마음이 번뇌의 열로 뜨거워지지 않고 종신토록 범행을 행할 것이다.

아난아, 나는 이전에 너를 위하여 4상想을 설명하였다.

'비구는 작은 생각〔小想〕이 있고 큰 생각〔大想〕이 있으며, 한량없는 생각〔無量想〕이 있고 소유한 바가 없는 생각〔無所有想〕이 있다.'

아난아, 너는 마땅히 모든 젊은 비구들을 위하여 이 4상想을 설명하고, 그것으로써 그들을 가르쳐야 한다. 만일 모든 젊은 비구들을 위하여 이 사상을 설명하여 가르치면, 그들은 곧 안온함을 얻고 힘을 얻고 즐거움을 얻어 몸과 마음이 번뇌의 열로 뜨거워지지 않고 종신토록 범행을 행할 것이다.

아난아, 나는 이전에 너를 위하여 4무량無量을 설명하였다.

'비구는 자애〔慈〕와 함께하는 마음으로 1방方을 가득 채우고 성취하여 노닐며, 이렇게 2·3·4방·4유維·상·하의 모든 곳을 가득 채운다. 자애로움〔慈〕과 함께하는 마음으로 맺음도 없고〔無結〕 원한도 없으며〔無怨〕, 성냄도 없고〔無恚〕 다툼도 없으며〔無諍〕, 지극히 넓고 매우 크며 한량없이 잘 닦아 일체 세간을 가득 채우고 성취하여 노닌다. 이렇게 불쌍히 여김〔悲〕·기뻐함〔喜〕도 역시 그러하며 평정〔捨〕과 함께하는 마음으로 맺음도 없고 원한도 없으며 성냄도 없고 다툼도 없으며, 지극히 넓고 매우 크며 한량없는 선행을 닦아 일체 세간을 가득 채우고 성취하여 노닌다.'

아난아, 너는 마땅히 모든 젊은 비구들을 위하여 이 4무량을 설명하고, 그것으로써 그들을 가르쳐야 한다. 만일 모든 젊은 비구들을 위하여 이 4무량을 설명하여 가르치면, 그들은 곧 안온함을 얻고 힘을 얻고 즐거움을 얻어 몸과 마음이 번뇌의 열로 뜨거워지지 않고 종신토록 범행을 행할 것이다.

아난아, 나는 이전에 너를 위하여 4무색無色을 설명하였다.

비구는 일체의 색상色想을 끊고 나아가 비유상비무상처非有想非無想處를 성취하여 노닌다.'

아난아, 너는 마땅히 모든 젊은 비구들을 위하여 이 4무색無色을 설명하고, 그것으로써 그들을 가르쳐야 한다. 만일 모든 젊은 비구들을 위하여 이 4무색을 설명하여 가르치면, 그들은 곧 안온함을 얻고 힘을 얻고 즐거움을 얻어 몸과 마음이 번뇌의 열로 뜨거워지지 않고 종신토록 범행을 행할 것이다.

아난아, 나는 이전에 너를 위하여 4성종聖種을 설명하였다.

'비구・비구니는 거칠고 질박한 옷〔衣〕을 얻더라도 만족할 줄을 알며 마음에 드는 옷을 고르기 위해 옷을 입어보지 않는다. 비록 옷을 얻지 못하더라도 걱정하지 않고 울지 않으며 가슴을 치지 않고 어리석은 의혹을 내지 않는다. 만일 옷을 얻으면 물들지 않고 집착하지 않으며 욕심 내지 않고 탐하지 않으며 마음이 흔들리지 않고 얽매이지 않으며, 재앙을 보고 벗어날 줄을 아는 그런 용도로 옷을 입는다. 이렇게 일에 민첩하고 게으르지 않아 바르게 알면 이것을 비구・비구니가 바르게 옛 성종聖種에 머무는 것이라고 한다. 이와 같이 음식〔食〕과 사는 곳〔住處〕에 대하여도 역시 마찬가지이며, 끊기〔斷〕를 좋아하고 끊기를 즐기며, 닦기〔修〕를 좋아하고 닦기를 즐긴다. 그는 끊기를 좋아하고 끊기를 즐기며, 닦기를 좋아하고 닦기를 즐긴다 하여 자기를 귀하게 여기지도 않고 남을 천하게 여기지도 않는다. 이렇게 일에 민첩하고 게으르지 않아 바르게 알면, 이것을 비구・비구니가 바르게 옛 성종에 머무르는 것이라고 한다.

아난아, 너는 마땅히 모든 젊은 비구들을 위하여 이 4성종을 설명하고, 그것으로써 그들을 가르쳐야 한다. 만일 모든 젊은 비구들을 위하여 이 4성종을 설명하여 가르치면, 그들은 곧 안온함을 얻고 힘을 얻고 즐거움을 얻어 몸과 마음이 번뇌의 열로 뜨거워지지 않고 종신토록 범행을 행할 것이다.

아난아, 나는 이전에 너를 위하여 4사문과沙門果, 곧 수다원須陀洹·사다함斯陀含·아나함阿那含과 최상의 아라하과阿羅訶果를 설명하였다. 아난아, 너는 마땅히 모든 젊은 비구들을 위하여 이 4사문과沙門果를 설명하고 그것으로써 그들을 가르쳐야 한다. 만일 모든 젊은 비구들을 위하여 이 4사문과를 설명하여 가르치면, 그들은 곧 안온함을 얻고 힘을 얻고 즐거움을 얻어 몸과 마음이 번뇌의 열로 뜨거워지지 않고 종신토록 범행을 행할 것이다.

아난아, 나는 이전에 너를 위하여 5숙해탈상熟解脫想, 곧 무상하다는 생각〔不常想〕, 무상하여 괴롭다는 생각〔無常苦想〕, 괴로워 나라는 것은 없다는 생각〔苦無我想〕, 몸은 더럽다는 생각〔不淨惡露想〕, 일체 세간은 즐거워할 것이 없다는 생각〔一切世間不可樂想〕을 설명하였다. 아난아, 너는 마땅히 모든 젊은 비구들을 위하여 이 5숙해탈상을 설명하고 그것으로써 그들을 가르쳐야 한다. 만일 모든 젊은 비구들을 위하여 이 5숙해탈상을 설명하여 가르치면, 그들은 곧 안온함을 얻고 힘을 얻고 즐거움을 얻어 몸과 마음이 번뇌의 열로 뜨거워지지 않고 종신토록 범행을 행할 것이다.

아난아, 나는 이전에 너를 위하여 5해탈처解脫處를 설명하였다.

만일 비구·비구니가 이것을 의지한다면 아직 마음이 해탈하지 못한 사람은 마음의 해탈을 얻고, 아직 모든 누漏를 다하지 못한 사람은 누를 다하여 남음이 없게 되며, 아직 무상열반無上涅槃을 얻지 못한 사람은 무상열반을 얻게 될 것이다.'

어떤 것이 다섯 가지인가? 아난아, 세존은 비구·비구니를 위하여 설법하고 모든 지자智者나 범행자梵行者도 역시 비구·비구니를 위하여 설법한다. 아난아, 만일 세존이 비구·비구니를 위하여 설법하고 모든 지자나 범행자가 또한 비구·비구니를 위하여 설법하면 그들은 그 법을 들은 뒤에는 곧 법을 알고 뜻을 해득하게 된다. 그들은 법을 알고 뜻을 해득함으로 말미암아 곧 환열歡悅을 얻으며 환열함으로 말미암아 환희歡喜를 얻고 환희로 말미암아 곧 몸이 쉬게 되며 몸이 쉼으로 말미암아 곧 깨달음의 즐거움을 얻고 깨달음의 즐거움으로 말미암아 곧 마음의 안정을 얻는다.

아난아, 비구·비구니는 마음의 안정으로 말미암아 곧 사실대로 보고 사실 그대로 알게 되며 사실대로 보고 사실 그대로 알게 됨으로 말미암아 싫어하게〔厭〕 되며, 싫어함으로 말미암아 욕심이 없게 되고 욕심이 없음으로 말미암아 해탈을 얻으며 해탈로 말미암아 해탈한 줄을 알게 되어 생生이 이미 다하고 범행梵行이 이미 서고 할 일을 이미 마쳐, 다시는 후세의 몸을 받지 않는다는 것을 사실 그대로 알게 된다. 아난아, 이것을 제1해탈처解脫處라고 한다. 이것으로 말미암아 비구·비구니는 아직 해탈하지 못하였으면 마음의 해탈을 얻고, 아직 모든 누漏가 다하지 못하였으면 누가 남김없이 다하게 되며, 아직 무상열반無上涅槃을 얻지 못하였으면 무상열반을 얻는다.

또 아난아, 세존도 비구·비구니를 위하여 설법하지 않고, 모든 지자나 범행자들도 역시 비구·비구니를 위하여 설법하지 않으면 그저 이전에 듣고 외워 익힌 법대로 그것을 널리 읽어라.

만일 이전에 듣고 외워 익힌 법을 널리 읽지 않으려면 그저 이전에 듣고 외워 익힌 법에 따라 남을 위해 널리 설명하라.

만일 이전에 듣고 외워 익힌 법에 따라 널리 설명하지 않으려면 그저 이전에 듣고 외워 익힌 법에 따라 마음으로 생각하고 분별하라.

만일 이전에 듣고 외워 익힌 법을 마음으로 생각하고 분별하지 않으려면 그저 모든 삼매상三昧相을 잘 받아 지니기만 하라.

아난아, 만일 비구·비구니가 모든 삼매상을 잘 받아 지니면 곧 법을 알고 뜻을 해득하게 된다. 그들은 법을 알고 뜻을 해득함으로 말미암아 곧 환열歡悅을 얻고 환열로 말미암아 곧 환희歡喜를 얻으며 환희로 말미암아 곧 몸이 쉬게〔止身〕 되고 몸이 쉼으로 말미암아 깨달음의 즐거움〔覺樂〕을 얻으며 깨달음의 즐거움으로 말미암아 마음의 안정〔心定〕을 얻는다.

아난아, 비구·비구니는 마음의 안정으로 말미암아 사실대로 보고 사실 그대로 알게 되며, 사실대로 보고 사실 그대로 알게 됨으로 말미암아 싫어하게 되고 싫어함으로 말미암아 욕심이 없게 되며 욕심이 없음으로 말미암아 해탈을 얻고 해탈로 말미암아 해탈한 줄을 알게 되어 생生이 이미 다하고 범행이 이미 서고 할 일을 이미 마쳐, 다시는 후세의 몸〔有〕을 받지 않는다는 것을 사실 그대로 알게 된다. 아난아, 이것을 제5해탈처라고 한다. 이것으로 말미암아 비구·비구니는 아직 해탈하지 못하였으면 마음의 해탈을 얻고, 아직 모든 누漏가 다하지 못하였으면 누가 남김없이 다하게 되며, 아직 무상열반을 얻지 못하였으면 무상열반을 얻는다.

아난아, 너는 마땅히 모든 젊은 비구들을 위하여 이 5해탈처를 설명하고 그것으로써 그들을 가르쳐야 한다. 만일 모든 젊은 비구들을 위하여 이 5해탈처를 설명하여 가르치면, 그들은 곧 안온함을 얻고 힘을 얻고 즐거움을 얻어 몸과 마음이 번뇌의 열로 뜨거워지지 않고 종신토록 범행을 행할 것이다.

아난아, 나는 이전에 너를 위하여 5근根, 곧 신근信根·정진근精進根·염근念根·정근定根·혜근慧根을 설명하였다. 아난아, 너는 마땅히 모든 젊은 비구들을 위하여 이 5근을 설명하고, 그것으로써 그들을 가르쳐야 한다. 만일 모든 젊은 비구들을 위하여 이 5근을 설명하여 가르치면, 그들은 곧 안온함을 얻고 힘을 얻고 즐거움을 얻어 몸과 마음이 번뇌의 열로 뜨거워지지 않고 종신토록 범행을 행할 것이다.

아난아, 나는 이전에 너를 위하여 5력力, 곧 신력信力·정진력精進力·염력念力·정력定力·혜력慧力을 설명하였다. 아난아, 너는 마땅히 모든 젊은 비구들을 위하여 이 5력을 설명하고 그것으로써 그들을 가르쳐야 한다. 만일 모든 젊은 비구들을 위하여 이 5력을 설명하여 가르치면, 그들은 곧 안온함을 얻고 힘을 얻고 즐거움을 얻어 몸과 마음이 번뇌의 열로 뜨거워지지 않고 종신토록 범행을 행할 것이다.

아난아, 나는 이전에 너를 위하여 5출요계出要界를 설명하였다. 어떤 것이 다섯 가지인가? 아난아, 많이 아는 거룩한 제자는 탐욕〔欲〕을 매우 잘 관찰한다. 그는 탐욕을 매우 잘 관찰함으로 말미암아 마음은 곧 탐욕을 향하지 않고 탐욕을 좋아하지 않으며 탐욕을 가까이하지 않고 탐욕을 믿거나 이해하지도 않는다. 만일 탐욕이 생기면 당장에 녹이고 불태워 다시 도로 펴지지 못하게 하고 버리고 떠나 탐욕에 머무르지 않으며 더럽고 나쁘다고 여겨 탐욕을 싫어한다. 아난아, 마치 닭털이나 힘줄을 가져다 불 속에 넣으면 당장에 녹고 타서 다시 도로 펴지지 못하는 것과 같다.

아난아, 많이 아는 거룩한 제자도 그와 같이 탐욕을 매우 잘 관찰한다. 그는 탐욕을 매우 잘 관찰함으로 말미암아 마음은 곧 탐욕을 향하지 않고, 탐욕을 즐기지 않으며 탐욕을 가까이하지 않고 탐욕을 믿거나 이해하지도 않는다. 만일 탐욕이 생기면 당장에 녹이고 불태워 다시 도로 펴지지 못하게 하고 버리고 떠나 탐욕에 머무르지 않으며 더럽고 나쁘다고 여겨 탐욕을 싫어한다. 탐욕이 없는 것을 관찰하여 마음은 탐욕이 없는 데로 향하고 탐욕이 없는 것을 즐기며, 탐욕이 없는 것을 가까이하고 탐욕이 없을 것을 믿고 이해한다. 그리하여 마음에는 걸림도 없고 마음에는 탁함도 없으며 마음은 즐거움을 얻어, 능히 즐거움을 이룬다. 일체의 탐욕과 탐욕으로 말미암아 생기는 모든 누漏와 번열煩熱과 근심〔憂慼〕을 멀리 떠나 그것을 풀고 그것을 벗어난다. 또 그것을 해탈하여 그는 다시 이 감각〔覺〕을 받지 않는데, 감각은 탐욕으로 말미암아 생기는 것이다. 이런 것이 탐욕의 출요〔欲出要〕이다. 아난아, 이것을 첫 번째 출요계出要界라고 한다.

아난아, 많이 아는 거룩한 제자는 성냄〔恚〕을 매우 잘 관찰한다. 그는 성냄을 매우 잘 관찰함으로 말미암아 마음은 곧 성냄을 향하지 않고 성냄을 좋아하지 않으며 성냄을 가까이하지 않고 성냄을 믿거나 이해하지 않는다. 만일 성내는 마음이 생기면 당장에 녹이고 불태워 다시 도로 펴지지 못하게 하고 버리고 떠나 욕심에 머무르지 않으며 더럽고 나쁘다고 여겨 성냄을 싫어한다. 아난아, 마치 닭털이나 힘줄을 가져다 불 속에 넣으면 당장에 녹고 타서 다시 도로 펴지지 못하는 것과 같다.

아난아, 많이 아는 거룩한 제자도 역시 그와 같이 성냄을 매우 잘 관찰한다. 그는 성냄을 매우 잘 관찰함으로 말미암아 마음은 곧 성냄을 향하지 않고 성냄을 좋아하지 않으며 성냄을 가까이하지 않고 성냄을 믿거나 이해하지도 않는다. 만일 성내는 마음이 생기면 당장에 녹이고 불태워 다시 도로 펴지지 못하게 하고 버리고 떠나 성냄에 머무르지 않으며 더럽고 나쁘다고 여겨 성냄을 싫어한다. 성냄이 없는 것을 관찰하여 마음은 성냄이 없는 데로 향하고 성냄이 없는 것을 즐기며 성냄이 없는 것을 가까이하고 성냄이 없는 것을 믿고 이해한다. 그리하여 마음에는 걸림도 없고 마음에는 흐림도 없으며 마음은 즐거움을 얻어 능히 즐거움을 이룬다. 일체의 성냄과 성냄으로 인하여 생기는 모든 누漏와 번열과 근심을 멀리 떠나 그것을 풀고 그것을 벗어나며 다시 그것을 해탈하여 그는 이 감각〔覺〕을 다시는 가져다 받지 않는다. 감각은 성냄으로 말미암아 생기는 것이다. 이러한 것이 성냄의 출요〔恚出要〕이다. 아난아, 이것을 두 번째 출요계라고 한다.

아난아, 많이 아는 거룩한 제자는 해침〔害〕을 매우 잘 관찰한다. 그는 해침을 극히 잘 관찰함으로 말미암아 마음은 곧 해침을 향하지 않고 해침을 좋아하지 않으며 해침을 가까이하지 않고 해침을 믿거나 이해하지도 않는다. 만일 해칠 마음이 생기면 당장에 녹이고 불태워 다시 도로 펴지지 못하게 하며, 버리고 떠나 해침에 머무르지 않고, 더럽고 나쁘다고 여겨 해침을 싫어한다. 아난아, 마치 닭털이나 힘줄을 가져다 불 속에 넣으면 당장에 녹고 불타 다시 도로 펴지지 못하는 것과 같다.

아난아, 많이 아는 거룩한 제자도 역시 이와 같이 해침을 매우 잘 관찰한다. 그는 해침을 매우 잘 관찰함으로 말미암아 마음은 곧 해침을 향하지 않고 해침을 좋아하지 않으며 해침을 가까이하지 않고 해침을 믿거나 이해하지도 않는다. 만일 해칠 마음이 생기면 당장에 녹이고 불태워 다시 도로 펴지지 않게 하며, 버리고 떠나 해침에 머무르지 않고 더럽고 나쁘다고 여겨 해침을 싫어한다. 해침이 없음을 관찰하여 마음은 해침이 없는 데로 향하고 해침이 없는 것을 즐기며 해침이 없는 것을 가까이하고 해침이 없는 것을 믿고 이해한다. 그리하여 마음에는 걸림도 없고 마음에는 흐림도 없으며 마음은 즐거움을 얻어 능히 즐거움을 이룬다. 일체의 해침과 해침으로 말미암아 생기는 모든 누와 번열과 근심을 멀리 떠나 그것을 풀고 그것을 벗어나며, 다시 그것을 해탈하여 그는 이 감각을 받지 않는데, 곧 감각은 해침으로 말미암아 생기는 것이다. 이러한 것이 해침의 출요〔害出要〕이니, 이것을 세 번째 출요계라고 한다.

또 아난아, 많이 아는 거룩한 제자는 색色을 매우 잘 관찰한다. 그는 색을 매우 잘 관찰함으로 말미암아 마음은 곧 색을 향하지 않고 색을 좋아하지 않으며 색을 가까이하지 않고 색을 믿거나 이해하지도 않는다. 만일 색심色心이 생기면 당장에 녹이고 불태워 다시 도로 펴지지 못하게 하며 버리고 떠나 색에 머무르지 않고 더럽고 나쁘다고 여겨 색을 싫어한다. 아난아, 마치 닭털이나 힘줄을 가져다 불 속에 넣으면 당장에 녹고 불타 다시 도로 펴지지 못하는 것과 같다.

아난아, 많이 아는 거룩한 제자도 역시 이와 같이 색을 매우 잘 관찰한다. 그는 색을 매우 잘 관찰함으로 말미암아 마음은 곧 색을 향하지 않고 색을 좋아하지 않으며 색을 가까이하지 않고 색을 믿거나 이해하지도 않는다. 만일 색심이 생기면 당장에 녹이고 불태워 다시 도로 펴지지 못하게 하며 버리고 떠나 색에 머무르지 않고 더럽고 나쁘다고 여겨 색을 싫어한다. 색이 없는 것을 관찰하여 마음은 색이 없는 데로 향하고 색이 없는 것을 좋아하며 색이 없는 것을 가까이하고 색이 없는 것을 믿고 이해한다. 마음에는 걸림도 없고 마음에는 흐림도 없으며 마음은 즐거움을 얻어 능히 즐거움을 이룬다. 일체의 색과 색으로 말미암아 생기는 모든 누漏와 번열과 근심을 멀리 떠나 그것을 풀고 그것을 벗어나며, 다시 그것을 해탈하여 그는 다시 이 감각을 받지 않는데, 곧 감각은 색으로 말미암아 생기는 것이다. 이러한 것이 색의 출요이니, 이것을 네 번째 출요계라고 한다.

또 아난아, 많이 아는 거룩한 제자는 자기 몸을 매우 잘 관찰한다. 그는 자기 몸을 매우 잘 관찰함으로 말미암아 마음은 곧 자기 몸을 향하지 않고, 자기 몸을 좋아하지 않으며 자기 몸을 가까이하지 않고 자기 몸을 믿거나 이해하지도 않는다. 만일 자기 몸에 대한 마음이 생기면 당장에 녹이고 불태워 다시 도로 펴지지 못하게 하며, 버리고 떠나 자기 몸에 머무르지 않고 더럽고 나쁘다고 여겨 자기 몸을 싫어한다. 아난아, 마치 닭털이나 힘줄을 가져다 불 속에 넣으면 당장에 녹고 불타 다시 도로 펴지지 못하는 것과 같다.

아난아, 많이 아는 거룩한 제자도 역시 이와 같이 자기 몸을 매우 잘 관찰한다. 그는 자기 몸을 매우 잘 관찰함으로 말미암아 마음은 곧 자기 몸을 향하지 않고 자기 몸을 좋아하지 않으며 자기 몸을 가까이 하지 않고 자기 몸을 믿거나 이해하지도 않는다. 만일 자기 몸에 대한 마음이 생기면 당장에 녹이고 불태워 다시 도로 펴지지 못하게 하며, 버리고 떠나 자기 몸에 머무르지 않으며 더럽고 나쁘다고 여겨 자기 몸을 싫어한다. 자기 몸이 없는 것을 관찰하여 마음은 자기 몸이 없는 데로 향하고 자기 몸이 없는 것을 좋아하며, 자기 몸이 없는 것을 가까이하고 자기 몸이 없는 것을 믿고 이해한다. 마음에는 걸림도 없고 마음에는 흐림도 없으며 마음은 즐거움을 얻어 능히 즐거움을 이룬다. 일체의 자기 몸과 자기 몸으로 말미암아 생기는 모든 누와 번열과 근심을 멀리 떠나 그것을 풀고 그것을 벗어나며, 다시 그것을 해탈하여 그는 다시 이 감각을 받지 않는데, 곧 감각은 자기 몸으로 말미암아 생기는 것이다. 이러한 것이 자기 몸의 출요[己身出要]이니, 아난아, 이것을 다섯 번째 출요계라고 한다.

아난아, 이 5출요계를 너는 마땅히 모든 젊은 비구들을 위하여 설명하고, 그것으로써 그들을 가르쳐야 한다. 만일 모든 젊은 비구들을 위하여 이 5출요계를 설명하여 가르치면, 그들은 곧 안온함을 얻고 힘을 얻고 즐거움을 얻어 몸과 마음은 번뇌의 열로 뜨거워지지 않고 종신토록 범행梵行을 행할 것이다.

아난아, 나는 이전에 너를 위하여 7재財, 곧 신재信財·계재戒財·참재慙財·괴재愧財·문재聞財·시재施財·혜재慧財를 설명하였다.

아난아, 너는 마땅히 모든 젊은 비구들을 위하여 이 7재를 설명하고, 그것으로써 그들을 가르쳐야 한다. 만일 모든 젊은 비구들을 위하여 이 7재를 설명하여 가르치면, 그들은 곧 안온함을 얻고 힘을 얻고 즐거움을 얻어 몸과 마음이 번뇌의 열로 뜨거워지지 않고 몸이 마치도록 범행을 행할 것이다.

아난아, 나는 이전에 너를 위하여 7력力, 곧 신력信力·정진력精進力·참력慙力·괴력愧力·염력念力·정력定力·혜력慧力을 설명하였다. 아난아, 너는 마땅히 모든 젊은 비구들을 위하여 이 7력을 설명하고 이것으로 그들을 가르쳐야 한다. 만일 모든 젊은 비구들을 위하여 이 7력을 설명하여 가르치면, 그들은 곧 안온함을 얻고 힘을 얻고 즐거움을 얻어 몸과 마음은 번뇌의 열로 뜨거워지지 않고 종신토록 범행을 행할 것이다.

아난아, 나는 이전에 너를 위하여 7각지覺支, 곧 염각지念覺支·택법각지擇法覺支·정진각지精進覺支·희각지喜覺支·식각지息覺支·정각지定覺支·사각지捨覺支를 설명하였다. 아난아, 너는 마땅히 모든 젊은 비구들을 위하여 이 7각지를 설명하고, 그것으로써 그들을 가르쳐야 한다. 만일 모든 비구들을 위하여 이 7각지를 설명하여 가르치면, 그들은 곧 안온함을 얻고 힘을 얻고 즐거움을 얻어 몸과 마음이 번뇌의 열로 뜨거워지지 않고 종신토록 범행을 행할 것이다.

아난아, 나는 이전에 너를 위하여 8성도(聖道 : 正道)를 설명하였으니, 곧 정견正見·정지正志·정어正語·정업正業·정명正命·정방편正方便·정념正念·정정正定, 이 여덟 가지이다. 아난아, 너는 마땅히 모든 젊은 비구들을 위하여 이 8정도를 설명하고, 그것으로써 그들을 가르쳐야 한다. 만일 모든 젊은 비구들을 위하여 이 8정도를 설명하여 가르치면, 그들은 안온함을 얻고 힘을 얻고 즐거움을 얻어 몸과 마음이 번뇌의 열로 뜨거워지지 않고 종신토록 범행을 행할 것이다."

이에 존자 아난은 합장하고 부처님을 향하여 말하였다.

"세존이시여, 매우 기이하고 매우 특이합니다. 세존께서는 모든 젊은 비구들을 위하여 처處를 설명하시고 처를 가르쳐 주셨습니다."

세존께서 말씀하셨다.

"아난아, 그렇다. 그렇다. 매우 기이하고 매우 특별하다. 나는 모든 젊은 비구들을 위하여 처를 설명하고 처를 가르쳐 주었다. 아난아, 만일 네가 여래에게 다시 정법頂法과 정법에서 물러남〔頂法退〕을 묻는다면 너는 곧 여래를 극진히 믿고 기뻐하게 될 것이다."

이에 존자 아난은 합장하고 부처님께 여쭈었다.

"세존이시여, 지금이 바로 그때입니다. 선서善逝시여, 지금이 바로 그때입니다. 만일 세존께서 모든 젊은 비구들을 위하여 정법頂法과 정법에서 물러남〔頂法退〕을 설명하고 가르쳐 주신다면, 저와 모든 젊은 비구들은 세존께 들은 뒤에 마땅히 잘 받아 지니겠습니다."

세존께서 말씀하셨다.

"아난아, 너희들은 자세히 듣고 그것을 잘 기억하라. 나는 마땅히 너와 모든 젊은 비구들을 위하여 정법과 정법에서 물러남을 설명하겠다."

존자 아난은 분부를 받들어 경청하였다.

세존께서 말씀하셨다.

"아난아, 많이 아는 거룩한 제자는 진실로 마음으로 인하여 무상無常·고苦·공空·비아非我를 생각하고 헤아리며 잘 관찰하고 분별한다. 그는 이렇게 생각하고 이렇게 헤아리며 이렇게 잘 관찰하고 분별한 뒤에는 인내〔忍〕를 내고 즐거움을 내고 의욕을 일으켜 듣고자 하고 생각하고자 하고 관찰하고자 한다. 아난아, 이것을 정법頂法이라고 한다. 아난아, 만일 이 정법을 얻었더라도 다시 잃어 쇠퇴하고 닦아 수호하지 않고 정근하여 익히지 않으면 아난아, 이것을 정법에서 물러남〔頂法退〕이라고 한다.

이와 같이 내처內處와 외처外處·식識·갱락更樂·각覺·상想·사思·애愛·계界·인연하여 일어남〔因緣起〕도 역시 그러하다. 아난아, 많이 아는 거룩한 제자는 이 인연하여 일어남과 인연하여 일어나는 법에 대하여 무상·고·공·비아를 생각하고 헤아리며 잘 관찰하고 분별한다. 그는 이렇게 생각하고 이렇게 헤아리며 이렇게 잘 관찰하고 분별한 뒤에는 인내〔忍〕를 내고 즐거움〔樂〕을 내고 의욕〔欲〕을 일으켜 듣고자 하고 생각하고자 하고 관찰하고자 한다. 아난아, 이것을 정법이라고 한다. 아난아, 만일 이 정법을 얻었더라도 도로 잃어 쇠퇴하고 닦아 수호하지 않으며 정근하여 익히지 않으면 아난아, 이것을 정법에서 물러남이라고 한다. 아난아, 이 정법과 정법에서 물러남을 너는 마땅히 모든 젊은 비구들을 위하여 설명하고 그것으로써 그들을 가르쳐야 한다. 만일 모든 젊은 비구들을 위하여 이 정법과 정법에서 물러남을 설명하여 가르치면, 그들은 곧 안온함을 얻고 힘을 얻고 즐거움을 얻어 몸과 마음이 번뇌의 열로 뜨거워지지 않고 종신토록 범행을 행할 것이다.

아난아, 나는 너희들을 위하여 처處를 설명하고 처를 가르쳤으며, 정법과 정법에서 물러남을 가르쳤다. 높은 스승이 제자를 위하여 하는 것처럼, 큰 자애로움과 불쌍히 여김을 일으켜 어여삐 생각하고 가엾이 여기며, 이치와 요익을 구하고 안온과 쾌락을 구하는 일을 나는 이미 다하여 마쳤다. 너희들은 마땅히 다시 스스로 노력하라. 한가한 곳・숲 속・나무 밑・비고 편안하고 고요한 곳으로 가서 편안히 앉아 고요히 생각하되 방일하지 말고, 더욱 부지런히 정진하여 후회가 없게 하라. 이것이 바로 나의 가르침이며 이것이 나의 훈계이다."

부처님께서 이렇게 말씀하시자, 존자 아난과 모든 젊은 비구들은 부처님 말씀을 듣고 기뻐하며 받들어 행하였다.

음陰・내처〔內〕・외처〔外〕・식識・갱락〔更〕과
각覺・상想・사思・애愛・계界와
인연因緣・염念・정단正斷과
여의如意・선禪・제諦・상想이며

무량無量・무색無色・종種과
사문과沙門果・해탈과解脫果
처處・근根・역力・출요出要와
재財・력力・각覺・도道・정頂이다.

〔이 설처경에 수록된 경문의 글자 수는 5,197자이다. 『중아함경』 제21권에 수록된 경문의 글자 수는 모두 7,324자이며, 「장수왕품長壽王品」에 수록된 경문의 글자 수는 모두 44,947자이다.〕[9]

9 제21권 경문 글자 수를 합해 보면 7,325자로서 여기 표기한 7,324자보다 1자 많다. 「장수왕품」에 수록된 경문의 실제 총 글자 수는 43,948자로서 여기 표기한 44,947자보다 999자가 적다. 이는 제19권의 실제 글자 수가 표기된 수보다 1,000자 적고, 21권은 오히려 1자 많은 데서 온 착오이다.

중아함경 제22권

8. 예품穢品 ①

〔이 예품에는 총 열 개의 소경이 수록되어 있다.〕

예품경穢品經 · 구법경求法經 · 비구청경比丘請經과
지법경知法經 · 주나문견경周那問見經과
청백연화유경青白連華喩經 · 수정범지경水淨梵志經과
흑비구경黑比丘經 · 주법경住法經 · 무경無經이다.

87) 예품경穢品經〔제2 소토성송〕

나는 이와 같이 들었다.

어느 때 부처님께서 바기수婆奇瘦를 유행하실 때에 티신鼉山 포림怖林의 녹야원鹿野園에 계셨다.

그때 존자 사리자舍梨子는 여러 비구들에게 말하였다.

"여러 현자賢者여, 세상에는 네 종류의 인간이 있습니다. 어떤 것이

네 가지인가? 어떤 사람은 안에 실로 더러움〔穢〕이 있지만 스스로 알지 못하고, 안에 더러움이 있다는 참 모양을 알지 못합니다. 또 어떤 사람은 안에 실로 더러움이 있는 것을 스스로 알고 안에 더러움이 있다는 참 모양을 압니다. 또 어떤 사람은 안에 실로 더러움이 없지만 스스로 알지 못하고, 안에 더러움이 없다는 참 모양을 알지 못합니다. 또 어떤 사람은 안에 실로 더러움이 없는 것을 스스로 알고 안에 더러움이 없다는 참 모양을 압니다.

여러 현자여, 만일 어떤 사람이 안에 실로 더러움이 있지만 스스로 알지 못하고 안에 더러움이 있다는 참 모양을 알지 못한다면, 이 사람은 모든 사람 중에서 가장 하천하다고 할 것입니다. 만일 어떤 사람이 안에 실로 더러움이 있는 것을 스스로 알고, 안에 더러움이 있다는 참 모양을 안다면, 이 사람은 모든 사람 중에서 가장 수승하다고 할 것입니다. 만일 어떤 사람이 안에 실로 더러움이 없지만 스스로 알지 못하고 안에 더러움이 없다는 참 모양을 알지 못한다면, 이 사람은 모든 사람 중에서 가장 하천하다고 할 것입니다. 만일 어떤 사람이 안에 실로 더러움이 없는 것을 스스로 알고 안에 더러움이 없다는 참 모양을 안다면, 이 사람은 모든 사람 중에서 가장 수승하다고 할 것입니다."

이에 어떤 비구가 곧 자리에서 일어나, 가사 한 자락을 벗어 메고 합장하고 존자 사리자를 향하여 말하였다.

"존자 사리자여, 무슨 인연으로 앞의 두 사람은 똑같이 더러움이 있고 더러운 마음이 있는데, 한 사람은 하천하다 하고 한 사람은 가장 수승하다고 하십니까? 또 무슨 인연으로 뒤의 두 사람은 똑같이 더러움이 없고 더러운 마음이 아닌데, 한 사람은 하천하다 하고 한 사람은 가장 수승하다고 말씀하십니까?"

그러자 존자 사리자가 그 비구에게 대답하였다.

"현자여, 만일 어떤 사람이 안에 실로 더러움이 있지만 스스로 알지 못하고 안에 더러움이 있다는 참 모양을 알지 못한다면, 마땅히 알아야 합니다. 그 사람은 더러움을 끊으려 하지 않아 방편을 구하지도 않고, 정근하여 배우지도 않아 그는 곧 더러움이 있고 더러운 마음으로 목숨을 마치게 됩니다. 그는 더러움이 있고 더러운 마음으로 목숨을 마침으로 말미암아 곧 어질지 않은 채로 죽어 좋지 않은 곳에 태어납니다. 왜냐하면 그는 더러움이 있고 더러운 마음으로 목숨을 마쳤기 때문입니다.

현자여, 어떤 사람이 저자거리나 유기 그릇 만드는 집에서 먼지와 때에 더럽혀진 유기 쟁반〔銅槃〕을 사왔다고 합시다. 그가 가지고 와서도 자주 먼지를 씻지 않고 자주 닦지도 않으며 또한 볕에 쬐지도 않고 또 먼지가 많은 곳에 둔다면, 유기 쟁반은 더욱 먼지와 때로 더러워지는 것과 같습니다.

현자여, 이와 같이 만일 어떤 사람이 안에 실로 더러움이 있지만 스스로 알지 못하고 안에 더러움이 있다는 참 모양을 알지 못한다면, 마땅히 알아야 합니다. 그 사람은 더러움을 끊으려 하지 않아 방편을 구하지도 않고 정근하여 배우지도 않아 그는 곧 더러움이 있고 더러운 마음으로 목숨을 마치게 됩니다. 그는 더러움이 있고 더러운 마음으로 목숨을 마침으로 말미암아 곧 어질지 않은 채로 죽어 좋지 않은 곳에 태어납니다. 왜냐하면 그는 더러움이 있고 더러운 마음으로 목숨을 마쳤기 때문입니다.

현자여, 만일 어떤 사람이 자기 안에 더러움이 있고 자기 안에 실로 더러움이 있디는 참 모양을 안다면, 마땅히 알아야 합니다. 그 사람은 이 더러움을 끊으려고 방편을 구하고 정근하고 배워서, 그는 곧 더러움이 없고 더럽지 않은 마음으로 목숨을 마치게 됩니다. 그는 더러움이 없고 더럽지 않은 마음으로 목숨을 마침으로 말미암아 곧 어진 채로 죽어 좋은 곳에 태어납니다. 왜냐하면 그는 더러움이 없고 더럽지 않은 마음으로 목숨을 마쳤기 때문입니다.

현자여, 어떤 사람이 혹은 저자나 유기 그릇 만드는 집에서 유기 쟁반을 사왔다고 합시다. 그가 먼지와 때에 더럽혀진 것을 가지고 왔지만 자주 먼지를 씻고 닦으며 자주 자주 볕에 쬐고 먼지가 많은 곳에 두지도 않는다면, 유기 쟁반은 곧 지극히 깨끗해지는 것과 같습니다.

현자여, 마찬가지로 만일 어떤 사람이 자기 안에 더러움이 있고 자기 안에 더러움이 있다는 참 모양을 안다면, 마땅히 알아야 합니다. 그 사람은 이 더러움을 끊으려고 방편을 구하고 정근하고 배워 그는 곧 더러움이 없고 더럽지 않은 마음으로 목숨을 마치게 됩니다. 그는 더러움이 없고 더럽지 않은 마음으로 목숨을 마침으로 말미암아 곧 어진 채로 죽어 좋은 곳에 태어납니다. 왜냐하면 그는 더러움이 없고 더럽지 않은 마음으로 목숨을 마쳤기 때문입니다.

현자여, 만일 어떤 사람이 자기 안에 더러움이 없지만 자기 안에 실로 더러움이 없다는 참 모양을 알지 못한다면, 마땅히 알아야 합니다. 그 사람은 눈과 귀로 들어 아는 법을 단속하지 않습니다. 그는 눈과 귀로 들어 아는 법을 단속하지 않기 때문에 곧 욕심에 묶이게 되어, 그는 욕심이 있고 더러움이 있어 더러운 마음으로 목숨을 마치게 됩니다. 그는 욕심이 있고 더러움이 있어 더러운 마음으로 목숨을 마침으로 말미암아 곧 어질지 않은 채로 죽어 좋지 않은 곳에서 태어납니다. 왜냐하면 그는 욕심이 있고 더러움이 있어 더러운 마음으로 목숨을 마쳤기 때문입니다.

현자여, 어떤 사람이 저자나 유기 그릇 만드는 집에서 때가 없는 깨끗한 유기 쟁반을 사왔다고 합시다. 그가 가지고 와서는 자주 먼지를 씻지도 않고 닦지도 않으며 자주 볕에 쬐지도 않고 먼지가 많은 곳에 둔다면 유기 쟁반은 반드시 먼지와 때로 더러워지는 것과 같습니다.

현자여, 마찬가지로 만일 어떤 사람이 자기 안에 더러움이 없지만 자기 안에 실로 더러움이 없다는 참 모양을 알지 못한다면, 마땅히 알아야 합니다. 그 사람은 눈과 귀로 보고 들어 아는 법을 단속하지 않습니다. 그는 눈과 귀로 보고 들어 아는 법을 단속하지 않기 때문에 곧 욕심에 묶이게 되어, 그는 곧 욕심이 있고 더러움이 있어 더러운 마음으로 목숨을 마치게 됩니다. 그는 욕심이 있고 더러움이 있어 더러운 마음으로 목숨을 마침으로 말미암아 어질지 않은 채로 죽어 좋지 않은 곳에 태어납니다. 왜냐하면 그는 욕심이 있고 더러움이 있어 더러운 마음으로 목숨을 마쳤기 때문입니다.

현자여, 만일 어떤 사람이 자기 안에 더러움이 없고 자기 안에 실로 더러움이 없다는 참 모양을 안다면, 마땅히 알아야 합니다. 그 사람은 눈과 귀로 보고 들어 아는 법을 단속하는데, 그는 눈과 귀로 보고 들어 아는 법을 단속하기 때문에 곧 욕심에 묶이지 않게 되어 그는 곧 욕심이 없고 더러움이 없어 더럽지 않은 마음으로 목숨을 마치게 됩니다. 그는 욕심이 없고 더러움이 없어 더럽지 않은 마음으로 목숨을 마침으로 말미암아 곧 어진 채로 죽어 좋은 곳에 태어납니다. 왜냐하면 그는 욕심이 없고 더러움이 없어 더럽지 않은 마음으로 목숨을 마쳤기 때문입니다.

현자여, 어떤 사람이 저자나 유기그릇을 만드는 집에서 때가 없는 깨끗한 유기 쟁반을 사왔다고 합시다. 그가 가지고 와서도 자주 자주 먼지를 씻고 자주 자주 닦으며 자주자주 볕에 쬐고 먼지가 많은 곳에 두지 않는다면, 유기 쟁반은 지극히 깨끗해지는 것과 같습니다.

현자여, 마찬가지로 만일 어떤 사람이 자기 안에 더러움이 없고 자기 안에 실로 더러움이 없다는 참 모양을 안다면, 마땅히 알아야 합니다. 그 사람은 눈과 귀로 보고 들어 아는 법을 단속하니, 그는 눈과 귀로 보고 들어 아는 법을 단속하기 때문에 곧 욕심에 묶이지 않게 되어, 그는 곧 욕심이 없고 더러움이 없어 더럽지 않은 마음으로 목숨을 마치게 됩니다. 그는 욕심이 없고 더러움이 없어 더럽지 않은 마음으로 목숨을 마침으로 말미암아 어진 채로 죽어 좋은 곳에 태어납니다. 왜냐하면 그는 욕심이 없고 더러움이 없어 더럽지 않은 마음으로 목숨을 마쳤기 때문입니다.

현자여, 이 인연으로 말미암아 앞의 두 사람은 똑같이 더러움이 있고 더러운 마음이지만 한 사람은 하천하고 한 사람은 가장 수승하다고 말한 것입니다. 또 이 인연으로 말미암아 뒤의 두 사람은 다 같이 더러움이 없고 더럽지 않은 마음이지만 한 사람은 하천하고 한 사람은 가장 수승하다고 말한 것입니다."

그러자 다시 어떤 비구가 곧 자리에서 일어나 가사 한 자락을 벗어 메고 합장하고 존자 사리자를 향하여 말하였다.

"존자 사리자여, 말씀하신 더러움[穢]이란 어떤 것을 더럽다고 합니까?"

존자 사리자가 비구에게 대답하였다.

"현자여, 한량없이 악하고 착하지 않은 법은 욕심에서 생기니, 이것을 더러움이라고 합니다. 왜냐하면 어떤 사람은 마음에 이러한 욕심을 내기 때문입니다.

'내가 계율을 범했으나 내가 계율을 범한 사실을 남이 알지 못하게 해야겠다.'

그러나 현자여, 혹 다른 사람이 그가 계율 범한 것을 알기도 하는데 그는 계율 범한 것을 남이 알게 되면 곧 악한 마음을 냅니다. 만일 그가 마음에 악과 욕심을 낸다면 그것은 다 착하지 않은 것입니다. 현자여, 또 어떤 사람은 마음에 이러한 욕심을 냅니다.

'내가 계율 범한 것을 남으로 하여금 은밀한 곳에서 꾸짖게 하되, 대중 앞에서 내가 계율 범한 것을 꾸짖게 하지 말아야겠다.'

그러나 현자여, 혹 어떤 사람은 은밀한 곳에서 꾸짖지 않고 대중 가운데에서 꾸짖기도 하는데, 그는 남이 은밀한 곳이 아닌 대중 가운데에서 꾸짖으면 곧 악한 마음을 냅니다. 만일 그가 마음에 악과 욕심을 낸다면 그것은 다 착하지 않은 것입니다.

현자여, 또 어떤 사람은 마음에 이러한 욕심을 냅니다.

'내가 계율 범한 것을 나보다 나은 사람으로 하여금 꾸짖게 하되, 나보다 못한 사람으로 하여금 내가 계율 범한 것을 꾸짖게 하지 말아야겠다.'

그러나 현자여, 혹 그보다 나은 사람이 아닌 그보다 못한 사람이 그가 계율 범한 것을 꾸짖기도 하는데, 그는 그보다 나은 사람이 아닌 그보다 못한 사람이 꾸짖으면 곧 악한 마음을 냅니다. 만일 그가 마음에 악과 욕심을 낸다면 그것은 다 착하지 않은 것입니다. 현자여, 또 어떤 사람은 마음에 이러한 욕심을 냅니다.

'내가 부처님 앞에 앉아서 세존께 법을 물어 모든 비구들을 위하여 설명하시게 하되, 다른 비구가 부처님 앞에 앉아서 세존께 법을 물어 모든 비구들을 위하여 설명하시게 하지 말아야겠다.'

그러나 현자여, 혹 다른 비구가 부처님 앞에 앉아서 세존께 법을 물어 모든 비구들을 위하여 설명하시기도 하는데, 그는 다른 비구가 부처님 앞에 앉아서 세존께 법을 물어 모든 비구들을 위하여 설명하시게 되면 곧 악한 마음을 냅니다. 만일 그가 마음에 악과 욕심을 낸다면 그것은 다 착하지 않은 것입니다.

현자여, 또 어떤 사람은 마음에 이러한 욕심을 냅니다.

'모든 비구들이 안으로 들어갈 때 내가 제일 앞에 있다가 모든 비구들이 나를 따라 안으로 들어가게 하되, 모든 비구들이 안으로 들어갈 때 다른 비구가 제일 앞에 있다가 모든 비구들이 그를 따라 안으로 들어가게 하지는 말아야겠다.'

그러나 현자여, 모든 비구들이 안으로 들어갈 때 혹 다른 비구가 제일 앞에 있다가 모든 비구들이 그를 따라 안으로 들어가기도 하는데, 그는 모든 비구들이 안으로 들어갈 때 다른 비구가 제일 앞에 있다가 모든 비구들이 그를 따라 안으로 들어가게 되면 곧 악한 마음을 냅니다. 만일 그가 마음에 악과 욕심을 낸다면 그것은 다 착하지 않은 것입니다.

현자여, 또 어떤 사람은 마음에 이러한 욕심을 냅니다.

'모든 비구들이 안으로 들어갔을 때 내가 제일 위에 있다가 가장 윗자리에 제일 먼저 앉고 제일 먼저 물을 받으며 제일 먼저 밥을 받되, 모든 비구들이 안으로 들어갔을 때 다른 비구가 제일 위에 있다가 가장 윗자리에 제일 먼저 앉고 제일 먼저 물을 받으며 제일 먼저 밥을 받게 하지는 말아야겠다.'

그러나 현자여, 모든 비구들이 안으로 들어갔을 때 혹 어떤 다른 비구가 제일 위에 있다가 가장 윗자리에 제일 먼저 앉고 제일 먼저 물을 받으며 제일 먼저 밥을 받기도 하는데, 그는 모든 비구들이 안으로 들어갔을 때 다른 비구가 제일 위에 있다가 가장 윗자리에 제일 먼저 앉고 제일 먼저 물을 받으며 제일 먼저 밥을 받게 되면 곧 악한 마음을 냅니다. 만일 그가 마음에 악과 욕심을 낸다면 그것은 다 착하지 않은 것입니다.

현자여, 또 어떤 사람은 마음에 이러한 욕심을 냅니다.

'모든 비구들이 밥을 먹고 밥그릇을 거두고 물〔澡水〕을 돌린 뒤에 내가 거사들을 위해 설법하여 간절히 우러르는 마음을 내게 하고 기쁨을 성취하게 하되, 비구들이 밥을 먹고 밥그릇을 거두고 물을 돌린 뒤에 다른 비구가 모든 거사들을 위해 설법하여 간절히 우러르는 마음을 내게 하고 기쁨을 성취하게 하지는 말아야겠다.'

그러나 현자여, 모든 비구들이 밥을 먹고 밥그릇을 거두고 물을 돌린 뒤에 혹 어떤 다른 비구가 거사들을 위해 설법하여 간절히 우러르는 마음을 내게 하고 기쁨을 성취하게 하기도 하는데, 그는 비구들이 밥을 먹고 밥그릇을 거두고 물을 돌린 뒤에 다른 비구가 거사들을 위해 설법하여 간절히 우러르는 마음을 내게 하고 기쁨을 성취하게 하면 곧 악한 마음을 냅니다. 만일 그가 마음에 악과 욕심을 낸다면 그것은 다 착하지 않은 것입니다.

현자여, 또 어떤 사람은 마음에 이러한 욕심을 냅니다.

'거사들이 절〔衆園〕에 왔을 때 내가 그들과 함께 인사하고 함께 모이며 함께 앉아 함께 의논하되, 거사들이 절에 왔을 때 다른 비구가 그들과 함께 인사하고 함께 모이며 함께 앉아 의논하게 하지 말아야겠다.'

그러나 현자여, 거사들이 절에 왔을 때 혹 어떤 다른 비구가 그들과 함께 인사하고 모이며 함께 앉아 의논하기도 하는데, 그는 거사들이 절에 왔을 때 다른 비구가 그들과 함께 인사하고 모이며 함께 앉아 의논하게 되면 곧 악한 마음을 냅니다. 만일 그가 마음에 악과 욕심을 낸다면 그것은 다 착하지 않은 것입니다.

현자여, 또 어떤 사람은 마음에 이러한 욕심을 냅니다.

'나를 왕이 알고 왕과 대신·범지·거사와 나라 안의 백성들이 알아 존경하게 하되, 다른 비구를 왕이 알고 왕과 대신·범지·거사와

나라 안의 백성들이 알아 존경하게 하지는 말아야겠다.'

그러나 현자여, 혹 어떤 다른 비구를 왕이 알고 왕과 대신·범지·거사와 나라 안의 백성들이 알고 존경하기도 하는데, 그는 다른 비구를 왕이 알고 왕과 대신·범지·거사와 나라 안의 백성들이 알아 존경하게 되면 곧 악한 마음을 냅니다. 만일 그가 마음에 악과 욕심을 낸다면 그것은 다 착하지 않은 것입니다.

현자여, 또 어떤 사람은 마음에 이러한 욕심을 냅니다.

'내가 사부대중인 비구比丘·비구니比丘尼·우바새優婆塞·우바이〔優婆私〕의 존경을 받되, 다른 비구가 사부대중인 비구·비구니·우바새·우바이의 존경을 받게 하지는 말아야겠다.'

그러나 현자여, 혹 어떤 다른 비구가 사부대중인 비구·비구니·우바새·우바이의 존경을 받기도 하는데, 그는 다른 비구가 사부대중인 비구·비구니·우바새·우바이의 존경을 받게 되면 곧 악한 마음을 냅니다. 만일 그가 마음에 악과 욕심을 낸다면 그것은 다 착하지 않은 것입니다.

현자여, 또 어떤 사람은 마음에 이러한 욕심을 냅니다.

'내가 의복·음식·침구·탕약의 모든 생활 도구를 얻되, 다른 비구는 의복·음식·침구·탕약의 모든 생활 도구를 얻게 하지 말아야겠다.'

그러나 현자여, 혹 어떤 다른 비구가 의복·음식·침구·탕약 등 모든 생활 도구를 얻기도 하는데, 그는 다른 비구가 의복·음식·침구·탕약 등 모든 생활 도구를 얻게 되면 곧 악한 마음을 냅니다. 만일 그가 마음에 악과 욕심을 낸다면 그것은 다 착하지 않은 것입니다.

현자여, 마찬가지로 만일 여러 지혜로운 범행자梵行者들이 있을 때, 그들이 이와 같이 한량없이 악하고 착하지 않은 마음과 욕심내는 것을 그 사람이 알지 못한다면 그렇게 하여 그는 사문이 아닌 자를 사문이라 생각하고 지혜로운 사문이 아닌 자를 지혜로운 사문이라 생각하며 바른 지혜가 아닌 것을 바른 지혜라 생각하고, 바른 생각이 아닌 것을 바른 생각이라 생각하며 청정하지 않은 것을 청정하다고 생각하게 됩니다.

현자여, 마찬가지로 만일 여러 지혜로운 범행자들이 있을 때, 그들이 한량없이 악하고 착하지 않은 마음과 욕심을 내는 것을 그 사람이 안다면, 그렇게 하여 그는 사문이 아닌 자를 사문이 아니라 생각하고 지혜로운 사문이 아닌 자를 지혜로운 사문이 아니라 생각하며 바른 지혜가 아닌 것을 바른 지혜가 아니라 생각하고 바른 생각이 아닌 것을 바른 생각이 아니라 생각하며 청정하지 않은 것을 청정하지 않다고 생각하게 됩니다.

현자여, 마치 어떤 사람이 혹 저자나 유기그릇을 만드는 집에서 유기 합반合槃을 사 가지고 와서 그 안에 똥을 가득 채워 그 위에 뚜껑을 덮어 가지고 가다 점방을 지나 여러 사람들에게 가까이 가는 것과 같습니다. 그 대중들은 그것을 보고 모두 먹고 싶어 매우 좋다는 생각을 하며 그것을 싫어하지 않고 깨끗하다는 생각을 냅니다. 그러나 그가 가지고 가다가 어느 곳에 멈추어 서서 문득 뚜껑을 열어 보이면 여러 대중들은 그것을 본 뒤에는 모두 먹으려 하지 않고 좋아하는 생각이 없으며 그것을 매우 싫어하고 깨끗하지 않다는 생각을 냅니다. 먹고 싶어하던 자라도 다시는 요구하지 않을 것인데 하물며 본래부터 스스로 먹고 싶어하지 않던 자이겠습니까?

현자여, 마찬가지로 만일 여러 지혜로운 범행자들이 있을 때, 그들이 한량없이 악하고 착하지 않은 마음과 욕심을 내는 것을 그 사람이 알지 못한다면 그렇게 하여 그는 사문이 아닌 자를 사문이라 생각하고 지혜로운 사문이 아닌 자를 지혜로운 사문이라 생각하며 바른 지혜가 아닌 것을 바른 지혜라 생각하고 바른 생각이 아닌 것을 바른 생각이라 생각하며 청정하지 않은 것을 청정하다고 생각하게 됩니다.

현자여, 마찬가지로 만일 여러 지혜로운 범행자들이 있을 때, 그들이 이와 같이 한량없는 악하고 착하지 않은 마음과 욕심을 내는 것을 그 사람이 안다면 그렇게 하여 그는 사문이 아닌 자를 사문이 아니라 생각하고 지혜로운 사문이 아닌 자를 지혜로운 사문이 아니라 생각하며 바른 지혜가 아닌 것을 바른 지혜가 아니라 생각하고 바른 생각이 아닌 것을 바른 생각이 아니라고 생각하며 청정하지 않은 것을 청정하지 않다고 생각하게 됩니다.

현자여, 마땅히 알아야 하나니, 그런 사람은 가까이하지 말고 공경하거나 예로써 섬기지 말아야 합니다. 만일 비구가 마땅히 가까이하지 않아야 할 자를 가까이하고 마땅히 공경하거나 예로써 섬기지 않아야 할 자를 공경하고 예로써 섬긴다면 이렇게 하여 그는 곧 긴 세월〔長夜〕 동안 이익도 없고 옳음도 없을 것이며, 곧 요익하지도 않고 안온하거나 즐겁지도 않아 고통과 걱정과 슬픔이 생길 것입니다.

현자여, 또 어떤 사람은 마음에 이러한 욕심을 내지 않습니다.

'내가 계율을 범했으나 내가 계율을 범한 사실을 남이 알지 못하게 해야겠다.'

현자여, 혹 다른 사람이 그가 계율 범한 사실을 알기도 하는데 그는 남이 계율 범한 것을 아는 것 때문에 악한 마음을 내지는 않습니다. 만일 그가 마음에 악과 욕심을 내지 않는다면 이 둘은 다 착한 것입니다. 현자여, 어떤 사람은 이러한 욕심을 내지 않습니다.

'내가 계율 범한 것을 남으로 하여금 은밀한 곳에서 꾸짖게 하되 대중 앞에서 내가 계율 범한 것을 꾸짖게 하지 말아야겠다.'

현자여, 혹 다른 사람이 은밀한 곳에서 꾸짖지 않고 대중 가운데에서 꾸짖기도 하는데, 그는 남이 은밀한 곳이 아닌 대중 가운데에서 꾸짖는 것 때문에 악한 마음을 내지는 않습니다. 만일 그가 마음에 악이 없고 마음에 욕심을 내지 않는다면 이 둘은 다 착한 것입니다.

현자여, 또 어떤 사람은 마음에 이러한 욕심을 내지 않습니다.

'내가 계율 범한 것을 나보다 나은 사람으로 하여금 꾸짖게 하되, 나보다 못한 사람으로 하여금 내가 계율 범한 것을 꾸짖게 하지 말아야겠다.'

현자여, 혹 그보다 나은 사람이 아닌 그보다 못한 사람이 그가 계율 범한 것을 꾸짖기도 하는데, 그는 그보다 나은 사람이 아닌 그보다 못한 사람이 꾸짖는 것 때문에 악한 마음을 내지는 않습니다. 만일 그가 마음에 악이 없고 욕심을 내지 않는다면 이 둘은 다 착한 것입니다. 현자여 또 어떤 사람은 마음에 이러한 욕심을 내지 않습니다.

'내가 부처님 앞에 앉아서 세존께 법을 물어 모든 비구들을 위하여 설명하시게 하되, 다른 비구가 부처님 앞에 앉아서 세존께 법을 물어 모든 비구들을 위하여 설명하시게 하지 말아야겠다.'

현자여, 혹 다른 비구가 부처님 앞에 앉아서 세존께 법을 물어 모든 비구들을 위하여 설명하시기도 하는데, 그는 다른 비구가 부처님 앞에서 세존께 법을 물어 모든 비구들을 위하여 설명하시는 것 때문에 악한 마음을 내지는 않습니다. 만일 그 마음에 악이 없고 마음에 욕심을 내지 않는다면 이 둘은 다 착한 것입니다.

현자여, 또 어떤 사람은 마음에 이러한 욕심을 내지 않습니다.

'모든 비구들이 안으로 들어갈 때 내가 제일 앞에 있다가 모든 비구들이 나를 따라 안으로 들어가되, 모든 비구들이 안으로 들어갈 때 다른 비구가 제일 앞에 있다가 모든 비구들이 그를 따라 안으로 들어가

게 하지는 말아야겠다.'

현자여, 혹 모든 비구들이 안으로 들어갈 때, 다른 비구가 제일 앞에 있다가 모든 비구들이 그를 따라 안으로 들어가기도 하는데, 그는 모든 비구들이 안으로 들어갈 때 다른 비구가 제일 앞에 있다가 모든 비구들이 그를 따라 안으로 들어가는 것 때문에 악한 마음을 내지는 않습니다. 만일 그가 마음에 악이 없고 마음에 욕심을 내지 않는다면 이 둘은 다 착한 것입니다.

현자여, 또 어떤 사람은 마음에 이러한 욕심을 내지 않습니다.

'모든 비구들이 안으로 들어갔을 때, 내가 제일 위에 있다가 가장 윗자리에 제일 먼저 앉고 제일 먼저 물을 받으며 제일 먼저 밥을 받되, 모든 비구들이 안으로 들어갔을 때 다른 비구가 제일 위에 있다가 가장 윗자리에 제일 먼저 앉고 제일 먼저 물을 받으며 제일 먼저 밥을 받게 하지는 말아야겠다.'

현자여, 모든 비구들이 안으로 들어갔을 때 혹 어떤 다른 비구가 제일 위에 있다가 가장 윗자리에 제일 먼저 앉고 제일 먼저 물을 받으며 제일 먼저 밥을 받기도 하는데 그는 모든 비구들이 안으로 들어갔을 때 다른 비구가 제일 위에 있다가 가장 윗자리에 제일 먼저 앉고 제일 먼저 물을 받으며 제일 먼저 밥을 받는 것 때문에 악한 마음을 내지는 않습니다. 만일 그가 마음에 악이 없고 마음에 욕심을 내지 않는다면 이 둘은 다 착한 것입니다.

현자여, 또 어떤 사람은 마음에 이러한 욕심을 내지 않습니다.

'모든 비구들이 밥을 먹고 밥그릇을 거두고 물을 돌린 뒤에 내가 모든 거사들을 위해 설법하여 간절히 우러르는 마음을 내게 하고 기쁨을 성취하게 하되, 비구들이 밥을 먹고 밥그릇을 거두고 물을 돌린 뒤에 다른 비구가 모든 거사들을 위해 설법하여 간절히 우러르는 마음

을 내게 하고 기쁨을 성취하게 하지는 말아야겠다.'

현자여, 모든 비구들이 밥을 먹고 밥그릇을 거두고 물을 돌린 뒤에 혹 다른 비구가 거사들을 위해 설법하여 간절히 우러르는 마음을 내게 하고 기쁨을 성취하게 하기도 하는데, 그는 비구들이 밥을 먹고 밥그릇을 거두고 물을 돌린 뒤에 다른 비구가 거사들을 위해 설법하여 간절히 우러르는 마음을 내게 하고 기쁨을 성취하게 하는 것 때문에 악한 마음을 내지는 않습니다. 만일 그가 마음에 악이 없고 마음에 욕심을 내지 않는다면 이 둘은 다 착한 것입니다.

현자여, 또 어떤 사람은 마음에 이러한 욕심을 내지 않습니다.

'여러 거사들이 절에 왔을 때 내가 그들과 함께 인사하고 모이며 함께 앉아 의논하되, 거사들이 절에 왔을 때 다른 비구가 그들과 함께 인사하고 함께 모이며 함께 앉아 의논하게 하지 말아야겠다.'

현자여, 여러 거사들이 절에 왔을 때 혹 어떤 다른 비구가 그들과 함께 인사하고 함께 모이며 함께 앉아 의논하기도 하는데, 그는 거사들이 절에 왔을 때 다른 비구가 그들과 함께 인사하고 함께 모이며 함께 앉아 의논하는 것 때문에 마음에 악한 마음을 내지는 않습니다. 만일 그가 마음에 악이 없고 마음에 욕심을 내지 않는다면 이 둘은 다 착한 것입니다.

현자여, 또 어떤 사람은 마음에 이러한 욕심을 내지 않습니다.

'나를 왕이 알고 왕과 대신·범지·거사와 나라 안의 백성들이 알아 존경하게 하되, 다른 비구를 왕이 알고 왕과 대신·범지·거사와 나라 안의 백성들이 알아 존경하게 하지는 말아야겠나.'

현자여, 혹 어떤 다른 비구를 왕이 알고 왕과 대신·범지·거사와 나라 안의 백성들이 알고 존경하기도 하는데, 그는 다른 비구를 왕이 알고 왕과 대신·범지·거사와 나라 안의 모든 백성들이 알아 존경하는 것 때문에 악한 마음을 내지는 않습니다. 만일 그가 마음에 악이 없고 마음에 욕심을 내지 않는다면 이 둘은 다 착한 것입니다.

현자여, 또 어떤 사람은 마음에 이러한 욕심을 내지 않습니다.

'내가 사부대중〔四衆〕인 비구·비구니·우바새·우바이의 존경을 받되, 다른 비구가 사부대중인 비구·비구니·우바새·우바이의 존경을 받게 하지는 말아야겠다.'

현자여, 혹 다른 비구가 사부대중인 비구·비구니·우바새·우바이의 존경을 받기도 하는데, 그는 다른 비구가 사부대중인 비구·비구니·우바새·우바이의 존경을 받는 것 때문에 악한 마음을 내지는 않습니다. 만일 그가 마음에 악이 없고 마음에 욕심을 내지 않는다면 이 둘은 다 착한 것입니다.

현자여, 또 어떤 사람은 마음에 이러한 욕심을 내지 않습니다.

'내가 의복·음식·침구·탕약 등 모든 생활 도구를 얻되, 다른 비구는 의복·음식·침구·탕약 등 모든 생활 도구를 얻게 하지 말아야겠다.'

현자여, 혹 어떤 다른 비구가 의복·음식·침구·탕약 등 모든 생활 도구를 얻기도 하는데, 그는 다른 비구가 의복·음식·침구·탕약 등 모든 생활 도구를 얻는 것 때문에 악한 마음을 내지는 않습니다. 만일 그가 마음에 악이 없고 마음에 욕심을 내지 않는다면 이 둘은 다 착한 것입니다.

현자여, 마찬가지로 만일 여러 지혜로운 범행자梵行者들이 있을 때, 그들이 이와 같이 한량없는 착한 마음의 욕구를 내는 것을 그 사람이 알지 못한다면 그렇게 하여 그는 사문을 사문이 아니라 생각하고 지혜로운 사문을 지혜로운 사문이 아니라 생각하며 바른 지혜를 바른 지혜가 아니라 생각하고 바른 생각을 바른 생각이 아니라 생각하며 청정한 것을 청정하지 않다고 생각하게 됩니다.

현자여, 마찬가지로 만일 여러 지혜로운 범행자들이 있을 때, 그들이 이와 같이 한량없는 착한 마음의 욕구를 내는 것을 그 사람이 안다면 그렇게 하여 그는 사문을 사문이라 생각하고 지혜로운 사문을 지혜로운 사문이라 생각하며 바른 지혜를 바른 지혜라 생각하고 바른 생각을 바른 생각이라 생각하며 청정한 것을 청정하다고 생각하게 됩니다.

현자여, 마치 어떤 사람이 혹 저자나 유기그릇을 만드는 집에서 유기 합반合槃을 사 가지고 와서 여러 가지 깨끗하고 맛난 음식을 가득 채워 그 위에 뚜껑을 덮어 가지고 가다가 점방을 지나 여러 사람들에게 가까이 가는 것과 같습니다. 그 대중들은 그것을 보고는 이전에 똥이 담겨져 있던 기억에 모두 먹고 싶어하지도 않고 좋아하는 생각도 없으며 그것을 매우 싫어하며 깨끗하지 못하다는 생각을 내어 곧 이렇게 말합니다.

'저 똥을 치워라. 저 똥을 치워라.'

그래서 그가 가지고 가다가 한곳에 멈추어 서서 뚜껑을 열어 보이면, 대중들은 이것을 본 뒤에는 곧 다들 먹고 싶어하고 매우 좋다는 생각을 하며 그것을 싫어하지도 않고 곧 깨끗하다는 생각을 냅니다. 본래 먹고 싶어하지 않던 자라도 보고 나면 먹고 싶어할 텐데 하물며 본래부터 먹고 싶어하던 자이겠습니까?

현자여, 마찬가지로 만일 여러 지혜로운 범행자들이 있을 때, 그들이 이와 같이 한량없는 착한 마음의 욕구를 내는 것을 그 사람이 알지 못한다면 그렇게 하여 그는 사문을 사문이 아니라 생각하고, 지혜로운 사문을 지혜로운 사문이 아니라 생각하며 바른 지혜를 바른 지혜가 아니라 생각하고 바른 생각을 바른 생각이 아니라 생각하며 청정한 것을 청정하지 않다고 생각하게 됩니다.

현자여, 마찬가지로 만일 여러 지혜로운 범행자들이 있을 때 그들이 이와 같이 한량없는 착한 마음의 욕구를 내는 것을 그 사람이 안다면 그렇게 하여 그는 사문을 사문이라 생각하고 지혜로운 사문을 지혜로운 사문이라 생각하며 바른 지혜를 바른 지혜라 생각하고 바른 생각을 바른 생각이라 생각하며 청정한 것을 청정하다고 생각하게 됩니다.

현자여, 마땅히 알아야 합니다. 이런 사람은 가까이하고 공경하고 예로써 섬겨야 합니다. 만일 비구가 마땅히 가까이해야 할 자를 곧 가까이하고 마땅히 공경하고 예로써 섬겨야 할 자를 곧 공경하고 예로써 섬긴다면, 그렇게 하여 그는 긴 세월〔長夜〕 동안 이익을 얻고 옳음을 얻을 것이며 곧 요익하고 안온함과 즐거움도 얻게 되며 또한 고통과 걱정과 슬픔도 없게 될 것입니다."

그때 존자 대목건련大目揵連도 대중 가운데 있었다. 존자 대목건련이 물었다.

"존자 사리자여, 나는 지금 이 일을 비유로써 말하고자 하는데 내가 말하는 것을 허락하시겠습니까?"

존자 사리자가 말하였다.

"현자 대목건련이여, 비유로 말하고 싶으시다면 곧 말씀하셔도 좋습니다."

그러자 존자 대목건련이 곧 다시 말하였다.

"존자 사리자여, 제 기억으로는 언젠가 왕사성을 유행하다가 바위산 속에서 지낼 때였습니다. 나는 그때 밤을 지내고 이른 아침에 가사를 입고 발우를 가지고 왕사성 안으로 들어가 걸식하면서 옛날에 수레 만들던 나형 외도〔無衣〕 만자滿子의 집으로 갔었습니다. 그때 그 이

웃에도 수레 만드는 이〔車師〕가 있어 수레 속바퀴를 고치고 있었습니다. 옛날에 수레 만들던 나형 외도 만자도 그 집으로 갔습니다. 거기서 옛날에 수레 만들던 나형 외도 만자는 그가 수레 속바퀴를 고치는 것을 보고 마음으로 이렇게 생각하였습니다.

'만일 저 수레 만드는 이가 도끼를 가지고 속바퀴를 고치면서 여기저기 나쁜 곳을 찍어낸다면 저 수레 속바퀴는 곧 매우 좋게 될 것이다.'

그때 그 수레 만드는 이는 곧 옛날에 수레 만들던 나형 외도 만자가 마음속으로 생각한 것처럼, 곧 도끼를 가지고 여기저기 나쁜 곳을 찍어내었습니다. 그러자 옛날에 수레 만들던 나형 외도 만자는 매우 기뻐하며 이렇게 말하였습니다.

'수레 만드는 이여, 그대 마음은 이렇게도 곧 내 마음을 알아챘구려. 왜냐하면 그대가 도끼를 가지고 수레 속바퀴의 여기저기 나쁜 곳을 찍어 고치는 것이 내 생각과 같았기 때문이오.'

이와 같이 존자 사리자여, 만일 어떤 사람이 아첨하고 속이고 질투하며 믿음이 없고 게으르며 바른 생각과 바른 지혜가 없고 정定과 혜慧가 없으며 그 마음이 미치고 미혹하여 모든 근根을 보호하지 않고 사문의 길을 닦지 않아 분별이 없으면, 존자 사리자께서는 마음으로 그의 마음을 알기 때문에 이 법을 말하는 것입니다.

존자 사리자여, 만일 어떤 사람이 아첨하지 않고 속이지 않고 질투가 없으며 믿음이 있고 정진하여 게으름이 없으며 바른 생각과 바른 지혜가 있고 정定을 닦고 혜慧를 닦으며 마음이 미치고 미혹하지 않아 모든 근을 지켜 보호하고 널리 사문의 길을 닦아 잘 분별한다고 합시다. 그가 존자 사리자의 설법을 듣는다면 마치 굶주렸을 때 먹을 것을 얻고자 하고 목마를 때 입과 뜻으로 마실 것을 얻고자 하는 것과 같을 것입니다.

존자 사리자여, 마치 찰리녀刹利女나 범지梵志·거사居士·기술자의 딸이 단정하고 아름다운데, 매우 깨끗하게 목욕하고 향을 몸에 바르고 밝고 깨끗한 옷을 입고 여러 가지 영락으로 그 몸을 장식하였을 때 혹 어떤 사람이 그 여자를 사모하기 때문에 이익과 요익을 구하고 안온과 쾌락을 구하여 푸른 연꽃〔靑蓮華〕다발이나 혹은 첨복꽃〔瞻蔔華〕다발·수마나꽃〔修摩那華〕다발·바사꽃〔婆師華〕다발 혹은 아제모다꽃〔阿提牟哆華〕다발을 가져다 그 여자에게 주면 그 여자는 기뻐하면서 두 손으로 그것을 받아 그 머리를 장식하는 것과 같습니다.

존자 사리자여, 이와 같이 만일 어떤 사람이 아첨하지 않고 속이지 않고 질투가 없으며 믿음이 있고 정진하여 게으름이 없으며 바른 생각과 바른 지혜가 있고 정을 닦고 혜를 닦으며 마음이 미치거나 미혹하지 않아 모든 근을 지켜 보호하고 널리 사문의 길을 닦아 잘 분별한다고 합시다. 그가 존자의 설법을 듣는다면 마치 굶주렸을 때 먹을 것을 얻고자 하고 목마를 때 입과 뜻으로 마실 것을 얻고자 하는 것과 같을 것입니다.

존자 사리자께서는 참으로 뛰어나고 참으로 특출하십니다. 존자 사리자께서는 항상 모든 범행자를 구제하여 선하지 않은 곳을 떠나 선한 곳에 편안히 머물게〔安立〕 하십니다."

이렇게 두 존자는 서로 칭찬하는 말을 하고 자리에서 일어나 떠나갔다.

존자 사리자가 이렇게 말하자, 존자 대목건련과 비구들은 존자 사리자의 말을 듣고 기뻐하며 받들어 행하였다.

〔이 예품경에 수록된 경문의 글자 수는 5,196자이다.〕

88) 구법경求法經〔제2 소토성송〕

나는 이와 같이 들었다.

어느 때 부처님께서 구사라국拘娑羅國을 유행하실 때에 큰 비구들과 함께 오사라촌五娑羅村의 북쪽에 있는 시섭화尸攝惒 숲속으로 가셨다. 그리고 이름과 덕망이 있는 상존장로上尊長老와 대제자들 곧 존자 사리자舍梨子·존자 대목건련大目揵連·존자 대가섭大迦葉·존자 대가전연大迦旃延·존자 아나율타阿那律陀·존자 리월麗越[1]·존자 아난阿難 등 이와 같이 이름과 덕망이 있는 상존장로와 대제자들도 오사라촌에 있으면서 모두 부처님의 나뭇잎 집〔葉屋〕 근처에 머물렀다. 그때 세존께서 모든 비구들에게 말씀하셨다.

"너희들은 마땅히 법을 구하는 수행을 하고 음식을 구하는 수행을 하지 말라. 무슨 까닭인가? 나는 제자들을 사랑하고 가엾이 여기기 때문에 법을 구하는 수행을 하고 음식을 구하는 수행을 하지 못하게 하려는 것이다. 만일 너희들이 음식을 구하는 수행을 하고 법을 구하는 수행을 하지 않으면 너희들은 이미 스스로 나를 미워한 것이고 또한 명예도 없어질 것이다.

어떤 것이 모든 제자가 음식을 구하기 위해 부처님을 의지하여 수행하고 법을 구하기 위해서가 아니라는 것인가? 언젠가 나는 배불리 먹어 식사를 마치고도 아직 남은 밥이 있었다. 그런데 나중에 굶주리고 목말라 기력이 쇠한 두 비구가 찾아 왔다. 나는 그들에게 말하였다.

1 팔리어로 Revata이고, 리왈離曰·리바다離婆多로도 음역한다. 마음이 산란하지 않기로 제일인 비구이다.

'나는 배불리 먹어 식사를 마치고도 아직 남은 밥이 있다. 너희들이 먹고 싶으면 곧 그것을 갖다 먹으라. 만일 너희들이 먹지 않으면 나는 곧 가져다 깨끗한 땅에 쏟던지 혹은 벌레가 없는 물속에 쏟을 것이다.'

그러자 그 두 비구 중 첫째 비구는 곧 이렇게 생각하였다.

'세존께서 식사를 마치셨는데도 아직 남은 밥이 있다. 만일 내가 먹지 않으면 세존께서는 반드시 그것을 갖다 깨끗한 땅에 쏟던지 혹은 벌레가 없는 물속에 쏟으실 것이다. 차라리 내가 지금 그것을 갖다 먹어야겠다.'

그리고 곧 가져다 먹었다.

그 비구는 이것을 먹은 뒤에 비록 하루 낮 하룻밤은 즐겁고 안온하였지만 그 비구는 이 밥을 먹음으로 말미암아 부처님 뜻에는 맞지 않게 되었다. 무슨 까닭인가? 그 비구는 이 밥을 먹음으로 말미암아 욕심이 적어지지 않았고 만족할 줄을 몰랐으며 쉽게 장양長養하지 못했고 쉽게 만족하지 못했으며 때를 알지 못하게 되었고 한정을 알지 못하게 되었으며, 정진하지 못하게 되었고 연좌宴坐하지 못하게 되었으며 행이 깨끗하지 못하게 되었고 멀리 여의지 못하게 되었으며 한마음이 되지 못하였고 정근하지 못하게 되었으며 또한 열반을 얻지도 못하게 되었다. 그러므로 그 비구는 이 밥을 먹음으로 말미암아 부처님 뜻에 맞지 않게 되었으니 이것이 모든 제자가 음식을 구하기 위해 부처님을 의지하여 수행하고 법을 구하기 위해서가 아니라는 것이다.

어떤 것이 모든 제자가 법을 구하는 수행을 하고 음식을 구하기 위해 수행을 하지 않는다는 것인가? 그 두 비구 중 둘째 비구는 곧 이렇게 생각하였다.

'세존께서는 식사를 마치셨는데도 아직 남은 밥이 있다. 만일 내가 먹지 않으면 세존께서는 반드시 그것을 갖다 깨끗한 땅에 쏟던지 혹은 벌레가 없는 물속에 쏟으실 것이다. 그러나 세존께서 말씀하시기를 음식 중에서 가장 나쁜 것이 남은 밥이라 하셨으니, 나는 이제 차라리 이 밥을 먹지 않겠다.'

이렇게 생각한 뒤에 곧 먹지 않았다.

그 비구는 이 밥을 먹지 않은 뒤에 비록 하루 낮 하룻밤은 괴롭고 안온하지 못했지만, 그 비구는 이 밥을 먹지 않음으로 말미암아 부처님 뜻에는 맞게 되었다. 무슨 까닭인가? 그 비구는 이 밥을 먹지 않음으로 말미암아 욕심이 적어지게 되었고 만족할 줄을 알게 되었으며 쉽게 장양하게 되었고 쉽게 만족하게 되었으며 때를 알게 되었고 한정을 알게 되었으며, 정진하게 되었고 연좌하게 되었으며 행이 깨끗하게 되었고 멀리 여의게 되었으며 한마음이 되었고 정근하게 되었으며 또한 열반을 얻게 되었다. 그러므로 그 비구는 이 밥을 먹지 않음으로 말미암아 부처님 뜻에 맞게 되었으니 이것이 모든 제자가 법을 구하기 위해 부처님을 의지하여 수행하고 음식을 구하기 위해서가 아니라는 것이다."

이때 세존께서는 모든 제자들에게 말씀하셨다.

"만일 어떤 법률法律에서 스승이 멀리 떨어져 머물기를 좋아하는데 그 상제자上弟子가 멀리 떨어져 머물기를 좋아하지 않는다면, 그 법률은 많은 사람을 요익하게 하지 못하여 많은 사람은 즐거움을 얻지 못하고 세간을 가엾이 여기지 못하게 되며 또한 하늘을 위해서나 사람을 위하여 옳음과 요익을 구하지 못하고 안온과 쾌락을 구하지 못하게 될 것이다.

만일 어떤 법률에서 스승은 멀리 떨어져 머물기를 좋아하는데 중·하의 제자들이 멀리 떨어져 머물기를 좋아하지 않는다면, 그 법률은 많은 사람을 요익하게 하지 못하여 많은 사람은 즐거움을 얻지 못하고 세간을 가엾이 여기지 못하게 되며 또한 하늘을 위해서나 사람을 위하여 옳음과 요익을 구하지 못하고 안온과 쾌락을 구하지 못하게 될 것이다.

만일 어떤 법률에서 스승이 멀리 떨어져 머물기를 좋아하고 상제자도 역시 멀리 떨어져 머물기를 좋아한다면, 그 법률은 많은 사람을 요익하게 하여 많은 사람은 즐거움을 얻고 세간을 가엾이 여기게 되며 또한 하늘을 위해서나 사람을 위하여 옮음과 요익을 구하고 안온과 쾌락을 구하게 될 것이다.

만일 어떤 법률에서 스승이 멀리 떨어져 머물기를 좋아하고 중·하의 제자도 역시 멀리 떨어져 머물기를 좋아한다면, 그 법률은 많은 사람을 요익하게 하여 많은 사람이 즐거움을 얻고 세간을 가엾이 여기게 되며 또한 하늘을 위해서나 사람을 위하여 옳음과 요익을 구하고 안온과 쾌락을 구하게 된다."

이때 존자 사리자도 대중 가운데 있었다. 그때 세존께서 말씀하셨다.

"사리자여, 너는 모든 비구들을 위하여 법답게 설법하도록 하라. 나는 등에 병이 나서 지금 조금 쉬어야겠다."

존자 사리자는 곧 부처님의 분부를 받들었다.

"예, 세존이시여."

이에 세존께서는 우다라승(優多羅僧 : 鬱多羅僧)을 네 겹으로 접어 평상 위에 깔고 승가리를 개어 베개로 삼으시고 오른쪽으로 누워 발과 발을 포개시고 광명상光明想을 지으시면서 바른 생각〔正念〕과 바른 지혜〔正智〕로써 언제나 일어나기를 생각하셨다.

그때 존자 사리자는 여러 비구들에게 말하였다.

"여러분, 마땅히 아셔야 합니다. 세존께서는 조금 전 간략히 설법하셨습니다.

'만일 어떤 법률法律에서 스승은 멀리 떨어져 머물기를 좋아하는데 그 상제자가 멀리 떨어져 머물기를 좋아하지 않는다면, 그 법률은 많은 사람을 요익하게 하지 못하여 많은 사람이 즐거움을 얻지 못하고 세간을 가엾이 여기지 못하게 되며, 또한 하늘을 위해서나 사람을 위하여 옳음과 요익을 구하지 못하고 안온과 쾌락을 구하지 못하게 될 것이다.

만일 어떤 법률에서 스승은 멀리 떨어져 머물기를 좋아하는데 중·하의 제자가 멀리 떨어져 머물기를 좋아하지 않는다면, 그 법률은 많은 사람을 요익하게 하지 못하여 많은 사람이 즐거움을 얻지 못하고 세간을 가엾이 여기지 못하게 되며, 또한 하늘을 위해서나 사람을 위하여 옳음과 요익을 구하지 못하고 안온과 쾌락을 구하지 못하게 될 것이다.

만일 어떤 법률에서 스승이 멀리 떨어져 머물기를 좋아하고 상제자도 멀리 떨어져 머물기를 좋아한다면 그 법률은 많은 사람을 요익하게 하여 많은 사람이 즐거움을 얻고 세간을 가엾이 여기게 되며, 또한 하늘을 위해서나 사람을 위하여 옳음과 요익을 구하고 안온과 쾌락을 구하게 될 것이다.

만일 어떤 법률에서 스승이 멀리 떨어져 머물기를 좋아하고 중·하의 제자도 멀리 떨어져 머물기를 좋아한다면, 그 법률은 많은 사람을 요익하게 하여 많은 사람이 즐거움을 얻고 세간을 가엾이 여기게 되며 또한 하늘을 위해서나 사람을 위하여 옳음과 요익을 구하고 안온과 쾌락을 구하게 될 것이다.'

그런데 세존께서는 이 법을 지극히 간략하게 말씀하셨으니 여러분은 어떻게 그 뜻을 이해하고 어떻게 널리 분별하였습니까?"

그때 대중 가운데서 어떤 비구가 이렇게 말하였다.

"존자 사리자여, 만일 모든 장로상존長老上尊이 스스로 '나는 구경究竟의 지혜를 얻어 생이 이미 다하고 범행梵行은 이미 서고 할 일은 이미 마쳐 다시는 후세의 생명을 받지 않음을 사실 그대로 알고 있다'고 말한다면, 모든 범행자는 그 비구가 스스로 구경의 지혜를 얻었다고 말하는 것을 듣고 곧 기쁨을 얻을 것입니다."

다시 어떤 비구는 이렇게 말하였다.

"존자 사리자여, 만일 중·하의 제자가 위없는 열반[無上涅槃]을 구하고 원한다면 모든 범행자는 그의 행을 보고 곧 기쁨을 얻을 것입니다."

이와 같이 비구들이 그 뜻을 말하였으나 존자 사리자의 뜻에는 맞지 않았다. 존자 사리자가 그 비구들에게 말하였다.

"여러분, 내가 그대들을 위하여 해설할 것이니 여러분은 들으십시오. 만일 어떤 법률에서 스승은 멀리 떨어져 머물기를 좋아하는데, 그 상제자가 멀리 떨어져 머물기를 좋아하지 않는다면 상제자에게는 비방을 받을 만한 3사事가 있게 됩니다. 어떤 것이 세 가지인가? 스승은 멀리 떨어져 머물기를 좋아하는데 상제자는 버리고 떠나기를 배우지 않으니 그 상제자는 이로써 비방을 받을 것입니다. 스승은 이처럼 끊어야 할 법을 말하는데 상제자가 그 법을 끊지 않으니 그 상제자는 이로써 비방을 받을 것입니다. 그는 증명을 받을 만한 상제자인데도 방편을 버리니 그 상제자는 이로써 비방을 받을 것입니다. 만일 어떤 법률에서 스승은 멀리 떨어져 머물기를 좋아하는데 상제자가 멀리 떨어져 머물기를 좋아하지 않으면 그 상제자에게는 비방을 받을 만한 이런 3사事가 있게 될 것입니다.

여러분, 만일 어떤 법률에서 스승은 멀리 떨어져 머물기를 좋아하는데 중·하의 제자가 멀리 떨어져 머물기를 좋아하지 않으면 그 중·하의 제자에게는 비방을 받을 만한 3사가 있게 됩니다. 어떤 것이 세 가지인가? 스승은 멀리 떨어져 머물기를 좋아하는데 중·하의 제자가 버리고 떠나기를 배우지 않으니, 그 중·하의 제자는 이로써 비방을 받을 것입니다. 스승은 이처럼 끊어야 할 법을 말하는데 중·하의 제자가 그 법을 끊지 않으니, 그 중·하의 제자는 이로써 비방을 받을 것입니다. 그는 증명을 받을 만한 중·하의 제자인데도 방편을 버리니, 그 중·하의 제자는 이로써 비방을 받을 것입니다. 만일 어떤 법률에서 스승은 멀리 떨어져 머물기를 좋아하는데 중·하의 제자가 멀리 떨어져 머물기를 좋아하지 않으면, 그 중·하의 제자에게는 비방을 받을 만한 이런 3사가 있게 될 것입니다.

여러분, 만일 어떤 법률에서 스승이 멀리 떨어져 머물기를 좋아하고 상제자도 또한 멀리 떨어져 머물기를 좋아하면, 그 상제자에게는 칭찬받을 만한 3사가 있게 됩니다. 어떤 것이 세 가지인가? 스승도 멀리 떨어져 머물기를 좋아하고 상제자도 또한 버리고 떠나기를 배우니 그 상제자는 이로써 칭찬을 받을 것입니다. 스승이 이처럼 끊어야 할 법을 말하면 상제자가 곧 그 법을 끊으니 그 상제자는 이로써 칭찬을 받을 것입니다. 증명을 받을 만한 상제자가 정진하고 부지런히 배워 방편을 버리지 않으니 그 상제자는 이로써 칭찬을 받을 것입니다. 여러분, 만일 어떤 법률에서 스승도 멀리 떨어져 머물기를 좋아하고 상제자도 또한 멀리 떨어져 머물기를 좋아하면 그 상제자에게는 칭찬을 받을 만한 이런 3사가 있게 될 것입니다.

여러분, 만일 어떤 법률에서 스승도 멀리 떨어져 머물기를 좋아하고 중·하의 제자도 멀리 떨어져 머물기를 좋아하면, 그 중·하의 제자에게는 칭찬을 받을 만한 3사가 있게 됩니다. 어떤 것이 세 가지인가? 스승도 멀리 떨어져 머물기를 좋아하고 중·하의 제자도 또한 버리고 떠나기를 배우니, 그 중·하의 제자는 이로써 칭찬을 받을 것입니다. 스승이 이처럼 끊어야 할 법을 말하면 중·하의 제자가 곧 그 법을 끊으니, 그 중·하의 제자는 이로써 칭찬을 받을 것입니다. 증명을 받을 만한 중·하의 제자가 정진하고 부지런히 배워 방편을 버리지 않으니, 그 중·하의 제자는 이로써 칭찬을 받을 것입니다. 여러분, 만일 어떤 법률에서 스승도 멀리 떨어져 머물기를 좋아하고 중·하의 제자도 또한 멀리 떨어져 머물기를 좋아하면, 그 중·하의 제자에게는 칭찬을 받을 만한 이런 3사가 있게 될 것입니다."

존자 사리자가 다시 여러 비구들에게 말하였다.

"여러분, 능히 마음을 머무르게 하고 정定을 얻고 즐거움을 얻게 하며 법을 따르고 법을 이어받게 하며 신통을 얻고 깨달음을 얻게 하며 또한 열반을 얻게 하는 중도中道가 있습니다. 여러분, 능히 마음을 머무르게 하고 정을 얻고 즐거움을 얻게 하며 법을 따르고 법을 이어받게 하며 신통을 얻고 깨달음을 얻게 하며 또한 열반을 얻게 하는 중도란 무엇인가?

여러분, 염욕念欲은 나쁘고 악한 염욕도 역시 나쁩니다. 중도는 염욕을 끊고 악한 염욕도 또한 끊는 것입니다. 이렇게 성냄과 원결·아낌·질투·속임·아첨·제 부끄러움 없음〔無慙〕·남부끄러움 없음〔無愧〕·거만〔慢〕·최상만(最上慢 : 增上慢)·공고貢高·방일放逸·호귀豪貴·미워함·다툼도 또한 끊는 것입니다.

여러분, 탐욕도 나쁘고 집착도 또한 나쁩니다. 중도는 탐욕을 끊고 또한 집착도 끊는 것입니다. 여러분, 이것을 능히 마음을 머무르게 하고 정을 얻고 즐거움을 얻게 하며 법을 따르고 법을 이어받게 하며 신통을 얻고 깨달음을 얻게 하며 또한 열반을 얻게 하는 중도라고 합니다.

여러분, 다시 능히 마음을 머무르게 하고 정을 얻고 즐거움을 얻게 하며 법을 따르고 법을 이어받게 하며 신통을 얻고 깨달음을 얻게 하며 또한 열반을 얻게 하는 중도가 있습니다. 여러분, 다시 능히 마음을 머무르게 하고 정을 얻고 즐거움을 얻게 하며 법을 따르고 법을 이어받게 하며 신통을 얻고 깨달음을 얻게 하며 또한 열반을 얻게 하는 중도란 무엇인가?

곧 8정도〔支聖道〕로서 바른 소견과 나아가 바른 선정〔正定〕에 이르기까지이니, 이것을 여덟 가지라고 합니다. 여러분, 이것을 능히 마음을 머무르게 하고 정定을 얻고 즐거움을 얻게 하며 법을 따르고 법을 이어받게 하며 신통을 얻고 깨달음을 얻게 하며 또한 열반을 얻게 하는 중도라고 합니다."

이에 세존께서는 아픔이 가시고 안온하게 되시자, 곧 자리에서 일어나 결가부좌하시고 존자 사리자를 찬탄하셨다.

"훌륭하고 훌륭하다. 사리자여, 여러 비구들을 위하여 법답게 설법하였구다. 사리자여, 그대는 마땅히 다시 모든 비구들을 위하여 법답게 설법하도록 하라. 사리자여, 그대는 마땅히 자주자주 모든 비구들을 위하여 법답게 설법하도록 하라."

그때 세존께서는 비구들에게 말씀하셨다.

"너희들은 마땅히 함께 법 배우기를 법답게 하여 외우고 익혀 기억해야 한다. 왜냐하면 이 법은 법다워 법이 있고 뜻이 있어 범행의 근본이 되며 신통을 얻고 깨달음을 얻게 하며 또한 열반을 얻게 하기 때문이다. 모든 족성자로서 수염과 머리를 깎고 가사를 입고 지극한 믿음으로 출가하여 집 없이 도를 배우는 자는 이 법을 법답게 잘 받아 지녀야 한다."

부처님께 말씀하시자, 존자 사리자와 여러 비구들은 부처님 말씀을 듣고 기뻐하며 받들어 행하였다.

〔이 구법경에 수록된 경문의 글자 수는 2,286자이다. 『중아함경』 제22권에 수록된 경문의 글자 수는 모두 7,482자이다.〕

중아함경 제23권

8. 예품 ②

89) 비구청경比丘請經〔제2 소토성송〕

나는 이와 같이 들었다.

어느 때 부처님께서는 왕사성王舍城을 유행하실 때에 죽림가란다竹林迦蘭哆동산에 계시면서 대비구 대중과 함께 하안거〔夏坐〕를 맞으셨다. 그때 존자 대목건련大目揵連은 여러 비구들에게 말하였다.

"여러분, 만일 어떤 비구가 여러 비구들에게 '여러분, 나에게 말하고 나를 가르치며 나에게 충고하고 나를 비난하지는 말라'고 간청한다면, 무슨 까닭이겠습니까? 여러분, 혹 어떤 사람은 설복說服시키기 쉽지 않고 가르쳐 설복시키기 어려운〔戾語〕 법을 성취하였으며 가르쳐 설복시키기 어려운 법을 성취하였기 때문에 모든 범행자梵行者들이 그와 말하지 않고 그를 가르치지도 않으며 그에게 충고하지도 않으면서 그를 비난합니다.

여러분, 어떤 것이 가르쳐 설복시키기 어려운 법〔戾語法〕인가? 만일 가르쳐 설복시키기 어려운 법을 성취한 자가 있다면 모든 범행자들은 그와 말하지도 않고 그를 가르치지도 않으며 그에게 충고하지도 않고 그를 비난하기만 할 것입니다. 여러분, 혹 어떤 사람은 나쁜 욕심이 있고 나쁜 욕심을 생각하기도 하는데 여러분, 만일 어떤 사람이 나쁜 욕심이 있고 나쁜 욕심을 생각하면 이것을 가르쳐 설복시키기 어려운 법이라고 합니다.

이와 같이 더러운 행에 물들어 서로 말하지 않는 원한〔結〕을 맺으며 속이고 아첨하며 간탐하고 질투하며 제 부끄러움〔慚〕과 남부끄러움〔愧〕이 없고 성내고 모질며 나쁜 마음을 품고 성내어 말을 하며 비구의 충고를 꾸짖고 비구를 깔보며 비구의 들추어냄을 꾸짖고 아주 서로 피하면서 외부에다 일을 퍼뜨리며 서로 말하지 않고 성내고 미워함이 치성하며 악한 벗과 악한 도반이 되고 은혜도 없고 은혜를 알지도 못하는 것도 역시 그러한 것입니다. 여러분, 만일 어떤 사람이 은혜도 없고 은혜를 알지도 못하면 이것을 가르쳐 설복시키기 어려운 법이라고 합니다.

여러분, 이것을 모든 가르쳐 설복시키기 어려운 법이라고 하니, 만일 가르쳐 설복시키기 어려운 법을 성취한 자가 있으면 모든 범행자들은 그와 말하지도 않고 그를 가르치지도 않으며 충고하지도 않으면서 그를 비난만 할 것입니다.

여러분, 비구는 마땅히 스스로 헤아려 생각해야만 합니다.

'만일 어떤 사람이 나쁜 욕심이 있고 나쁜 욕심을 생각하면 나는 그를 사랑하지 않고, 만일 내가 나쁜 욕심이 있고 나쁜 욕심을 생각하면 그도 또한 나를 사랑하지 않을 것이다.'

비구는 이렇게 관찰하여 나쁜 욕심을 행하지 말고 나쁜 욕심을 생각하는 자가 되지 말 것이니, 마땅히 이렇게 배워야 할 것입니다.

이와 같이 더러운 행에 물들어 말하지 않는 원한을 맺으며 속이고 아첨하며 간탐하고 질투하며 제 부끄러움과 남부끄러움이 없고 성내고 모질며 악한 뜻을 품고 성내어 말을 하며 비구의 충고를 꾸짖고 비구를 깔보며 비구의 들추어냄을 꾸짖고 아주 서로 피하면서 외부에다 일을 퍼뜨리며 서로 말하지 않고 성내고 미워함이 치성하며 악한 벗과 악한 도반이 되고 은혜도 없고 은혜를 알지도 못하는 것도 또한 그러한 것입니다.

여러분, 만일 어떤 사람이 은혜도 없고 은혜를 알지도 못하면 나는 그를 사랑하지 않고, 만일 내가 은혜도 없고 은혜를 알지도 못하면 그도 또한 나를 사랑하지 않을 것이라고 비구는 이렇게 관찰하여, 은혜가 없거나 은혜를 알지 못하는 자가 되지 말 것이니 마땅히 이렇게 배워야 할 것입니다.

여러분, 혹 어떤 비구가 여러 비구들에게 '여러분, 나에게 말하고 나를 가르치며 나에게 충고하고 나를 비난하지는 말라'고 간청하지 않는다면 무슨 까닭이겠습니까? 여러분, 혹 어떤 사람은 말로 잘 타이를 수 있고[善語] 말로 잘 타이를 수 있는 법을 성취하였으며 말로 잘 타이를 수 있는 법을 성취하였기 때문에 모든 범행자들은 그에게 잘 말하고 잘 가르치며 잘 충고하고 그 사람을 비난하지 않습니다.

여러분, 어떤 것이 말로 잘 타이를 수 있는 법[善語法]인가? 만일 말로 잘 타이를 수 있는 법을 성취한 자가 있다면 모든 범행자들은 그에게 잘 말하고 잘 가르치며 잘 충고하고 그 사람을 비난하지 않을 것입니다. 여러분, 혹 어떤 사람은 나쁜 욕심이 없고 나쁜 욕심을 생각하지도 않는데 여러분, 만일 어떤 사람이 나쁜 욕심이 없고 나쁜 욕심을 생각하지 않으면 이것을 말로 잘 타이를 수 있는 법이라고 합니다.

이와 같이 더러운 행에 물들지 않아 서로 말하지 않는 원한을 맺지 않고 속이거나 아첨하지 않으며 간탐하거나 질투하지 않고 제 부끄러움과 남부끄러움이 없지 않으며, 성내고 모질거나 나쁜 마음을 품지 않으며 성내어 말하지 않고 비구의 충고를 꾸짖지 않으며 비구를 깔보아 꾸짖지 않고 비구의 들추어냄을 꾸짖지 않으며, 서로 피하면서 외부에다 일을 퍼뜨려 말하지 않고 서로 말하지 않거나 성내거나 미워함이 치성하지 않으며 악한 벗과 악한 도반이 되지 않고 은혜가 없지도 않고 은혜를 모르지도 않는 것 또한 그러한 것입니다.

여러분, 만일 어떤 사람이 은혜가 없지도 않고 은혜를 모르지도 않는다면 이것을 말로 잘 타이를 수 있는 법이라고 합니다. 여러분, 이것이 말로 잘 타이를 수 있는 법으로써, 만일 말로 잘 타이를 수 있는 법을 성취한 자가 있으면 모든 범행자들은 그에게 잘 말하고 잘 가르치며 잘 충고하여 그 사람을 비난하지 않을 것입니다.

여러분, 비구는 마땅히 스스로 헤아려 이렇게 생각해야만 합니다.

'여러분, 만일 어떤 사람이 나쁜 욕심이 없고 나쁜 욕심을 생각하지 않으면 나는 그를 사랑하고, 만일 내가 나쁜 욕심이 없고 나쁜 욕심을 생각하지 않으면 그도 또한 나를 사랑할 것이다.'

비구는 이렇게 관찰하여 나쁜 욕심을 행하지 말고 나쁜 욕심을 생각하는 자가 되지 말 것이니 마땅히 이렇게 배워야 할 것입니다.

이와 같이 더러운 행에 물들지 않아 말하지 않는 원한을 맺지 않고 속이거나 아첨하지 않으며 간탐하거나 질투하지 않고 제 부끄러움과 남부끄러움이 없지 않으며, 성내고 모질거나 나쁜 마음을 품지 않으며 성내어 말을 하지 않고 비구의 충고를 꾸짖지 않으며 비구를 깔보아 꾸짖지 않고 비구의 들추어냄을 꾸짖지 않으며, 서로 피하면서 외부에다 일을 퍼뜨려 말하지 않고 서로 말하지 않거나 성내거나 미워함이 치성하지 않고 악한 벗과 악한 짝이 되지 않으며 은혜가 없지도 않고 은혜를 모르지도 않는 것 또한 그러한 것입니다.

여러분, 만일 어떤 사람이 은혜가 없지도 않고 은혜를 모르지도 않는다면 나는 그를 사랑하고, 만일 내가 은혜가 없지도 않고 은혜를 모르지도 않는다면 그도 또한 나를 사랑할 것이라고 비구는 이렇게 관찰하여 은혜가 없거나 은혜를 알지 못하는 자가 되지 말아야 하니, 마땅히 이렇게 배워야 할 것입니다.

여러분, 만일 비구가 이렇게 관찰한다면 반드시 요익함이 많을 것입니다.

'나는 나쁜 욕심이 있고 나쁜 욕심을 생각했는가? 나쁜 욕심이 없고 나쁜 욕심을 생각하지 않았는가?'

여러분, 만일 비구가 관찰했을 때 '나는 나쁜 욕심이 있고 나쁜 욕심을 생각하였다'고 알았다면, 곧 기뻐하지 않고 바로 끊으려고 할 것입니다. 여러분, 만일 비구가 관찰했을 때 '나는 나쁜 욕심이 없고 나쁜 욕심을 생각하지 않는다'고 알았다면, 곧 기뻐하며 '나는 스스로 청정하고 거룩한 법 배우기를 구한다. 그래서 기쁘다'고 할 것입니다. 여러분, 마치 눈이 있는 사람이 거울로 자신을 비추어 그 얼굴이 깨끗한가 깨끗하지 않은가를 보는 것과 같습니다. 여러분, 만일 눈이 있는 사람이 자기 얼굴에 때가 있는 것을 본다면 기뻐하지 않고 곧 씻으려고 할 것입니다. 여러분, 만일 눈이 있는 사람이 자기 얼굴에 때가 없는 것을 본다면 곧 기뻐하며 '내 얼굴은 청정하다. 그래서 기쁘다'고 할 것입니다. 여러분, 만일 비구가 관찰할 때 '나는 나쁜 욕심이 있고 나쁜 욕심을 생각한다'고 알았다면, 기뻐하지 않고 곧 끊으려고 할 것입니다. 여러분, 만일 비구가 관찰할 때 '나는 나쁜 욕심을 행하지 않고 나쁜 욕심을 생각하지 않는다'고 알았다면, 곧 기뻐하며 '나는 스스로 청정하고 거룩한 법 배우기를 구한다. 그래서 기쁘다'고 할 것입니다.

마찬가지로 '나는 더러운 행에 물들었는가, 더러운 행에 물들지 않았는가? 말하지 않는 원한을 맺었는가, 말하지 않는 원한을 맺지 않았는가? 속이거나 아첨했는가, 속이거나 아첨하지 않았는가? 간탐하거나 질투했는가, 간탐하거나 질투하지 않았는가? 제 부끄러움과 남부끄러움이 없는가, 제 부끄러움과 남부끄러움이 있는가? 성내고 모질거나 나쁜 생각을 품었는가, 성내고 모질거나 나쁜 생각을 품지 않았는가? 성내어 말했는가, 성내어 말하지 않았는가? 비구의 충고를 꾸짖었는가, 비구의 충고를 꾸짖지 않았는가? 비구를 깔보고 꾸짖었는가, 비구를 깔보고 꾸짖지 않았는가? 비구의 들추어냄을 꾸짖었는가, 비구의 들추어냄을 꾸짖지 않았는가? 서로 피했는가, 서로 피하지 않았는가? 외부에다 일을 퍼뜨렸는가, 외부에다 일을 퍼뜨리지 않았는가? 서로 말하지 않고 성내고 미워함이 치성했는가, 서로 말하지 않고 성내고 미워함이 치성하지 않았는가? 악한 벗과 악한 도반이 되었는가, 악한 벗과 악한 도반이 되지 않았는가? 은혜도 없고 은혜를 알지도 못했는가, 은혜가 없거나 은혜를 알지 못하지 않았는가?'라고 해야 할 것입니다.

여러분, 만일 비구가 관찰할 때 '나는 은혜도 없고 은혜를 알지도 못한다'고 알았다면 기뻐하지 않고 곧 끊으려고 할 것입니다. 여러분, 만일 비구가 관찰할 때 '나는 은혜가 없지 않고 은혜를 모르지도 않는다'고 알았다면 곧 기뻐하며 '나는 스스로 청정하고 거룩한 법 배우기를 구한다. 그래서 기쁘다'라고 할 것입니다. 여러분, 마치 눈이 있는 사람이 거울로 자신을 비추어 그 얼굴이 깨끗한가, 더러운가를 살피는 것과 같습니다. 여러분, 만일 눈이 있는 사람이 자기 얼굴에 때가 있는 것을 보았다면 기뻐하지 않고 곧 씻으려고 할 것입니다. 여러분,

만일 눈이 있는 사람이 얼굴에 때가 없는 것을 보았다면 곧 기뻐하며 '내 얼굴은 청정하다. 그래서 기쁘다'라고 할 것입니다.

여러분, 마찬가지로 만일 비구가 관찰할 때 '나는 은혜도 없고 은혜를 알지도 못한다'고 알았다면 기뻐하지 않고 곧 끊으려고 할 것입니다. 여러분, 만일 비구가 관찰할 때 '나는 은혜가 없지 않고 은혜를 모르지도 않는다'고 알았다면, 곧 기뻐하며 '나는 스스로 청정하고 거룩한 법 배우기를 구한다. 그래서 기쁘다'라고 할 것입니다. 그리고 기뻐함으로 말미암아 곧 환희를 얻고 환희로 말미암아 곧 몸의 휴식을 얻게 하며 몸의 휴식으로 말미암아 곧 깨달음의 즐거움〔覺樂〕을 얻고 깨달음의 즐거움으로 말미암아 곧 고요한 마음을 얻을 것입니다.

여러분, 아는 것이 많은 거룩한 제자는 고요한 마음으로 말미암아 곧 여실하게 보고 사실 그대로 알며 여실하게 보고 사실 그대로 앎으로 말미암아 곧 싫어하게 되며, 싫어함으로 말미암아 곧 욕심이 없게 되고 욕심이 없음으로 말미암아 곧 해탈을 얻고 해탈로 말미암아 곧 해탈한 줄을 알게 되어 생이 이미 다하고 범행梵行이 이미 서고 할 일을 이미 마쳐, 다시는 후세의 몸을 받지 않으리라는 것을 사실 그대로 알 것입니다."

존자 대목건련이 이렇게 말하자, 모든 비구들은 존자 대목건련의 말을 듣고 기뻐하며 받들어 행하였다.

〔이 비구청경에 수록된 경문의 글자 수는 1,563자이다.〕

90) 지법경知法經〔제2 소토성송〕

나는 이와 같이 들었다.

어느 때 부처님께서 구사미拘舍彌를 유행하실 때에 구사라瞿師羅동산에 머무셨다. 그때 존자 주나周那는 모든 비구들에게 말하였다.

“어떤 비구는 이렇게 말합니다.

‘나는 알 만한 모든 법을 알아 탐욕이 없다.’

그러나 그 현자는 마음에 나쁜 탐욕을 가지고 삽니다. 마찬가지로 다툼과 성냄 · 원한 · 분노 · 얽매임 · 말하지 않는 원한 · 아낌 · 질투 · 속임 · 아첨 · 제 부끄러움과 남부끄러움이 없음 · 나쁜 욕심과 나쁜 견해가 없다고 말하지만, 그러나 그 현자는 마음에 나쁜 욕심과 나쁜 견해를 가지고 삽니다. 모든 범행자들은 그 현자가 알 만한 모든 법을 알지 못하고 탐욕이 없지 않음을 아니, 무슨 까닭인가? 그 현자는 마음에 탐욕을 가지고 살기 때문입니다. 마찬가지로 다툼과 성냄 · 원한 · 분노 · 얽매임 · 말하지 않는 원한 · 아낌 · 질투 · 속임 · 아첨 · 제 부끄러움과 남부끄러움이 없음 · 나쁜 욕심과 나쁜 견해가 없지 않음을 아나니, 무슨 까닭인가? 그 현자는 마음에 나쁜 욕심과 나쁜 견해를 가지고 살기 때문입니다.

여러분, 마치 어떤 사람이 부자가 아니면서 스스로 일컬어 부자라 말하고 또한 나라의 벼슬〔封〕도 없으면서 나라의 벼슬이 있다고 말하며 또 목축이 없으면서 목축이 있다고 말하는 것과 같습니다. 따라서 만일 쓰고자 할 때에는 곧 금 · 은 · 진주 · 유리 · 수정 · 호박이 없고 목축과 곡식이 없으며 또한 노비들도 없으니, 그러면 모든 친한 벗들이 그에게 가서 이렇게 말할 것입니다.

‘너는 진실로 부자가 아니면서 스스로 부자라 일컫고 또한 나라의 벼슬이 없으면서 나라의 벼슬이 있다고 말하며, 또 목축이 없으면서 목축이 있다고 말했구나. 따라서 정작 쓰고자 할 때에는 곧 금 · 은 · 진주 · 유리 · 수정 · 호박이 없고 목축과 곡식이 없으며, 또한 노비들

도 없구나.'

이와 같이 여러분, 어떤 비구는 이렇게 말합니다.

'나는 알 만한 모든 법을 알아 탐욕이 없다.'

그러나 그 현자는 마음에 나쁜 탐욕을 가지고 삽니다. 마찬가지로 다툼과 성냄·원한·분노·얽매임·말하지 않는 원한·아낌·질투·속임·아첨·제 부끄러움과 남부끄러움 없음·나쁜 욕심·나쁜 견해가 없다고 말하지만 그러나 그 현자는 마음에 나쁜 욕심과 나쁜 견해를 가지고 삽니다. 모든 범행자들은 그 현자가 알 만한 모든 법을 알지 못하고 탐욕이 없지 않음을 안다. 무슨 까닭인가? 그 현자의 마음이 탐욕이 다 사라진 무여열반無餘涅槃을 향하지 않기 때문입니다. 마찬가지로 다툼과 성냄·원한·분노·얽매임·말하지 않는 원한·아낌·질투·속임·아첨·제 부끄러움과 남부끄러움 없음·나쁜 욕심과 나쁜 견해가 없지 않음을 안다. 무슨 까닭인가? 그 현자의 마음이 나쁜 견해의 법이 다 사라진 무여열반을 향하지 않았기 때문입니다.

여러분, 혹 어떤 비구는 이렇게 말하지 않습니다.

'나는 알 만한 모든 법을 알아 탐욕이 없다.'

그러나 그 현자는 마음에 나쁜 탐욕을 가지지 않고 삽니다. 마찬가지로 다툼과 성냄·원한·분노·얽매임·말하지 않는 원한·아낌·질투·속임·아첨·제 부끄러움과 남부끄러움 없음·나쁜 욕심과 나쁜 견해가 없다고 말하지 않지만 그러나 그 현자는 마음에 나쁜 욕심과 나쁜 견해를 가지지 않고 삽니다. 모든 범행자들은 그 현자가 진실로 알 만한 모든 법을 알아 탐욕이 없는 줄을 안다. 무슨 까닭인가? 그 현자는 마음에 나쁜 탐욕을 가지지 않고 살기 때문입니다. 마찬가지로 다툼과 성냄·원한·분노·얽매임·말하지 않는 원한·아낌·

질투 · 속임 · 아첨 · 제 부끄러움과 남부끄러움 없음 · 나쁜 욕심과 나쁜 견해가 없는 줄을 안다. 무슨 까닭인가? 그 현자는 마음에 나쁜 욕심과 나쁜 견해를 가지지 않고 살기 때문입니다.

여러분, 마치 어떤 사람이 큰 부자이면서 스스로 부자가 아니라고 말하고 또한 나라의 벼슬이 있으면서 나라의 벼슬이 없다고 말하며 또 목축이 있으면서 목축이 없다고 말하는 것과 같습니다. 그러나 만일 쓰려고 할 때에는 곧 금 · 은 · 진주 · 유리 · 수정 · 호박이 있고 목축과 곡식이 있으며 또한 노비들도 있다. 그러면 모든 친한 벗들이 그에게 가서 이렇게 말할 것입니다.

'너는 진실로 큰 부자이면서 스스로 부자가 아니라고 말하고 또한 나라의 벼슬이 있으면서 나라의 벼슬이 없다고 말하며 또 목축이 있으면서 목축이 없다고 말했구나. 그래서 쓰려고 할 때에는 곧 금 · 은 · 진주 · 유리 · 수정 · 호박이 있고 목축과 곡식이 있으며 또한 노비들이 있구나.'

이와 같이 여러분, 혹 어떤 비구는 이렇게 말하지 않습니다.

'나는 알 만한 모든 법을 알아 탐욕이 없다.'

그러나 그 현자는 마음에 나쁜 탐욕을 가지지 않고 삽니다. 마찬가지로 다툼과 성냄 · 원한 · 분노 · 얽매임 · 말하지 않는 원한 · 아낌 · 질투 · 속임 · 아첨 · 제 부끄러움과 남부끄러움 없음 · 나쁜 욕심과 나쁜 견해가 없다고 말하지 않습니다. 그러나 그 현자는 마음에 나쁜 욕심과 나쁜 견해를 가지지 않고 삽니다. 모든 범행자들은 그 현자가 알 만한 모든 법을 알아 탐욕이 없는 줄을 안다. 무슨 까닭인가? 그 현자의 마음이 탐욕이 다 사라진 무여열반을 향하기 때문입니다. 마찬가지로 다툼과 성냄 · 원한 · 분노 · 얽매임 · 말하지 않는 원한 · 아낌 · 질투 · 속임 · 아첨 · 제 부끄러움과 남부끄러움 없음 · 나쁜 욕심과 나쁜 견해가 없는 줄을 안다. 무슨 까닭인가? 그 현자의 마음이 나쁜 견해의 법이 다 사라진 무여열반을 향하기 때문입니다."

존자 주나가 이렇게 말하자, 모든 비구들은 존자 주나의 말을 듣고 기뻐하며 받들어 행하였다.

〔이 지법경에 수록된 경문의 글자 수는 881자이다.〕

91) 주나문견경周那問見經〔제2 소토성송〕

나는 이와 같이 들었다.

어느 때 부처님께서 구사미拘舍彌를 유행하실 때에 구사라瞿師羅[1] 동산에 머무셨다. 이때 존자 대주나大周那는 해질 무렵에 연좌宴坐에서 일어나 부처님이 계신 곳으로 나아가 부처님 발에 머리를 조아리고 물러나 한쪽에 앉아 여쭈었다.

"세존이시여, 세상에는 여러 견해가 생겨나고 또 생겨납니다. 소위 신神이 있다고 헤아리거나 중생衆生이 있다, 사람〔人〕이 있다, 수壽가 있다, 명命이 있다, 세간世間이 있다고 헤아립니다. 세존이시여, 어떻게 알고 어떻게 보아야 이런 견해를 멸하거나 떨쳐버려 다른 견해를 계속 주장하거나 받아들이지 않게 할 수 있습니까?"

그때 세존께서 말씀하셨다.

"주나야, 세상에는 여러 견해가 생겨나고 또 생겨나서, 소위 신이 있다고 헤아리거나 중생이 있다, 수壽가 있다, 명命이 있다, 세간이 있

---

1 팔리어로는 Ghositā이고, 미음美音 혹은 묘음성妙音聲으로 의역하기도 한다. 구사미(拘舍彌, Kosambī)국에 살던 장자의 이름이다. 부처님께 귀의하고 동산과 정사를 보시하였다.

다고 헤아린다. 주나야, 만일 모든 법을 남김없이 멸해 다하려거든 이와 같이 알고 이렇게 보아야 이런 견해를 멸하거나 떨쳐버려 다른 견해를 계속 주장하거나 받아들이지 않게 할 수 있다. 마땅히 점차 줄이는 것〔漸損〕을 배워야 한다.

주나야, 거룩한 법률法律 가운데 어떤 것이 점차 줄이는 것인가? 비구는 욕심을 여의고 악하고 착하지 않은 법을 여의며 나아가 제4선을 성취하여 노닌다. 그리고 그는 이렇게 생각한다.

'나는 점차 줄여 나가야겠다.'

주나야, 거룩한 법률에는 단지 이렇게 점차 줄여 나가는 것만 있는 것이 아니다. 4증상심增上心이 있어 현법現法에 즐겁게 머무는데, 수행자는 이것을 쫓아 일어났다가 다시 들어온다. 그리고 그는 이렇게 생각한다.

'나는 점차 줄여 나가야겠다.'

주나야, 거룩한 법률 가운데에는 단지 이렇게 점차 줄여 나가는 것만 있는 것이 아니다. 비구는 일체의 색상色想을 넘어섬으로부터 비유상비무상처非有想非無想處까지 얻어 성취하여 노닌다. 그리고 그는 이렇게 생각한다.

'나는 점차 줄여 나가야겠다.'

주나야, 거룩한 법률 가운데에는 단지 이렇게 점차 줄여 나가는 것만 있는 것이 아니다. 4식해탈息解脫이 있어 색을 떠나고 무색無色을 얻는데, 수행자는 이것을 좇아 일어나 마땅히 남을 위하여 설법해야 한다.

그리고 그는 이렇게 생각한다.

'나는 점차 줄여 나가야겠다.'

주나야, 거룩한 법률에는 단지 이렇게 점차 줄여 나가는 것만 있는 것이 아니다. 주나야, '남들은 나쁜 욕심과 나쁜 욕심에 대한 생각이 있는데, 나는 나쁜 욕심과 나쁜 욕심에 대한 생각이 없는가?'라고 하며, 마땅히 점차 줄여 나가는 것을 배워야 한다. 주나야, '남들은 해칠 생각과 분노가 있는데, 나는 해칠 생각과 분노가 없는가?'라고 하며 마땅히 점차 줄여 나가는 것을 배워야 한다.

주나야, '남들은 생물을 죽이고 주지 않는 것을 취하고 범행이 아닌 짓을 하는데 나는 범행이 아닌 짓을 한 적은 없는가?'라고 하며 마땅히 점차 줄여 나가는 것을 배워야 한다. 주나야, '남들은 탐욕과 다툼·수면·얽매임·들뜸·뽐냄이 있고 또 의혹이 있는데 나는 의혹이 없는가?'라고 하며 마땅히 점차 줄여 나가는 것을 배워야 한다. 주나야, '남들은 분노와 원한·아첨·속임·제 부끄러움과 남부끄러움이 없는데, 나는 제 부끄러움과 남부끄러움이 있는가?'라고 하며 마땅히 점차 줄여 나가는 것을 배워야 한다.

주나야, '남들은 거만이 있는데 나는 거만이 없는가?'라고 하며 마땅히 점차 줄여 나가는 것을 배워야 한다. 주나야, '남들은 증상만增上慢이 있는데 나는 증상만增上慢이 없는가?'라고 하며 마땅히 점차 줄여 나가는 것을 배워야 한다. 주나야, '남들은 많이 듣지 못했는데, 나는 들은 것이 많은가?'라고 하며 마땅히 점차 줄여 나가는 것을 배워야 한다.

주나야, '남들은 모든 선법善法을 관찰하지 못하는데 나는 모든 선법을 관찰했는가?'라고 하며 마땅히 점차 줄여 나가는 것을 배워야 한다. 주나야, '남들은 법이 아닌 악행을 행하는데 나는 옳은 법인 묘행妙行을 행하는가?'라고 하며 마땅히 점차 줄여 나가는 것을 배워야 한다. 주나야, 남들은 거짓말과 이간하는 말·거친 말·꾸밈말의 나쁜 계戒가 있는데, 나는 나쁜 계가 없는가?'라고 하며 마땅히 점차 줄여 나가는 것을 배워야 한다.

주나야, '남들은 믿지 않고 게으르며 생각이 없고 정定이 없고 또 나쁜 지혜가 있는데 나는 나쁜 지혜가 없는가?'라고 하며 마땅히 점차 줄여 나가는 것을 배워야 한다.

주나야, 그저 마음을 내어 모든 선법을 배우겠다는 생각만 하더라도 곧 요익되는 바가 많을 텐데, 하물며 다시 몸과 입으로 선법을 행함이겠는가? 주나야, '남들은 나쁜 욕심과 나쁜 욕심에 대한 생각이 있는데, 나는 나쁜 욕심과 나쁜 욕심에 대한 생각이 없는가?'라고 하며 마땅히 마음을 내어야 한다. 주나야, '남들은 해칠 뜻과 분노가 있는데 나는 해칠 뜻과 분노가 없는가?'라고 하며 마땅히 마음을 내어야 한다.

주나야, '남들은 생물을 죽이고 주지 않는 것을 가지며 범행梵行이 아닌 짓을 하는데 나는 범행이 아닌 짓을 한 적은 없는가?'라고 하며 마땅히 마음을 내어야 한다. 주나야, '남들은 탐욕과 다툼·수면·얽매임·들뜨고 뽐냄이 있으며 또 의혹이 있는데 나는 의혹이 없는가?'라고 하며 마땅히 마음을 내어야 한다. 주나야, '남들은 분노와 원한·아첨·속임·제 부끄러움과 남부끄러움이 없는데 나는 제 부끄러움과 남부끄러움이 있는가?'라고 하며 마땅히 마음을 내어야 한다.

주나야, '남들은 거만이 있는데 나는 거만이 없는가?'라고 하며 마땅히 마음을 내어야 한다. 주나야, '남들은 증상만增上慢이 있는데 나는 증상만이 없는가?'라고 하며 마땅히 마음을 내어야 한다. 주나야, '남들은 많이 듣지 못했는데 나는 들은 것이 많은가?'라고 하며 마땅히 마음을 내어야 한다. 주나야, '남들은 모든 선법을 관찰하지 못하는데 나는 모든 선법을 관찰했는가?'라고 하며 마땅히 마음을 내어야 한다.

주나야, '남들은 법이 아닌 악행을 행하는데, 나는 옳은 법인 묘행을 행하는가?'라고 하며 마땅히 마음을 내어야 한다. 주나야, '남들은 거짓말과 이간하는 말 · 거친 말 · 꾸밈말의 나쁜 계가 있는데, 나는 나쁜 계가 없는가?'라고 하며 마땅히 마음을 내어야 한다. 주나야, '남들은 믿지 않고 게으르며 생각이 없고 정定이 없으며 나쁜 지혜가 있는데 나는 나쁜 지혜가 없는가?'라고 하며 마땅히 마음을 내어야 한다.

주나야, 마치 나쁜 길〔惡道〕과 좋은 길〔正道〕이 대對가 되고 마치 나쁜 나루터〔度〕와 좋은 나루터가 대가 되듯이, 이와 같이 주나여, 나쁜 욕심은 나쁜 욕심이 아닌 것과 대가 되고 해칠 뜻과 분노는 해칠 뜻과 분노가 아닌 것과 대가 되며, 생물을 죽이거나 주지 않은 것을 취하는 것과 범행이 아닌 것은 범행과 대가 되고 탐욕과 다툼 · 수면 · 들뜨고 뽐냄과 의혹은 의혹이 아닌 것과 대가 되며, 분노와 원한 · 아첨 · 속임 · 제 부끄러움과 남부끄러움 없음은 제 부끄러움과 남부끄러움과 대가 되고 거만은 거만이 아닌 것과 대가 되며, 증상만은 증상만이 아닌 것과 대가 되고 많이 듣지 못한 것은 많이 들은 것과 대가 되며, 모든 선법을 관찰하지 못하는 것은 모든 선법을 관찰하는 것과 대가 되고 법이 아닌 악행을 행하는 것은 옳은 법인 묘행을 행하는 것과 대가 되며, 거짓말과 이간하는 말 · 거친 말 · 꾸밈말의 나쁜 계는 좋은 계와 대가 되고 믿지 않음 · 게으름 · 생각 없음 · 정이 없음과 나쁜 지혜는 좋은 지혜와 대가 된다.

주나야, 혹 어떤 법이 더러우면 더러운 과보〔黑報〕가 있어 나쁜 곳으로 나아가고, 혹 어떤 법이 깨끗하면 깨끗한 과보〔白報〕가 있어 위로 오르게 된다. 이와 같이 주나야, 나쁜 욕심은 나쁜 욕심이 아닌 것으로써 위로 오르게 되고 해칠 뜻과 분노는 해칠 뜻과 분노가 아닌 것으로써 위로 오르게 되며, 생물을 죽이거나 주지 않는 것을 취한 것과 범행이 아닌 것은 범행으로써 위로 오르게 되고, 탐욕과 다툼 · 수면 · 들뜸 · 뽐냄과 의혹은 의혹이 아닌 것으로써 위로 오르게 되며, 분노와 원한 · 아첨 · 속임 · 제 부끄러움과 남부끄러움이 없는 것은 제 부끄러움과 남부끄러움이 있는 것으로써 위로 오르게 되고 거만은 거만이 아닌 것으로써 위로 오르게 되며 증상만은 증상만이 아닌 것으로써 위로 오르게 되고 많이 듣지 못한 것은 많이 들음으로써 위로 오르게 되며, 모든 선법을 관찰하지 않은 것은 모든 선법을 관찰함으로써 위로 오르게 되고 법이 아닌 악행을 행한 것은 옳은 법인 묘행을 행함으로써 위로 오르게 되며 거짓말과 이간하는 말 · 거친 말 · 꾸밈말의 나쁜 계는 좋은 계로써 위로 오르게 되고, 믿지 않음 · 게으름 · 생각 없음 · 정이 없음과 나쁜 지혜는 좋은 지혜로써 위로 오르게 된다.

주나야, 만일 스스로 제어하지 못하면서 남이 제어하지 못하는 것을 제어하려 한다면 끝내 그렇게 될 수 없고, 스스로 빠져 허우적거리면서 남이 빠져 허우적대는 것을 건져 주려 한다면 끝내 그렇게 될 수 없으며, 스스로 반열반하지 못하면서 남이 반열반하지 못하는 것을 반열반시키려고 한다면 끝내 그렇게 될 수 없다. 주나야, 만일 스스로 제어하면서 남이 제어하지 못하는 것을 제어하려 한다면 반드시 그렇게 될 것이며 스스로 빠져 허우적거리지 않으면서 남이 빠져 허우적대는 것을 건져 주려 한다면 반드시 그렇게 될 수 있으며 스스로 반열반하고서 남이 반열반하지 못하는 것을 반열반시키려고 한다면 반드시 그렇게 될 수 있다.

이와 같이 주나야, 나쁜 욕심은 나쁜 욕심이 아닌 것으로써 반열반하게 되고 해치려는 생각과 분노는 해치려는 생각과 분노가 아닌 것으로써 반열반하게 되며 생물을 죽인 것과 주지 않는 것을 취한 것과 범행이 아닌 것은 범행으로써 반열반하게 되고 탐욕과 다툼·수면·들뜸·뽐냄과 의혹은 의혹이 아닌 것으로써 반열반하게 되며, 분노와 원한·아첨·속임과 제 부끄러움과 남부끄러움 없음은 제 부끄러움과 남부끄러움으로써 반열반하게 되고 거만은 거만이 아닌 것으로써 반열반하게 되며 증상만은 증상만이 아닌 것으로써 반열반하게 되고 많이 듣지 못한 것은 많이 듣는 것으로써 반열반하게 되며, 모든 선법을 관찰하지 못한 것은 모든 선법을 관찰하는 것으로써 반열반하게 되고 법이 아닌 악행을 행한 것은 옳은 법인 묘행을 행하는 것으로써 반열반하게 되며 거짓말과 이간하는 말·거친 말·꾸밈말의 나쁜 계는 좋은 계로써 반열반하게 되고 믿지 않음·게으름·생각 없음·정이 없음과 나쁜 지혜는 좋은 지혜로써 반열반하게 된다.

이것은 주나를 위한 것이니, 나는 이미 너를 위하여 점차 줄여 나가는 법〔漸損法〕을 말하였고 이미 마음을 내는 법〔發心法〕을 말하였으며 이미 대치하는 법〔對法〕을 말하였고 이미 위로 오르는 법〔昇上法〕을 말하였으며 이미 반열반의 법〔般涅槃法〕을 말하였다. 높은 스승이 제자를 위하는 것처럼 큰 사랑과 슬픔을 일으켜 가엾이 생각하고 불쌍히 여기며 옳음과 요익을 구하고 안온과 쾌락을 구하기를 나는 이제 이미 다하였으니, 너희들도 또한 마땅히 스스로 노력하라. 일없이 한적한 곳이나 산림·나무 밑·비고 편안하고 고요한 곳으로 가서 좌선하고 사유하되 방일하지 말고, 부지런히 정진을 더하여 후회가 없게 하라. 이것은 나의 가르침이며 나의 훈계이다."

부처님께서 이렇게 말씀하시자, 존자 대주나와 여러 비구들은 부처님 말씀을 듣고 기뻐하며 받들어 행하였다.

〔이 주나문경에 수록된 경문의 글자 수는 1,575자이다.〕

92) 청백연화유경青白蓮華喩經〔제2 소토성송〕

나는 이와 같이 들었다.

어느 때 부처님께서 사위국舍衛國을 유행하실 때에 승림급고독원勝林給孤獨園에 계셨다. 그때 세존께서 여러 비구들에게 말씀하셨다.

“어떤 법은 몸〔身〕을 따라서 멸하고 입〔口〕을 따라서 멸하지 않으며 어떤 법은 입을 따라서 멸하고 몸을 따라서 멸하지 않으며 또 어떤 법은 몸과 입을 따라서는 멸하지 않고 단지 지혜로운 견해를 따라 멸한다.

어떤 법이 몸을 따라 멸하고 입을 따라 멸하지 않는 것인가? 비구가 착하지 않은 몸의 행을 충만하고 구족하게 받아 가지고서 몸에 집착하면, 모든 비구들은 그것을 보고 그 비구를 꾸짖는다.

‘현자여, 그대는 착하지 않은 몸의 행을 충만하고 구족하게 받아 가졌는데 무엇 하러 몸에 집착합니까? 현자여, 착하지 않은 몸의 행을 버리고 착한 몸의 행을 닦아 익혀야 합니다.’

그러면 그는 그 뒤에 착하지 않은 몸의 행을 버리고 착한 몸의 행을 닦아 익힐 것이다. 이것을 몸을 따라 멸하고 입을 따라 멸하지 않는 법法이라 고 한다.

어떤 법이 입을 따라 멸하고 몸을 따라 멸하지 않는 것인가? 비구가 착하지 않은 입의 행을 충만하고 구족하게 받아 가지고서 입에 집착하면, 모든 비구들은 그것을 보고 그 비구를 꾸짖는다.

‘현자여, 그대는 착하지 않은 입의 행을 충만하고 구족하게 받아 가졌는데, 무엇하러 입에 집착합니까? 현자여, 착하지 않은 입의 행을 버리고, 착한 입의 행을 닦아 익혀야 합니다.’

그러면 그는 그 뒤에 착하지 않은 입의 행을 버리고 착한 입의 행을 닦아 익힐 것이다. 이것을 입을 따라 멸하고 몸을 따라 멸하지 않는 법이라고 한다.

어떤 법이 몸과 입을 따라서는 멸하지 않고 단지 지혜로운 견해〔慧見〕를 따라 멸하는 것인가? 탐욕〔增伺〕은 몸과 입을 따라서는 멸하지 않고 다만 지혜로운 견해를 따라 멸한다. 이와 같이 다툼과 성냄·원한·분노·얽매임·말하지 않는 원한·아낌·질투·속임·아첨·제 부끄러움과 남부끄러움 없음·나쁜 욕심과 나쁜 견해도 몸과 입을 따라서는 멸하지 않고 단지 지혜로운 견해를 따라 멸한다. 이것을 몸과 입을 따라서는 멸하지 않고 단지 지혜로운 견해를 따라서 멸하는 법이라고 한다.

여래는 혹 관찰할 때 남의 마음을 관찰하여 이 사람은 이렇게 몸을 닦지 않고 계를 닦지 않으며 마음을 닦지 않고 지혜를 닦지 않는다는 것을 아는데, 만일 몸을 닦고 계를 닦으며 마음을 닦고 지혜를 닦는다면 탐욕을 멸할 수 있다. 무슨 까닭인가? 이 사람은 마음으로 나쁜 탐욕을 내며 살기 때문이다. 이와 같이 다툼과 성냄·원한·분노·얽매임·말하지 않는 원한·아낌·질투·속임·아첨·제 부끄러움 없음과 남부끄러움 없음도 또한 그러하며 나쁜 욕심과 나쁜 견해도 멸할 수 있다. 무슨 까닭인가? 이 사람은 마음으로 나쁜 욕심과 나쁜 견해를 내며 살기 때문이다.

이 사람은 이와 같이 몸을 닦고 계를 닦으며 마음을 닦고 지혜를 닦는다는 것을 아는데, 만일 몸을 닦고 계를 닦으며 마음을 닦고 지혜를 닦으면 탐욕을 멸할 수 있다. 무슨 까닭인가? 이 사람은 마음에 나쁜 탐욕을 내지 않고 살기 때문이다. 이와 같이 다툼과 성냄·원한·분노·얽매임·말하지 않는 원한·아낌·질투·속임·아첨·제 부끄러움 없음과 남부끄러움 없음도 역시 그러하며 나쁜 욕심과 나쁜 견해도 멸할 수 있다. 무슨 까닭인가? 이 사람은 마음에 나쁜 욕심과 나쁜 견해를 내지 않고 살기 때문이다. 마치 푸른 연꽃과 붉고 · 빨갛고 · 흰 연꽃이 물에서 나서 물에서 자랐지만 물 위로 나와 물에 집착하지 않는 것과 같다. 이와 같이 여래는 세간에서 나서 세간에서 자랐지만 세간을 초월하여 행하고 세간법에 집착하지 않는다. 무슨 까닭인가? 여래 · 무소착無所著 · 등정각等正覺은 일체 세간을 초월하였기 때문이다."

그때 존자 아난은 불자拂子를 잡고 부처님을 모시고 있었다. 존자 아난이 부처님을 향해 합장하고 여쭈었다.

"세존이시여, 이 경을 무엇이라 이름하며, 어떻게 받아 지녀야 하겠습니까?"

이에 세존께서 말씀하셨다.

"아난아, 이 경을 청백연화유青白蓮華喩라고 이름하며 너는 마땅히 이렇게 잘 받아 지니고 외워야 한다."

그때 세존께서는 여러 비구들에게 말씀하셨다.

"너희들은 마땅히 함께 이 청백연화유경을 받아 외워 익히고 지켜 가져야 한다. 왜냐하면 이 청백연화유경은 법다운 뜻이 있으며 이것은 범행의 근본으로써 신통을 이루고 깨달음을 이루며 또한 열반을 이루기 때문이다. 만일 족성자로서 수염과 머리를 깎고 가사를 입고 지극한 믿음으로 출가하여 집 없이 도를 배우는 자라면 마땅히 이 청백연화유경을 받아 잘 외워 지녀야 한다."

부처님께서 이렇게 말씀하시자, 존자 아난과 모든 비구들은 부처님 말씀을 듣고 기뻐하며 받들어 행하였다.

〔이 청백연화유경에 수록된 경문의 글자 수는 703자이다.〕

93) 수정범지경水淨梵志經〔제2 소토성송〕

나는 이와 같이 들었다.

어느 때 부처님께서 울비라鬱鞞羅 니련연하尼連然河 강가를 유행하시다가 아야화라니구류阿耶惒羅尼拘類나무 아래에 계시면서 처음으로 도를 얻으셨을 때였다. 그때 어떤 수정水淨 범지가 오후에 천천히 거닐어 부처님 처소로 나아갔다. 세존께서는 멀리서 수정 범지가 오는 것을 보시고 수정 범지를 인연으로 하여 여러 비구들에게 말씀하셨다.

"만일 스물한 가지 번뇌〔穢〕에 마음을 더럽힌 자가 있으면, 반드시 나쁜 곳으로 가서 지옥에 날 것이다. 어떤 것이 스물한 가지 번뇌〔穢〕인가? 곧 삿된 견해〔邪見〕의 심번뇌〔心穢〕·법 아닌 욕심〔非法欲〕의 심번뇌·나쁜 탐욕〔惡貪〕의 심번뇌·삿된 법〔邪法〕의 심번뇌·탐하는〔貪〕 심번뇌·성내는〔恚〕 심번뇌·수면睡眠의 심번뇌·들뜨는〔掉悔〕 심번뇌·의혹疑惑의 심번뇌·분노에 얽매인〔瞋纏〕 심번뇌·말하지 않는 원한〔不語結〕의 심번뇌·아끼는〔慳〕 심번뇌·질투〔嫉〕의 심번뇌·속이는〔欺誑〕 심번뇌·아첨하는〔諛諂〕 심번뇌·제 부끄러움이 없는〔無慚〕 심번뇌·남부끄러움〔無愧〕이 없는 심번뇌·거만한〔慢〕 심번뇌·크게 거만한〔大慢〕 심번뇌·업신여기는〔憍傲〕 심번뇌·방일放逸한 심번뇌이다.

만일 이 스물한 가지 번뇌에 마음을 더럽힌 자가 있으면 반드시 나쁜 곳으로 가서 지옥에 날 것이다. 마치 기름때 묻은 옷을 물들이는 집에 가져다주면, 그 물들이는 집에서는 잿물이나 가루비누로 혹은 흙물로 잘 빨아 깨끗하게 하려는 것과 같다. 이때 묻은 옷에는 물들이는 집에서 혹 잿물이나 가루비누 혹은 흙물에 잘 빨아 깨끗하게 하려 해도 이때 묻은 옷은 여전히 더러운 빛이 남는다.

이와 같이 만일 스물한 가지 번뇌〔穢〕에 마음을 더럽힌 자가 있으면 반드시 나쁜 곳으로 가서 지옥에 날 것이다. 어떤 것이 스물한 가지 번뇌인가? 곧 삿된 견해의 심번뇌 · 법 아닌 욕심의 번뇌 · 나쁜 탐욕의 심번뇌 · 삿된 법의 심번뇌 · 탐하는 심번뇌 · 성내는 심번뇌 · 수면 심번뇌 · 들뜨는 심번뇌 · 의혹하는 심번뇌 · 분노에 얽매인 심번뇌 · 말하지 않는 원한의 심번뇌 · 아끼는 심번뇌 · 질투하는 심번뇌 · 속이는 심번뇌 · 아첨하는 심번뇌 · 제 부끄러움 없는 심번뇌 · 남부끄러움 없는 심번뇌 · 거만한 심번뇌 · 크게 거만한 심번뇌 · 업신여기는 심번뇌 · 방일한 심번뇌이다. 만일 스물한 가지 번뇌에 마음을 더럽힌 자가 있으면 반드시 나쁜 곳으로 가서 지옥에 날 것이다.

만일 스물한 가지 번뇌에 마음을 더럽히지 않은 자가 있으면 반드시 좋은 곳으로 가서 천상에 날 것이다. 어떤 것이 스물한 가지 번뇌인가? 삿된 견해의 심번뇌 · 법 아닌 욕심의 번뇌 · 나쁜 탐욕의 심번뇌 · 삿된 법의 심번뇌 · 탐하는 심번뇌 · 성내는 심번뇌 · 수면 심번뇌 · 들뜨는 심번뇌 · 의혹하는 심번뇌 · 분노에 얽매인 심번뇌 · 말하지 않는 원한의 심번뇌 · 아끼는 심번뇌 · 질투하는 심번뇌 · 속이는 심번뇌 · 아첨하는 심번뇌 · 제 부끄러움 없는 심번뇌 · 남부끄러움 없는 심번뇌 · 거만한 심번뇌 · 크게 거만한 심번뇌 · 업신여기는 심번뇌 · 방일한 심번뇌이다.

만일 이 스물한 가지 번뇌에 마음을 더럽히지 않은 자가 있으면 반드시 좋은 곳으로 가서 천상에 날 것이다. 마치 희고 깨끗한 바라나의 波羅奈衣를 물들이는 집에 가져다주면 그 물들이는 집에서는 잿물이나 가루비누, 혹은 흙물로 잘 빨아 깨끗하게 하는 것과 같다. 이 희고 깨끗한 바라나의를 물들이는 집에서 잿물이나 가루비누, 혹은 흙물로 잘 빨아 깨끗하게 하면 이 희고 깨끗한 바라나의는 본래 이미 깨끗했던 것이 더욱 깨끗해진다.

이와 같이 만일 스물한 가지 번뇌가 마음을 더럽히지 않은 자가 있으면, 반드시 좋은 곳으로 가서 천상에 날 것이다. 어떤 것이 스물한 가지 번뇌인가? 곧 삿된 견해의 심번뇌 · 법이 아닌 욕심의 번뇌 · 나쁜 탐욕의 심번뇌 · 삿된 법의 심번뇌 · 탐하는 심번뇌 · 성내는 심번뇌 · 수면 심번뇌 · 들뜨는 심번뇌 · 의혹하는 심번뇌 · 분노에 얽매인 심번뇌 · 말하지 않는 원한의 심번뇌 · 아끼는 심번뇌 · 질투하는 심번뇌 · 속이는 심번뇌 · 아첨하는 심번뇌 · 제 부끄러움 없는 심번뇌 · 남 부끄러움 없는 심번뇌 · 거만한 심번뇌 · 크게 거만한 심번뇌 · 업신여기는 심번뇌 · 방일한 심번뇌이다. 만일 이 스물한 가지 번뇌가 마음을 더럽히지 않은 자가 있으면 반드시 좋은 곳으로 가서 천상에 날 것이다.

만일 삿된 견해가 심번뇌[心穢]인 줄 아는 이는 알고 나면 곧 끊는다. 이와 같이 법 아닌 욕심의 번뇌 · 나쁜 탐욕의 심번뇌 · 삿된 법의 심번뇌 · 탐하는 심번뇌 · 성내는 심번뇌 · 수면 심번뇌 · 들뜨는 심번뇌 · 의혹하는 심번뇌 · 분노에 얽매인 심번뇌 · 말하지 않는 원한의 심번뇌 · 아끼는 심번뇌 · 질투하는 심번뇌 · 속이는 심번뇌 · 아첨하는 심번뇌 · 제 부끄러움 없는 심번뇌 · 남부끄러움 없는 심번뇌 · 거만한 심번뇌 · 크게 거만한 심번뇌 · 업신여기는 심번뇌도 역시 그러하며, 만일 방일이 심번뇌인 줄 아는 이는 알고 나면 곧 끊는다.

그의 마음은 자애로움[慈]과 함께하여 1방方을 가득 채우고 성취하여 노닌다. 이렇게 2방方 · 3방方 · 4방方 · 4유維 · 상하上下의 일체를 가득 채우고, 자애로움과 함께하는 마음으로 원결[結]도 없고 원한도 없으며 성냄도 없고 다툼도 없어 지극히 넓고 매우 크고 한량없이 잘 닦아 일체 세간을 가득 채우고 성취하여 노닌다. 이와 같이 불쌍히 여김[悲]과 기뻐함[喜]도 역시 그러하며 평정[捨]과 함께하는 마음으로 원결도 없고 원한도 없으며 성냄도 없고 다툼도 없어 지극히 넓고 매우 크고 한량없이 잘 닦아 일체 세간을 가득 채우고 성취하여 노닌다. 범지여, 이것을 '안 마음〔內心〕을 목욕시키되 바깥 몸〔外身〕을 목욕시키는 것이 아니다'라고 하는 것이다."

그때 범지가 세존께 말씀드렸다.

"구담이시여, 물이 많은 강〔多水河〕으로 가셔서 목욕하시지요."

세존께서 물으셨다.

"범지여, 만일 물이 많은 강에 가서 목욕하면 어떤 이득이 있는가?"

"구담이시여, 저 물이 많은 강에서 목욕하는 것은 이 세간에서 청결히 재계하는 상相이며 제도〔度〕의 상이며 복福의 상입니다. 구담이시여, 물이 많은 강에 가서 목욕하는 사람은 곧 일체의 악을 깨끗이 없앨 것입니다."

그때 세존께서는 그 범지를 위하여 게송으로 말씀하셨다.

묘호수妙好首 범지여
물이 많은 강에 들어간다 해도
그것은 어리석고 장난질에 불과한 것
검게 물든 업을 깨끗하게 할 수 없다.

호수好首여, 무엇하러 샘으로 가겠는가?
물 많은 강에 무슨 뜻 있겠는가?
사람이 좋지 않은 업을 지으면
맑은 물인들 무슨 도움 되겠는가?

깨끗한 사람은 때와 더러움 없고

깨끗한 사람은 항상 계율을 말하며
깨끗한 사람의 청백한 업은
언제나 청정한 행을 얻는다.

또 너는 살생하지 말고
주지 않는 것 가지지 말며
언제나 진실하게 거짓말하지 말고
늘 바르게 생각하고 바르게 알아야 한다.

범지여, 이와 같이 배운다면
일체 중생은 편안해질 것이다.
범지여, 무엇하러 집에 돌아가느냐?
집의 샘물은 맑지 않으니

범지여, 너는 마땅히 배워
선법善法으로 깨끗이 씻어내야 하는데
어찌 더럽고 나쁜 물 쓰느냐?
그것은 단지 몸의 때만 없앨 뿐

범지는 부처님께 여쭈었네.
저 또한 그렇게 생각했습니다.
선법으로 깨끗이 씻어내야 하는데
어찌 더럽고 나쁜 물 쓰랴?

범지는 부처님 가르침을 듣고
마음속으로 매우 기뻐하며

곧바로 부처님 발에 예를 올리고
불佛 · 법法 · 승가〔衆〕에 귀의하였다.

범지가 여쭈었다.

"세존이시여, 저는 이미 알았습니다. 선서善逝시여, 저는 이미 해득하였습니다. 저는 이제 스스로 부처님과 법과 승가에 귀의하겠습니다. 세존이시여, 제가 우바새優婆塞가 되는 것을 허락해 주십시오. 저는 오늘부터 이 몸이 다할 때까지 스스로 귀의하여 목숨이 다하는 그날까지 그렇게 하겠습니다."

부처님께서 이렇게 말씀하시자, 호수好首와 수정水淨 범지와 모든 비구들은 부처님 말씀을 듣고 기뻐하며 받들어 행하였다.

〔이 수정범지경에 수록된 경문의 글자 수는 1,210자이다.〕

94) 흑비구경黑比丘經〔제2 소토성송〕

나는 이와 같이 들었다.

어느 때 부처님께서 사위국舍衛國을 유행하실 때에 동원東園 녹모당鹿母堂에 머무셨다. 이때 항상 싸움을 좋아하는 녹모의 아들 흑 비구가 부처님 처소로 나아갔다. 세존께서는 멀리서 흑 비구가 오는 것을 보시고, 흑 비구를 인연하여 여러 비구들에게 말씀하셨다.

"어떤 사람은 항상 싸움을 좋아하고 싸움 그치는 것을 칭찬하지 않는다. 만일 어떤 사람이 항상 싸움을 좋아하고 싸움 그치는 것을 칭찬하지 않으면 이 법은 즐겨할 것이 못되고 사랑하고 기뻐할 것이 못되며 사랑스럽게 생각할 수 없고 공경하고 존중하게 할 수 없으며 닦아 익히게 할 수 없고 거두어 지니게 할 수 없으며 사문沙門이 되게 할 수 없고 한뜻[一意]을 얻게 할 수 없으며 열반을 얻게 할 수 없다. 혹 어떤 사람은 나쁜 욕심을 지니고 나쁜 욕심 그치는 것을 칭찬하지 않는다. 만일 어떤 사람이 나쁜 욕심을 지니고 나쁜 욕심 그치는 것을 칭찬하지 않으면 이 법은 즐겨할 것이 못되고 사랑하고 기뻐할 것이 못되며 사랑스럽게 생각할 수 없고 공경하고 존중하게 할 수 없으며 닦아 익히게 할 수 없고 거두어 지니게 할 수 없으며 사문이 되게 할 수 없고 한뜻을 얻게 할 수 없으며 열반을 얻게 할 수 없다.

또 어떤 사람은 계율[戒]을 범하고 계율을 벗어나며 계율을 깨고 계율을 허물며 계율을 더럽히고 계율 지니는 것을 칭찬하지 않는다. 만일 어떤 사람이 계율을 범하고 계율을 벗어나며 계율을 깨고 계율을 허물며 계율을 더럽히고 계율 지니는 것을 칭찬하지 않으면, 이 법은 즐겨할 것이 못되고 사랑하고 기뻐할 것이 못되며 사랑스럽게 생각할 수 없고 공경하고 존중하게 할 수 없으며 닦아 익히게 할 수 없고 거두어 지니게 할 수 없으며 사문이 되게 할 수 없고 한 뜻을 얻게 할 수 없으며 열반을 얻게 할 수 없다.

혹 어떤 사람은 분노에 얽매이고 말하지 않는 원한·아낌·질투·아첨·속임이 있으며 제 부끄러움과 남부끄러움이 없고 스스로 부끄러워하고 남 부끄러워하는 것을 칭찬하지 않는다. 만일 어떤 사람이 분노에 얽매이고 말하지 않는 원한·아낌·질투·아첨·속임이 있으며 제 부끄러움과 남부끄러움이 없고 스스로 부끄러워하고 남 부끄러워하는 것을 칭찬하지 않으면, 이 법은 즐겨할 것이 못되고 사랑하고 기뻐할 것이 못되며 사랑스럽게 생각할 수 없고 공경하고 존중하게 할 수 없으며 닦아 익히게 할 수 없고 거두어 지니게 할 수 없으며 사문이 되게 할 수 없고 한뜻을 얻게 할 수 없으며 열반을 얻게 할 수 없다.

혹 어떤 사람은 모든 범행자梵行者를 위로하지 않고 모든 범행자 위로하는 것을 칭찬하지 않는다. 만일 어떤 사람이 모든 범행자를 위로하지 않고 모든 범행자를 위로하는 것을 칭찬하지 않으면, 이 법은 즐겨할 것이 못되고 사랑하고 기뻐할 것이 못되며 사랑스럽게 생각할 수 없고 공경하고 존중하게 할 수 없으며 닦아 익히게 할 수 없고 거두어 지니게 할 수 없으며 사문이 되게 할 수 없고 한뜻을 얻게 할 수 없으며 열반을 얻게 할 수 없다.

혹 어떤 사람은 모든 법을 관찰하지 않고 모든 법 관찰하는 것을 칭찬하지 않는다. 만일 어떤 사람이 모든 법을 관찰하지 않고 모든 법 관찰하는 것을 칭찬하지 않으면 이 법은 즐겨할 것이 못되고 사랑하고 기뻐할 것이 못되며 사랑스럽게 생각할 수 없고 공경하고 존중하게 할 수 없으며 닦아 익히게 할 수 없고 거두어 지니게 할 수 없으며 사문이 되게 할 수 없고 한뜻을 얻게 할 수 없으며 열반을 얻게 할 수 없다.

또 어떤 사람은 연좌宴坐하지 않고 연좌하는 것을 칭찬하지 않는다. 만일 어떤 사람이 연좌하지 않고 연좌하는 것을 칭찬하지 않으면, 이 법은 즐겨할 것이 못되고 사랑하고 기뻐할 것이 못되며 사랑스럽게 생각할 수 없고 공경하고 존중하게 할 수 없으며 닦아 익히게 할 수 없고 거두어 지니게 할 수 없으며 사문이 되게 할 수 없고 한뜻을 얻게 할 수 없으며 열반을 얻게 할 수 없다.

이런 사람은 '모든 범행자들이 나를 공양하고 공경하며 예로써 섬기게 하자'고 이렇게 생각하더라도 모든 범행자들은 그를 공양하고 공경하거나 예로써 섬기지 않을 것이다. 무슨 까닭인가? 그에게는 이런 한량없이 악한 법이 있기 때문이다. 그에게 있는 이런 한량없이 악한 법이 모든 범행자들로 하여금 그를 공양하고 공경하거나 예로써 섬기지 못하게 한다. 마치 못된 말이 마판에 매여 길러지는 것과 같아서 비록 '사람들이 나를 안온한 곳에 매어 두고 내게 좋은 음식을 주며 잘 보살피게 하자'고 이렇게 생각하더라도 사람들은 안온한 곳에 매어 두지도 않고 좋은 음식을 주지도 않으며 잘 보살피지도 않을 것이다. 무슨 까닭인가? 그 말의 못된 성질 곧 지극히 추하고 더러우며 온순하지 않은 것이 사람으로 하여금 안온한 곳에 매어 두지 않고 좋은 음식을 주지도 않으며 잘 보살피지 않게 하는 것이다. 이와 같이 이 사람도 '모든 범행자들이 나를 공양하고 공경하며 예로써 섬기게 하자'고 이렇게 생각하더라도 모든 범행자들은 그를 공양하고 공경하거나 예로써 섬기지 않을 것이다. 무슨 까닭인가? 그 사람에게는 이런 한량없이 악한 법이 있기 때문이다. 그에게 있는 이 한량없이 악한 법이 모든 범행자들로 하여금 그를 공양하고 공경하거나 예로써 섬기지 않게 한다.

또 어떤 사람은 싸움을 좋아하지 않고 싸움 그치는 것을 칭찬한다. 만일 어떤 사람이 싸움을 좋아하지 않고 싸움 그치는 것을 칭찬하면, 이 법은 즐겨할 만하고 사랑할 만하고 기뻐할 만하며, 사랑스럽게 생각하게 하고 공경하고 존중하게 하며 닦아 익히게 하고 거두어 지니게 하며 사문이 되게 하고 한뜻을 얻게 하며 열반을 얻게 한다.

또 어떤 사람은 나쁜 욕심이 없고 나쁜 욕심 그치는 것을 칭찬한다. 만일 어떤 사람이 나쁜 욕심이 없고 나쁜 욕심 그치는 것을 칭찬하면, 이 법은 즐겨할 만하고 사랑할 만하고 기뻐할 만하며 사랑스럽게 생각하게 하고 공경하고 존중하게 하며 닦아 익히게 하고 거두어 지니게 하며 사문이 되게 하고 한뜻을 얻게 하며 열반을 얻게 한다.

또 어떤 사람은 계율을 범하지 않고 계율을 벗어나지 않으며 계율을 깨지 않고 계율을 허물지 않으며 계율을 더럽히지 않고 계를 지니는 것을 칭찬한다. 만일 어떤 사람이 계율을 범하지 않고 계율을 벗어나지 않으며 계율을 깨지 않고 계율을 허물지 않으며 계율을 더럽히지 않고 계를 지니는 것을 칭찬하면 이 법은 즐겨할 만하고 사랑할 만하고 기뻐할 만하며 사랑스럽게 생각하게 하고 공경하고 존중하게 하며 닦아 익히게 하고 거두어 지니게 하며 사문이 되게 하고 한뜻을 얻게 하며 열반을 얻게 한다.

또 어떤 사람은 분노에 얽매이지 않고 말하지 않는 원한도 없으며 아낌·질투도 없고 아첨·속임이 없으며 제 부끄러움과 남부끄러움이 있고 스스로 부끄러워하고 남부끄러워하는 것을 칭찬한다. 만일 어떤 사람이 분노에 얽매이지 않고 말하지 않는 원한도 없으며 아낌·질투도 없고 아첨·속임이 없으며 제 부끄러움과 남부끄러움이 있고 스스로 부끄러워하고 남부끄러워하는 것을 칭찬하면, 이 법은 즐겨할 만하고 사랑할 만하고 기뻐할 만하며 사랑스럽게 생각하게 하고 공경하고 존중하게 하며 닦아 익히게 하고 거두어 지니게 하며 사문이 되게 하고 한뜻을 얻게 하며 열반을 얻게 한다.

또 어떤 사람은 모든 범행자들을 위로하고 모든 범행자 위로하는 것을 칭찬한다. 만일 어떤 사람이 모든 범행자들을 위로하고 모든 범행자 위로하는 것을 칭찬하면, 이 법은 즐겨할 만하고 사랑할 만하고 기뻐할 만하며 사랑스럽게 생각하게 하고 공경하고 존중하게 하며 닦아 익히게 하고 거두어 지니게 하며 사문이 되게 하고 한뜻을 얻게 하며 열반을 얻게 한다.

혹 어떤 사람은 모든 법을 관찰하고 모든 법 관찰하는 것을 칭찬한다. 만일 어떤 사람이 모든 법을 관찰하고 모든 법 관찰하는 것을 칭찬하면, 이 법은 즐겨할 만하고 사랑할 만하고 기뻐할 만하며 사랑스럽게 생각하게 하고 공경하고 존중하게 하며 닦아 익히게 하고 거두어 지니게 하며 사문이 되게 하고 한뜻을 얻게 하며 열반을 얻게 한다.

또 어떤 사람은 연좌宴坐하고 연좌하는 것을 칭찬한다. 만일 어떤 사람이 연좌하고 연좌하는 것을 칭찬하면, 이 법은 즐겨할 만하고 사랑할 만하고 기뻐할 만하며 사랑스럽게 생각하게 하고 공경하고 존중하게 하며 닦아 익히게 하고 거두어 지니게 하며 사문이 되게 하고 한뜻을 얻게 하며 열반을 얻게 한다. 이 사람은 비록 '모든 범행자들로 하여금 나를 공양하고 공경하며 예로써 섬기게 하자'고 이렇게 생각하지 않더라도 모든 범행자들은 그를 공양하고 공경하며 예로써 섬길 것이다. 무슨 까닭인가? 그 사람에게는 이렇게 한량없이 선한 법이 있기 때문이다. 그에게 있는 이런 한량없이 선한 법이 모든 범행자들로 하여금 그를 공양하고 공경하며 예로써 섬기게 하는 것이다. 마치 좋은 말이 마판에 매여 길러지는 것과 같아서 그가 비록 '사람들로 하여금 나를 안온한 곳에 매어 두고 내게 좋은 음식을 주며 잘 보살피게 하자'고 이렇게 생각하지 않더라도 사람들은 그를 안온한 곳에 매어 두고 좋은 음식을 주며 잘 보살필 것이다. 무슨 까닭인가? 그 말은 착한 성질이 있어 곧 부드럽고 길들이기 좋으며 지극히 온순하기 때문에 사람들로 하여금 안온한 곳에 매어 두고 좋은 음식을 주며 잘 보살피게 하는 것이다. 이와 같이 이 사람이 비록 '모든 범행자로 하여금 나를 공양하고 공경하며 예로써 섬기게 하자'고 이렇게 생각하지 않더라도 모든 범행자들은 그를 공양히고 공경하며 예로써 섬길 것이다."

부처님께서 이렇게 말씀하시자, 여러 비구들은 부처님 말씀을 듣고 기뻐하며 받들어 행하였다.

〔이 흑비구경에 수록된 경문의 글자 수는 1,527자이다.〕

95) 주법경住法經〔제2 소토성송〕

나는 이와 같이 들었다.

어느 때 부처님께서는 사위국을 유행하실 때에 승림급고독원勝林給孤獨園에 머무셨다. 그때 세존께서 비구들에게 말씀하셨다.

"나는 선법善法에서 후퇴하여 머물지도 않고〔不住〕 더하지도 않는 것〔不增〕을 말하고, 나는 선법에 머물러 후퇴하지 않고 더하지 않는 것을 말하며 나는 선법을 더해 후퇴하지 않고 머물지도 않는 것을 말하겠다.

어떤 것을 선법에서 후퇴하여 머물지도 않고 더하지도 않는다고 하는가? 비구가 만일 금계禁戒를 독실하게 믿고 널리 듣고 보시하며 지혜·말솜씨〔辯才〕와 아함阿含과 또 얻는 바가 있으면, 그 사람은 이 법에서 후퇴하여 머물지도 않고 더하지도 않을 것이니 이것을 선법에서 후퇴하여 머물지도 않고 더하지도 않는 것이라고 한다.

어떤 것을 선법에 머물러 후퇴하지도 않으며 더하지도 않는다고 하는가? 만일 비구가 금계를 독실하게 믿고 널리 듣고 보시하며, 지혜·말솜씨·아함과 또 그 얻는 바가 있으면 그 사람은 이 법에 머물러 후퇴하지도 않고 더하지도 않을 것이니 이것을 선법에 머물러 후퇴하지 않고 더하지도 않는 것이라고 한다.

어떤 것을 선법을 더해서 후퇴하지도 않고 머물지도 않는다고 하는가? 비구가 만일 금계를 독실하게 믿고 널리 듣고 보시하며 지혜와 말솜씨와 아함과 또 그 얻는 바가 있으면, 그 사람은 이 법을 더해서 후퇴하지도 않고 머물지도 않을 것이니 이것을 선법을 더해서 후퇴하지도 않고 머물지도 않는 것이라고 한다.

비구가 이렇게 관찰하면 반드시 이익되는 바가 많을 것이다.

'나는 탐욕이 많은가, 탐욕 없음이 많은가? 나는 성내는 마음이 많은가, 성내지 않는 마음이 많은가? 나는 수면에 얽매임이 많은가, 수면에 얽매이지 않음이 많은가? 나는 조롱하고 뽐냄이 많은가, 조롱하고 뽐내지 않음이 많은가? 나는 의혹이 많은가, 의심하지 않음이 많은가? 나는 몸으로 다툼이 많은가, 몸으로 다투지 않음이 많은가? 나는 더러운 마음이 많은가, 더럽지 않은 마음이 많은가? 나는 믿음이 많은가, 믿지 않음이 많은가? 나는 정진이 많은가, 게으름이 많은가? 나는 기억이 많은가, 기억하지 못함이 많은가? 나는 선정〔定〕이 많은가, 선정이 없음이 많은가? 나는 나쁜 지혜가 많은가, 나쁘지 않은 지혜가 많은가?

만일 비구가 관찰할 때 '나는 탐욕과 성내는 마음 · 수면의 얽맴 · 조롱과 뽐냄 · 의혹 · 몸의 다툼 · 더러운 마음 · 믿지 않음 · 게으름 · 기억 못함 · 선정이 없음과 나쁜 지혜가 많다'고 알았다면, 그 비구는 이 악하고 착하지 않은 법을 멸하기 위해 곧 빨리 방편을 구하여 지극히 정근하기를 배우고, 바른 생각과 바른 지혜로 참고 나아가 후퇴하지 않게 해야 한다. 마치 사람이 불에 머리가 타고 옷이 타면 급히 방편을 구하여 머리를 구하고 옷을 구하는 것과 같다. 이와 같이 비구도 이 악하고 착하지 않은 법을 멸하기 위해 곧 빨리 방편을 구하여 지극히 정근하기를 배우고, 바른 생각과 바른 지혜로 참고 나아가 물러나지 않게 해야 한다.

만일 비구가 관찰할 때 '나는 탐욕 없음을 많이 행하고 또 성내는 마음 · 수면의 얽맴 · 들뜸이나 뽐냄 · 의혹 · 몸의 다툼 · 더러운 마음이 없고 믿음이 있고 정진과 기억과 선정이 있으며 나쁜 지혜가 없다'고 알았다면, 그 비구는 이 법에 머물러 잊지 않고 후퇴하지 않고 수행하여 널리 펴기 위해 곧 빨리 방편을 구하여 지극히 정근하기를 배우고 바른 생각과 바른 지혜로 참고 나아가 물러나지 않게 해야 한다. 마치 사람이 불에 머리가 타고 옷이 타면 급히 방편을 구하여 머리를 구하고 옷을 구하는 것과 같다. 이와 같이 비구도 이 법에 머물러 잊지 않고 후퇴하지 않고 수행하여 널리 펴기 위해 곧 빨리 방편을 구하여 지극히 정근하기를 배우고 바른 생각과 바른 지혜로 참고 나아가 후퇴하지 않게 해야 한다."

부처님께서 이렇게 말씀하시자, 모든 비구들은 부처님 말씀을 듣고 기뻐하며 받들어 행하였다.

〔이 주법경에 수록된 경문의 글자 수는 631자이다.〕

96) 무경無經〔제2 소토성송〕

나는 이와 같이 들었다.

어느 때 부처님께서는 사위국을 유행하실 때에 승림급고독원에 머무셨다. 그때 존자 사리자舍梨子가 여러 비구들에게 말하였다.

"여러분, 만일 비구·비구니가 아직 들어보지 못한 법을 듣지 못하고 이미 들었던 법도 곧 잊으며, 또 본래부터 수행하고 널리 펴고 외워 익혀 그 지혜를 이해한 법이 있더라도 그것을 다시 기억하거나 알지 못한다면 여러분, 이것을 비구·비구니의 청정한 법〔淨法〕이 쇠퇴하는 것이라고 합니다.

여러분, 만일 비구·비구니가 아직 들어보지 못한 법은 곧 듣고 이미 들은 법도 잊어버리지 않으며, 또 본래부터 수행하고 널리 펴고 외워 익혀 그 지혜를 이해한 법을 늘 기억하여 안다면, 이것을 비구·비구니의 청정한 법이 점점 증가하는 것이라고 합니다.

여러분, 비구는 마땅히 이렇게 관찰해야 합니다.

'나는 탐욕이 있는가, 탐욕이 없는가? 나는 성내는 마음이 있는가, 성내는 마음이 없는가? 나는 수면에 얽매임이 있는가, 수면에 얽매임이 없는가? 나는 조롱하거나 뽐냄이 있는가, 조롱하거나 뽐냄이 없는가? 나는 의혹이 있는가, 의혹이 없는가? 나는 몸으로 다툼이 있는가, 몸으로 다툼이 없는가? 나는 더러운 마음이 있는가, 더러운 마음이 없는가? 나는 믿음이 있는가, 믿음이 없는가? 나는 정진이 있는가, 정진이 없는가? 나는 기억〔念〕이 있는가, 기억이 없는가? 나는 정定이 있는가, 정이 없는가? 나는 나쁜 지혜가 있는가, 나쁜 지혜가 없는가?'

여러분, 만일 비구가 관찰할 때 '나는 탐욕이 있고 성내는 마음·수면의 얽맴·조롱과 뽐냄·의혹·몸의 다툼과 더러운 마음이 있으며 믿음이 없고 정 진과 기억·선정이 없으며 나쁜 지혜가 있다'고 알면 여러분, 그 비구는 이 악하고 착하지 않은 법을 멸하고자 하므로 곧 빨리 방편을 구하여 지극히 정근하기를 배우고 바른 생각과 바른 지혜로 참고 나아가 후퇴하지 않을 것입니다. 여러분, 마치 사람이 불에 머리가 타고 옷이 타면 급히 방편을 구하여, 머리를 구하고 옷을 구하는 것과 같습니다. 여러분, 마찬가지로 이 비구도 이 악하고 착하지 않은 법을 멸하고자 하므로 곧 빨리 방편을 구하여, 지극히 정근하기를 배우고 바른 생각과 바른 지혜로 참고 나아가 후퇴하지 않을 것입니다.

만일 비구가 관찰할 때 '나는 탐욕이 없고 성내는 마음·수면의 얽맴·조롱과 뽐냄·의혹·몸의 다툼과 더러운 마음이 없으며, 믿음이 있고 정진·기억·선정이 있으며 나쁜 지혜가 없다'고 알면 그 비구는 이 착한 법에 머물러 잊지 않고 후퇴하지 않고 수행하여 널리 펴고자 하므로, 곧 빨리 방편을 구하여 지극히 정근하기를 배우고 바른 생각과 바른 지혜로 참고 나아가 후퇴하지 않게 될 것입니다. 마치 사람이 불에 머리가 타고 옷이 타면 급히 방편을 써서 머리를 구하고 옷을 구하는 것과 같습니다. 여러분, 이와 같이 비구도 이 착한 법에 머물러 잊지 않고 후퇴하지 않고 수행하여 널리 펴고자 하므로 곧 빨리 방편을 구하여, 지극히 정진하기를 배우고 바른 생각과 바른 지혜로 참고 나아가 후퇴하지 않게 될 것입니다.

존자 사리자가 이렇게 말하자, 여러 비구들은 존자 사리자의 말을 듣고 기뻐하며 받들어 행하였다.

〔이 무경에 수록된 경문의 글자 수는 568자이다. 『중아함경』 제23권에 수록된 경문의 글자 수는 모두 8,658자이고, 「예품穢品」에 수록된 경문의 글자 수는 총 16,140자이다.〕

중아함경 제24권

9. 인품因品 ①

〔이 인품에는 총 열 개의 소경이 수록되어 있다.〕

대인경大因經 · 염처경念處經 · 고음경苦陰經 상 · 하와
증상심경增上心經 · 염경念經과
사자후경師子吼經 · 우담바라경優曇婆羅經과
원경願經 · 상경想經이다.

97) 대인경大因經〔제2 소토성송〕

나는 이와 같이 들었다.

어느 때 부처님께서 구루수拘樓瘦를 유행하실 때에 도읍인 검마슬담劍磨瑟曇에 머무셨다. 그때 존자 아난은 한가히 홀로 지내면서 연좌宴座하여 깊이 생각하다가 마음속에 문득 이런 생각이 떠올랐다.

'이 연기緣起는 매우 기이하고 지극히 깊으며 이해하기도 또한 매

우 어렵다고 한다. 그런데 내가 관찰하여 본 바로는 지극히 얕고도 얕다.'

이에 존자 아난은 저녁때 연좌에서 일어나 부처님 처소로 나아가 부처님 발에 머리를 조아리고 물러나 한쪽에 서서 여쭈었다.

"세존이시여, 저는 오늘 한가히 홀로 있으면서 연좌하여 깊이 생각하다가 마음속에 문득 이런 생각이 떠올랐습니다.

'이 연기는 매우 기이하고 지극히 깊으며 이해하기도 매우 어렵다고 한다. 그런데 내가 관찰하여 본 바로는 지극히 얕고도 얕다.'"

세존께서 말씀하셨다.

"아난아, 너는 '이 연기는 지극히 얕고도 얕다'는 그런 생각을 하지 마라. 무슨 까닭인가? 이 연기는 지극히 깊고 이해하기도 또한 매우 어렵다. 아난아, 이 연기를 참답게 알지도 못하고 제대로 보지도 못하며 깨닫지 못하고 통달하지 못하기 때문에 저 중생들은 베틀이 서로 얽매는 것 같고 넝쿨풀이 어지러운 것 같으며 바쁘고 부산하게 이 세상에서 저 세상으로 가고 저 세상에서 이 세상으로 오며 왔다 갔다 하면서 생사生死를 뛰어넘지 못하게 되는 것이다. 아난아, 그러므로 이 연기는 지극히 깊고 이해하기 또한 매우 어려운 줄 알아야 한다.

아난아, 만일 어떤 이가 '늙고 죽음에 연緣이 있는가?' 하고 묻거든, 마땅히 '늙고 죽음에는 연이 있다' 하고 대답하라. 또 어떤 이가 '늙고 죽음에는 어떤 연緣이 있는가?' 하고 묻거든 마땅히 '생生에 인연한다' 하고 대답하라. 아난아, 만일 어떤 이가 '생에 연이 있는가?' 하고 묻거든 마땅히 '생에도 역시 연이 있다' 하고 대답하라. 만일 어떤 이가 '생에는 어떤 연이 있는가?' 하고 묻거든 마땅히 '유有에 인연한다' 하고 대답하라. 아난아, 만일 어떤 이가 '유에 연이 있는가?' 하고 묻거든 마땅히 '유에도 연이 있다' 하고 대답하라. 만일 어떤 이가 '유에는 어떤 연이 있는가?' 하고 묻거든 마땅히 '수(受 : 取)에 인연한다' 하고 대답하라. 아난아, 만일 어떤 이가 '수에 연이 있는가?' 하고 묻거든 마땅히 '수에도 역시 연이 있다' 하고 대답하라. 만일 어떤 이가 '수에는 어떤 연이 있는가' 하고 묻거든 마땅히 '애愛에 인연한다' 하고 이렇게 대답하라. 아난아, 이것을 '애愛를 인연하여 수受가 있고 수를 인연하여 유有가 있으며 유를 인연하여 생生이 있고 생을 인연하여 노老·사死가 있으며 노·사를 인연하여 걱정〔愁〕과 슬픔〔慼〕이 있고 울음〔啼哭〕·걱정〔憂〕·괴로움〔苦〕·번민〔懊惱〕은 모두 노·사를 인연하여 있다'고 한다. 이와 같이 구족하면 오로지 큰 고음苦陰만 생긴다.

아난아, 생을 인연하여 노·사가 있으면 이것을 '생을 인연하여 노·사가 있다'고 말한다. 마땅히 알아야 한다. 이른바 생을 인연하여 노·사가 있다는 것이다. 아난아, 만일 생이 없다면 고기〔魚〕면 고기 종자〔魚種〕, 새〔鳥〕면 새 종자〔鳥種〕, 모기〔蚊〕면 모기 종자〔蚊種〕, 용龍이면 용 종자〔龍種〕, 신神이면 신 종자〔神種〕, 귀신〔鬼〕이면 귀신 종자〔鬼種〕, 하늘〔天〕이면 하늘 종자〔天種〕, 사람〔人〕이면 사람 종자〔人種〕 등 아난아, 저마다의 중생들이 저마다의 처소〔處〕를 따라 생이 없을 것이다. 제각기 생이 없다면, 가령 생을 떠나더라도 노·사가 있을 수 있겠는가?"

"없습니다."

"아난아, 그러므로 마땅히 알아야 한다. 이 노·사의 원인〔因〕, 노·사의 성취〔習〕, 노·사의 근본〔本〕, 노·사의 인연〔緣〕은 곧 이 생이다. 무슨 까닭인가? 생을 인연하여 곧 노·사가 있기 때문이다.

아난아, 유有를 인연하여 생生이 있으면 이것을 '유를 인연하여 생이 있다'고 말한다. 마땅히 알아야 한다. 이른바 유를 인연하여 생이 있는 것이다. 아난아, 만일 유가 없으면 고기면 고기 종자, 새면 새 종자, 모기면 모기 종자, 용이면 용 종자, 신이면 신 종자, 귀신이면 귀신 종자, 하늘이면 하늘 종자, 사람이면 사람 종자 등 아난아, 저마다의 중생들이 저마다의 처소〔處〕를 따라 유가 없을 것이다. 제각기 유가 없다면 가령 유를 떠나더라도 마땅히 생이 있을 수 있겠는가?"

"없습니다."

"아난아, 그러므로 마땅히 알아야 한다. 이 생의 원인, 생의 성취, 생의 근본, 생의 인연은 곧 이 유이다. 무슨 까닭인가? 유를 인연하여 곧 생이 있기 때문이다.

아난아, 수受를 인연하여 유有가 있으면 이것을 '수를 인연하여 유가 있다'고 말한다. 마땅히 알아야 하니, 이른바 수를 인연하여 유가 있는 것이다. 아난아, 만일 수가 없어 제각기 수가 없다면, 가령 수를 떠나더라도 마땅히 다시 유가 있거나 유가 있다고 주장할 수 있겠는가?"

"없습니다."

"아난아, 그러므로 마땅히 알아야 한다. 이 유의 원인, 유의 성취, 유의 근본, 유의 인연은 곧 이 수受이다. 무슨 까닭인가? 수를 인연하여 곧 유가 있기 때문이다. 아난아, 애를 인연하여 수受가 있으면 이것을 '애를 인연하여 수가 있다'고 말한다. 마땅히 알아야 하니, 이른바 애愛를 인연하여 수가 있는 것이다. 아난아, 만일 애가 없어 제각기 애가 없다면, 가령 애를 떠나더라도 마땅히 다시 수가 있거나 수가 성립될 수 있겠는가?"

"없습니다."

"아난아, 그러므로 마땅히 알아야 한다. 이 수의 원인, 수의 성취, 수의 근본, 수의 인연은 곧 이 애愛이다. 무슨 까닭인가? 애를 인연하여 곧 수가 있기 때문이다. 아난아, 이것을 애를 인연하여 구함〔求〕이 있고 구함을 인연하여 이익〔利〕이 있으며 이익을 인연하여 분별〔分〕이 있고 분별을 인연하여 욕심〔染欲〕이 있으며 욕심을 인연하여 집착〔著〕이 있고 집착을 인연하여 아낌〔慳〕이 있으며 아낌을 인연하여 집〔家〕이 있고 집을 인연하여 지킴〔守〕이 있다고 말한다. 아난아, 지킴을 인연하기 때문에 곧 칼과 몽둥이 · 싸움 · 아첨 · 속임 · 거짓말 · 이간하는 말이 있으며 한량없이 악하고 착하지 않은 법을 일으킨다. 이와 같이 구족하면 오로지 큰 고음苦陰만 생긴다. 아난아, 만일 지킴이 없어 제각기 지킴이 없다면, 가령 지킴을 떠나더라도 마땅히 칼과 몽둥이 · 싸움 · 아첨 · 속임 · 거짓말 · 이간하는 말이 있고 한량없이 악하고 착하지 않은 법을 일으킬 수 있겠는가?"

"없습니다."

"아난아, 그러므로 마땅히 알아야 한다. 이 칼과 몽둥이 · 싸움 · 아첨 · 속임 · 거짓말 · 이간하는 말과 한량없이 악하고 착하지 않은 법을 일으키는 원인〔因〕, 성취〔習〕, 근본〔本〕, 인연〔緣〕은 곧 이 지킴〔守〕이다. 무슨 까닭인가? 지킴을 인연하기 때문에 곧 칼과 몽둥이 · 싸움 · 아첨 · 속임 · 거짓말 · 이간하는 말이 있고 한량없이 악하고 착하지 않은 법을 일으킨다. 이와 같이 구족하면 오로지 큰 고음만 생긴다.

아난아, 집〔家〕을 인연하여 지킴이 있으면 이것을 '집을 인연하여 지킴이 있다'고 한다. 마땅히 알아야 한다. 이른바 집을 인연하여 지킴이 있는 것이다. 아난아, 만일 집이 없어 제각기 집이 없다면, 가령 집을 떠나더라도 마땅히 지킴이 있겠는가?"

"없습니다."

"아난아, 그러므로 마땅히 알아야한다. 이 지킴의 원인, 지킴의 성취, 지킴의 근본, 지킴의 인연은 곧 이 집이다. 무슨 까닭인가? 집을 인연하여 곧 지킴이 있기 때문이다.

아난아, 아낌〔慳〕을 인연하여 집이 있으면 이것을 '아낌을 인연하여 집이 있다'고 한다. 마땅히 알아야 한다. 이른바 아낌을 인연하여 집이 있는 것이다. 아난아, 만일 아낌이 없어 제각기 아낌이 없다면, 가령 아낌을 떠나더라도 집이 있겠는가?"

"없습니다."

"아난아, 그러므로 마땅히 알아야 한다. 이 집〔家〕의 원인, 집의 성취, 집의 근본, 집의 인연은 곧 이 아낌이다. 무슨 까닭인가? 아낌을 인연하여 곧 집이 있기 때문이다.

아난아, 집착〔著〕을 인연하여 아낌〔慳〕이 있으면 이것을 '집착을 인연하여 아낌이 있다'고 한다. 아난아, 만일 집착이 없어 제각기 집착이 없다면 가령 집착을 떠나더라도 아낌이 있겠는가?"

"없습니다."

"아난아, 그러므로 마땅히 알아야 한다. 이 아낌의 원인, 아낌의 성취, 아낌의 근본, 아낌의 인연은 곧 이 집착이다. 무슨 까닭인가? 집착을 인연하여 곧 아낌이 있기 때문이다.

아난아, 욕심〔欲〕을 인연하여 집착이 있으면 이것을 '욕심을 인연하여 집착이 있다'고 한다. 마땅히 알아야 한다. 이른바 욕심을 인연하여 집착이 있는 것이다. 아난아, 만일 욕심이 없어 제각기 욕심이 없다면, 가령 욕심을 떠나더라도 집착이 있겠는가?"

"없습니다."

"아난아, 그러므로 마땅히 알아야 한다. 이 집착의 원인, 집착의 성취, 집착의 근본, 집착의 인연은 곧 이 욕심이다. 무슨 까닭인가? 욕심을 인연하여 집착이 있기 때문이다.

아난아, 분별〔分〕을 인연하여 욕심이 있으면 이것을 '분별을 인연하여 욕심이 있다'고 한다. 마땅히 알아야 하니, 이른바 분별을 인연하여 욕심이 있다. 아난아, 만일 분별이 없어 제각기 분별이 없다면, 가령 분별을 떠나더라도 욕심이 있겠는가?"

"없습니다."

"아난아, 그러므로 마땅히 알아야 한다. 이 욕심의 원인, 욕심의 성취, 욕심의 근본, 욕심의 인연은 곧 이 분별이다. 무슨 까닭인가? 분별을 인연하여 곧 욕심이 있기 때문이다.

아난아, 이익을 인연하여 분별〔分〕이 있으면 이것을 이익을 인연하여 분별이 있다고 한다. 마땅히 알아야 한다. 이른바 이익을 인연하여 분별이 있는 것이다. 아난아, 만일 이익이 없어 제각기 이익이 없다면, 가령 이익을 떠나더라도 분별이 있겠는가?"

"없습니다."

"아난아, 그러므로 마땅히 알아야 한다. 이 분별의 원인, 분별의 성취, 분별의 근본, 분별의 인연은 곧 이 이익〔利〕이다. 무슨 까닭인가? 이익을 인연하여 곧 분별이 있기 때문이다.

아난아, 구함〔求〕을 인연하여 이익〔利〕이 있으면 이것을 '구함을 인연하여 이익이 있다'고 한다. 마땅히 알아야 한다. 이른바 구함을 인연하여 이익이 있는 것이다. 아난아, 만일 구함이 없어 제각기 구함이 없다면, 가령 구함을 떠나더라도 이익이 있겠는가?"

"없습니다."

"아난아, 그러므로 마땅히 알아야 한다. 이 이익의 원인, 이익의 성취, 이익의 근본, 이익의 인연은 곧 이 구함이다. 무슨 까닭인가? 구함을 인연하여 곧 이익이 있기 때문이다.

아난아, 애愛를 인연하여 구함이 있으면 이것을 '애를 인연하여 구함이 있다'고 한다. 마땅히 알아야 한다. 이른바 애를 인연하여 구함이 있는 것이다. 아난아, 만일 애가 없어 제각기 애가 없다면, 가령 애를 떠나더라도 구함이 있겠는가?"

"없습니다."

"아난아, 그러므로 마땅히 알아야 한다. 이 구함의 원인, 구함의 성취, 구함의 근본, 구함의 인연은 곧 이 애이다. 무슨 까닭인가? 애를 인연하여 곧 구함이 있기 때문이다.

아난아, 욕애欲愛와 유애有愛 이 두 법은 각覺을 인因하고 각을 연緣하여 오는 것이다. 아난아, 만일 어떤 사람이 '각에 연緣이 있는가?' 하고 묻거든 마땅히 '각에도 연이 있다'라고 대답하라. 만일 어떤 사람이 '각에는 어떤 연이 있는가?'라고 묻거든 마땅히 '갱락更樂을 인연한다'라고 대답하라. 마땅히 알아야 한다. 이른바 갱락을 인연하여 각이 있는 것이다. 아난아, 만일 눈〔眼〕의 갱락이 없어 제각기 눈의 갱락이 없다면, 가령 눈의 갱락을 떠나더라도 눈의 갱락을 인연하여 생기는 낙각樂覺·고각苦覺·불고불락각不苦不樂覺이 있을 수 있겠는가?"

"없습니다."

"아난아, 귀·코·혀·몸도 역시 그러하며, 만일 뜻의 갱락이 없어 제각기 뜻〔意〕의 갱락이 없다면 가령 뜻의 갱락을 떠나더라도 뜻의 갱락을 인연하여 생기는 낙각·고각·불고불락각이 있을 수 있겠는가?"

"없습니다."

"아난아, 그러므로 마땅히 알아야 한다. 이 각의 원인, 각의 성취, 각의 근본, 각의 인연은 곧 이 갱락이다. 무슨 까닭인가? 갱락을 인연하여 곧 각覺이 있기 때문이다.

아난아, 만일 어떤 사람이 '갱락에도 연緣이 있는가?'라고 묻거든 마땅히 '갱락에도 연이 있다'라고 대답하라. 만일 어떤 사람이 '갱락에는 어떤 연이 있는가?' 하고 묻거든 마땅히 '명색名色을 인연한다'라고 대답하라. 마땅히 알아야 한다. 이른바 명색을 인연하여 갱락이 있는 것이다. 아난아, 행하는 바와 연하는 바에 명신名身이 있다. 이 행을 떠나고 이 연을 떠나더라도 상대가 있는 갱락〔有對更樂〕이 있겠는가?"

"없습니다."

"아난아, 행하는 바와 연하는 바에 색신色身이 있다. 이 행을 떠나고 이 연을 떠나더라도 증어갱락增語更樂이 있겠는가?"

"없습니다."

"가령 명신名身과 색신色身을 떠나더라도 마땅히 갱락이 있어 갱락이 성립될 수 있겠는가?"

"없습니다."

"아난아, 그러므로 마땅히 알아야 한다. 이 갱락의 원인, 갱락의 성취, 갱락의 근본, 갱락의 인연은 곧 이 명색이다. 무슨 까닭인가? 명색을 인연하여 곧 갱락이 있기 때문이다.

아난아, 만일 어떤 사람이 '명색에도 연이 있는가?' 하고 묻거든 마땅히 '명색에도 연이 있다'라고 대답하라. 만일 어떤 사람이 '명색에는 어떤 연이 있는가?' 하고 묻거든 마땅히 '식識을 인연한다'라고 대답하라. 마땅히 알아야 하니, 이른바 식을 인연하여 명색이 있는 것이다. 아난아, 만일 식이 어머니 태에 들어가지 않더라도 이 몸을 이루는 명색이 있겠는가?"

"없습니다."

"아난아, 만일 식이 태에 들어갔다가 곧 나온다면 명색이 정精을 만나겠는가?"

"만나지 못합니다."

"아난아, 만일 어린 소년과 소녀의 식識이 처음부터 끊어지고 부서져서 없다면 명색이 더 자랄 수 있겠는가?"

"없습니다."

"아난아, 그러므로 마땅히 알아야 한다. 이 명색의 원인, 명색의 성취, 명색의 근본, 명색의 인연은 곧 이 식이다. 무슨 까닭인가? 식을 인연하여 곧 명색이 있기 때문이다.

아난아, 만일 어떤 사람이 '식에도 연이 있는가?'라고 묻거든 마땅히 '식에도 역시 연이 있다'라고 대답하라. 만일 어떤 사람이 '식에는 어떤 연이 있는가?' 하고 묻거든 마땅히 '명색을 인연한다'라고 대답하라. 마땅히 알아야 한다. 이른바 명색을 인연하여 식이 있는 것이다. 아난아, 만일 식이 명색을 얻지 못하고 만일 식이 명색에 서지도〔立〕 않고 의지하지도 않는다면, 식은 과연 남이 있고 늙음이 있으며 병이 있고 죽음이 있으며 괴로움이 있겠는가?"

"없습니다."

"아난아, 그러므로 마땅히 알아야 한다. 이 식의 원인, 식의 성취, 식의 근본, 식의 인연은 곧 이 명색이다. 무슨 까닭인가? 명색을 인연하여 곧 식이 있기 때문이다.

아난아, 이것을 명색을 인연하여 식이 있고 식을 인연하여 또한 명색이 있다고 하는 것이다. 이로 말미암아 말을 보태고 거듭 말을 보태어 설명하고 전하고 전하여 설명하며 주장할 만한 것이 있게 되니, 그것은 곧 '식과 명색은 함께 있다'고 하는 것이다. 아난아, 무엇을 어떤 사람이 신神이 있다고 보는 것이라고 하는가?"

존자 아난이 세존께 여쭈었다.

"세존께서는 법의 근본이시고, 세존께서는 법의 주인이시며, 법은 세존으로부터 말미암은 것이니, 오직 원하건대 그것을 해설하여 주십시오. 저는 지금 그것을 들은 뒤라야 널리 그 뜻을 알게 될 것입니다."

부처님께서는 곧 말씀하셨다.

"아난아, 자세히 듣고 그것을 잘 기억하여라. 나는 너를 위하여 그 뜻을 분별하겠다."

존자 아난은 분부를 받고 경청하였다.

부처님께서 말씀하셨다.

"아난아, 어떤 사람은 각覺을 신神이라 보고 어떤 사람은 각을 신이라 보지 않으면서 신神은 능히 깨닫고 또 신법神法도 능히 깨닫는다고 본다. 또 어떤 사람은 각覺을 신이라 보지 않고 또한 신이 능히 깨닫거나 신법도 능히 깨닫는다고 보지 않으며 다만 신은 깨닫는 바가 없다고 말한다.

아난아, 만일 어떤 사람이 각覺을 신神이라고 보거든 마땅히 그에게 '3각覺 곧 낙각樂覺・고각苦覺・불고불락각不苦不樂覺이 있는데, 너는 이 3각에서 어느 각을 신이라고 보는가?' 하고 물어야 한다. 아난아, 마땅히 다시 그에게 말해야 한다. 만일 낙각을 깨닫는다면 그때 그는 2각 곧 고각・불고불락각이 멸하고 오직 낙각만을 깨달을 것이다. 낙각은 무상無常의 법이며 괴로움〔苦〕의 법이며 멸하는〔滅〕 법이니, 만일 낙각이 이미 멸해 버리면 그는 신이 멸했다고 생각하지 않겠는가? 아난아, 만일 다시 1각 곧 고각이 있으면, 그는 그때에는 2각 곧 낙각・불고불락각이 멸하고 다만 고각만을 깨닫는다. 고각은 무상의 법이며 괴로움의 법이며 멸하는 법이니, 만일 고각이 이미 멸해 버리면 그는 신이 멸했다고 생각하지 않겠는가? 아난아, 만일 다시 1각 곧 불고불락각不苦不樂覺이 있으면, 그때 그는 2각 곧 낙각・고각이 멸하고 다만 불고불락각만을 깨닫는다. 불고불락각은 무상의 법이며 괴로움의 법이며 멸하는 법이다. 만일 불고불락각이 이미 멸해 버리면 그는 신이 멸했다고 생각하지 않겠는가? 아난아, 그가 이와 같은 무상의 법에서 괴로움과 즐거움을 떠나고서도 마땅히 다시 각을 신이라고 보겠는가?"

"아닙니다."

"아난아, 그러므로 그가 이와 같은 무상의 법에서 괴로움과 즐거움을 떠나기만 한다면 다시는 각覺을 신神이라고 보지 못할 것이다. 아난아, 만일 다시 어떤 사람이 각을 신이라고 보지 않으면서, 신神은 능히 깨닫고 신법神法도 능히 깨닫는다고 보거든 마땅히 그에게 말하기를 '네게 만일 각이 없다면 깨달을 수가 없어 응당 이것은 내 소유라고 말할 수 없을 것이다'라고 해야 한다. 아난아, 그가 다시 이렇게 각을 신이 아니라고 보면서도 신은 능히 깨닫고 신법도 능히 깨닫는다고 볼 수 있겠는가?"

"아닙니다."

"아난아, 그러므로 그는 이와 같이 각을 신이 아니라고 보면서 신은 능히 깨닫고 신법도 능히 깨닫는다고 볼 수 없을 것이다. 아난아, 만일 다시 어떤 사람이 각覺을 신神이라고 보지 않고, 또한 신이 능히 깨닫거나 신법도 능히 깨닫는다고 보지 않으며 다만 신은 깨닫는 바가 없다고 보거든 마땅히 그에게 말하기를 '네게 만일 각이 없다면 아무것도 얻을 수 없다. 신이 각을 떠나면 응당 신은 청정할 수 없을 것이다'라고 해야 한다. 아난아, 그가 다시 각을 신이 아니라고 보고 또한 신이 능히 깨닫거나 신법도 능히 깨닫는다고 보지 않으며 다만 신은 깨닫는 바가 없다고 볼 수 있겠는가?"

"아닙니다."

"아난아, 그러므로 그는 응당 이와 같이 '각을 신이 아니라고 보고 또한 신이 능히 깨닫거나 신법도 능히 깨닫는다고 보지 않으며 다만 신은 깨닫는 바가 없다'고 볼 수 없을 것이다. 아난아, 이것을 어떤 사람이 신이 있다고 보는 것이라고 한다. 아난아, 무엇을 어떤 사람이 신이 있다고 보지 않는 것이라고 하는가?"

존자 아난이 세존께 여쭈었다.

"세존께서는 법의 근본이시고 세존께서는 법의 주인이시며 법은 세존으로부터 말미암은 것이니, 오직 원하건대 그것을 말씀하여 주십시오. 저는 지금 그것을 들은 뒤라야 널리 그 뜻을 알게 될 것입니다."

부처님께서 곧 말씀하셨다.

"아난아, 자세히 듣고 잘 기억하여라. 나는 너를 위해 그 뜻을 분별하리라."

존자 아난은 분부를 받고 경청하였다.

부처님께서 말씀하셨다.

"아난아, 어떤 사람은 각覺을 신神이라고 보지 않고 또한 신이 능히 깨닫거나 신법도 능히 깨닫는다고 보지 않으며 또한 신은 깨닫는 바가 없다고도 보지 않는다. 그는 이렇게 보지 않은 뒤에는 곧 이 세간을 받아들이지 않고 그는 받아들이지 않은 뒤에는 곧 피로해하지 않으며 피로해하지 않은 뒤에는 곧 열반에 든다. 그래서 '내 생은 이미 다하고 범행은 이미 서고 할 일은 이미 마쳐 다시는 후세의 몸을 받지 않는다'는 것을 사실 그대로 안다.

아난아, 이것이 거듭 거듭 말을 보태어 설명하고 전하고 전하여 설명하며 주장할 만한 것이 있다고 하는 것이다. 이것을 알면 곧 받아들임〔所受〕이 없을 것이다. 아난아, 만일 비구가 이렇게 바르게 해탈하면 그는 다시 여래는 마침이 있다고 보거나 여래는 마침이 없다고 보거나, 여래는 마침이 있으면서 마침이 없다고 보거나 여래는 마침이 있는 것도 마침이 없는 것도 아니라고 보는 일이 없다. 이것을 어떤 사람은 신이 있다고 보지 않는 것이라고 한다. 아난아, 무엇을 어떤 사람이 신이 있다고 주장하고 또 주장하는 것이라 고 하는가?"

존자 아난이 세존께 여쭈었다.

"세존께서는 법의 근본이시고 세존께서는 법의 주인이시며 법은 세존으로부터 말미암은 것이니, 오직 원하건대 그것을 해설해 주십시오. 저는 지금 그것을 들은 뒤라야 널리 그 뜻을 알게 될 것입니다."

부처님께서 곧 말씀하셨다.

"아난아, 자세히 듣고 잘 기억하여라. 나는 너를 위하여 그 뜻을 분별하리라."

존자 아난은 분부를 받고 경청하였다.

부처님께서 말씀하셨다.

"아난아, 어떤 사람은 소색少色을 신神이라 주장하고 또 주장한다. 또 어떤 사람은 소색을 신이라 주장하고 또 주장하지는 않지만 무량색無量色을 신이라 주장하고 또 주장한다. 어떤 사람은 소색少色을 신이라 주장하고 또 주장하지 않으며, 또한 무량색을 신이라 주장하고 또 주장하지는 않지만 소무색少無色을 신이라고 주장하고 또 주장한다. 또 어떤 사람은 소색을 신이라 주장하고 또 주장하지 않으며 또한 무량색을 신이라 주장하고 또 주장하지도 않으며 또한 소무색을 신이라 주장하고 또 주장하지도 않지만 무량무색無量無色을 신이라고 주장하고 또 주장한다.

아난아, 만일 어떤 사람이 소색을 신이라 주장하고 또 주장하면, 그는 지금 소색을 신이라 하여 주장하고 또 주장하다가 몸이 무너지고 목숨이 끝나서도 또한 신이 있다고 이렇게 말하고 이렇게 볼 것이며, 만일 소색少色을 떠나더라도 또한 이러이러하다 생각하여 그는 늘 이렇게 생각할 것이다. 아난아, 이와 같이 어떤 사람은 소색을 신이라 주장하고 또 주장한다. 이와 같이 어떤 사람은 소색을 신이라 하며 견해에 집착하고 또 집착한다.

아난아, 만일 다시 어떤 사람이 소색을 신이라 주장하고 또 주장하지는 않지만 무량색을 신이라 주장하고 또 주장하면, 그는 지금 무량색을 신이라 하여 주장하고 또 주장하다가 몸이 무너지고 목숨이 끝나서도 또한 신이 있다고 이렇게 말하고 이렇게 볼 것이며, 만일 무량색無量色을 떠나더라도 또한 이러이러하다 생각하여 그는 늘 이렇게 생각할 것이다. 아난아, 이와 같이 어떤 사람은 무량색을 신이라 주장하고 또 주장한다. 이와 같이 어떤 사람은 무량색을 신이라 하며 견해에 집착하고 또 집착한다.

아난아, 만일 다시 어떤 사람이 소색을 신이라 주장하고 또 주장하지는 않으며 또한 무량색을 신이라 주장하고 또 주장하지도 않지만 소무색少無色을 신神이라 주장하고 또 주장하면, 그는 지금 소무색을 신이라 주장하고 또 주장하다가 몸이 무너지고 목숨이 끝나서도 또한 신이 있다고 이렇게 말하고 이렇게 볼 것이며, 만일 소무색을 떠나더라도 또한 이러이러하다 생각하여 그는 늘 이렇게 생각할 것이다. 아난아, 이와 같이 어떤 사람은 소무색을 신이라 주장하고 또 주장한다. 이와 같이 어떤 사람은 소무색을 신이라 고 하며 견해에 집착하고 또 집착한다.

아난아, 만일 어떤 사람이 소색을 신이라 주장하고 또 주장하지 않으며 또한 무량색을 신이라 주장하고 또 주장하지도 않으며 또한 소무색을 신이라 주장하고 또 주장하지도 않지만, 무량무색無量無色을 신神이라 주장하고 또 주장하면 그는 무량무색을 신이라 주장하고 또 주장하다가, 몸이 무너지고 목숨이 끝나서노 또한 신이 있다고 이렇게 말하고 이렇게 볼 것이며, 만일 무량무색을 떠나더라도 또한 이러이러하다 생각하여 그는 늘 이렇게 생각할 것이다. 아난아, 이와 같이 어떤 사람은 무량무색을 신이라 주장하고 또 주장한다. 이와 같이 어떤 사람은 무량무색을 신이라고 하며 견해에 집착하고 또 집착한다. 이것을 어떤 사람은 신이 있다고 주장하고 또 주장한다고 한다. 아난아, 무엇을 어떤 사람이 신이 없다고 주장하고 또 주장하는 것이라고 하는가?"

존자 아난이 세존께 여쭈었다.

"세존께서는 법의 근본이시고 세존께서는 법의 주인이시며 법은 세존으로부터 말미암은 것이니, 원하건대 세존께서는 그것을 해설해 주십시오. 저는 그것을 들은 뒤라야 널리 그 뜻을 알게 될 것입니다."

부처님께서 곧 말씀하셨다.

"아난아, 자세히 듣고 잘 기억하여라. 나는 너를 위하여 그 뜻을 분별하겠다."

존자 아난이 분부를 받아 경청하였다.

부처님께서 말씀하셨다.

"아난아, 어떤 사람은 소색을 신이라고 주장하고 또 주장하지 않으며 또한 무량색을 신이라고 주장하고 또 주장하지 않으며 또한 소무색을 신이라고 주장하고 또 주장하지 않으며 또한 무량색을 신이라고 주장하고 또 주장하지 않는다.

아난아, 만일 어떤 사람이 소색을 신이라 주장하고 또 주장하지 않는다면, 그는 지금 소색을 신이라 주장하고 또 주장하지 않으며 몸이 무너지고 목숨이 끝나서도 또한 신이 있다고 이렇게 말하지 않고 또한 이렇게 보지 않을 것이며, 만일 소색을 떠나더라도 또한 이러이러하다 생각하지 않고 또한 이렇게 늘 생각하지도 않을 것이다. 아난아, 이와 같이 어떤 사람은 소색을 신이라고 주장하고 또 주장하지 않는다. 이와 같이 어떤 사람은 소색을 신이라 하지 않고 견해에 집착하고 또 집착하지도 않는다.

아난아, 만일 다시 어떤 사람이 무량색을 신이라 주장하고 또 주장하지 않는다면, 그는 지금 무량색을 신이라 주장하고 또 주장하지 않으며 몸이 무너지고 목숨이 끝나서도 또한 신이 있다고 이렇게 말하지 않고 또한 이렇게 보지 않을 것이며, 만일 무량색을 떠나더라도 또한 이러이러하다 생각하지 않고 또한 이렇게 늘 생각하지도 않을 것이다. 아난아, 이와 같이 어떤 사람은 무량색을 신이라 주장하고 또 주장하지 않는다. 이와 같이 어떤 사람은 무량색을 신이라 하지 않고 견해에 집착하고 또 집착하지도 않는다.

아난아, 만일 다시 어떤 사람이 소무색을 신이라 주장하고 또 주장하지 않는다면, 그는 지금 소무색을 신이라 주장하고 또 주장하지 않으며 몸이 무너지고 목숨이 끝나서도 또한 신이 있다고 이렇게 말하지 않고 또한 이렇게 보지 않을 것이며, 만일 소무색을 떠나더라도 또한 이러이러하다고 생각하지 않고 또한 이렇게 늘 생각하지도 않을 것이다. 아난아, 이와 같이 어떤 사람은 소무색을 신이라 주장하고 또 주장하지 않는다. 이와 같이 어떤 사람은 소무색을 신이라 하지 않고 견해에 집착하고 또 집착하지도 않는다.

아난아, 만일 다시 어떤 사람이 무량무색을 신이라 주장하고 또 주장하지 않는다면, 그는 지금 무량무색을 신이라 주장하고 또 주장하지 않으며 몸이 무너지고 목숨이 끝나서도 또한 신이 있다고 이렇게 말하지 않고 또한 이렇게 보지 않을 것이며, 만일 무량무색을 떠나더라도 또한 이러이러하다 생각하지 않고 또한 이렇게 늘 생각하지도 않을 것이다. 아난아, 이와 같이 어떤 사람은 무량무색을 신이라 주장하고 또 주장하지 않는다. 이와 같이 어떤 사람은 무량무색을 신이라 하지 않고 견해에 집착하고 또 집착하지도 않는다. 아난아, 이것을 어떤 사람은 신이 없다고 주장하고 또 주장하는 것이라고 한다.

다시 아난아, 7식주識住와 2처處가 있다. 어떤 것을 7식주라고 하는가? 어떤 색이 있는 중생들〔有色衆生〕은 서로 다른 몸에 서로 다른 생각을 가지고 있으니 곧 인간과 욕계천欲界天이다. 이것을 제1식주識住라고 한다. 다시 또 아난아, 어떤 색이 있는 중생들은 서로 다른 몸에 서로 같은 생각을 가지고 있으니, 곧 초선천初禪天에 태어나 요절하지 않고 사는 범천梵天을 말한다. 이것을 제2식주라고 한다. 다시 아난아, 어떤 색이 있는 중생들은 서로 같은 몸에 서로 다른 생각을 가지고 있으니, 곧 황욱천晃昱天이다. 이것을 제3식주라고 한다. 또 아난아, 어떤 색이 있는 중생들은 서로 같은 몸에 서로 같은 생각을 가지고 있으니, 곧 변정천遍淨天이다. 이것을 제4식주라고 한다. 다시 아난아, 어떤 색이 없는 중생들은 일체의 색色이라는 생각을 벗어나 대상이 있다는 생각을 멸하여 약간의 생각도 없어, 무량공처無量空處인 이 공처를 성취하여 노니는데, 곧 무량공처천無量空處天이다. 이것을 제5식주라고 한다. 다시 아난아, 어떤 색이 없는 중생들은 일체의 무량공처無量空處를 벗어나 무량식처無量識處인 이 식처를 성취하여 노니는데, 곧 무량식처천無量識處天이다. 이것을 제6식주라고 한다. 다시 아난아, 어떤 색이 없는 중생들은 일체의 무량식처를 벗어나 무소유처無所有處인 이 무소유처를 성취하여 노니는데, 곧 무소유처천無所有處天이다. 이것을 제7식주라고 한다.

아난아, 어떤 것을 2처處라고 하는가? 어떤 색이 있는 중생들은 생각〔想〕도 없고 감각〔覺〕도 없으니, 무상천無想天이다. 이것을 제1처라고 한다. 다시 아난아, 어떤 색이 없는 중생들은 일체의 무소유처를 벗어나 비유상비무상처非有想非無想處인 이 비유상비무상처를 성취하여 노니는데, 곧 비유상비무상처천非有想非無想處天이다. 이것을 제2처라고 한다.

아난아, 제1식주라는 것은 어떤 색이 있는 중생들은 서로 다른 몸에 서로 다른 생각을 가지고 있으니, 곧 인간과 욕계천이다. 만일 어떤 비구가 그 식주識住를 알고 식주의 성취〔習〕를 알고 그 멸함을 알고 그 맛을 알고 그 근심을 알고 그것을 벗어날 방법을 사실 그대로 안다면 아난아, 이 비구는 그래도 그 식주를 좋아하고 그 식주에 집착하여 머물려고 생각하겠느냐?"

"아닙니다."

"아난아, 제2식주라는 것은 어떤 색이 있는 중생들은 서로 다른 몸에 서로 같은 생각을 가지고 있으니, 곧 초선천初禪天에 태어나 요절하지 않고 오래 사는 범천梵天이다. 만일 어떤 비구가 그 식주를 알고 식주의 성취를 알고 그 멸함을 알고 그 맛을 알고 그 근심을 알고 그것을 벗어날 방법을 사실 그대로 안다면, 아난아, 이 비구는 그래도 그 식주를 좋아하고 그 식주에 집착하여 머물려고 생각하겠느냐?"

"아닙니다."

"아난아, 제3식주라는 것은 어떤 색이 있는 중생들은 서로 같은 몸에 서로 다른 생각을 가지고 있으니, 곧 황욱천晃昱天이다. 만일 어떤 비구가 그 식주를 알고 식주의 성취를 알고 그 멸함을 알고 그 맛을 알고 그 근심을 알고 그것을 벗어날 방법을 사실 그대로 안다면, 아난아, 이 비구는 그래도 그 식주를 좋아하고 그 식주에 집착하여 머물려고 생각하겠느냐?"

"아닙니다."

"아난아, 제4식주라는 것은 어떤 색이 있는 중생들은 서로 같은 몸에 서로 같은 생각을 가지고 있으니, 곧 변정천遍淨天이다. 만일 어떤 비구가 그 식주를 알고 식주의 성취를 알고 그 멸함을 알고 그 맛을 알고 그 근심을 알고 그것을 벗어날 방법을 사실 그대로 안다면, 아난아, 이 비구는 그래도 그 식주를 좋아하고 그 식주에 집착하여 머물려고 생각하겠느냐?"

"아닙니다."

"아난아, 제5식주라는 것은 색이 없는 중생이 일체의 색色이란 생각을 벗어나 대상이 있다는 생각을 멸하여 약간의 생각도 없으면, 무량공처無量空處인데 이 공처를 성취하여 노니는 것이니, 곧 무량공처천無量空處天이다. 만일 어떤 비구가 그 식주를 알고 식주의 성취를 알고 그 멸함을 알고 그 맛을 알고 그 근심을 알고 그것을 벗어날 방법을 사실 그대로 안다면, 아난아, 이 비구는 그래도 그 식주를 좋아하고 그 식주에 집착하여 머물려고 생각하겠느냐?"

"아닙니다."

"아난아, 제6식주라는 것은 색이 없는 중생이 일체의 무량공처無量空處를 벗어나면 무량식처無量識處인데, 이 식처를 성취하여 노니는 것이니, 곧 무량식처천無量識處天이다. 만일 어떤 비구가 그 식주를 알고, 식주의 성취를 알고, 그 멸함을 알고, 그 맛을 알고, 그 근심을 알고, 그것을 벗어날 방법을 사실 그대로 안다면, 아난아, 이 비구는 그래도 그 식주를 좋아하고 그 식주에 집착하여 머물려고 생각하겠느냐?"

"아닙니다."

"아난아, 제7식주라는 것은 색이 없는 중생이 일체의 무량식처無量識處를 벗어나면 무소유처無所有處인데, 이 무소유처를 성취하여 노니는 것이니, 곧 무소유처천無所有處天이다. 만일 어떤 비구가 그 식주를 알고 식주의 성취를 알고 그 멸함을 알고 그 맛을 알고 그 근심을 알고 그것을 벗어날 방법을 사실 그대로 안다면, 아난아, 이 비구는 그래도 그 식주를 좋아하고 그 식주에 집착하여 머물려고 생각하겠느냐?"

"아닙니다."

"아난아, 제1처라는 것은 색이 있는 중생으로서 생각〔想〕도 없고 감각〔覺〕도 없는 것이니, 곧 무상천無想天이다. 만일 어떤 비구가 그 처處를 알고 그 처의 성취를 알고 그 맛을 알고 그 근심을 알고 그것을 벗어날 방법을 사실 그대로 안다면, 아난아, 이 비구는 그래도 그 처를 좋아하고 그 처에 집착하여 머물려고 생각하겠느냐?"

"아닙니다."

"아난아, 제2처라는 것은 색이 없는 중생이 일체의 무소유처無所有處를 벗어나면 비유상비무상처非有想非無想處인데 이 비유상비무상처를 성취하여 노니는 것이니, 곧 비유상비무상처천非有想非無想處天이다. 만일 어떤 비구가 그곳을 알고 그곳의 성취를 알고 그 멸함을 알고 그 맛을 알고 그 근심을 알고 그것을 벗어날 방법을 사실 그대로 안다면, 아난아, 이 비구는 그래도 그 처를 좋아하고 그 처에 집착하여 머물려고 생각하겠느냐?"

"아닙니다."

"아난아, 만일 어떤 비구가 저 7식주識住와 2처處에 대해서 사실 그대로 알고 마음으로 집착하지 않아 해탈을 얻으면 그를 비구 아라하阿羅訶라 하고 혜해탈慧解脫이라 부른다.

아난아, 8해탈解脫이 있으니 어떤 것이 여덟 가지인가? 색色을 색色으로 관찰하니, 이것을 제1해탈이라고 한다. 다시 안으로 색상色想이 없이 밖으로 색을 관찰하니, 이것을 제2해탈이라고 한다. 다시 정해탈淨解脫을 몸으로 증득하여 성취하여 노니는데 이것을 제3해탈이라고 한다. 다시 일체의 색상色想을 벗어나 대상이 있다는 생각을 멸하고 약간의 생각도 없는 무량공처, 이 공처를 성취하여 노니는데 이것을 제4해탈이라고 한다. 다시 일체의 무량공처無量空處를 벗어난 무량식처無量識處, 이 무량식처를 성취하여 노니는데, 이것을 제5해탈이라고 한다. 다시 일체의 무량식처를 벗어난 무소유처無所有處, 이 무소유처를 성취하여 노니는데 이것을 제6해탈이라고 한다. 다시 일체의 무소유처를 벗어난 비유상비무상처非有想非無想處, 이 비유상비무상처를 성취하여 노니는데 이것을 제7해탈이라고 한다. 다시 다음에는 일체의 비유상비무상처를 벗어나 상想과 지知가 멸한 해탈解脫을 몸으로 증득하여 성취하여 노닐고 지혜로 모든 누진지漏盡知를 관하여 아는데 이것을 제8해탈이라고 한다.

아난아, 만일 어떤 비구가 저 7식주와 2처에 대해서 사실 그대로 알고 마음으로 집착하지 않아 해탈을 증득하고 또 이 8해탈을 순역順逆으로 해서 몸으로 증득하여 성취하여 노닐며 또한 지혜로 관찰하여 모든 번뇌를 다한다면 그를 비구 아라하라 하고 구해탈俱解脫이라고 부른다."

부처님께서 이렇게 말씀하시자, 존자 아난과 여러 비구들은 부처님의 말씀을 듣고 기뻐하며 받들어 행하였다.

〔이 대인경에 수록된 경문의 글자 수는 5,472자이다.〕

98) 염처경念處經〔제2 소토성송〕

나는 이와 같이 들었다.

어느 때 부처님께서 구루수拘樓瘦를 유행하실 때에 도읍인 검마슬담劍磨瑟曇에 머무셨다. 그때 세존께서 비구들에게 말씀하셨다.

"중생을 깨끗하게 하고 걱정과 두려움에서 제도하며 고뇌를 없애고 슬픔을 끊고 바른 법을 얻게 하는 도道가 있으니, 곧 4념처念處이다.

과거의 모든 여래如來·무소착無所着·등정각等正覺께서는 모두 5개蓋[1]와 마음의 번뇌〔心穢〕와 지혜의 미약함을 끊고 마음을 세워 4념처에 바르게 머무르고, 7각지覺支를 닦아 위없는 정진의 깨달음無上正盡之覺을 얻으셨다. 또 미래의 모든 여래·무소착·등정각께서도 다 5개와 마음의 번뇌〔心穢〕와 지혜의 미약함을 끊고 마음을 세워 4념처에 바르게 머무르고, 7각지를 닦아 위없는 정진의 깨달음을 얻을 것이다. 나는 지금 현재의 여래·무소착·등정각으로서 나도 또한 5개와 마음의 번뇌〔心穢〕와 지혜의 미약함을 끊고 마음을 세워 4념처에 바르게 머무르고 7각지를 닦아 위없는 정진의 깨달음을 깨닫게 되었다. 어떤 것이 네 가지인가? 몸〔身〕을 몸 그대로 관하는 염처念處이고 이와 같이 각覺을 각覺 그대로 관하며 마음〔心〕을 마음 그대로 관하고 법法을 법 그대로 관하는 염처이다.

어떤 것을 몸을 몸 그대로 관하는 염처라고 하는가? 비구는 다니면〔行〕 다니는 줄을 알고 머물면〔住〕 머무는 줄을 알며 앉으면〔坐〕 앉은 줄 알고 누우면〔臥〕 누운 줄 알며 자면 자는 줄 알고 깨면 깬 줄 알며 자다 깨면 자다 깨는 줄 안다. 이렇게 비구는 안 몸〔內身〕을 몸〔身〕 그대로 관하고 바깥 몸〔外身〕을 몸 그대로 관하여서, 생각을 몸에 두어 앎이 있고 봄이 있으며 밝음〔明〕이 있고 통달함〔達〕이 있다. 이것을 비구가 몸을 몸 그대로 관하는 것이라고 한다.

---

1 범어로는 pañnca āvaraṇāni이며, 5장障이라고도 한다. 사람의 심성心性을 장애하여 신법善法을 낼 수 없게 하는 5법法을 말함. 첫째 탐욕개貪欲蓋로서 5욕欲에 집착하기 때문에 심성을 장애하는 것이다. 둘째 진에개瞋恚蓋로서 성냄 때문에 심성을 장애하는 것이다. 셋째 수면개睡眠蓋로서 마음이 흐려지고 몸이 둔해짐으로 인하여 심성을 장애하는 것이다. 넷째 조희개調戲蓋로서 마음이 들뜨고 희동함 때문에 심성을 장애하는 것이다. 다섯째 의개疑蓋로서 결연한 의지가 미약하여 법에 후퇴함으로써 심성을 장애하는 것을 말한다.

또 비구가 몸을 몸 그대로 관한다는 것은 비구는 들고 남〔出入〕을 바르게 알고 굽히고 펴거나 낮추고 우러르는 것을 분별하고 잘 관하여 몸가짐과 거동에 질서가 있고, 승가리僧伽梨와 옷과 발우를 잘 지니고 다니고 머물거나 앉고 눕거나 자고 깨거나 말하고 침묵하는 것을 다 바르게 안다. 이렇게 비구는 안 몸을 몸 그대로 관하고 바깥 몸을 몸 그대로 관하여서, 생각을 몸에 두어 앎이 있고 봄이 있으며 밝음이 있고 통달함이 있다. 이것을 비구가 몸을 몸 그대로 관하는 것이라고 한다.

또 비구가 몸을 몸 그대로 관한다는 것은 비구는 악하고 착하지 않은 생각이 생기면 착한 법〔善法〕의 생각으로써 다스려 끊고 없애 그치게 하니, 마치 목수나 목수의 제자가 먹줄을 나무에 튀기고 나서 곧 날카로운 도끼로 쪼아 곧게 다듬는 것과 같다. 이와 같이 비구는 악하고 착하지 않은 생각이 생기면 착한 법의 생각으로써 다스려 끊고 없애 그치게 한다. 이렇게 비구는 안 몸을 몸 그대로 관하고 바깥 몸을 몸 그대로 관하여서, 생각을 몸에 두어 앎이 있고 봄이 있으며 밝음이 있고 통달함이 있다. 이것을 비구가 몸을 몸 그대로 관하는 것이라고 한다.

또 비구가 몸을 몸 그대로 관한다는 것은 비구는 아래윗니를 서로 붙이고 혀를 잇몸 천장에 붙인 채 마음으로써 마음을 다스려서 다스려 끊고 없애 그치게 하니, 마치 두 역사力士가 나약한 한 사람을 붙잡고 곳곳으로 끌고 다니며 마음대로 두드리는 것과 같다. 이와 같이 비구는 아래윗니를 서로 붙이고 혀를 잇몸 천장에 붙이고 마음으로써 마음을 다스려서 다스려 끊고 없애 그치게 한다. 이렇게 비구는 안 몸을 몸 그대로 관하고 바깥 몸을 몸 그대로 관하여 생각을 몸에 두고 앎이 있고 봄이 있으며 밝음이 있고 통달함이 있다. 이것을 비구가 몸을 몸 그대로 관하는 것이라고 한다.

또 비구가 몸을 몸 그대로 관한다는 것은 비구는 들숨〔入息〕을 생각하되 곧 들숨을 생각하는 줄을 알고 날숨〔出息〕을 생각하되 곧 날숨을 생각하는 줄을 알며 들숨이 길면 곧 들숨이 긴 줄을 알고 날숨이 길면 곧 날숨이 긴 줄을 알며 들숨이 짧으면 곧 들숨이 짧은 줄을 알고 날숨이 짧으면 곧 날숨이 짧은 줄을 알며 온몸으로 숨을 들이쉬는 것을 배우고 온몸으로 숨을 내쉬는 것을 배우며 몸의 행〔身行〕을 그치고 숨 들이쉬는 법을 배우고 입의 행〔口行〕을 그치고 숨 내쉬는 법을 배운다. 이와 같이 비구는 안 몸을 몸 그대로 관하고 바깥 몸을 몸 그대로 관하여 생각을 몸에 두어서 앎이 있고 봄이 있으며 밝음이 있고 통달함이 있다. 이것을 비구가 몸을 몸 그대로 관하는 것이라 고 한다.

또 비구가 몸을 몸 그대로 관한다는 것은 비구가 욕망을 여의고 생겨난 기쁨과 즐거움으로 몸을 적시고 윤택하게 하며 두루 충만하게 하면, 욕망을 여의고 생겨난 기쁨과 즐거움은 온몸에 미치지 않는 곳이 없게 된다. 비유하면 마치 목욕하는 도구를 만드는 어떤 사람이 그릇에 가루비누〔澡豆〕를 담아 물과 섞어서 덩어리로 만든 것을 물에 가져다 담그면 그 물이 윤택해지는데 두루 충만하여 미치지 않은 곳이 없는 것과 같다. 이와 같이 비구도 욕망을 여의고 생겨난 기쁨과 즐거움으로 몸을 적시고 윤택하게 하며 두루 충만하게 하면, 욕망을 여의고 생겨난 기쁨과 즐거움은 온몸에 미치지 않는 곳이 없게 된다. 이렇게 비구는 안 몸을 몸 그대로 관하고 바깥 몸을 몸 그대로 관하여 생각을 몸에 두어서 앎이 있고 봄이 있으며 밝음이 있고 통달함이 있다. 이것을 비구가 몸을 몸 그대로 관하는 것이라고 하다.

또 비구가 몸을 몸 그대로 관한다는 것은, 비구가 선정에서 생겨난 기쁨과 즐거움으로 몸을 적시고 윤택하게 하며 두루 충만하게 하면,

선정에서 생겨난 기쁨과 즐거움은 온몸에 미치지 않는 곳이 없게 된다. 비유하면 마치 산의 샘물이 청정하여 흐리지 않고 충만하게 흘러넘쳐 사방의 물이 흘러들어갈 길이 없으면, 곧 그 샘 밑바닥에서 저절로 솟아나는 물은 밖으로 흘러 넘쳐 산을 적시고 윤택하게 하되 두루 충만하여 미치지 않은 곳이 없는 것과 같다. 이와 같이 비구도 선정에서 생겨난 기쁨과 즐거움으로 몸을 적시고 윤택하게 하며 두루 충만하게 하면, 선정에서 생겨난 기쁨과 즐거움은 온몸에 미치지 않는 곳이 없게 된다. 이렇게 비구는 안 몸을 몸 그대로 관하고 바깥 몸을 몸 그대로 관하여, 생각을 몸에 두어서 앎이 있고 봄이 있으며 밝음이 있고 통달함이 있다. 이것을 비구가 몸을 몸 그대로 관하는 것이라고 한다.

또 비구가 몸을 몸 그대로 관한다는 것은 비구가 기쁨〔喜〕이 없는 데서 생겨난 즐거움〔樂〕으로 몸을 적시고 윤택하게 하며 두루 충만하게 하면, 기쁨이 없는 데서 생겨난 즐거움은 온몸에 미치지 않는 곳이 없게 된다. 비유하면 마치 푸른 연꽃이나 붉고 빨갛고 흰 연꽃이 물에서 나고 물에서 자라 물밑에 있으면, 그 뿌리와 줄기와 꽃과 잎은 모두 촉촉하고 윤택하며 두루 충만하게 되어 미치지 않은 곳이 없는 것과 같다. 이와 같이 비구도 기쁨이 없는 데서 생겨난 즐거움으로 몸을 적시고 윤택하게 하며 두루 충만하게 하면, 기쁨이 없는데서 생겨난 즐거움은 온몸에 미치지 않는 곳이 없게 된다. 이렇게 비구는 안 몸을 몸 그대로 관하고 바깥 몸을 몸 그대로 관하여 생각을 몸에 두어서 앎이 있고 봄이 있으며 밝음이 있고 통달함이 있다. 이것을 비구가 몸을 몸 그대로 관하는 것이라고 한다.

또 비구가 몸을 몸 그대로 관한다는 것은 비구가 이 몸속에서 청정한 마음으로 뜻을 터득하여 두루 충만하게 성취하여 노닐면, 청정한 마음은 온몸에 미치지 않는 곳이 없게 된다. 마치 어떤 사람이 7주肘나 8주 되는 옷을 입으면 머리에서 발에 이르기까지 그 몸을 감싸지 못하는 곳이 없는 것과 같다. 이와 같이 비구도 청정한 마음이 온몸에 미치지 않은 곳이 없게 된다. 이렇게 비구는 안 몸을 몸 그대로 관하고 바깥 몸을 몸 그대로 관하여 생각을 몸에 두어서 앎이 있고 봄이 있으며 밝음이 있고 통달함이 있다. 이것을 비구가 몸을 몸 그대로 관하는 것이라고 한다.

또 비구가 몸을 몸 그대로 관한다는 것은 비구는 광명상光明想을 생각하여 잘 받아 지니고 생각한 바를 잘 기억하여 앞에서와 같이 뒤에서도 또한 그러하고 뒤에서와 같이 앞에서도 또한 그러하며, 낮과 같이 밤에도 그러하고 밤과 같이 낮에도 그러하며, 아래서와 같이 위에서도 그러하고 위에서와 같이 아래서도 그러하다. 이렇게 뒤바뀌지 않고 마음에 얽매임 없이 광명심을 닦으면 마음은 끝내 어둠에 덮이지 않을 것이다. 이렇게 비구는 안 몸을 몸 그대로 관하고 바깥 몸을 몸 그대로 관하여 생각을 몸에 두어서 앎이 있고 봄이 있으며 밝음이 있고 통달함이 있다. 이것을 비구가 몸을 몸 그대로 관하는 것이라고 한다.

또 비구가 몸을 몸 그대로 관한다는 것은 비구는 관찰하는 모습〔觀相〕을 잘 받아들이고 생각한 바를 잘 기억하는데, 마치 어떤 사람이 앉아서 누운 사람을 관찰하고 누워서 앉은 사람을 관찰하는 것과 같다. 이와 같이 비구는 관찰하는 모습을 잘 받아들이고 생각한 바를 잘 기억한다. 이렇게 비구는 안 몸을 몸 그대로 관하고 바깥 몸을 몸 그대로 관하여 생각을 몸에 두어서 앎이 있고 봄이 있으며 밝음이 있고 통달함이 있다. 이것을 비구가 몸을 몸 그대로 관하는 것이라고 한다.

또 비구가 몸을 몸 그대로 관한다는 것은, 비구가 이 몸은 어디 있거나 좋거나 밉거나 머리에서 발에 이르기까지 온갖 더러운 것으로 충만해 있다고 관찰하는 것이다.

'내 이 몸 가운데에는 머리털 · 털 · 손톱 · 이 · 추하고 곱고 엷은 살갗 · 가죽 · 살 · 힘줄 · 뼈 · 심장 · 콩팥 · 간 · 허파 · 큰 창자 · 작은 창자 · 지라 · 밥통 · 똥 · 골 · 뇌수〔腦根〕 · 눈곱 · 땀 · 눈물 · 가래침 · 고름 · 피 · 기름 · 골수 · 침 · 쓸개 · 오줌이 있다.'

마치 그릇에 몇 가지 종자種子를 담은 것 같아서 눈이 있는 사람은 다 분명히 본다. 곧 벼나 조의 종자나 갓 · 무 · 겨자의 종자와 같다. 이와 같이 비구는 이 몸은 어디 있거나 좋고 밉거나 머리에서 발에 이르기까지 갖가지 더러운 것이 충만해 있다고 관찰한다.

'내 이 몸 가운데에는 머리털 · 털 · 손톱 · 이 · 추하고 곱고 엷은 살갗 · 가죽 · 살 · 힘줄 · 뼈 · 심장 · 콩팥 · 간 · 허파 · 큰창자 · 작은창자 · 지라 · 밥통 · 똥 · 골 · 뇌수 · 눈곱 · 땀 · 눈물 · 가래침 · 고름 · 피 · 기름 · 골수 · 침 · 쓸개 · 오줌이 있다.'

이렇게 비구는 안 몸을 몸 그대로 관하고 바깥 몸을 몸 그대로 관하여, 생각을 몸에 두어서 앎이 있고 봄이 있으며 밝음이 있고 통달함이 있다. 이것을 비구가 몸을 몸 그대로 관하는 것이라고 한다.

또 비구가 몸을 몸 그대로 관한다는 것은 비구가 몸에 있는 모든 경계를 관찰하는 것이다.

'내 몸에는 흙의 요소〔地界〕 · 물의 요소〔水界〕 · 불의 요소〔火界〕 · 바람의 요소〔風界〕 · 허공의 요소〔空界〕 · 의식의 요소〔識界〕가 있다.'

마치 백정이 소를 잡아 껍질을 벗겨 땅에 펴고 그것을 여섯 동강으로 가르는 것과 같다. 이와 같이 비구는 몸에 있는 모든 경계를 관찰한다.

'내 몸에는 흙의 요소 · 물의 요소 · 불의 요소 · 바람의 요소 · 허공

의 요소·의식의 요소가 있다.'

이렇게 비구는 안 몸을 몸 그대로 관하고 바깥 몸을 몸 그대로 관하여, 생각을 몸에 두어서 앎이 있고 봄이 있으며 밝음이 있고 통달함이 있다. 이것을 비구가 몸을 몸 그대로 관하는 것이라고 한다.

또 비구가 몸을 몸 그대로 관한다는 것은 비구가 저 송장이 하루·이틀 혹은 엿새나 이레가 되어 까마귀나 솔개〔鵄〕에게 쪼이고 승냥이나 이리에게 먹히며 불에 타고 땅에 묻혀 다 썩어 문드러지는 것을 관찰하는 것이다. 관찰한 뒤에는 자기에게 견준다.

'이제 내 이 몸도 이와 같아서 이 법이 함께하니 끝내 벗어날 길이 없다.'

이렇게 비구는 안 몸을 몸 그대로 관하고 바깥 몸을 몸 그대로 관하여 생각을 몸에 두어서 앎이 있고 봄이 있으며 밝음이 있고 통달함이 있다. 이것을 비구가 몸을 몸 그대로 관하는 것이라고 한다.

또 비구가 몸을 몸 그대로 관한다는 것은 비구는 묘지에 버려진 몸의 해골이 푸른빛으로 썩어 문드러지고 반쯤 남은 뼈 사슬이 땅에 뒹구는 것을 보게 되면 그것을 관찰한 뒤에 자기에게 견준다.

'이제 내 이 몸도 이와 같아서 이 법이 함께하니 끝내 벗어날 길이 없다.'

이렇게 비구는 안 몸을 몸 그대로 관하고 바깥 몸을 몸 그대로 관하여 생각을 몸에 두어서 앎이 있고 봄이 있으며 밝음이 있고 통달함이 있다. 이것을 비구가 몸을 몸 그대로 관하는 것이라고 한다.

또 비구가 몸을 몸 그대로 관한다는 것은 비구는 묘지에 버려진 몸이 가죽과 살과 피가 분리되어 오직 힘줄만 서로 이어져 있는 것을 보게 되면 그것을 관찰한 뒤에 자기에게 견준다.

'이제 내 이 몸도 또한 이와 같아서 이 법이 함께하니 끝내 벗어날

길이 없다.'

이렇게 비구는 안 몸을 몸 그대로 관하고 바깥 몸을 몸 그대로 관하여 생각을 몸에 두어서 앎이 있고 봄이 있으며 밝음이 있고 통달함이 있다. 이것을 비구가 몸을 몸 그대로 관하는 것이라고 한다.

또 비구가 몸을 몸 그대로 관한다는 것은 비구는 묘지에 버려진 몸의 뼈마디가 분리되어 여러 곳에 흩어져 발 뼈 · 장딴지 뼈 · 넓적다리 뼈 · 허리뼈 · 등뼈 · 어깨뼈 · 목뼈 · 머리뼈들이 제각기 다른 곳에 흩어져 있는 것을 보게 되면 그것을 관찰한 뒤에 자기에게 견준다.

'이제 내 이 몸도 역시 이와 같아서 이 법이 함께하니 끝내 벗어날 길이 없다.'

이렇게 비구는 안 몸을 몸 그대로 관하고 바깥 몸을 몸 그대로 관하여 생각을 몸에 두어서 앎이 있고 봄이 있으며 밝음이 있고 통달함이 있다. 이것을 비구가 몸을 몸 그대로 관하는 것이라고 한다.

또 비구가 몸을 몸 그대로 관한다는 것은 비구는 묘지에 버려진 몸의 뼈가 마치 소라[螺]처럼 희고 집비둘기처럼 푸르며 피를 칠한 것처럼 붉고 썩어 문드러지고 부서져 가루가 되는 것을 보게 되면 그것을 관찰한 뒤에 자기에게 견준다.

'이제 내 이 몸도 역시 이와 같아서 이 법이 함께하니 끝내 벗어날 길이 없다.'

이렇게 비구는 안 몸을 몸 그대로 관하고 바깥 몸을 몸 그대로 관하여 생각을 몸에 두어서 앎이 있고 봄이 있으며 밝음이 있고 통달함이 있다. 이것을 비구가 몸을 몸 그대로 관하는 것이라고 한다. 만일 비구 · 비구니가 이렇게 조금이라도 몸을 몸 그대로 관한다면 이것을 몸을 몸 그대로 관하는 염처念處라고 한다.

어떤 것을 각覺을 각覺 그대로 관하는 염처라고 하는가? 비구는 즐거운 감각을 깨달을 땐 곧 즐거운 감각을 깨닫는 줄 알고 괴로운 감각을 깨달을 땐 곧 괴로운 감각을 깨닫는 줄 알며 괴롭지도 않고 즐겁지도 않은 감각을 깨달을 땐 곧 괴롭지도 않고 즐겁지도 않은 감각을 깨닫는 줄 안다. 즐거운 몸〔樂身〕·괴로운 몸〔苦身〕·괴롭지도 않고 즐겁지도 않은 몸〔不苦不樂身〕과 즐거운 마음〔樂心〕·괴로운 마음〔苦心〕·괴롭지도 않고 즐겁지도 않은 마음〔不苦不樂心〕과 좋아하는 음식〔樂食〕·괴로운 음식〔苦食〕·괴롭지도 않고 좋지도 않은 음식〔不苦不樂食〕과 즐거운 무식〔樂無食〕·괴로운 무식〔苦無食〕·괴롭지도 않고 즐겁지도 않은 무식〔不苦不樂無食〕과 즐거운 욕심· 괴로운 욕심·괴롭지도 않고 즐겁지도 않은 욕심과 즐거운 무욕각〔樂無欲覺〕·괴로운 무욕각〔苦無欲覺〕도 또한 그러하며, 괴롭지도 않고 즐겁지도 않은 무욕각을 깨달을 땐 곧 괴롭지도 않고 즐겁지도 않은 무욕각을 깨닫는 줄을 안다. 이렇게 비구는 안의 각〔內覺〕을 각 그대로 관하고 바깥 각〔外覺〕을 각 그대로 관하여 생각을 각에 두어서 앎이 있고 봄이 있으며 밝음이 있고 통달함이 있다. 이것을 비구가 각을 각 그대로 관하는 것이라고 한다. 만일 비구·비구니가 이렇게 조금이라도 각을 각 그대로 관하면 이것을 각을 각 그대로 관하는 염처라고 한다.

어떤 것을 마음〔心〕을 마음 그대로 관하는 염처라고 하는가? 비구는 욕심이 있으면 욕심이 있음을 사실 그대로 알고 욕심이 없으면 욕심이 없음을 사실 그대로 알며 성냄〔恚〕이 있고 성냄이 없는 것과 어리석음〔癡〕이 있고 어리석음이 없는 것과 더러움〔穢〕이 있고 더러움이 없는 것과 모임이 있고 흩어짐이 있는 것과 낮춤이 있고 높임이 있는 것과 작음이 있고 큼이 있는 것과 닦고〔修〕 닦지 않음과 정〔定〕하고 정하지 않은 것도 그러하며, 해탈하지 않은 마음이 있으면 해탈하지 않은 마음을 사실 그대로 알고 해탈한 마음이 있으면 해탈한 마음을 사실 그대로 안다. 이렇게 비구는 안 마음〔內心〕을 마음 그대로 관하고 바깥 마음〔外心〕을 마음 그대로 관하여 생각을 마음에 두어서 앎이 있고 봄이 있으며 밝음이 있고 통달함이 있다. 이것을 비구가 마음을 마음 그대로 관하는 것이라고 한다. 만일 어떤 비구·비구니가 이렇게 조금이라도 마음을 마음 그대로 관하면 이것을 마음을 마음 그대로 관하는 염처라고 한다.

어떤 것을 법法을 법 그대로 관하는 염처라고 하는가? 눈은 색을 연緣하여 안의 번뇌〔內結〕가 생긴다. 비구는 안에 진실로 번뇌가 있으면 안에 번뇌가 있음을 사실 그대로 알고 안에 진실로 번뇌〔結〕가 없으면 안에 번뇌가 없음을 사실 그대로 알며 만약 아직 생기지 않은 안의 번뇌가 생기면 그것을 사실 그대로 알고 만일 이미 생긴 안의 번뇌가 멸해 다시 생기지 않으면 그것을 사실 그대로 안다. 이와 같이 귀·코·혀·몸도 또한 그러하며 뜻은 법을 연하여 안의 번뇌가 생긴다. 비구는 안에 진실로 번뇌가 있으면 안에 번뇌가 있음을 사실 그대로 알고 안에 진실로 번뇌가 없으면 안에 번뇌가 없다는 것을 사실 그대로 알며 만일 아직 생기지 않은 안의 번뇌가 생기면 그것을 사실 그대로 알고 만일 이미 생긴 안의 번뇌가 멸해 다시 생기지 않으면 그것을 사실 그대로 안다. 이렇게 비구는 안의 법을 법 그대로 관하고 바깥의 법을 법 그대로 관하여 생각을 법에 두어서 앎이 있고 봄이 있으며 밝음이 있고 통달함이 있다. 이것을 비구가 법을 법 그대로 관하는 것이라고 하니 곧 안의 6처處이다.

또 비구가 법을 법 그대로 관하는 것은 비구는 안에 진실로 욕심이 있으면 욕심이 있음을 사실 그대로 알고 안에 진실로 욕심이 없으면 욕심이 없음을 사실 그대로 알며 만일 아직 생기지 않은 욕심이 생기면 그것을 사실 그대로 알고 만일 이미 생긴 욕심이 멸해 다시 생기지 않으면 그것을 사실 그대로 안다. 이와 같이 성냄〔瞋恚〕·수면〔睡眠〕·들뜸〔掉悔〕도 역시 그러하며, 안에 진실로 의심이 있으면 의심이 있음을 사실 그대로 알고, 안에 진실로 의심이 없으면 의심이 없음을 사실 그대로 알며, 만일 아직 생기지 않은 의심이 생기면 그것을 사실 그대로 알고, 만일 이미 생긴 의심이 멸해 다시 생기지 않으면 그것을 사실 그대로 안다. 이와 같이 비구는 안의 법을 법 그대로 관하고 바깥 법을 법 그대로 관하여 생각을 법에 두어서 앎이 있고 봄이 있으며 밝음이 있고 통달함이 있다. 이것을 비구가 법을 법 그대로 관하는 것이라고 하니, 곧 5개蓋이다.

또 비구가 법을 법 그대로 관하는 것은 비구는 안에 진실로 염각지念覺支가 있으면 염각지가 있음을 사실 그대로 알고 안에 진실로 염각지가 없으면 염각지가 없음을 사실 그대로 알며 만일 아직 생기지 않은 염각지가 생기면 그것을 사실 그대로 알고 만일 이미 생긴 염각지가 그대로 머물러 있지 않고 또 쇠퇴하지도 않고 더욱 닦아 더하고 넓어지면 그것을 사실 그대로 안다. 이와 같이 택법擇法·정진精進·기쁨〔喜〕·쉼〔息〕·정定도 그러하며 비구는 안에 진실로 사각지捨覺支가 있으면 사각지가 있음을 사실 그대로 알고 안에 진실로 사각지가 없으면 사각지가 없음을 사실 그대로 알며 만일 아직 생기지 않은 사각지가 생기면 그것을 사실 그대로 알고 만일 이미 생긴 사각지가 그대로 머물러 있지 않고 쇠퇴하지도 않고 더욱 닦아 더하고 넓어지면 그것을 사실 그대로 안다. 이렇게 비구는 안의 법을 법 그대로 관하고 바깥 법을 법 그대로 관하여, 생각을 법에 두어서 앎이 있고 봄이 있으며 밝음이 있고 통달함이 있다. 이것을 비구가 법을 법 그대로 관하는 것이라 하니, 곧 7각지覺支이다. 만일 어떤 비구·비구니가 이렇게 조금이라도 법을 법 그대로 관하면 이것을 법을 법 그대로 관하는 염처라고 한다.

만일 어떤 비구·비구니가 7년 동안 마음을 세워 바르게 4념처念處에 머무르면 그는 반드시 2과果를 얻을 것이니, 현법現法에서 구경究竟의 지혜를 얻거나 혹은 남음〔餘〕이 있으면 아나함阿那含을 얻을 것이다. 7년·6년·5년·4년·3년·2년·1년은 그만두고 만일 어떤 비구·비구니가 7개월 동안이라도 마음을 세워 바르게 4념처에 머무르면 그는 반드시 2과果를 얻을 것이니, 현재에서 구경의 지혜를 얻거나 혹은 남음이 있으면 아나함을 얻을 것이다. 7개월·6개월·5개월·4개월·3개월·2개월·1개월은 그만두고, 어떤 비구·비구니가 이레 낮· 이레 밤 동안이라도 마음을 세워 바르게 4념처에 머무르면 그는 반드시 2과果를 얻을 것이니, 현법에서 구경의 지혜를 얻거나 혹은 남음이 있으면 아나함을 얻을 것이다. 이레 낮·이레 밤이나 6·5·4·3·2일은 그만두고 하루 낮·하룻밤도 그만두고, 만일 어떤 비구·비구니가 잠깐 동안이라도 마음을 세워 바르게 4념처에 머물러 아침에 이렇게 행하면 저녁에는 반드시 승진昇進하게 될 것이며 저녁에 이렇게 행하면 아침에는 반드시 승진하게 될 것이다."

부처님께서 이렇게 말씀하시자, 비구들은 부처님의 말씀을 듣고 기뻐하며 받들어 행하였다.

〔이 염처경에 수록된 경문의 글자 수는 3,137자이다. 『중아함경』 제24권에 수록된 경문의 글자 수는 모두 8,609자이다.〕

중아함경 제 25 권

9. 인품 ②

99) 고음경苦陰經 ①〔제2 소토성송〕

나는 이와 같이 들었다.

어느 때 부처님께서는 사위국舍衛國을 유행하실 때에 승림급고독원勝林給孤獨園에 머무셨다. 그때 모든 비구들은 점심 뒤에 조그마한 일로 강당에 모여 앉았다. 이때 많은 이학異學들이 오후에 천천히 걸어 비구들이 있는 곳으로 나아가 서로 인사하고 물러나 한쪽에 앉아 모든 비구들에게 말하였다.

"여러분, 사문 구담瞿曇께서는 욕심〔欲〕을 알고 끊는 것을 가르치고, 색色을 알고 끊는 것을 가르치며, 각覺을 알고 끊는 것을 가르칩니다. 그렇지만 여러분, 우리도 또한 욕심을 알고 끊는 것을 가르치고 색을 알고 끊는 것을 가르치며 각을 알고 끊는 것을 가르칩니다. 사문 구담과 우리들의 이 두 가지 앎과 두 가지 끊음 중에 어느 것이 나으며 어떠한 차별이 있는가?”

이에 모든 비구들은 많은 이학異學들의 말을 듣고 옳다고도 않고 그르다고도 않은 채 잠자코 일어나 자리를 뜨며 모두 이렇게 생각하였다.

‘이러한 말의 뜻을 우리들은 세존에게서 알 수 있을 것이다.’

그리고 곧 부처님 계시는 곳으로 나아가 머리를 조아려 예배하고 물러나 한쪽에 앉아, 이른바 많은 이학들과 서로 의논할 만한 것들을 모두 부처님께 여쭈었다.

그때 세존께서는 모든 비구들에게 말씀하셨다.

“너희들은 즉시 저 많은 이학들에게 이렇게 물어라.

‘여러분, 어떤 것을 욕심의 맛〔味〕이라 하고 어떤 것을 욕심의 환患이라 하며 어떤 것을 욕심의 출요出要라 하는가? 어떤 것을 색色의 맛이라 하고, 어떤 것을 색의 환이라 하며 어떤 것을 색의 출요라고 하는가? 어떤 것을 각覺의 맛이라 하고 어떤 것을 각의 환이라 하며 어떤 것을 각의 출요라고 하는가?’

모든 비구들아, 만일 너희들이 이렇게 물으면 저들은 그 말을 듣고 곧 서로 난처해하며 다른 일을 끌어다 말하며 점점 성이 나서 다투다가 반드시 자리에서 일어나 잠자코 물러갈 것이다. 무슨 까닭인가? 나는 이 세상의 하늘·마군·범梵·사문 범지 등 일체의 다른 무리들 중에 능히 이 뜻을 알아 해설하는 자를 보지 못하였고 오직 여래나 여래의 제자한테서만 이 말을 들었기 때문이다.”

부처님께서 말씀하셨다.

“어떤 것을 욕심의 맛〔欲味〕이라고 하는가? 곧 5욕欲의 공덕功德으로 말미암아 즐거움이 생기고 기쁨이 생기니, 이 욕심의 맛은 지극하여 다시금 이것보다 더한 것이 없고 또 우환도 매우 많은 것이다.

어떤 것을 욕심의 환〔欲患〕이라고 하는가? 족성자族姓子들은 그 기술에 따라 각자 생활해 가는데, 혹은 밭농사를 짓고 혹은 살아갈 방도를 세우며 혹은 글을 배우고 혹은 산술을 밝히며 혹은 공수工數를 알고 혹은 도장을 정교하게 새기며 혹은 글을 짓고 혹은 붓을 만들며 혹은 경서經書를 깨닫고 혹은 용맹스런 장군이 되며 혹은 왕을 받들어 섬긴다. 그들은 추울 때에는 추워하고 더울 때에는 더워하며 굶주리고 목마르고 피로하며 모기와 등에에게 뜯기면서 이러한 직업으로 돈이나 재물 구하기를 도모한다. 저 족성자들은 이러한 방편으로 이렇게 행하고 이렇게 구하다가 만일 돈이나 재물을 얻지 못하면 곧 걱정하고 괴로워하며 시름하고 슬퍼하고 번민하며 마음에는 곧 어리석음이 생겨 이렇게 말한다.

'헛되이 노력하고 헛되이 괴로워하면서 구했지만 아무런 결실이 없구나.'

저 족성자들은 이러한 방편으로 이렇게 행하고 이렇게 구하다가 만일 돈이나 재물을 얻으면 그는 곧 사랑하고 아껴 지켜 보호하고 몰래 감추어 둔다. 무슨 까닭인가?

'내 이 재물을 왕에게 빼앗기거나 도둑을 맞거나 불에 타버리거나 썩어 없어지거나 잃어버리지 않게 하자. 재물을 꺼내 써 봐야 아무런 이득도 없고 혹 여러 사업을 해 보아도 성취되지 않을 것이다.'

그들은 이렇게 지켜 보호하고 몰래 감추어 두었다가 만일 왕에게 빼앗기거나 도적이 겁탈하고 불에 타버리거나 썩어 없어지며 잃어버리게 되면 그들은 걱정하고 괴로워하며 시름하고 슬퍼하고 번민하며 마음에는 곧 어리석음이 생겨 이렇게 말한다.

'만일 오랫동안 사랑할 만하다고 여기는 것을 가지면 그는 곧 잃게 될 것이다.'

이것을 현법의 괴로움의 음〔苦陰〕이라고 하니 욕심을 인因으로 하고 욕심을 연緣으로 하며 욕심을 근본〔本〕으로 하는 것이다.

또 중생들은 욕심을 인因으로 하고 욕심을 연緣으로 하며 욕심을 근본〔本〕으로 하기 때문에, 어머니는 아들과 다투고 아들은 어머니와 다투며 부자·형제·자매·친족들이 계속 줄지어 서로 다툰다. 저들은 이미 이렇게 서로 다툰 뒤에는 어머니는 아들의 허물을 말하고 아들은 어머니의 허물을 말하며 부자·형제·자매·친족들끼리도 서로 허물을 말하는데, 하물며 다시 다른 이들이겠는가? 이것을 현법現法의 괴로움의 음〔苦陰〕이라고 하니, 욕심을 인으로 하고 욕심을 연으로 하며 욕심을 근본으로 하는 것이다.

중생들은 욕심을 인因으로 하고 욕심을 연緣으로 하며 욕심을 근본〔本〕으로 하기 때문에 왕과 왕이 서로 다투고 범지와 범지가 서로 다투며 거사와 거사가 서로 다투고 백성과 백성이 서로 다투며 나라와 나라가 서로 다툰다. 그들은 다투어 서로 미워하기 때문에 여러 가지 무기로써 갈수록 서로에게 해를 더하니, 혹은 주먹질을 하거나 돌을 던지고 혹은 몽둥이로 치고 칼로 찍는다. 그들은 서로 싸울 때 혹은 죽고 혹은 두려워하며 극심한 고통을 받는다. 이것을 현법의 괴로움의 음이라고 하니, 욕심을 인으로 하고 욕심을 연으로 하며 욕심을 근본으로 하는 것이다.

또 중생들은 욕심을 인으로 하고 욕심을 연으로 하며 욕심을 근본으로 하기 때문에 투구를 쓰고 갑옷을 입으며 창과 활과 화살을 가지거나 혹은 칼과 방패를 잡고 싸움터에 들어가며 혹은 코끼리로써 싸우고 혹은 말·수레·보병步兵으로 혹은 남녀로써 싸운다. 그들은 싸울 때에 혹은 죽고 혹은 두려워하여 극심한 고통을 받는다. 이것을 현법의 괴로움의 음이라고 하니, 욕심을 인으로 하고 욕심을 연으로 하며 욕심을 근본으로 하는 것이다.

또 중생들은 욕심을 인으로 하고 욕심을 연으로 하며 욕심을 근본으로 하기 때문에 투구를 쓰고 갑옷을 입으며 창과 활과 화살을 가지거나 혹은 칼과 방패를 잡고 다른 나라를 공격해 빼앗고 성을 공격하고 마을을 파괴하면서 서로 격전하며 북을 치고 뿔 나발을 불며 큰 소리로 고함치고 혹은 몽둥이로 치고 혹은 창으로 혹은 날카로운 바퀴로 혹은 활을 쏘고 혹은 돌을 어지럽게 날리며 혹은 쇠뇌大弩로 혹은 벌겋게 달군 구리쇠 탄자를 퍼붓는다. 그들은 싸울 때 혹은 죽고 혹은 두려워하며 극심한 고통을 받는다. 이것을 현법의 괴로움의 음이라고 하니, 욕심을 인으로 하고 욕심을 연으로 하며 욕심을 근본으로 하는 것이다.

또 중생들은 욕심을 인으로 하고 욕심을 연으로 하며 욕심을 근본으로 하기 때문에 투구를 쓰고 갑옷을 입으며 창과 활과 화살을 가지고 혹은 칼과 방패를 잡고 촌락으로 들어가고 도읍으로 들어가며, 나라로 들어가고 성으로 들어가며 담을 뚫고 창고를 열어 재물을 겁탈하고 왕의 길을 끊으며 혹은 남의 거리에 가서 촌락을 부수고 도읍을 해치며 나라를 멸하고 성城을 부순다. 그 중에 혹은 왕의 신하에게 잡혀 온갖 고문을 당하는데, 손을 베고 발을 끊고 혹은 손과 발을 자르며 귀를 끊고 코를 베고 혹은 귀와 코를 자르며 혹은 난도질을 하며, 수염을 뽑고 머리털을 뽑고 혹은 수염과 머리털을 모두 뽑으며 혹은 우리에 가두고 옷으로 싸서 불에 태우며 혹은 모래로 덮으며 혹은 풀에 싸서 불에 태우며, 혹은 쇠 나귀의 뱃속에 넣고 혹은 쇠 돼지의 입안에 넣고 혹은 쇠 호랑이 입안에 넣고 태우며 혹은 구리쇠 솥 안에 넣고 혹은 쇠 솥 안에 넣어 지지며, 혹은 동강동강 끊으며 혹은 작살로 찌르고 혹은 쇠갈고리에 매달며 혹은 쇠 평상에 눕히고 끓는 기름을 부으며 혹은 쇠절구에 앉히고 쇠공이로 찧으며 혹은 뱀이 물게 하고 혹은 채찍으로 치며 혹은 작대기로 때리고 혹은 몽둥이로 두들기며 혹은 산 채로 높은 가지에 꿰고 혹은 그 목을 벤다. 그러는 동안에 그는 혹은 죽고 혹은 두려워하며 극심한 고통을 받는다. 이것을 현법의 괴로움의 음이라 하니, 욕심을 인으로 하고 욕심을 연으로 하며 욕심을 근본으로 하는 것이다.

또 중생들은 욕심을 인으로 하고 욕심을 연으로 하며 욕심을 근본으로 하기 때문에 몸의 악행을 행하고 입과 뜻의 악행을 행한다. 그는 훗날에 병이 들어 자리에 들고 혹은 땅에 앉거나 누우면 괴로움이 몸을 핍박하여 지극히 심한 고통을 받으면서 조금도 즐거워하지 못한다. 그가 만일 몸으로 악행을 하고 입과 뜻으로 악행을 저질렀다면 그는 죽음에 임박해서 앞에 장막이 드리워지는데, 마치 해가 지려 할 때에 큰 산등성이 그림자가 땅을 덮는 것과 같다. 이와 같이 그가 만일 몸으로 악행을 하고 입과 뜻으로 악행을 저질렀다면 앞에 장막이 드리워진다. 그러면 그는 이렇게 생각한다.

'내 본래의 악행이 앞에서 나를 덮는구나. 나는 본래 복된 업을 짓지 않고 악업을 많이 지었다. 만일 흉악하고 사나운 짓을 하여 오직 죄를 행하고 복을 짓지 않고 선을 행하지 않았으며 두려워한 바가 없고 의지한 곳이 없으며 돌아갈 곳이 없는 사람이 태어나는 곳이 있다면 나는 반드시 그곳에 날 것이다.'

그래서 뉘우치지만 뉘우치는 사람이 선하지 않으므로 죽으면서 복 없이 목숨을 마치게 된다. 이것을 현법의 괴로움의 음〔苦陰〕이라고 하는데 욕심을 인으로 하고 욕심을 연으로 하며 욕심을 근본으로 하는 것이다.

또 중생들은 욕심을 인으로 하고 욕심을 연으로 하며 욕심을 근본으로 하기 때문에, 몸의 악행을 행하고 입과 뜻의 악행을 행한다. 그는 몸과 입과 뜻의 악행으로 말미암아 이것을 인연으로 하여 몸이 무너지고 목숨이 끝나면 반드시 나쁜 곳으로 가서 지옥에 태어난다. 이것을 후세의 괴로움의 음이라 하며, 욕심을 인으로 하고 욕심을 연으로 하며 욕심을 근본으로 하는 것이다. 이것을 욕심의 환患이라고 한다.

어떤 것을 욕심의 출요出要라고 하는가? 만일 욕심을 끊어 없애고 욕심을 버려 여의며 욕심을 멸하여 욕심이 다하고 욕심을 건너 뛰어 벗어나면 이것을 욕심의 출요出要라고 한다. 만일 어떤 사문 범지가 욕심의 맛〔欲味〕과 욕심의 환〔欲患〕과 욕심의 출요〔欲出要〕를 참답게 알지 못한다면 그는 마침내 스스로도 그 욕심을 끊을 수 없을텐데, 하물며 다시 다른 이의 욕심을 끊을 수 있겠는가? 만일 어떤 사문 범지가 욕심의 맛과 욕심의 환과 욕심의 출요를 참답게 안다면 그는 스스로도 없앨 수 있고 또한 능히 다른 이의 욕심도 끊을 수 있다.

어떤 것을 색의 맛〔色味〕이라고 하는가? 만일 찰리녀刹利女나 범지·거사·기술자〔工士〕의 여자가 나이 14·5세가 되면, 그녀는 그때 아름다운 모습이 가장 묘하다. 만일 그녀의 아름다운 모습을 인으로 하고 그녀의 아름다운 모습을 연으로 하여 즐거움을 내고 기쁨을 내면 이것은 지극한 색의 맛으로써 다시 이보다 더한 것이 없고 우환거리도 매우 많다.

어떤 것을 색의 환〔色患〕이라고 하는가? 만일 그 여인이 훗날 몹시 쇠하고 늙어 머리가 희고 이는 빠지며 등은 꼬부라지고 다리가 뒤틀려 지팡이를 의지하여 다니며 젊음은 날로 쇠하여 수명이 곧 다하려 하며 몸은 떨리고 모든 기관이 허물어지는 것을 본다면 너희들 생각에는 어떠하냐? 혹 본래는 아름다운 모습을 간직했었지만 그것이 없어지니 걱정이 생기겠는가?"

"그렇습니다."

"또 만일 그 여인이 병이 있어 자리에 들고 혹은 땅에 앉거나 누우며 괴로움이 몸을 핍박하여 지극히 심한 고통을 받는 것을 본다면 너희들 생각에는 어떠하냐? 본래는 아름다운 모습을 간직했었지만 그것이 없어지니 걱정이 생기겠는가?"

"그렇습니다."

"또 만일 그 여인이 죽어, 혹 1, 2일 내지 6, 7일이 지나 까마귀나 솔개에게 쪼이고 승냥이나 이리에게 먹히며 불에 태워지고 땅에 묻히며 모두 썩어 문드러지는 것을 본다면 너희들 생각에는 어떠하냐? 혹 본래는 아름다운 모습을 간직했었지만 그것이 없어지니 걱정이 생기겠는가?"

"그렇습니다."

"또 만일 묘지에 버려진 그 여인의 해골이 푸른빛으로 썩어 문드러지고 반쯤 남은 뼈 사슬이 땅에 뒹구는 것을 본다면 너희들 생각에는 어떠하냐? 혹 본래는 아름다운 모습을 간직했었지만 그것이 없어지니 걱정이 생기겠는가?"

"그렇습니다."

"또 만일 그 여인이 묘지에 버려져 가죽과 살과 피는 분리되고 오직 힘줄만이 서로 이어져 있는 것을 본다면 너희들 생각에는 어떠하냐? 본래는 아름다운 모습을 간직했었지만 그것이 없어지니 걱정이 생기겠는가?"

"그렇습니다."

"또 만일 그 여인이 묘지에 버려져 뼈마디가 풀리고 여러 곳에 흩어져 발 뼈 · 장딴지 뼈 · 넓적다리뼈 · 허리뼈 · 등뼈 · 어깨뼈 · 목뼈 ·

머리뼈들이 각각 다른 곳에 뒹굴고 있는 것을 본다면 너희들 생각에는 어떠하냐? 본래는 아름다운 모습이었지만 그것이 없어지니 걱정이 생기겠는가?"

"그렇습니다."

"또 만일 그 여인이 묘지에 버려져 뼈가 마치 소라처럼 희어지고 마치 집비둘기 빛깔처럼 푸르며, 피를 칠한 것처럼 붉고 썩어 문드러지고 부서져 가루가 된 것을 본다면 너희들 생각에는 어떠하냐? 본래는 아름다운 모습이었지만 그것이 없어지니 걱정이 생기겠는가?"

"그렇습니다."

"이것을 색의 환이라고 한다. 또 어떤 것을 색의 출요〔色出要〕라고 하는가? 만일 색을 끊어 없애고 색을 버리고 여의어 색이 멸해 색이 다하고 색을 건너 뛰어 벗어나게 되면 이것을 색의 출요라고 한다. 만일 어떤 사문 범지가 색의 맛〔色味〕과 색의 환〔色患〕과 색의 출요를 사실 그대로 알지 못한다면 그는 끝내 스스로도 그 색을 끊지 못할 텐데, 하물며 다시 다른 이의 색을 끊어줄 수 있겠는가? 만일 어떤 사문 범지가 색의 맛과 색의 환과 색의 출요를 사실 그대로 안다면 그는 스스로도 없앨 수 있고 또한 능히 다른 이의 색도 끊어줄 수 있다.

어떤 것을 각의 맛〔覺味〕이라고 하는가? 비구는 욕심을 여의고 악하고 착하지 않은 법을 여의며 나아가 제4선을 얻어 성취하여 노닌다. 그는 그때에는 스스로 해치기를 생각하지도 않고 또한 남 해치기를 생각하지도 않는다. 만일 해치기를 생각하지 않으면 이것을 각의 즐거운 맛〔覺樂味〕이라고 한다. 무슨 까닭인가? 해치기를 생각하지 않으면 즐거움을 성취하기 때문이니 이것을 각의 맛이라고 한다.

어떤 것을 각의 환〔覺患〕이라고 하는가? 각이란 무상한 법〔無常法〕이며 괴로움의 법〔苦法〕이며 멸의 법〔滅法〕이니 이것을 각의 환이라고 한다.

어떤 것을 각의 출요〔覺出要〕라고 하는가? 만일 각을 끊어 없애고 각을 버려 여의며 각을 멸하여 각이 다하고 각을 건너 뛰어 벗어나면 이것을 각의 출요라고 한다. 만일 어떤 사문 범지가 각의 맛〔覺味〕과 각의 환〔覺患〕과 각의 출요를 사실 그대로 알지 못한다면 그는 끝내 스스로도 그 각을 끊을 수 없을 텐데 하물며 다시 다른 이의 각을 끊어줄 수 있겠는가? 만일 어떤 사문 범지가 각의 맛과 각의 환과 각의 출요를 사실 그대로 안다면 그는 스스로도 없앨 수 있고 또한 능히 다른 이의 각도 끊어줄 수 있다."

부처님께서 이렇게 말씀하시자, 비구들은 부처님 말씀을 듣고 기뻐하며 받들어 행하였다.

〔이 고음경에 수록된 경문의 글자 수는 2,165자이다.〕

100) 고음경 ②〔제2 소토성송〕

나는 이와 같이 들었다.

어느 때 부처님께서 석기수釋羈瘦를 유행하실 때에 가유라위加維羅衛의 니구류원尼拘類園에 머무셨다. 그때 석마하남釋摩訶男은 오후에 이리저리 서성이다 부처님 처소로 나아가 부처님 발에 머리를 조아리고 물러나 한쪽에 앉아 여쭈었다.

"세존이시여, 저는 세존의 법〔世尊法〕은 제 마음속의 세 가지 번뇌〔三穢〕, 곧 물들어 탐하는 마음의 번뇌〔染心濊〕·성내는 마음의 번뇌〔恚心穢〕·어리석은 마음의 번뇌〔癡心穢〕를 멸하게 한다고 알고 있습니다.

세존이시여, 저는 세존의 법을 이렇게 알고 있습니다만 그러나 제 마음속에는 다시 탐하는 법 · 성내는 법 · 어리석은 법이 생깁니다. 세존이시여, 그래서 저는 이렇게 생각했습니다.

'내게 어떤 법이 없어지지 않고서 내 마음속에 다시 탐하는 법 · 성내는 법 · 어리석은 법을 생기게 하는가?'"

세존께서 말씀하셨다.

"마하남아, 너에게는 한 법이 없어지지 않았다. 곧 너는 집에 있으면서 지극한 믿음으로 집을 버리고서 집 없이 도를 배우지 않았다. 만일 네가 이 한 법을 없애면 너는 반드시 집에 있지 않고 지극한 믿음으로 집을 버리고서 집 없이 도를 배울 것이다. 너는 한 법을 없애지 않은 까닭에 집에 있으면서 지극한 믿음으로 집을 버리고서 집 없이 도를 배우지 않는 것이다."

이에 석마하남은 곧 자리에서 일어나 옷 한 자락을 벗어 메고 부처님을 향해 합장한 채 세존께 말씀드렸다.

"오직 원하건대 세존이시여, 저를 위해 법을 설하셔서 제가 마음이 깨끗해져 의심을 없애고 도를 얻게 하십시오."

세존께서 말씀하셨다.

마하남아, 5욕欲의 공덕이 있어 사랑할 만하고 생각할 만하며 기뻐할 만하고 욕심과 서로 응하여 사람을 즐겁게 한다. 어떤 것이 다섯 가지인가? 곧 눈은 색을 알고 귀는 소리를 알며 코는 냄새를 알고 혀는 맛을 알며 몸은 감촉을 안다. 이것으로 말미암아 왕이나 왕의 권속으로 하여금 안락과 환희를 얻게 하는 것이다. 마하남아, 이 욕심의 맛은 지극하여 다시금 이 보다 더한 것은 없고 또 우환도 매우 많은 것이다.

마하남아, 어떤 것을 욕심의 환〔欲患〕이라고 하는가? 마하남아, 족성자들은 그 기술에 따라 각자 생활해 가는데, 혹은 밭농사를 짓고 혹은 살아갈 방도를 세우며 혹은 글을 배우고 혹은 산술을 밝히며 공수工數를 알고 혹은 도장을 정교하게 새기며 혹은 글을 짓고 혹은 붓을 만들며 혹은 경서를 깨닫고 혹은 용맹스런 장군이 되며 혹은 왕을 받들어 섬긴다. 그들은 추울 때에는 추워하고 더울 때에는 더워하며 굶주리고 목마르고 피로하며 모기와 등에에게 뜯기면서 이러한 직업으로 돈이나 재물 구하기를 도모한다. 마하남아, 이 족성자들은 이러한 방편으로 이렇게 행하고 이렇게 구하다가 만일 돈이나 재물을 얻지 못하면 곧 걱정하고 괴로워하며 시름하고 슬퍼하고 번민하며 마음에는 곧 어리석음이 생겨 이렇게 말한다.

'헛되이 노력하고 헛되이 괴로워하면서 구했지만 아무런 결실이 없구나.'

마하남아, 저 족성자들은 이러한 방편으로 이렇게 행하고 이렇게 구하다가 만일 돈이나 재물을 얻으면 그는 곧 사랑하고 아껴 지켜 보호하고 몰래 감추어 둔다. 무슨 까닭인가?

'내 이 재물을 왕에게 빼앗기거나 도둑을 맞거나 불에 타버리거나 썩어 없어지거나 잃어버리지 않게 하자. 재물을 꺼내 써 봐야 아무런 이득도 없고 혹 여러 사업을 해 보아도 성취되지 않을 것이다.'

그들은 이렇게 지켜 보호하고 몰래 감추어 두었다가 만일 왕에게 빼앗기거나 도적에게 겁탈 당하고 불에 타거나 썩어 없어지며 잃어버리게 되면 그들은 곧 걱정하고 괴로워하며 시름하고 슬퍼하고 번민하며 마음에는 곧 어리석음이 생겨 이렇게 말한다.

'만일 오랫동안 사랑할 만하다고 여기는 것을 가지면 그는 곧 잃게 될 것이다.'

마하남아, 이러한 것을 현법現法의 괴로움의 음〔苦陰〕이라고 하는데 욕심을 인因으로 하고 욕심을 연緣으로 하며 욕심을 근본〔本〕으로 하는 것이다.

마하남아, 또 중생들은 욕심을 인으로 하고 욕심을 연으로 하며 욕심을 근본으로 하기 때문에 어머니는 아들과 다투고 아들은 어머니와 다투며 부자·형제·자매·친족들이 연이어 서로 다툰다. 저들은 이미 이렇게 서로 다툰 뒤에는 어머니는 아들의 허물을 말하고 아들은 어머니의 허물을 말하며 부자·형제·자매·친족들끼리도 서로 허물을 말하는데 하물며 다시 다른 이들이겠는가? 마하남아, 이것을 현법의 괴로움의 음이라고 하는데 욕심을 인으로 하고 욕심을 연으로 하며 욕심을 근본으로 하는 것이다.

마하남아, 또 중생들은 욕심을 인으로 하고 욕심을 연으로 하며 욕심을 근본으로 하기 때문에 왕과 왕이 서로 다투고 범지와 범지가 서로 다투며 거사와 거사가 서로 다투고 백성과 백성이 서로 다투며 나라와 나라가 서로 다툰다. 그들은 다투어 서로 미워하기 때문에 여러 가지 무기로써 갈수록 서로에게 해를 더하니, 혹은 주먹질을 하거나 돌을 던지며 혹은 몽둥이로 치고 칼로 찍는다. 그들은 서로 싸울 때 혹은 죽거나 혹은 두려워하며 극심한 고통을 받는다. 마하남아, 이것을 현법의 괴로움의 음이라고 하는데 욕심을 인으로 하고 욕심을 연으로 하며 욕심을 근본으로 하는 것이다.

마하남아, 또 중생들은 욕심을 인으로 하고 욕심을 연으로 하며 욕심을 근본으로 하기 때문에 투구를 쓰고 갑옷을 입으며 창과 활과 화살을 가지거나 혹은 칼과 방패를 잡고 싸움터에 들어가며 혹은 코끼리로써 싸우고 혹은 말·수레·보병으로 혹은 님너로써 싸운다. 그들은 싸울 때 죽거나 혹은 두려워하며 극심한 고통을 받는다. 마하남아, 이것을 현법의 괴로움의 음이라 하는데 욕심을 인으로 하고 욕심을 연으로 하며 욕심을 근본으로 하는 것이다.

마하남아, 다시 중생들은 욕심을 인으로 하고 욕심을 연으로 하며 욕심을 근본으로 하기 때문에 투구를 쓰고 갑옷을 입으며 창과 활과 화살을 가지거나 혹은 칼과 방패를 잡고 가서 다른 나라를 빼앗고 성을 공격하고 마을을 파괴한다. 서로 전투하며 북을 치고 뿔 나발을 불며 큰 소리로 고함치고 혹은 몽둥이로 치고 혹은 창으로 혹은 날카로운 바퀴로 혹은 활을 쏘고 혹은 돌을 어지럽게 날리며 혹은 쇠뇌〔大弩〕로 혹은 벌겋게 달군 구리쇠탄자를 퍼붓는다. 그들은 싸울 때 혹은 죽고 혹은 두려워하며 극심한 고통을 받는다. 마하남아, 이것을 현법의 괴로움의 음이라고 하는데 욕심을 인으로 하고 욕심을 연으로 하며 욕심을 근본으로 하는 것이다.

마하남아, 다시 중생들은 욕심을 인으로 하고 욕심을 연으로 하며 욕심을 근본으로 하기 때문에 투구를 쓰고 갑옷을 입으며 창과 활과 화살을 가지고 혹은 칼과 방패를 잡고 촌락으로 들어가고 도읍으로 들어가며, 나라로 들어가고 성城으로 들어가며 담을 뚫고 창고를 열어 재물을 겁탈하고 왕의 길을 끊으며 혹은 남의 거리에 가서 촌락을 부수고 도읍을 해치며 나라를 멸하고 성을 부순다. 그 중에 혹은 왕의 신하에게 잡혀 온갖 고문을 당하는데, 손을 베고 발을 끊고 혹은 손과 발을 자르며 귀를 끊고 코를 베고 혹은 귀와 코를 자르며 혹은 난도질을 하며 수염을 뽑고 머리털을 뽑고 혹은 수염과 머리털을 모두 뽑으며 혹은 우리에 가두고 옷으로 싸서 불에 태우며 혹은 모래로 덮고 풀에 싸서 불에 태우며 혹은 쇠 나귀의 뱃속에 넣고 혹은 쇠 돼지의 입안에 넣고 혹은 쇠 호랑이 입안에 넣고 태우며 혹은 구리쇠 솥 안에 넣고 혹은 쇠 솥 안에 넣어 지지며 혹은 동강동강 끊으며 혹은 작살로 찌르고 혹은 쇠갈고리로 매달며 혹은 쇠 평상에 눕히고 끓는 기름을 부우며 혹은 쇠절구에 앉히고 쇠공이로 찧으며 혹은 뱀으로 물게 하고 혹은 채찍으로 치며 혹은 작대기로 때리고 혹은 몽둥이로 두들기며 혹은 산 채로 높은 가지에 꿰고 혹은 그 목을 벤다. 그러는 동안에 그는 혹은 죽고 혹은 두려워하며 극심한 고통을 받는다. 마하남아, 이것을 현법의 괴로움의 음이라고 하는데, 욕심을 인으로 하고 욕심을 연으로 하며 욕심을 근본으로 하는 것이다.

마하남아, 다시 중생들은 욕심을 인으로 하고 욕심을 연으로 하며 욕심을 근본으로 하기 때문에 몸의 악행을 행하고 입과 뜻의 악행을 행한다. 그는 훗날 병이 들어 자리에 들고 혹은 땅에 앉거나 누우면 괴로움이 몸을 핍박하여 지극히 심한 고통을 받으면서 조금도 즐거워하지 못한다. 그가 만일 몸으로 악행을 하고 입과 뜻으로 악행을 저질렀다면 그는 죽음에 임박해서 앞에 장막이 드리워지는데, 마치 해가 지려 할 때에 큰 산등성이 그림자가 땅을 덮는 것과 같다. 이와 같이 그가 만일 몸으로 악행을 하고 입과 뜻으로 악행을 했다면 앞에 장막이 드리워진다. 그러면 그는 이렇게 생각한다.

'내 본래의 악행이 앞에서 나를 덮는구나. 나는 일찍 복된 업을 짓지 않고 악업을 많이 지었다. 만일 흉악하고 난폭한 짓을 하여 오직 죄를 행하고 복을 짓지 않고 선을 행하지 않으며 두려워한 바가 없고 의지한 곳 없으며 돌아갈 곳이 없는 사람이 태어나는 곳이 있다면 나도 반드시 그곳에 태어날 것이다.'

그래서 뉘우치지만 뉘우치는 사람이 선하지 않으므로 죽으면서 복 없이 목숨을 마치게 된다. 마하남아, 이것을 현법의 괴로움의 음이라고 하는데 욕심을 인으로 하고 욕심을 연으로 하며 욕심을 근본으로 하는 것이다.

마하남아, 또 중생들은 욕심을 인으로 하고 욕심을 연으로 하며 욕심을 근본으로 하기 때문에 몸의 악행을 행하고 입과 뜻의 악행을 행한다. 그는 몸과 입과 뜻의 악행으로 말미암아 이것을 인연으로 하여 몸이 무너지고 목숨이 끝나면 반드시 나쁜 곳으로 가서 지옥에 태어난다. 마하남아, 이것을 후세의 괴로움의 음이라 하는데 욕심을 인으로 하고 욕심을 연으로 하며 욕심을 근본으로 하는 것이다.

마하남아, 그러므로 마땅히 알아야 한다. 욕심이란 전혀 즐거움이 없고 한량없는 괴로움과 우환이 있는 것이다. 많이 들어 아는 거룩한 제자〔多聞聖弟子〕로서 사실 그대로 보지 못하면 그는 욕심에 덮여 평정의 즐거움과 위없는 안식을 얻지 못한다. 마하남아, 이와 같이 저 많이 들어 아는 거룩한 제자는 욕심으로 말미암아 점차 후퇴하는 것이다. 마하남아, 나는 욕심이란 즐거움이 없고 한량없는 괴로움과 우환이 있다는 것을 알았다. 나는 그것을 사실 그대로 안 뒤에는 마하남아, 욕심에 덮이지 않고 또한 악에 얽매이지 않아 곧 평정의 즐거움과 위없는 안식을 얻었다. 마하남아, 그러므로 나는 욕심으로 말미암아 점차 후퇴하지는 않는다.

마하남아, 한때 나는 왕사성을 유행하다 비다라산鞞哆邏山의 선인들이 사는 칠엽옥七葉屋에 머물렀다. 나는 해거름에 연좌宴坐에서 일어나 광산廣山으로 갔다가 거기서 많은 니건타尼犍陀들이 앉지 않는 행을 닦으며 항상 서서 앉지 않고 매우 심한 고통을 받는 것을 보았다. 나는 가서 물었다.

'니건타들이여, 그대들은 무슨 까닭으로 이 앉지 않는 행을 닦으면서 항상 서서 앉지 않고 이러한 고통을 받는가?'

그들은 이렇게 말했다.

'구담이시여, 우리에게는 존경하는 스승 니건타가 계신데, 이름을 친자親子라고 합니다. 그는 우리들을 가르치면서 이렇게 말합니다.

〈모든 니건타들아, 너희들이 만일 전생에 착하지 않은 업을 지었다면 이 고행으로 말미암아 반드시 없어질 것이다. 만일 지금 몸의 묘행을 보호하고 입과 뜻의 묘행을 보호하면 이 인연으로 말미암아 다시는 악하고 착하지 않은 업을 짓지 않을 것이다.〉'

마하남아, 나는 다시 물었다.

'니건타들이여, 그대들은 그 존경하는 스승을 아무런 의심 없이 믿는가?'

그들은 다시 내게 대답하였다.

'그렇습니다. 구담이시여, 우리들은 존경하는 스승을 아무런 의혹 없이 믿습니다.'

마하남아, 나는 다시 물었다.

'니건타들이여, 만일 그렇다면 그대들이 존경하는 스승 니건타는 과거에 여러 번 악하고 착하지 않은 업을 짓고 과거에 니건타가 되었다가 죽었으며, 지금은 인간으로 태어나 출가해 니건타가 되어 앉지 않는 행을 닦고 항상 서서 앉지 않으며 이렇게 고통을 받는 것인가? 그대들이나 다른 제자들도 역시 마찬가지인가?'

그러자 그들은 다시 내게 말했다.

'구담이시여, 즐거움은 즐거움으로 말미암아 생기는 것이 아니며 반드시 괴로움으로 말미암아 얻어지는 것입니다. 마치 빈비사라왕頻鞞娑羅王의 즐거움에 비하면 사문구담은 그만 못한 것과 같습니다.'

나는 다시 말하였다.

'너희들은 어리석고 말한 것도 무의미하다. 무슨 까닭인가? 너희들은 착하지 못하고 깨닫지 못했으며 또 때를 알지 못하여 너희들은 이렇게 말했다.

〈빈비사라왕의 즐거움에 비하면 사문 구담은 그만 못하다.〉

니건타들이여, 그대들은 본래 이렇게 물었어야 했다.

〈누구의 즐거움이 나은가? 빈비사라왕인가, 사문 구담인가?〉

니건타들이여, 만일 내가 내 즐거움이 뛰어나서 빈비사라왕은 그만 못하다고 이렇게 말한다면, 니건타들이여, 그대들은 곧 빈비사라왕의 즐거움에 비하면 사문 구담은 그만 못하다고 이렇게 말할 수 있겠는가?'

그 모든 니건타들이 곧 이렇게 말했다.

'구담이시여, 저희들이 지금 사문 구담께 여쭙겠습니다. 누구의 즐거움이 더 낫습니까? 빈비사라왕입니까, 구담입니까?'

나는 또 말했다.

'니건타들이여, 나는 이제 그대들에게 물을 것이니 아는 대로 대답하라. 모든 니건타들이여, 어떻게 생각하는가? 빈비사라왕은 자기 뜻대로 잠자코 말이 없을 수 있으며, 이로 인해 이레 낮·이레 밤 동안 환희와 쾌락을 얻을 수 있겠는가?'

니건타들은 대답했다.

'아닙니다, 구담이시여.'

'6·5·4·3·2일이나 하루 낮·하룻밤 동안만이라도 환희와 쾌락을 얻을 수 있겠는가?'

'아닙니다, 구담이시여.'

'니건타들이여, 내가 내 뜻대로 잠자코 말이 없을 수 있으며 이로 인해 하루 낮·하룻밤 동안 환희와 쾌락을 얻겠는가?'

니건타들이 대답하였다.

'그렇습니다. 구담이시여.'

'2·3·4·5·6일이나, 이레 낮·이레 밤 동안 환희와 쾌락을 얻을 수 있겠는가?'

'그렇습니다. 구담이시여.'

나는 다시 물었다.

'모든 니건타들이여, 어떻게 생각하는가? 누구의 즐거움이 더 나은가? 빈비사라왕인가, 바로 나인가?'

니건타들은 대답하였다.

'구담이시여, 우리들이 사문 구담께서 하신 말씀을 받아 이해한 바로는 구담의 즐거움이 더 뛰어나고 빈비사라왕은 그만 못합니다.'

마하남아, 이런 까닭에 욕심이란 즐거움이 없고 한량없는 괴로움과 우환이 있는 줄을 안다. 만일 많이 들어 아는 거룩한 제자〔多聞聖弟子〕로서 사실 그대로 알지 못하면 그는 욕심에 덮이고 악하고 착하지 않은 법에 얽매여 평정의 즐거움〔捨樂〕과 위없는 안식을 얻지 못할 것이다. 마하남아, 이와 같이 저 많이 들어 아는 거룩한 제자는 욕심 때문에 후퇴하는 것이다. 마하남아, 나는 욕심이란 즐거움이 없고 한량없는 괴로움과 우환이 있는 줄을 알며 나는 그것을 사실 그대로 안 뒤에는 욕심에 덮이지 않고 또한 악하고 착하지 않은 법에 얽매이지 않아 곧 평정의 즐거움과 위없는 안식을 얻었다. 마하남아, 이런 까닭에 나는 욕심 때문에 후퇴하지 않는다."

부처님께서 이렇게 말씀하시자, 마하남과 여러 비구들은 부처님 말씀을 듣고 기뻐하며 받들어 행하였다.

〔이 고음경에 수록된 경문 글자 수는 2,254자이다〕

101) 증상심경增上心經〔제2 소토성송〕

나는 이와 같이 들었다.

어느 때 부처님께서 사위국을 유행하실 때에 승림급고독원勝林給孤獨

園에 머무셨다. 그때 세존께서 여러 비구들에게 말씀하셨다.

"만일 비구로서 증상심增上心을 얻고자 하는 이는 마땅히 자주 5상相을 생각해야 한다. 자주 5상을 생각하면 이미 생긴 착하지 않은 생각은 곧 멸하게 되고 나쁜 생각이 멸한 뒤에는 마음은 곧 항상 머물러 마음속에 있으면서 모든 것이 그쳐 쉬어 버리고 한결같은 마음으로 선정〔定〕을 얻을 것이다.

어떤 것을 다섯 가지라고 하는가? 비구는 상相이 선善과 상응相應하는가를 생각하여 만일 착하지 않은 생각이 생기면 그는 이 상相으로 말미암아 다시 다른 상相이 선과 상응하는가를 생각하여 악하고 착하지 않은 생각이 생기지 않게 한다. 그는 이 상으로 말미암아 다시 다른 상이 선善과 서로 상응하는가를 생각하면 이미 생긴 착하지 않은 생각은 곧 멸하게 되고 나쁜 생각이 멸하고 나면 마음은 곧 항상 머물러 마음속에 있으면서 모든 것이 그쳐 쉬어버리고 한결같은 마음으로 선정을 얻을 것이다. 마치 목수와 목수의 제자가 먹줄을 나무에 퉁긴 다음에 곧 날카로운 도끼로 깎고 다듬어 곧게 만드는 것과 같다. 이와 같이 비구도 이 상相으로 말미암아 다시 다른 상이 선과 상응하는가를 생각하여 악하고 착하지 않은 생각이 생기지 않게 한다. 그는 이 상으로 말미암아 다시 다른 상이 선과 상응하는가를 생각하면 이미 생긴 착하지 않은 생각은 곧 멸하게 되고 생각이 멸한 뒤에는 마음은 곧 항상 머물러 마음속에 있으면서 모든 것이 그쳐 쉬어버리고 한결같은 마음으로 선정을 얻을 것이다. 만일 비구가 증상심增上心을 얻고자 하면 마땅히 자주 이 제1의 상相을 생각해야 한다. 이 상을 생각하면 이미 생긴 착하지 않은 상은 곧 멸하게 되고 나쁜 생각이 멸한 뒤에는 마음은 곧 항상 머물러 마음속에 있으면서 모든 것이 그쳐 쉬어버리고 한결같은 마음으로 선정〔定〕을 얻을 것이다.

또 비구여, 상相이 선善과 상응하는가를 생각하여 만일 착하지 않은 생각이 생기면 그는 이렇게 관찰한다.

'이 생각은 악하여 재환災患이 있으며 이 생각은 착하지 않고 이 생각은 악하며 이 생각은 지혜 있는 사람이 싫어하는 것이다. 이 생각이 만일 그득하게 갖추어지면 곧 신통神通을 얻지 못할 것이며 도道를 터득하지 못할 것이며 열반을 얻지 못할 것이니, 그것은 악하고 착하지 않은 생각을 생겨나게 하기 때문이다.'

그가 이렇게 악을 관찰하면 이미 생긴 착하지 않은 생각은 곧 멸하게 되고 나쁜 생각이 멸한 뒤에는 마음은 곧 항상 머물러 마음속에 있으면서 모든 것이 그쳐 쉬어버리고 한결같은 마음으로 선정을 얻을 것이다. 마치 나이 젊고 단정하여 사랑스러운 사람이 목욕하여 몸을 씻고 밝고 깨끗한 옷을 입고 몸에 향을 바르고 수염과 머리를 고루고 지극히 정결하게 하였는데, 반쯤 뜯어 먹히고 푸르죽죽하게 부풀어 문드러지고 더러운 물이 흐르는 죽은 뱀이나 죽은 개나 죽은 사람의 송장을 그의 목에 걸친다면 그는 싫어하고 더럽게 여겨 기뻐하지도 즐거워하지도 않는 것과 같다.

이와 같이 비구여, 그는 이렇게 관찰한다.

'이 생각은 악하여 재환이 있으며 이 생각은 착하지 않고 이 생각은 악하며 이 생각은 지혜 있는 사람이 싫어하는 것이다. 이 생각이 만일 그득하게 갖추어지면 곧 신통을 얻지 못할 것이며 도를 터득하지 못할 것이며 열반을 얻지 못할 것이니, 그것은 악하고 착하지 않은 생각을 생겨나게 하기 때문이다.'

그가 이렇게 악을 관찰하면 이미 생긴 착하지 않은 생각은 곧 멸하게 되고 나쁜 생각이 멸한 뒤에는 마음은 곧 항상 머물러 마음속에 있으면서 모든 것이 그쳐 쉬어버리고 한결같은 마음으로 선정을 얻을 것이다. 만일 비구로서 증상심을 얻고자 하는 이는 마땅히 자주 이 제2의 상相을 생각하여야 한다. 이 상相을 생각하면 이미 생긴 착하지 않은 생각은 곧 멸하게 되고 나쁜 생각이 멸한 뒤에는 마음은 곧 항상 머물러 마음속에 있으면서 모든 것이 그쳐 쉬어버리고 한결같은 마음으로 선정을 얻을 것이다.

또 비구여, 상相이 선善과 상응한다고 생각할 때 착하지 않은 생각이 생기고 이 생각은 악惡이며 우환이라고 관찰할 때에도 다시 착하지 않은 생각이 생기면 그 비구는 응당 이 생각을 생각〔念〕하지 말아야 한다. 그것은 악하고 착하지 않은 생각을 생기게 하기 때문이다. 그가 이 생각을 생각〔念〕하지 않으면 이미 생긴 착하지 않은 생각도 곧 멸하게 되고 나쁜 생각이 멸한 뒤에는 마음은 곧 항상 머물러 마음속에 있으면서 모든 것이 그쳐 쉬어버리고 한결같은 마음으로 선정을 얻을 것이다. 마치 눈을 가진 사람은 색色이 눈동자로 들어오면 보려고 하지 않고 눈을 감거나 몸을 피해 가는 것과 같다. 너희들 생각에는 어떠한가? 색이 눈동자에 있더라도 그 사람은 색상色相을 받아들일 수 있겠는가?"

"아닙니다."

"이와 같이 비구도 마땅히 이 생각을 생각〔念〕하지 않아야 한다. 그것은 악하고 착하지 않은 생각을 생기게 하기 때문이다. 그가 이 생각을 염하지 않으면 이미 생긴 착하지 않은 생각은 곧 멸하게 되고 나쁜 생각이 멸한 뒤에는 마음은 곧 항상 머물러 마음속에 있으면서 모든 것이 그쳐 쉬어버리고 한결같은 마음으로 선정을 얻을 것이다. 만일 비구로서 증상심을 얻고자 하는 이는 마땅히 자주 이 제3의 상을 생각하여야 한다. 이 상을 생각하면 이미 생긴 착하지 않은 생각은 곧 멸하게 되고 나쁜 생각이 멸한 뒤에는 마음은 곧 항상 머물러 마음속에 있으면서 모든 것이 그쳐 쉬어버리고 한결같은 마음으로 선정을 얻을 것이다.

또 비구여 상相이 선善과 상응한다고 생각할 때 착하지 않은 생각이 생기고 이 생각은 악이며 우환이라고 관찰할 때에도 착하지 않은 생각이 생기며 생각을 생각〔念〕하지 않을 때에도 다시 착하지 않은 생각이 생기면 그 비구는 마땅히 사행思行으로써 차츰 그 생각을 감소시켜야겠다고 생각하여 악하고 착하지 않은 생각이 생기지 않게 해야 한다. 그가 마땅히 사행思行으로써 차츰 그 생각을 감소시켜야겠다고 생각하면 이미 생긴 착하지 않은 생각은 곧 멸하게 되고 나쁜 생각이 멸한 뒤에는 마음은 곧 항상 머물러 마음속에 있으면서 모든 것이 그쳐 쉬어버리고 한결같은 마음으로 선정을 얻을 것이다. 마치 사람이 길을 갈 때에 너무 급하게 빨리 가다가 그는 이렇게 생각한다.

'나는 무엇 하러 빨리 갈까? 나는 지금 천천히 걸어도 되지 않는가?'

그는 곧 천천히 가다가 다시 이렇게 생각한다.

'나는 무엇 하러 이렇게 천천히 가는가? 차라리 서는 것이 낫지 않은가?'

그는 곧 섰다가 다시 이렇게 생각한다.

'나는 무엇 하러 섰는가? 차라리 앉는 것이 낫지 않은가?'

그는 곧 앉았다가 다시 이렇게 생각한다.

'나는 무엇 하러 앉았는가? 차라리 눕는 것이 낫지 않겠는가?'

그는 곧 눕는다. 이렇게 하여 그 사람은 차츰 몸의 추한 행동을 그치는 것과 같다. 마땅히 알아야 한다. 비구도 역시 이와 같아서 마땅히 사행思行으로써 그 생각을 차츰 감소시켜야겠다고 이렇게 생각하여 악하고 착하지 않은 생각이 생기지 않게 해야 한다. 그가 마땅히 사행으로써 차츰 생각을 감소시켜야겠다고 이렇게 생각하면 이미 생긴 착하지 않은 생각은 멸하게 되고 나쁜 생각이 멸한 뒤에는 마음은 곧 항상 머물러 마음속에 있으면서 모든 것이 그쳐 쉬어버리고 한결같은 마음으로 선정을 얻을 것이다. 만일 비구로서 증상심을 얻고자 하는 이는 마땅히 자주 이 제4의 상을 생각해야 한다. 이 상을 생각하면 이미 생긴 착하지 않은 생각은 멸하게 되고, 나쁜 생각이 멸한 뒤에는 마음은 곧 항상 머물러 마음속에 있으면서 모든 것이 그쳐 쉬어버리고 한결같은 마음으로 선정을 얻을 것이다.

또 비구여, 상이 선과 상응한다고 생각할 때 착하지 않은 생각이 생기고 이 생각은 악이며 우환이라고 관찰할 때에도 착하지 않은 생각이 생기며 생각을 염하지 않을 때에도 또한 착하지 않은 생각이 생기고 마땅히 사유로써 차츰 생각을 감소시켜야겠다고 할 때에도 역시 착하지 않은 생각이 생기면 그 비구는 마땅히 이렇게 관찰하여야 한다.

'비구는 이 생각으로 말미암아 착하지 않은 생각이 생기는 것이다.'

그리고 그 비구는 곧 아래윗니를 서로 붙이고 혀를 윗잇몸 천장에 대고 마음으로써 마음을 닦아 받아 지니고 항복받아서 악하고 착하지 않은 생각이 생기지 않게 해야 한다. 그가 마음으로써 마음을 닦아 받아 지니고 항복받으면 이미 생긴 착하지 않은 생각은 곧 멸하게 되고 나쁜 생각이 멸한 뒤에는 마음은 곧 항상 머물러 마음속에 있으면서 모든 것이 그쳐 쉬어버리고 한결같은 마음으로 선정을 얻을 것이니 마치 두 역사力士가 한 나약한 사람을 붙잡아 받아 가지고 항복받는 것과 같다.

이와 같이 비구도 아래윗니를 서로 붙이고 혀를 윗잇몸 천장에 대고 마음으로써 마음을 닦아 받아 지니고 항복받아서 악하고 착하지 않은 생각이 생기지 않게 해야 한다. 그가 마음으로써 마음을 닦아 받아 지니고 항복받으면 이미 생긴 착하지 않은 생각은 곧 멸하게 되고 나쁜 생각이 멸한 뒤에는 마음은 곧 항상 머물러 마음속에 있으면서 모든 것이 그쳐 쉬어버리고 한결같은 마음으로 선정을 얻을 것이다.

만일 비구로서 증상심을 얻고자 하는 이는 마땅히 자주 이 5상相을 생각해야 한다. 자주 5상을 생각하면 이미 생긴 착하지 않은 생각은 곧 멸하게 되고 나쁜 생각이 멸한 뒤에는 마음은 곧 항상 머물러 마음속에 있으면서 모든 것이 그쳐 쉬어버리고 한결같은 마음으로 선정을 얻을 것이다.

만일 비구로서 증상심을 얻고자 하는 이는 마땅히 자주 이 5상을 생각해야 한다. 이 5상을 자주 생각하면 이미 생긴 착하지 않은 생각은 곧 멸하게 되고 나쁜 생각이 멸한 뒤에는 마음은 곧 항상 머물러 마음속에 있으면서 모든 것이 그쳐 쉬어버리고 한결같은 마음으로 선정을 얻을 것이다.

만일 비구가 상이 선과 상응한다고 생각할 때 나쁜 생각이 생기지 않고 이 생각은 악이며 우환이라고 관찰할 때에도 역시 나쁜 생각이 생기지 않으며 생각을 생각[念]하지 않을 때에도 또한 나쁜 생각이 생기지 않고 만일 사행思行으로써 차츰 생각을 감소시켜야겠다고 생각할 때에도 또한 나쁜 생각이 생기지 않으며 마음으로써 마음을 닦아 받아 지니고 항복받을 때에도 또 나쁜 생각이 생기지 않으면 곧 자재를 얻어 생각하고 싶으면 곧 생각하고 생각하고 싶지 않으면 곧 생각하지 않게 된다. 만일 비구가 생가히고 싶으년 곧 생각하고 생각하고 싶지 않으면 곧 생각하지 않게 된다면 이것을 비구가 모든 생각을 마음대로 하고 모든 생각을 자재하게 하는 자취[跡]라고 한다."

부처님께서 이렇게 말씀하시자 그 모든 비구들은 부처님 말씀을 듣고 기뻐하며 받들어 행하였다.

〔이 증상심경에 수록된 경문의 글자 수는 1,456자이다.〕

102) 염경念經〔제2 소토성송〕

나는 이와 같이 들었다.

어느 때 부처님께서 사위국을 유행하실 때에 승림급고독원에 머무셨다. 그때 세존께서 모든 비구들에게 말씀하셨다.

"내가 옛날 아직 무상정진각無上正盡覺을 깨닫지 못하였을 때에는 이러한 생각을 하였다.

'나는 차라리 모든 생각을 구별해 두 부분分으로 나누어 욕심의 생각〔欲念〕·성냄의 생각〔恚念〕·해침의 생각〔害念〕을 한 부분으로 하고 욕심이 없는 생각〔無欲念〕·성냄이 없는 생각〔無恚念〕·해침이 없는 생각〔無害念〕을 다시 한 부분으로 하자.'

나는 그 뒤에 곧 모든 생각을 두 부분으로 나누어 욕심의 생각·성냄의 생각·해침의 생각을 한 부분으로 하고 욕심이 없는 생각·성냄이 없는 생각·해침이 없는 생각을 한 부분으로 하였다. 나는 이렇게 행하여 멀리 떠나 혼자 있으면서 마음에 방일함 없이 부지런히 힘써 수행할 때에 욕심의 생각이 생겼다. 나는 곧 욕심의 생각이 생기면 자신도 해치고 남도 해치고 둘을 함께 해치며 지혜를 멸하고 번거로움과 괴로움이 많아 열반을 증득하지 못한다는 것을 깨달았다. 자신도 해치고 남도 해치고 둘을 함께 해치며 지혜를 멸하고 번거로움과 괴로움이 많아 열반을 얻지 못하게 한다는 것을 깨닫고 곧 빨리 그것을 없앴다. 그러자 다시 성냄의 생각과 해침의 생각이 생겼다. 나는 곧 성냄의 생각과 해침의 생각이 생기면 자신도 해치고 남도 해치고 둘을 함께 해치며 지혜를 멸하고 번거로움과 괴로움이 많아 열반을 증득하지 못한다는 것을 깨달았다. 자신도 해치고 남도 해치며 둘을 함께 해치고 지혜를 멸하고 번거로움과 괴로움이 많아 열반을 얻지 못하게 한다는 것을 깨닫고 곧 빨리 그것을 없앴다.

나는 욕심의 생각이 생기더라도 그것을 받아들이지 않고 끊어 없애 버리며 성냄의 생각과 해침의 생각이 나더라도 그것을 받아들이지 않고 끊어 없애 버렸다. 무슨 까닭인가? 나는 이것으로 말미암아 반드시 한량없는 악하고 착하지 않은 법이 생기는 것을 보았기 때문이다. 이는 마치 다음과 같다. 봄이 지난 뒤에는 밭에 종자를 뿌리기 때문에 방목放牧할 토지가 좁아지게 된다. 그래서 소치는 아이는 소를 들에 풀어놓는데 소가 남의 밭에 들어가면 소치는 아이는 곧 작대기를 가지고 가서 막는다. 무슨 까닭인가? 소치는 아이는 그 때문에 반드시 꾸지람을 받거나 매를 맞거나 결박당하거나 잘못이 있는 것을 보았기 때문이다. 그러므로 소치는 아이는 작대기를 가지고 가서 그것을 막는 것이다. 나도 역시 이와 같이 욕심의 생각이 생기더라도 그것을 받아들이지 않고 끊어 없애 버리며 성냄의 생각과 해침의 생각이 생기더라도 그것을 받아들이지 않고 끊어 없애 버렸다. 무슨 까닭인가? 나는 이것으로 말미암아 반드시 한량없는 악하고 착하지 않은 법이 생기는 것을 보았기 때문이다.

비구는 뜻〔思〕하는 바를 따라 생각〔念〕하는 바를 따라 마음은 곧 그 가운데서 즐거워한다. 만일 비구가 욕심의 생각을 많이 생각〔念〕하면 곧 욕심이 없는 생각을 버리고 욕심의 생각을 많이 생각〔念〕하기 때문에 마음은 곧 그 가운데서 즐거워한다. 만일 비구가 성냄의 생각과 해침의 생각을 많이 생각〔念〕하면 곧 성냄 없고 해침 없는 생각을 버리고 성냄의 생각과 해침의 생각을 많이 염하기 때문에 마음은 곧 그 가운데서 즐거워한다. 이렇게 비구가 욕심의 생각을 여의지 않고 성냄의 생각을 여의지 않고 해침의 생각을 여의지 않으면 곧 생生·노老·병病·사死와 시름〔愁〕·걱정〔憂〕·울음〔啼哭〕을 벗어나지 못하고 또한 일체의 괴로움을 여의지 못한다.

나는 이와 같이 행하여 멀리 떠나 혼자 있으면서 마음에 방일이 없이 부지런히 힘써 수행하여 욕심 없는 생각이 생겼다. 나는 곧 욕심 없는 생각이 생기면 자신도 해치지 않고 남도 해치지 않고 또한 둘을 함께 해치지 않으며 지혜를 닦고 번거롭고 괴롭지 않아 열반을 증득한다는 것을 깨달았다. 자신도 해치지 않고 남도 해치지 않고 또한 둘을 함께 해치지 않으며 지혜를 닦고 번거롭고 괴롭지 않아 열반을 증득한다는 것을 깨닫고는 곧 빨리 닦아 익혀 널리 폈다. 그러다 다시 성냄 없는 생각과 해침 없는 생각이 생겼다. 나는 곧 성냄 없는 생각과 해침 없는 생각이 생기면 자신도 해치지 않고 남도 해치지 않고 또한 둘을 함께 해치지 않으며 지혜를 닦고 번거롭고 괴로움이 없어 열반을 증득한다는 것을 깨달았다. 자기도 해치지 않고 남도 해치지 않고 또한 둘을 함께 해치지 않으며 지혜를 닦고 번거롭고 괴로움이 없어 열반을 증득한다는 것을 깨닫고는 곧 빨리 닦아 익혀 널리 폈다.

나는 욕심 없는 생각〔無欲念〕과 뜻이 많은 생각〔多思念〕이 생겼고 성냄 없는 생각〔無恚念〕·해침 없는 생각〔無害念〕·뜻이 많은 생각〔多思念〕이 생겼다. 나는 다시 이렇게 생각하였다.

'뜻이 많은 생각은 몸으로 선정의 기쁨을 망각하게 해 곧 마음을 상하게 한다. 나는 차라리 안 마음을 다스려 항상 머물러 안에 있어서 그치고 쉬어 한결같은 마음으로 선정을 얻어 마음을 상하지 않도록 하자.'

나는 뒤에 곧 안 마음을 다스려 항상 머물러 안에 있어서 그치고 쉬어 한결같은 마음으로 선정을 얻어 마음을 상하지 않게 하였다. 나는 욕심 없는 생각을 낸 뒤에 다시 생각을 내어 법을 향하고 법을 따르며 성냄 없는 생각 해침 없는 생각을 낸 뒤에 다시 생각을 내어 법을 향하고 법을 따랐다. 무슨 까닭인가? 나는 이것으로 말미암아 한량없이 악하고 착하지 않은 법이 생기는 것을 보지 못했기 때문이다. 마치 가을이 지난 뒤에 모든 곡식을 추수해 마치면 소치는 아이가 소를 들과 밭에 방목할 때 '내 소를 저기에 무리 지어 놓아야겠다'고 이렇게 생각하는 것과 같다. 무슨 까닭인가? 소치는 아이는 이런 이유로 꾸지람을 받거나 매를 맞거나 결박당하거나 잘못이 있는 것을 보지 못했기 때문이다. 그러므로 그는 '내 소를 저기에 무리 지어 놓아야겠다'고 이렇게 생각한 것이다. 나도 또한 이와 같이 욕심 없는 생각을 낸 뒤에는 다시 생각을 내어 법을 향하고 법을 따르며 성냄 없는 생각 해침 없는 생각을 낸 뒤에는 다시 생각을 내어 법을 향하고 법을 따른다. 무슨 까닭인가? 나는 그로 말미암아 한량없이 악하고 착하지 않은 법이 생기는 것을 보지 못했기 때문이다.

비구는 뜻[思]하는 바에 따라 생각[念]하는 바에 따라 마음은 곧 그 가운데서 즐거워하게 된다. 만일 비구가 욕심 없는 생각을 많이 생각한다면 욕심의 생각을 버리고 욕심 없는 생각을 많이 생각하기 때문에 마음은 곧 그 가운데서 즐거워하게 된다. 만일 비구가 성냄 없는 생각 해침 없는 생각을 많이 생각한다면 성냄의 생각 해침의 생각을 버리고 성냄 없는 생각 해침 없는 생각을 많이 생각하기 때문에 마음은 곧 그 가운데서 즐거워하게 된다. 그는 각覺과 관觀을 이미 쉬고 안으로 고요히 한마음이 되어 각覺도 없고 관觀도 없으며 선정에서 생기는 기쁨과 즐거움이 있는 제2선을 얻어 성취하여 노닌다. 그는 기쁨의 욕심을 여의고 평정하여 구함 없이 노닐며 바른 생각과 바른 지혜로 몸에 즐거움을 깨닫는다. 이른바 성인께서 말씀하신 성인의 평정〔捨〕·기억〔念〕·즐거움에 머묾〔樂住〕·공空[1]이 있는 제3선을 얻어 성취하여 노닌다. 그는 즐거움이 멸하고 괴로움도 멸하는데 기쁨과 걱정의 뿌리는 이미 멸한 상태이며 괴로움도 없고 즐거움도 없는 평정·기억·청정이 있는 제4선을 얻어 성취하여 노닌다.

그는 이와 같이 선정의 마음이 청정하여 더러움도 없고 번뇌도 없으며 부드럽게 잘 머물고 움직이지 않는 마음을 얻어서 누漏가 다한 신통의 지혜로 향해 나아가 증득하는 것이다. 그래서 곧 이 괴로움〔苦〕에 대하여 사실 그대로 알고 이 괴로움의 발생〔苦集〕을 알며 이 괴로움의 소멸〔苦滅〕을 알고 이 괴로움의 소멸에 이르는 길〔苦滅道〕에 대하여 사실 그대로 안다. 또한 이 누漏에 대하여 사실 그대로 알고 이 누의 발생을 알며 이 누의 소멸을 알고 이 누의 소멸에 이르는 길에 대하여 사실 그대로 안다. 그는 이렇게 알고 이렇게 본 뒤에는 곧 욕루欲漏에서 마음이 해탈하고 유루有漏와 무명루無明漏에서 마음이 해탈하고 해탈한 뒤에는 곧 해탈한 줄을 알아 생이 이미 다하고 범행梵行은 이미 서며 할 일을 이미 마쳐 다시는 후세의 생명을 받지 않는다는 것을 사실 그대로 안다. 이 비구는 욕심의 생각을 여의고 성냄의 생각을 여의며 해침의 생각을 여의어 곧 생·노·병·사와 시름·걱정·울음에서 해탈하게 되고 일체의 괴로움을 떠난다.

마치 어떤 한가한 곳에 큰 샘물이 있는데 그곳에서 노닐며 사는 사

1 이 부분과 더불어 많은 부분이 고려대장경에는 실室로 되어 있다. 그러나 『중아함경』 제2경인 「주도수경晝度樹經」과 제3경인 「성유경城喩經」에는 공空으로 되어 있는데, 아마도 실室은 공空의 오자誤字가 아닌가 추측된다. 따라서 실室로는 의미가 불분명하여 이하 모두 공空의 의미로 해석했다.

슴 떼가 있다고 하자. 어떤 사람이 와서 그 사슴 떼를 위하여 이로움과 요익을 구하지 않고 안온과 쾌락을 구하지 않아 평평하고 바른 길은 막고 나쁜 길 하나만 열어 큰 구덩이를 만들어 놓고 사람을 시켜 지키고 감시하게 하면 이렇게 하여 사슴 떼는 모두 죽고 말 것이다. 다시 어떤 사람이 와서 그 사슴 떼를 위하여 이로움과 요익을 구하고 안온과 쾌락을 구하여 평평하고 바른 길을 열고 나쁜 길은 닫아 막으며 지키고 감시하던 사람도 물리치면 이렇게 하여 사슴 떼는 모두 편안히 구제를 받을 것이다. 비구들아, 마땅히 알아야 한다. 나는 이 비유를 들어 말해 그 뜻을 알게 하려 하는 것이다. 지혜로운 사람은 비유를 들으면 곧 그 취지를 아는데 이 비유에도 의미가 있다. 큰 샘물〔大泉水〕은 곧 5욕欲에 대한 사랑스러움과 즐거움이다. 어떤 것을 다섯 가지라고 하는가?

눈은 빛깔을 알고 귀는 소리를 알며 코는 냄새를 알고 혀는 맛을 알며 몸은 촉감을 안다. 마땅히 알아야 한다. 큰 샘물이란 이 5욕이며 사슴 떼란 이 사문과 범지들이다.

어떤 사람이 와서 그들을 위하여 이로움과 요익을 구하지 않고 안온과 쾌락을 구하지 않는다고 한 것은 바로 마왕魔王 파순波旬임을 마땅히 알아야 한다. 평평하고 바른 길은 막고 나쁜 길 하나만 연다는 것은 세 가지 악하고 착하지 않은 생각이니 곧 욕심의 생각·성냄의 생각·해침의 생각이다. 나쁜 길이란 이 세 가지 악하고 착하지 않은 생각이다. 다시 나쁜 길이 있으니 곧 8사도邪道로서 삿된 견해邪見와 나아가 삿된 선정邪定에 이르기까지의 여덟 가지이다. 큰 구덩이를 만든다는 것은 무명無明임을 알아야 하고 사람을 시켜 지킨다는 것은 마왕 파순의 권속임을 마땅히 알아야 한다.

다시 어떤 사람이 와서 그들을 위하여 이로움과 요익을 구하고 안온과 쾌락을 구한다는 것은 이 여래·무소착無所着·등정각等正覺임을 마땅히 알아야 하고 나쁜 길〔惡道〕은 막고 평평하고 바른 길〔平正路〕을 연다는 것은 세 가지 착한 생각이니 곧 욕심 없는 생각·성냄 없는 생각·해침 없는 생각이다. 길〔道〕이란 이 세 가지 착한 생각임을 마땅히 알아야 한다. 다시 길이 있다. 곧 8정도正道로서 바른 견해〔正見〕와 나아가 바른 선정〔正定〕에 이르기까지의 여덟 가지이다.

비구들아, 나는 너희들을 위하여 평평하고 바른 길을 열고 나쁜 길은 닫아 막으며 구덩이를 메워 평평하게 하고 지키는 사람을 물리치며 높은 스승이 제자를 위하는 것처럼 큰 사랑과 슬픔을 일으켜 가엾이 여기고 불쌍하게 생각하며 이로움과 요익을 구하고 안온과 쾌락을 구하는 일을 나는 이제 다해 마쳤다.

너희들도 또한 마땅히 스스로 노력하라. 일 없는 한가한 곳이나 산림이나 나무 밑이나 비고 고요한 곳으로 가서 연좌宴坐하며 깊이 생각하되 방일하지 말고 더욱 부지런히 정진하여 후회가 없게 하라. 이것이 나의 가르침이며 이것이 나의 훈계이다."

부처님께서 이렇게 말씀하시자, 비구들은 부처님 말씀을 듣고 기뻐하며 받들어 행하였다.

〔이 염경에 수록된 경문의 글자 수는 1,593자이다. 『중아함경』 제25권에 수록된 경문의 글자 수는 모두 7,468자이다.〕

중아함경 제26권

9. 인품 ③

103) 사자후경師子吼經〔제2 소토성송〕

나는 이와 같이 들었다.

어느 때 부처님께서 구루수拘樓瘦를 유행하실 때에 도읍인 검마슬담劍磨瑟曇에 머무셨다. 그때 세존께서 여러 비구들에게 말씀하셨다.

"이 가운데는 제1의 사문沙門과 제2·제3·제4의 사문이 있고 이 밖에 다시 다른 사문 범지는 없다. 이도(異道 : 外道)는 모든 것이 공空해서 사문 범지가 없다. 너희들은 대중들이 있는 곳에서는 어디서나 이렇게 바로 사자후師子吼를 하여라. 비구들아, 혹 어떤 이학異學이 와서 너희에게 묻기를 '여러분, 그대들은 어떤 행行이 있고 어떤 힘〔力〕이 있으며 어떤 지혜가 있어서 그대들로 하여금 〈여기에는 제1의 사문과 제2·제3·제4의 사문이 있고 이 밖에 다시 다른 사문 범지는 없다. 이 도는 모든 것이 공해서 사문 범지가 없다〉고 말하게 하는가? 그대들은 어떻게 대중들이 있는 곳에서는 어디서나 이렇게 바로 사자후를 하는가?'라고 하거든 비구들아, 너희들은 마땅히 그 이학들에게 이렇게 대답하여라.

'여러분 우리 세존께서는 지식〔知〕이 있으시고 견해見解가 있으십니다. 여래 · 무소착 · 등정각께서는 네 가지 법을 말씀하셨는데 이 네 가지 법으로 말미암아 우리들이 이렇게 말하게 하셨습니다.

〈여기에 제1의 사문과 제2 · 제3 · 제4의 사문이 있고 이 밖에 다시 다른 사문 범지는 없다. 이도는 모든 것이 공해서 사문 범지가 없다.〉

우리들은 대중들이 있는 곳에서는 어디서나 이렇게 바로 사자후를 합니다.

어떤 것이 네 가지인가? 여러분, 우리는 스승님을 믿고 법을 믿고 계덕戒德의 구족具足을 믿고 도를 같이 하는 사람을 사랑하고 공경하며 정성껏 받들어 섬깁니다. 여러분, 우리 세존께서는 지식이 있고 견해가 있으십니다. 여래 · 무소착 · 등정각께서는 이 네 가지 법을 말씀하시고 이 네 가지 법으로 말미암아 우리들이 이렇게 말하게 하셨습니다.

〈여기 제1의 사문과 제2 · 제3 · 제4의 사문이 있고 이 밖에 다시 다른 사문 범지는 없다. 이도는 모든 것이 공해서 사문 범지가 없다.〉

우리들은 대중들이 있는 곳에서는 어디서나 이렇게 바로 사자후를 합니다.'

비구들아, 이학들은 혹 다시 이렇게 말할 것이다.

'여러분 우리도 역시 스승님을 믿으니 곧 우리 스승을 말하며 법을 믿으니 곧 우리 법을 말하며 계덕의 구족은 곧 우리 계율을 말하고 도를 같이 하는 사람을 사랑하고 공경하며 정성껏 받들어 섬기니 곧 우리의 도를 같이 하는 출가자와 재가자들을 말합니다. 여러분, 사문 구담과 우리들의 이 두 가지 말에 어느 것이 낫고 어떤 뜻이 있으며 어떤 차이가 있습니까?'

비구들아, 너희들은 마땅히 그 이학자들에게 이렇게 물어라.

'여러분 구경究竟을 하나라고 합니까, 구경을 많다고 합니까?'

비구들아, 혹 그 이학들은 이렇게 대답할 것이다.

'한 구경이 있되 많은 구경은 없습니다.'

비구들아, 너희들은 다시 이학들에게 물어라.

'여러분 욕심 있는 사람이 구경을 얻는 것을 옳다고 하겠습니까? 욕심 없는 사람이 구경을 얻는 것을 옳다고 하겠습니까?'

비구들아, 혹 이학들은 이렇게 대답할 것이다.

'욕심 없는 사람이 구경을 얻는다는 것은 옳고 욕심 있는 사람이 구경을 얻는다는 것은 옳지 않습니다.'

그러면 비구들아, 너희들은 다시 이학들에게 물어라.

'여러분, 성냄이 있는 사람이 구경을 얻는 것을 옳다고 하겠습니까? 성냄이 없는 사람이 구경을 얻는 것을 옳다고 하겠습니까?'

비구들아, 혹 이학들은 이렇게 대답할 것이다.

'성냄이 없는 사람이 구경을 얻는다는 것은 옳고 성냄이 있는 사람이 구경을 얻는다는 것은 옳지 않습니다.'

그러면 비구들아, 너희들은 다시 이학들에게 물어라.

'여러분, 어리석음이 있는 사람이 구경을 얻는 것을 옳다고 하겠습니까? 어리석음이 없는 사람이 구경을 얻는 것을 옳다고 하겠습니까?'

비구들아, 혹 이학들은 이렇게 대답할 것이다.

'여러분 어리석음이 없는 사람이 구경을 얻는 것은 옳고 어리석음이

있는 사람이 구경을 얻는 것은 옳지 않습니다.'

그러면 비구들아, 너희들은 다시 이학들에게 물어라.

'여러분, 애욕이 있고 집착[受]이 있는 사람이 구경을 얻는 것을 옳다고 하겠습니까? 애욕이 없고 집착이 없는 사람이 구경을 얻는 것을 옳다고 하겠습니까?'

그러면 비구들아, 혹 이학들은 이렇게 대답할 것이다.

'여러분 애욕이 없고 집착이 없는 사람이 구경을 얻는 것은 옳고 애욕이 있고 집착이 있는 사람이 구경을 얻는 것은 옳지 않습니다.'

그러면 비구들아, 너희들은 다시 이학들에게 물어라.

'여러분 지혜가 없고 지혜를 말하지 않는 사람이 구경을 얻는 것을 옳다고 하겠습니까? 지혜가 있고 지혜를 말하는 사람이 구경을 얻는 것을 옳다고 하겠습니까?'

그러면 비구들아, 혹 이학들은 이렇게 대답할 것이다.

'여러분 지혜가 있고 지혜를 말하는 사람이 구경을 얻는 것은 옳고 지혜가 없고 지혜를 말하지 않는 사람이 구경을 얻는 것은 옳지 않습니다.'

그러면 비구들아, 너희들은 다시 이학들에게 물어라.

'여러분, 미워함이 있고 다툼이 있는 사람이 구경을 얻는 것을 옳다고 하겠습니까? 미워함이 없고 다툼이 없는 사람이 구경을 얻는 것을 옳다고 하겠습니까?'

그러면 비구들아, 혹 이학들은 이렇게 대답할 것이다.

'여러분 미워함이 없고 다툼이 없는 사람이 구경을 얻는 것은 옳고 미워함이 있고 다툼이 있는 사람이 구경을 얻는 것은 옳지 않습니다.'

그러면 비구들아, 너희들은 그 이학들을 위하여 응당 이렇게 말해야 한다.

'여러분, 그대들의 말처럼 한 구경이 있다는 것이 옳고 많은 구경이 있다는 것은 옳지 않습니다. 욕심이 없는 자가 구경을 얻는 것은 옳고 욕심이 있는 자가 구경을 얻는 것은 옳지 않으며 성냄이 없는 자가 구경을 얻는 것은 옳고 성냄이 있는 자가 구경을 얻는 것은 옳지 않으며 어리석음이 없는 자가 구경을 얻는 것은 옳고 어리석음이 있는 자가 구경을 얻는 것은 옳지 않으며 애욕이 없고 집착이 없는 자가 구경을 얻는 것은 옳고 애욕이 있고 집착이 있는 자가 구경을 얻는 것은 옳지 않으며 지혜가 있고 지혜를 말하는 자가 구경을 얻는 것은 옳고 지혜가 없고 지혜를 말하지 않는 자가 구경을 얻는 것은 옳지 않으며 미워함이 없고 다툼이 없는 자가 구경을 얻는 것은 옳고 미워함이 있고 다툼이 있는 자가 구경을 얻는 것은 옳지 못합니다.'

만일 어떤 사문 범지가 한량없는 견해에 의지하면 그는 모든 것에 대해 있다는 견해〔有見〕와 없다는 견해〔無見〕의 두 가지 견해에 의지한다. 만약 있다는 견해에 의지하면 그는 곧 있다는 견해에 집착하고 있다는 견해만 쫓으며 있다는 견해에 머물러 없다는 견해를 미워하고 비난한다. 만일 없다는 견해에 의지하면 그는 곧 없다는 견해에 집착하고 없다는 견해만 좇으며 없다는 견해에 머물러 있다는 견해를 미워하고 비난한다.

어떤 사문 범지가 인因을 모르고 습(習 : 集)을 모르며 멸滅을 모르고 다함〔盡〕을 모르며 맛〔味〕을 모르고 환患을 모르며 출요出要를 사실 그대로 알지 못하면 그는 모든 것에 욕심이 있고 성냄이 있으며 어리석음이 있고 애욕이 있고 집착이 있으며 지혜가 없고 지혜를 말하지 않으며 미워함이 있고 다툼이 있다. 그는 곧 생・노・병・사를 떠나지 못하고 또한 시름과 슬픔・울음・걱정・괴로움・번민을 벗어나지 못하며 괴로움의 끝〔苦邊〕을 얻지 못한다.

만일 어떤 사문 범지가 이 두 견해에 대해서 인因을 알고 습習을 알며 멸滅을 알고 다함〔盡〕을 알며 맛을 알고 환을 알며 출요를 사실 그대로 안다면 그는 모든 것에 욕심이 없고 성냄이 없으며 어리석음이 없고 애욕이 없고 집착이 없으며 지혜가 있고 지혜를 말하며 미워함이 없고 다툼이 없다. 그는 곧 생·노·병·사를 떠나게 되고 또한 시름과 슬픔·울음·걱정·괴로움·번민을 벗어나게 되어 곧 괴로움의 끝을 얻는다.

혹 어떤 사문 범지는 집착〔受〕 끊기를 말하지만 모든 집착을 끊는 것을 말하지는 않는다. 욕심에의 집착〔欲受〕을 끊으라고 말하지만 계에의 집착〔戒受〕·견해에의 집착〔見受〕·나에의 집착〔我受〕을 끊으라고는 말하지 않는다. 무슨 까닭인가? 그 사문 범지는 3처(處 : 戒受·見受·我受)를 사실 그대로 알지 못하기 때문이다. 그러므로 그는 비록 집착 끊기를 말하지만 모든 집착을 끊는 것을 말하지는 않는다.

또 어떤 사문 범지는 집착 끊기를 말하지만 모든 집착을 끊는 것을 말하지는 않는다. 욕심〔欲〕에의 집착과 계〔戒〕에의 집착을 끊는 것은 말하지만 견해에의 집착과 나에의 집착을 끊는 것은 말하지 않는다. 무슨 까닭인가? 그 사문 범지는 2처處를 사실 그대로 알지 못하기 때문이다. 그러므로 그는 비록 집착 끊기를 말하지만 모든 집착을 끊는 것을 말하지는 않는다.

또 어떤 사문 범지는 집착 끊기를 말하지만 모든 집착을 끊는 것을 말하지는 않는다. 욕심에의 집착·계에의 집착·견해에의 집착을 끊는 것은 말하지만 나에의 집착을 끊는 것은 말하지 않는다. 무슨 까닭인가? 그 사문 범지는 1처處를 사실 그대로 알지 못하기 때문이다. 그러므로 그는 비록 집착 끊기를 말하지만 모든 집착을 끊는 것을 말하지는 않는다.

이러한 법法과 율律에 있어서는 혹 스승을 믿더라도 그것은 바른 것이 아니며 제1이 아니다. 만약 법을 믿더라도 또한 바른 것이 아니며 제1이 아니다. 혹 계덕戒德을 구족하더라도 또한 바른 것이 아니며 제1이 아니다. 도를 같이 하는 사람을 사랑하고 공경하며 정성껏 받들어 섬기더라도 바른 것이 아니며 제1이 아니다.

만일 어떤 여래가 세상에 나오시면 그는 무소착無所著·등정각等正覺·명행성위明行成爲·선서善逝·세간해世間解·무상사無上士·도법어道法御·천인사天人師·불중우佛衆祐라고 불린다. 그는 집착을 끊을 것을 말씀하시고 현법現法에서 모든 집착을 끊을 것을 말씀하시며 욕심에의 집착·계에의 집착·견해에의 집착·나에의 집착을 끊을 것을 말씀하신다. 이 4집착은 무엇을 인因하고 무엇을 습習하며 무엇을 좇아 나고 무엇을 근본으로 하는가? 이 네 가지 집착은 무명無明을 인으로 하고 무명을 습으로 하며 무명을 좇아 나고 무명을 근본으로 한다. 만일 어떤 비구가 무명無明이 이미 다하고 명明이 이미 생겼다면 그는 곧 그로부터 다시는 욕심에의 집착·계에의 집착·견해에의 집착·나에의 집착을 가지지 않는다. 그는 집착을 가지지 않은 뒤에는 곧 두려워하지 않고 두려워하지 않은 뒤에는 곧 인연을 끊어 반드시 반열반般涅槃을 얻는다. 그리하여 생이 이미 다하고 범행은 이미 서며 할 일을 이미 마쳐 다시는 후세의 생명을 받지 않음을 사실 그대로 안다. 이러한 법과 율에 있어서는 만일 스승을 믿으면 그것은 바른 것이며 그것은 제1이다. 만일 법을 믿으면 그것은 바른 것이며 그것은 제1이다. 만일 계덕을 구족하면 그것은 바른 것이며 그것은 제1이다. 만일 도道를 같이 하는 사람을 사랑하고 공경하며 정성껏 받들어 섬기면 그것은 바른 것이며 그것은 제1이다.그러므로 너희들은 이렇게 말하라.

'여러분, 우리에게는 이런 행行이 있고' 이런 힘[力]이 있으며 이런 지혜〔智〕가 있습니다. 이것으로 말미암아 우리들은 〈여기 제1의 사문과 제2·제3·제4의 사문이 있고 이 밖에 다시 다른 사문 범지는 없다. 이도異道는 모든 것이 공해서 사문 범지가 없다〉고 이렇게 말하는 것입니다. 그러므로 우리들은 대중들이 있는 곳에서는 어디서나 이렇게 바로 사자후를 합니다.'"

부처님께서 이렇게 말씀하시자, 그 모든 비구들은 부처님 말씀을 듣고 기뻐하며 받들어 행하였다.

〔이 사자후경에 수록된 경문의 글자 수는 1,690자이다.〕

104) 우담바라경優曇婆邏經[1]〔제2 소토성송〕

나는 이와 같이 들었다.

어느 때 부처님께서는 왕사성王舍成을 유행하실 때에 죽림가란다원竹林伽蘭哆園에 머무셨다. 그때 어떤 한 거사가 있었는데 이름을 실의實意라고 하였다. 실의 거사는 이른 아침에 왕사성에서 나와 부처님께 나아가 공양하고 예로써 섬기고자 하다가 이렇게 생각하였다.

'우선 부처님께 가는 것을 그만두자. 세존께는 여러 비구들과 연좌하고 계실지도 모른다. 나는 차라리 우담바라優曇婆邏숲에 있는 이학異學들의 동산으로 가자.'

이에 실의 거사는 곧 우담바라숲에 있는 이학들의 동산으로 갔다. 그때 우담바라숲에 있는 이학들의 동산에는 무에無恚라고 하는 한 이학이 있었는데 그는 그들 가운데서 존경을 받아 이학들의 스승이 되

1 이 경의 이역본으로는 시호施護가 한역한 『불설니구타범지경尼拘陁梵志經』과 『장아함경長阿含經』의 여덟 번째 소경인 「산타나경散陀那經」이 있다.

었고 대중들의 존경을 받고 많은 사람을 항복받아 5백 이학들은 그를 추종하여 우두머리로 삼았다. 그는 대중 가운데서 요란스럽게 높고 큰 음성으로 조론鳥論·어론語論·왕론王論·적론賊論·투쟁론鬪諍論·음식론飮食論·의피론衣被論·부녀론婦女論·동녀론童女論·음녀론淫女論·세속론世俗論·비도론非道論·해론海論·국론國論을 설하였다. 이와 같이 갖가지 조론 등을 설하며 모두 그곳에 모여 앉아 있었다.

그때 이학 무에는 멀리서 실의 거사가 오는 것을 보고 곧 그 대중들에게 분부하여 조용하게 하였다.

"여러분, 그대들은 떠들지 말라. 잠자코 있기를 즐기고 잠자코 있으면서 제각기 몸을 단속하라. 왜냐하면 실의 거사가 오기 때문이니, 그는 사문 구담의 제자다. 또 그는 사문 구담의 제자로서 이름과 덕이 높고 훌륭하여 우두머리로 존중할 만하고 집에 머무는 거사로서 왕사성에 살고 있는 사람들은 그를 제1로 칠 것이다. 그는 말하지 않기를 즐기고 잠자코 있으면서 스스로 단속한다. 만일 그가 이 대중이 잠자코 있는 줄을 알면 그는 기꺼이 여기로 올 것이다."

이에 이학 무에는 대중을 잠자코 있게 하고 자기도 잠자코 있었다. 그때 실의 거사는 이학 무에가 있는 곳으로 가서 서로 문안하고 물러나 한쪽에 앉았다. 실의 거사는 말하였다.

"무에여, 우리 불세존께서는 일 없는 곳이나 산림이나 나무 밑에 계시고 혹은 높은 바위에 계시면서 고요하여 소리가 없고 멀리 떠나 악이 없으며 또한 사람도 없는 데서 이치를 따라 연좌하고 계십니다. 이것이 불·세존께서 그와 같이 일 없는 한가한 곳이나 산림이나 나무 밑에 계시고 높은 바위에 계시면서 고요하여 소리가 없고 멀리 떠나 악이 없으며 사람이 없는 데서 이치를 따라 연좌하시는 것입니다. 그 분은 멀리 떠난 곳에 계시면서 항상 연좌하기를 즐기고 안온하고 쾌락하십니다. 불세존께서 하루 낮과 하룻밤 동안 법회를 소집해 함께 하신다 해도 오늘 그대와 그대의 권속들이 한 것과는 애초에 같지 않습니다."

이에 이학 무에가 말하였다.

"거사여, 그만두시오. 그대가 어떻게 알 수 있겠소? 사문 구담의 공허한 지혜의 해탈이라면 족히 말할 것도 없소. 혹 서로 맞는가〔相應〕하면 서로 맞지 않으며 혹은 따르는가 하면 따르지 않소. 저 사문 구담은 가장자리〔邊〕로 가서 가장자리에 이르고 가장자리를 즐겨하여 가장자리에 이르며 가장자리에 머물러 가장자리에 이르는데 마치 애꾸눈 소가 변지邊地에서 먹이를 먹을 때 가장자리로 가서 가장자리에 이르고 가장자리를 즐겨하여 가장자리에 이르며 가장자리에 머물러 가장자리에 이르는 것과 같이 저 사문 구담도 또한 그와 같소. 거사여, 만일 저 사문 구담이 이 대중들에게 온다면 나는 한마디 말로 그를 쳐부수어 마치 빈 병을 놀리듯 할 것이오. 그리고 그에게 애꾸눈 소의 비유를 말할 것이오."

이에 이학 무에는 자기 대중들에게 말하였다.

"여러분, 사문 구담이 혹 이 대중 가운데 오더라도 만일 반드시 오더라도 그대들은 공경하여 자리에서 일어나 그를 향해 합장하지 말고 앉기를 청하지도 말라, 미리 한자리를 남겨 두었다가 그가 여기에 오거든 이렇게 말하라.

'구담이여, 자리가 있으니 앉고 싶으면 마음대로 하시오.'"

그때 세존께서는 연좌하고 계시다가 사람의 귀보다 훨씬 나은 청정한 하늘귀〔天耳〕로써 실의 거사가 이학 무에와 나눈 이러한 이야기를 들으시고 해거름에 곧 연좌에서 일어나 우담바라숲에 있는 이학들의 동산으로 가셨다. 이학 무에는 멀리서 세존께서 오시는 것을 보고 곧 자리에서 일어나 가사 한 자락을 벗어 메고 합장하고 부처님을 향해 찬탄하여 말하였다.

"잘 오셨습니다. 사문 구담이시여, 오랫동안 여기 오시지 않으셨습니다. 원컨대 이 자리에 앉으십시오."

그때 세존께서는 이렇게 생각하셨다.

'이 어리석은 사람은 스스로 제 약속을 어기는구나.'

세존께서는 그런 줄 아시고도 곧바로 자리에 앉으셨다. 이학 무에는 곧 세존과 서로 문안한 뒤에 물러나 한쪽에 앉았다. 세존께서 물으셨다.

"무에여, 전에 실의 거사와 무슨 일을 의논하였으며 무슨 일로 여기 모여 앉았는가?"

이학 무에는 대답하였다.

"구담이시여, 저희들은 이렇게 생각하였습니다.

'사문 구담은 어떤 법이 있어 제자를 가르치고 제자가 가르침을 받은 뒤에는 안온을 얻게 하며 그 몸과 목숨이 다하도록 범행을 깨끗이 닦고 또 남을 위하여 설명하는가?'

구담이시여, 전에 실의 거사와 이런 일을 의논하였고 이 일로 말미암아 여기 모여 앉았습니다."

실의 거사는 그의 말을 듣고는 곧 이렇게 생각하였다.

'이 이학 무에는 이상하게도 거짓말을 하는구나. 무슨 까닭인가? 부처님 면전에서 세존을 속이기 때문이다.'

세존께서는 그것을 이미 아시고서 곧 말씀하셨다.

"무에여, 내 법은 매우 깊고 매우 기이하고 특별하여 깨닫기도 어렵고 알기도 어려우며 보기도 어렵고 얻기도 어렵다. 곧 내 제자를 가르치면 제자는 가르침을 받은 뒤에는 몸과 목숨이 다하도록 범행을 깨끗이 닦고 또한 남을 위하여 설명한다. 무에여, 만일 그대의 스승이 옳다고 하는 바를 네가 이해하지 못하고 그 행을 미워하거든 너는 그것을 내게 물어라. 내가 반드시 잘 대답하여 네가 마음으로 옳다고 여기게 하리라."

이에 소란스럽던 이학 무리들은 같은 음성으로 함께 크게 외쳤다.

"사문 구담께서는 매우 기이하고 특별하시며 큰 여의족〔大如意足〕이 있고 큰 위덕〔大威德〕이 있으며 큰 복〔大福〕이 있고 큰 위신〔大威神〕이 있다. 무슨 까닭인가? 능히 자기의 종교를 버리고 남의 종교로써 사람들의 질문에 따라 대답하기 때문이다."

이에 이학 무에는 자기 대중들에게 조용히 하라고 분부한 뒤에 물었다.

"구담이시여, 이해할 수 없고 미워해야 할 행은 어떻게 하면 구족할 수 있고 어떻게 하면 구족할 수 없습니까?"

세존께서 대답하셨다.

"무에여, 어떤 사문 범지는 옷이 없는 알몸으로 혹은 손으로 옷을 삼거나 나뭇잎으로 옷을 삼거나 구슬로 옷을 삼는다. 혹 병으로 물을 뜨지 않거나 바가지로 물을 뜨지 않기도 하며 무기로 뺏은 음식을 먹지 않고 속여서 얻은 음식을 먹지 않으며 청하지 않는 데는 가지 않고 사람을 보내지도 않는다. 와서 존경하기를 구하지 않고 존경하는 것을 좋아하지 않으며 존경하는 것에 집착하지 않는다. 만일 두 사람이 먹으면 그 가운데서 먹지 않고 아기 밴 집의 음식을 먹지 않으며 개를 기르는 집의 음식을 먹지 않고 만일 집에 똥파리가 날아오면 곧 먹지 않는다. 물고기를 먹지 않고 짐승고기를 먹지 않으며 술을 마시지 않고 나쁜 물을 마시지 않으며 혹 도무지 마실 것이 없으면 마시지 않는 행을 배운다. 혹은 한 입을 먹고는 한 입으로 만족하고 혹은 2·3·4

내지 일곱 입을 먹고는 일곱 입으로 만족하며 혹은 한 번 얻어먹고는 한 번 얻는 것으로 만족하고 혹은 2·3·4 내지 일곱 번 얻어먹고는 일곱 번 얻는 것으로 만족한다. 혹은 하루에 한 번 먹고는 한 번으로 만족하고 혹은 2·3·4·5·6·7일이나 보름·한 달에 한 번 먹고는 한 번으로 만족한다.

채소를 먹거나 피〔稗子〕를 먹으며 혹은 기장을 먹고 잡보리를 먹으며 두두라식頭頭邏食을 먹고 거친 밥을 먹는다. 혹은 일 없는 곳으로 가서 일 없이 한가하게 지내며 풀뿌리를 먹거나 혹은 열매를 먹되, 저절로 떨어진 열매를 먹는다.

누더기를 입고 털옷을 입으며 두사옷〔頭舍衣〕을 입고 털두사옷〔毛頭舍衣〕을 입으며 성한 가죽 옷〔全皮〕을 입거나 해진 가죽 옷〔穿皮〕을 입으며 혹은 완전히 해진 가죽 옷〔全穿皮〕을 입는다.

머리를 흩트리거나 머리를 땋기도 하고 흩트리고 땋기도 한다. 혹은 머리를 깎거나 수염을 깎고 수염과 머리를 모두 깎기도 한다. 혹은 머리를 뽑거나 수염을 뽑고 머리와 수염을 모두 뽑기도 한다.

혹은 꼿꼿이 서서 앉지 않고 혹은 앉은걸음을 익히며 혹은 가시 위에 누워 가시로 평상을 삼고 혹은 열매에 누워 열매로 평상을 삼는다.

혹은 물을 섬겨 밤낮으로 손으로 긷고 혹은 불을 섬겨 그날부터 계속해 태우며 혹은 해와 달의 존우대덕尊祐大德을 섬겨 그것을 향하여 합장한다. 이런 따위로써 한량없는 고통을 받으면서 번거롭고 답답한 행을 배운다. 무에여, 그대의 생각에는 어떠한가? 이렇게 하면 이해할 수 없고 미워할 만한 행이 구족했다 하겠는가, 구족하지 못했다 하겠는가?"

이학 무에가 대답하였다.

"구담이시여, 그렇게 한다면 이해할 수 없고 미워할 만한 행은 이로써 구족하였고 구족하지 못한 것이 아닙니다."

세존께서 다시 말씀하셨다.

"무에여, 나는 너를 위하여 이해할 수 없고 미워할 만한 행을 구족한 자도 한량없는 더러움에 더럽혀진다고 말하리라."

이학 무에가 여쭈었다.

"구담이시여, 어째서 저를 위해 이해할 수 없고 미워할 만한 행을 구족한 자도 한량없는 더러움에 더럽혀진다고 말씀하십니까?"

세존께서는 말씀하셨다.

"무에여, 어떤 청고행자淸苦行者가 고행하는데 이 청고행자는 고행으로 말미암아 나쁜 욕심이 있고 욕심을 생각한다. 무에여, 만일 어떤 청고행자가 고행하고 이 고행으로 말미암아 나쁜 욕심이 있고 욕심을 생각한다면 이것을 무에여, 고행하는 자의 더러움이라고 한다.

또 무에여, 어떤 청고행자가 고행하는데 이 청고행자는 고행으로 말미암아 햇빛을 우러러보고 해의 정기를 빨아먹는다. 무에여, 만일 어떤 청고행자가 고행하고 이 청고행자가 고행으로 말미암아 햇빛을 우러러보고 해의 정기를 빨아먹으면 이것을 고행하는 자의 더러움이라고 한다.

또 무에여, 어떤 청고행자가 고행하는데 이 청고행자는 고행으로 말미암아 스스로 잘난 체하며 청고행자가 고행을 마친 뒤에는 마음이 곧 얽매여 집착한다. 무에여, 만일 어떤 청고행자가 고행하고 이 청고행자가 고행으로 말미암아 스스로 잘난 체하며 청고행자가 고행을 마친 뒤에는 마음이 곧 얽매여 집착한다면 이것을 무에여, 고행을 행하는 자의 더러움이라고 한다.

또 무에여, 어떤 청고행자가 고행하는데 이 청고행자는 고행으로 말미암아 자신은 귀하게 여기고 남은 천하게 여긴다. 무에여, 만일 어떤 청고행자가 고행하고 이 청고행자가 고행으로 말미암아 스스로는 귀하게 여기고 남은 천하게 여긴다면 이것을 고행하는 자의 더러움이라고 한다.

또 무에여, 어떤 청고행자가 고행하는데 이 청고행자는 고행으로 말미암아 집집마다 다니면서 스스로를 일컬어 '내 수행은 청고淸苦하며 내 수행은 매우 어렵다'고 말한다. 무에여, 만일 어떤 청고행자가 고행하고 이 청고행자가 고행으로 말미암아 집집마다 다니면서 스스로를 일컬어 '내 수행은 청고淸苦하며 내 수행은 매우 어렵다'고 말한다면 이것을 고행하는 자의 더러움이라고 한다.

또 무에여, 어떤 청고행자가 고행하는데 이 청고행자는 고행으로 말미암아 만일 어떤 사문 범지가 남의 존경과 공양과 예로써 섬김을 받는 것을 보면 곧 질투하여 이렇게 말한다.

'무엇하러 저 사문 범지를 존경하고 공양하며 예로써 섬기는가? 마땅히 나를 존경하고 공양하며 예로써 섬겨야 할 것이다. 무슨 까닭인가? 나는 고행을 행하기 때문이다.'

무에여, 만일 어떤 청고행자가 고행을 행하고 이 청고행자가 고행으로 말미암아 만일 어떤 사문 범지가 남의 존경과 공양과 예로써 섬김을 받는 것을 보면 곧 질투하여 이렇게 말한다고 하자.

'무엇하러 저 사문 범지를 존경하고 공양하며 예로써 섬기는가? 마땅히 나를 존경하고 공양하며 예로써 섬겨야 할 것이다. 무슨 까닭인가? 나는 고행을 행하기 때문이다.'

그러면 무에여, 이것을 고행을 행하는 자의 더러움이라고 한다.

또 무에여, 어떤 청고행자가 고행하는데 이 청고행자는 고행으로 말미암아 만일 어떤 사문 범지가 남의 존경과 공양과 예로써 섬김을 받는 것을 보면 곧 이 사문 범지를 맞대고 꾸짖어 말한다.

'무엇 때문에 존경과 공양과 예로써 섬김을 받는가? 너는 욕심이 많고 구하는 것도 많으며 항상 뿌리종자 · 줄기종자 · 열매종자 · 마디종자 · 씨종자의 5종을 먹는다. 마치 폭우暴雨처럼 5곡 종자를 많이 해치고 짐승과 사람들을 못살게 군다. 이와 같이 너희 사문 범지들이 남의 집에 자주 들어가는 것도 역시 이와 같다.'

무에여, 어떤 청고행자가 고행을 행하는데 이 고행자는 고행으로 말미암아 만일 어떤 사문 범지가 남의 존경과 공양과 예로써 섬김을 받는 것을 보면 곧 이 사문 범지를 맞대고 꾸짖어 말한다.

'무엇 때문에 존경과 공양과 예로써 섬김을 받는가? 너는 욕심이 많고 구하는 것도 많아 항상 뿌리종자 · 줄기종자 · 열매종자 · 마디종자 · 씨종자의 5종을 먹는다. 마치 폭우처럼 오곡 종자를 많이 해치고 짐승과 사람을 못 견디게 군다. 이와 같이 너희 사문 범지들이 남의 집에 자주 들어가는 것도 역시 이와 같다.'

그러면 진에여, 이것을 고행을 행하는 자의 더러움이라고 한다.

또 무에여, 어떤 청고행자가 고행하는데 이 청고행자는 고행으로 말미암아 시름과 두려움 · 무서움 · 은밀한 행동 · 의심 · 명예의 상실 · 탐욕 · 방일이 있다. 무에여, 만일 어떤 청고행자가 고행하고 이 청고행자가 고행으로 말미암아 시름과 두려움 · 무서움 · 은밀한 행동 · 명예의 상실 · 탐욕 · 방일이 있으면 이것을 무에여, 고행을 행하는 자의 더러움이라고 한다.

또 무에여, 어떤 청고행자가 고행하는데 이 청고행자가 고행으로 말미암아 신견身見 · 변견邊見 · 사견邪見 · 견취見取 · 난위難爲를 내어 뜻에 절제가 없으면 모든 사문 범지들에게 통용될 만한 법인데 통용되지 못한다. 무에여, 만일 어떤 청고행자가 고행을 행하는데 이 청고행자가 고행으로 말미암아 신견 · 변견 · 사견 · 견취 · 난위를 내고 뜻에 절제가 없어 모든 사문 범지들에게 통용될 만한 법인데 통용되지 못하면 이것을 무에여, 고행을 행하는 자의 더러움이라고 한다.

또 무에여, 어떤 청고행자가 고행하는데 이 청고행자는 고행으로 말미암아 성냄과 얽맴·말하지 않는 원결·아낌·질투·아첨·속임이 있고 제 부끄러움과 남부끄러움이 없다. 무에여, 만일 어떤 청고행자가 고행하는데 이 청고행자가 고행으로 말미암아 성냄과 얽맴·말하지 않는 원결·아낌·질투·아첨·속임이 있고, 제 부끄러움과 남부끄러움이 없으면, 이것을 무에여, 고행을 행하는 자의 더러움이라고 한다.

다시 무에여, 혹 어떤 청고행자가 고행하는데 이 청고행자는 고행으로 말미암아 거짓말과 이간하는 말·추한 말·꾸밈말을 하여 나쁜 계를 구족한다. 무에여, 만일 어떤 청고행자가 고행을 행하는데 이 청고행자가 고행으로 말미암아 거짓말과 이간하는 말·추한 말·꾸밈말을 하여 나쁜 계를 구족하면 이것을 고행을 행하는 자의 더러움이라고 한다.

또 무에여, 혹 어떤 청고행자가 고행하는데, 이 청고행자는 고행으로 말미암아 믿지 않고 게으르며 바른 생각〔正念〕과 바른 지혜〔正智〕가 없고 나쁜 슬기〔惡慧〕가 있다. 무에여, 만일 어떤 청고행자가 고행을 행하는데 이 청고행자는 고행으로 말미암아 믿지 않고 게으르며 바른 생각과 바른 지혜가 없고 나쁜 슬기가 있으면 이것을 무에여, 고행을 행하는 자의 더러움이라고 한다. 무에여, 나는 너를 위하여 이 이해할 수 없고 미워할 만한 행을 구족한 자도 한량없는 더러움에 더렵혀진다고 말하지 않았는가?"

이학 무에가 대답하였다.

"그렇습니다, 구담이시여. 저를 위하여 이 이해할 수 없고 미워할 만한 행을 구족한 자도 한량없는 더러움에 더럽혀진다고 말씀하셨습니다."

"무에여, 나는 다시 너를 위하여 이 이해할 수 없고 미워할 만한 행을 구족한 자가 한량없는 더러움에 더럽혀지지 않는 것도 말하리라."

이학 무에가 다시 여쭈었다.

"구담이시여, 어째서 저를 위하여 이 이해할 수 없고 미워할 만한 행을 구족한 자라도 한량없는 더러움에 더럽혀지지 않는다고 말씀하십니까?"

세존께서 대답하셨다.

"무에여, 혹 어떤 청고행자가 고행하는데 이 청고행자는 고행으로 말미암아 나쁜 욕심이 없고 욕심을 생각하지 않는다. 무에여, 만일 어떤 청고행자가 고행을 행하고 이 청고행자가 고행으로 말미암아 나쁜 욕심이 없고 욕심을 생각하지 않으면 이것을 무에여, 고행을 행하는 자의 더러움 없음이라고 한다.

또 무에여, 혹 어떤 청고행자가 고행하는데 이 청고행자는 고행으로 말미암아 햇빛을 우러러보지 않고 해의 기운을 먹지 않는다. 무에여, 만일 어떤 청고행자가 고행하고 이 청고행자가 고행으로 말미암아 햇빛을 우러러보지 않고 해의 기운을 먹지 않으면 이것을 무에여, 고행을 행하는 자의 더러움 없음이라고 한다.

또 무에여, 혹 어떤 청고행자가 고행하는데 이 청고행자는 고행으로 말미암아 잘난 체하지 않으며 이 청고행자는 고행을 마친 뒤에도 마음이 얽매이지 않는다. 무에여, 만일 어떤 청고행자가 고행하고 이 청고행자가 고행으로 말미암아 잘난 체하지 않으며 청고행자가 고행을 마친 뒤에도 마음이 얽매이지 않으면 이것을 무에여, 고행을 행하는 자의 더러움 없음이라고 한다.

또 무에여, 혹 어떤 청고행자가 고행하는데 이 청고행자는 고행으로 말미암아 스스로를 귀하게 여기지도 않고 남을 천하게 여기지도 않는다. 무에여, 만일 어떤 청고행자가 고행하고 이 청고행자가 고행으로 말미암아 스스로를 귀하게 여기지도 않고 남을 천하게 여기지도 않으면 이것을 무에여, 고행을 행하는 자의 더러움 없음이라고 한다.

또 무에여, 혹 어떤 청고행자가 고행하는데 이 청고행자는 고행으로 말미암아 집집마다 다니면서 스스로를 일컬어 '내 행은 청정한 수행이고 내 수행은 매우 어렵다'고 말하지 않는다. 무에여, 만일 어떤 청고행자가 고행하고 이 청고행자가 고행으로 말미암아 집집마다 다니면서 스스로를 일컬어 '내 행은 청정한 수행이고 내 수행은 매우 어렵다'고 말하지 않는다면 무에여, 이것을 고행을 행하는 자의 더러움 없음이라고 한다.

또 무에여, 혹 어떤 청고행자가 고행하는데, 이 청고행자는 고행으로 말미암아 만일 어떤 사문 범지가 남의 존경과 공양과 예로써 섬김을 받는 것을 보면 질투하여 '무엇 때문에 저 사문 범지를 존경하고 공양하며 예로써 섬기는가? 마땅히 나를 존경하고 공양하며 예로써 섬겨야 할 것이다. 무슨 까닭인가? 나는 고행을 행하기 때문이다'라고 말하지 않는다. 무에여, 만일 어떤 청고행자가 고행하고 이 청고행자가 고행으로 말미암아 만일 어떤 사문 범지가 남의 존경과 예로써 섬김을 받는 것을 보면 질투하여 '무엇 때문에 저 사문 범지를 존경하고 공양하며 예로써 섬기는가? 마땅히 나를 존경하고 공양하며 예로써 섬겨야 할 것이다. 무슨 까닭인가? 나는 고행을 행하기 때문이다'라고 말하지 않으면 이것을 무에여, 고행을 행하는 자의 더러움 없음이라고 한다.

또 무에여, 어떤 청고행자가 고행하는데 이 청고행자는 고행으로 말미암아 만일 어떤 사문 범지가 남의 존경과 공양과 예로써 섬김을 받는 것을 보면 이 사문 범지를 맞대고 꾸짖어 '무엇 때문에 존경과 공양과 예로써 섬김을 받는가? 너는 욕심이 많고 구하는 것도 많아 항상 뿌리종자·줄기종자·열매종자·마디종자·씨종자 따위의 5종을 먹는다. 마치 폭우처럼 5곡 종자를 많이 해치고 짐승과 사람을 못살게 군다. 이와 같이 너희 사문 범지들이 남의 집에 자주 들어가는 것도 역시 이와 같다'고 말하지 않는다. 무에여, 만일 어떤 청고행자가 고행하고 이 청고행자가 고행으로 말미암아 어떤 사문 범지가 남의 존경과 공양과 예로써 섬김을 받는 것을 보고도 이 사문 범지를 꾸짖어 '무엇 때문에 존경과 공양과 예로써 섬김을 받는가? 너는 욕심이 많고 구하는 것도 많아 항상 뿌리종자·줄기종자·열매종자·마디종자·씨종자 따위의 5종을 먹는다. 마치 폭우처럼 5곡 종자를 많이 해치고 짐승과 사람을 못살게 군다. 이와 같이 너희 사문 범지들이 남의 집에 자주 들어가는 것도 역시 이와 같다'고 말하지 않는다면 이것을 고행을 행하는 자의 더러움 없음이라고 한다.

또 무에여, 어떤 청고행자가 고행하는데 이 청고행자는 고행으로 말미암아 시름하거나 두려워하지 않고 무서워하거나 은밀하게 행동하지 않으며 의심하거나 명예를 잃지 않고 탐욕을 내거나 방일하지 않는다. 무에여, 만일 어떤 청고행자가 고행하고 이 청고행자가 고행으로 말미암아 시름하거나 두려워하지 않고 무서워하거나 은밀하게 행동하지 않으며 의심하거나 명예를 잃지 않고 탐욕을 내거나 방일하지 않으면 이것을 무에여, 고행을 행하는 자의 더러움 없음이라고 한다.

또 무에여, 어떤 청고행자가 고행하는데 이 청고행자는 고행으로 말미암아 신견身見·변견邊見·사견邪見·견취見取를 내지 않고 하기 어렵다고 하지 않으며 뜻에 절제가 있어 모든 사문 범지들에게 통용

될 만한 법이라고 통용된다. 무에여, 만일 어떤 청고행자가 고행하고 이 청고행자가 고행으로 말미암아 신견·변견·사견·견취를 내지 않고 하기 어렵다고 하지 않으며 뜻에 절제가 있어 모든 사문 범지들에게 통용될 만한 법이라고 통용된다면 이것을 무에여, 고행을 행하는 자의 더러움 없음이라고 한다.

또 무에여, 어떤 청고행자가 고행하는데 이 청고행자는 고행으로 말미암아 성냄·얽매임·말하지 않는 원한·아낌·질투·아첨·속임이 없고 제 부끄러움과 남부끄러움이 있다. 무에여, 만일 어떤 청고행자가 고행하고 이 청고행자가 고행으로 말미암아 성냄·얽매임·말하지 않는 원한·아낌·질투·아첨·속임이 없고 제 부끄러움과 남부끄러움이 있으면 이것을 무에여, 고행을 행하는 자의 더러움 없음이라고 한다.

또 무에여, 어떤 청고행자가 고행하는데 이 청고행자는 고행으로 말미암아 거짓말과 이간하는 말·추한 말·꾸밈말을 하지 않고 나쁜 계를 갖추지 않는다. 무에여, 만일 어떤 청고행자가 고행하고 이 청고행자가 고행으로 말미암아 거짓말과 이간하는 말·추한 말·꾸밈말을 하지 않고 나쁜 계를 갖추지 않으면 이것을 무에여, 고행을 행하는 자의 더러움 없음이라고 한다.

또 무에여, 어떤 청고행자가 고행하는데 이 청고행자는 고행으로 말미암아 믿음이 있고 게으름이 없으며 바른 생각과 바른 지혜가 있고 나쁜 슬기가 없다. 무에여, 만일 어떤 청고행자가 고행하고 이 청고행사가 고행으로 말미암아 믿음이 있고 게으름이 없으며 바른 생각과 바른 지혜가 있고 나쁜 슬기가 없으면 이것을 무에여, 고행을 행하는 자의 더러움 없음이라고 한다.

무에여, 나는 너를 위하여 이 이해할 수 없고 미워할 만한 행을 구족한 자라도 한량없는 더러움에 더럽혀지지 않는다고 말하지 않았는가?"

이학異學 무에가 대답하였다.

"그렇습니다. 구담이시여, 저를 위하여 이 이해할 수 없고 미워할 만한 행을 구족한 자라도 한량없는 더러움에 더럽혀지지 않는다고 말씀하셨습니다."

이학 무에가 물었다.

"구담이시여, 이 이해할 수 없고 미워할 만한 행도 제일이 되고 진실이 될 수 있습니까?"

세존께서 대답하셨다.

"무에여, 이 이해할 수 없고 미워할 만한 행은 제일이 될 수 없고 진실이 될 수 없다. 그러나 두 가지가 있으니 그것은 껍질〔皮〕을 얻고 마디〔節〕를 얻는 것이다."

이학 무에가 다시 물었다.

"구담이시여, 어떻게 이 이해할 수 없고 미워할 만한 행이 겉껍질을 얻습니까?"

세존께서는 대답하셨다.

"무에여, 여기 혹 어떤 사문 범지는 4행을 행한다. 곧 생물을 죽이지 않고 생물을 죽이게 하지 않으며 생물을 죽이는 데 함께하지 않는다. 도둑질하지 않고 도둑질하게 하지 않으며 도둑질하는 데 함께하지 않는다. 남의 여자를 취하지 않고 남의 여자를 취하게 하지 않으며 남의 여자를 취하는 데 함께하지 않는다. 거짓말하지 않고 거짓말을 하게 하지 않으며 거짓말하는 데 함께하지 않는다. 그는 이 4행을 행하여 즐거워하면서도 잘난 체하지 않고 자애로움〔慈〕과 함께하는 마음으로 1방方을 두루 채우고 성취하여 노닌다. 이와 같이 2·3·4방方

과 4유維·상·하를 다 가득 채우고 자애로움〔慈〕과 함께하는 마음으로 맺음도 없고 원한도 없으며 성냄도 없고 다툼도 없이 지극히 넓고 매우 크고 한량없이 잘 닦아 일체 세간을 두루 채우고 성취하여 노닌다. 이와 같이 불쌍히 여김〔悲〕과 기뻐함〔喜〕도 역시 그러하다. 평정함〔捨〕과 함께하는 마음으로 맺음도 없고 원한도 없으며 성냄도 없고 다툼도 없이 지극히 넓고 매우 크고 한량없이 잘 닦아 일체 세간을 두루 채우고 성취하여 노닌다. 무에여, 네 생각에는 어떠한가? 이렇게 하면 이 이해할 수 없고 미워할 만한 행이 겉껍질〔表皮〕을 얻을 수 있겠는가?"

무에가 대답하였다.

"구담이시여, 이렇게 하면 이 이해할 수 없고 미워할 만한 행이 겉껍질을 얻을 수 있을 것입니다. 구담이시여, 어떻게 하면 이 이해할 수 없고 미워할 만한 행이 마디를 얻겠습니까?"

세존께서 대답하셨다.

"무에여, 어떤 사문 범지는 4행을 행하니 곧 생물을 죽이지 않고 생물을 죽이게 하지 않으며 생물을 죽이는 데 함께하지 않는다. 도둑질하지 않고 도둑질하게 하지 않으며 도둑질하는 데 함께하지 않는다. 남의 여자를 취하지 않고 남의 여자를 취하게 하지 않으며 남의 여자를 취하는 데 함께하지 않는다. 거짓말하지 않고 거짓말을 하게 하지 않으며 거짓말하는 데 함께하지 않는다. 그는 이 4행을 행하여 즐거워하면서도 잘난 체하지 않는다. 그는 행行이 있고 상모相貌가 있어 한량없는 과거의 경력經歷을 기억하는데 혹은 '1생·2생·백 생·천 생과 성겁成劫·패겁敗劫과 한량없는 성패겁 동안 그 중생의 이름은 아무개였고 옛날에 나는 일찍이 거기서 나서 이러한 성과 이러한 이름으로써 이렇게 태어나고 이런 음식을 먹었으며 이런 괴로움과 즐거움을 받고 이렇게 오래 살았으며 이렇게 오래 머물렀고 이렇게 목숨을 마쳤으며 여기서 죽어 저기 태어나고 저기서 죽어 여기 태어났다'는 것을 알며 '나는 거기에 태어나서도 이러한 성과 이러한 이름으로써 이렇게 태어나고 이렇게 먹었으며 이렇게 괴로움과 즐거움을 받고 이렇게 오래 살았으며 이렇게 오래 머물렀고 이렇게 목숨을 마쳤다'고 기억한다. 무에여, 네 생각에는 어떠하냐? 이렇게 하면 이 이해할 수 없고 미워할 만한 행이 마디를 얻겠는가?"

무에가 대답하였다.

"구담이시여, 이렇게 하면 이해할 수 없고 미워할 만한 행도 마디를 얻을 수 있을 것입니다. 구담이시여, 어떻게 하면 이 이해할 수 없고 미워할 만한 행이 제일이 되고 진실이 될 수 있겠습니까?"

세존께서 대답하셨다.

"무에여, 어떤 사문 범지는 4행을 행하는데 곧 생물을 죽이지 않고 생물을 죽이게 하지 않으며 생물을 죽이는 데 함께하지 않는다. 도둑질하지 않고 도둑질하게 하지 않으며 도둑질하는 데 함께하지 않는다. 남의 여자를 취하지 않고 남의 여자를 취하게 하지 않으며 남의 여자를 취하는 데 함께하지 않는다. 거짓말하지 않고 거짓말하게 하지 않으며 거짓말하는 데 함께하지 않는다. 그는 이 4행을 행하여 즐거워하면서 잘난 체하지 않는다. 그는 사람보다 훨씬 뛰어난 청정한 천안天眼으로 이 중생들의 죽는 때와 나는 때, 좋은 빛깔과 나쁜 빛깔, 묘하고 묘하지 않은 것과 좋은 곳과 좋지 않은 곳으로 왕래하는 것을 보고 이 중생들은 그 지은 업을 따른다는 것을 사실 그대로 본다.

'만일 이 중생들이 몸의 악행과 입과 뜻의 악행을 성취하여 성인을 비방하고 삿된 견해로써 삿된 견해의 업을 성취하면 그는 이것을 인연하여 몸이 무너지고 목숨이 끝난 뒤에는 반드시 나쁜 곳으로 가서 지옥에 태어날 것이다. 만일 이 중생이 몸의 묘행과 입과 뜻의 묘행을 성취하여 성인을 비방하지 않고 바른 견해로써 바른 견해의 업을 성취하면 그는 이것을 인연하여 몸이 무너지고 목숨이 끝난 뒤에는 반드시 좋은 곳으로 올라가 천상에 태어날 것이다.'

무에여, 네 뜻에는 어떠한가? 이렇게 하면 이 이해할 수 없고 미워할 만한 행도 제일이 되고 진실이 될 수 있겠는가?"

무에가 대답하였다.

"구담이시여, 그렇습니다. 이 이해할 수 없고 미워할 만한 행은 제일이 되고 진실이 될 수 있습니다. 구담이시여, 어떻습니까? 이 이해할 수 없고 미워할 만한 행이 증험을 얻기 때문에 사문 구담의 제자들은 사문 구담에 의지해 범행을 행하는 것입니까?"

세존께서는 대답하셨다.

"무에여, 이 이해할 수 없고 미워할 만한 행으로 말미암아 증험을 얻기 때문에 내 제자들이 나를 의지해 범행을 행하는 것은 아니다. 무에여, 그것과는 다른 최상最上·최묘最妙·최승最勝이 있어서 그들이 증험을 얻기 때문에 내 제자들은 나를 의지해 범행을 행한다."

이에 들뜨고 소란스럽던 이학의 무리들이 높고 큰 소리로 외쳤다.

"그렇고 그렇습니다. 그들이 증험을 얻기 때문에 사문 구담의 제자들은 사문 구담을 의지해 범행을 행하는 것입니다."

이때 이학 무에는 스스로 자신의 대중들에게 명령하여 잠자코 있게 한 다음 부처님께 여쭈었다.

"구담이시여, 다시 다른 최상·최묘·최승이 있어서 그들이 증험을 얻기 때문에 사문 구담의 제자는 사문 구담을 의지해 범행을 행한다는 것은 무엇입니까?"

이에 세존께서는 대답하셨다.

"무에여, 만일 여래如來·무소착無所著·등정각等正覺·명행성위明行成爲·선서善逝·세간해世間解·무상사無上士·도법어道法御·천인사天人師·불중우佛衆祐의 명호를 가진 분이 세상에 나오면 그는 5개蓋의 마음의 더러움〔心穢〕과 슬기의 쇠약함을 버리고 욕심을 여의고 악하고 착하지 않은 법을 여의며 나아가 제4선을 성취하여 노닌다. 그는 이미 이렇게 정한 마음〔定心〕이 청정하여 더러움이 없고 번뇌가 없으며 부드럽고 유연하게 잘 머물러 동요하지 않는 마음〔不動心〕을 증득하고 누진지漏盡智의 신통으로 나아가 그것을 증득한다. 그는 이 괴로움〔苦〕에 대하여 사실 그대로 알고 이 괴로움의 발생〔苦習〕을 알며 이 괴로움의 소멸〔苦滅〕을 알고 이 괴로움의 소멸에 이르는 길〔苦滅道〕에 대하여 사실 그대로 안다. 또한 이 누漏에 대하여 사실 그대로 알고 이 누의 발생을 알며 이 누의 소멸을 알고 이 누의 소멸에 이르는 길에 대하여 사실 그대로 안다. 그는 이렇게 보아 욕루欲漏에서 마음이 해탈하고 유루有漏와 무명루無明漏에서 마음이 해탈하고 해탈한 뒤에는 곧 해탈한 줄을 알아 생이 이미 다하고 범행은 이미 서고 할 일을 이미 마쳐 다시는 후세의 생명을 받지 않음을 사실 그대로 안다. 무에여, 이것이 '다시 다른 최상·최묘·최승이 있어서 그들이 증험을 얻기 때문에 내 제자들은 나를 의지해 범행을 행한다'는 것이다."

이에 실의 거사는 말하였다.

"무에여, 세존께서 여기 계십니다. 그대는 이제 한 마디 말로 쳐부수어 빈 병을 놀리듯 하고 애꾸눈 소가 변두리에서 먹이를 먹는 것과 같다고 말해보시오."

세존께서는 들으시고 이학 무에에게 말씀하셨다.

"너는 진실로 그렇게 말하였는가?"

이학 무에가 대답하였다.

"진실로 그렇습니다. 구담이시여."

부처님께서 다시 물으셨다.

"무에여, 너는 일찍이 장로 구학舊學에게서 이런 사실을 들은 적이 있는가?

'과거의 여래如來 · 무소착無所著 · 등정각等正覺께서는 일 없는 한가한 곳이나 산림이나 나무 밑 혹은 높은 바위에 계시면서 고요하여 소리가 없고 멀리 떠나 악이 없으며 사람이 없는 곳에서 이치를 따라 연좌하셨다. 또 모든 불세존께서도 일 없는 한가한 곳이나 산림이나 나무 밑 혹은 높은 바위에 계시면서 고요하여 소리가 없고 멀리 떠나 악이 없으며 사람이 없는 곳에서 이치를 따라 연좌하신다.'

그분들은 멀리 떠난 곳에 계시면서 항상 연좌하기를 즐기고 안온하고 쾌락하시며 너나 너의 권속들과 같은 집회는 애초에 하루 낮 · 하룻밤도 함께하시지 않았다."

이학 무에가 대답하였다.

"구담이시여, 저는 일찍이 장로 구학에게서 '과거의 여래 · 무소착 · 등정각께서는 일 없는 한가한 곳이나 산림이나 나무 밑 혹은 높은 바위에 계시면서 고요하여 소리가 없고 멀리 떠나 악이 없으며 사람이 없는 곳에서 이치를 따라 연좌하셨고 모든 불세존께서도 일 없는 한가한 곳이나 산림이나 나무 밑에서 혹은 높은 바위에 계시면서 고요하여 소리가 없고 멀리 떠나 악이 없으며 사람이 없는 데서 연좌하신다'고 들었습니다. 그분들은 멀리 떠난 곳에 계시면서 항상 연좌하기를 즐기고 안온하고 쾌락하시며 저나 저의 권속들과 같은 집회에는 애초에 하루 낮 · 하룻밤 동안도 함께하시지 않았습니다."

"무에여, 너는 이렇게 생각하지 않는가?

'저 세존처럼 일 없는 한가한 곳이나 산림이나 나무 밑 혹은 높은 바위에 있으면서 고요하여 소리가 없고 멀리 떠나 악이 없으며 사람이 없는 데서 이치를 따라 연좌하자. 그는 멀리 떠난 곳에 있으면서 항상 연좌하기를 즐기며 안온하고 쾌락하다. 저 사문 구담의 정각正覺의 도를 배우자.'"

이학 무에가 대답하였다.

"구담이시여, 제가 만일 알았다면 무엇 때문에 '한 마디 말로써 쳐부수어 빈 병을 놀리듯 할 것이고 애꾸눈 소가 변두리에서 먹이를 먹는 것과 같다고 말할 것이다'라는 이런 말을 다시 하겠습니까?"

세존께서 말씀하셨다.

"무에여, 나에게는 지금 선과 서로 잘 상응하는 법이 있다. 그것은 저 해탈하는 글귀로서 능히 증험을 얻는데 여래는 이로써 스스로 두려움이 없다고 일컫는다. 모든 비구들은 내 제자가 된 뒤로는 아첨이 없고 속이지 않으며 질박하고 정직하여 거짓이 없고 내 가르침을 받은 뒤에는 반드시 구경의 지혜〔究竟智〕를 얻는다.

무에여, 만일 네가 '사문 구담은 스승이 되기를 탐하기 때문에 설법한다'고 이렇게 생각한다면 너는 그런 생각을 말라. 그 스승을 너에게 돌릴 것이니 나는 그저 너를 위하여 설법하는 것이다.

무에여, 만일 네가 '사문 구담은 제자를 탐하기 때문에 설법한다'고 이렇게 생각한다면 너는 그런 생각을 말라. 그 제자를 너에게 돌릴 것이니 나는 그저 너를 위하여 설법하는 것이다.

무에여, 만일 네가 '사문 구담은 공양을 탐하기 때문에 설법한다'고 이렇게 생각한다면 너는 그런 생각을 말라. 공양은 너에게 돌릴 것이니 나는 그저 너를 위하여 설법하는 것이다.

무에여, 만일 네가 '사문 구담은 칭찬과 명예를 탐하기 때문에 설법한다'고 이렇게 생각한다면 너는 그런 생각을 말라. 그 칭찬과 명예를 너에게 돌릴 것이니 나는 그저 너를 위하여 설법하는 것이다.

무에여, 만약 네가 '만일 내게 선과 서로 잘 상응하는 법과 이런 저런 해탈하는 글귀가 있다면 능히 증험을 얻을 수 있을 텐데 저 사문 구담은 나를 침탈하고 나를 멸망시키는 자이다' 하고 생각한다면 너는 그런 생각을 말라. 그 법을 너에게 돌릴 것이니 나는 그저 너를 위하여 설법하는 것이다."

이에 대중들은 잠자코 있었다. 무슨 까닭인가? 그들은 마왕에게 제압되어 있었기 때문이었다. 그때 세존께서 실의 거사에게 말씀하셨다.

"너는 이 대중들이 잠자코 있는 것을 보아라. 무슨 까닭인가? 그들은 마왕에게 제압되었기 때문이다. 마왕은 저 이학의 대중들로 하여금 '나는 사문 구담이 수행한 범행을 시험해 보리라' 하고 생각하는 자가 한 명도 없게 하였다."

세존께서는 이미 아시고 나서 실의 거사를 위하여 설법하셔서 간절히 우러르는 마음을 내게 하고 기쁨을 성취하게 하셨다. 한량없는 방편으로써 그를 위해 설법하시고 간절히 우러르는 마음을 내게 하고 기쁨을 성취하게 한 뒤에 곧 자리에서 일어나 실의 거사의 팔을 잡고 신족神足으로써 날아 허공을 타고 가버리셨다.

부처님께서 이렇게 말씀하시자, 실의 거사는 부처님 말씀을 듣고 기뻐하며 받들어 행하였다.

〔이 우담바라경에 수록된 경문의 글자 수는 5,898자이다.〕

105) 원경願經〔제2 소토성송〕

나는 이와 같이 들었다.

어느 때 부처님께서는 사위국을 유행하실 때에 승림급고독원에 머무셨다. 그때 어떤 한 비구가 멀리 떠나 혼자서 고요하고 한가한 곳에 있으면서 연좌하여 생각에 잠겼다가 마음으로 이렇게 생각하였다.

'세존께서는 나를 위로하여 나와 말씀하셨고 나를 위해 설법하셨다. 나는 구족계具足戒를 받고서 선禪을 중단하지 말고 비고 고요한 곳〔空靜處〕에서 관행觀行을 성취하자.'

이에 비구는 이렇게 생각하고는 해질 녘에 자리에서 일어나 부처님 처소로 나아갔다. 세존께서는 멀리서 그 비구가 오는 것을 보시고 그 비구로 인하여 모든 비구들에게 말씀하셨다.

"너희들은 마땅히 '세존께서는 나를 위로하여 나와 말씀하셨고 나를 위해 설법하셨다. 나는 구족계를 받고서 선을 중단하지 말고 비고 고요한 곳에서 관행을 성취하자' 하고 서원을 세워야 한다.

비구들아, 마땅히 '내게는 친족이 있다. 그들이 나로 인해 몸이 무너지고 목숨이 끝난 뒤에는 반드시 좋은 곳으로 올라가 천상에 태어나게 하기 위하여 나는 구족계를 받고서 선을 중단하지 말고 비고 고요한 곳에서 관행을 성취하자' 하고 서원을 세워야 한다.

비구들아, 마땅히 '내게 의복·음식·침구·탕약 등 모든 생활 도구를 베푸는 자는 이 보시로 말미암아 큰 공덕이 있고 큰 광명이 있으며 큰 과보가 있게 하기 위하여 나는 구족계를 받고 선을 중단하지 말며 비고 고요한 곳에서 관행을 성취하자' 하고 서원을 세워야 한다.

비구들아, 마땅히 '나는 굶주림과 갈증 추위와 더위, 모기와 등에, 벼룩과 이, 바람과 햇볕의 시달림을 참고 욕설과 매질도 또한 능히 참으며 몸에 병이 들어 몹시 괴로워 목숨이 끊어지려 하더라도 이 모든 즐겁지 않은 일도 다 능히 참을 것이다. 구족계를 받고 선을 중단하지 말며 비고 고요한 곳에서 관행을 성취하자' 하고 서원을 세워야 한다.

비구들아, 마땅히 '나는 즐겁지 않은 일을 견디고 만일 즐겁지 않은 일이 생기더라도 마음은 끝내 거기에 집착하지 않으리라. 구족계를 받고 선을 중단하지 말며 비고 고요한 곳에서 관행을 성취하자' 하고 서원을 세워야 한다.

비구들아, 마땅히 '나는 두려움을 견디고 만일 두려움이 생기더라도 마음은 끝내 거기에 집착하지 않으리라. 구족계를 받고 선을 중단하지 말며 비고 고요한 곳에서 관행을 성취하자' 하고 서원을 세워야 한다.

비구들아, 마땅히 '내게 만일 세 가지 악하고 착하지 않은 생각 곧 욕심의 생각〔欲念〕·성냄의 생각〔恚念〕·해침의 생각〔害念〕이 생기더라도 마음은 이 세 가지 악하고 착하지 않은 생각에 끝내 집착하지 않을 것이다. 구족계를 받고 선을 중단하지 말며 비고 고요한 곳에서 관행을 성취하자' 하고 서원을 세워야 한다.

비구들아, 마땅히 '나는 욕심을 여의고 악하고 착하지 않은 법을 여의며 나아가 제4선까지 증득해 성취하여 노닐 것이다. 구족계를 받고 선을 중단하지 말며 비고 고요한 곳에서 관행을 성취하자' 하고 서원을 세워야 한다.

비구들아, 마땅히 '나는 3결結이 이미 다하여 수다원을 증득하였다. 이제는 악하고 착하지 않은 법에 떨어지지 않고 반드시 정각正覺으로 나아가며 최대 일곱 번까지 몸을 받아 천상과 인간을 일곱 번 왕래한 뒤에는 곧 괴로움의 끝〔苦邊〕을 증득하리라. 구족계를 받고 선을 중단하지 말며 비고 고요한 곳에서 관행을 성취하자' 하고 서원을 세워야 한다.

비구들아, 마땅히 '나는 3결이 이미 다하고 음욕·성냄·어리석음이 엷어져 사다함〔一往來〕을 얻었다. 이제 천상과 인간을 한 번 왕래한 뒤에는 곧 괴로움의 끝을 증득하리라. 구족계를 받고 선을 중단하지 말며 비고 고요한 곳에서 관행을 성취하자' 하고 서원을 세워야 한다.

비구들아, 마땅히 '나는 5하분결下分結이 이미 다하였으니 그곳에 태어나서 곧 반열반에 들고 물러나지 않는 법〔不退法〕을 증득해 이 세상에 돌아오지 않을 것이다. 구족계를 받고 선을 중단하지 말며 비고 고요한 곳에서 관행을 성취하자' 하고 서원을 세워야 한다.

비구들아, 마땅히 '나는 쉬어 해탈하고 색色을 여의어 색色 없음을 정해진 그 형상대로의 몸으로 증득하여 성취하여 노닐며 지혜로 관찰하여 누漏를 끊고 누를 안다. 구족계를 받고 선을 중단하지 말며 비고 고요한 곳에서 관행을 성취하자' 하고 서원을 세워야 한다.

비구들아, 마땅히 '나는 여의족如意足·천이지天耳智·타심지他心智·숙명지宿命智·생사지生死智가 있고 모든 누漏가 다한 무루無漏를 증득하였으며 심해탈心解脫·혜해탈慧解脫을 증득해 현재에 스스로 알고 스스로 깨닫고 스스로 증득하여 성취하여 노닐며 생이 이미 다하고 범행이 이미 서며 할 일을 이미 마쳐 다시는 후세의 생명을 받지 않음을 사실 그대로 안다. 구족계를 받고 선을 중단하지 말며 비고 고요한 곳에서 관행을 성취하자' 하고 서원을 세워야 한다."

이에 그 비구는 부처님 말씀을 듣고 잘 받아 지녀 곧 자리에서 일어나 부처님 발에 머리를 조아리고 세 번 돌고 물러갔다. 그 비구는 부처님의 가르침을 받고 고요한 곳에 한가히 있으면서 연좌하여 깊은 생각에 잠기고 수행하기를 부지런히 힘써 마음에 방일함이 없었다. 고요한 곳에 한가히 있으면서 연좌하여 깊은 생각에 잠기고 수행하기를 부지런히 힘써 마음에 방일함이 없었기 때문에 족성자族姓子들처럼 수염과 머리를 깎고 가사를 입고 지극한 믿음으로 출가하여 집 없이 도를 배워 오직 위없는 범행을 마치고 현재에서 스스로 알고 스스로 깨닫고 스스로 증득하여 성취하여 노닐었다. 그리하여 생이 이미 다하고 범행은 이미 서고 할 일을 이미 마쳐, 다시는 후세의 생명을 받지 않음을 사실 그대로 알게 되었다. 그 존자는 법을 안 뒤에는 아라하(阿羅訶 : 阿羅漢)가 되었다.

부처님께서 이렇게 말씀하시자, 모든 비구들은 부처님 말씀을 듣고 기뻐하며 받들어 행하였다.

〔이 원경에 수록된 경문의 글자 수는 865자이다.〕

106) 상경想經[2]〔제2 소토성송〕

나는 이와 같이 들었다.

어느 때 부처님께서 사위국을 유행하실 때에 승림급고독원에 머무셨다. 그때 세존께서는 여러 비구들에게 말씀하셨다.

"혹 어떤 사문 범지가 땅에 대해 '땅은 곧 신神이다, 땅은 신의 소유〔神所〕이다, 신은 땅의 소유〔地所〕이다'라는 땅에 대한 생각〔地想〕을 가지고 있다고 하자. 그가 '땅은 곧 신이다'라고 헤아린다면 그는 곧 땅을 알지 못하게 된다. 이와 같이 물·불·바람·신·하늘·생주生主·범천梵天·무번천無煩天·무열천無熱天에 대해서도 역시 그러하다. 그가 깨끗함〔淨〕에 대해 '깨끗함은 곧 신이다, 깨끗함은 신의 소유이다, 신은 깨끗함의 소유이다'라는 깨끗함에 대한 생각〔淨想〕을 가지고 있다고 하자. 그가 '깨끗함은 곧 신이다'라고 헤아린다면 그는 곧 깨끗함을 알지 못하게 된다. 무량공처無量空處·무량식처無量識處·무소유

2 이 경의 이역경으로는 축법호竺法護가 한역한 『불설낙상경佛說樂想經』이 있다.

처無所有處・비유상비무상처非有想非無想處와 일一・별別・약간若干・견見・문聞・식識・지知에 대해 뜻의 생각하는 바〔意所念〕와 뜻의 헤아리는 바〔意所思〕를 관찰하게 되면 이 세상에서 저 세상으로 가고 저 세상에서 이 세상으로 오게 된다. 그가 일체一切에 대해서 '일체는 곧 신神이다, 일체는 신의 소유이다, 신은 일체의 소유이다'라는 일체에 대한 생각〔一切想〕을 가지고 있다고 하자. 그가 '일체는 곧 신이다'라고 헤아린다면 그는 곧 일체를 알지 못하게 된다.

어떤 사문 범지가 땅에 대해서 곧 '땅은 신이 아니며, 땅은 신의 소유가 아니며, 신은 땅의 소유가 아니다'라고 땅을 안다고 하자. 그가 '땅은 곧 신이다'라고 헤아리지 않는다면 그는 곧 땅을 알게 된다. 이와 같이 물・불・바람・신・하늘・생주・범천・무번천・무열천에 대해서도 역시 그러하다. 그가 깨끗함에 대해서 곧 '깨끗함은 신이 아니며 깨끗함은 신의 소유도 아니며 신은 깨끗함의 소유가 아니다'라고 깨끗함을 안다고 하자. 그가 '깨끗함은 곧 신이다'라고 헤아리지 않는다면 그는 곧 깨끗함을 알게 된다. 무량공처・무량식처・무소유처・비유상비무상처와 일一・별別・약간若干・견見・문聞・식識・지知에 대해 뜻의 생각하는 바와 뜻의 헤아리는 바를 관찰하게 되면, 이 세상에서 저 세상으로 가고 저 세상에서 이 세상으로 오게 된다. 그가 일체에 대해서 곧 '일체는 신이 아니며 일체는 신의 소유가 아니며 신은 일체가 아니다'라고 일체를 안다고 하자. 그가 '일체는 곧 신이다'라고 헤아리지 않는다면 그는 곧 일체를 알게 된다.

나는 땅에 대해서 곧 '땅은 신이 아니며 땅은 신의 소유가 아니며 신은 땅의 소유가 아니다'라고 땅을 알고 있다. 나는 '땅은 곧 신이다'라고 헤아리지 않으므로 나는 곧 땅을 알게 된다. 이와 같이 물・불・바람・신・하늘・생주・범천・무번천・무열천에 대해서도 또한 그러하다. 나는 깨끗함에 대해서도 곧 '깨끗함은 신이 아니며 깨끗함은 신의 소유가 아니며 신은 깨끗함의 소유가 아니다'라고 깨끗함을 안다. 나는 '깨끗함은 곧 신이다'고 헤아리지 않으므로 나는 곧 깨끗함을 안다. 무량공처 · 무량식처 · 무소유처 · 비유상비무상처와 일一 · 별別 · 약간若干 · 견見 · 문聞 · 식識 · 지知에 대해 뜻의 생각하는 바와 뜻의 헤아리는 바를 관찰하게 되면, 이 세상에서 저 세상으로 가고 저 세상에서 이 세상으로 오게 된다. 나는 일체에 대해서도 곧 '일체는 신이 아니며 일체는 신의 소유가 아니며 신은 일체의 소유가 아니다'라고 일체를 안다. 나는 '일체는 곧 신이다'라고 헤아리지 않으므로 나는 곧 일체를 안다."

부처님께서 이렇게 말씀하시자, 모든 비구들은 부처님 말씀을 듣고 기뻐하며 받들어 행하였다.

〔이 상경에 수록되어 있는 경문의 글자 수는 526자이다. 『중아함경』 제26권에 수록된 경문의 글자 수는 모두 8,979자이고, 「인품因品」에 수록되어 있는 경문의 글자 수는 모두 25,056자이다.〕

중아함경 제27권

10. 임품林品 ①

〔이 임품에는 모두 열 개의 소경이 수록되어 있다.〕

임경林經이 둘이고 자관심경自觀心經도 둘이며
달범행경達梵行經·아노파경阿奴波經·제법본경諸法本經과
우타라경優陀羅經·그리고 밀환유경蜜丸喩經과
맨 마지막에 구담미경瞿曇彌經이 수록되었다.

107) 임경林經 ①〔제2 소토성송〕

나는 이와 같이 들었다.

어느 때 부처님께서 사위국을 유행하실 때에 승림급고독원에 머무셨다. 그때 세존께서는 모든 비구들에게 말씀하셨다.

"비구가 어떤 숲에 의지하여 머물면서 자신이 이 숲에 의지하여 머물면 혹 바른 생각이 없을 경우 바른 생각을 얻고 마음이 안정되지 못했으면 안정된 마음을 얻게 하며 만일 해탈하지 못했으면 해탈을 얻고 모든 누漏를 다하지 못했으면 누를 다하게 되며 위없는 안온한 열반을 얻지 못했으면 열반을 얻게 될 것이며 도를 배우는 사람이 필요로 하는 의복·음식·침구·탕약과 모든 생활 도구를 그가 구하면 일체를 어렵지 않게 얻을 것이라고 생각하였다. 그래서 그 비구는 이 숲에 의지하여 머물렀으나 이 숲을 의지하여 머문 뒤에도 여전하였다. 바른 생각이 없을 경우 여전히 바른 생각을 얻지 못했고 그 마음이 안정되지 못했으면 여전히 안정된 마음을 얻지 못했으며 또 해탈하지 못했으면 여전히 해탈을 얻지 못했고 모든 누를 다하지 못했으면 여전히 누를 다하지 못했으며 위없는 안온한 열반을 얻지 못했으면 여전히 열반을 얻지 못했다. 그러나 도를 배우는 사람이 필요로 하는 의복·음식·침구·탕약과 모든 생활 도구만큼은 그가 구하면 일체를 어렵지 않게 얻었다. 그러면 그 비구는 마땅히 이렇게 관찰하여야 한다.

'내가 출가하여 도를 배우는 것은 의복을 위해서가 아니요며 음식·침구·탕약을 위해서도 아니며 또한 모든 생활 도구를 위해서도 아니다. 그런데, 나는 이 숲에 의지하여 머문 뒤에도 바른 생각이 없을 경우 여전히 바른 생각을 얻지 못했고 그 마음이 안정되지 못했으면 여전히 안정된 마음을 얻지 못했으며 해탈하지 못했으면 여전히 해탈을 얻지 못했고 모든 누를 다하지 못했으면 여전히 누를 다하지 못했으며 위없는 안온한 열반을 얻지 못했으면 여전히 열반을 얻지 못했다. 다만 도를 배우는 사람이 필요로 하는 의복·음식·침구·탕약과 모든 생활 도구만큼은 내가 구하면 일체를 어렵지 않게 얻었을 뿐이다.'

그 비구는 이렇게 관찰한 뒤에는 이 숲을 버리고 떠나야 한다.

비구가 어떤 숲에 의지하여 머물면서 이 숲에 의지하여 머물면 혹 바른 생각이 없을 경우 바른 생각을 얻고 그 마음이 안정되지 못했으면 안정된 마음을 얻게 하며 만일 해탈하지 못했으면 해탈을 얻고 모든 누漏를 다하지 못했으면 누漏를 다하게 되며 위없는 안온한 열반을 얻지 못했으면 열반을 얻게 될 것이며 도를 배우는 사람이 필요로 하는 의복 · 음식 · 침구 · 탕약과 모든 생활 도구를 그가 구하면 일체를 어렵지 않게 얻을 것이라고 생각하였다. 그래서 그 비구는 그 숲에 의지하여 머물렀는데, 이 숲에 의지하여 머문 뒤에 혹 바른 생각이 없을 경우 바른 생각을 얻었고 그 마음이 안정되지 못했으면 안정된 마음을 얻었으며 만일 해탈을 얻지 못했으면 곧 해탈을 얻었고 모든 누가 다하지 않았으면 누를 다하게 되었으며 위없는 안온한 열반을 얻지 못했으면 곧 열반을 얻게 되었다. 다만 도를 배우는 사람이 필요로 하는 의복 · 음식 · 침구 · 탕약과 모든 생활 도구만큼은 그가 구해 보았으나 일체를 얻기가 매우 어려웠다. 그러면 그 비구는 마땅히 이렇게 관찰하여야 한다.

'내가 출가하여 도를 배우는 것은 의복을 위해서가 아니며 음식 · 침구 · 탕약을 위해서도 아니며 또한 모든 생활 도구를 위해서도 아니다. 그런데 내가 이 숲을 의지하여 머문 뒤에 혹 바른 생각이 없을 경우 바른 생각을 얻었고 그 마음이 안정되지 못했으면 안정된 마음을 얻었으며 만일 해탈하지 못했으면 곧 해탈을 얻었고 모든 누를 다하지 못했으면 누를 다하게 되었으며 위없는 안온한 열반을 얻지 못했으면 곧 열반을 얻게 되었다. 다만 도를 배우는 사람이 필요로 하는 의복 · 음식 · 침구 · 탕약과 모든 생활 도구만큼은 내가 구해보았으나 일체를 얻기가 매우 어려웠다.'

그 비구는 이렇게 관찰한 뒤에 이 숲에 머물러야 한다.

비구가 어떤 숲에 의지하여 머물면서 자신이 이 숲에 의지하여 머물면 혹 바른 생각이 없을 경우 바른 생각을 얻고 그 마음이 안정되지 못했으면 안정된 마음을 얻게 하며 만일 해탈하지 못했으면 해탈을 얻고 모든 누漏를 다하지 못했으면 누를 다하게 되며 위없는 안온한 열반을 얻지 못했으면 곧 열반을 얻게 될 것이며 도를 배우는 사람이 필요로 하는 의복·음식·침구·탕약과 모든 생활 도구를 그가 구하면 일체를 어렵지 않게 얻을 것이라고 생각하였다. 그래서 그 비구가 이 숲에 머물렀으나 이 숲에서 머문 뒤에도 여전하였다. 혹 바른 생각이 없을 경우 여전히 바른 생각을 얻지 못했고 그 마음이 안정되지 못했으면 여전히 안정된 마음을 얻지 못했으며 만일 해탈하지 못했으면 여전히 해탈을 얻지 못했고 모든 누를 다하지 못했으면 여전히 누를 다하지 못했으며 위없는 안온한 열반을 얻지 못했으면 여전히 열반을 얻지 못했고 도를 배우는 사람이 필요로 하는 의복·음식·침구·탕약과 모든 생활 도구를 그가 모두 구해보았으나 얻기가 매우 어려웠다. 그러면 그 비구는 마땅히 이렇게 관찰하여야 한다.

'내가 이 숲에 머물면서 혹 바른 생각이 없을 경우 여전히 바른 생각을 얻지 못했고 그 마음이 안정되지 않았으면 여전히 안정된 마음을 얻지 못했으며 혹 해탈을 얻지 못했으면 여전히 해탈을 얻지 못했고 모든 누를 다하지 못했으면 누를 다하지 못했으며 위없는 안온한 열반을 얻지 못했으면 여전히 열반을 얻지 못했고 또 도를 배우는 사람이 필요로 하는 의복·음식·침구·탕약과 모든 생활 도구를 구해보았으나 얻기가 매우 어려웠나.'

그 비구는 이렇게 관찰한 뒤에는 곧 이 숲을 버리고 밤중에 떠나되 그들과 이별을 고하지 말아야 한다.

비구가 어떤 숲에 의지하여 머물면서 자신이 이 숲에 의지하여 머물면 혹 바른 생각이 없을 경우 곧 바른 생각을 얻고 그 마음이 안정되지 못했으면 안정된 마음을 얻게 하며 만일 해탈하지 못했으면 해탈을 얻고 모든 누漏를 다하지 못했으면 누를 다하게 되며 위없는 안온한 열반을 얻지 못했으면 곧 열반을 얻게 될 것이며 도를 배우는 사람이 필요로 하는 의복·음식·침구·탕약과 모든 생활 도구를 그가 구하면 일체를 어렵지 않게 얻게 될 것이라고 생각하였다. 그래서 그 비구는 이 숲에 의지하여 머물렀는데, 이 숲에 의지하여 머문 뒤에는 혹 바른 생각이 없을 경우 곧 바른 생각을 얻었고 그 마음이 안정되지 못했으면 안정된 마음을 얻었으며 만일 해탈하지 못했으면 곧 해탈을 얻었고 모든 누를 다하지 못했으면 누를 다하게 되었으며 위없는 안온한 열반을 얻지 못했으면 곧 열반을 얻었고 도를 배우는 사람이 필요로 하는 의복·음식·침구·탕약과 모든 생활 도구를 그가 구하면 일체를 어렵지 않게 얻었다. 그러면 그 비구는 마땅히 이렇게 관찰하여야 한다.

'내가 이 숲에 의지하여 머물면서 혹 바른 생각이 없을 경우 곧 바른 생각을 얻었고 그 마음이 고요하지 못했으면 고요한 마음을 얻었으며 만일 해탈하지 못했으면 곧 해탈을 얻었고 모든 누를 다하지 못했으면 누를 다하게 되었으며 위없는 안온한 열반을 얻지 못했으면 곧 열반을 얻었고 도를 배우는 사람이 필요로 하는 의복·음식·침구·탕약과 모든 생활 도구도 내가 구하면 모두를 어렵지 않게 얻었다.'

그 비구는 이렇게 관찰한 뒤에는 이 숲에서 몸을 마치고 목숨이 다하도록 머물러야 한다. 숲에 의지하여 머무는 것처럼 무덤 사이나 마을이나 사람을 의지하여 머무는 것도 또한 이와 같다."

부처님께서 이렇게 말씀하시자, 모든 비구들은 부처님 말씀을 듣고 기뻐하며 받들어 행하였다.

〔이 임경에 수록된 경문의 글자 수는 1,165자이다.〕

108) 임경 ②〔제2 소토성송〕

나는 이와 같이 들었다.

어느 때 부처님께서 사위국을 유행하실 때에 승림급고독원에 머무셨다. 그때 세존께서 여러 비구들에게 말씀하셨다.

"비구가 어떤 숲에 의지하여 머물면서 자신이 이 숲에 의지하여 머물면 혹 출가하여 도를 배워 사문의 뜻을 얻고자 하는 그 이익을 자신의 몸으로 얻고 도를 배우는 사람이 필요로 하는 의복·음식·침구·탕약과 모든 생활 도구를 그가 구하면 일체를 어렵지 않게 얻을 것이라고 생각하였다. 그래서 그 비구는 이 숲에 의지하여 머물렀으나 이 숲에 의지하여 머문 뒤에도 여전히 출가하여 도를 배워 사문의 뜻을 얻고자 하는 그 이익을 자신의 몸으로 얻지 못했고 다만 도를 배우는 사람이 필요로 하는 의복·음식·침구·탕약과 모든 생활 도구를 그가 구하면 일체를 어렵지 않게 얻었을 뿐이었다. 그러면 그 비구는 마땅히 이렇게 관찰하여야 한다.

'내가 출가하여 도를 배우는 것은 의복을 위해서가 아니며 음식·침구·탕약을 위해서도 아니며 또한 모든 생활 도구를 위해서도 아니다. 그런데 내가 이 숲에 의지하여 머문 뒤에도 여전히 출가하여 도를 배워 사문의 뜻을 얻고자 하는 그 이익을 내 몸으로 얻지 못했고 다만 도를 배우는 사람이 필요로 하는 의복·음식·침구·탕약과 모든 생활 도구는 내가 구하면 일체를 어렵지 않게 얻었을 뿐이다.'

그 비구는 이렇게 관찰한 뒤에 이 숲을 버리고 떠나야 한다.

비구가 어떤 숲에 의지하여 머물면서 자신이 이 숲에 의지하여 머물면 출가하여 도를 배워 사문의 뜻을 얻고자 하는 그 이익을 자신의 몸으로 얻고 도를 배우는 사람이 필요로 하는 의복·음식·침구·탕약과 모든 생활 도구를 그가 구하면 일체를 어렵지 않게 얻을 것이라고 생각하였다. 그래서 그 비구가 이 숲을 의지하여 머물렀는데, 이 숲에 의지하여 머문 뒤에는 출가하여 도를 배워 사문의 뜻을 얻고자 하는 그 이익을 자신의 몸으로 얻었다. 다만 도를 배우는 사람이 필요로 하는 의복·음식·침구·탕약과 모든 생활 도구만큼은 그가 구해보았으나 일체를 얻기가 매우 어려웠다. 그러면 그 비구는 마땅히 이렇게 관찰하여야 한다.

'내가 출가하여 도를 배우는 것은 의복을 위해서가 아니며, 음식·침구·탕약을 위해서도 아니며 또한 모든 생활 도구를 위해서도 아니다. 나는 이 숲에 의지하여 머문 뒤에 출가하여 도를 배워 사문의 뜻을 얻고자 하는 그 이익을 내 몸으로 얻었다. 다만 도를 배우는 사람이 필요로 하는 의복·음식·침구·탕약과 모든 생활 도구는 내가 구해보았으나 일체를 얻기가 매우 어려웠을 뿐이다.'

그 비구는 이렇게 관찰한 뒤에 이 숲에 머물러야 한다.

비구가 어떤 숲에 의지하여 머물면서 자신이 이 숲에 의지하여 머물면 출가하여 도를 배워 사문의 뜻을 얻고자 하는 그 이익을 자신의 몸으로 얻고 도를 배우는 사람이 필요로 하는 의복·음식·침구·탕약과 모든 생활 도구를 그가 구하면 일체를 어렵지 않게 얻을 것이라고 생각하였다. 그래서 그 비구는 이 숲에 의지하여 머물렀는데 이 숲에 의지하여 머문 뒤에도 여전히 출가하여 도를 배워 사문의 뜻을 얻고자 하는 그 이익을 자신의 몸으로 얻지도 못했고 도를 배우는 사람이 필요로 하는 의복·음식·침구·탕약과 모든 생활 도구도 그가 구해보았으나 모두 얻기가 매우 어려웠다. 그러면 그는 마땅히 이렇게 관찰하여야 한다.

'내가 이 숲에 의지하여 머문 뒤에도 여전히 출가하여 도를 배워 사문의 뜻을 얻고자 하는 그 이익을 내 몸으로 얻지도 못했고 도를 배우는 사람이 필요로 하는 의복·음식·침구·탕약과 모든 생활 도구도 내가 구해 보았으나 얻기가 매우 어려웠다.'

그 비구는 이렇게 관찰한 뒤에 곧 이 숲을 버리고 밤중에 떠나되 그들과 이별을 고하지 말아야 한다.

비구가 어떤 숲에 의지하여 머물면서 자신이 이 숲에 의지하여 머물면 출가하여 도를 배워 사문의 뜻을 얻고자 하는 그 이익을 자신의 몸으로 얻고 도를 배우는 사람이 필요로 하는 의복·음식·침구·탕약과 모든 생활 도구를 그가 구하면 일체를 어렵지 않게 얻을 것이라고 생각하였다. 그래서 그 비구는 이 숲에 의지하여 머물렀고 이 숲에 의지하여 머문 뒤에는 출가하여 도를 배워 사문의 뜻을 얻고자 하는 그 이익을 자신의 몸으로 얻었고 도를 배우는 사람이 필요로 하는 의복·음식·침구·탕약과 모든 생활 도구도 그가 구하면 일체를 어렵지 않게 얻었다. 그러면 그 비구는 마땅히 이렇게 관찰하여야 한다.

'내가 이 숲에 머물면서 출가하여 도를 배워 사문의 뜻을 얻고자 하는 그 이익을 내 몸으로 얻었고 도를 배우는 사람이 필요로 하는 의복·음식·침구·탕약과 모든 생활 도구도 내가 구하면 일체를 어렵지 않게 얻었다.'

그 비구는 이렇게 관찰한 뒤에는 몸을 마치고 목숨이 다하도록 이 숲에 의지하여 머물러야 한다. 숲에 의지하여 머무는 것처럼 무덤 사이나 마을이나 사람을 의지하여 머무는 것도 역시 이와 같다."

부처님께서 이렇게 말씀하시자, 비구들은 부처님 말씀을 듣고 기뻐하며 받들어 행하였다.

〔이 임경에 수록된 경문의 글자 수는 831자이다.〕

109) 자관심경自觀心經 ①〔제2 소토성송〕

나는 이와 같이 들었다.

어느 때 부처님께서 사위국을 유행하실 때에 승림급고독원에 머무셨다. 그때 세존께서 여러 비구들에게 말씀하셨다.

"만일 어떤 비구가 남의 마음을 잘 관찰하지 못한다면 마땅히 스스로 자기 마음을 잘 관찰하는 것을 배워야 한다. 무엇을 비구가 스스로 마음을 잘 관찰하는 것이라고 하는가? 비구가 만일 이렇게 관찰하면 반드시 이익되는 바가 많을 것이다.

'나는 마음은 쉬게 되었는데 최상의 지혜의 관법은 얻지 못하였는가? 나는 최상의 지혜의 관법은 얻었는데 마음이 쉬게 되지 못하였는가? 나는 마음도 쉬게 되지 못하고 또한 최상의 지혜의 관법도 얻지 못하였는가? 나는 마음도 쉬게 되었고 최상의 지혜의 관법도 얻었는가?'

만일 비구가 관찰한 뒤에 '나는 마음은 쉬게 되었지만 최상의 지혜의 관법은 얻지 못하였다'고 알았다면 그 비구는 마음이 쉬게 된 뒤에는 마땅히 최상의 지혜의 관법을 구해야 한다. 그는 그 뒤에 마음도 쉬게 되고 또한 최상의 지혜의 관법도 얻게 될 것이다.

만일 비구가 관찰한 뒤에 '나는 최상의 지혜의 관법은 얻었지만 마음이 쉬게 되지 못하였다'고 알았다면 그 비구는 최상의 지혜의 관법에 머문 뒤에는 마땅히 마음이 쉬기를 구해야 한다. 그는 그 뒤에는 최상의 지혜의 관법도 얻고 또한 마음도 쉬게 될 것이다.

만일 비구가 관찰한 뒤에 '나는 마음도 쉬게 되지 못하고 또한 최상의 지혜의 관법도 얻지 못하였다'고 알았다면 그러한 비구는 얻지 못한 이 선법을 얻기 위해 곧 빨리 방편을 구하여 지극히 힘써 꾸준히 배우고 바른 생각과 바른 지혜로 참고 견뎌 물러나지 않게 해야 한다. 마치 사람이 머리가 불에 타고 옷이 불에 탈 때에 빨리 방편을 구하여 머리를 구하고 옷을 구하는 것과 같다. 이와 같이 비구가 얻지 못한 이 선법을 얻으려고 빨리 방편을 구하여 지극히 힘써 부지런히 배우고 바른 생각과 바른 지혜로 참고 견뎌 물러나지 않게 하면 그는 그 뒤에는 마음도 쉬게 되고 또한 최상의 지혜의 관법도 얻게 될 것이다.

만일 비구가 관찰한 뒤에 '나는 마음도 쉬게 되었고 최상의 지혜의 관법도 얻었다'고 알았다면 그 비구는 이 선법에 머문 뒤에는 누진지漏盡智의 신통神通 얻기를 구해야 한다. 무슨 까닭인가?

나는 일체의 옷을 비축해서는 안 된다고 말했고 또한 일체의 옷을 비축할 수 있다고도 말했다. 나는 어떤 옷을 비축해서는 안 된다고 말했는가? 만일 옷을 비축함으로써 악하고 착하지 않은 법을 더하게 하고 착한 법을 쇠퇴하게 하면 나는 이러한 옷은 비축해서는 안 된다고 말한 것이다. 나는 어떤 옷을 비축할 수 있다고 말했는가? 만일 옷을 저축함으로써 곧 착한 법을 더하게 하고 악하고 착하지 않은 법을 쇠하게 하면 나는 이러한 옷은 비축할 수 있다고 말한 것이다. 옷과 마찬가지로 음식·침구·마을에 대해서도 역시 그러하다.

나는 모두 사람을 가까이해서는 안 된다고 말했고 또한 모든 사람을 가까이할 수 있다고도 말했다. 어떤 사람을 가까이해서는 안 된다고 말했는가? 만일 사람을 가까이함으로써 곧 악하고 착하지 않은 법을 더하게 하고 착한 법을 쇠퇴하게 하면 나는 이러한 사람은 가까이 해서는 안 된다고 말한 것이다. 나는 어떤 사람을 가까이할 수 있다고 말했는가? 만일 사람을 가까이함으로써 곧 착한 법을 더하게 하고 악하고 착하지 않은 법을 쇠퇴하게 하면 나는 이러한 사람은 가까이할 수 있다고 말한 것이다.

그가 익혀야 할 법을 사실 그대로 알고 익혀서는 안 될 법을 사실 그대로 알며 그가 익혀야 할 법과 익혀서는 안 될 법을 사실 그대로 안 뒤에는, 익혀서는 안 될 법은 곧 익히지 않고 익혀야 할 법은 곧 익히며, 그가 익혀서는 안 될 법은 익히지 않고 익혀야 할 법은 익힌 뒤에는 곧 착한 법은 더하게 하고 악하고 착하지 않은 법은 쇠퇴하게 하면 이것을 비구가 스스로 마음을 잘 관찰하고 스스로 마음을 잘 알아 잘 취하고 잘 버리는 것이라고 한다."

부처님께서 이렇게 말씀하시자, 모든 비구들은 부처님 말씀을 듣고 기뻐하며 받들어 행하였다.

〔이 자관심경에 수록된 경문의 글자 수는 635자이다.〕

110) 자관심경 ②〔제2 소토성송〕

나는 이와 같이 들었다.

어느 때 부처님께서 사위국을 유행하실 때에 승림급고독원에 머무셨다. 그때 세존께서 여러 비구들에게 말씀하셨다.

"만일 어떤 비구가 남의 마음을 잘 관찰하지 못한다면 마땅히 스스로 자기 마음을 잘 관찰하는 것을 배워야 한다. 무엇을 비구가 스스로 마음을 잘 관찰하는 것이라고 하는가? 비구가 만일 이렇게 관찰한다면 반드시 이익되는 바가 많을 것이다.

'나는 탐욕〔增伺〕의 행동이 많은가, 탐욕이 없는 행동이 많은가? 나는 성내는 마음〔瞋恚心〕의 행동이 많은가, 성내는 마음이 없는 행동이 많은가? 나는 수면에 얽매인 행동이 많은가, 수면에 얽매임이 없는 행동이 많은가? 나는 들뜬 행동이 많은가, 들뜸 없는 행동이 많은가? 나는 의혹의 행동이 많은가, 의혹 없는 행동이 많은가? 나는 몸으로 다투는 행동이 많은가, 몸으로 다툼이 없는 행동이 많은가? 나는 오염된 마음의 행동이 많은가, 오염된 마음이 없는 행동이 많은가? 나는 믿는 행동이 많은가, 믿지 않는 행동이 많은가? 나는 부지런한〔精進〕 행동이 많은가, 게으른〔懈怠〕 행동이 많은가? 나는 생각하는 행동이 많은가, 생각이 없는 행동이 많은가? 나는 정定의 행동이 많은가, 나는 정定이 없는 행동이 많은가? 나는 나쁜 지혜의 행동이 많은가, 나쁜 지혜가 없는 행동이 많은가?'

만일 비구가 관찰했을 때 '나는 탐욕과 성내는 마음과 수면의 얽매임 · 들뜸 · 의혹 · 몸으로 다툼 · 오염된 마음 · 믿지 않음 · 게으름 · 생각 없음 · 정定이 없는 행동이 많고 나쁜 지혜의 행동이 많다'고 알았다면 그 비구는 이 악하고 착하지 않은 법을 멸하기 위해 곧 빨리 방편을 구하여 지극히 힘써 꾸준히 배우고 바른 생각과 바른 지혜로 참고 견뎌 물러나지 않게 해야 한다. 마치 사람의 머리가 불에 타고 옷이 불에 탈 때에 급하게 방편을 구하여 머리를 구하고 옷을 구하는 것과 같다. 이와 같이 비구도 악하고 착하지 않은 법을 멸하기 위해 곧 빨리 방편을 구하여 지극히 힘써 꾸준히 배우고 바른 생각과 바른 지혜로 참고 견뎌 물러나지 않게 해야 한다.

만일 비구가 관찰했을 때 '나는 탐욕이 없고 성내는 마음이 없으며 수면의 얽매임이 없고 들뜸이 없으며 의혹이 없고 몸의 다툼이 없고 오염된 마음이 없으며 믿음〔信〕이 있고 정진〔進〕이 있고 정〔定〕이 있는 행동이 많으며 나쁜 지혜가 없는 행동이 많다'고 알았다면 그 비구는 이 착한 법에 머문 뒤에는 마땅히 누진지의 신통 얻기를 구해야 한다. 무슨 까닭인가?

나는 일체의 옷을 비축해서는 안 된다고 말했고 또한 일체의 옷을 비축할 수 있다고도 말했다. 나는 어떤 옷을 비축해서는 안 된다고 말했는가? 만일 옷을 비축함으로써 곧 악하고 착하지 않은 법을 더하게 하고 착한 법을 쇠퇴하게 하면 나는 이런 옷은 비축해서는 안 된다고 말한 것이다. 나는 어떤 옷을 비축할 수 있다고 말했는가? 만일 이 옷을 비축함으로써 곧 착한 법을 더하게 하고 악하고 착하지 않은 법을 쇠퇴하게 하면 나는 이런 옷은 비축할 수 있다고 말한 것이다. 옷과 마찬가지로 음식 · 침상 · 마을에 대해서도 또한 그러하다.

나는 모든 사람을 가까이해서는 안 된다고 말했고 또한 모든 사람을 가까이할 수 있다고도 말했다. 어떤 사람을 가까이해서는 안 된다고 말했는가? 만일 사람을 가까이함으로써 곧 악하고 착하지 않은 법을 더하게 하고 착한 법을 쇠퇴하게 하면 나는 이런 사람은 가까이해서는 안 된다고 말한 것이다. 나는 어떤 사람을 가까이할 수 있다고 말했는가? 만일 사람을 가까이함으로써 곧 착한 법을 더하게 하고 악하고 착하지 않은 법을 쇠퇴하게 하면 나는 이런 사람은 가까이할 수 있다고 말한 것이다.

그가 익혀야 할 법을 사실 그대로 알고 익혀서는 안 될 법을 사실 그대로 알며 그가 익혀야 할 법과 익혀서는 안 될 법을 사실 그대로 안 뒤에는 익혀서는 안 될 법은 곧 익히지 않고 익혀야 할 법은 곧 익히며 그가 익혀서는 안 될 법은 익히지 않고 익혀야 할 법은 익힌 뒤에는 곧 착한 법은 더하게 하고 악하고 착하지 않은 법을 쇠퇴하게 하면 이것을 비구가 스스로 마음을 잘 관찰하고 스스로 마음을 잘 알아 잘 취하고 잘 버리는 것이라고 한다."

부처님께서 이렇게 말씀하시자, 모든 비구들은 부처님 말씀을 듣고 기뻐하며 받들어 행하였다.

〔이 자관심경에 수록된 경문의 글자 수는 666자이다.〕

111) 달범행경達梵行經[1]〔제2 소토성송〕

나는 이와 같이 들었다.

어느 때 부처님께서는 구루수拘樓瘦를 유행하실 때에 도읍인 검마슬담劍磨瑟曇에 머무셨다. 그때 세존께서 여러 비구들에게 말씀하셨다.

"내가 너희들을 위하여 설법하겠다. 그 법은 처음도 묘하고 중간도 묘하며 마지막 또한 묘하며 문채文彩도 있고 뜻도 있으며 구족하고 청정하여 범행을 밝게 나타낸다. 그 이름은 곧 달범행達梵行으로서 이는 모든 누漏를 다하게 한다. 너희들은 자세히 듣고 잘 기억하라."

그때 모든 비구들은 분부를 받고 경청하였다.

세존께서 말씀하셨다.

"너희들은 마땅히 누漏를 알고 누가 생겨난 원인을 알며 누의 과보가 있는 줄을 알고 누의 우열〔勝如〕을 알며 누가 소멸하여 다하는 것을 알고 누가 소멸하여 다하는 길〔道〕을 알아야 한다.

너희들은 마땅히 각覺을 알고 각이 생겨난 원인을 알며 각의 과보가 있는 줄을 알고 각의 우열을 알며 각이 소멸하여 다하는 것을 알고 각

1 이 경의 이역경으로는 후한後漢시대 안세고安世高가 한역한 『불설누분포경佛說漏分布經』이 있다

이 소멸하여 다하는 길을 알아야 한다.

너희들은 마땅히 상想[2]을 알고 상이 생겨난 원인을 알며 상의 과보가 있는 줄을 알고 상의 우열을 알며 상이 소멸하여 다하는 것을 알고 상이 소멸하여 다하는 길을 알아야 한다.

너희들은 마땅히 욕欲을 알고 욕이 생겨난 원인을 알며 욕의 과보가 있는 줄을 알고 욕의 우열을 알며 욕이 소멸하여 다하는 것을 알고 욕이 소멸하여 다하는 길을 알아야 한다.

너희들은 마땅히 업業을 알고 업이 생겨난 원인을 알며 업의 과보가 있는 줄을 알고 업의 우열을 알며 업이 소멸하여 다하는 것을 알고 업이 소멸하여 다하는 길을 알아야 한다.

너희들은 마땅히 괴로움〔苦〕을 알고 괴로움이 생겨난 원인을 알며 괴로움의 과보가 있는 줄을 알고 괴로움의 우열을 알며 괴로움이 소멸하여 다하는 것을 알고 괴로움이 소멸하여 다하는 길을 알아야 한다.

무엇을 누漏를 아는 것이라고 하는가? 곧 3루漏가 있으니 욕루欲漏·유루有漏·무명루無明漏이다. 이것을 누를 아는 것이라고 한다. 무엇을 누가 생겨난 원인을 아는 것이라고 하는가? 곧 무명無明이니 무명으로 인하여 곧 누가 있다. 이것을 누가 생겨난 원인을 아는 것이라고 한다. 무엇이 누의 과보가 있는 줄을 아는 것이라고 하는가? 무명에 얽매인 사람은 모든 누에 적셔지는데, 그는 이로 말미암아 과보를 받아 혹은 좋은 곳에 태어나고 혹은 나쁜 곳에 태어난다. 이것을 누의 과보가 있는 줄을 아는 것이라고 한다. 무엇을 누의 우열을 아는 것이

2 범어로는 saṃjña이며, 심성心性 작용의 하나, 대지법大地法의 하나, 5변행遍行의 하나. 마음속에 떠오른 온갖 사물의 모양相으로서 객관적 사물에 대한 정신작용이 언어로 표현되기까지의 원인이 되는 것. 모든 것이 마음과 서로 상응하여 일어나는 것이다.

라고 하는가? 혹 누가 있으면 지옥 가운데 나거나 혹 누가 있으면 축생 가운데 나며 혹 누가 있으면 아귀 가운데 나거나 혹 누가 있으면 천상에 나며 혹은 누漏가 있으면 인간에 난다. 이것을 누의 우열을 아는 것이라고 한다. 무엇을 누가 소멸하여 다하는 것을 아는 것이라고 하는가? 곧 무명無明이 멸하면 누가 곧 멸한다. 이것을 누가 소멸하여 다하는 것을 아는 것이라고 한다. 무엇을 누가 소멸하여 다하는 길을 아는 것이라고 하는가? 곧 8정도〔八支聖道〕[3]이니, 바른 견해〔正見〕 내지 바른 선정〔正定〕에 이르기까지의 여덟 가지로서 이것을 누가 소멸하여 다하는 길을 아는 것이라고 한다. 만일 비구가 이렇게 누를 알고 누가 생겨난 원인을 알며 누의 과보를 받는 줄을 알고 누의 우열을 알며 누가 소멸하여 다하는 것을 알고 누가 소멸하여 다하는 길을 알면 이것을 일체의 누를 다하게 하는 달범행達梵行이라고 한다.

무엇을 각覺을 아는 것이라고 하는가? 곧 3각覺이 있으니 낙각樂覺・고각苦覺・불고불락각不苦不樂覺이다. 이것을 각을 아는 것이라 고 한다. 무엇을 각이 생겨난 원인을 아는 것이라고 하는가? 곧 갱락更樂이니 갱락을 인하여 곧 각覺이 있다. 이것을 각이 생겨난 원인을 아는 것이라고 한다. 무엇을 각의 과보가 있는 줄을 아는 것이라고 하는가? 곧 애愛이니 애는 각의 과보가 된다. 이것을 각의 과보가 있는 줄을 아는 것이라고 한다. 무엇을 각의 우열을 아는 것이라고 하는가? 곧 비구는 낙각樂覺을 깨달을 때에는 낙각을 깨닫는 줄을 알고 고각苦覺을 깨달을 때에는 곧 고각을 깨닫는 줄을 알며 불고불락각不苦不樂覺을 깨달을 때에는 곧 불고불락각을 깨닫는 줄을 안다. 낙신樂身・고신

3 고려대장경 본문에는 8지성도支聖道로 되어 있는데, 이것은 8정도正道의 다른 명칭으로서 불교의 실천수행 종목을 여덟 가지로 나눈 것임. 일반적으로 8정도란 용어로 많이 알려져 있으므로 이하 8정도로 표기한다.

苦身・불고불락신不苦不樂身과 낙심樂心・고심苦心・불고불락심不苦不樂心과 낙식樂食・고식苦食・불고불락식不苦不樂食과 낙무식樂無食・고무식苦無食・불고불락무식不苦不樂無食과 낙욕樂欲・고욕苦欲・불고불락욕不苦不樂欲과 낙무욕樂無欲・고무욕苦無欲도 마찬가지며, 불고불락무욕각不苦不樂無欲覺을 깨달을 때에는 곧 불고불락무욕각不苦不樂無欲覺을 깨닫는 줄을 안다. 이것을 각의 우열을 아는 것이라고 한다. 무엇을 각이 소멸하여 다하는 것을 아는 것이라고 하는가? 곧 갱락更樂이 멸하면 각이 곧 멸한다. 이것을 각이 소멸하여 다하는 것을 아는 것이라고 한다. 무엇을 각이 소멸하여 다하는 길을 아는 것이라고 하는가? 곧 8정도이니 바른 견해〔正見〕와 나아가 바른 선정〔正定〕에 이르기까지의 여덟 가지로서 이것을 각이 소멸하여 다하는 길을 아는 것이라고 한다. 만일 비구가 이렇게 각을 알고 각이 생겨나는 원인을 알며 각의 과보가 있는 줄을 알고 각의 우열을 알며 각이 멸하여 다하는 것을 알고 각이 멸하는 길을 알면 이것을 일체의 각을 다하게 하는 달범행이라고 한다.

무엇을 상을 아는 것이라고 하는가? 곧 4상想이 있으니 비구는 소상小想도 알고 대상大想도 알며 무량상無量想도 알고 무소유처상無所有處想도 안다. 이것을 상想을 아는 것이라고 한다. 무엇이 상이 생겨난 원인을 아는 것인가? 곧 갱락更樂이니 갱락으로 말미암아 곧 상想이 있다. 이것을 상이 생겨난 원인을 아는 것이라고 한다. 무엇을 상의 과보가 있는 줄을 아는 것이라고 하는가? 곧 말〔說〕이니 그 상想을 따라서 곧 말한다. 이것을 상의 과보가 있는 줄을 아는 것이라고 한다. 무엇을 상想의 우열을 아는 것이라고 하는가? 혹 상想이 있어 빛깔〔色〕을 생각하고 혹 상이 있어 소리〔聲〕를 생각하며 혹 상이 있어 향기〔香〕를 생각하고 혹 상이 있어 맛〔味〕을 생각하며 혹 상이 있어 촉감〔觸〕을 생각한다. 이것을 상의 우열을 아는 것이라고 한다. 무엇을 상이 소멸하여 다하는 것을 아는 것이라고 하는가? 곧 갱락更樂이 멸하면 상想이 곧 멸하는 것이다. 이것을 상이 소멸하여 다하는 것을 아는 것이라고 한다. 무엇을 상이 소멸하여 다하는 길을 아는 것이라고 하는가? 곧 8정도이니 바른 견해와 나아가 바른 선정까지의 여덟 가지로서 이것을 상이 소멸하여 다하는 길을 아는 것이라고 한다. 만일 비구가 이렇게 상을 알고 상이 생겨난 원인을 알며 상의 과보가 있는 줄을 알고 상의 우열을 알며 상이 소멸하여 다하는 것을 알고 상이 소멸하여 다하는 길을 알면 이것을 일체의 상을 다하게 하는 달범행이라고 한다.

무엇을 욕欲을 아는 것이라고 하는가? 곧 5욕공덕欲功德[4]이 있어 사랑할 만하고 기뻐할 만하며 아름다운 빛깔로서 욕심과 서로 맞아 매우 즐길 만하다. 무엇을 다섯 가지라고 하는가? 눈으로 빛깔을 알고 귀로 소리를 알며 코로 냄새를 알고 혀로 맛을 알며 몸으로 촉감을 아는 것이다. 이것을 욕을 아는 것이라고 한다. 무엇을 욕이 생겨난 원인을 아는 것이라고 하는가? 즉 갱락을 말하니 갱락으로 인하여 곧 욕이 있게 된다. 이것을 욕이 생겨난 원인을 아는 것이라고 한다. 무엇을 욕의 과보가 있는 줄을 아는 것이라고 하는가? 곧 욕의 종류를 따라 사랑하고 즐거워하며 집착하여 거기에 머문다. 그는 이로 말미암아 과보를 받는데 곧 복이 있는 곳과 복이 없는 곳과 복이 있지도 않고 없지도 않은 곳이다. 이것을 욕의 과보가 있는 줄을 아는 것이라

4 범어로는 Pañca-Kāmaguṇa이며 다섯 가지의 욕망을 말한다. 여기서 guṇa의 한 낱말에 공덕功德·덕성德性·성질性質·종류種類 등의 뜻을 포함하고 있기 때문에 경전 중에서 5욕欲을 늘 5욕공덕欲功德으로 번역하고 있다. 이것은 지地·수水·화火·풍風·공空 5대大의 서로 다른 덕성(德性, guna), 즉 색色·성聲·향香·미味·촉觸 등의 덕성이 사람들에게 욕망이 생기게 하는 공력功力을 가지고 있기 때문이다. 그러나 고려대장경 본문대로 5욕欲에 공덕功德이 있다거나 5욕의 공덕 등으로 해석하면 본문의 취지를 벗어나게 된다.

고 한다. 무엇을 욕의 우열을 아는 것이라고 하는가? 곧 욕이 있어 빛깔을 탐하거나 소리를 탐하며 혹은 욕이 있어 냄새를 탐하거나 맛을 탐하며 혹은 촉감을 탐한다. 이것을 욕의 우열을 아는 것이라고 한다. 무엇을 욕이 소멸하여 다하는 것을 아는 것이라고 하는가? 곧 갱락이 멸하면 욕이 멸하니, 이것을 욕이 소멸하여 다하는 것을 아는 것이라 한다. 무엇을 욕이 소멸하여 다하는 길을 아는 것이라고 하는가? 곧 8정도이니 바른 견해와 나아가 바른 선정까지의 여덟 가지로서 이것을 욕이 소멸하여 다하는 길을 아는 것이라 고 한다. 만일 비구가 이렇게 욕을 알고 욕의 생겨난 원인을 알며 욕의 과보가 있는 줄을 알고 욕의 우열을 알며 욕이 소멸하여 다하는 것을 알고 욕이 소멸하여 다하는 길을 알면 이것을 일체의 욕을 다하게 하는 달범행이라고 한다.

무엇을 업을 아는 것이라고 하는가? 곧 2업業이 있으니 사이업思已業[5]과 사업思業이다. 이것을 업을 아는 것이라고 한다. 무엇을 업이 생겨난 원인을 아는 것이라고 하는가? 곧 갱락을 말하는데 갱락으로 인하여 곧 업이 있게 된다. 이것을 업이 생겨난 원인을 아는 것이라고 한다. 무엇을 업의 과보가 있는 줄을 아는 것이라고 하는가? 곧 업이 검으면 검은 과보가 있고 혹은 업이 희면 흰 과보가 있으며 혹은 업이 검고도 희면 검고도 흰 과보가 있고 혹은 업이 검지도 않고 희지도 않으면 과보가 없어 업과 업이 다한다. 이것을 업의 과보가 있는 줄을 아는 것이라고 한다. 무엇을 업의 우열을 아는 것이라고 하는가? 혹 업이 있어 지옥 가운데 나거나 혹 업이 있어 축생 가운데 나며 혹은 업이 있어 아귀 가운데 나거나 혹 업이 있어 천상에 나며 혹은 업이

5 마음속으로 여러 가지 분별하고 사유思惟하는 사고思考가 겉으로 표현되어 동작·언어 등으로 발동되는 것. 신업身業과 어업語業이 여기에 해당하는데 의업意業과 합하여 3업業이라고 한다.

있어 인간에 난다. 이것을 업의 우열을 아는 것이라고 한다. 무엇을 업이 소멸하여 다하는 것을 아는 것이라고 하는가? 곧 갱락이 멸하면 업이 곧 멸한다. 이것을 업이 소멸하여 다하는 것을 아는 것이라고 한다. 무엇을 업이 소멸하여 다하는 길을 아는 것이라고 하는가? 곧 8정도이니 바른 견해와 나아가 바른 선정까지의 여덟 가지로서 이것을 업이 소멸하여 다하는 길을 아는 것이라고 한다.

만일 비구가 이렇게 업을 알고 업의 생겨난 원인을 알며 업의 과보가 있는 줄을 알고 업의 우열을 알며 업이 소멸하여 다하는 것을 알고 업이 소멸하여 다하는 길을 알면 이것을 일체의 업을 다하게 하는 달범행이라고 한다.

무엇을 괴로움〔苦〕을 아는 것이라고 하는가? 태어남〔生〕이 괴로움이며 늙음〔老〕이 괴로움이며 병듦〔病〕이 괴로움이며 죽음〔死〕이 괴로움이며 원수와 만남이 괴로움이며 사랑하는 이와 이별함이 괴로움이며 구하되 얻지 못함이 괴로움이니 간략히 말해 5성음盛陰이 괴로움이다. 이것을 괴로움을 아는 것이라고 한다. 무엇을 괴로움이 생겨난 원인을 아는 것이라고 하는가? 곧 애욕을 말하는데 애욕으로 인하여 괴로움이 생긴다. 이것을 괴로움이 생겨난 원인을 아는 것이라고 한다. 무엇을 괴로움의 과보가 있는 줄을 아는 것이라고 하는가? 곧 괴로움이 아주 미세하게 있지만 더디게 멸하고 혹은 괴로움이 아주 미세하게 있어 빨리 멸하며, 혹은 괴로움이 왕성하여 더디게 멸하고, 혹은 괴로움이 왕성하지만 빨리 멸하여 괴로움과 괴로움이 다한다. 이것을 괴로움의 과보가 있는 줄을 아는 것이라고 한다. 무엇을 괴로움의 우열을 아는 것이라고 하는가? 많이 알지 못하는〔不多聞〕 어리석은 범부는 착한 벗을 만나지 못하고 거룩한 법을 모시지 못하여 몸에 각覺이 생겨 지극히 괴롭고 몹시 괴로워 목숨이 끊어지려 하면 여기서 나가 다시 저들에게서 구한다.

'어떤 사문 범지는 1구의 주문을 지녔고 혹은 2·3·4의 많은 문구의 주문을 지녔으며 혹은 백 구의 주문을 지니고 있다. 저들이 나의 괴로움을 치유할 것이다.'

이렇게 구함〔求〕으로 말미암아 괴로움이 생기고 습習으로 말미암아 괴로움이 생기며 괴로움이 멸한다. 이것을 괴로움의 우열을 아는 것이라고 한다. 무엇을 괴로움이 소멸하여 다하는 것을 아는 것이라고 하는가? 애욕〔心欲〕이 멸하면 괴로움이 멸하는데 이것을 괴로움이 소멸하여 다하는 것을 아는 것이라고 한다. 무엇을 괴로움이 소멸하여 다하는 길을 아는 것이라고 하는가? 만일 비구가 이렇게 괴로움을 알고 괴로움의 생겨난 원인을 알며 괴로움의 과보가 있는 줄을 알고 괴로움의 우열을 알며 괴로움이 소멸하여 다하는 것을 알고 괴로움이 소멸하여 다하는 길을 알면 이것을 일체의 괴로움을 다하게 하는 달범행이라고 한다."

부처님께서 이렇게 말씀하시자, 모든 비구들은 부처님 말씀을 듣고 기뻐하며 받들어 행하였다.

〔이 달범행경에 수록된 경문의 글자 수는 모두 1,642자이다.〕

112) 아노파경阿奴波經[6]〔제2 소토성송〕

나는 이와 같이 들었다.

어느 때 부처님께서 발기수跋耆瘦를 유행하실 때에 발기국跋耆國의

6 이 경의 이역경으로는 동진東晉시대 축담무란竺曇無蘭이 한역한『불설아녹풍경佛說阿耨風經』이 있다.

도읍인 아노파阿奴波에 머무셨다. 그때 세존께서 해거름에 연좌에서 일어나 당상에서 내려와 말씀하셨다.

"아난아, 같이 아이라화제강〔阿夷羅惒帝河〕에 가서 목욕하자."

존자 아난이 말하였다.

"예."

이에 세존께서는 존자 아난을 데리고 아이라화제강으로 가셔서 언덕 위에 옷을 벗어 놓고 곧 물에 들어가 목욕하시고 도로 나와 몸을 닦고 옷을 입으셨다. 그때 아난은 부채를 들고 부처님을 부쳐 드렸다.

그러자 세존께서는 돌아보시고 말씀하셨다.

"아난아, 제화달다提惒達哆는 방일하였기 때문에 지극한 고난에 떨어졌다. 반드시 나쁜 곳으로 가서 지옥에 태어날 텐데 거기서 1겁을 머문다 해도 구제할 수 없을 것이다. 아난아, 너는 일찍이 모든 비구들로부터 내가 한결같이 '제화달다는 반드시 나쁜 곳으로 가서 지옥에 태어날 것이고 거기에 1겁을 머문다 해도 구제할 수 없을 것이다'라고 예언하였다는 말을 들었느냐?"

"그렇습니다."

그때 어떤 비구가 존자 아난에게 물었다.

"세존께서는 타심지他心智로써 제화달다의 마음을 아시기 때문에 한결같이 '제화달다는 반드시 나쁜 곳으로 가서 지옥에 태어나고 1겁을 거기에 머문다 해도 구제할 수 없을 것이다'라고 예언하셨습니까?"

세존께서는 말씀하셨다.

"아난아, 저 비구가 어리건 장년이건 혹은 늙었건 젊었건 간에 나를 알지 못하고 있구나. 무슨 까닭인가? 여래가 이미 반드시 저 제화달다에 대해 예언했지만 거기에 의혹을 가지기 때문이다. 아난아, 나는 이 세상이나 하늘·마군·범천·사문 범지 등 사람에서부터 하늘에 이르기까지 내가 예언한 가운데 제화달다와 같은 경우는 보지 못하였다. 무슨 까닭인가? 아난아, 나는 한결같이 '제화달다는 반드시 나쁜 곳으로 가서 지옥에 태어나 거기에 1겁을 머문다 해도 구제할 수 없을 것이다'고 예언하였다. 아난아, 만일 내가 제화달다를 볼 때에 희고 깨끗한 법이 털끝만큼이라도 있었다면 나는 '제화달다는 반드시 나쁜 곳으로 가서 지옥에 태어나 거기에 1겁을 머문다 해도 구제할 수 없을 것이다'라고 예언하지 않았을 것이다. 아난아, 나는 제화달다에게서 희고 깨끗한 법을 털끝만큼도 보지 못하였기 때문에 나는 '제화달다는 반드시 나쁜 곳으로 가서 지옥에 태어나고 거기에 1겁을 머문다 해도 구제할 수 없을 것이다'라고 예언한 것이다.

아난아, 마치 마을에서 멀지 않은 곳에 크고 깊은 뒷간이 있는데, 어떤 사람이 거기 떨어져 그 밑에 빠져 있는 것과 같다. 어떤 사람이 와서 그에게 크게 자비스런 마음을 일으키고 가엾고 불쌍히 여겨 그를 이익되게 하고 편안하고 즐겁게 할 방법을 찾았다. 그는 주위를 돌며 살펴보고는 이렇게 말했다.

'똥이 묻지 않아 내가 붙잡고 끌어낼 수 있는 부분이 털끝만큼이라도 이 사람에게 있을까?'

그리고 그는 두루 살펴보았으나 똥에 더럽혀지지 않아 붙잡고 끌어낼 수 있는 깨끗한 부분을 이 사람에게서 털끝만큼도 발견하지 못했다. 아난아, 이와 같이 만일 내가 제화달다에게서 털끝만큼이라도 희고 깨끗한 법이 있는 것을 보았다면 나는 한결같이 '제화달다는 반드시 나쁜 곳으로 가서 지옥에 태어나 거기서 1겁을 머문다 해도 구제할 수 없을 것이다'고 예언하지 않았을 것이다. 아난아, 나는 제화달다에게서 희고 깨끗한 법을 털끝만큼도 보지 못하였기 때문에 나는 한결같이 '제화달다는 반드시 나쁜 곳으로 가서 지옥에 태어나 거기서

1겁을 머문다 해도 구제할 수 없을 것이다'라고 예언한 것이다."

이에 존자 아난은 흐느껴 울다가 손으로 눈물을 닦으면서 말하였다.

"세존이시여, 참으로 기이하고 특별하십니다. 세존께서는 한결같이 '제화달다는 반드시 나쁜 곳으로 가서 지옥에 태어나 거기서 1겁을 머문다 해도 구제할 수 없을 것이다'고 예언하셨으니 말입니다."

"그렇다, 아난아. 그렇다, 아난아. 나는 한결같이 '제화달다는 반드시 나쁜 곳으로 가서 지옥에 태어나 거기서 1겁을 머문다 해도 구제할 수 없을 것이다'라고 예언하였다. 아난아, 네가 여래에게서 대인大人의 근본지혜의 분별을 들으면 반드시 여래를 더욱 믿게 되고 또 기뻐하게 될 것이다."

이에 존자 아난은 합장하고 부처님을 향하여 말하였다.

"세존이시여, 지금이 바로 그때입니다. 선서善逝시여, 지금이 바로 그때입니다. 만일 세존께서 비구들을 위하여 대인의 근본지혜의 분별을 말씀해주시면 모든 비구들은 세존께 그것을 듣고는 잘 받아 지닐 것입니다."

세존께서 말씀하셨다.

"아난아, 자세히 듣고 잘 기억하여라. 나는 이제 너를 위하여 대인의 근본지혜의 분별을 말하겠다."

존자 아난이 분부를 받고 경청하였다.

세존께서 말씀하셨다.

"아난아, 여래는 타심지他心智로써 남의 마음을 관찰하여 그 사람이 착한 법을 성취할 것과 또한 착하지 않은 법을 성취할 것을 안다. 여래는 그 다음에 타심지로써 다시 그 사람의 마음을 관찰하여 그 사람의 착한 법이 멸하고 착하지 않은 법이 생길 것과 그 사람의 착한 법이 이미 멸했고 착하지 않은 법이 이미 생겼지만 다른 선근이 있어 끊어지지 않고 이 선근을 좇아 마땅히 다시 선이 생겨날 것이라고 이렇게 그 사람이 청정한 법을 얻을 것이라는 것을 안다. 아난아, 마치 이른 아침에 해가 뜨기 시작하면 어둠이 없어지고 밝음이 생기는 것과 같다. 아난아, 네 생각에는 어떠한가? 해가 점점 떠올라 아침 무렵이 되면 어둠은 이미 멸해버리고 밝음은 이미 생겼겠는가?"

"그렇습니다. 세존이시여."

"이와 같이 아난아, 여래는 타심지로써 남의 마음을 관찰하여 그 사람이 착한 법을 성취할 것과 또한 착하지 않은 법을 성취할 것을 안다. 여래는 그 다음에 타심지로써 다시 그 사람의 마음을 관찰하여 그 사람의 착한 법이 멸하고 착하지 않은 법이 생길 것과 그 사람의 착한 법이 이미 멸했고 착하지 않은 법이 이미 생겼지만 다른 선근이 있어서 끊어지지 않고 그 선근을 좇아 마땅히 다시 선이 생겨날 것이고 이렇게 그 사람이 청정한 법을 얻을 것이라는 것을 안다. 아난아, 마치 파괴되지 않고 썩지 않고 갈라지지 않았으며 바람이나 더위에 상하지 않은 것으로 가을에 잘 저장해 두었던 곡식 종자와 같다. 만일 저 거사가 좋은 밭을 갈아 그 종자를 뿌리고 때맞추어 비가 온다면 아난아, 네 생각에는 어떠한가? 그 종자는 과연 점점 크게 자라겠는가?"

"그렇습니다, 세존이시여."

"이와 같이 아난아, 여래는 타심지로써 남의 마음을 관찰하여 그 사람이 착한 법을 성취할 것과 또한 착하지 않은 법을 성취할 것을 안다. 여래는 그 다음에 타심지로써 다시 그 사람의 마음을 관찰하여 그 사람의 착한 법이 멸하고 착하지 않은 법이 생길 것과 그 사람의 착한 법이 이미 멸했고 착하지 않은 법이 이미 생겼지만 다른 선근이 있어서 끊어지지 않고 그 선근을 좇아 마땅히 다시 선이 생겨날 것이라고 이렇게 그 사람이 청정한 법을 얻을 것이라는 것을 안다. 아난아, 이 것을 여래의 대인大人의 근본지혜라고 한다. 이렇게 여래는 바로 모든 법의 근본을 안다.

아난아, 여래는 타심지로써 남의 마음을 관찰하여 그 사람이 착한 법을 성취할 것과 또한 착하지 않은 법을 성취할 것을 안다. 여래는 그 다음에 타심지로써 다시 그 사람의 마음을 관찰하여 그 사람의 착한 법이 멸하고 착하지 않은 법이 생길 것과 그 사람의 착한 법이 이미 멸했고 착하지 않은 법이 이미 생긴 것과 다른 선근이 있어서 아직은 끊어지지 않았지만 장차 반드시 끊어질 것이라고 이렇게 그 사람이 쇠퇴한 법을 얻을 것이라는 것을 안다. 아난아, 마치 해거름이 되어 해가 지려 하는 어스름한 때에 밝음이 멸하고 어둠이 생기는 것과 같다. 아난아, 네 생각에는 어떠한가? 그 해가 지면 밝음은 이미 멸해 버리고 어둠은 이미 생겼겠는가?"

"그렇습니다, 세존이시여."

"이와 같이 아난아, 여래는 타심지로써 남의 마음을 관찰하여 그 사람이 착한 법을 성취할 것과 또한 착하지 않은 법을 성취할 것을 안다. 여래는 그 다음에 타심지로써 다시 그 사람의 마음을 관찰하여 그 사람의 그 착한 법이 멸하고 착하지 않은 법이 생길 것과 그 사람의 착한 법이 이미 멸했고 착하지 않은 법이 이미 생긴 것과 다른 선근이 있어서 아직은 끊어지지 않았지만 장차 반드시 끊어질 것이라고 이렇게 그 사람이 쇠퇴한 법을 얻으리라는 것을 안다. 아난아, 마치 곡식 종자와 같으니 파괴되지 않고 썩지 않고 갈라지지 않았으며 바람이나 더위에 상하지 않은 것을 가을에 잘 저장해 두었다가 만일 저 거사가 좋은 밭을 잘 갈아 그 종자를 뿌렸더라도 때맞추어 비가 오지 않는다면 아난아, 네 생각에는 어떠한가? 그 종자는 과연 점점 크게 자랄 수 있겠는가?"

존자 아난이 말하였다.

"아닙니다. 세존이시여."

"이와 같이 아난아, 여래는 타심지로써 남의 마음을 관찰하여 그 사람이 착한 법을 성취할 것과 또한 착하지 않은 법을 성취할 것을 안다. 여래는 그 다음에 타심지로써 다시 그 사람의 마음을 관찰하여, 그 사람의 착한 법이 멸하고 착하지 않은 법이 생길 것과 그 사람의 착한 법이 이미 멸했고 착하지 않은 법이 이미 생긴 것과 다른 선근이 있어서 아직은 끊어지지 않았지만 장차 반드시 끊어질 것이라고, 이렇게 그 사람이 쇠퇴한 법을 얻으리라는 것을 안다. 아난아, 이것을 여래의 대인의 근본지혜라고 한다. 이렇게 여래는 바로 모든 법의 근본을 안다.

아난아, 여래가 타심지로써 남의 마음을 관찰하여 그 사람에게서 희고 깨끗한 법을 털끝만큼도 보지 못한다면 그 사람은 악하고 착하지 않은 법으로 한결같이 충만하고 더러우니 그것은 미래 생명의 근본이 되고 괴로운 번뇌의 과보가 되며 생・노・병・사의 원인이 되어 이렇게 하여 그 사람은 몸이 무너지고 목숨이 끝난 뒤에는 반드시 나쁜 곳으로 가서 지옥에 태어날 것이다. 아난아, 마치 종자와 같은데 썩거나 파괴되거나 쪼개지고 바람이나 더위에 상하고 가을에도 잘 저장해 두지 않은 것을, 만일 저 거사가 좋지 않은 밭을 잘 갈지도 않고 곧 그 종자를 뿌리되 때맞추어 비도 오지 않는다면 아난아, 네 생각에는 어떠한가? 그 종자는 과연 점점 크게 자랄 수 있겠는가?"

존자 아난이 말씀드렸다.

"아닙니다, 세존이시여."

"이와 같이 아난아, 여래가 타심지로써 남의 마음을 관찰하여 그 사람에게서 희고 깨끗한 법을 털끝만큼도 보지 못한다면 그 사람은 악하고 착하지 않은 법으로 한결같이 충만하고 더러우니 그것은 미래 생명의 근본이 되고 괴로운 번뇌의 과보가 되며 생・노・병・사의 원인이 되어 이렇게 하여 그 사람은 몸이 무너지고 목숨이 끝난 뒤에는 반드시 나쁜 곳으로 가서 지옥에 태어날 것이다. 아난아, 이것을 여래의 대인의 근본지혜라고 한다. 이렇게 여래는 바로 모든 법의 근본을 안다."

이에 존자 아난은 합장하고 부처님을 향하여 여쭈었다.

"세존이시여, 이미 이러한 세 종류의 사람을 말씀해 주셨으니 다시 다른 세 종류의 사람도 말씀해 주시겠습니까?"

세존께서 말씀하셨다.

"말해주겠다. 아난아, 여래는 타심지로써 남의 마음을 관찰하여 그 사람이 착하지 않은 법을 성취할 것과 또한 착한 법을 성취할 것을 안다. 여래는 그 다음에 타심지로써 다시 그 사람의 마음을 관찰하여 그 사람의 착하지 않은 법이 멸하고 착한 법이 생길 것과 그 사람의 착하지 않은 법이 이미 멸했고 착한 법이 이미 생겼지만 다른 착하지 않은 뿌리〔不善根〕가 있어서 끊어지지 않고 이 착하지 않은 뿌리를 좇아 마땅히 다시 착하지 않은 것이 생길 것이라고, 이렇게 그 사람이 쇠퇴한 법을 얻으리라는 것을 안다. 아난아, 마치 불을 붙이는 것과 같다. 치성하게 붙을 때에는 다 붙어서 한 불꽃이 된다. 거기에 어떤 사람이 건조한 풀을 보태고 마른 나무를 태운다면 아난아, 네 생각에는 어떠한가? 그 불은 과연 점점 크게 치성하게 붙겠는가?"

"그렇습니다, 세존이시여."

"이와 같이 아난아, 여래는 타심지로써 남의 마음을 관찰하여 그 사람이 착하지 않은 법을 성취할 것과 또한 착한 법을 성취할 것을 안다. 여래는 그 다음에 타심지로써 다시 그 사람의 마음을 관찰하여 그 사람의 착하지 않은 법이 멸하고 착한 법이 생길 것과 그 사람의 착하지 않은 법이 이미 멸했고 착한 법이 이미 생겼지만 다른 착하지 않은 뿌리가 있어서 끊어지지 않고 이 착하지 않은 뿌리를 좇아 마땅히 다시 착하지 않은 것이 생길 것이라고 이렇게 그 사람이 쇠퇴한 법을 얻으리라는 것을 안다. 아난아, 이것을 여래의 대인의 근본지혜라 하나니, 이렇게 여래는 바로 모든 법의 근본을 안다.

또 아난아, 여래는 타심지로써 남의 마음을 관찰하여 그 사람이 착하지 않은 법을 성취할 것과 또한 착한 법을 성취할 것을 안다. 여래는 그 다음에 타심지로써 다시 그 사람의 마음을 관찰하여 그 사람의 착하지 않은 법이 멸하고 착한 법이 생길 것과 그 사람의 착하지 않은 법이 이미 멸했고 착한 법이 이미 생긴 것과 다른 착하지 않은 뿌리가 있어서 아직은 끊지 못했지만 장차 반드시 끊어질 것이라고 이렇게 그 사람은 청정한 법을 얻으리라는 것을 안다. 아난아, 마치 불을 붙이는 것과 같다. 치성하게 붙을 때에는 다 붙어서 한 불꽃이 된다. 어떤 사람이 이 치성한 불을 평평하고 깨끗한 땅에 두거나 돌 위에 둔다면 아난아, 네 생각에는 어떠한가? 그 불은 과연 점점 크게 치성하게 붙겠는가?"

존자 아난이 말하였다.

"아닙니다, 세존이시여."

"이와 같이 아난아, 여래는 타심지로써 남의 마음을 관찰하여 그 사람이 착하지 않은 법을 성취할 것과 또한 착한 법을 성취할 것을 안다. 여래는 그 다음에 타심지로써 다시 그 사람의 마음을 관찰하여 그 사람의 착하지 않은 법이 멸하고 착한 법이 생길 것과 그 사람의 착하지 않은 법이 이미 멸했고 착한 법이 이미 생긴 것과 다른 착하지 않은 뿌리가 있어서 아직은 끊지 못했지만 장차 반드시 끊을 것이라고 이렇게 그 사람은 청정한 법을 얻을 것을 안다. 아난아, 이것을 여래의 대인의 근본 지혜라고 한다. 이렇게 여래는 바로 모든 법의 근본을 안다.

아난아, 여래가 타심지로써 남의 마음을 관찰하여 그 사람에게서 털끝만큼도 검은 업이 있는 것을 보지 못한다면 이 사람은 착한 법으로 한결같이 충만하고 즐거움과 즐거움의 과보와 함께하니 반드시 즐거운 곳에 태어나 장수하게 될 것이며 이렇게 이 사람은 현세에서 반드시 반열반般涅槃을 얻게 될 것이다. 아난아, 마치 숯불이 꺼진 지 오래되어 싸늘한 것과 같으니, 거기 어떤 사람이 비록 건조한 풀을 보태고 마른 나무를 대준다고 그 꺼진 숯불이 과연 다시 치성하게 탈 수 있겠는가?"

존자 아난이 말씀드렸다.

"아닙니다, 세존이시여."

"이와 같이 아난아, 여래가 타심지로써 남의 마음을 관찰하여 그 사람에게서 털끝만큼도 검은 업이 있는 것을 보지 못한다면 이 사람은 착한 법으로 한결같이 충만하고 즐거움과 즐거움의 과보와 함께하니 반드시 즐거운 곳에 태어나 장수하게 될 것이며 이렇게 이 사람은 현세에서 반드시 반열반을 얻게 될 것이다. 아난아, 이것을 여래의 대인의 근본지혜라고 한다. 이렇게 여래는 바로 모든 법의 근본을 안다.

아난아, 앞에 말한 세 사람 중에서 첫째 사람은 청정한 법을 얻고 둘째 사람은 쇠퇴한 법을 얻고 셋째 사람은 몸이 무너지고 목숨이 끝난 뒤에는 반드시 나쁜 곳으로 가서 지옥에 태어날 것이다. 뒤에 말한 세 사람 중에서 첫째 사람은 쇠퇴한 법을 얻고 둘째 사람은 청정한 법을 얻고 셋째 사람은 곧 현세에서 반열반을 얻게 될 것이다.

아난아, 나는 이미 너를 위하여 대인의 근본지혜를 말해주었다. 스승이 제자를 위해 하는 것처럼 대자비와 슬퍼하는 마음을 일으켜 가엾게 생각하고 불쌍히 여겨 요익을 구하고 안온과 쾌락을 구하는 것을 나는 이제 이미 마쳤다. 너희들은 마땅히 스스로 노력하여 일 없는 한가한 곳이나 산림의 나무 밑이나 비고 편안하고 고요한 곳으로 가서 연좌宴坐하고 깊이 생각하며 방일하지 말고 부지런히 힘쓰고 꾸준히 나아가 후회가 없게 하라. 이것이 나의 가르침이며 이것이 나의 훈계이다."

부처님께서 이렇게 말씀하시자, 모든 비구들은 부처님 말씀을 듣고 기뻐하며 받들어 행하였다.

〔이 아노파경에 수록된 경문의 글자 수는 2,646자이다. 『중아함경』 제27권에 수록된 경문의 글자 수는 모두 7,582자이다.〕[7]

7 소경의 글자 수를 합해 보면 7,585자인데 여기에서는 7,582자로 되어 있어 실제 숫자보다 3자가 적게 나타나 있다.

중아함경 제28권

10. 임품 ②

113) 제법본경諸法本經[1]〔제2 소토성송〕

나는 이와 같이 들었다.

어느 때 부처님께서 사위국舍衛國을 유행하실 때에 승림급고독원勝林給孤獨園에 머무셨다. 그때 세존께서는 여러 비구들에게 말씀하셨다.

"만일 모든 이학異學들이 너희들에게 와서 모든 법은 무엇을 근본〔本〕으로 삼느냐고 묻거든, 너희들은 마땅히 그들에게 모든 법은 욕欲을 근본으로 삼는다고 대답하라. 그들이 만일 다시 무엇을 화(和 : 集起)로 삼느냐고 묻거든 갱락(更樂 : 觸)으로 화和를 삼는다고 이렇게 대답하라. 그들이 또 무엇을 래(來 : 等趣)로 삼느냐고 묻거든 각(覺 : 受)을 래來로 삼는다고 이렇게 대답하라. 그들이 만일 다시 무엇을 유(有

---

1 이 경의 이역경으로는 오吳나라 시대 지겸支謙이 한역한 『불설제법본경佛說諸法本經』이 있다.

: 生成)로 삼느냐고 묻거든 사상(思想 : 作意)을 유로 삼는다고 이렇게 대답하라. 그들이 만일 다시 무엇을 상주(上主 : 增上)로 삼느냐고 묻거든 염(念 : 正念)을 상주로 삼는다고 이렇게 대답하라. 그들이 만일 다시 무엇을 전(前 : 上首)으로 삼느냐고 묻거든 정(定 : 等持)을 전으로 삼는다고 이렇게 대답하라. 그들이 만일 다시 무엇을 상(上 : 最上)으로 삼느냐고 묻거든 혜(慧 : 智慧)를 상으로 삼는다고 이렇게 대답하라. 그들이 만일 다시 무엇을 진(眞 : 眞實)으로 삼느냐고 묻거든 해탈(解脫 : 自在)을 진眞으로 삼는다고 이렇게 대답하라. 그들이 만일 다시 무엇을 흘(訖 : 究盡)로 삼느냐고 묻거든 열반을 흘로 삼는다고 이렇게 대답하라. 이것을 비구가 욕欲을 모든 법의 근본으로 삼고 갱락更樂을 모든 법의 화和로 삼으며 각覺을 모든 법의 래來로 삼고 사상思想을 모든 법의 유有로 삼으며 염念을 모든 법의 상주上主로 삼고 정定을 모든 법의 전前으로 삼으며 혜慧를 모든 법의 상上으로 삼고 해탈을 모든 법의 진眞으로 삼으며 열반을 모든 법의 마지막〔訖〕으로 삼는 것이라 고 한다. 그러므로 비구는 마땅히 이렇게 배워야 한다.

출가하여 도를 배우려는 마음을 익히려면 무상하다는 생각〔無常想〕을 익히고 무상은 괴로움이라는 생각〔無常苦想〕을 익히며 괴로움에는 나가 없다는 생각〔苦無我想〕을 익히고 깨끗하지 않다는 생각〔不淨想〕을 익히며 나쁜 것을 먹는다는 생각〔惡食想〕을 익히고 일체 세간은 즐거워할 것이 못 된다는 생각〔一切世間不可樂想〕을 익히며 죽는다는 생각〔死想〕을 익히고 세간의 좋고 나쁜 것을 알아 이렇게 생각하는 마음을 익히며 세간 습習이 있는 것을 알아 이렇게 생각하는 마음을 익히고 세간의 습習의 멸滅과 맛〔味〕과 근심〔患〕과 거기서 벗어나는 방법〔出要〕을 사실 그대로 알아 이렇게 생각하는 마음을 익혀야 한다.

만일 비구가 출가하여 도를 배우려는 마음을 익히게 되면 무상하다는 생각을 익히게 되고 무상은 괴로움이라는 생각을 익히게 되며 괴로움에는 나가 없다는 생각을 익히게 되고 깨끗하지 않다는 생각을 익히게 되며 나쁜 것을 먹는다는 생각을 익히게 되고 일체 세간은 즐거워할 것이 못 된다는 생각을 익히게 되며 죽는다는 생각을 익히게 되고 세간의 좋고 나쁜 것을 알아 이렇게 생각하는 마음을 익히게 되며 세간의 습이 있는 것을 알아 이렇게 생각하는 마음을 익히게 되고 세간의 습의 멸과 맛과 근심과 거기서 벗어나는 방법을 사실 그대로 알아 이렇게 생각하는 마음을 익히게 된다. 이것을 비구가 애욕을 끊고 번뇌〔結〕를 없애 모든 법을 바르게 알고 바르게 관찰한 뒤에는 곧 괴로움의 끝을 얻는 것이라고 한다."

부처님께서 이렇게 말씀하시자, 모든 비구들은 부처님 말씀을 듣고 기뻐하며 받들어 행하였다.

〔이 제법본경에 수록된 경문의 글자 수는 457자이다.〕

114) 우다라경優陀羅經〔제2 소토성송〕

나는 이와 같이 들었다.

어느 때 부처님께서 사위국을 유행하실 때에 승림급고독원에 머무셨다. 그때 세존께서는 모든 비구들에게 말씀하셨다.

"우다라라마자優陀羅羅摩子는 대중 가운데 있으면서 자주 이렇게 말했다.

'이 생에서 이것을 관찰하고 이것을 깨달았다. 종기〔癰〕의 근본을 모르겠더니 이제야 종기의 근본을 온전히 알게 되었다.'

우다라라마자는 일체지一切知가 없으면서 일체지가 있다고 자칭하고 진실로 깨달은 바가 없으면서 깨달음이 있다고 자칭하였다. 우다라라마자는 이렇게 보고 이렇게 말했다.

'유有란 병病이며 종기〔癰〕이며 가시〔刺〕이다. 설사 생각이 없더라도 그것은 어리석음이다. 깨달은 바가 있다면 그것은 그쳐 쉼〔止息〕이며 가장 묘한 것이다. 말하자면 비유상비무상처非有想非無想處까지 이르는 것이다.'

그는 스스로 몸을 좋아하고 스스로 몸을 받아 스스로 그 몸에 집착한 뒤에 닦아 익혀 비유상비무상처까지 이르렀고 몸이 무너지고 목숨이 끝난 뒤에는 비유상비무상천非有想非無想天 가운데 태어났다. 그러나 그는 거기서 수명이 다한 뒤에는 다시 이 세간으로 와 삵〔狸〕으로 태어날 것이다.

여기 비구야말로 '이 생에서 이것을 관찰하고〔觀〕 이것을 깨달았다〔覺〕. 종기의 근본을 모르다가 이제야 종기의 근본을 온전히 알게 되었다'고 말할 수 있는 자이다.

무엇을 비구의 바른 관찰이라고 하는가? 비구는 6갱촉更觸[2]을 알고 그 원인〔習〕을 알며 멸〔滅〕을 알고 맛〔味〕을 알며 근심〔患〕을 알고 거기서 벗어나는 방법〔出要〕을 알며 지혜로써 그것을 사실 그대로 안다. 이것을 비구의 바른 관찰이라고 한다.

어떤 것을 비구의 각覺이라고 하는가? 비구는 3각覺을 알고 그 원인을 알며 멸을 알고 맛을 알며 근심을 알고 거기서 벗어나는 방법을 알며 지혜로써 그것을 사실 그대로 안다. 이것을 비구의 각이라고 한다.

무엇을 비구가 종기의 근본을 모르다가 이제야 종기의 근본을 온전

2 6촉처觸處, 즉 안眼·이耳·비鼻·설舌·신身·의意를 말한다.

히 아는 것이라고 하는가? 비구는 유에 대한 애착〔有愛〕의 멸을 알아 그 근본을 뽑아내 끝내 다시 태어나지 않는다. 이것을 비구가 종기의 근본을 모르다가 이제야 종기의 근본을 온전히 아는 것이라고 한다.

종기란 곧 이 몸이다. 그것은 4대(四大 : 地・水・火・風)로 이루어진 거친 물질〔色〕로서 부모로부터 났고 음식으로 자라나고 옷을 입고 문지르며 목욕하고 억지로 참는 것으로서 덧없는 법이며 무너지는 법이며 흩어지는 법이다. 이것을 종기라고 한다.

종기의 근본이란 곧 3애愛이니 욕애欲愛・색애色愛・무색애無色愛이다. 이것을 종기의 근본이라고 한다.

종기의 일체 누漏란 곧 6갱촉처更觸處이니 눈의 누漏는 색을 보는 것이며 귀의 누는 소리를 듣는 것이며 코의 누는 냄새를 맡는 것이며 혀의 누는 맛을 맛보는 것이며 몸의 누는 촉감을 깨닫는 것이며 뜻의 누는 모든 법을 아는 것이다. 이것을 종기의 일체 누라고 한다.

비구들아, 나는 이미 너희들을 위하여 종기의 근본을 말하였다. 마치 스승이 제자를 위하듯이 큰 사랑과 연민으로 가엾게 생각하고 불쌍히 여겨 이치와 요익을 구하고 안온과 쾌락을 구하는 것을 나는 이미 마쳤다. 너희들도 또한 마땅히 스스로 노력하라. 일 없는 곳이나 나무 밑이나 비고 편안하고 고요한 곳으로 가서 편안히 앉아 깊이 생각하며 방일하지 말고 부지런히 힘쓰고 꾸준히 나아가 후회가 없게 하라. 이것이 나의 가르침이며 이것이 나의 훈계이다.”

부처님께서 이렇게 말씀하시자, 모든 비구들은 부처님 말씀을 듣고 기뻐하며 받들어 행하였다.

〔이 우타라경에 수록된 경문의 글자 수는 514자이다.〕

115) 밀환유경蜜丸喩經[3] 〔제2 소토성송〕

나는 이와 같이 들었다.

어느 때 부처님께서 석기수釋羈瘦를 유행하실 때에 가유라위국迦維羅衛國에 머무셨다. 그때 세존께서는 밤을 지내고 이른 아침에 가사를 입고 발우를 가지고 걸식하기 위하여 가유라위로 들어가셨다. 걸식을 마치고 오후가 되어 가사와 발우를 거두고 손과 발을 씻으시고 니사단尼師壇을 어깨에 메고 죽림竹林의 석가사釋迦寺로 가셔서 큰 숲으로 들어가 한 나무 밑에 이르러 니사단을 펴고 결가부좌結跏趺坐하셨다. 그때 집장석執杖釋[4]이 오후에 지팡이를 짚고 천천히 거닐어 부처님 계신 곳으로 나아가 서로 문안하고 지팡이를 짚고 부처님 앞에 서서 세존께 여쭈었다.

"사문 구담瞿曇이시여, 무엇으로써 가르침의 근본〔宗本〕을 삼고 어떠한 법을 연설하십니까?"

세존께서 말씀하셨다.

"집장석이여, 일체 세간과 하늘〔天〕·마군〔魔〕·범梵·사문沙門·범지梵志 등 사람에서 하늘에 이르기까지 서로 싸우지 않게 하고 또 욕심을 떠나 청정한 범행을 닦아 익히며 아첨과 거짓말을 버려 여의고 뉘우침을 없애며 유有와 비유非有와 또한 무상無想에도 집착하지 않는다. 이것이 내 가르침의 근본이고 설법하는 것도 또한 이와 같다."

---

3 이 경의 내용과 동일한 의미를 지닌 것으로는 『증일아함경增一阿含經』 제35권 「칠일품七日品」의 열 번째 소경이 있다.

4 팔리어로는 Dandapāni Sakka로서 의역하면 석씨집장자釋氏執杖者란 뜻. 석가족釋迦族 사람으로서 이름이 집장자執杖者이다. 또 「밀환유경蜜丸喩經」의 이역경인 『증일아함경』「칠일품七日品」 10에는 집장종종執杖種種으로 나온다.

이에 집장석은 부처님 말씀을 듣고 옳다고도 하지 않고 그르다고도 하지 않다가 머리를 흔들고 떠나갔다. 이에 세존께서는 집장석이 떠난 지 오래지 않아 해거름에 연좌에서 일어나 강당으로 가셔서 비구들 앞에 자리를 펴고 앉아 비구들에게 말씀하셨다.

"나는 오늘 이른 아침에 가사를 입고 발우를 가지고 걸식하기 위하여 가유라위로 들어갔다. 걸식을 마치고 오후가 되어 가사와 발우를 거두고 손과 발을 씻고 니사단을 어깨에 메고 죽림의 석가사로 가서 큰 숲으로 들어가 한 나무 밑에 이르러 니사단을 펴고 결가부좌하고 있었다. 그때 집장석이 오후에 지팡이를 짚고 내가 있는 곳으로 와서 서로 문안하였다. 그는 지팡이를 짚고 내 앞에 서서 내게 물었다.

'사문 구담이시여, 무엇으로써 가르침의 근본을 삼으며 어떤 법을 연설하십니까?'

내가 대답했다.

'석종이여, 일체 세간과 하늘·마군·범·사문 범지 등 사람에서 하늘에 이르기까지 서로 싸우지 않게 하고 또 욕심을 떠나 청정한 범행을 닦아 익히며 아첨과 거짓을 버려 여의고 뉘우침을 없애며 유와 비유와 또한 무상에도 집착하지 않는다. 이것이 내 가르침의 근본이고 설법하는 것도 역시 이와 같다.'

그러자 그 집장석은 내 말을 듣고 옳다고도 하지 않고 그르다고도 하지 않다가 머리를 흔들고 떠나갔다."

그러자 어떤 비구가 곧 자리에서 일어나 가사 한 자락을 벗어 메고 합장한 채 부처님을 향하여 여쭈었다.

"세존이시여, 어떻게 일체 세간과 하늘·마군·범·사문 범지 등 사람에서 하늘에 이르기까지 싸우지 않게 하며 또 어떻게 욕심을 떠나 청정한 범행을 닦아 익히고 어떻게 아첨과 거짓을 버리고 뉘우침을 없애며 유와 비유와 또한 무상에도 집착하지 않습니까?"

세존께서 말씀하셨다.

"비구여, 만일 사람이 생각으로 말미암아 출가하여 도를 배우고 생각하며 닦아 익히고 또 과거와 미래와 현재의 법을 사랑하지도 않고 즐거워하지도 않으며 거기에 집착하지도 않고 머물지도 않으면 이것을 괴로움의 끝이라고 말한다. 탐욕의 번뇌〔欲使〕·성냄의 번뇌〔恚使〕·존재의 번뇌〔有使〕·교만의 번뇌〔慢使〕·무명의 번뇌〔無明使〕·견해의 번뇌〔見使〕·의심하는 번뇌〔疑使〕·싸움·미워함·아첨·속임·거짓말·이간하는 말과 한량없이 악하고 착하지 않은 법을 여의면 이것을 괴로움의 끝이라고 말한다."

부처님께서는 이렇게 말씀하시고 곧 자리에서 일어나 방에 들어가 셔서 연좌하셨다. 이에 모든 비구들은 곧 이렇게 생각하여 말하였다.

'여러분, 마땅히 알아야 합니다. 세존께서는 이 이치를 다음과 같이 대충 말씀하시고 널리 분별하지 않으셨습니다. 그리고는 곧 자리에서 일어나 방으로 들어가 연좌하십니다.

〈만일 사람이 생각으로 말미암아 출가하여 도를 배우고 생각하며 닦아 익히고 과거와 미래와 현재의 법을 사랑하지도 않고 즐거워하지도 않으며 거기에 집착하지도 않고 머물지도 않으면 이것을 괴로움의 끝이라고 말한다. 탐욕의 번뇌·성냄의 번뇌·존재의 번뇌·교만의 번뇌·무명의 번뇌·견해의 번뇌·의심의 번뇌·싸움·미워함·아첨·속임·거짓말·이간하는 말과 한량없이 악하고 착하지 않은 법을 여의면 이것을 괴로움의 끝이라고 말한다.〉'

그들은 다시 이렇게 생각하여 말하였다.

'여러분, 조금 전 세존께서 간략히 말씀하신 바의 뜻을 누가 널리 분별할 수 있겠습니까?'

그들은 다시 이렇게 생각하였다.

'존자 대가전연大迦旃延은 항상 세존의 칭찬과 모든 지혜로운 범행인들의 칭찬을 받습니다. 존자 대가전연이라면 조금 전 세존께서 간략히 말씀하신 바의 뜻을 널리 분별할 수 있을 것입니다. 여러분, 우리 다 함께 존자 대가전연에게 가서 이 뜻을 설명해줄 것을 청하고 만일 존자 대가전연께서 그것을 분별하거든 우리는 마땅히 잘 받아 지닙시다.'

이에 모든 비구들은 존자 대가전연이 있는 곳으로 가서 서로 문안한 뒤에 물러나 한쪽에 앉아 말하였다.

"존자 대가전연이시여, 마땅히 아셔야 합니다. 세존께서는 다음의 이치를 간략히 말씀셔서 널리 분별하지 않으시고 곧 자리에서 일어나 방으로 들어가 연좌하셨습니다.

'비구여, 만일 사람이 생각으로 말미암아 출가하여 도를 배우고 생각하며 닦아 익히고 과거와 미래와 현재의 법을 사랑하지도 않고 즐거워하지도 않으며 거기에 집착하지도 않고 머물지도 않으면 이것을 괴로움의 끝이라고 말한다. 탐욕의 번뇌·성냄의 번뇌·존재의 번뇌·교만의 번뇌·무명의 번뇌·견해의 번뇌·의심의 번뇌·싸움·미워함·아첨·속임·거짓말·이간하는 말과 한량없이 악하고 착하지 않은 법을 여의면 이것을 괴로움의 끝이라고 말한다.'

그래서 저희들은 곧 이렇게 생각하여 말하였습니다.

'여러분, 누가 능히 세존께서 조금 전에 간략히 말씀하신 바의 뜻을 널리 분별할 수 있겠습니까?'

우리들은 다시 이렇게 생각하였습니다.

'존자 대가전연은 항상 세존의 칭찬과 모든 지혜로운 범행인들의 칭찬을 받고 있다. 존자 대가전연이라면 능히 세존께서 조금 전에 간략

히 말씀하신 바의 뜻을 널리 분별할 수 있을 것이다.'

오직 원컨대 존자 대가전연께서는 저희를 사랑하고 가엾게 여기셔서 그 뜻을 자세히 설명해 주십시오."

그때 존자 대가전연은 비구들에게 말하였다.

"여러분, 내가 비유로 말하는 것을 들으시오. 지혜로운 사람은 비유를 들으면 곧 그 뜻을 이해합니다. 여러분, 마치 어떤 사람이 나무심〔實 : 목재〕을 구하려고 도끼를 가지고 숲으로 들어간 것과 같습니다. 그는 큰 나무가 뿌리와 줄기 · 마디 · 가지 · 잎 · 꽃 · 나무심으로 되어 있는 것을 보고, 뿌리와 줄기 · 마디 · 나무심은 건드리지 않고 가지와 잎만을 건드렸습니다. 여러분이 말하는 것도 역시 그와 같습니다. 세존께서 현재 계시는데 그분을 저버리고 그 뜻을 내게 와서 물으니 말입니다. 무슨 까닭인가? 여러분, 마땅히 알아야 합니다. 세존께서는 눈이며 지혜시며 이치이며 법이시며 법의 주인이며 법의 장수로서 진리의 뜻을 말씀하시고 일체의 이치를 나타내시는 것은 오직 저 세존께 있기 때문입니다. 여러분, 마땅히 세존께서 계시는 곳으로 가서 '세존이시여, 이것은 어떠하며 이것은 무슨 뜻입니까' 하고 그 뜻을 여쭈어 보십시오. 만일 세존께서 말씀하시거든 여러분은 마땅히 잘 받아 가져야 합니다."

그때 모든 비구들은 말하였다.

"그렇습니다. 존자 대가전연이시여, 세존께서는 눈이며 지혜이시며 이치이며 법이시며 법의 주인이며 법의 장수로서 진리의 뜻을 말씀하시고 일체의 이치를 나타내는 것은 오직 세존께 있습니다. 저희들은 마땅히 세존께서 계시는 곳으로 가서 '세존이시여, 이것은 어떠하며 이것은 무슨 뜻입니까?' 하고 그 뜻을 물어야 합니다. 그래서 만일 세존께서 말씀해주시면 저희들은 마땅히 잘 받아 지녀야 합니다. 그러나 존자 대가전연께서는 항상 세존의 칭찬과 또 모든 지혜로운 범행인들의 칭찬을 받고 있습니다. 존자 대가전연이시라면 능히 세존께서 조금 전에 간략히 말씀하신 바의 뜻을 자세히 분별하실 것입니다. 오직 원컨대 존자 대가전연께서는 저희를 사랑하고 가엾게 여기셔서 널리 그 뜻을 자세히 설명해 주십시오."

존자 대가전연은 모든 비구들에게 말하였다.

"여러분, 다 같이 내 말을 들으시오. 여러분, 눈과 색色을 인연하여 눈의 식識이 생기고 세 가지가 함께 모여 곧 갱촉更觸이 있으며 갱촉을 인연하여 곧 감각〔覺〕이 있습니다. 만일 감각이 있으면 곧 생각하고〔想〕 만일 생각하면 곧 헤아리며〔思〕 만일 헤아리면 곧 기억하고〔念〕 만일 기억하면 곧 분별하게 됩니다. 비구는 이 생각으로 말미암아 출가하여 도를 배우고 생각하며 닦아 익힙니다. 이 가운데서 과거와 미래와 현재의 법을 사랑하지도 않고 즐거워하지도 않으며 거기에 집착하지도 않고 머물지도 않으면 이것을 괴로움의 끝〔苦邊〕이라고 말합니다. 탐욕의 번뇌・성냄의 번뇌・존재의 번뇌・교만의 번뇌・무명의 번뇌・견해의 번뇌・의심의 번뇌・싸움・미워함・아첨・속임・거짓말・이간하는 말과 한량없이 악하고 착하지 않은 법을 여의면 이것을 괴로움의 끝이라고 말합니다.

이와 같이 귀・코・혀・몸에 대해서도 또한 그러합니다. 뜻〔意〕과 법法을 인연하여 의식이 생기고 세 가지가 함께 모여 곧 갱촉이 있으며 갱촉을 인연하여 곧 감각이 있습니다. 만일 감각이 있으면 곧 생각하고 만일 생각하면 곧 헤아리며 만일 헤아리면 곧 기억하고 만일 기억하면 곧 분별하게 됩니다. 비구는 이 생각으로 말미암아 출가하여 도를 배우고 생각하며 닦아 익힙니다. 이 가운데서 과거와 미래와 현재를 사랑하지도 않고 즐거워하지도 않으며 거기에 집착하지도 않고 머물지도 않으면 이것을 괴로움의 끝이라고 말합니다. 탐욕의 번뇌·성냄의 번뇌·존재의 번뇌·교만의 번뇌·무명의 번뇌·견해의 번뇌·의심의 번뇌·싸움·미워함·아첨·속임·거짓말·이간하는 말과 한량없이 악하고 착하지 않은 법을 여의면 이것을 괴로움의 끝이라고 말합니다.

여러분, 비구가 눈〔眼〕을 없애고 색色을 없애고 눈의 인식〔眼識〕을 없애고서도 갱촉更觸이 있다고 갱촉을 설정한다면 그것은 그럴 이치가 없습니다. 만일 갱촉을 설정하지 않고서도 감각〔覺〕이 있다고 감각을 설정한다면 그것은 그럴 이치가 없는 것입니다. 만일 감각을 설정하지 않고서도 생각을 설정하여 출가하여 도를 배우고 생각하며 닦아 익힌다고 한다면 그것은 그럴 이치가 없습니다.

이와 같이 귀·코·혀·몸에 대해서도 또한 그러하며 뜻〔意〕을 없애고 법法을 없애고 의식意識을 없애고서도 갱촉이 있다고 갱촉을 설정한다면 그것은 그럴 이치가 없습니다. 만일 갱촉을 설정하지 않고서도 감각이 있다고 감각을 설정한다면 그것은 그럴 이치가 없는 것입니다. 만일 감각을 설정하지 않고서도 생각을 설정하여 출가하여 도를 배우고 생각하며 닦아 익힌다고 한다면 그것은 그럴 이치가 없습니다.

여러분, 비구가 눈을 인연하고 색을 인연하고 눈의 인식을 인연하여 갱촉이 있다고 갱촉을 설정한다면 반드시 그런 이치가 있는 것입니다. 갱촉을 설정함을 인연하여 감각이 있다고 감각을 설정한다면 반드시 그런 이치가 있는 것입니다. 감각을 설정함을 인연하여 생각이 있다고 설정하고 출가하여 도를 배우고 생각하며 닦아 익힌다고 한다면 반드시 그런 이치가 있는 것입니다.

이와 같이 귀·코·혀·몸에 대해서도 또한 그러하며 뜻을 인연하고 법을 인연하고 의식을 인연하여 갱촉이 있다고 갱촉을 설정하면 반드시 그런 이치가 있는 것입니다. 갱촉을 설정함을 인연하여 감각이 있다고 감각을 설정하면 반드시 그런 이치가 있는 것입니다. 감각을 설정함을 인연하여 생각이 있다고 설정하고 출가하여 도를 배우고 생각하며 닦아 익힌다고 한다면 반드시 그런 이치가 있는 것입니다.

여러분, 세존께서는 간략히 이 이치를 말씀하셔서 널리 분별하지 않고 곧 자리에서 일어나 방으로 들어가 연좌하셨습니다.

'비구여, 만일 사람이 생각을 의지함으로 말미암아 출가하여 도를 배우고 생각하며 닦아 익히고 과거와 미래와 현재의 법을 사랑하지도 않고 즐거워하지도 않으며 거기에 집착하지도 않고 머물지도 않으면 이것을 괴로움의 끝이라고 말한다. 욕심의 번뇌 · 성냄의 번뇌 · 존재의 번뇌 · 교만의 번뇌 · 무명의 번뇌 · 견해의 번뇌 · 의심하는 번뇌 · 싸움 · 미워함 · 아첨 · 속임 · 거짓말 · 이간하는 말과 한량없이 악하고 착하지 않은 법을 여의면 이것을 괴로움의 끝이라고 말한다.'

세존께서 간략히 말씀하셔서 널리 그 뜻을 분별하시지 않은 것을 나는 이 글귀와 이 글로써 이렇게 자세히 말하였습니다. 여러분 부처님께 가서 자세히 여쭈어 만일 세존께서 말씀하신 뜻과 같거든 여러분은 곧 받아 지녀도 좋습니다."

이에 모든 비구들은 존자 대가전연의 말을 듣고 잘 받아 지녀 외우고 곧 자리에서 일어나 존자 대가전연을 세 번 돌고 떠났다. 그들은 부처님 계신 곳으로 나아가 머리를 조아려 예배하고 물러나 한쪽에 앉아 여쭈었다.

"세존이시여, 세존께서는 전에 이 이치를 간략히 말씀하셔서 널리 분별하시지 않고 곧 자리에서 일어나 방으로 들어가 연좌하셨는데, 존자 대가전연이 이런 글귀와 이런 글로써 그것을 자세히 설명하였습니다."

세존께서는 들으시고 찬탄하여 말씀하셨다.

"훌륭하고 훌륭하다. 내 제자 중에서 그는 눈이 있고 지혜가 있으며 법이 있고 이치가 있다. 무슨 까닭인가? 곧 스승은 제자를 위해 간략히 이 이치를 말하고 널리 분별하지 않았는데, 제자는 이런 글귀와 이런 글로써 그것을 자세히 설명하였다. 대가전연의 설명은 틀림이 없다.

너희들은 마땅히 그렇게 받아 지녀야 한다. 무슨 까닭인가? 뜻을 관찰하여 설명하는 것은 마땅히 그렇게 해야 하기 때문이다. 비구들아, 마치 어떤 사람이 일 없는 곳이나 산림이나 나무 사이에 갔다가 갑자기 밀환蜜丸을 얻어, 그 먹는 바를 따라 그 맛을 얻는 것과 같다. 이와 같이 족성자도 나의 바른 법률에서 그의 관찰하는 바를 따라 그 맛을 얻는다. 눈을 관찰하여 맛을 얻고 귀·코·혀·몸을 관찰하고 뜻을 관찰하여 맛을 얻는다."

그때 존자 아난은 불자拂子를 잡고 부처님을 모시고 있었다. 이에 존자 아난은 합장하고 부처님을 향하여 여쭈었다.

"세존이시여, 이 법을 무엇이라고 이름해야 하며 저는 어떻게 받들어 지녀야 하겠습니까?"

세존께서 말씀하셨다.

"이 법을 밀환유蜜丸喩라고 이름하여 너는 마땅히 받아 지녀야 한다."

그리고 세존께서 모든 비구들에게 말씀하셨다.

"너희들은 이 밀환유법을 받아 읽고 외워야 한다. 무슨 까닭인가? 비구들아, 이 밀환유는 법이 있고 뜻이 있으며 범행梵行의 근본으로서 신통神通으로 나아가고 깨달음[覺]으로 나아가며 열반으로 나아가는 것이다. 만일 족성자로서 머리와 수염을 깎고 가사를 입고 지극한 믿음으로 출가하여 집 없이 도를 배우는 자는 마땅히 이 밀환유를 잘 받아 지녀야 한다."

부처님께서 이렇게 말씀하시자, 존자 아난과 비구들은 부처님 말씀을 듣고 기뻐하며 받들어 행하였다.

〔이 밀환유경에 수록된 경문의 글자 수는 2,272자이다.〕

116) 구담미경瞿曇彌經[5]〔제2 소토성송〕

나는 이와 같이 들었다.

어느 때 부처님께서 석기수釋羈瘦를 유행하실 때에 가유라위迦維羅衛의 니구류尼拘類나무 동산에 계시면서 대 비구들과 함께 여름 안거를 맞으셨다. 그때 구담미 대애瞿曇彌大愛는 부처님 계신 곳으로 나아가 부처님 발에 머리를 조아리고 물러나 한쪽에 앉아 여쭈었다.

"세존이시여, 여인도 제4의 사문과沙門果를 얻을 수 있습니까? 또 이로 말미암아 여인도 이 바른 법률 가운데서 지극한 믿음으로 출가하여 집 없이 도를 배울 수 있습니까?"

세존께서 말씀하셨다.

"그만두시오, 그만두시오. 구담미瞿曇彌여, 그대는 '여인도 이 바른 법률 가운데서 지극한 믿음으로 집을 버려 가정이 없이 도를 배울 것이다'라고 하는 이런 생각을 하지 마시오. 구담미여, 이와 같이 그대

5 이 경의 이역경으로는 남전장경南傳藏經의 율장소품律藏小品과 유송劉宋시대 혜간慧簡이 한역한 『불설구담미기과경佛說瞿曇彌記果經』이 있으며, 참고가 될 경으로는 『사분율四分律』 제48권과 『오분율五分律』 제29권이 있다.

도 머리를 깎고 가사를 입고 그 몸과 목숨을 마칠 때까지 범행을 깨끗이 닦을 것이라고 생각하지 마시오."

이에 구담미 대애는 부처님의 제지를 받자 부처님 발에 머리를 조아리고 세 번 돌고 물러갔다. 그때 모든 비구들은 세존께서는 오래지 않아 석기수에서 3개월 동안의 여름 안거를 마치신 뒤에는 옷을 기워 챙기고 발우를 가지고 세간을 유행하실 것이라고 하여 부처님을 위하여 옷을 만들었다. 구담미 대애는 모든 비구들이 세존께서는 오래지 않아 석기수에서 3개월 동안 여름 안거를 마치신 뒤에는 옷을 기워 챙기고 발우를 가지고 세간을 유행하실 것이라고 하여 부처님을 위하여 옷을 만든다는 소식을 들었다. 구담미 대애는 이 소식을 듣고 부처님 계시는 곳으로 나아가 부처님 발에 머리를 조아리고 물러나 한쪽에 서서 여쭈었다.

"세존이시여, 여인도 제4의 사문과를 얻을 수 있습니까? 또 이로 말미암아 여인도 이 바른 법률 가운데서 지극한 믿음으로 출가하여 집 없이 도를 배울 수 있겠습니까?"

세존께서 다시 말씀하셨다.

"그만두시오, 그만두시오. 구담미여, 그대는 '여인도 이 바른 법률 가운데서 지극한 믿음으로 출가하여 집 없이 도를 배울 것이다'라고 하는 그런 생각을 하지 마시오. 구담미여, 이와 같이 당신도 머리를 깎고 가사를 입고 그 몸과 목숨을 다해 범행을 깨끗이 닦을 것이라는 생각을 하지 마시오."

이에 구담미 대애는 다시 부처님의 제지를 받자 부처님 발에 머리를 조아리고 세 번 돌고 물러갔다. 그때 세존께서는 석기수에서 3개월 동안의 여름 안거를 마치고 옷을 기워 챙기고 발우를 가지고 세간을 유행하셨다. 구담미 대애는 세존께서 석기수에서 3개월 동안의 여름 안거를 마치고 옷을 기워 챙기고 발우를 가지고 세간을 유행하신다는 소식을 들었다. 구담미 대애는 곧 사이舍夷[6]의 모든 늙은 어머니들과 함께 부처님 뒤를 좇아, 계속해서 나마제까지 가서 나마제那摩提의 건니정사揵尼精舍에 머물렀다. 이에 구담미 대애는 다시 부처님 계시는 곳으로 나아가 부처님 발에 머리를 조아리고 물러나 한쪽에 서서 여쭈었다.

"세존이시여, 여인도 제4의 사문과를 얻을 수 있습니까? 또 이로 말미암아 여인도 바른 법률 가운데서 지극한 믿음으로 출가하여 집 없이 도를 배울 수 있겠습니까?"

세존께서는 세 번째 말씀하셨다.

"그만두시오, 그만두시오. 구담미여, 당신은 '여인도 이 바른 법률 가운데서 지극한 믿음으로 출가하여 집 없이 도를 배우리라'는 그런 생각을 하지 마시오. 구담미 대애여, 이와 같이 그대도 머리를 깎고 가사를 입고 그 몸과 목숨을 마칠 때까지 범행을 깨끗이 닦을 것이라는 생각을 하지 마시오."

이에 구담미 대애는 세 번째 부처님의 제지를 받고 부처님 발에 머리를 조아리고 세 번 돌고 물러갔다. 그때 구담미 대애는 흙 묻은 맨발에 몸에는 먼지를 뒤집어쓰고 지극히 피로해 슬피 울면서 문밖에 서 있었다. 존자 아난은 구담미 대애가 흙 묻은 맨발에 몸에는 먼지를 뒤집어쓰고 지극히 피로해 슬피 울면서 문밖에 서 있는 것을 보고 물었다.

"구담미여, 무슨 까닭으로 흙 묻은 맨발에 몸에는 먼지를 뒤집어쓰고 지극히 피로해 슬피 울면서 문밖에 서 있습니까?"

6 팔리어로는 Sākiyānī이고, 석가족 여인들이라는 뜻이다.

구담미 대애가 대답하였다.

"존자 아난이여, 여인은 이 바른 법률 가운데서 지극한 믿음으로 출가하여 집 없이 도를 배울 수 없습니까?"

"구담미여, 지금 잠깐만 여기 계십시오. 제가 부처님께 나아가 이 일을 여쭈어 보겠습니다."

구담미 대애가 말했다.

"부디 그래 주십시오. 존자 아난이여."

이에 아난은 부처님 계시는 곳으로 나아가 부처님 발에 머리를 조아리고 합장하고 부처님을 향해 여쭈었다.

"세존이시여, 여인도 제4의 사문과를 얻을 수 있습니까? 또 이로 말미암아 여인도 이 바른 법률 가운데서 지극한 믿음으로 출가하여 집 없이 도를 배울 수 있겠습니까?"

세존께서 말씀하셨다.

"그만두라, 그만두라. 아난아, 너는 '여인도 이 바른 법률 가운데서 지극한 믿음으로 출가하여 집 없이 도를 배울 수 있으리라'는 그런 생각을 하지 말라. 아난아, 만일 여인으로 하여금 이 바른 법률 가운데서 지극한 믿음으로 출가하여 집 없이 도를 배울 수 있게 하면, 곧 이 범행을 오래 머물지 못하게 할 것이다. 아난아, 마치 사람의 집에 여자가 많고 남자가 적은 것과 같으니, 그런 집이 흥성할 수 있겠는가?"

존자 아난이 말하였다.

"아닙니다, 세존이시여."

"그와 같이 아난아, 만일 여인으로 하여금 이 바른 법 가운데서 지극한 믿음으로 출가하여 집 없이 도를 배울 수 있게 하면 이 범행을 오래 머물지 못하게 할 것이다. 아난아, 마치 벼 밭이나 보리밭에 병균이 생기면 반드시 그 밭을 못 쓰게 만드는 것과 같으니 이와 같이 아난아, 만일 여인으로 하여금 이 바른 법률 가운데서 지극한 믿음으로 출가하여 집 없이 도를 배울 수 있게 한다면 이 범행을 오래 머물지 못하게 할 것이다."

존자 아난이 다시 여쭈었다.

"세존이시여, 구담미 대애는 세존을 위하여 많은 요익을 주었습니다. 왜냐하면 세존의 모친께서 돌아가신 뒤에 구담미 대애가 세존을 기르셨기 때문입니다."

세존께서 말씀하셨다.

"그렇다, 아난아. 그렇다, 아난아. 구담미 대애는 나에게 많은 요익을 주었으니 곧 어머님께서 돌아가신 뒤에 나를 기르셨다. 아난아, 나도 역시 구담미 대애에게 많은 요익을 주었다. 무슨 까닭인가? 아난아, 구담미 대애는 나로 인해서 부처님께 귀의하고 법에 귀의하고 승가에 귀의하게 되었으며 이 3존尊과 고苦·습(習:集)·멸滅·도道를 의심하지 않고 믿음을 성취하고 금계禁戒를 받들어 지니며 학문을 닦아 많이 들었으며 보시를 성취하고 지혜를 얻었다. 생물을 죽이는 것을 떠나고〔離殺〕 생물을 죽이는 것을 끊었으며〔斷殺〕 주지 않는 것을 가지는 것을 떠나고〔離不與取〕 주지 않는 것을 가지는 것을 끊었으며〔斷不與取〕 사음을 떠나고〔離邪淫〕 사음을 끊었으며〔斷邪淫〕 거짓말을 떠나고〔離妄言〕 거짓말을 끊었으며〔斷妄言〕 술을 떠나고〔離酒〕 술을 끊었다〔斷酒〕.

아난아, 만일 어떤 그 사람이 사람으로 말미암아 부처님께 귀의하고 법에 귀의하며 승가에 귀의하게 되고 3존尊과 괴로움·괴로움의 발생·괴로움의 소멸·괴로움의 소멸에 이르는 길을 의심하지 않으며 믿음을 성취하고 금계를 받들어 지니며 학문을 닦아 많이 듣고 보시를 성취하고 지혜를 얻게 하며 생물을 죽이는 것을 떠나고 생물을 죽이는 것을 끊으며 주지 않는 것을 가지는 것을 떠나고 주지 않는 것을 가지는 것을 끊으며 사음을 떠나고 사음을 끊으며 거짓말을 떠나고 거짓말을 끊으며 술을 떠나고 술을 끊었다면 아난아, 설사 이 사람은 그 사람에게 몸과 목숨을 마칠 때까지 의복·음식·침구·탕약과 모든 생활도구를 공양한다 하더라도 그 은혜를 갚을 수 없을 것이다.

아난아, 나는 이제 여인을 위하여 8존사법尊師法을 세울 것이니 여인은 그것을 범해서는 안 되고 그 몸과 목숨을 마칠 때까지 받들어 지녀야 한다. 아난아, 마치 어부나 어부의 제자가 깊은 물에 둑을 만들어 물을 막아 흘러나가지 못하게 하는 것과 같다. 이와 같이 아난아, 나도 이제 여인을 위하여 8존사법을 세운다. 여인은 그것을 범해선 안 되고 여인은 그 몸과 목숨을 마칠 때까지 받들어 지녀야 한다. 어떤 것이 여덟 가지인가?

아난아, 비구니는 마땅히 비구에게서 구족계를 받아야 한다. 아난아, 나는 여인을 위하여 이 제1존사법을 세운다. 여인은 그것을 범해선 안 되고 여인은 그 몸과 목숨을 마칠 때까지 받들어 지녀야 한다. 아난아, 비구니는 보름마다 비구를 찾아가 가르침을 받아야 한다. 아난아, 나는 여인을 위하여 이 제2존사법을 세운다. 여인은 그것을 범해선 안 되고 여인은 그 몸과 목숨을 마칠 때까지 받들어 지녀야 한다. 아난아, 만일 머무는 곳에 비구가 없으면 비구니는 곧 여름 안거를 받지 못한다. 아난아, 나는 여인을 위하여 이 제3존사법을 세운다. 여인은 그것을 범해선 안 되고 여인은 그 몸과 목숨을 마칠 때까지 받들어 지녀야 한다. 아난아, 비구니는 여름 안거를 마친 뒤에는 2부대중〔二部衆 : 比丘·比丘尼〕 가운데서 본 것·들은 것·의심스러운 것의 3사事에 대하여 비판을 구하여야 한다. 아난아, 나는 여인을 위하여 이 제4존사법을 운다. 여인은 그것을 범해선 안 되고 여인은 그 몸과 목숨을 마칠 때까지 받들어 지녀야 한다.

아난아, 만일 비구가 비구니의 물음을 허락하지 않으면 비구니는 곧 비구에게 경經·율律·아비담阿毘曇을 물을 수 없고 만일 물음을 허락하면 비구니는 비구에게 경·율·아비담을 물을 수 있다. 아난아, 나는 여인을 위하여 이 제5존사법을 세운다. 여인은 그것을 범해선 안 되고 여인은 그 몸과 목숨을 마칠 때까지 받들어 지녀야 한다. 아난아, 비구니는 비구의 허물을 말할 수 없지만 비구는 비구니의 허물을 말할 수 있다. 아난아, 나는 여인을 위하여 이 제6존사법을 세운다. 여인은 그것을 범해선 안 되고 여인은 그 몸과 목숨을 마칠 때까지 받들어 지녀야 한다. 아난아, 비구니가 만일 승가바시사僧伽婆尸沙[7]를 범했으면 마땅히 2부대중 가운데서 보름동안 근신을 행하여야 한다. 아난아, 나는 여인을 위하여 이 제7존사법을 세운다. 여인은 그것을 범해선 안 되고 여인은 그 몸과 목숨을 마칠 때까지 받들어 지녀야 한다. 아난아, 비구니는 구족계를 받고서 백 세가 되었더라도 처음 구족계具足戒를 받은 비구를 향해서 지극히 마음을 낮춰 머리를 조아려 예배하고 공경하고 받들어 섬기며 합장하고 문안하여야 한다. 아난아, 나는 여인을 위하여 이 제8존사법을 세운다. 여인은 그것을 범해선 안 되고 여인은 그 몸과 목숨을 마칠 때까지 받들어 지녀야 한다. 아난아, 나는 여인을 위하여 이 8존사법을 세운다. 여인은 그것을 범해선 안 되고 여인은 그 몸과 목숨을 마칠 때까지 받들어 지녀야 한다. 아난아, 만일 구담미 대애가 이 8존사법을 받들어 지닌다면 이 바

7 범어로는 Saṇghāvaseṣa라고 한다. 또는 음사하여 승가벌시사僧伽伐尸沙, 승가지시사僧伽胝施沙라고도 한다. 승잔죄僧殘罪를 말하며, 7취계聚戒의 하나. 바라이(波羅夷, Pārājikā)죄 다음가는 무거운 죄로서 여러 스님들에게 참회하여 허락하면 구제될 수 있는 계법. 여기에 비구가 지닐 13승잔과 비구니가 지닐 17종·19종·20종 승잔죄의 구별이 있다.

른 법률 가운데서 출가하여 도를 배우고 구족계를 받아 비구니가 될 수 있을 것이다."

이에 존자 아난은 부처님 말씀을 듣고 잘 받아 지니고 부처님 발에 머리를 조아린 뒤에 세 번 돌고 물러갔다. 그는 구담미 대애가 있는 곳으로 가서 말하였다.

"구담미여, 여인도 이 바른 법률 가운데서 지극한 믿음으로 출가하여 도를 배울 수 있습니다. 구담미 대애여, 세존께서는 여인을 위하여 이 8존사법을 세우셨으니 여인은 그것을 범해선 안 되고 여인은 그 몸과 목숨을 마칠 때까지 받들어 지녀야 할 것입니다.

어떤 것이 여덟 가지인가? 구담미여, 비구니는 마땅히 비구에게서 구족계를 받아야 합니다. 구담미여, 세존께서는 여인을 위하여 이 제1존사법을 세우셨으니, 여인은 그것을 범해선 안 되고 여인은 그 몸과 목숨을 마칠 때까지 받들어 지녀야 합니다. 구담미여, 비구니는 보름마다 비구에게 가서 가르침을 받아야 합니다. 구담미여, 세존께서는 여인을 위하여 이 제2존사법을 세우셨으니, 여인은 그것을 범해선 안 되고 여인은 그 몸과 목숨을 마칠 때까지 받들어 지녀야 합니다. 구담미여, 만일 머무는 곳에 비구가 없으면 비구니는 여름 안거를 받을 수 없습니다. 구담미여, 세존께서는 여인을 위하여 이 제3존사법을 세우셨으니, 여인은 그것을 범해선 안 되고 여인은 그 몸과 목숨을 마칠 때까지 받들어 지녀야 합니다. 구담미여, 비구니는 여름 안거를 마친 뒤에는 2부대중 가운데서 본 것·들은 것·의심스러운 것의 3사에 대하여 비판을 구하여야 합니다. 구담미여, 세존께서는 여인을 위하여 이 제4존사법을 세우셨으니, 여인은 그것을 범해선 안 되고 여인은 그 몸과 목숨을 마칠 때까지 받들어 지녀야 합니다.

구담미여, 만일 비구가 비구니의 물음을 허락하지 않으면 비구니는 비구에게 경·율·아비담을 물을 수 없고 만일 물음을 허락하면 비구니는 경·율·아비담을 물을 수 있습니다. 구담미여, 세존께서는 여인을 위하여 이 제5존사법을 세우셨으니, 여인은 그것을 범해선 안 되고 여인은 그 몸과 목숨을 마칠 때까지 받들어 지녀야 합니다. 구담미여, 비구니는 비구의 허물을 말할 수 없지만 비구는 비구니의 허물을 말할 수 있습니다. 구담미여, 세존께서는 여인을 위하여 이 제6존사법을 세우셨으니, 여인은 그것을 범해선 안 되고 여인은 그 몸과 목숨을 마칠 때까지 받들어 지녀야 합니다. 구담미여, 비구니가 만일 승가바시사僧伽婆尸沙를 범했으면 마땅히 2부대중 가운데서 보름동안 근신을 행하여야 합니다. 구담미여, 세존께서는 여인을 위하여 이 제7존사법을 세우셨으니, 여인은 그것을 범해선 안 되고 여인은 그 몸과 목숨을 마칠 때까지 받들어 지녀야 합니다. 구담미여, 비구니는 구족계를 받은 지 백 세가 되었더라도 처음 구족계를 받은 비구를 향해서 지극히 마음을 낮춰, 머리를 조아려 예배하고 공경하고 받들어 섬기며 합장하고 문안하여야 합니다. 구담미여, 세존께서는 여인을 위하여 이 제8존사법을 세우셨으니 여인은 그것을 범해선 안 되고 여인은 그 몸과 목숨을 마칠 때까지 받들어 지녀야 합니다.

구담미여, 세존께서는 여인을 위하여 이 8존사법을 세우셨으니, 여인은 그것을 범해선 안 되고 여인은 그 몸과 목숨을 마칠 때까지 받들어 지녀야 합니다. 구담미여, 세존께서는 이렇게 말씀하셨습니다.

'만일 구담미 대애가 이 8존사법을 받들어 지닌다면 그는 이 바른 법률 가운데서 출가하여 도를 배우고, 구족계를 받아 비구니가 될 수 있을 것이다.'"

이에 구담미 대애가 말했다.

"존자 아난이여, 내가 비유로 말하는 것을 들어보십시오. 지혜로운 사람은 비유를 들으면 곧 그 뜻을 이해할 것입니다. 존자 아난이여, 마치 용모가 단정하고 아름다운 찰리刹利의 여자나 범지梵志·거사·기술자의 여자가 깨끗하게 목욕한 뒤에 몸에 향을 바르고 환하고 깨끗한 옷을 입고 온갖 영락으로 용모를 잘 꾸몄을 때, 어떤 사람이 그 여자를 생각하기 때문에 이익과 요익을 구하고 안온과 쾌락을 구하여 푸른 연꽃다발이나 첨복꽃〔瞻蔔華〕다발, 혹은 수마나꽃〔修摩那華〕다발·바사꽃〔婆師華〕다발·아제모다꽃〔阿提牟多華〕다발을 가져다 그 여자에게 주면, 그 여자는 기뻐하며 두 손으로 그것을 받아 머리에 장식하는 것과 같습니다. 이와 같이 존자 아난이여, 세존께서는 여인을 위하여 이 8존사법을 세우셨으니 저는 몸과 목숨을 마칠 때까지 모셔 받아 받들어 지니겠습니다."

그때 구담미 대애는 바른 법률 가운데서 출가하여 도를 배우고 구족계를 받아 마침내 비구니가 되었다. 구담미 대애는 훗날 점차 큰 비구니 대중을 이루게 되었을 때 왕에게 잘 알려지고 오랫동안 범행을 닦은 모든 장로 상존長老上尊 비구니들과 함께 존자 아난에게 나아가 머리를 조아려 절하고 물러나 한쪽에 서서 말씀드렸다.

"존자 아난이여, 마땅히 아셔야 합니다. 이 모든 비구니들은 다 장로 상존으로서 왕에게 잘 알려져 있으며 오랫동안 범행을 닦았습니다. 저 비구들은 나이 젊은 신학新學으로서 늦게 출가하여 이 바른 법률 가운데 들어온 지 오래지 않았습니다. 원컨대 저 모든 비구들로 하여금 이 모든 비구니들을 위하여 그 나이의 많고 적음에 따라 머리를 조아려 절하고 공경하여 받들어 섬기며 합장하고 문안하게 하십시오."

이에 존자 아난이 말하였다.

"구담미여, 지금 잠깐 여기 계십시오. 제가 부처님께 나아가 이 일을 여쭈어 보겠습니다."

구담미 대애가 말하였다.

"예, 그러십시오, 존자 아난이시여."

이에 존자 아난은 부처님 계신 곳으로 가서 부처님 발에 머리를 조아리고 물러나 한쪽에 서서 합장하고 부처님을 향하여 여쭈었다.

"세존이시여, 오늘 구담미 대애는 왕에게 잘 알려지고 오랫동안 범행을 닦은 모든 비구니 장로 상존과 함께 저에게 와서 제 발에 머리를 조아리고 물러나 한쪽에 서서 합장하고 저에게 말하였습니다.

'존자 아난이여, 이 모든 비구니들은 다 장로 상존으로서 왕에게 잘 알려져 있으며 오랫동안 범행을 닦았습니다. 저 여러 비구들은 나이 젊은 신학으로서 늦게 출가하여 이 바른 법률에 들어온 지 오래지 않았습니다. 원컨대 저 모든 비구들로 하여금 이 모든 비구니들을 위하여, 그 나이의 많고 적음에 따라 머리를 조아려 절하고 공경하여 받들어 섬기며 합장하고 문안하게 하십시오.'

부처님께서 말씀하셨다.

"그만둬라, 그만둬라. 아난아, 그 말을 조심하고 삼가 그런 말을 하지 말라. 아난아, 네가 만일 내가 알고 있는 것을 알았다면 반드시 한 마디도 말하지 않았을 것인데 하물며 그런 말을 하겠는가?

아난아. 만일 여인이 이 바른 법률 가운데서 지극한 믿음으로 출가하여 집 없이 도를 배우도록 하지 않았더라면 모든 범지와 거사들은 옷을 땅에 펴고 이렇게 말했을 것이다.

'정진하는 사문께서는 이 위로 가십시오. 정진하는 사문께서는 힘든 수행을 하시니 저희들로 하여금 영원히 이익과 요익을 얻게 하고 안온하고 쾌락하게 하십시오.'

아난아, 만일 여인이 이 바른 법률 가운데서 지극한 믿음으로 출가하여 집 없이 도를 배우도록 하지 않았더라면 모든 범지와 거사들은 머리털을 땅에 펴고 이렇게 말했을 것이다.

'정진하는 사문께서는 이 위로 가십시오. 정진하는 사문께서는 힘든 수행을 하시니 저희들로 하여금 영원히 이익과 요익을 얻게 하고 안온하고 쾌락하게 하십시오.'

아난아, 만일 여인이 이 바른 법률 가운데서 지극한 믿음으로 출가하여 집 없이 도를 배우도록 하지 않았더라면, 모든 범지와 거사들은 사문을 보면 손에 여러 가지 음식을 받들고 길가에 서서 기다리면서 이렇게 말했을 것이다.

'여러분, 이것을 받아 드시고 이것을 가지고 가서 마음대로 쓰시고 저희들로 하여금 영원히 이익과 요익을 얻게 하시고 안온하고 쾌락하게 하십시오.'

아난아, 만일 여인이 이 바른 법률 가운데서 지극한 믿음으로 출가하여 집 없이 도를 배우도록 하지 않았더라면, 모든 믿음이 있는 범지들은 정진하는 사문을 보면 공경하는 마음으로 집안으로 모시고 들어가 여러 가지 재물을 가져다 정진하는 사문에게 주면서 이렇게 말했을 것이다.

'여러분, 이것을 받아 가지고 가서 마음대로 쓰시고 저희들로 하여금 영원히 이익과 요익을 얻게 하시고 안온하고 쾌락하게 하십시오.'

아난아, 만일 여인이 이 바른 법률 가운데서 지극한 믿음으로 출가하여 집 없이 도를 배우도록 하지 않았더라면 이 해와 달이 큰 여의족如意足이 있고 큰 위덕이 있으며 큰 복이 있고 큰 위신威神이 있다지만 정진하는 사문의 위신의 덕에는 미치지 못할 것인데, 하물며 저 앙상하고 나약한 이학이겠는가?

아난아, 만일 여인이 이 바른 법률 가운데서 지극한 믿음으로 출가하여 집 없이 도를 배우도록 하지 않았더라면, 이 바른 법은 1천 년은 더 계속 되었을 것이다. 그러나 이제 5백 년을 잃었으니 남은 것은 5백 년뿐이다.

아난아, 마땅히 알아야 한다. 여인은 5사事를 얻을 수 없으니 비록 여인이 여래·무소착無所着·등정각等正覺과 전륜왕·천제석·마왕·대범천이 되려 하더라도 끝내 그렇게 될 수 없다. 그러나 마땅히 알아야 한다. 남자는 5사를 얻을 수 있고 만약 여래·무소착·등정각과 전륜왕·제석천·마왕·대범천이 되려 한다면 그것은 반드시 그렇게 될 수 있다."

부처님께서 이렇게 말씀하시자, 존자 아난과 모든 비구들은 부처님 말씀을 듣고 기뻐하며 받들어 행하였다.

〔이 구담미경에 수록된 경문의 글자 수는 3,356자이다. 『중아함경』 제28권에 수록된 경문의 글자 수는 모두 6,599자이고, 「임품林品」에 수록되어 있는 경문의 글자 수는 모두 14,182자이다.〕[8]

8 「임품」인 제27권과 제28권의 글자 수를 합하면 총 14,181자인데, 여기엔 14,182자로 되어 있어 실제 기록보다 1자 더 많다.

중아함경 제 29 권

11. 대품大品 ①

〔이 품에는 모두 25개의 소경이 수록되어 있다. 이 품은 제3 1일송日誦으로서 이 송의 이름은 염송念誦이다. 이 염송 안에는 두 개의 품品에 25개의 소경이 수록되어 있다.〕[1]

유연경柔軟經 · 용상경龍象經 · 설처경說處經과
설무상경說無常經 · 청청경請請經 · 첨파경瞻波經이며
사문이십억경沙門二十億經 · 팔난경八難經과
빈궁경貧窮經 · 행욕경行欲經 · 복전경福田經일세.

우바새경優婆塞經 · 원가경怨家經과
교담미경敎曇彌經 · 항마경降魔經이며

---

1 고려대장경에서는 이 제3 1일송日誦에 2품 25경이 수록되었다 하였고, 송본 · 원본에서는 1품 반 25경이 수록되었다고 하였다. 그러나 실재 조사해 보니 「대품大品」 27경과 「범지품梵志品」의 전반부 10경이 제3 1일송에 수록되어 있었다. 따라서 1품 반에 35경이 수록되었다고 해야 올바르다.

뢰타화라경賴吒和羅經 · 우바리경優婆離經과
석문경釋問經 · 선생경善生經이네.
상인구재경商人求財經 · 세간경世間經 · 복경福經과
식지도경息止道經 · 지변경至邊經 · 유경喩經이라네.

117) 유연경柔軟經〔제3 염송念誦〕

나는 이와 같이 들었다.

어느 때 부처님께서 사위국을 유행하실 때에 승림급고독원에 머무셨다. 그때 세존께서는 모든 비구들에게 말씀하셨다.

"나는 옛날 출가하여 도를 배운 뒤로는 여유 있게 노닐며 조용하고 한가하고 즐거워 매우 유연하였다. 내가 부왕 열두단悅頭檀[2]의 집에 있을 때에는 나를 위해 여러 가지 궁전, 곧 봄 궁전 · 여름 궁전 · 겨울 궁전을 지었으니 나를 잘 노닐게 하기 위해서였다. 궁전에서 멀지 않은 곳엔 다시 푸른 연꽃못 · 붉은 연꽃못 · 빨간 연꽃못 · 흰 연꽃못 등 여러 가지 꽃못을 만들고 그 못 가운데에는 푸른 연꽃 · 붉은 연꽃 · 빨간 연꽃 · 흰 연꽃 등 온갖 물꽃을 심어서 언제나 물이 있고 언제나 꽃이 있었으며, 사람을 시켜 지키게 해 일체 통행하지 못하게 하였으니 나를 잘 노닐게 하기 위해서였다. 그 못 언덕에는 또 수마나꽃修摩那華 · 바사꽃婆師華 · 첨복꽃瞻蔔華 · 수건제꽃修揵提華 · 마두건제꽃摩頭揵提華 · 아제모다꽃阿提牟多華 · 파라두꽃波羅頭華 등 온갖 육지 꽃을 심었으니

2 범어로는 Suddhodana라고 한다. 음역하여 수두단輸頭檀 · 수도타나首圖馱那 · 설두屑頭 등이라고도 하며, 의역하여 백정왕白淨王 · 정반왕淨飯王이라고도 한다. 사자협왕師子頰王의 아들. 구리성 임금 선각왕의 누이동생 마하마야를 왕비로 맞았으나 실달타를 낳고 죽었다. 그래서 그녀의 동생인 마하파사파제를 왕비로 정하여 기르게 하였고, 그 뒤에 난타難陀를 낳았다.

나를 잘 노닐게 하기 위해서였다. 그리고 네 사람을 시켜 나를 목욕시키고는 목욕 후에 붉은 전단향을 내 몸에 바르고 몸에 향을 바른 후에 새 비단옷을 입혔으니 위아래나 안팎이나 겉과 속이 다 새 것이었다. 그리고 밤낮으로 언제나 일산을 내게 씌웠으니 나〔太子〕로 하여금 밤에는 이슬에 젖지 않고 낮에는 볕에 타지 않게 하기 위해서였다. 항상 다른 집에서는 밀기울 · 보리밥 · 콩국 · 생강채를 제일가는 음식으로 삼는 것처럼 내 아버지 열두단의 집 가장 낮은 하인은 쌀밥과 기름진 반찬을 제일가는 음식으로 삼았다. 다시 다음에는 혹은 들짐승으로 최고로 맛있는 짐승들이 있었으니 곧 제제라화타提帝邏和吒 · 겁빈사라劫賓闍邏 · 혜미하리니사시라미奚米何梨泥奢施羅米 같은 들짐승으로, 가장 맛난 짐승은 언제나 나를 위한 요리가 되었다.

내가 옛날의 아버지 열두단의 집을 생각하면, 여름 4개월 동안은 정전正殿 위에 올라가 있었는데 남자는 없고 오직 기생만 있어서 스스로 즐기면서 애당초 내려오지 않았다. 내가 동산을 구경하러 나가려고 할 때에는 30명의 제일 훌륭한 기병을 뽑아 의장이 앞뒤에서 시종하고 인도하게 하였으니 하물며 그 나머지였겠느냐? 나는 이런 여의족如意足이 있었으니, 이것이 가장 유연한 것이었다.

나는 또 옛날을 생각하면, 농부가 밭 위에서 쉬는 것을 보고 염부閻浮나무 아래로 가서 결가부좌 하여 욕심을 여의고 악하고 착하지 않은 것을 여의며 각覺도 있고 관觀도 있으며 여의는 데서 생기는 기쁨과 즐거움이 있는 초선을 얻어 성취하여 노닐었다. 그때 나는 이렇게 생각하였다.

'많이 알지 못하는 어리석은 범부는 스스로 병을 가지고 있어 병을 떠나지 못했으면서, 다른 사람의 병을 보고 스스로 자기를 관찰하지 못한다 하여 미워하고 천하게 여겨 사랑하지 않고 기뻐하지 않는다.'

나는 다시 이렇게 생각하였다.

'내 자신이 병을 가지고 있어 병을 떠나지 못했으면서 만일 내가 남의 병을 보고 미워하고 천히 여겨 사랑하지 않고 기뻐하지 않는다면, 내게도 또한 이 병이 있기 때문에 나 또한 옳지 못하다.'

이렇게 관찰한 뒤에는 병들지 않았다고 해서 일어나는 뽐내는 마음은 곧 저절로 없어졌다.

나는 또 이렇게 생각하였다.

'많이 알지 못하는 어리석은 범부는 스스로 늙는 법이 있어 늙음을 떠나지 못했으면서 남의 늙음을 보고 스스로 자기를 관찰하지 못한다 하여, 미워하고 천하게 여겨 사랑하지 않고 기뻐하지 않는다.'

나는 다시 이런 생각을 했다.

'내 스스로 늙는 법이 있어 늙음을 떠나지 못했으면서 만일 내가 남의 늙음을 보고 미워하고 천하게 여겨 사랑하지 않고 기뻐하지 않는다면, 내게도 역시 이 법이 있기 때문에 나 또한 옳지 못하다.'

이렇게 관찰한 뒤에는 오래 산다고 하여 일어나는 뽐내는 마음은 곧 저절로 없어졌다.

많이 알지 못하는 어리석은 범부는 병들지 않았다고 하여 뽐내고 거드름 피우며 방일하고 욕심으로 말미암아 어리석음이 생겨 범행을 행하지 않는다. 많이 알지 못하는 어리석은 범부는 젊다고 하여 뽐내고 거드름 피우며 방일하고 욕심으로 말미암아 어리석음이 생겨 범행을 행하지 않는다. 많이 알지 못하는 어리석은 범부는 오래 산다고 하여 뽐내고 거드름 피우며 방일하고 욕심으로 말미암아 어리석음이 생겨 범행을 행하지 않는다."

이에 세존께서 곧 게송으로 말씀하셨다.

앓는 법과 늙는 법
그리고 죽는 법
그것은 으레 있는 법인데
범부는 그것 보고 미워하도다.

만일 내가 미워만 하고
이 법을 건너가지 못하면
내게도 이 법 있기에
나 또한 옳지 못하네.

그가 만일 이렇게 행하면
법을 알아 생을 떠나련만
병이 없는 젊은 사람은
오래 산다고 뽐내는구나.
모든 뽐내는 마음 끊어 버리면
욕심이 없어 편안하게 되리라.

그가 만일 이렇게 깨달으면
욕심에 대하여 두려움 없고
생각도 없게 되어
깨끗한 범행을 할 수 있으리.

부처님께서 이렇게 말씀하시자, 모든 비구들은 부처님 말씀을 듣고 기뻐하며 받들어 행하였다.

〔이 유연경에 수록된 경문의 글자 수는 총 791자이다.〕

118) 용상경龍象經〔제3 염송〕

나는 이와 같이 들었다.

어느 때 부처님께서는 사위국을 유행하실 때에 동원東園의 녹자모당鹿子母堂[3]에 계셨다. 그때 세존께서는 해질녘에 연좌에서 일어나 당상에서 내려오셔서 말씀하셨다.

"오다이烏陀夷여, 너와 함께 동하東河에 가서 목욕해야겠다."

존자 오타이가 말했다.

"예."

이에 세존께서는 존자 오다이를 데리고 동하로 가셔서 언덕 위에서 옷을 벗고 곧 물에 들어가 목욕하셨다. 목욕을 마친 뒤에 도로 나와 몸을 닦고 옷을 입으셨다.

그때 바사닉왕波斯匿王에게는 염念이라는 이름의 용상龍象이 있어 갖가지 소리를 내며 씩씩하게 동하를 건너고 있었다. 사람들은 그것을 보고 이렇게 말하였다.

'이것은 용 중의 용으로서 대용왕大龍王이다. 이것은 이름이 무엇인가?'

존자 오다이가 합장하고 부처님을 향하여 여쭈었다.

"세존이시여, 사람들이 몸집이 큰 코끼리를 보고 이렇게 말합니다. '이것은 용 중의 용으로서 대용왕이다. 이것은 이름이 무엇인가?'"

세존께서 말씀하셨다.

"그렇다. 오다이여, 그렇다. 오다이여, 사람들은 몸집이 큰 코끼리

3 사위성 기원정사祇園精舍의 동쪽에 위치한 2층의 큰 강당. 녹모鹿母 비사가毘舍佉가 180만금을 시주하여 목건련目揵連의 감독으로 지어 부처님께 공양한 정사. 동원정사東園精舍라고도 한다.

를 보고 이렇게 말한다.

'이것은 용 중의 용으로서 대용왕이다. 이것은 이름이 무엇인가?'

오다이여, 말·낙타·소·나귀·뱀·사람·나무로 큰 몸집을 가지면 사람들은 그것을 보고 이렇게 말한다.

'이것은 용 중의 용으로서 대용왕이다. 이것은 이름이 무엇인가?'

오다이여, 만일 세간이나 하늘·마군·범梵·사문沙門 범지梵志 등 사람에서 하늘에 이르기까지 몸과 입과 뜻으로써 해치지 않으면, 나는 그를 용이라고 말한다.

오다이여, 여래는 세간이나 하늘·마군·범·사문 범지 등 사람에서 하늘에 이르기까지 몸과 입과 뜻으로써 해치지 않았다. 그러므로 나를 용이라고 이름한다."

이에 존자 오다이는 합장하고 부처님을 향하여 여쭈었다.

"세존이시여, 원하건대 제게 위력을 주십시오. 선서善逝시여, 제게 위력威力을 주십시오. 그리하여 저로 하여금 부처님 앞에서 용에 알맞은 노래로써 세존을 찬탄하게 하십시오."

세존께서 말씀하셨다.

"네가 하고 싶은 대로 하라."

이에 존자 오다이는 부처님 앞에서 용에 알맞은 노래로써 세존을 찬탄하였다.

정각正覺께서는 인간 세계에 나셔서
스스로 제어하여 바른 선정 얻고
깨끗한 행을 닦아 익히고
마음을 쉬어 스스로 즐거워하시네.

사람의 공경과 존중 받아
일체법을 뛰어 넘었고
또한 하늘의 공경을 받으니
집착이 없는 지극히 참된 사람

일체의 번뇌〔結〕를 뛰어 넘어서
숲에서 숲을 버려 떠나고
욕심을 버려 무욕無欲을 즐기는 것
돌에서 황금이 나오는 것 같네.

널리 듣고 바로 다 깨닫기는
마치 허공에 해가 돋는 듯
일체 용 가운데서 우뚝하기는
뭇 산 위로 솟은 멧부리 같네.

일컬어 큰 용이라 말하지만
남을 해치지 않으시니
일체 용 중의 용으로서
진실로 참되어 위없는 용이시라.

온화함과 해침이 없음
이 두 가지는 이 용의 발이며
고행과 범행
그것은 용의 행동이라네.

큰 용은 믿음을 손으로 삼고

두 가지 공덕을 어금니로 삼으며
생각은 목이며 지혜는 머리로서
법을 깊이 생각하고 분별하시네.

모든 법을 받아 지니는 것은 배〔腹〕이며
멀리 떠남 즐기는 것은 두 팔
숨길의 드나듦에 잘 머물고
속마음은 지극히 잘 선정에 드시네.

용은 다니거나 멈추거나 선정에 들고
앉아서도 누워서도 또한 선정에 들어
용은 모든 때에 선정에 드나니
이것을 용의 상법常法이라고 한다.

더러움 없는 집에서 음식을 받고
더러움이 있으면 곧 받지 않으며
나쁘고 깨끗하지 못한 음식 얻으면
그것 버림을 사자처럼 하시네.

만일 공양을 얻게 되면
남을 자애롭고 가엾게 여겨 받으니
용은 남의 보시 받아먹으나
목숨을 보존함에 집착이 없으시네.

크고 작은 번뇌를 끊어 없애고
일체의 속박에서 해탈하셔서

어느 곳에 가서 노닐더라도
마음에는 얽매임과 집착이 없으시네.

그것은 마치 새하얀 연꽃이
물에서 나고 물에서 자라도
진흙물이 거기에 붙지 못하고
묘한 향기와 사랑스런 빛깔 가진 것 같네.

이와 같이 최상의 깨달은 사람
세상에 나서 세상에서 살아도
욕심 때문에 물들지 않으시니
꽃이 물에 물들지 않듯이.

마치 치성하게 타오르던 불길도
섶을 대지 않으면 곧 꺼지듯이
섶 없으면 불은 잇닿지 못해
이 불은 이 때문에 꺼진다.

지혜로운 분께선 이 비유를 말해
그 뜻을 알리고자 하시니
이것이 용께서 아시는 바이며
용 중의 용께서 말씀하시는 것이라.

음욕과 성냄을 멀리 여의고
어리석음을 끊어 무루無漏 얻은 뒤
용께선 그 몸을 버려 떠나니

이것을 이 용의 멸함이라 한다네.

부처님께서 이렇게 말씀하시자, 존자 오다이는 부처님 말씀을 듣고 기뻐하며 받들어 행하였다.

〔이 용상경에 수록된 경문의 글자 수는 730자이다.〕

119) 설처경說處經〔제3 염송〕

나는 이와 같이 들었다.

어느 때 부처님께서는 사위국을 유행하실 때에 승림급고독원에 머무셨다. 그때 세존께서는 여러 비구들에게 말씀하셨다.

"여기 4도 아니고 5도 아닌, 3설처說處[4]가 있다. 만일 비구가 그것을 본〔見〕 뒤에, 그것으로 말미암아 말하고 싶다면 '나는 보았다'라고 말하라. 듣고〔聞〕 인식한 것〔識〕도 마찬가지이며, 알고〔知〕나서 비구는 말할 때 '이것이 내가 아는 것이다'라고 말하라.

어떤 것이 세 가지인가? 비구여, 과거 세상에 대해 말할 때는 '이러한 과거 세상이 있었다'고 말하라. 비구여, 미래 세상에 대해 말할 때는 '이러한 미래 세상이 있을 것이다'라고 말하라. 현재 세상에 대해 말할 때는 '이러한 현재 세상이 있다'고 말하라. 이것을 4도 아니고 5도 아닌 3설처라고 하는 것이다. 만일 비구가 그것을 본〔見〕 뒤에 그것으로 말미암아 말하고 싶다면 '나는 보았다'고 말하라. 듣고〔聞〕 인식한 것〔識〕도 마찬가지이며, 알고〔知〕나서 비구는 말할 때 '이것이 내

4 설처(說處, kathāvatthu)는 말[言]의 소의所依라는 뜻이다.

가 아는 것이다'라고 말하라. 그 말로 인해 다른 이들이 그 뜻을 잘 배워 얻을 것이며 말하지 않으면 그 뜻을 잘 배워 익히지 못하게 될 것이다.

현성의 제자들은 두 귀와 한마음으로 법을 듣는데, 그는 두 귀와 한마음으로 법을 들은 뒤에는 1법을 끊고 1법을 닦아 1법을 증득한다. 그는 1법을 끊고 1법을 닦아 1법을 증득한 뒤에는 곧 바른 선정을 얻는다. 현성의 제자는 마음에 바른 선정을 얻은 뒤에는 곧 일체의 음욕〔淫〕과 성냄〔怒〕과 어리석음〔癡〕을 끊는다. 현성의 제자는 이렇게 하여 심해탈心解脫을 얻고 해탈한 뒤에는 곧 해탈한 줄을 알아, 나의 생은 이미 다하고 범행은 이미 서며 할 일을 이미 마쳐 다시는 후세의 몸을 받지 않는다고 사실 그대로 안다.

그 말로 인해 4처處가 있으니 그것으로써 사람을 관찰하여 이 사람은 함께 말할 수 있는가, 함께 말할 수 없는가를 살펴보라. 만일 그 사람이 일향론一向論에 일향으로 대답하지 않고 분별론分別論에 분별로 대답하지 않으며 힐론詰論에 힐詰로 대답하지 않고 지론止論에 지止로 대답하지 않으면 그러한 사람은 함께 말할 수도 없고 또한 함께 의논할 수도 없다. 만일 그 사람이 일향론에 일향으로 대답하고 분별론에 분별로 대답하며 힐론에 힐로 대답하고 지론에 지로 대답하면 그러한 사람은 함께 말할 수도 있고 또한 함께 의논할 수도 있다.

또 그 말로 인해 다시 4처가 있으니 그것으로써 사람을 관찰하여 이 사람은 함께 말할 수 있는가, 함께 말할 수 없는가를 살펴보라. 만일 그 사람이 처處·비처非處에도 머물지 않고 소지所知에도 머물지 않으며 설유說喩에도 머물지 않고 도적道跡에도 머물지 않으면 그 사람은 함께 말할 수도 없고 또한 함께 의논할 수도 없다. 만일 그 사람이 처·비처에도 머물고 소지所知에도 머물며 설유에도 머물고 도적에도 머물면 그러한 사람은 함께 말할 수도 있고 또한 함께 의논할 수도 있다.

그 말하는 때로 인해 입의 행〔口行〕을 쉬고 자기의 소견을 버리고 원결怨結의 뜻을 버리며 욕심을 버리고 성냄을 버리며 어리석음을 버리고 거만을 버리며 말하지 않음을 버리고 아낌과 질투함을 버리며 이기기를 구하지 말고 남을 항복받으려 하지 말며 남의 과실을 트집 잡지 말고 이치를 말하고 법을 말하라. 이치를 말하고 법을 말한 뒤에는 가르치고 가르친 뒤에는 그쳐 스스로 기뻐하고 그를 기뻐하게 한다. 이렇게 이치를 말하고 이렇게 일을 말하는데 이것이 거룩한 이치를 말하는 것이며, 이것이 거룩한 일을 말하는 것으로서 마지막에는 누가漏 다하는 데까지 이르게 된다."

이에 세존께서는 게송으로 말씀하셨다.

만일 다투는 논란이 있고
잡된 생각으로 뽐내는 마음 품고
성인을 비방하고 덕을 헐뜯고
제각기 서로 틈만 엿보며

다만 남의 허물만 찾고
뜻은 남을 항복받으려 하며
다시 서로 이기기를 구하는 것
성인은 이렇게 말하지 않는다.

만일 서로 논의코자 하거든
지혜로운 사람은 마땅히 때를 아는데

법도 있고 또한 이치도 있어
모든 성인의 말씀은 이러하다.

지혜로운 사람은 이렇게 말하고
다툼도 없고 뽐냄도 없으며
마음에는 싫증을 내는 일 없고
맺음도 없고 또한 누漏도 없다.

이치를 따라 뒤바뀌지 않고
바르게 알아 말하며
잘 말하고 그렇게 옳게 여겨
끝내 악을 말하지 않는다.

다툼으로써 논란하지 않고
또한 남의 다툼을 받지도 않으며
다만 아는 것과 말해야 할 것
이것이 그가 논하는 바이다.

거룩한 사람은 이렇게 말하며
지혜로운 사람은 모두 그 뜻을 얻어
현재에서도 즐거움 얻고
또한 후세에서도 편안하다.

마땅히 알아야 한다.
총명하고 통달한 사람은
뒤바뀜도 아니고

항상한 것도 아니라고 말한다.

부처님께서 이렇게 말씀하시자, 모든 비구들은 부처님 말씀을 듣고 기뻐하며 받들어 행하였다.

〔이 설처경에 수록된 경문의 글자 수는 723자이다.〕

120) 설무상경說無常經〔제3 염송〕

나는 이와 같이 들었다.

어느 때 부처님께서는 사위국을 유행하실 때에 승림급고독원에 머무셨다. 그때 세존께서 여러 비구들에게 말씀하셨다.

"색色은 무상無常이다. 무상은 곧 괴로움이며 괴로움은 곧 신神이 아니다. 각覺 또한 무상無常이다. 무상은 곧 괴로움이며 괴로움은 곧 신이 아니다. 상想 또한 무상이다. 무상은 곧 괴로움이며 괴로움은 곧 신이 아니다. 행行 또한 무상이다. 무상은 곧 괴로움이며 괴로움은 신이 아니다. 식識 또한 무상이다. 무상은 곧 괴로움이며 괴로움은 곧 신이 아니다. 이것을 색은 무상이며 각·상·행·식도 무상이며 무상은 곧 괴로움이며 괴로움은 곧 신이 아니라고 하는 것이다.

많이 아는〔多聞〕 거룩한 제자들은 이렇게 관찰하고 7도품道品을 닦아 익혀 걸림이 없어 바른 생각〔正思〕과 바른 기억〔正念〕이 있다. 그는 이렇게 알고 이렇게 보아 욕루欲漏에서 심해탈心解脫하고 유루有漏·무명루無明漏에서 심해탈하며 해탈한 뒤에는 해탈한 줄을 알아 나의 생은 이미 다하고 범행梵行은 이미 서며 할 일을 이미 마쳐 다시는 후세의 몸〔後有〕을 받지 않는다고 사실 그대로 안다. 만일 중생이 아홉 가지 중생 세계에서 곧 유상무상처有想無想處의 행行을 하여 제일유第一有에 이르게 되면 그 중간에서 그는 제일이며 그는 크며 그는 훌륭하고 그는 최상이며 그는 제일 높고 그는 묘하며 곧 세간의 아라하(阿羅訶 : 阿羅漢)이다. 무슨 까닭인가? 그 세간에서 아라하는 안온과 쾌락을 증득했기 때문이다."

이에 세존께서는 게송으로 말씀하셨다.

집착이 없는 것은 제일의 즐거움
욕심을 끊고 애욕도 없으며
길이 아만我慢을 버리고 떠나
무명無明의 그물을 찢어 없애네.

그는 흔들리거나 움직이지 않게 되어
마음속에는 더러움 없고
세간에도 물들지 않아
범행으로써 무루無漏를 얻는다.

5음陰을 똑똑히 깨닫고 알아
일곱 가지 선법善法으로 경계를 삼았는데
대웅大雄은 노니는 어디에서도
일체의 두려움을 떠났다.

7각覺의 보배[5]를 이루어 마치고

5 팔리본에 의하면 7보寶를 가리키는 것으로서 7각분覺分이라고도 한다. 7각분은 또 7각지覺支로 쓰기도 하는데, 곧 택법각지擇法覺支·정진각지精進覺支·희각지喜覺

세 가지 학문을 갖추어 배우면
묘한 최상의 벗이라 일컬으며
부처의 으뜸가는 참제자이다.

10지支의 도를 성취했으며
큰 용은 지극히 고요한 마음이라네.
이는 세상에서 제일이니
그는 곧 다시 애욕이 없네.

세상 모든 일에 움직이지 않아
미래의 유有에서 벗어났으며
생·노·병·사를 끊어 버리고
할 일을 마치고 누漏를 멸했네.

무학無學의 지혜를 떨쳐 일으켜
가장 마지막의 몸을 얻었고
범행을 제일로 갖추었으니
그의 마음은 다른 것을 연유하지 않네.

상·하 사방의 모든 곳에 대해
그는 기쁨과 즐거움 없고
능히 사자처럼 포효하므로
세상에서 위없는 부처이다.

支·경안각지輕安覺支·염각지念覺支·정각지定覺支·사각지捨覺支를 말한다.

부처님께서 이렇게 말씀하시자, 모든 비구들은 부처님 말씀을 듣고 기뻐하며 받들어 행하였다.

〔이 설무상경에 수록된 경문의 글자 수는 총 413자이다.〕

121) 청청경請請經[6]〔제3 염송〕

〔위 경 이름의 뒤 글자 청請은 자慈와 정井의 반절로 발음해야 한다.〕

나는 이와 같이 들었다.

어느 때 부처님께서는 왕사성王舍城을 유행하실 때에 죽림가란다竹林迦蘭哆園에 계시며, 대 비구 대중 5백 명과 함께 여름 안거를 맞으셨다. 그때 세존께서는 그 달 15일에 종해탈從解脫[7]을 말씀하시고 서로 청청請請[8]할 때 비구들 앞에서 자리를 펴고 앉아, 모든 비구들에게 말씀하셨다.

"나는 범지로서 멸(滅 : 涅槃)을 얻어 마치고 위없는 의왕醫王이 되었다. 내가 지금 받은 이 몸은 최후의 몸이다. 나는 범지로서 멸을 얻어

6 이 경의 이역경으로는 송宋시대 법현法賢이 한역한 『불설해하경佛說解夏經』과 동진東晋시대 축담무란竺曇無蘭이 한역한 『불설신세경佛說新歲經』과 서진西晋시대 축법호竺法護가 한역한 『불설수신세경佛說受新歲經』이 있으며, 비슷한 내용의 경전으로는 『잡아함경』 제45권 1169번째 소경과 『별역잡아함경』 제12권 228번째 소경, 그리고 『증일아함경』 「선취품善聚品」 다섯 번째 경이 있다.

7 범어로는 Prātimokṣa라고 한다. 바라제목차波羅提木叉라고도 하며, 또는 별해탈別解脫·처처해탈處處解脫·별처처해탈別處處解脫·정순해탈正順解脫·해탈생사解脫生死·보늑해탈保得解脫 등으로 의역하여 쓰기도 한다. 7중衆이 몸과 입으로 7지支 등의 잘못을 막아서 그치게 하고, 모든 번뇌와 혹업惑業을 멀리 여의고 해탈을 증득하기 위해 계율을 받아 지니는 것을 가리킨다.

8 범어로는 Pravāraṇa라고 한다. 또는 자자自恣·수의隨意·만족滿足이라고도 한다. 여름 안거安居의 마지막 날 같이 공부하던 스님 대중이 모여 서로 보고 듣고 의문을 가진 세 가지 일을 가지고 그동안의 죄를 고백하고 참회하는 행사.

마친 뒤에는 위없는 의왕이 되었다. 내가 지금 받은 이 몸은 최후의 몸이다. 그러므로 너희들은 나의 참 제자이니, 내 입에서 나온 법으로 직접 교화되었기 때문이다. 너희들은 나의 참 제자이니 내 입에서 나온 법으로 직접 교화되었기 때문이다. 너희들은 마땅히 교화하여 서로 전하며 가르쳐야 한다."

그때 존자 사리자도 대중 가운데 있었다. 존자 사리자는 즉시 자리에서 일어나 가사 한쪽을 벗어 메고 합장하고 부처님을 향하여 여쭈었다.

"세존이시여, 세존께서는 '나는 범지로서 멸을 얻어 마치고 위없는 의왕이 되었다. 내가 지금 받은 이 몸은 최후의 몸이다. 나는 범지로서 멸을 얻어 마친 뒤에 위없는 의왕이 되었다. 내가 지금 받은 이 몸은 최후의 몸이다. 그러므로 너희들은 나의 참 제자이니 내 입에서 나온 법으로 직접 교화되었기 때문이다. 너희들은 나의 참 제자이니 내 입에서 나온 법으로 직접 교화되었기 때문이다. 너희들은 마땅히 교화하여 서로 전하며 가르쳐야 한다'라고 말씀하셨습니다.

세존이시여, 그 법은 모든 조복調伏되지 못한 자를 조복하여 제어하게 하였고 모든 쉬지 못한 자를 그쳐 쉬게 하고 모든 제도되지 못한 자를 제도되게 하였으며 모든 해탈하지 못한 자를 해탈하게 하고 모든 멸滅을 얻지 못한 자를 멸을 얻게 하고 도를 얻지 못한 자를 도를 얻게 하며 범행을 행하지 못하는 자를 범행을 행하게 하여, 도를 알고 도를 깨닫고 도를 판단하고 도를 설명하게 하였습니다. 세존이시여, 제자들은 뒷날에 법을 얻어 가르침을 받고 꾸짖음을 받으며 가르침과 꾸짖음을 받은 뒤에는 세존의 말씀을 따라 곧 행하여 그 뜻을 얻어 바른 법을 잘 알게 될 것입니다. 그런데 세존이시여, 저의 몸과 입과 뜻의 행에 대하여 싫어하시지는 않습니까?"

그때 세존께서 말씀하셨다.

"사리자여, 나는 너의 몸과 입과 뜻의 행에 대하여 싫어하지 않는다. 무슨 까닭인가? 사리자여, 너는 총명한 지혜·큰 지혜·빠른 지혜·민첩한 지혜·예리한 지혜·넓은 지혜·깊은 지혜·벗어나는 지혜·환하게 통달한 지혜가 있다. 사리자여, 너는 진실한 지혜를 성취하였다. 마치 전륜왕의 태자가 부왕의 가르침을 빠뜨리지 않고 그 전하는 바를 받아 숭배하고 능히 다시 전하는 것과 같이, 이와 같이 사리자여, 내가 굴리는 법의 수레바퀴〔法輪〕를 네가 다시 능히 굴렸다. 사리자여, 그러므로 네 몸과 입과 뜻의 행에 대하여 싫어하지 않는다."

존자 사리자가 다시 합장하고 부처님을 향하여 여쭈었다.

"그러면 세존이시여, 제 몸과 입과 뜻의 행에 대하여 싫어하지 않으신다면 세존께서는 이 5백 비구의 몸과 입과 뜻의 행에 대해서도 싫어하시지 않습니까?"

세존께서 말씀하셨다.

"사리자여, 나는 또한 이 5백 비구의 몸과 입과 뜻의 행에 대해서도 싫어하지 않는다. 무슨 까닭인가? 사리자여, 이 5백 비구 중에서 오직 한 비구만을 제외하고는 다 집착이 없게 되었고 모든 누漏가 이미 다하였으며 범행이 이미 서고 할 일을 이미 마쳤으며 무거운 짐을 이미 버렸고 유결有結이 이미 다해 좋은 이치와 바른 지혜와 바른 해탈을 얻었기 때문이다. 나는 또한 과거에 이미 '현세에서 구경究竟의 지혜를 얻어 생이 이미 다하고 범행이 이미 서고 할 일을 이미 마쳐 다시는 후세의 생명을 받지 않음을 사실 그대로 알 것이다'라고 수기授記하였다. 그러므로 나는 이 5백 비구의 몸과 입과 뜻의 행에 대해서도 싫어하지 않는다."

존자 사리자가 다시 세 번째로 합장하고 부처님께 여쭈었다.

"그렇다면 세존이시여, 제 몸과 입과 뜻의 행에 대하여 싫어하지 않으시고 또한 이 5백 비구의 몸과 입과 뜻의 행에 대해서도 싫어하시지 않는다면 세존이시여, 이 5백 비구 중에 몇 비구가 3명明을 얻었고 몇 비구가 구해탈俱解脫을 얻었으며 몇 비구가 혜해탈慧解脫을 얻었습니까?"

세존께서 말씀하셨다.

"사리자여, 이 5백 비구 중에서 90비구는 3명을 얻었고 90비구는 구해탈을 얻었으며 그 나머지 비구는 혜해탈을 얻었다. 사리자여, 이 무리 중에는 가지도 없고 잎도 없으며 또한 마디도 없어 청정하고 진실하며 바르게 머물러 서게 되었다."

그때 존자 방기사傍耆舍도 대중 가운데 있었다. 존자 방기사가 곧 자리에서 일어나 가사 한쪽을 벗어 메고 합장하고 부처님을 향하여 여쭈었다.

"그렇다면 세존이시여, 제게 위력威力을 주십시오. 오직 원하건대 선서善逝시여, 제게 위력을 주셔서 제가 부처님과 비구대중 앞에서 이치에 알맞은 게송을 짓게 하십시오."

세존께서 말씀하셨다.

"방기사여, 네 하고 싶은 대로 하라."

이에 존자 방기사는 부처님과 비구대중 앞에서 이치에 알맞은 게송으로 찬탄하였다.

오늘 15일 청청일(請請日 : 自恣日)에
모여 앉은 5백 대중은
모든 결박을 끊어 없애고

걸림이 없고 유有가 다한 신선일세.

청정한 광명으로 비추어
일체의 유有를 벗어났으니
생·노·병·사가 다하고
누漏를 멸하고 해야 할 일을 마쳤다네.

들뜸과 뉘우침과 의혹의 번뇌와
거만과 유루有漏 이미 다하고
애욕의 번뇌 가시 뽑아낸
다시없는 최상의 의원이라네.

사자처럼 용맹스럽고
일체의 두려움과 무서움 없으며
나고 죽음 이미 건너고
모든 번뇌 이미 멸해 다하셨도다.

마치 저 전륜왕이
뭇 신하들에 둘러싸여
일체의 땅을 모두 통치해
대해에까지 미치는 것처럼

이렇게 용맹하여 모든 것 항복받고
다시 위없는 상인商人의 주인
제자들은 즐겁게 공경하며
3달達로 죽음의 두려움 벗어났네.

모두가 부처님 제자로서
가지와 잎과 마디 영원히 없애고
위없는 법의 바퀴를 굴리면서
제일 높은 이에게 머리를 조아리네.

부처님께서 이렇게 말씀하시자, 비구들은 부처님 말씀을 듣고 기뻐하며 받들어 행하였다.

〔이 청청경에 수록된 경문의 글자 수는 1,013자이다.〕

122) 첨파경瞻波經[9]〔제3 염송〕

나는 이와 같이 들었다.

어느 때 부처님께서는 첨파국瞻波國을 유행하실 때에 긍가못〔恒迦池〕가에 머무셨다. 그때 세존께서는 그 달 15일에 종해탈從解脫을 말씀하시려고 비구대중 앞에 자리를 펴고 앉으셨다. 세존께서는 앉으신 뒤에 곧 선정에 들어 타심지他心智로써 대중의 마음을 관찰하셨다.

대중의 마음을 관찰하신 뒤에 초야(初夜 : 오후 6시~오후 10시)가 끝나도록 끝내 잠자코 앉아만 계셨다. 이에 어떤 비구가 곧 자리에서 일어나 가사 한쪽을 벗어 메고 합장하고 부처님을 향하여 여쭈었다.

"세존이시여, 초야가 이미 끝났고 부처님과 비구들이 모여 와 앉은 지 오래되었습니다. 오직 원하건대 세존께서는 종해탈을 말씀하여 주십시오."

9 이 경의 이역경으로는 서진西晋시대 법거法炬가 한역한 『불설첨파비구경佛說瞻波比丘經』이 있다.

그때 세존께서는 잠자코 대답하지 않으셨다.

이에 세존께서는 다시 중야中夜에 이르도록 잠자코 앉아만 계셨다. 그때 한 비구가 다시 자리에서 일어나 가사 한쪽을 벗어 메고 합장하고 부처님을 향하여 여쭈었다.

"세존이시여, 초야는 이미 지났고 중야도 곧 끝나려 하며 부처님과 비구들은 모여 와 앉은 지 오래되었습니다. 원하건대 세존이시여, 종해탈을 말씀하여 주십시오."

세존께서는 또한 다시 잠자코 대답하지 않으셨다.

이에 세존께서는 다시 후야後夜에 이르도록 잠자코 앉아만 계셨다. 그러자 거기의 한 비구가 세 번째로 자리에서 일어나 가사 한쪽을 벗어 메고 합장하고 부처님을 향하여 여쭈었다.

"세존이시여, 초야도 이미 지났고 중야도 또 끝났으며 후야도 다하려 합니다. 장차 먼동이 터서 해가 뜰 때도 얼마 남지 않았고 부처님과 비구들이 모여 와 앉은 지도 꽤 오래되었습니다. 오직 원하건대 세존께서는 종해탈을 말씀하여 주십시오."

그때 세존께서는 그 비구에게 말씀하셨다.

"이 대중 가운데 이미 청정하지 못한 한 비구가 있다."

그때 존자 대목건련大目揵連도 대중 가운데 있었다. 이에 존자 대목건련은 문득 이렇게 생각하였다.

'세존께서는 어떤 비구 때문에 이 대중 가운데 이미 청정하지 못한 한 비구가 있다고 말씀하시는가? 나는 차라리 여기상정如其像定에 들어가 타심지他心智로써 대중의 마음을 관찰해 보리라.'

존자 대목건련은 즉시 여기상정如其像定에 들어가 타심지他心智로써 대중의 마음을 관찰해 보았다. 그리고 존자 대목건련은 곧 세존께서 어떤 비구 때문에 이 대중 가운데 이미 청정하지 못한 한 비구가 있다고 말씀하셨는지를 알았다. 이에 존자 대목건련은 곧 선정에서 일어나 그 비구 앞으로 가서 그 팔을 잡고 끌어내 문을 열고 밖으로 밀어내면서 '이 어리석은 자야, 여기 머물지 말고 멀리 떠나라. 다시는 다른 비구들과 만나지 말라. 지금부터 너는 비구가 아니다' 하고는 문을 닫아 빗장을 걸었다. 그리고 부처님께 돌아와 부처님 발에 머리를 조아리고 물러나 한쪽에 앉아 여쭈었다.

"세존이시여, 세존께서 이 대중 가운데 이미 청정하지 못한 한 비구가 있다고 말씀하신 자를 제가 이미 쫓아냈습니다. 세존이시여, 초야도 이미 지났고 중야도 이미 끝났으며 후야도 다하려 하여 장차 먼동이 터서 해가 뜰 때도 얼마 남지 않았고 부처님과 비구들이 모여 와 앉은 지도 꽤 오래되었습니다. 오직 원하건대 세존이시여, 종해탈을 말씀하여 주십시오."

세존께서 말씀하셨다.

"대목건련이여, 그 어리석은 자는 세존과 비구들을 희롱하였기 때문에 마땅히 큰 죄를 얻게 될 것이다. 대목건련이여, 만일 여래가 청정하지 못한 무리가 있는 데서 종해탈을 말하면 그들은 곧 머리가 일곱 조각이 날 것이다. 그러므로 대목건련아, 지금부터는 너희들이 종해탈을 말하라. 여래는 다시는 종해탈을 말하지 않을 것이다. 무슨 까닭인가? 이와 같이 대목건련이여, 혹 어떤 어리석은 사람은 드나드는 숨길을 바로 알고 잘 관찰하여 분별하며 굽히고 펴기와 구부리고 우러르기의 몸 가지는 태도와 승가리僧伽梨와 모든 옷과 발우를 잘 지니고, 다니고 서기와 앉고 눕기와 자고 깨기와 말하고 침묵할 줄을 다 바로 알아 마치 진정한 범행자처럼 보인다. 그런 자가 여러 진정한 범행자가 있는 곳에 가면 그들은 혹 알아보지 못할 것이다. 대목건련이여, 만일 모든 범행자가 그런 줄을 안다면 곧 이렇게 생각할 것이다.

'이것은 사문의 더러움이며 사문의 욕이며 사문의 미움이며 사문의 비방〔刺〕이다.'

그런 줄을 안 뒤에는 그들은 당장 그를 내쫓아 버릴 것이니 무슨 까닭인가? 모든 범행자들을 더럽히지 않게 하기 위해서이다.

대목건련이여, 마치 거사에게 좋은 벼논이나 보리밭이 있는데, 예맥穢麥이라는 풀이 거기 나는 것과 같다. 그 뿌리도 비슷하고 줄기·마디·잎·꽃 또한 비슷하지만 뒤에 열매를 맺었을 때에 거사는 그것을 보고 곧 이렇게 생각한다.

'이것은 보리의 더러움이며 보리의 욕이며 보리의 미움이며 보리의 비방이다.'

그는 그런 줄 안 뒤에는 곧 뽑아서 밭 밖에다 버릴 것이니 무슨 까닭인가? 다른 순종의 좋은 보리를 더럽히지 않게 하기 위해서이다. 이와 같이 대목건련이여, 혹 어떤 어리석은 사람이 드나드는 숨길을 바로 알고 잘 관찰하여 분별하며, 굽히고 펴기와 구부리고 우러르기의 몸 가지는 태도와 승가리와 모든 옷과 발우를 잘 지니고, 다니고 서기와 앉고 눕기와 깨기와 말하고 침묵할 줄을 다 바로 알아 마치 진정한 범행자처럼 보인다. 그런 자가 여러 진정한 범행자가 있는 곳에 가면 그들은 혹 알지 못할 것이다. 대목건련이여, 만일 모든 범행자가 그런 줄을 안다면 곧 이렇게 생각할 것이다.

'이것은 사문의 더러움이며 사문의 욕이며 사문의 미움이며 사문의 비방이다.'

그런 줄을 안 뒤에는 그들은 당상 그를 내쫓아 버릴 것이니, 무슨 까닭인가? 모든 범행자들을 더럽히지 않게 하기 위해서이다.

대목건련이여, 마치 거사가 가을에 곡식을 흔들어 털 때 곡식 무더기 속에 만일 알찬 곡식이 있으면 흔들어 털어도 그 자리에 있겠지만 만일 알차지 못한 쭉정이나 껍질은 곧 바람을 따라 날아가는 것과 같다. 거사는 그것을 본 뒤에는 곧 비를 가지고 가려 쓸어서 깨끗하게 한다. 무슨 까닭인가? 다른 깨끗하고 좋은 벼가 나쁜 것과 섞이지 않게 하기 위해서이다. 이와 같이 대목건련이여, 혹 어떤 어리석은 사람은 드나드는 숨길을 바로 알고 잘 관찰하여 분별하며 굽히고 펴기와 구부리고 우러르기의 몸 가지는 태도와 승가리와 모든 옷과 발우를 잘 지니고, 다니고 서기와 앉고 눕기와 자고 깨기와 말하고 침묵할 줄을 다 바로 알아 마치 진정한 범행자처럼 보인다. 그런 자가 여러 진정한 범행자가 있는 곳에 가면 그들은 혹 알지 못할 것이다. 대목건련이여, 만일 모든 범행자가 그런 줄을 안다면 곧 이렇게 생각할 것이다.

'이것은 사문의 더러움이며 사문의 욕이며 사문의 미움이며 사문의 비방이다.'

그런 줄을 안 뒤에는 그들은 당장 그를 내쫓아 버릴 것이니 무슨 까닭인가? 모든 범행자들을 더럽히지 않게 하기 위해서이다.

대목건련이여, 마치 거사가 샘물을 끌기 위하여 홈통〔通水槽〕를 만들려고 도끼를 가지고 숲으로 들어가 여러 나무를 두드려 보는데, 만일 단단하고 속이 찼으면 그 소리는 작고 만일 속이 비었으면 그 소리는 클 것이다. 거사는 그것을 안 뒤에는 곧 베어서 마디를 다듬고 홈통을 만드는 것과 같다. 이와 같이 대목건련이여, 혹 어떤 어리석은 사람은 드나드는 숨길을 바로 알고 잘 관찰하여 분별하며 굽히고 펴기와 구부리고 우러르기의 몸 가지는 태도와 승가리와 모든 옷과 발우를 잘 지니고, 다니고 서기와 앉고 눕기와 자고 깨기와 말하고 침묵할 줄을 다 바로 알아 마치 진정한 범행자처럼 보인다. 그런 자가 여러 진정한 범행자가 있는 곳에 가면 그들은 혹 알지 못할 것이다. 대목건련이여, 만일 모든 범행자가 그런 줄을 안다면 곧 이렇게 생각할 것이다.

'이것은 사문의 더러움이며 사문의 욕이며 사문의 미움이며 사문의 비방이다.'

그런 줄을 안 뒤에는 그들은 당장 그를 내쫓아 버릴 것이니, 무슨 까닭인가? 모든 범행자들을 더럽히지 않게 하기 위해서이다."

이에 세존께서는 게송으로 말씀하셨다.

함께 모여 있거든 마땅히 알라.
나쁜 욕심·미움·성냄과
말하지 않음·맺음·원한·아낌과
질투와 아첨과 속임이 있으면서

대중 가운데선 간사한 말 않다가
은밀한 곳에서는 사문이라 일컬으며
남 몰래 모든 악을 행하여
나쁜 견해로써 수호하지 않으며

거짓으로 속이고 거짓말하거든
마땅히 그를 이렇게 알아
가서 모여 사귀지 말고
내쫓아 버려 함께하지 말라.

속이고 간사하고 거짓말 많고
그쳐 쉬지 못했으면서 쉬었다 일컬으며

남이 아는 때에만 청정한 행 갖추거든
내쫓아 버려 그를 멀리 떠나라.

청정한 이와 같이 청정해지도록
언제나 마땅히 서로 화합하여라.
화합은 진실로 안온함을 얻으며
이리하여 괴로움이 끝나는 것이다.

부처님께서 이렇게 말씀하시자, 모든 비구들은 부처님 말씀을 듣고 기뻐하며 받들어 행하였다.

〔이 첨파경에 수록된 경문의 글자 수는 1,351자이다.〕

123) 사문이십억경沙門二十億經[10]〔제3 염송〕

나는 이와 같이 들었다.

어느 때 부처님께서 사위국을 유행하실 때에 승림급고독원에 머무셨다. 그때 존자 사문 이십억二十億[11]도 사위국을 유행하다가 암림闇林에 있으면서, 초야에도 후야에도 잠자지 않고 공부하며 꾸준히 힘써

10 이 경과 관련된 경으로는 『잡아함경』 제9권 256번째 소경小經과 『증일아함경』「지주품地主品」 3번째 경이 있으며, 그리고 『사분율』 제39권과 『오분율』 제21권을 참조할 것.

11 팔리어로는 Soṇa Kolivīsa라고 한다. 중인도 이란나발벌다국伊爛拏鉢伐多國 장자의 아들. 거문고를 잘 타고 성문聲聞 가운데 4위의威義를 구족하고 대정진大精進을 한 비구가 되었다. 『오분율五分律』·『사분율四分律』 중에서는 모두 억이億耳로 번역되어 쓰였으나 한역 『증일아함경』과 『잡아함경』 중에서는 이십억이二十億耳로 되어 있다.

바르게 머물러서 도품道品을 닦아 익혔다. 이에 존자 사문 이십억은 편안하고 고요하게 혼자 있으면서 연좌宴坐하여 깊이 생각하다가 마음으로 이렇게 생각하였다.

'만일 세존의 제자로서 꾸준히 힘써 바른 법률法律을 학습하는 자가 있다면 내가 제일이 될 것이다. 그런데 내 마음은 모든 누漏에서 벗어나지 못했다. 내 부모의 집은 아주 대부호로서 즐겁고 돈과 재물이 많이 있다. 나는 이제 차라리 계를 버려 도행을 그만두고 보시를 행하며 모든 복업을 닦는 것이 어떨까?'

그때 세존께서는 타심지로써 존자 사문 이십억이 마음으로 생각한 것을 아시고 곧 한 비구에게 말씀하셨다.

"너는 저기 가서 사문 이십억을 불러오라."

이에 한 비구가 말했다.

"예."

그리고 곧 자리에서 일어나 발에 머리를 조아려 예배하고 세 번 돌고 곧 물러갔다. 그는 존자 사문 이십억에게 가서 그에게 말하였다.

"세존께서 그대를 부르시오."

존자 사문 이십억은 비구의 말을 듣고 곧 부처님 계신 곳으로 나아가 머리를 조아려 예배하고 물러나 한쪽에 앉았다.

세존께서 말씀하셨다.

"사문이여, 그대는 참으로 편안하고 조용한 곳에 혼자 있으면서 연좌하여 깊이 생각하다가 마음으로 '만일 세존의 제자로서 꾸준히 힘써 바른 법률을 학습하는 자가 있다면 내가 제일이 될 것이다. 그런데 내 마음은 모든 누漏에서 벗어나지 못했다. 내 부모의 집은 아주 대부호로서 즐겁고 돈과 재물이 많이 있다. 나는 이제 차라리 계를 버려 도행을 그만두고 보시를 행하며 복업을 닦는 것이 어떨까'라고 생각하였는가?"

그때 존자 사문 이십억은 수치스럽고 부끄러워하면서 곧 무외無畏가 없어졌다. 그리고 '세존께서는 내가 마음으로 생각한 것을 아셨구나' 라고 하면서 곧 합장하고 부처님을 향하여 여쭈었다.

"진실로 그렇습니다."

"사문이여, 나는 이제 너에게 물을 것이니 아는 대로 대답하라. 네 생각에는 어떠하냐? 너는 집에 있을 때에 거문고를 잘 탔었다. 거문고는 노랫소리를 따르고 노랫소리는 거문고를 잘 따랐는가?"

존자 사문 이십억이 말씀드렸다.

"그렇습니다, 세존이시여."

부처님께서 다시 물으셨다.

"네 생각에는 어떠하냐? 만일 거문고를 탈 때에 줄을 바짝 조인다면 그 화음和音이 사랑스럽고 즐길 만하겠느냐?"

사문이 대답하였다.

"아닙니다, 세존이시여."

세존께서 다시 물으셨다.

"네 생각에는 어떠하냐? 만일 거문고를 탈 때에 줄을 느슨하게 한다면 그 화음이 사랑스럽고 즐길 만하겠느냐?"

사문이 대답하였다.

"아닙니다, 세존이시여."

세존께서 다시 물으셨다.

"네 생각에는 어떠하냐? 만일 거문고를 탈 때에 줄이 고르고 너무 조이지도 않으며 너무 느슨하지도 않아 적당하면 그 화음이 사랑스럽고 즐길 만하겠느냐?"

"그렇습니다, 세존이시여."

"이와 같이 사문아, 너무 지나치게 정진하면 마음을 어지럽게 하고 너무 지나치게 정진하지 않으면 마음을 게으르게 한다. 그러므로 너는 마땅히 이때를 분별하고 이 상相을 관찰하여 방일하게 하지 말라."

그때 존자 사문 이십억은 부처님 말씀을 듣고 잘 받아 지니고서 곧 자리에서 일어나 부처님 발에 머리를 조아리고 세 번 돌고 물러갔다. 그는 부처님의 거문고 타는 비유의 가르침을 받고 멀리 떠나 혼자 지내면서 마음에 방일함 없이 꾸준히 힘써 수행하였다. 그는 멀리 떠나 혼자 지내면서 마음에 방일함 없이 꾸준히 힘써 수행한 뒤에 수염과 머리를 깎고 가사를 입고 지극한 믿음으로 출가하여 집 없이 도를 배우는 족성자가 해야 할 바인 오직 위없는 범행을 마치고 현재에서 스스로 알고 스스로 깨달으며 스스로 체득하여 성취하여 노닐었다. 그리고 생이 이미 다하고, 범행이 이미 서고 해야 할 일을 이미 마쳐 다시는 후세의 생명을 받지 않는다는 것을 사실 그대로 알았다. 존자 사문 이십억은 법을 알고 나서는 아라하阿羅訶를 증득하였다.

그때 존자 사문 이십억은 아라하가 된 뒤에 이렇게 생각하였다.

'지금이 바로 그때다. 나는 차라리 세존께서 계시는 곳으로 나아가 구경究竟의 지혜를 설명하면 어떨까?'

이에 존자 사문 이십억은 부처님 계시는 곳으로 나아가 머리를 조아려 예배하고 물러나 한쪽에 앉아 여쭈었다.

"세존이시여, 만일 어떤 비구가 집착이 없게 되어 모든 누가 이미 다하고 범행이 이미 서고 해야 할 일을 이미 마쳐 무거운 짐을 이미 버렸으며 유有의 번뇌[結]가 이미 해결되어 스스로 좋은 이치를 증득해 해탈한 줄을 바로 알면 그는 그때에는 이 6처處를 즐거워합니다. 곧 욕심이 없는 것을 즐거워하고 멀리 떠난 것을 즐거워하며 다툼이 없는 것을 즐거워하고 애욕이 다한 것을 즐거워하며 집착이 다한 것을 즐거워하고 마음이 동요하지 않는 것을 즐거워합니다. 세존이시여, 혹 어떤 사람은 이렇게 생각합니다.

'이 현자賢者는 믿음에 의지하기 때문에 욕심이 없는 것을 즐거워한다.'

그러나 그렇게 관찰하는 것은 옳지 않습니다. 탐욕이 다하고 성냄이 다하고 어리석음이 다해야만 욕심 없는 것을 즐거워합니다.

세존이시여, 혹 어떤 사람은 이렇게 생각합니다.

'이 현자는 이익과 명예稱譽를 탐하고 공양을 구하려 하기 때문에 멀리 떠남을 즐거워한다.'

그러나 그렇게 관찰하는 것은 옳지 않습니다. 탐욕이 다하고 성냄이 다하고 어리석음이 다해야만 멀리 떠나는 것을 즐거워합니다. 세존이시여, 혹 어떤 사람은 이렇게 생각합니다.

'이 사람은 계에 의지하기 때문에 다툼이 없는 것을 즐거워한다.'

그러나 그렇게 관찰하는 것은 옳지 않습니다. 탐욕이 다하고 성냄이 다하고 어리석음이 다해야만 다툼이 없는 것을 즐거워하고 애욕이 다한 것을 즐거워하며 집착이 다한 것을 즐거워하고 마음이 움직이지 않는 것을 즐거워합니다.

세존이시여, 만일 어떤 비구가 집착이 없게 되어 모든 누가 이미 다하고 범행이 이미 섰으며 해야 할 일을 이미 마치고 무거운 짐은 이미 버렸으며 번뇌가 이미 해결되어 스스로 좋은 이치를 증득해 해탈한 줄을 바로 알면 그는 그때 이 6처를 즐거워합니다.

세존이시여, 만일 어떤 비구가 배워야 할 것을 아직 얻지 못하여 마음으로 위없는 안온과 열반을 원하여 구한다면, 그는 그때 배워야 할 것이 있는 근根과 계戒를 성취하게 됩니다. 그는 그 뒤에 모든 누漏가 이미 다하여 무루無漏를 증득하고 심해탈心解脫과 혜해탈慧解脫하여, 현세에서 스스로 알고 스스로 깨달으며 스스로 체득하여 성취하여 노닐게 됩니다. 즉 생이 이미 다하고 범행이 이미 섰으며 해야 할 일은 이미 마쳐 다시는 후세의 생명을 받지 않으리라는 것을 사실 그대로 알 것입니다. 그리고 그는 그때 배워야할 것이 없는 근根과 계戒를 성취할 것입니다.

세존이시여, 마치 어린 아이와 같아서 그는 작은 근과 작은 계를 성취하였다가 그 뒤에 배워야 할 근을 완전히 갖추면, 그는 그때에는 배워야 할 근과 계를 성취합니다. 이와 같이 세존이시여, 만일 어떤 비구가 배워야 할 것을 아직 얻지 못하여 마음으로 위없는 안온과 열반을 원하여 구한다면 그는 그때 배워야 할 근과 계를 성취하게 됩니다. 그는 그 뒤에 모든 누가 이미 다하여 무루無漏를 증득하고 심해탈心解脫하고 혜해탈慧解脫하여 현세에서 스스로 알고 스스로 깨달으며 스스로 체득하여 성취하여 노닐게 됩니다. 즉 생이 이미 다하고 범행이 이미 섰으며 해야 할 일을 이미 마쳐 다시는 후세의 생명을 받지 않음을 사실 그대로 압니다. 그리고 그는 그때 배워야 할 것이 없는 근과 계를 성취할 것입니다.

그에게 혹 눈으로 지각되는 색色이 있어 눈과 마주하더라도 이 심해탈과 혜해탈을 잃게 하지 못하고 마음은 안에 머물러 있어 잘 제어하고 잘 지켜 보호하면서 흥하고 쇠하는 법을 관찰할 것입니다. 혹 귀로 지각되는 소리와 코로 지각되는 냄새와 혀로 지각되는 맛과 몸으로 지각되는 촉감이 있고 나아가 뜻으로 지각되는 법이 있어 뜻과 마주하더라도 이 심해탈과 혜해탈을 잃게 하지 못하고 마음은 안에 머물러 있어 잘 제어하고 잘 보호하면서 흥하고 쇠하는 법을 관찰할 것입니다.

세존이시여, 마치 마을에서 멀지 않은 곳에 큰 돌산이 있는 것과 같아 부서지지 않고 무너지지도 않으며 뚫리지도 않고 든든하게 서서 속이 비지 않고 서로 붙어 있다면, 혹 동방에서 큰 폭풍우가 들이치더라도 흔들리게 하지 못하여 꿈쩍도 하지 않을 것입니다. 또한 동풍東風만이 아니라, 옮겨 남방에 이르러 혹 남방에서 큰 폭풍우가 들이치더라도 흔들리게 하지 못하여 꿈쩍도 하지 않을 것입니다. 또한 남풍만이 아니라, 옮겨 서방에 이르러 혹 서방에서 큰 폭풍우가 들이치더라도 흔들리게 하지 못하여 꿈쩍도 하지 않을 것입니다. 또한 서풍만이 아니라, 옮겨 북방에 이르러 혹 북방에서 큰 폭풍우가 들이치더라도 흔들리게 하지 못하여 꿈쩍도 하지 않을 것입니다. 또한 북풍만이 아니라, 옮겨 모든 방위에 이르러도 그렇습니다.

이와 같이 그에게 혹 눈으로 지각되는 색이 있어 눈과 마주하더라도 이 심해탈과 혜해탈을 잃게 하지 못하고, 마음은 안에 머물러 있어 잘 제어하고 잘 지켜 보호하면서 흥하고 쇠하는 법을 관찰할 것입니다. 혹 귀로 지각되는 소리와 코로 지각되는 냄새와 혀로 지각되는 맛과 몸으로 지각되는 촉감과 뜻으로 지각되는 법이 있어 뜻과 마주하더라도 이 심해탈과 혜해탈을 잃게 하지 못하고 마음은 안에 머물러 있어 잘 제어하고 잘 지켜 보호하면서 흥하고 쇠하는 법을 관찰할 것입니다."

이에 존자 사문 이십억은 게송으로 말하였다.

즐거움은 욕심이 없는데 있으며
마음을 멀리 떠남에 두어
다툼 없음을 기뻐하고
집착이 다하여 기뻐하도다.

또한 집착이 다함을 즐거워하고
마음이 이동하지 않아
모든 것을 사실 그대로 알게 되니
그로 말미암아 심해탈 하게 되네.

심해탈을 증득하고 나면
비구는 모든 근이 쉬게 되고
해야 할 일을 마치고 관찰하지 않으니
다시는 애써 구할 것 없네.

그것은 마치 돌로 된 산은
바람도 움직이지 못하는 것처럼
빛깔과 소리와 냄새와 맛
몸의 촉감 또한 그러하며
사랑하고 사랑하지 않는 법도
마음을 움직이진 못한다네.

존자 사문 이십억은 부처님 앞에서 증득한 구경지究竟智를 설명한 뒤에 곧 자리에서 일어나 부처님 발에 머리를 조아리고 세 번 돌고 물러갔다. 그때 세존께서는 존자 사문 이십억이 떠난 지 오래지 않아 모든 비구들에게 말씀하셨다.

"모든 족성자들이여, 마땅히 이렇게 내 앞에서 구경의 지혜를 설명하라. 저 사문 이십억처럼 내 앞에 와서 구경의 지혜를 설명하되, 스스로 칭찬하지도 말고 남을 업신여기지도 말며 현재에 가는 곳마다 이치를 설명하라. 그러나 어리석음과 증상만增上慢에 얽매인 자처럼 내 앞에 와서 구경의 지혜를 설명하지는 말라. 그런 자들은 이익은 얻지 못하고 그저 크게 피로해질 뿐이다. 사문 이십억은 내 앞에 와서 구경의 지혜를 설득하였지만 스스로 칭찬하지도 않고 남을 업신여기지 않으며 현재에 있어서 가는 곳마다 이치를 설명한 것이다."

부처님께서 이렇게 말씀하시자, 비구들은 부처님 말씀을 듣고 기뻐하며 받들어 행하였다.

〔이 사문이십억경에 수록된 경문의 글자 수는 1,739자이다.〕

124) 팔난경八難經[12]〔제3 염송〕

나는 이와 같이 들었다.

어느 때 부처님께서는 사위국을 유행하실 때에 승림급고독원에 머무셨다. 그때 세존께서 여러 비구들에게 말씀하셨다.

"사람이 범행을 행함에 있어서 여덟 가지 어려움〔八難〕과 여덟 가지 적당하지 않은 때〔八非時〕가 있다. 어떤 것이 여덟 가지인가? 어느 때 여래如來·무소착無所著·등정각等正覺·명행성위明行成爲·선서善逝·세간해世間解·무상사無上士·도법어道法御·천인사天人師·불중우佛衆祐라고 불리는 분이 세상에 출현하셔서 법法을 설하시는데, 그 법法은 그쳐 쉼〔止息〕으로 나아가게 하고 멸하여 끝남으로 나아가게 하며 깨달음의 길로 나아가게 하고 선서께서 설명하시는 것이다. 그런데 그 사람은 그때 지옥 가운데 태어나니 이것을 사람이 범행을 행함에 있어서 제1의 어려움과 제1의 적당하지 않은 때라고 한다.

12 이 경과 연관된 경으로는 『증일아함경』「팔난품八難品」첫 번째 경이 있다.

또 어느 때 여래·무소착·등정각·명행성위·선서·세간해·무상사·도법어·천인사·불중우라고 불리는 분이 세상에 출현하셔서 법을 설하시는데, 그 법은 그쳐 쉼으로 나아가게 하고 멸하여 끝남으로 나아가게 하며 깨달음의 길로 나아가게 하고 선서께서 설명하시는 것이다. 그런데 그 사람은 그때 축생 가운데 태어나고 아귀 가운데 태어나며 장수천長壽天 가운데 태어난다.[13] 또 주변국〔邊國〕에 있는 오랑캐 가운데 태어나는데 그곳엔 믿음도 없고 은혜도 없으며 은혜를 갚음도 없고 혹은 비구·비구니·우바새·우바이도 없다. 이것을 사람이 범행을 행함에 있어서 제5의 어려움과 제5의 적당하지 않은 때라고 한다.

또 어느 때 여래·무소착·등정각·명행성위·선서·세간해·무상사·도법어·천인사·불중우라고 불리는 분이 세상에 나와 법을 설하시는데, 그 법은 그쳐 쉼으로 나아가게 하고 멸하여 끝남으로 나아가게 하며 깨달음의 도로 나아가게 하고 선서께서 설명하시는 것이다. 그런데 그 사람은 그때 비록 중앙국에 태어나더라도 귀머거리나 벙어리로 태어나 그 말이 염소가 우는 것 같고 항상 손짓으로 말하며 선악의 이치를 알거나 설명하지 못한다. 이것을 사람이 범행을 행함에 있어서 제6의 어려움과 제6의 적당하지 않은 때라고 한다.

또 어느 때 여래·무소착·등정각·명행성위·선서·세간해·무상사·도법어·천인사·불중우라 불리는 이가 세상에 나와 법을 설하시는데, 그 법은 그쳐 쉼으로 나아가게 하고 멸하여 끝남으로 나아

13 이 경에는 제2, 제3, 제4의 어려움과 적당하지 않은 때라고 구체적으로 명기하지 않았다. 『증일아함경』 「팔난품」 첫 번째 경에서는 부처님께서 출현하셨을 때 축생으로 태어나는 것을 두 번째 어려움, 아귀로 태어나는 것을 세 번째 어려움, 장수왕천에 태어나는 것을 네 번째 어려움이라고 하였다.

가게 하며 깨달음의 도로 나아가게 하고 선서께서 설명하시는 것이다. 그런데 그 사람은 그때 중앙국에 태어나고 귀머거리도 아니며 벙어리도 아니어서 염소가 우는 것 같지도 않고 손짓으로 말하지도 않으며 또 선악의 이치를 설명할 줄도 알지만, 삿된 견해와 뒤바뀐 견해가 있어서 이렇게 보고 이렇게 말한다.

'보시도 없고 재齋도 없으며 또한 주문〔呪說〕도 없다. 선·악의 업도 없고 선·악의 업보도 없으며 이 세상·저 세상도 없고 아버지도 없고 어머니도 없다. 이 세상에는 참 사람〔眞人〕이 좋은 곳으로 가고 이 세상·저 세상으로 잘 가고 잘 향하며 스스로 알고 스스로 깨닫고 스스로 증득하여 성취하여 노니는 일도 없다.'

이것을 사람이 범행을 행함에 있어서 제7의 어려움과 제7의 적당하지 않은 때라고 한다.

또 어느 때는 여래·무소착·등정각·명행성위·선서·세간해·무상사·도법어·천인사·불중우라고 불리는 이가 세상에 출현하지 않으시고, 또한 그쳐 쉼으로 나아가게 하고 멸하여 끝남으로 나아가게 하며 깨달음의 길로 나아가게 하고 선서께서 설명하는 것인 법을 설하지 않으신다. 그런데 그 사람은 그때 중앙국에 태어나고 귀머거리도 아니며 벙어리도 아니어서 염소가 우는 것 같지도 않고 손짓으로 말하지도 않으며 또 선·악의 이치를 잘 알아 설명하고 바른 견해와 뒤바뀌지 않은 견해가 있어서 이렇게 보고 이렇게 말한다.

'보시도 있고 재도 있으며 또한 주문〔呪說〕도 있다. 선·악의 업도 있고 선·악의 업보도 있으며 이 세상·저 세상도 있고 아버지도 있고 어머니도 있다. 세상에는 참 사람이 좋은 곳으로 가고 이 세상·저 세상으로 잘 가고 잘 향하며 스스로 알고 스스로 깨닫고 스스로 증득하여 성취하여 노니는 일도 있다.'

이것을 사람이 범행을 행함에 있어서 제8의 어려움과 제8의 적당하지 않은 때라고 한다.

사람이 범행을 행함에 있어서 한 가지 어렵지 않음과 한 가지 적당한 때가 있다. 어떤 것을 사람이 범행을 행함에 있어서 한 가지 어렵지 않음과 한 가지 적당한 때라고 하는가?

어느 때 여래·무소착·등정각·명행성위·선서·세간해·무상사·도법어·천인사·불중우라고 불리는 분이 세상에 나와 법을 설하는데, 그 법은 그쳐 쉼으로 나아가게 하고 멸하여 끝남으로 나아가게 하며 깨달음의 길로 나아가게 하고 선서께서 설명하시는 것이다. 그 사람은 그때 중앙국에 태어나고 귀머거리도 아니며 벙어리도 아니라서 염소가 우는 것과도 같지 않고 손짓으로 말하지도 않으며 또 선악의 이치를 잘 알아 설명하고 바른 견해와 뒤바뀌지 않은 견해가 있어서 이렇게 보고 이렇게 말한다.

'보시도 있고 재도 있으며 또한 주문도 있다. 선·악의 업도 있고 선·악의 업보도 있으며 이 세상·저 세상도 있고 아버지도 있고 어머니도 있다. 이 세상에는 참 사람이 좋은 곳으로 가고 이 세상·저 세상으로 잘 가고 잘 향하며 스스로 알고 스스로 깨닫고 스스로 증험하여 성취하여 노니는 일도 있다.'

이것을 사람이 범행을 행함에 있어서 한 가지 어렵지 않음과 한 가지 적당한 때라고 한다."

이에 세존께서는 게송으로 말씀하셨다.

만일 사람으로 태어난 자가
가장 미묘한 법 설하는데도
만일 그 과를 얻지 못한다면

다시는 그때를 만나지 못하리.

많이들 범행의 어려움을 말하는데
만일 사람이 후세에 가서
그런 때를 만날 수 있다면
이는 세상에서 매우 힘든 일이라네.

만일 다시 사람의 몸을 얻고
또 미묘한 법 들으려 하거든
마땅히 정근하여 배워야 하니
자기를 가엾게 여기기 때문일세.

많은 말에서 좋은 법 들어
그때를 놓치지 말도록 하라.
만일 그때를 놓칠 양이면
반드시 지옥에 떨어질 것 근심하리.

만일 그때를 만나지 못하여
좋은 법 설하는 것 듣지 못하면
장사꾼이 재물을 잃은 것 같아
생과 사를 받기 한량없으리.

만일 사람의 몸으로 태어나
바르고 좋은 법 설하는 것 듣고
세존의 가르침 받들어 좇으면
반드시 그때를 만나게 되리.

만일 그때를 만나게 되어
바른 범행을 견디어 내면
위없는 눈〔眼〕이신 세존의
말씀한 바를 성취하리라.

그는 언제나 자신을 보호하고
나아가서는 모든 번뇌를 여의며
일체의 맺음을 끊어 없애
악마와 그의 권속 항복받으리.
그는 이 세상을 건너갔으며
곧 모든 누를 다했다.

부처님께서 이렇게 말씀하시자, 모든 비구들은 부처님 말씀을 듣고 기뻐하며 받들어 행하였다.

〔이 팔난경에 수록된 경문의 글자 수는 총 1,033자이다.〕

125) 빈궁경貧窮經〔제3 염송〕

나는 이와 같이 들었다.

어느 때 부처님께서는 사위국을 유행하실 때에 승림급고독원에 머무셨다. 그때 세존께서는 모든 비구들에게 말씀하셨나.

"세상에서 욕심이 있는 사람이 빈궁한 것은 큰 고통이겠는가?"

비구들이 말씀드렸다.

"그렇습니다, 세존이시여."

세존께서 다시 여러 비구들에게 말씀하셨다.

"만일 욕심 있는 사람이 빈궁하면 남의 집 재물을 빌린다. 세상에서 남의 집 재물을 빌리는 것은 큰 고통이겠는가?"

비구들이 말씀드렸다.

"그렇습니다, 세존이시여."

세존께서 다시 여러 비구들에게 말씀하셨다.

"만일 욕심 있는 사람이 남의 재물을 빌려 제 때에 갚지 못하면 날마다 이자가 늘어난다. 세상에서 이자가 늘어나는 것은 큰 고통이겠는가?"

"그렇습니다, 세존이시여."

"만일 욕심 있는 사람이 이자가 늘어나도 갚지 못하면 빚쟁이는 꾸짖는다. 세상에서 빚쟁이가 꾸짖는 것은 큰 고통이겠는가?"

"그렇습니다, 세존이시여."

세존께서는 여러 비구들에게 말씀하셨다.

"만일 욕심 있는 사람이 빚쟁이가 꾸짖어도 갚지 못하면 빚쟁이는 자주 그 집에 가서 독촉할 것이다. 세상에서 빚쟁이가 자주 그 집에 가서 독촉하는 것은 큰 고통이겠는가?"

"그렇습니다, 세존이시여."

"만일 욕심 있는 사람이 빚쟁이가 자주 그 집에 가서 독촉하는데도 일부러 갚지 않으면 곧 빚쟁이에게 결박된다. 세상에서 빚쟁이에게 결박되는 것은 큰 고통이겠는가?"

"그렇습니다, 세존이시여."

"이것을 세상에서 욕심 있는 사람이 빈궁한 것은 큰 고통이며, 세상에서 욕심 있는 사람이 남의 재물을 빌리는 것은 큰 고통이며, 세상에서 욕심 있는 사람이 남의 재물을 빌려 이자가 늘어가는 것은 큰 고통이며, 세상에서 욕심 있는 사람이 빚쟁이의 독촉을 받는 것은 큰 고통이며, 세상에서 욕심 있는 사람이 빚쟁이가 자주 그 집에 가서 독촉하는 것은 큰 고통이며, 세상에서 욕심 있는 사람이 빚쟁이에게 결박되는 것은 큰 고통이라고 한다.

이와 같이 만일 이 거룩한 법 가운데 선법善法에 믿음이 없고 금계禁戒가 없으며, 널리 들음이 없고 보시가 없으며 선법에 지혜가 없으면 그는 비록 금·은·유리·수정·마니摩尼·백가白珂·나벽螺璧·산호珊瑚·호박琥珀·마노碼碯·대모瑇瑁[14]·자거車渠·벽옥碧玉·적석赤石·선주琁珠 따위가 많이 있더라도 그는 짐짓 빈궁하여 아무 세력도 없게 될 것이다.

이것을 우리 거룩한 법 가운데 불선不善의 빈궁이라고 한다.

그는 몸의 악행과 입과 뜻의 악행이 있는데 이것을 우리 거룩한 법 가운데 불선의 빚이라고 한다.

그는 그 몸의 악행을 숨기려고 하여 스스로 드러내지 않고 도道를 말하려 하지 않으며 남의 꾸지람을 받으려 하지 않고 순종하여 구하지 않을 것이다. 또 입과 뜻의 악행을 숨기고자 하여 스스로 드러내지 않고 도道를 말하려 하지 않으며 남의 꾸지람을 받으려 하지 않고 순종하여 구하지 않을 것이다. 이것을 우리 거룩한 법 가운데의 불선의 이자가 늘어가는 것이라고 한다.

그가 혹 마을이나 마을 밖으로 가면 모든 범행자들은 그를 보고 곧 이렇게 말할 것이다.

'어러분, 이 사람은 이렇게 일하고 이렇게 행하며 이렇게 악하고 부

---

14 송宋·원元·명明 3본本에는 대모蝳蝐로 되어 있다. 대모瑇瑁는 또한 대모玳瑁로 쓰기도 하는데, 거북 종류의 동물로서 몸길이는 3척尺 남짓. 그 껍데기를 삶으면 매우 부드러워져 각종 장식품을 만드는 데 사용한다.

정不淨하다. 이 사람은 이 마을의 수치다.'

그러면 그는 이렇게 말할 것이다.

'여러분, 나는 그렇게 일하지 않았고 그렇게 행하지 않았으며 그렇게 악하지 않고 그렇게 부정하지 않으며 또한 이 마을의 수치도 아니오.'

이것을 우리 거룩한 법 가운데의 불선의 꾸짖음이라고 한다.

그는 일 없는 곳에 있거나 산림이나 나무 밑에 있거나 혹은 비고 한가한 곳에 있으면서도 세 가지 착하지 않은 생각 곧 욕심내는 생각〔欲念〕·성내는 생각〔恚念〕·해치는 생각〔害念〕을 한다. 이것을 우리 거룩한 법 가운데의 불선이 자주 가서 독촉함이라고 한다.

그는 몸의 악행과 입과 뜻의 악행을 짓는다. 그는 몸의 악행과 입과 뜻의 악행을 지은 뒤에는 이것을 인연하여, 몸이 무너지고 목숨이 끝나면 반드시 나쁜 곳으로 가서 지옥 가운데 태어날 것이다. 이것을 우리 거룩한 법 가운데의 불선의 결박이라고 한다. 나는 지옥·축생·아귀의 결박처럼 이처럼 괴롭고 이처럼 무거우며 이처럼 추하고 이처럼 즐거워할 것이 못되는 결박은 보지 못하였다. 이 세 가지 고통의 결박을 누漏가 다한 아라하 비구는 이미 알아 멸해 다하고 그 근본을 뽑아, 다시 와서 태어나는 일이 없다."

이에 세존께서는 게송으로 말씀하셨다.

세상에서 빈궁은 고통이어서
다른 사람에게서 재물을 빌리고
남의 재물을 빌린 뒤에는
남에게 구박받아 고뇌가 되네.

빚쟁이는 와서 독촉하다가
그 때문에 끝내는 결박하는데
그 결박 너무도 괴롭고 괴로워라.
세상의 욕심을 즐거워했기 때문이네.

거룩한 법에 있어서 또한 그러하니
만일 바른 믿음이 없으면
제 부끄러움과 남부끄러움 없고
악하여 착하지 않은 짓을 하네.

몸으로도 착하지 않은 짓을 하고
입이나 뜻도 또한 함께 그러해
그것을 숨겨 말하려 하지 않고
또 바른 충고도 즐거워하지 않네.

만일 그것을 되풀이해 행하면
뜻과 생각은 곧 고통이 되며
마을에서나 혹은 고요한 곳에서나
그 때문에 반드시 뉘우침 있네.

몸과 입으로 모든 행 익히고
또 뜻으로 온갖 것 생각하여
악한 업은 갈수록 많아지며
무수히 되풀이해 짓고 또 짓네.

그는 악한 업으로 지혜가 없어

착하지 않은 짓을 많이 지은 뒤
태어나는 곳을 따르다가 마지막에는
반드시 지옥의 결박으로 간다.

그 결박은 가장 심한 괴로움
용맹한 자만이 떠날 수 있네.
법답게 재물과 이익을 얻어
빚지지 않으면 안온을 얻고

보시를 행하면 기쁨을 얻으며
이 둘은 다 함께 이익을 가져오네.
이와 같이 세상의 모든 거사는
보시로 말미암아 복이 더욱 증가하네.

이와 같이 거룩한 법 가운데서
만일 좋은 정성과 믿음 있고
제 부끄러움과 남 부끄러움 갖추면
거의 간탐이 없게 되리라.

이미 5개蓋를 버려 떠나고
항상 즐겁게 정진을 행하여
모든 선정 이루어 마치고
마음을 오로지해 즐거움을 버리네.

이미 무식無食의 즐거움 얻어
마치 물에 목욕하여 깨끗해짐 같네.

동요됨 없는 심해탈로
일체 유有의 맺음 다했다네.

병이 없음으로 열반을 삼으니
이것을 위없는 등불이라 하고
걱정도 티끌도 없는 편안함
이것을 이동하지 않음이라 말하네.

부처님께서 이렇게 말씀하시자, 모든 비구들은 부처님 말씀을 듣고 기뻐하며 받들어 행하였다.

〔이 빈궁경에 수록된 경문의 글자 수는 1,010자이다. 『중아함경』 제29권에 수록된 경문의 글자 수는 8,803자이다.〕

중아함경 제 30 권

11. 대품 ②

126) 행욕경行欲經〔제3 염송念誦〕

나는 이와 같이 들었다.

어느 때 부처님께서 사위국舍衛國을 유행하실 때에 승림급고독원에 머무셨다. 그때 급고독 거사는 부처님 계시는 곳으로 나아가 부처님 발에 머리를 조아리고 물러나 한쪽에 앉아 여쭈었다.

“세존이시여, 세상에는 욕심을 부리는 사람이 몇 종류나 있습니까?”

세존께서 말씀하셨다.

“거사여, 세상에는 대략 열 종류의 욕심을 부리는 사람이 있다. 어떤 것이 열 종류인가?

거사여, 욕심을 부리는 어떤 사람은 법에 맞지 않고 도의에 어긋나게 재물을 구한다. 그는 법에 맞지 않고 도의에 어긋나게 재물을 구한 뒤에는, 스스로도 안온하지 않고 또 부모·처자·노비·하인들도 안온하게 하지 못하며 또한 하늘에 올라 즐거움을 얻고 즐거움의 과보를 받아 하늘에 나서 장수하게 하는 사문과 범지를 공양하지도 않는다. 이렇게 욕심을 부리는 어떤 사람이 있다.

또 거사여, 욕심을 부리는 어떤 사람은 법에 맞지 않고 도의에 어긋나게 재물을 구한다. 그는 법에 맞지 않고 도의에 어긋나게 재물을 구한 뒤에는 능히 스스로도 안온하고 또 부모·처자·노비·하인들도 안온하게 하지만, 하늘에 올라 즐거움을 얻고 즐거움의 과보를 받아 하늘에 나서 장수하게 하는 사문과 범지는 공양하지 않는다. 이렇게 욕심을 부리는 어떤 사람도 있다.

또 거사여, 욕심을 부리는 사람은 어떤 법에 맞지 않고 도의에 어긋나게 재물을 구한다. 그는 법에 맞지 않고 도의에 어긋나게 재물을 구한 뒤에는 능히 스스로도 안온하고 또 부모·처자·노비·하인들도 안온하게 하며 또한 하늘에 올라 즐거움을 얻고 즐거움의 과보를 받아 하늘에 나서 장수하게 하는 사문과 범지도 공양한다. 이렇게 욕심을 부리는 어떤 사람도 있다.

또 거사여, 욕심을 부리는 어떤 사람은 법답건 법답지 않건 재물을 구한다. 그는 법답건 법답지 않건 재물을 구한 뒤에는 스스로도 안온하지 않고 또 부모·처자·노비·하인들도 안온하게 하지 않으며, 또한 하늘에 올라 즐거움을 얻고 즐거움의 과보를 받아 하늘에 나서 장수하게 하는 사문과 범지도 공양하지 않는다. 이렇게 욕심을 부리는 어떤 사람도 있다.

거사여, 욕심을 부리는 어떤 사람은 법납건 법답지 않건 재물을 구한다. 그는 법답건 법답지 않건 재물을 구한 뒤에는 능히 스스로도 안온하고 또 부모·처자·노비·하인들도 안온하게 하지만, 하늘에 올라 즐거움을 얻고 즐거움의 과보를 받아 하늘에 나서 장수하게 하는 사문과 범지는 공양하지 않는다. 이렇게 욕심을 부리는 어떤 사람도 있다.

또 거사여, 욕심을 부리는 어떤 사람은 법답건 법답지 않건 재물을 구한다. 그는 법답건 법답지 않건 재물을 구한 뒤에는 능히 스스로도 안온하고 또 부모·처자·노비·하인들도 안온하게 하며, 또한 하늘에 올라 즐거움을 얻고 즐거움의 과보를 받아 하늘에 나서 장수하게 하는 사문과 범지도 공양한다. 이렇게 욕심을 부리는 어떤 사람도 있다.

또 거사여, 욕심을 부리는 어떤 사람은 법답고 도의에 맞게 재물을 구한다. 그는 법답고 도의에 맞게 재물을 구한 뒤에 스스로도 안온하지 않고 또 부모·처자·노비·하인들도 안온하게 하지 않으며, 또한 하늘에 올라 즐거움을 얻고 즐거움의 과보를 받아 하늘에 나서 장수하게 하는 사문과 범지도 공양하지 않는다. 이렇게 욕심을 부리는 어떤 사람도 있다.

또 거사여, 욕심을 부리는 어떤 사람은 법답고 도의에 맞게 재물을 구한다. 그는 법답고 도의에 맞게 재물을 구한 뒤에는 능히 스스로도 안온하고 부모·처자·노비·하인들도 안온하게 하지만, 하늘에 올라 즐거움을 얻고 즐거움의 과보를 받아 하늘에 나서 장수하게 하는 사문과 범지는 공양하지 않는다. 이렇게 욕심을 부리는 어떤 사람도 있다.

또 거사여, 욕심을 부리는 어떤 사람은 법답고 도의에 맞게 재물을 구한다. 그는 법답고 도의에 맞게 재물을 구한 뒤에는 능히 스스로도 안온하고 또 부모·처자·노비·하인들도 안온하게 하며, 또한 하늘에 올라 즐거움을 얻고 즐거움의 과보를 받아 하늘에 나서 장수하게 하는 사문과 범지도 공양한다. 그러나 재물을 얻은 뒤에는 거기에 물들고 집착하여 묶이고 얽매이며 얽매인 뒤에는 그 물들어 집착함의 재환災患을 보지 못하여 거기서 벗어나는 방법을 알지 못하고 사용하게 된다. 이렇게 욕심을 부리는 어떤 사람도 있다.

또 거사여, 욕심을 부리는 어떤 사람은 법답고 도의에 맞게 재물을 구한다. 그는 법답고 도의에 맞게 재물을 구한 뒤에는 능히 스스로도 안온하고 부모·처자·노비·하인들도 안온하게 하며 또한 하늘에 올라 즐거움을 얻고 즐거움의 과보를 받아 하늘에 나서 장수하게 하는 사문과 범지도 공양한다. 재물을 얻은 뒤에도 물들지 않고 집착하지 않아 묶이지 않고 얽매이지 않으며 얽매이지 않은 뒤에는 그 물들어 집착함의 재환災患을 보아 거기서 벗어나는 방법을 알고서 사용한다. 이렇게 욕심을 부리는 어떤 사람도 있다.

또 거사여, 만일 욕심을 부리는 어떤 사람이 법에 맞지 않고 도의에 어긋나게 재물을 구하고 그가 법에 맞지 않고 도의에 어긋나게 재물을 구한 뒤에는 스스로도 안온하지 않고 또 부모·처자·노비·하인들도 안온하게 하지 않으며 또한 하늘에 올라 즐거움을 얻고 즐거움의 과보를 받아 하늘에 나서 장수하게 하는 사문과 범지도 공양하지 않는다면 이렇게 욕심을 부리는 사람은 모든 욕심을 부리는 사람 중에서 최하가 된다.

거사여, 만일 욕심을 부리는 어떤 사람이 법답건 법답지 않건 재물을 구하고 그가 법답건 법답지 않건 재물을 구한 뒤에 능히 스스로도 안온하고 또 부모·처자·노비·하인들도 안온하게 하며 또한 하늘에 올라 즐거움을 얻고 즐거움의 과보를 받아 하늘에 나서 장수하게 하는 사문과 범지도 공양한다면, 이렇게 욕심을 부리는 사람은 모든 욕심을 부리는 사람 중에서 최상이 된다.

거사여, 만일 욕심을 부리는 어떤 사람이 법답고 도의에 맞게 재물을 구하고 그가 법답고 도의에 맞게 재물을 구한 뒤에 능히 스스로도 안온하고 또 부모 · 처자 · 노비 · 하인들도 안온하게 하며, 또한 하늘에 올라 즐거움을 얻고 즐거움의 과보를 받아 하늘에 나서 장수하게 하는 사문과 범지도 공양하며 재물을 얻은 뒤에도 물들지 않고 집착하지 않아 묶이지 않고 얽매이지 않으며 얽매이지 않은 뒤에는 그 물들어 집착함의 재환을 보아 거기서 벗어나는 방법을 알고서 사용한다면 이렇게 욕심을 부리는 사람은 모든 욕심을 부리는 사람 중에서 가장 제일이며 가장 크며 가장 으뜸이고 가장 훌륭하며 가장 높고 가장 묘함이 된다.

마치 소로 인하여 우유가 있고 우유로 인하여 낙酪이 있으며 낙으로 인하여 생소生酥가 있고 생소로 인하여 숙소熟酥가 있으며 숙소로 인하여 소정(酥精 : 醍醐)이 있으니, 소정이야말로 가장 제일이요 가장 크며, 가장 으뜸이고 가장 훌륭하며 가장 높고 가장 묘함이 되는 것과 같다. 이와 같이 거사여, 이렇게 욕심을 부리는 사람은 모든 욕심을 부리는 사람 중에서 가장 제일이며 가장 크며 가장 으뜸이고 가장 훌륭하며 가장 높고 가장 묘함이 된다."

이에 세존께서는 이 게송을 말씀하셨다.

만일 법답지 않게 재물을 구하거나
또 법답건 법답지 않건 재물을 구해
남도 대주지 않고 자기도 쓰지 않으며
또한 널리 베풀어 복도 짓지 않으면
이 둘은 다 악惡이 있으니
욕심 부리는 것 중에 최하이다.

만일 법답게 재물 구하거나
자기 스스로 수고롭게 얻은 것
남에게도 대어 주고 자기도 쓰며
또한 널리 베풀어 복도 지으면
이 둘은 다 덕이 있으니
욕심 부리는 것 중에 최상이다.

만일 번뇌를 벗어나는 지혜를 얻어
욕심을 부리며 집에 살되
재환을 보고 만족할 줄 알아
절약하고 검소하게 재물을 쓰면
그는 욕심을 벗어나는 지혜를 얻어
욕심 부리는 것 중에 최상이리라.

부처님께서 이렇게 말씀하시자, 급고독 거사와 모든 비구들은 부처님 말씀을 듣고 기뻐하며 받들어 행하였다.

〔이 행욕경에 수록된 경문의 글자 수는 1,253자이다.〕

127) 복전경福田經〔제3 염송〕

나는 이와 같이 들었다.

어느 때 부처님께서 사위국을 유행하실 때에 승림급고독원에 머무셨다. 그때 급고독 거사는 부처님 계신 곳으로 나아가 부처님 발에 머리를 조아리고 물러나 한쪽에 앉아 여쭈었다.

"세존이시여, 세상에는 복전인福田人이 몇이나 있습니까?"

세존께서 말씀하셨다.

"거사여, 세상에는 대략 두 종류의 복전인福田人[1]이 있으니, 어떤 것이 두 종류인가? 첫째는 학인學人[2]이며 둘째는 무학인無學人[3]이다. 다시 학인에 열여덟 종류가 있고 무학인에 아홉 종류가 있으니 거사여, 어떤 것이 18학인인가? 신행信行[4]·법행法行[5]·신해탈信解脫[6]·견도見到·신증身證·가가家家[7]·일종一種[8]·향수다원向須陀洹·득수다원得須陀洹·향사다함向斯陀含·득사다함得斯陀含·향아나함向阿那含·득아나함得阿那

1 팔리어로는 dakkhiṇeyya라고 한다. 직접 공양을 받을 만한 사람을 말한다. 즉 여래나 아라한 등의 공양을 받을 만한 법력法力이 있는 이에게 공양하면 복福이 되는 것이 마치 농부가 밭에 씨를 뿌리면 다음에 결실을 얻는 것과 같으므로 이런 비유를 한 것이다.

2 팔리어로는 sekha라고 한다. 항상 배우고 익히는 사람을 뜻한다. 예를 들어 수다원향須陀洹向·사다함향斯陀含向·아나함향阿那含向·아라한향阿羅漢向·수다원과須陀洹果·사다함과·아나함과·아라한과 등의 4향向 4과果 중 앞의 일곱 사람이 해당된다.

3 팔리어로는 asekha라고 한다. 번뇌가 이미 멸하며 다시는 배워 익힐 필요가 없는 경계에 도달한 사람, 즉 4향 4과 중 맨 마지막 아라한과阿羅漢果를 말한다.

4 팔리어로는 saddhānusārin이라고 한다. 근기가 둔한 이로서, 스스로 부처님 경전을 탐구하지 않고 다른 사람의 말에 의지해 깨달음의 도를 얻고자 하는 이를 말한다.

5 팔리어로는 dhammānusārin이라고 한다. 근기가 예리한 이로서, 스스로 부처님 경전을 읽어 탐구하여 법法을 따라 수행하는 이를 말한다.

6 팔리어로는 saddhāvimutta라고 한다. 즉 이 사람은 근기가 둔하나 신심信心이 있어 그것으로 진해眞解를 일으켜 해탈로 나아가는 것을 말한다.

7 팔리어로는 kolaṅkola라고 한다. 사다함향斯陀含向의 성자 중에서 욕계欲界에서 닦아야 할 9품品의 의혹번뇌 가운데 전前 3품 혹은 전 4품을 끊는 자를 말한다. 가가家家란 집에서 나와서 다시 돌아간다는 뜻으로 인계人界에서 천계天界에 태어나 다시 천계天界에서 인계人界로 태어나는 것을 의미한다. 9품 의혹번뇌 중 전 3품 혹은 전 4품을 끊으면 천계 중 두세 집에 태어나거나 혹은 인계 중 두세 집에 태어나서야 비로소 제2 사다함과를 증득하게 된다.

8 팔리어로는 ekabījin이라고 한다. 아나함향의 성자를 말한다. 이미 7품·8품까지의 의혹번뇌를 끊었으나 제9품의 의혹번뇌가 남아 있으므로 다시 욕계의 인계人界, 혹은 천계天界에서 1생을 받아야 하는 것을 일간一間 또는 일종자一種子, 일종一種이라고 한다.

含 · 중반열반中般涅槃 · 생반열반生般涅槃 · 행반열반行般涅槃 · 무행반열반無行般涅槃 · 상류색구경上流色究景이니, 이것을 18학인이라 한다.

거사여, 어떤 것이 9무학인인가? 사법思法 · 승진법昇進法 · 부동법不動法 · 퇴법退法 · 불퇴법不退法 · 호법護法〔보호하면 물러나지 않고 보호하지 않으면 물러난다〕 · 실주법實住法 · 혜해탈慧解脫 · 구해탈俱解脫이니, 이것을 9무학인[9]이라고 한다."

이에 세존께서는 이 게송을 말씀하셨다.

이 세상의 학인과 무학인은
존숭할 만하고 받들어 공경할 만하도다.
그들은 능히 그 몸을 바로하고
그 입과 뜻 또한 그러하니
거사여, 그들은 좋은 밭이다.
그들에게 보시하면 큰 복 얻으리.

부처님께서 이렇게 말씀하시자, 급고독 거사와 비구들은 부처님 말

9 무학인(無學人 : 阿羅漢)의 위계에 9종의 차별이 있다. 첫째 퇴법退法이란 질병 등의 특별한 인연이 닥치면 곧 얻었던 과果를 잃어버리는 자이니, 아라한 중 가장 근기가 둔한 자이다. 둘째 사법思法이란 얻은 아라한과를 잃게 될까 두려워 자살하여 얻은 과를 지키려는 자이다. 셋째 호법護法이란 얻은 법에서 물러나지 않도록 보호하고 지키지만 만일 조금만 나태해도 곧 물러나고 잃어버리게 되는 자이다. 넷째 실주법實住法이란 특별한 인연이 없으면 물러나지도 않고 또 특별한 인연이 없으면 앞으로 나아가지도 않는 자이다. 다섯째 승진법昇進法이란 수행을 능히 감내해 움직이지 않는 경지를 빨리 증득하는 자이다. 여섯째 부동법不動法이란 어떤 역경계를 만나더라도 수행의 의지와 갖가지 삼매의 인연이 부서지지 않는 자이다. 일곱째 불퇴법不退法이란 어떤 역경을 만나더라도 얻은 법의 공덕을 잃지 않는 자이다. 여덟째 혜해탈慧解脫이란 지혜를 방해하는 번뇌를 끊어 지혜의 자유를 얻은 자이다. 아홉째 구해탈俱解脫이란 선정과 지혜를 방해하는 모든 번뇌를 끊어 심해탈心解脫과 혜해탈慧解脫을 모두 성취한 자를 말한다.

씀을 듣고 기뻐하며 받들어 행하였다.

〔이 복전경에 수록된 경문의 글자 수는 267자이다.〕

128) 우바새경優婆塞經〔제3 염송〕

나는 이와 같이 들었다.

어느 때 부처님께서 사위국을 유행하실 때에 승림급고독원에 머무셨다. 그때 급고독 거사는 대 우바새優婆塞 5백 인과 함께 존자 사리자舍梨子가 있는 곳으로 가서 머리를 조아려 절하고 물러나 한쪽에 앉았다. 5백 우바새도 또한 존자에게 절하고 한쪽에 앉았다. 급고독 거사와 5백 우바새가 한쪽에 앉은 뒤에 존자 사리자는 그들을 위해 설법하여 간절히 우러르는 마음을 일으키고 기쁨을 성취하게 하였다. 한량없는 방편으로 그들을 위해 설법하여 간절히 우러르는 마음을 일으키고 기쁨을 성취하게 한 뒤에 곧 자리에서 일어나 부처님 계신 곳으로 나아가 부처님 발에 머리를 조아리고 물러나 한쪽에 앉았다. 존자 사리자가 떠난 뒤 오래지 않아 급고독 거사와 5백 우바새도 또한 부처님 계신 곳으로 나아가 부처님 발에 머리를 조아리고 물러나 한쪽에 앉았다. 존자 사리자와 대중들이 모두 자리를 정하자 세존께서는 말씀하셨다.

"사리자여, 만일 백의성제자白衣聖弟子가 5법을 잘 보호하여 행하고, 또 4증상심增上心을 얻어 현재 세상에서 즐겁게 살며 어렵지 않은 줄을 네가 알았거든 사라자여, 너는 마땅히 '백의성제자는 지옥이 다하고 축생·아귀와 모든 나쁜 곳도 다하여 수다원須陀洹을 얻어 악법惡法에 떨어지지 않고 반드시 정각正覺으로 나아갈 것이며 끝으로 일곱 번

유有를 받아 천상·인간에 일곱 번을 왕래한 뒤에는 괴로움의 끝을 볼 것이다'라고 기별記別하라.

사리자여, 백의성제자는 어떻게 5법을 잘 보호하여 행하는가?

백의성제자는 살생을 떠나고 살생을 단절해 칼이나 몽둥이를 버리고, 제 부끄러움과 남부끄러움이 있고, 자비심이 있어서 일체 나아가 곤충에 이르기까지를 요익하게 하니 그는 살생에 있어서 그 마음을 깨끗이 없앤다. 백의성제자는 이 제1법을 잘 보호하여 행한다.

사리자여, 백의성제자는 불여취不與取를 떠나고 불여취를 단절해 주어진 뒤에 받고 주어진 것 받기를 즐기며 항상 보시를 좋아하고 기뻐하여 인색함 없고 그 대가를 바라지 않으며, 도둑질의 마음에 뒤덮이지 않고 항상 스스로 자기를 보호하며 그는 불여취에 있어서 그 마음을 깨끗하게 없앤다. 백의성제자는 이 제2법을 잘 보호하여 행한다.

또 사리자여, 백의성제자는 사음邪淫을 떠나고 사음을 끊는다. 그는 혹 아버지의 보호가 있거나 어머니의 보호, 아버지와 어머니의 보호가 있거나 형제의 보호, 자매의 보호 혹 아내와 부모의 보호 혹 친족의 보호 혹 동성同姓의 보호가 있거나 혹 남의 아내로서 범하면 매를 맞을 두려움이 있거나 혹은 꽃다발을 받는 명고채名雇債가 있는 이러한 여자는 범하지 않으니 그는 사음에 있어서 그 마음을 깨끗하게 없앤다. 백의성제자는 이 제3법을 잘 보호하여 행한다.

또 사리자여, 백의성제자는 거짓말을 떠나고 거짓말을 끊어 진실을 말하고 진실을 즐기며 진실에 머물러 이동하지 않으며 일체를 믿을 만하여 세상을 속이지 않으니, 그는 거짓말에 있어서 그 마음을 깨끗하게 없앤다. 백의성제자는 이 제4법을 잘 보호하여 행한다.

또 사리자여, 백의성제자는 술을 떠나고 술을 끊으니, 그는 술을 마시는데 있어서 그 마음을 깨끗이 없앤다. 백의성제자는 이 제5법을 보호하여 행한다.

사리자여, 백의성제자는 어떻게 4증상심增上心을 얻어 현재에서 즐겁게 살기가 어렵지 않은가?

백의성제자는 여래를 생각한다.

'저 여래는 무소착無所著·등정각等正覺·명행성위明行成爲· 선서善逝·세간해世間解·무상사無上士·도법어道法御·천인사天人師·불중우佛衆祐라고 부른다.'

이렇게 여래를 생각한 뒤에는 만일 나쁜 욕심이 있으면 곧 멸할 수 있고, 마음 가운데 착하지 않은 더러움과 시름·괴로움·걱정·슬픔이 있으면 또한 멸할 수 있다. 백의성제자는 여래를 반연하여 마음이 편안해져 기쁨을 얻어 만일 나쁜 욕심이 있으면 곧 멸할 수 있고 마음 가운데 착하지 않은 더러움과 시름·괴로움·걱정·슬픔이 있으면 또한 멸할 수 있다. 백의성제자는 이 제1의 증상심을 얻어 현재 세상에서 살기가 어렵지 않다.

사리자여, 백의성제자는 법을 생각한다.

'세존께서는 법을 잘 말씀하셔서 반드시 구경究竟에 이르러 번거로움도 없고 열熱도 없으며 항상 있어서 이동하지 않는다.'

이렇게 관찰하고 이렇게 깨닫고 이렇게 알고 이렇게 법을 생각한 뒤에는 만일 나쁜 욕심이 있으면 곧 멸할 수 있고 마음 가운데 좋지 않은 더러움과 시름·괴로움·걱정·슬픔이 있으면 또한 멸할 수 있다. 백의성제자는 법을 반연하여 마음이 편안하며 기쁨을 얻어, 만일 나쁜 욕심이 있으면 곧 멸할 수 있고 마음 가운데 좋지 않은 더러움과 시름·괴로움·걱정·슬픔이 있으면 또한 멸할 수 있다. 백의성제자는 이 제2의 증상심을 얻는다.

또 사리자여, 백의성제자는 승가 대중을 생각한다.

'여래의 성중聖衆은 잘 나아가고 바르게 나아가며 법을 향하고 법에 나아가며 법답게 순행順行한다. 저 대중에는 진실로 아라하阿羅訶와 아라하로 나아가는 이〔趣阿羅訶〕가 있고, 아나함〔阿那含〕과 아나함으로 나아가는 이가 있으며 사다함斯陀含과 사다함으로 나아가는 이가 있고 수다원須陀洹과 수다원으로 나아가는 이가 있으니, 이것을 사쌍팔배四雙八輩[10]라고 한다. 곧 여래의 대중은 계〔尸賴〕를 성취하고 삼매를 성취하였으며 반야般若를 성취하고 해탈解脫을 성취하였으며 해탈지견解脫知見을 성취하였으니 공경할 만하고 소중히 할 만하며 받들 만하고 공양할 만한 세상의 좋은 복전이다.'

그는 이렇게 여래 대중을 생각하여 만일 나쁜 욕심이 있으면 곧 멸할 수 있고 마음 가운데 좋지 않은 더러움과 시름·괴로움·걱정·슬픔이 있으면 또한 멸할 수 있다. 백의성제자는 여래 대중을 반연하여 마음이 편안하며 기쁨을 얻어, 만일 나쁜 욕심이 있으면 곧 멸할 수 있고 마음 가운데 좋지 않은 더러움과 시름·괴로움·걱정·슬픔이 있으면 또한 멸할 수 있다. 이것을 백의성제자가 제3의 증상심을 얻어 현재 세상에서 즐겁게 살기가 어렵지 않은 것이라고 한다.

또 사리자여, 백의성제자는 스스로 계를 생각한다.

'이 계는 이지러지지도 않고 훼손되지도 않았으며 더러움도 없고 흐려짐도 없으며 진실한 자리에 머물러 허망하지 않고 성인께서 칭찬하는 것이니 완전히 잘 받아 지니자.'

그는 이렇게 스스로 계를 생각하여 만일 나쁜 욕심이 있으면 곧 멸할 수 있고 마음 가운데 좋지 않은 더러움과 시름·괴로움·걱정·슬픔이 있으면 또한 멸할 수 있다. 백의성제자는 계를 반연하여 마음이

---

10 팔리어로는 cattāri purisayugāni aṭṭha purisapuggalā라고 한다. 소승小乘 4향向 4과果의 성자. 향向과 과果를 한 쌍雙으로 하고 4쌍의 향向과 과果를 8배輩라고 한다.

편안하고 기쁨을 얻으며 만일 나쁜 욕심이 있으면 곧 멸할 수 있고 마음 가운데 좋지 않은 더러움과 시름・괴로움・걱정・슬픔이 있으면 또한 멸할 수 있다. 이것을 백의성제자가 제4의 증상심을 얻어 현재 세상에서 즐겁게 살기가 어렵지 않은 것이라고 한다.

사리자여, 만일 백의성제자가 이 5법을 잘 보호하여 행하고 이 4증상심을 얻어 현재 세상에서 즐겁게 살기가 어렵지 않은 줄을 네가 알았거든 사리자여, 너는 마땅히 '백의성제자는 지옥이 다하고 축생・아귀와 모든 나쁜 곳도 또한 다하여 수다원을 얻어 악법에 떨어지지 않고 반드시 정각正覺으로 나아가는데 끝으로 일곱 번 유有를 받아 천상・인간에 일곱 번을 왕래한 뒤에 괴로움의 끝을 볼 것이다'라고 기별하라."

이에 세존께서 이 게송을 말씀하셨다.

지혜로운 사람은 집에 있으면서
지옥의 두렵고 무서운 것 보고
성법聖法을 받아 지님으로 말미암아
일체의 악한 것 없애 버리네.

중생을 살해하면 안 됨을
알고는 능히 버려 떠나고
진실하여서 거짓말 않고
남의 재물을 훔치지 않네.

자기 아내에 만족할 줄 알아
남의 아내를 좋아하지 않고

마음 어지럽히고 미치게 하는 근본
술 마시기를 끊어버리네.

마땅히 항상 부처님을 생각하고
모든 착한 법 깊이 생각하고
스님대중을 생각하고 계를 관찰하여
그것을 좇아 기쁨을 얻어야 하네.

만일 보시를 행하고자 하거든
마땅히 그 복을 바래야 하는데
무엇보다도 먼저 사문〔息心〕에게 보시하라.
그렇게 해야 과보를 이루리라.

나는 이제 너에게 사문을 말할 것이니
사리자여, 마땅히 잘 들으라.

만일 검은색과 흰색
그리고 붉은색과 누런색
온갖 잡색과 좋아하는 색깔의
소 또는 여러 종류의 새들이 있으면
그들이 태어난 곳을 그대로 따르되
잘 길들여진 소가 있다면

몸의 힘이 완전히 갖추어지고
가고 오고 달림이 빠르고 날렵하거든
그의 능력을 취하고

빛깔을 따지지 말라.

이와 같이 이 인간 세상에서도
만일 그 태어난 곳에 따라
찰제리刹帝利와 범지梵志
거사와 기술자가 있으니

그들이 타고난 그대로 따르되
깨끗한 계를 가진 장로에게나
세상에 집착 없는 선서善逝에게
보시하면 큰 과보를 얻으리.

어리석고 미련해 아는 것 없고
지혜도 없고 들은 바 없으면
그에게 보시해도 과보가 적고
광명이 없어 비추는 바 없다.

만일 광명이 있어 비추고
지혜가 있는 부처님 제자로서
선서를 믿고 향해 나아가는 이는
선근이 생겨 꿋꿋하게 머물리라.

그는 이 좋은 곳에 태어나
마음대로 세상 자재하다가
마지막에는 열반을 얻을 것이니
이렇게 각각 그 인연이 있다.

부처님께서 이렇게 말씀하시자, 존자 사리불과 비구들과 급고독 거사와 5백 우바새들은 부처님 말씀을 듣고 기뻐하며 받들어 행하였다.
〔이 우바새경에 수록된 경문의 글자 수는 1,549자이다.〕

129) 원가경怨家經〔제3 염송〕

나는 이와 같이 들었다.

어느 때 부처님께서는 사위국을 유행하실 때에 승림급고독원에 머무셨다. 그때 세존께서는 비구들에게 말씀하셨다.

"일곱 가지 원가법怨家法이 있어 원가怨家를 만드는데, 곧 남녀 무리들의 성냄을 유발한다. 어떤 것이 일곱인가?

원가는 그의 원가에 미인〔好色〕이 있기를 바라지 않는다. 무슨 까닭인가? 원가는 그 원가에 미인이 있는 것을 좋아하지 않기 때문이다. 사람이 성냄이 있어 성냄을 익히고 성냄에 덮여 마음이 성냄을 버리지 못하면 그는 아무리 잘 목욕하고 이름난 향을 몸에 바르더라도 그 형색은 더욱 나빠질 것이다. 무슨 까닭인가? 성냄에 덮임으로 말미암아 마음이 성냄을 버리지 못하기 때문이다. 이것을 제1의 원가법으로서 원가를 만드는 것이라 하니, 곧 남녀 무리들의 성냄을 유발한다.

또 원가는 그의 원가가 안온하게 잠자는 것을 바라지 않는다. 무슨 까닭인가? 원가는 그 원가가 안온하게 잠자는 것을 좋아하지 않기 때문이다. 사람이 성냄이 있어 성냄을 익히고 성냄에 덮여 마음이 성냄을 버리지 못하면 그는 비록 좋은 침대에 누워 털 담요·털자리를 깔고 금실로 짠 비단 이불을 덮고 비단 속이불과 양두안兩頭安 베개와 가릉가파화라파차실다라나加陵伽波惒邏波遮悉多羅那[11]가 있더라도 더욱 괴롭게 잘 것이다. 무슨 까닭인가? 성냄에 덮임으로 말미암아 마음이 성냄을 버리지 못하기 때문이다. 이것을 제2의 원가법으로서 원가를 만드는 것이라고 하니 곧 남녀 무리들의 성냄을 유발한다.

또 원가는 그 원가가 큰 이익 얻기를 바라지 않는다. 무슨 까닭인가? 원가는 그 원가가 큰 이익을 얻는 것을 좋아하지 않기 때문이다. 사람이 성냄이 있어 성냄을 익히고 성냄에 덮여 마음이 성냄을 버리지 못하면 그는 이익을 얻어야 하는데서 이익을 얻지 못하고 이익을 얻지 말아야 하는 데서 이익을 얻는다. 그는 이 두 법이 서로 어긋나 크게 이롭지 못하게 된다. 무슨 까닭인가? 성냄에 덮임으로 말미암아 마음이 성냄을 버리지 못하기 때문이다. 이것을 제3의 원가법으로서 원가를 만드는 것이라고 하니, 곧 남녀 무리들의 성냄을 유발한다.

또 원가는 그 원가에 벗이 있기를 바라지 않는다. 무슨 까닭인가? 원가는 그 원가에 벗이 있는 것을 좋아하지 않기 때문이다. 사람이 성냄이 있어 성냄을 익히고 성냄에 덮여 마음이 성냄을 버리지 못하면 그에게 혹 벗이 있더라도 그를 버리고 피해 갈 것이다. 무슨 까닭인가? 성냄에 덮임으로 말미암아 마음이 성냄을 버리지 못하기 때문이다. 이것을 제4의 원가법으로서 원가를 만드는 것이라고 하니, 곧 남녀 무리들의 성냄을 유발한다.

또 원가는 그 원가에 칭찬이 있기를 바라지 않는다. 무슨 까닭인가? 원가는 그 원가에 칭찬이 있는 것을 좋아하지 않기 때문이다. 사람이 성냄이 있어 성냄을 익히고 성냄에 덮여 마음이 성냄을 버리지 못하면, 그는 나쁜 이름과 추한 소문이 사방에 두루 들린다. 무슨 까닭인가? 성냄에 덮임으로 말미암아 마음이 성냄을 버리지 못하기 때

---

11 팔리어로는 kadalimigapavara-paccattharaṇa라고 한다. 영양[羚鹿]의 가장 좋은 가죽털로 만든 깔개.

문이다. 이것을 제5의 원가법으로 원가를 만드는 것이라고 하니, 곧 남녀 무리들의 성냄을 유발한다.

또 원가는 그 원가가 지극히 큰 부자 되기를 바라지 않는다. 무슨 까닭인가? 원가는 그 원가가 지극히 큰 부자 되는 것을 좋아하지 않기 때문이다. 사람이 성냄이 있어 성냄을 익히고 성냄에 덮여 마음이 성냄을 버리지 못하면 그는 이러한 몸〔身〕과 입〔口〕과 뜻〔意〕의 행을 행하여 크게 재물을 잃게 된다. 무슨 까닭인가? 성냄에 덮임으로 말미암아 마음이 성냄을 버리지 못하기 때문이다. 이것을 제6의 원가법으로서 원가를 만드는 것이라고 하니, 곧 남녀 무리들의 성냄을 유발한다.

또 원가는 그 원가가 몸이 무너지고 목숨이 끝나면 반드시 좋은 곳으로 가서 천상에 나기를 바라지 않는다. 무슨 까닭인가? 원가는 그 원가가 좋은 곳으로 가는 것을 좋아하지 않기 때문이다. 사람이 성냄이 있어 성냄을 익히고 성냄에 덮여 마음이 성냄을 버리지 못하면, 몸과 입과 뜻으로 나쁜 짓을 한다. 그는 몸과 입과 뜻으로 나쁜 짓을 한 뒤에는 몸이 무너지고 목숨이 끝나면 반드시 나쁜 곳으로 가서 지옥 가운데 태어날 것이다. 무슨 까닭인가? 성냄에 덮임으로 말미암아 마음이 성냄을 버리지 못하기 때문이다. 이것을 제7의 원가법으로서 원가를 만드는 것이라고 하니, 곧 남녀 무리들의 성냄을 유발한다."

이에 세존께서는 게송으로 말씀하셨다.

분노하면 형색이 나빠지고
누워 자도 편안하지 않으며
마땅히 큰 재물 얻을 것인데
도리어 이룹지 못하게 되네.

친족과 착한 벗들도
성내는 사람을 멀리 떠나고
자주 성내는 버릇 익히면
나쁜 이름 사방에 퍼져 떠도네.

분노〔瞋〕는 몸과 입의 악업 짓고
성냄〔恚〕 얽매이면 뜻의 악업 지으며
사람은 성냄에 덮이게 되어
모든 재물마저 잃게 되며

성냄은 이롭지 못한 것 생기게 하고
성냄은 마음의 더러움 생기게 하며
마음에 두려움 생기게 하건만
사람들은 그것을 깨닫지 못한다네.

성내는 자는 이치 알지 못하고
성내는 자는 법을 깨닫지 못해
눈앞이 캄캄하고 막히며
이를 성냄을 즐기는 사람이라 하네.

성냄이 처음 일어나 형색이 나빠짐은
마치 불이 처음 연기를 일으키는 것 같네.
이를 따라 미움·질투 생기고
이 인연으로 모든 사람 성내네.

만일 성난 사람이 행한

착한 행이나 착하지 않은 행도
조금 있다가 성이 그치고 나면
번민의 괴로움 불붙듯 하리.

이른바 괴로운 번민의 업과
그 밖의 모든 법에 얽매인 것을
내 이제 낱낱이 설명하리니
너희들은 마음으로 잘 들으라.

성내는 자는 그 부모와
모든 형제를 거역해 해치고
그 누나와 누이동생 죽인다.
성내는 자 이렇게 잔인함이 많다.

그의 자식들이 성장하여
이 세상에 대한 견해가 생기면
그들에 의지해 목숨을 이어가는
그 어미도 성내어 해치며

자신이나 남에 대한 부끄럼 없고
성냄에 얽매어 할 말이 없건만
사람은 성냄에 덮여
입으로 지껄여 못할 말 없고

어리석고 미련한 죄업을 지어
스스로 그 목숨을 줄이네.

죄를 지을 때는 깨닫지 못하다가
성냄으로 인해 두려움 생겼다네.

스스로 자기 몸에 얽매이고 집착하여
사랑하고 좋아함이 끝이 없구나.
비록 자기 몸 사랑할 만하다고 생각하나
성내는 자는 자신도 해친다.

혹은 칼로써 제 몸 찌르고
혹은 높은 바위에서 스스로 떨어지며
혹은 노끈으로 목을 조르고
또 여러 가지 독약을 마신다네.

이러한 성냄의 형상과
이러한 죽음은 성냄에서 비롯된 것이니
지혜로 모든 것 하나하나 끊으면
명료하게 깨달을 수 있으리.

착하지 못한 소소한 업도
지혜로운 사람은 알아서 없애며
마땅히 이 행을 견디고 참아
나쁜 형색 없게 하고자 하네.

성냄도 없고 또한 걱정도 없으며
연기〔烟〕를 없애 뽐냄도 없으며
마음을 제어하여 성냄을 끊으면

완전히 적멸하여 번뇌가 없으리라.

부처님께서 이렇게 말씀하시자, 모든 비구들은 부처님 말씀을 듣고 기뻐하며 받들어 행하였다.

〔이 원가경에 수록된 경문의 글자 수는 1,115자이다.〕

130) 교담미경敎曇彌經〔제3 염송〕

나는 이와 같이 들었다.

어느 때 부처님께서는 사위국을 유행하실 때에 승림급고독원에 머무셨다. 그때 존자 담미曇彌는 그 고향의 존장으로서 불도佛圖의 주인이 되어 사람들의 존숭을 받았다. 그러나 성질이 흉악하고 난폭하며 또 극히 추악하여 모든 비구들을 욕설로 꾸짖고 나무랐다. 그러므로 그 지방의 비구들은 다 고향을 버리고 떠나 거기에 머물기를 좋아하지 않았다. 이에 그 지방의 모든 우바새優婆塞들은 그 지방의 비구들이 모두 고향을 버리고 떠나, 거기에 머물기를 좋아하지 않는 것을 보고 곧 이렇게 생각하였다.

'이 지방의 모든 비구들은 무슨 생각으로 다 고향을 버리고 떠나 여기서 살기를 좋아하지 않는가?'

그 지방의 모든 우바새들은 '이 지방의 존자 담미는 고향의 존장으로서 불도의 주인이 되어 사람들의 존숭을 받지만 성질이 악하고 난폭하며, 또 극히 추악하여 모든 비구들을 욕설로 꾸짖고 나무랐다. 그러므로 이 지방의 모든 비구들은 다 고향을 버리고 떠나 여기에 머물기를 좋아하지 않는다'라는 말을 들었다.

그 고향의 모든 우바새들은 이 말을 들은 뒤에 곧 존자 담미가 있는 곳으로 함께 가서 담미를 쫓아내고 고향의 모든 절에서도 쫓겨나게 하였다.

이에 존자 담미는 고향의 모든 우바새들에게 내몰려 고향의 모든 절에서 쫓겨나게 되자, 곧 옷을 챙기고 발우를 가지고 길을 떠나 사위국으로 가서 승림급고독원에 머물렀다. 이에 존자 담미는 부처님 계신 곳으로 나아가 부처님 발에 머리를 조아리고 물러나 한쪽에 앉아 여쭈었다.

"세존이시여, 저는 제 고향의 모든 우바새들에게 욕되게 한 일도 없었고 말한 바도 없었으며 잘못도 없었습니다. 그런데 그 고향의 모든 우바새들은 횡포를 부려 저를 쫓아냈고 제 고향의 모든 절에서도 쫓겨나게 하였습니다."

그때 세존께서 말씀하셨다.

"그만두어라, 그만두어라. 담미여, 그런 말이 무슨 필요가 있느냐?"

존자 담미는 합장하고 부처님을 향하여 다시 여쭈었다.

"세존이시여, 저는 제 고향의 모든 우바새들에게 욕되게 한 일도 없었고 말한 바도 없었으며 잘못도 없었습니다. 그런데 고향의 모든 우바새들은 횡포를 부려 저를 쫓아냈고 제 고향의 모든 절에서도 쫓겨나게 하였습니다."

세존께서 다시 말씀하셨다.

"담미여, 옛날 이 염부주의 여러 상인들은 배를 타고 바다로 나갈 때면 시안응視岸鷹을 가지고 갔다. 그들은 큰 바다로 나아간 지 오래지 않아 곧 시안응을 풀어주었다. 그 시안응은 만일 큰 바다의 언덕에 이르게 되면 끝내 배로 돌아오지 않았고 만일 큰 바다의 언덕에 이르지 못하게 되면 그 시안응은 곧 배로 돌아왔다. 이와 같이 담미여, 너는 고향의 모든 우바새들에게 쫓겨 네 고향의 모든 절에서 쫓겨나게 되었으므로 곧 내게로 돌아온 것이다. 그만두어라, 그만두어라. 담미여, 어찌 군이 그런 말이 다시 필요하겠는가?"

존자 담미는 다시 세 번째로 여쭈었다.

"세존이시여, 저는 제 고향의 모든 우바새들에게 욕되게 한 일도 없었고 말한 바도 없었으며 잘못도 없었습니다. 그런데 고향의 모든 우바새들은 횡포를 부려 저를 쫓아냈고 제 고향의 모든 절에서도 쫓겨나게 하였습니다."

세존께서 또한 세 번째로 말씀하셨다.

"담미여, 네가 사문의 법에 머물렀는데도 고향의 모든 우바새들이 쫓아냈고 고향의 모든 절에서도 쫓겨나게 하였는가?"

이에 존자 담미는 곧 자리에서 일어나 합장하고 부처님을 향하여 여쭈었다.

"세존이시여, 무엇을 사문이 사문의 법에 머무는 것이라고 합니까?"

세존께서 말씀하셨다.

"담미여, 옛날 사람의 수명이 8만 세일 때가 있었다. 담미여, 사람의 수명이 8만 세이던 때에는 이 염부주閻浮州는 지극히 크고 풍족하고 즐거워 백성이 많았고 마을들은 서로 가까워 닭이 한 번 날면 닿을 정도였다. 담미여, 사람의 수명이 8만 세이던 때에 여자는 나이 5백 세가 되어야 시집을 갔다. 담미여, 사람의 수명이 8만 세이던 때에는 이러한 병이 있었으니, 곧 대변·소변·욕심·먹지 못함·늙음이었나.

담미여, 사람의 수명이 8만 세이던 때에 고라바高羅婆라는 왕이 있었는데, 총명하고 지혜로워 전륜왕轉輪王이 되어 네 종류의 군사로써 천하를 바로 거느렸고 법다운 법왕法王으로서 7보寶를 성취하였다. 그

7보는 윤보輪寶・상보象寶・마보馬寶・주보株寶・여보女寶・거사보居士寶・주병신보主兵臣寶이니 이것이 일곱 가지가 된다. 천 명의 아들을 두었는데, 용모는 단정하고 용맹스럽고 두려움이 없어 능히 다른 무리들을 항복받았다. 그는 반드시 이 일체의 땅 나아가 대해까지 통치했음에도 무기를 쓰지 않고 법으로 다스리고 교화하여 안온을 얻게 하였다.

담미여, 고라바왕에게는 선주니구류수왕善住尼拘類樹王이라는 나무가 있었다. 담미여, 선주니구류수왕에게는 다섯 가지가 있었는데, 첫 번째 가지는 왕과 왕후가 먹는 것이며 두 번째 가지는 태자와 모든 신하가 먹는 것이며 세 번째 가지는 나라의 백성들이 먹는 것이며 네 번째 가지는 사문 범지가 먹는 것이며 다섯 번째 가지는 짐승들이 먹는 것이다. 담미여, 선주니구류수왕의 열매는 크기가 두 되들이 병과 같고 맛은 순수하여 꿀사탕과 같았다. 담미여, 선주니구류수왕의 열매는 지키는 사람도 없지만 또한 서로 훔치는 일도 없었다.

그때 어떤 굶주리고 목마르고 몹시 파리하며 안색이 초췌한 사람이 와서 그 열매를 먹고자 선주니구류수왕이 있는 곳으로 가서 그 열매를 실컷 먹은 뒤에 그 가지를 꺾어 열매를 가지고 돌아갔다. 선주니구류수왕에는 어떤 하늘 사람이 그것을 의지해 살고 있었는데, 그는 이렇게 생각하였다.

'염부주 사람은 이상하다. 은혜도 없고 은혜를 갚을 줄도 모른다. 무슨 까닭인가? 선주니구류수왕에게서 그 열매를 실컷 먹고도 그 가지를 꺾어 열매를 가지고 돌아갔다. 차라리 선주니구류수왕의 열매를 없애버리고 또한 열매를 맺지 못하게 하자.'

그래서 선주니구류수왕은 곧 열매가 없어졌고 또한 열매가 맺지도 않았다.

또 어떤 굶주리고 목마르고 몹시 파리하며 안색이 초췌한 사람이 그 열매를 먹고자 선주니구류수왕이 있는 곳으로 갔다가 선주니구류수왕의 열매가 없어졌고 또한 열매를 맺지도 않는 것을 보고, 곧 고라바왕의 처소로 가서 말씀드렸다.

'천왕이시여, 마땅히 아셔야 합니다. 선주니구류수왕의 열매가 없어졌고 또한 열매를 맺지도 않습니다.'

고라바왕은 이 말을 듣자마자, 마치 역사力士가 팔을 굽혔다 펴는 것 같은 시간에, 구루수拘樓瘦에서 사라져 삼십삼천 가운데 이르러 천제석天帝釋 앞에 서서 말씀드렸다.

"구익拘翼[12]이여, 마땅히 아셔야 합니다. 선주니구류수왕의 열매가 없어졌고 또한 열매를 맺지도 않습니다."

이에 천제석과 고라바왕은 마치 역사가 팔을 굽혔다 펴는 것 같은 시간에, 삼십삼천 가운데서 사라져 구루수에 이르러 선주니구류수왕에게서 멀지 않은 곳에 머물렀다. 천제석은 여기상여의족如其像如意足을 지어 그 여기상여의족으로써 큰 물과 사나운 비바람을 변화로 만들었고, 그 큰물과 사나운 비바람을 만들고 나서 선주니구류수왕의 뿌리를 뽑아 넘어뜨렸다. 이에 선주니구류수왕에게 의지해 살던 나무의 하늘 사람〔天人〕은 그로 말미암아 걱정하고 괴로워하며 슬피 울고 눈물을 흘리면서 천제석 앞에 섰다.

천제석은 물었다.

'하늘 사람이여, 그대는 왜 걱정하고 괴로워하며 슬피 울고 눈물을 흘리면서 내 앞에 섰는가?'

---

12 팔리어로는 kosiya라고 한다. 또는 교시가憍尸迦라고 하며 제석천의 별명別名이다. 제석천이 본래 인간이었을 때 일찍이 교시가 족성의 사람이었기 때문에 이렇게 불리기도 한다.

그 하늘 사람이 말했다.

'구익이여, 마땅히 아셔야 합니다. 큰물과 사나운 비바람이 선주니구류수왕의 뿌리를 뽑아 넘어뜨렸습니다.'

그때 천제석은 그 나무의 하늘 사람에게 말하였다.

'하늘 사람이여, 그대 나무의 하늘 사람이여, 그대가 나무의 하늘 사람 법에 머물렀는데도 큰물과 사나운 비바람이 선주니구류수왕의 뿌리를 뽑아 넘어뜨렸느냐?'

나무의 하늘 사람이 말했다.

'구익이여, 어떻게 나무의 하늘 사람은 나무의 하늘 사람 법에 머물러야 합니까?'

천제석이 말하였다.

'하늘 사람이여, 혹 사람이 나무뿌리를 얻어 나무뿌리를 가지고 가고자 하고, 나무줄기·나뭇가지·나뭇잎·나무 꽃·나무 열매를 얻어 가지고 가고자 하더라도 나무의 하늘 사람이여, 그대는 마땅히 성내지 말아야 하고 미워하지 말아야 하며 마음으로 한스러워하지 말아야 한다. 나무의 하늘 사람이여, 생각을 버리고 나무왕에 머물러야 하며 이렇게 나무의 하늘 사람은 나무의 하늘 사람 법에 머물러야 한다.'

하늘 사람은 천제석에게 다시 말하였다.

'구익이여, 나 나무의 하늘 사람은 나무의 하늘 사람 법에 머물지 못했습니다. 그러나 오늘부터 나무의 하늘 사람으로서 나무의 하늘 사람 법에 머물겠습니다. 원컨대 선주니구류수왕을 본래대로 만들어 주십시오.'

이에 천제석은 여기상여의족如其像如意足을 지어 여기상여의족으로써 다시 큰물과 사나운 비바람을 변화로 만들었고, 큰물과 사나운 비바람을 만들어서는 선주니구류수왕을 곧 본래대로 만들었다.

이와 같이 담미여, 만일 어떤 비구가 꾸짖더라도 사문은 꾸짖지 않고 성내는 자 있어도 성내지 않으며 부수는 자 있어도 부수지 않고 치는 자 있어도 치지 않아야 한다. 이와 같이 담미여, 사문은 사문의 법에 머문다."

이에 존자 담미는 곧 자리에서 일어나 가사 한쪽을 벗어 메어 합장하고 부처님을 향하여 눈물을 흘리고 울면서 말씀드렸다.

"세존이시여, 저는 사문이 아니면서 사문의 법에 머물렀습니다. 오늘부터는 사문으로서 사문의 법에 머물겠습니다."

세존께서 말씀하셨다.

"담미여, 옛날 선안善眼이라는 대사가 있었는데, 외도 선인들의 스승이 되어 욕애欲愛를 버리고 여의족如意足을 얻었다. 담미여, 선안 대사에게는 한량없는 백천 제자가 있었다. 담미여, 선안 대사는 모든 제자들을 위하여 범세법梵世法[13]을 연설하였다. 담미여, 선안 대사가 범세법을 연설할 때 만일 그 법을 구족하게 받들어 행하지 않는 제자들이라면 그들은 목숨을 마친 뒤에는 혹은 사천왕천四天王天에 나고 혹은 삼십삼천에 나며 혹은 염마천焰摩天에 나고 혹은 도솔다천兜率哆天에 나며 혹은 화락천化樂天에 나고 혹은 타화락천他化樂天에 났다. 담미여, 만일 선안 대사가 범세법을 연설할 때, 만일 그 법을 구족하게 받들어 행한 제자들이라면 그들은 4범실梵室을 닦아 욕심을 떠나고 목숨을 마친 뒤에는 범천에 태어나게 되었다.

담미여, 그때 선안 대사는 이렇게 생각하였다.

'내 마땅히 후세에는 제자들과 함께 한곳에 태어나지 않을 것이다.

13 뒤 문장에 나오는 4범실梵室과 같은 뜻이다. 자慈·비悲·희喜·사捨의 4무량심無量心으로서 이 네 가지 법을 닦아 익히면 대범천大梵天의 과보가 생겨남을 느끼게 된다.

내 이제 차라리 다시 증상자增上慈를 닦아야겠다. 증상자를 닦은 뒤에는 목숨을 마치면 황욱천晃昱天[14]에 나게 될 것이다.'

담미여, 그때 선안 대사는 곧 다시 증상자를 닦고 증상자를 닦은 뒤에는 목숨을 마치고 황욱천에 태어나게 되었다. 담미여, 선안 대사와 그 제자들은 도를 배움이 헛되지 않아 큰 과보를 얻었다. 선안 대사와 같이 모리파군나牟犁破羣那·아라나차바라문阿羅那遮婆羅門·구타리사다瞿陀梨舍哆·해제바라마납害提婆羅摩納·저제마려교비타라儲提摩麗橋鞞陀邏 및 살다부루해다薩哆富樓奚哆들도 역시 그러하다.

담미여, 7부루해다사富樓奚哆師에게도 역시 한량없는 백천 제자가 있었다. 담미여, 7부루해다사도 모든 제자들을 위하여 범세법을 연설하였다. 7부루해다사가 범세법을 연설할 때, 만일 그 법을 구족하게 받들어 행하지 않는 제자들이라면 그들은 목숨을 마친 뒤에는 혹은 사천왕천에 나고 혹은 삼십삼천에 나며 혹은 염마천에 나고 혹은 도솔타천에 나며 혹은 화락천에 나고 혹은 타화락천에 태어났다. 7부루해다사가 범세법을 연설할 때, 만일 그 법을 구족하게 받들어 행한 제자들이라면 그들은 4범실을 닦아 욕심을 떠나고 목숨을 마친 뒤에는 범천에 태어나게 되었다.

담미여, 7부루해다사는 이렇게 생각하였다.

'내 제자들과 함께 한곳에 태어나지 않을 것이다. 내 이제 차라리 다시 증상자增上慈를 닦아야겠다. 증상자를 닦은 뒤에는 목숨을 마치면 황욱천에 나게 될 것이다.'

담미여, 그때 7부루해다사는 곧 다시 증상자를 닦고 증상자를 닦은 뒤에는 목숨을 마치고 황욱천에 태어나게 되었다.

---

14 팔리어로는 abhāsvara라고 한다. 또는 광음천光音天이라고 하며, 색계色界 2선禪의 제3천에 해당한다.

담미여, 7부루해다사와 그 제자들은 도를 배움이 헛되지 않아 큰 과보를 얻었다. 담미여, 만일 저 7사師와 한량없는 백천의 그 권속들을 꾸짖고 쳐부수며 성내고 나무라는 자 있으면 반드시 한량없는 죄를 받을 것이다. 만일 바른 견해를 성취한 부처님의 제자 비구로서 조그마한 과보라도 얻은 사람을 꾸짖고 쳐부수며 성내고 나무라는 자 있으면, 이 자가 받는 죄는 저 자보다 클 것이다. 그러므로 담미여, 너희들은 제각기 서로 보호하라. 무슨 까닭인가? 이 허물을 떠나면 다시 다른 손실이 없기 때문이다."

이에 세존께서는 게송으로 말씀하셨다.

수열須涅[15] · 모리파군나
아라나차 바라문
구타리사다 · 해제바라마납
저제마려교비타라 · 살다부루해다

이들은 과거세의
7사師로서 그 이름과 덕망이 있었고
애욕의 결박이나 즐거움 · 슬픔 없고
욕심의 맺음도 과거에 다했다.

그들의 모든 제자들
그 수는 한량없는 백천
그들도 역시 욕심의 맺음 끊어
오래지 않아 괴로움을 끝내네.

15 팔리어로는 Sunetta라고 한다. 앞의 선안善眼 대사와 동일 인물이다.

만일 저 외도 선인들이
잘 보호해 고행하는 것 보고
마음속에 미움을 품어
꾸짖는 자는 많은 죄를 받으리.

만일 바른 견해를 얻은
작은 과보라도 얻은 부처님의 제자를
꾸짖고 나무라며 치고 부수면
그보다 더 많은 죄 받으리.

그러므로 담미여, 너희들은
제각기 서로를 보호하라.
제각기 서로 보호하는 까닭은
이보다 더한 중죄 없기 때문이라.

이렇게 매우 중한 고통은
또한 성인이 미워하는 바이니
반드시 나쁜 몸 받게 되고
삿된 견해로 잘못 나아간다네.

이들은 최하의 사람이라
성인의 법에서 말하였는바
곧 아직 음욕을 떠나지 못해서이니
미묘한 5근을 얻어야 하리.
즉 믿음과 정진과 염처와
바른 선정과 바른 관찰 얻어야 하리.

이렇게 이 고통을 얻어
앞에서 그 재앙을 받고
스스로 재앙을 받은 뒤에는
곧 다시 다른 사람 해친다네.

만일 스스로 보호할 수 있으면
그는 또한 남을 보호할 수 있으며
그러므로 마땅히 스스로 보호하라.
지혜로운 사람은 다함없는 즐거움이 있다네.

부처님께서 이렇게 말씀하시자, 존자 담미와 모든 비구들은 부처님 말씀을 듣고 기뻐하며 받들어 행하였다.

〔이 교담미경에 수록된 경문의 글자 수는 2,424자이다.〕

131) 항마경降魔經〔제3 염송〕

나는 이와 같이 들었다.

어느 때 부처님께서는 바기수婆奇瘦[16]를 유행하실 때에 타산鼉山 포림怖林의 녹야원에 머무셨다. 그때 존자 대목건련大目揵連 교수敎授는 부처님을 위해 선옥禪屋을 짓고 한데〔露地〕를 거닐고 있었다. 그때 마왕魔王이 세형細形으로 변화하여 존자 대목건련의 뱃속으로 들어갔다. 이에 존자 대목건련은 곧 이렇게 생각하였다.

16 팔리어 Bhaggesu의 음역이다. '바기婆奇, 즉 발지국跋祇國에서'라는 뜻이다.

‘지금 내 뱃속은 마치 콩을 먹은 듯하다. 나는 이제 여기상정如其像定에 들어가 여기상정으로써 내 뱃속을 관찰해야겠다.’

이때 존자 목건련은 거닐던 길머리로 가서 니사단尼師檀을 펴고 결가부좌하여 여기상정에 들어 여기상정으로써 스스로 그 배를 관찰해 보았다. 존자 목건련은 곧 마왕이 그 뱃속에 있는 것을 알았다. 존자 대목건련은 곧 선정에서 깨어나 마왕에게 말하였다.

“너 파순波旬아, 나오너라. 너 파순아, 나오너라. 여래를 희롱하지 말고 또한 여래의 제자를 희롱하지 말라. 오래도록 뜻도 없고 요익도 없게 하지 말라. 반드시 나쁜 곳에 태어나 한량없는 고통을 받을 것이다.”

그때 마왕은 곧 이렇게 생각하였다.

‘이 사문은 보지도 못하고 알지도 못하면서 〈너 파순아, 나오너라. 너 파순아, 나오너라. 여래를 희롱하지 말고 또한 여래의 제자도 희롱하지 말라. 오래도록 뜻도 없고 요익도 없게 하지 말라. 반드시 나쁜 곳에 나서 한량없는 고통을 받을 것이다〉라고 이렇게 말하고 있구나. 그대의 스승은 큰 여의족如意足이 있고 큰 위덕威德이 있으며 큰 복이 있고 큰 위신威神이 있지만 그도 오히려 빨리 알아차리고 빨리 보지 못할 것인데, 하물며 그 제자가 그렇게 빨리 알아차리고 볼 수 있겠는가?’

존자 대목건련은 다시 마왕에게 말하였다.

“나는 네 마음도 안다. 너는 이렇게 생각하고 있다.

‘이 사문은 알지도 못하고 보지도 못하면서 〈너 파순아, 나오너라. 너 파순아, 나오너라. 여래를 희롱하지 말고 또한 여래의 제자도 희롱하지 말라. 오래도록 뜻도 없고 요익도 없게 하지 말라. 반드시 나쁜 곳에 나서 한량없는 고통을 받을 것이다〉라고 이렇게 말하고 있구나.

또 너의 스승은 큰 여의족이 있고 큰 위덕이 있으며 큰 복이 있고 큰 위신이 있지만, 그도 오히려 빨리 알아차리고 빨리 보지 못할 것인데, 하물며 그 제자가 그렇게 빨리 알아차리고 그렇게 빨리 볼 수 있겠는가?"

마왕 파순은 다시 이렇게 생각하였다.

'이 사문은 나를 알아보기 위해서 이렇게 말하고 있구나.'

이에 마왕 파순은 세형細形으로 변화하여 입으로 나와 존자 대목건련 앞에 섰다.

존자 대목건련은 말하였다.

"파순아, 옛날 각력구순대覺礫拘荀大 무소착無所著·등정각等正覺이라는 여래가 계셨다. 나는 그때 마군이 되어 이름을 악惡이라 하였고 내게 여동생이 있었는데 이름을 흑黑이라고 하였다. 너는 바로 그의 아들이다. 그러므로 너는 나의 생질이다. 파순아, 각력구순대 여래·무소착·등정각에게 두 명의 대제자가 있었는데, 첫째는 이름이 음音이며 둘째는 이름이 상想이었다. 파순아, 무슨 뜻으로 존자 음의 이름을 음이라고 하였는가? 파순아, 존자 음은 범천梵天에 머물면서 항상 음성이 1천 세계에 가득 차서 제자의 음성으로서 그와 같은 자와 비슷한 자와 나은 자가 없었다. 파순아, 이런 이유로 존자 음은 음이라고 이름한 것이다.

파순아, 다시 무슨 뜻으로 존자 상想의 이름을 상이라고 하였는가? 파순아, 존자 상은 의탁하는 마을에서 노닐고 밤을 지내고 이른 아침에 가사를 입고 발우를 가지고 마을에 걸식할 때, 그 몸을 잘 보호하고 모든 근根을 잘 거두어 바른 생각을 세웠다. 그는 걸식을 하고 나서 식사를 마치고 오후가 되어 가사와 발우를 챙기고 손과 발을 씻고 나서 니사단을 어깨에 걸치고 일 없는 한가한 곳이나 혹은 산림이나 나무 밑이나 혹은 한가한 곳이나 고요한 곳으로 가서, 니사단을 펴고 결가부좌하고 앉아 어느새 상지멸정想知滅定에 들었다. 그때 소나 염소를 방목하는 사람, 나무꾼, 혹은 길 가던 사람들은 그 산림에 들어갔다가 그가 상지멸정에 든 것을 보고는 곧 이렇게 생각하였다.

'이제 이 사문은 일 없는 한가한 곳에 앉아서 목숨을 마쳤다. 우리들은 차라리 마른 나무나 섶을 주어다 쌓아 그 몸을 덮어 화장할까?'

그리고 곧 마른 나무나 섶을 주어다 쌓아 그 몸을 덮고 불을 붙인 뒤에 곧 버리고 떠났다.

그 존자 상은 밤을 지내고 이른 아침에 선정에서 깨어 일어나 옷을 털고 의지해 살던 마을을 노닐 때에, 예전처럼 가사를 입고 발우를 가지고 마을에 들어가 걸식하면서 그 몸을 잘 보호하고 모든 근을 잘 거두어 바른 생각을 세웠다. 그때 산림에 들어갔다가 그를 보았던 소나 염소를 방목하는 사람 나무꾼이나 혹은 길 가던 사람들은 곧 이렇게 생각하였다.

'지금 이 사문은 일 없는 한가한 곳에 앉아서 목숨을 마쳤으므로 우리들이 어제 이미 마른 나무나 섶을 주어다 쌓아 그 몸을 덮고 불을 붙인 뒤에 떠났었다. 그런데 이 현자는 다시 살아나 생각하고 있구나.'

파순아, 이 이유로 존자 상은 상이라고 하였다.

파순아, 그때 악마는 곧 이렇게 생각하였다.

'이 까까머리 사문은 흑黑에 얽매임으로써 종자를 끊어 아들이 없다. 그는 선禪을 배워 관찰하고 한층 더 관찰하며 자꾸자꾸 관찰한다. 마치 나귀가 온종일 무거운 짐을 지고 마판에 매어 있어 보리를 먹지 못할 때, 그는 보리 때문에 관찰하고 한층 더 관찰하며 자꾸자꾸 관찰하는 것과 같이, 이와 같이 이 까까머리 사문은 흑에 얽매임으로써 종자를 끊어 아들이 없고 선을 배워 관찰하고 한층 더 관찰하며 자꾸자꾸 관찰한다. 또 마치 고양이가 쥐구멍 가에 있으면서 쥐를 잡으려 관찰하고 한층 더 관찰하며 자꾸자꾸 관찰하는 것과 같이 이와 같이 이 까까머리 사문은 혹에 얽매임으로써 종자를 끊어 아들이 없다. 그는 선을 배워 관찰하고 한층 더 관찰하며 자꾸자꾸 관찰한다.

또 마치 수리부엉이나 여우가 마른 풀 더미 사이에서 쥐를 잡으려 관찰하고 한층 더 관찰하며 자꾸자꾸 관찰하는 것과 같이 이 까까머리 사문은 혹에 얽매임으로써 종자를 끊어 아들이 없고 선을 배워 관찰하고 한층 더 관찰하며 자꾸자꾸 관찰한다. 또 마치 두루미가 물가에서 고기를 잡으려 관찰하고 한층 더 관찰하며 자꾸자꾸 관찰하는 것과 같이, 이와 같이 이 까까머리 사문은 혹에 얽매임으로써 종자를 끊어 아들이 없고 선을 배워 관찰하고 한층 더 관찰하고 자꾸자꾸 관찰한다.

그는 무엇을 관찰하고 무슨 뜻으로 관찰하며 무엇을 구하려고 관찰하는가? 그는 생각이 어지럽고 안정되지 않아 실패하여 무너질 것이다. 나는 그가 어디서 왔는지 알지 못하고 또한 그가 어디로 갈 것인지도 알지 못하며 또한 머무는 것도 알지 못하고 죽는 것도 알지 못하며 사는 것도 알지 못한다. 나는 차라리 범지와 거사들에게 분부할 것이다.

〈너희들은 다 같이 와서 이 정진하는 사문을 꾸짖고 때리며 혼내주어라.〉'

파순아, 그때 악마는 곧 범지와 거사들에게 분부하였고 저 범지와 거사들은 이 정진하는 사문을 꾸짖고 때리며 혼내주었다. 저 범지와 거사들은 혹은 몽둥이로 때리거나 혹은 돌을 던지거나 혹은 작대기로 때렸다. 혹은 정진하는 사문의 머리를 다치게 하고 혹은 옷을 찢으며 혹은 발우를 부수기도 하였다. 그때 범지나 거사로서 혹 죽는 사람이 있으면 이 인연으로써 몸이 무너지고 목숨이 끝나서는 반드시 나쁜 곳으로 가서 지옥 가운데 났다. 그들은 거기서 이렇게 생각하였다.

'나는 이 고통을 받아 마땅하다. 또 이보다 더한 고통도 받아야 한다. 무슨 까닭인가? 우리들은 정진하는 사문에게 못된 짓을 하였기 때문이다.'

파순아, 각력구순대 여래 · 무소착 · 등정각의 제자는 그 머리를 다치고 그 옷을 찢기고 그 발우가 깨진 뒤에, 각력구순대 여래 · 무소착 · 등정각이 계시는 곳으로 갔다. 그때 각력구순대 여래 · 무소착 · 등정각께서는 한량없는 백천 권속들에게 둘러싸여 설법하고 있었다. 각력구순대 여래 · 무소착 · 등정각은 멀리서 제자가 머리를 다친 데다 옷이 찢기고 발우는 깨져서 오는 것을 보고 모든 비구들에게 말씀하셨다.

'너희들은 보았느냐? 악마는 범지와 거사들에게 분부하였다.

〈너희들은 다 같이 와서 이 정진하는 사문을 꾸짖고 때리며 혼내주어라. 무슨 까닭인가? 혹 꾸짖고 때리며 혼낼 때 만일 나쁜 마음을 일으키면 나는 그 틈을 노릴 것이다.〉

비구여, 너희들은 마땅히 자애로움〔慈〕과 함께하는 마음으로 1방方을 가득 채워 성취하여 노닐고, 이렇게 2 · 3 · 4방과 4유維 · 상 · 하 일체에 두루하게 하라. 자애로움과 함께하는 마음으로 맺음도 없고 원한도 없으며 성냄도 없고 다툼도 없이 지극히 넓고 매우 크고 한량없이 잘 닦아 일체 세간을 가득 채워 성취하여 노닐어야 한다. 이렇게 불쌍히 여김〔悲〕과 기뻐함〔喜〕도 역시 그러하다. 또 평정함〔捨〕과 함께하는 마음으로 맺음도 없고 원한도 없으며 성냄도 없고 다툼도 없이 지극히 넓고 크고 한량없이 잘 닦아 일체 세간을 가득 채워 성취하여

노닐어라. 그래서 악마로 하여금 그 틈을 노려도 틈을 얻지 못하게 하라.'

파순아, 각력구순대 여래·무소착·등정각은 이 가르침으로써 모든 제자들을 가르치셨고 그들은 이 가르침을 받고 자애로움과 함께하는 마음으로 1방을 가득 채워 성취하여 노닐었고, 이렇게 2·3·4방과 4유·상·하 일체를 가득 채웠으며 자애로움과 함께하는 마음으로 맺음도 없고 원한도 없으며 성냄도 없고 다툼도 없이 지극히 넓고 매우 크고 한량없이 잘 닦아 일체 세간을 가득 채워 성취하여 노닐었다. 이렇게 불쌍히 여김과 기뻐함도 역시 그러하였다. 또 평정함과 함께하는 마음으로 맺음도 없고 원한도 없으며 성냄도 없고 다툼도 없이 지극히 넓고 매우 크고 한량없이 잘 닦아 일체 세간을 가득 채워 성취하여 노닐었다. 그래서 악마는 그 틈을 노렸으나 틈을 얻지 못하였다.

파순아, 그때 악마는 다시 이렇게 생각하였다.

'나는 이 일로써 정진하는 사문의 틈을 찾았으나 얻지 못하였다. 나는 이제 차라리 범지와 거사들에게 분부할 것이다.

〈너희들은 다 같이 와서 이 정진하는 사문을 받들어 공경하고 공양하며 예로써 섬겨라.〉

혹은 정진하는 사문을 받들어 공경하고 공양하며 예로써 섬기면서 만일 나쁜 마음을 일으키면 나는 그 틈을 노려야겠다.'

파순아, 저 범지와 거사들은 악마의 분부를 받은 뒤에 곧 함께 정진하는 사문을 받들어 공경하고 공양하며 예로써 섬겼다. 혹은 옷을 땅에 펴고 이렇게 말하였다.'

정진하는 사문이여, 이 위로 가십시오. 정진하는 사문은 행하기 어려운 일을 행하는 분이시니 저로 하여금 오랫동안 이익·안온·쾌락

을 얻게 하십시오.'

혹은 머리카락을 땅에 펴고 이렇게 말하였다.

'정진하는 사문이여, 이 위로 가십시오. 정진하는 사문은 행하기 어려운 일을 행하시는 분이시니, 저로 하여금 오랫동안 이익·안온·쾌락을 얻게 하십시오.'

범지와 거사들은 손으로 여러 가지 음식을 받들고 길가에 서서 기다리면서 이렇게 말하였다.

'정진하는 사문이여, 이 음식을 받아 드시고 이것을 가지고 가서 마음대로 쓰셔서 저로 하여금 오랫동안 이익·안온·쾌락을 얻게 하십시오.'

모든 믿음이 있는 범지와 거사들은 정진하는 사문을 보고 나서 공경하는 마음으로 부축해 모시고 안으로 들어가 여러 가지 재물을 정진하는 사문에게 주면서 이렇게 말하였다.

'이것을 받아쓰시고 이것을 가지고 가서 마음대로 쓰십시오.'

그때 범지와 거사로서 혹 죽는 사람이 있으면 이 인연으로써 몸이 무너지고 목숨이 끝나서는 반드시 좋은 곳으로 가서 천상天上에 태어났다. 그들은 거기서 이렇게 생각하였다.

'나는 마땅히 이 즐거움을 받아야 한다. 다시 또 이보다 더한 즐거움을 받아야 한다. 무슨 까닭인가? 우리들은 정진하는 사문에게 선행을 행하였기 때문이다.'

파순아, 각력구순대 여래·무소착·등정각의 제자는 받들어 공경하고 공양하며 예로써 섬김을 받은 뒤에, 각력구순대 여래·무소착·등정각이 계시는 곳으로 갔다. 그때 각력구순대 여래·무소착·등정각은 한량없는 백천 권속들에게 둘러싸여 설법하고 계셨다. 각력구순대 여래·무소착·등정각은 멀리서 제자가 받들어 공경하고 공양하며 예로써 섬김을 받고 오는 것을 보시고는 모든 비구들에게 말씀하셨다.

'너희들은 보았느냐? 악마는 범지와 거사들에게 분부하였다.

〈너희들은 다 같이 와서 이 정진하는 사문을 받들어 공경하고 공양하며 예로써 섬겨라. 혹 이 정진하는 사문을 받들어 공경하고 공양하며 예로써 섬길 때, 그가 만일 나쁜 마음을 일으키면 나는 그 틈을 노릴 것이다.〉

비구여, 너희들은 마땅히 모든 행의 무상無常을 관찰하고 흥하고 쇠하는 법을 관찰하며 욕심 없음을 관찰하고 버리고 떠남을 관찰하며 없어짐을 관찰하고 끊음을 관찰하여 악마로 하여금 그 틈을 노려도 틈을 얻지 못하게 하라.'

파순아, 각력구순대 여래·무소착·등정각은 이 가르침으로써 모든 제자들을 가르치셨고, 그들은 이 가르침을 받고 곧 일체 행의 무상을 관찰하였고 흥하고 쇠하는 법을 관찰하였으며 욕심 없음을 관찰하였고 버리고 떠남을 관찰하였으며 없어짐을 관찰하였고 끊음을 관찰하여 악마로 하여금 그 틈을 노려도 틈을 얻지 못하게 하였다.

파순아, 그때 악마는 다시 이렇게 생각하였다.

'나는 이 일로써 정진하는 사문의 틈을 노렸으나, 얻지 못하였다. 나는 차라리 소년의 몸으로 변화하여 손에 큰 몽둥이를 잡고 길가에 있다가 존자 음音의 머리를 쳐서 머리가 깨져 그 얼굴에 피가 흐르게 할 것이다.'

파순아, 각력구순대 여래·무소착·등정각은 그 뒤에 의지해 살던 마을을 유행하였다. 그는 이른 아침에 가사를 입고 발우를 가지고 마을에 들어가 걸식할 때 존자 음은 그 뒤에서 시종하였다. 파순아, 그때 악마는 소년으로 변화하여 손에 큰 몽둥이를 잡고 길가에 있다가,

존자 음의 머리를 깨뜨려 얼굴에 피가 흐르게 하였다. 파순아, 존자 음은 머리가 깨져 피를 흘리면서도 각력구순대 여래·무소착·등정각을 뒤에서 마치 그림자가 떨어지지 않는 것처럼 시종하였다.

파순아, 각력구순대 여래·무소착·등정각은 마을에 이르러서 그 몸의 힘을 다하여 오른쪽을 돌아보는 것이 마치 용이 보는 것과 같았고 두려워하지 않고 무서워하지 않으며 놀라지 않고 겁내지 않으면서 사방을 살펴보았다. 파순아, 각력구순대 여래·무소착·등정각은 존자 음이 머리가 깨져 그 얼굴에 피를 흘리면서도 마치 그림자가 떨어지지 않는 것처럼 부처님 뒤를 따르는 것을 보고 곧 이렇게 말씀하셨다.

'이 악마는 흉악하고 사나우며 큰 위력이 있다. 이 악마는 싫증내거나 만족할 줄을 모르고 있구나.'

파순아, 각력구순대 여래·무소착·등정각의 말씀이 미처 끝나기도 전에 악마는 곧 그 자리에서 그 몸이 무결無缺 대지옥에 떨어졌다. 파순아, 이 대지옥은 네 가지의 이름이 있으니, 첫째는 무결無缺 둘째는 백정百釘이며 셋째는 역자逆刺이며 넷째는 육갱六更이다. 그 대지옥 가운데 있는 옥졸은 악마에게 다가가 이렇게 말한다.

'너는 이제 마땅히 알아야 한다. 이 못들을 너에게 다 박으려면 백 년을 채워야 할 것이다.'"

이에 마왕 파순은 이 말을 듣고는 곧 가슴이 두근거리고 두렵고 놀라워 몸의 털이 다 곤두섰다. 그래서 존자 대목건련을 향하여 게송으로 말하였다.

어찌하여 그 지옥에는
옛날부터 악마가 머무는가?

부처님의 범행을 희롱하여 방해하고
또 저 비구들을 범했기 때문이네.

존자 대목건련은 곧 게송으로써 마왕 파순에게 답하였다.

무결이라는 지옥에
일찍이 머무는 악마들
부처님의 범행을 희롱하여 방해하고
저 비구들을 범하였다.

그 백 개의 쇠못에는
제각기 거꾸로 선 가시가 있으니
무결이라는 지옥에는
일찍부터 악마가 있었다.

만일 비구와 부처님 제자들을
알지 못하는 이 있다면
반드시 이러한 고통을 받고
나쁜 업의 과보를 받으리라.

여러 종류 동산에
사람들 땅에서 살며
저절로 생긴 멥쌀을 먹었으니
그곳은 북주北洲.

큰 수미산암須彌山巖에서

잘 수행하여 몸에 훈습되고
해탈을 닦아 익혀
최후의 몸을 받아 가졌네.

그 산은 큰 물 가운데 있고
몇 겁에 이르도록 서 있는 궁전
사랑스러운 금색을 띠고 있어
마치 불꽃처럼 빛났네.

갖가지 기악을 울리며
제석이 있는 곳으로 나아가니
본래는 한 조그마한 집
잘 깨달은 이를 위해 보시한 것이네.

만일 제석이 앞장을 서서
비사연毘闍延 궁전으로 올라가면
제석을 보고 못내 기뻐해
천녀들은 제각기 춤을 추었네.

비구가 오는 것 보고는
서로들 돌아보며 부끄러워하였고
그 비사연 궁전에서
비구를 보자 이치를 물었네.

'대선大仙은 자못 알고 있는가?
애욕이 다하면 해탈을 얻으리라는 것을.'

비구는 곧 거기에 답하였으니
그 물음과 그 뜻이 같았네.

'구익이여, 나는 능히 안다네.
애욕이 다하면 해탈을 얻는다.'
그 비구의 대답을 듣고
제석은 기쁨과 즐거움을 얻었네.

비구는 요익됨이 많아
말하는 바는 그 뜻과 같았네.
그 제석천왕에게
비사연 궁전에 대해 물었네.

'이 궁전의 이름은 무엇인가.
그대 제석이 이 성城을 다스리는가?'
제석은 대선인에게 대답했네.
'이 궁전 이름은 비사연다

이른바 1천 세계世界
이 천 세계 가운데서는
이 궁전보다 나은 것 없고
이 비사연다와 비슷한 것도 없다네.'

제석천의 제석천왕
가는 곳마다 뜻대로 노니는데
누리는 그 즐거움 나유다那遊哆[17]나 되고

능히 하나를 백으로 만들며
이 비사연 궁전 안에서
제석은 자재하게 노닐 수 있네.

비사연의 큰 궁전도
발가락으로 진동시키고
천왕의 눈으로 보이는 대로
제석은 자재하게 노닐 수 있네.

저 녹자모鹿子母 강당은
기초가 지극히 깊고 또 견고하여
움직이거나 떨게 할 수 없지만
여의족如意足으로 능히 흔드는 것과 같네.

유리로 된 그 땅은
성인들이 밟고 다니는 곳이라
윤택하고 부드러워 촉감이 좋으며
부드럽고 연한 솜으로 된 요를 편 듯하네.

정다운 말로 서로 함께 화합하며
천왕은 언제나 즐거워하고
훌륭한 솜씨로 기악을 울리면

---

17 범어로 nayuta이고 나유타那由他·나유다那由多·나술那術로도 음역한다. 인도의 수량 단위이다. 천억을 1나유타라고도 하고, 혹은 백천 구지俱胝를 1나유타라고도 한다.

그 가락가락은 서로 잘 어우러진다네.
모든 하늘들 한데 모여
수다원 법을 연설하니
그 수는 한량없는 여러 천백의
모든 나술(那術 : 那由他).

삼십삼천에 이르러
혜안慧眼을 가진 이 그곳에서 설법하면
그가 연설하는 법문을 듣고
모두들 기뻐하며 받들어 행하였다네.

내게도 또한 이 법이 있어
저 선인의 말한 바와 같으며
곧 저 범천에 올라가
저 범천의 일을 물어 보았네.

'범천에겐 이런 견해 있으리니
이른바 옛날이 있다고 보고
나는 영원히 머물러 있고
한결같이 존재해 변하지 않는다고.'

범천은 그를 위해 내답하였네.
'대선大仙이여, 나는 그런 견해 없다.
이른바 옛날이 있다고 보거나
나는 항상하여 변하지 않는다는 것 말일세.

내 이 경계를 보매
모든 범천은 다 과거의 일이니
내 이제 무엇을 의지하여
항상하여 변하지 않는다고 말하리?

내 이 세상을 보매
부처님〔正覺〕께서 말씀하신 그대로
인연에 따라 태어나
간 곳에서 과보를 받게 된다네.'

'나는 어리석은 이를 불태우리라.'
불은 그런 생각 없건만
어리석은 이 불에 닿으면
반드시 불에 타게 된다.

이와 같이 너 마왕 파순아
요망한 짓으로 여래를 방해하며
착하지 않은 행을 오랫동안 행했으니
그 과보 또한 오랫동안 받으리라.

너 마왕아, 부처님을 싫어하거나
비구들을 희롱하여 해치지 말라.
이렇게 한 비구 악마를 항복받고
포림怖林에 머물렀네.

존자 목건련의 꾸짖음 받고

그 귀신 걱정하고 슬퍼하면서
지혜 없음을 두려워하며
곧 그 자리에서 사라졌다네.

존자 목건련이 이렇게 말하자, 저 마왕 파순은 존자 대목건련의 말을 듣고 기뻐하며 받들어 행하였다.

〔이 항마경에 수록된 경문의 글자 수는 3,274자이다. 『중아함경』 제28권에 수록된 경문의 글자 수는 모두 9,515자이다.〕[18]

18 소경의 글자 수를 합해 보면 총 9,882자인데 여기에서는 9,515자로 표기하여 367자가 부족하다.

■ 김 월 운

경기도 장단에서 태어나 한학을 수학하고, 남해 화방사에서 당대의 대강백 운허 스님을 은사로 출가하였다. 통도사와 해인사 강원을 졸업하고 강사가 되었으며, 동국역경원 역경위원을 거쳐 동국역경원 원장을 역임하였다. 중앙승가대학 교수와 제25교구 본사 봉선사 주지를 역임하였고, 현재 조실로 있으면서 능엄학림과 불경서당을 통해 후학 양성에 매진하고 있다. 저서로는 『삼화행도집』·『일용의식수문기』·『금강경강화』·『원각경강화』·『대승기신론강화』·『구름처럼 달처럼』 등이 있고, 번역서로는 『전등록』·『조당집』·『선문염송』을 비롯한 80여 종의 책이 있다.

중아함경 2

1985년 5월 30일 신 판 1쇄 발행
2006년 11월 30일 개정판 1쇄 발행
2011년 4월 25일 개정판 2쇄 발행

옮긴이 김월운
펴낸이 김희옥
펴낸곳 동국역경원

주소 100-715 서울시 중구 필동 3가 26
전화 02) 2260-3482~3
팩스 02) 2268-7851
Home page http://www.tripitaka.or.kr
E-mail book@dongguk.edu
출판등록 제2-159(1964. 10)
인쇄처 서진인쇄

ISBN 978-89-5590-437-6 03220
ISBN 978-89-5590-435-2 (전4권)

값 20,000원